Business Improvement Districts

ANNETTE VOLLMER

Business Improvement Districts

ERFOLGREICHER POLITIKIMPORT AUS DEN USA?

PETER LANG
Bern · Berlin · Bruxelles · Frankfurt am Main · New York · Oxford · Wien

Bibliografische Information der Deutschen Nationalbibliothek
Die Deutsche Nationalbibliothek verzeichnet diese Publikation in der Deutschen Nationalbibliografie; detaillierte bibliografische Daten sind im Internet über ‹http://dnb.d-nb.de› abrufbar.

ISBN 978-3-0343-0685-0

Hochfeldstrasse 32, CH-3012 Bern, Schweiz
info@peterlang.com, www.peterlang.com

Printed in Switzerland

Danksagung

Wie jede Arbeit hätte auch diese nicht in dieser Form entstehen können ohne die finanzielle und moralische Unterstützung und die wertvollen inhaltlichen Hinweise einer Reihe von Menschen.

Besonders danken möchte ich an dieser Stelle:

Der Heinrich-Böll-Stiftung für die Gewährung des Stipendiums und den MitarbeiterInnen des Studienwerks für die Unterstützung insbesondere des USA-Aufenthaltes;

meinem Erstgutachter Dieter Läpple, nicht nur für den entscheidenden Tipp zum Analyserahmen;

den BetreuerInnen des Kollegs „Die Zukunft der Europäischen Stadt – Formen und Folgen von New Urban Governance“ Hartmut Häußermann, Ilse Helbrecht, Christine Hannemann und Susanne Frank sowie den StipendiatInnen Simone Buckel, Oliver Frey, Florian Koch, Gabriele Schmidt und Florian Wukowitsch für engagierte und anregende Diskussionen;

Horst Rödinger, Annette Feindt und Monika Grubbauer, die mit viel Geduld die Dissertation gegengelesen haben;

den Mitgliedern der Lenkungsgruppe des BID Sachsentor, die mir mit viel Offenheit begegnet sind und mir alle notwendigen Informationen zur Verfügung gestellt haben;

allen Interviewpartnern, die sich viel Zeit für meine zahlreichen Fragen genommen haben;

meinem Vater, der in mir schon früh den Entdecker- und Forscherdrang geweckt hat;

meiner Sandkastenfreundin und unermüdlichen Lektorin Ursula Rettinghaus

und – nicht zuletzt – meiner Familie, die mich geduldig durch die Höhen und Tiefen des Schreibprozesses begleitet hat.

Inhaltsverzeichnis

I Einleitung

1 Problemstellung, Forschungsfragen, methodisches Vorgehen und Aufbau der Arbeit

1.1 Problemstellung

Vor über zehn Jahren wurde das Thema Business Improvement Districts im Rahmen einer Tagung zu Beispielen US-amerikanischer Stadtplanung in Deutschland zum ersten Mal auf die Tagesordnung gesetzt und hat danach eine beispiellose Karriere genommen. Praktiker haben die Idee begeistert aufgegriffen, weil sie darin eine Möglichkeit erkannten, den Akteuren in gewachsenen Geschäftszentren ein schlagkräftiges Instrument in die Hand zu geben. Der Problemdruck auf den inhabergeführten Einzelhandel in traditionellen Geschäftslagen ist nach wie vor groß. Die Herausforderungen insbesondere durch Shopping-Center haben sich dabei in den letzten Jahren gewandelt: War es bis Mitte der 1990er Jahre vor allem der Zuwachs an Verkaufsfläche auf der Grünen Wiese, haben in jüngerer Zeit die zahlreichen neu eröffneten innerstädtischen Einkaufszentren die Konkurrenz mit den alteingesessenen Kaufleuten vor Ort eröffnet. Die steigenden Umsätze des Internethandels verschärfen die Konkurrenzsituation weiter.

Das wachsende Interesse der professionellen Shoppingcenter-Entwickler am Standort Innenstadt deutet aber auch darauf hin, dass die Attraktivität der Stadtmitte als Ort des Handels allen Unkenrufen zum Trotz ungebrochen ist. Dennoch unterliegen viele gewachsene Geschäftslagen einer Abwärtsspirale aus sinkender Kundenfrequenz, hohen Leerstandsraten und dem Vordringen von Billiganbietern. Für Immobilieneigentümer schlagen sich die Folgen dieser Entwicklung in stagnierenden oder sinkenden Gewerbemieten und Grundstückspreisen nieder.

Die vorhandenen Instrumente zur Stärkung des innerstädtischen Einzelhandels haben Schwächen: Die Programme der Städtebauförderung wie die städtebaulichen Sanierungs- und Entwicklungsmaßnahmen (§§ 136 ff. und §§ 165 ff. BauGB) sowie der Stadtumbau (§§ 171a-d) sind an spezifische Förderbedingungen geknüpft und können daher nur in bestimmten Fällen zum Einsatz kommen. Ein restriktiver Umgang mit planerischen Flächenausweisungen am Stadtrand liegt in der Verantwortung jeder einzelnen Gemeinde, die je nach politischer Couleur unterschiedlich streng damit umgeht. Und schließlich leiden die freiwilligen Werbegemeinschaften und Citymanagementinitiativen oder das in öffentlich-privater Partnerschaft durchgeführte Stadtmarketing unter einer strukturellen Schwäche: Die Problematik der sog. Trittbrettfahrer – d.h. dass auch Nicht-Zahlende von den Maßnahmen profitieren – führt dazu, dass aufgrund der Unsicherheit der finanziellen Grundlage langfristige Planungen praktisch unmöglich sind und die Initiatoren viel Energie in die Akquise neuer und in das Halten der vorhandenen Beitragszahler investieren müssen.

BIDs stoßen in diese Lücken vor und setzen an zwei Punkten an: Zum einen stellen sie einen Zwangsmechanismus zur Verfügung, mit dem auch von Passiven Beiträge erhoben werden können, zum anderen bieten sie ein einheitliches Management für die Vielzahl von Akteuren in einem gewachsenen Quartier, das sich um die spezifischen Probleme von Marketing über das Erscheinungsbild bis hin zum Branchenmix kümmern kann (vgl. Reichhardt in BCSD 2003).

Nachdem Hamburg als Vorreiter im Jahr 2004 das erste BID-Gesetz verabschiedet hatte, gibt es mittlerweile in sechs Bundesländern entsprechende gesetzliche Grundlagen und rund 20 BIDs haben ihre Arbeit aufgenommen. Allem Anschein nach ist die Einführung von BIDs nach Deutschland also eine Erfolgsstory.

Hatten sich manche zu Beginn des Einführungsprozesses noch gefragt, ob BIDs vor dem Hintergrund unterschiedlicher Wertvorstellungen überhaupt von den USA nach Deutschland übertragbar seien, wurde diese Frage im eigentlichen Transferprozess nicht mehr wirklich gestellt. Eine umfassende Abwägung aller „Wenns und Abers" hätte allerdings auch nicht zu dem Wunsch des Hamburger Senates gepasst, das BID-Gesetz zügig zu verabschieden und damit seine Entschlussfreudigkeit und Handlungsfähigkeit unter Beweis zu stellen.

Nach mittlerweile fünf Jahren Erfahrung mit BIDs in Deutschland und deren relativ geräuschlosem Funktionieren könnte man sich nun beruhigt zurücklehnen und davon ausgehen, dass der Transfer gelungen sei und BIDs offensichtlich sowohl mit dem US-amerikanischen als auch dem deutschen gesellschaftlichen und ökonomischen System kompatibel. Trotz der gelungenen Einführung bleiben BIDs aber eine Herausforderung für viele in Deutschland vorherrschende Überzeugungen. So kollidiert dieser *bottom up*-Ansatz mit einer zentral gesteuerten Planung: BIDs entstehen dort, wo private Akteure die notwendige Initiative entfalten und nicht dort, wo die Planung es vielleicht für notwendig erachten würde. BIDs unterscheiden sich von anderen stadtplanerischen Programmen, die zentral gesteuert und entlang einheitlich festgelegter Kriterien angewendet werden. BIDs sind aber auch eine Herausforderung für das europäische Verständnis der Nutzbarkeit öffentlichen Raums: Privatwirtschaftlichen Akteuren werden – wenn auch in Grenzen – Einflussmöglichkeiten auf den öffentlichen Raum zugestanden. Diese scheinbare „Kommerzialisierung" des öffentlichen Raums kollidiert mit den europäischen Vorstellungen einer gemeinnützigen, allen Interessen offen stehenden Nutzung. Und insbesondere an dieser Frage der Nutzbarkeit des öffentlichen Raums entzündet sich ein dritter Konflikt: Wie steht es um die demokratische Legitimation des Governance-Arrangements BIDs? Sind BIDs nicht ein Rückfall in die Zeiten des Zensuswahlrechts, unter dem nur die Besitzenden ihre Stimme abgeben durften? Wird die scheinbar größere Effektivität der Leistungserbringung durch BIDs mit einem Verlust von Partizipationsmöglichkeiten der nicht Zahlenden erkauft? Aus diesen Überlegungen habe ich die im Folgenden dargestellten Forschungsfragen entwickelt.

1.2 Forschungsfragen

BIDs bieten ein neuartiges Instrumentarium, mit dem die Schwächen der in Deutschland bislang vorhandenen Instrumente zur Stärkung gewachsener Geschäftsbereiche überwunden werden können. Allerdings sind, abgeleitet aus der unterschiedlichen Kontexteinbettung im Herkunfts- und Zielland, bestimmte Konflikte und Reibungspunkte zu erwarten. Kann die Funktionsweise von BIDs in den USA und Deutschland tatsächlich gleich sein? Das zentrale Anliegen dieser Arbeit ist die Analyse des BID-Transferprozesses mit dem Ziel zu erklären, warum der BID-Transfer trotz der vorhandenen Kontextunterschiede geglückt ist.

Aus der zentralen Frage ergibt sich eine Reihe von Unterfragen: Welche Kontextfaktoren haben die Entstehung von BIDs begünstigt? Welche Funktionen erfüllen BIDs in ihrem ökonomisch-gesellschaftlichen Ausgangskontext? Ist diese spezifische Kontexteinbettung im Verlauf des Transferprozesses erfasst und berücksichtigt worden? Welche Anpassungen am BID-Modell sind im Verlauf des Transfers vorgenommen worden und wurde damit auf Kontextunterschiede reagiert? Können aus einer systematischen Analyse der Kontextbezüge Anpassungsbedarfe und Verbesserungsmöglichkeiten für BIDs in Deutschland abgeleitet werden?

1.3 Methodisches Vorgehen

Zur Beantwortung dieser Fragen ist eine theoretische Rahmung notwendig, mit der zum einen die jeweilige Kontexteinbettung und zum anderen die Frage der Übertragbarkeit in ein anderes System untersucht werden kann. Der von HALL und SOSKICE entwickelte *Varieties of Capitalism* (VoC)-Ansatz eignet sich in besonderer Weise für die Analyse der Kontexteinbettung von BIDs, weil er ein Instrumentarium bereitstellt, mit dem die dominanten Koordinationsmechanismen in den Institutionen eines Gesellschaftssystem herausgearbeitet werden können. HALL und SOSKICE gehen davon aus, dass Kultur und Geschichte maßgeblichen Einfluss auf die Entwicklung der national unterschiedlichen Institutionen ausgeübt haben. Da sich der VoC-Ansatz ausdrücklich auf das Wirtschaftssystem und insbesondere den Produktivsektor bezieht, bedarf es für die hier anstehende Analyse der Kontexteinbettung Ergänzungen aus anderen gesellschaftlichen Bereichen.

Eine strenge Auslegung der Annahmen des VoC-Ansatzes führt allerdings zu dem Schluss, dass die Übertragung einer Institution in einen anderen Kontext zwangsläufig den Verlust oder zumindest eine empfindliche Einschränkung ihrer Funktionsfähigkeit zur Folge hat. Der VoC-Ansatz ist daher nicht für die Analyse des Politiktransferprozesses geeignet und wird mit Ansätzen zum Politiktransfer verschränkt. Für die Analyse eignen sich insbesondere zum einen der Ansatz von MOSSBERGER und WOLMAN, die einen „idealen", nach rationalen Kriterien vorgenommenen Transferprozess skizzieren, der hier als Vergleichsfolie zur Identifikation von Transferfehlern herangezogen wird. Zum andern wird mit dem von EVANS und DAVIES entwickelten Ansatz nach den Einflussgrößen des Transfers – also nach Akteuren und Strukturen – gefragt.

Aber erst aus der Kombination der beiden Ansätze lassen sich Thesen ableiten, die die Frage beantworten können, warum sich BIDs offensichtlich in beide, den US-amerikanischen und den deutschen, Kontexte einfügen und „funktionieren". Mit Hilfe dieser Thesen kann der Widerspruch, dass die Einführung von BIDs in das sich von den USA grundsätzlich unterscheidende sozioökonomische System Deutschland aufgrund der Annahmen des VoC-Ansatzes hätte scheitern müssen, aber in der Praxis doch funktioniert, erklärt werden.

Für die Analyse der Kontexteinbettung von BIDs in den USA habe ich in einem Forschungsaufenthalt insgesamt neun BIDs besucht. Ich habe dafür kein klassisches Fallstudiendesign gewählt, weil für die formulierten Forschungsfragen weniger das vertiefte Studium eines oder zweier Fallbeispiele als ein Überblick anhand mehrerer Beispiele geeignet war. Somit wurden BIDs in drei Bundesstaaten ausgewählt, die in unterschiedlichen städtischen Kontexten liegen. Zu diesen BIDs wurden Internet-Recherchen durchgeführt sowie Interviews mit den jeweiligen BID-Managern und Vertretern der städtischen Aufsichtsbehörden geführt (vgl. Abschnitt III3.1.2).

Für die entsprechende Untersuchung in Deutschland habe ich dagegen ein Fallstudiendesign gewählt. Gründe dafür waren, dass zum Zeitpunkt des Beginns dieser Untersuchung erst zwei BIDs in Hamburg, BID Sachsentor (Bergedorf) und BID Neuer Wall, operativ waren. Da der BID Neuer Wall einen Sonderfall darstellt, wurde der BID Sachsentor als Fallbeispiel ausgewählt. Auch wenn Bergedorf ein Bezirk Hamburgs ist, weist das Bezirkszentrum den Charakter einer Kleinstadt auf und hat mit für viele Zentren typischen Problemlagen zu kämpfen. Der BID ist mittlerweile in die erste Verlängerung gegangen. Kontrastierend und ergänzend zu dem Fallbeispiel stelle ich die übrigen mittlerweile eingerichteten BIDs im Überblick dar. Für die Analyse des BID-Transfers habe ich neben BID-Aktiven auch die maßgeblichen Akteure des Politiktransferprozesses interviewt (vgl. Abschnitt IV4.1.2).

1.4 Aufbau der Arbeit

Der Aufbau der Arbeit folgt dem Gedankengang der Forschungsfragen. In Teil II wird der Analyserahmen zur Analyse der Kontexteinbettung von BIDs entwickelt. Dazu wird zunächst das Thema BID in den Forschungszusammenhang der *economic governance* eingeordnet (Kap. II2). Der Analyserahmen basiert auf dem *Varieties of Capitalism*-Ansatz von HALL und SOSKICE, der in Kapitel II3 vorgestellt wird. Nach der Darstellung der sechs Grundannahmen des Ansatzes wird eine davon, die idealtypische Unterscheidung zwischen liberaler und koordinierter Marktwirtschaft, vertieft. Dieser Vergleich bildet die Grundlage für den Analyserahmen. Die

Brauchbarkeit und Anwendbarkeit des VoC-Ansatzes für die Analyse des BID-Transfers wird in Kapitel II4 diskutiert. Da es sich bei BIDs jedoch in erster Linie um ein politisches Instrument handelt, das Auswirkungen auf das ökonomische System hat, ist nur eines der Unterscheidungskriterien für die Analyse der Einbettung von BIDs relevant; der Rahmen muss entsprechend um weitere Kriterien erweitert werden. Diese Kriterien werden in Kapitel II5 vorgestellt und anschließend in den Analyserahmen integriert.

Für die Analyse des BID-Transferprozesses werden in Kapitel II6 verschiedene Politiktransfer-Ansätze vorgestellt. Während eine strenge Auslegung der Annahmen des VoC-Ansatzes zu der These führen muss, dass die Übertragung eines eingebetteten Elementes in den Kontext eines anderen Kapitalismustyps höchstens unter Funktionsverlusten möglich ist, verweist Politiktransfer auf die Tatsache, dass Instrumente mehr oder weniger erfolgreich und mit mehr oder weniger weit reichenden Anpassungen übertragen werden. Der Erfolg eines Politiktransfers wiederum hängt maßgeblich von der Ähnlichkeit des jeweiligen Herkunfts- und des Zielkontextes ab; eine entsprechende Analyse ist daher geboten. Eine Kombination des VoC-Ansatzes mit Ansätzen zur Analyse von Politiktransfer ist somit folgerichtig.

Dazu muss jedoch die durch die Annahmen des VoC-Ansatzes vorgegebene Null-Hypothese – d.h. Übertragung von Instrumenten nicht möglich – durch Thesen ergänzt werden, die Erklärungen für erfolgreiche Politiktransfers liefern. Diese Thesen werden in Kapitel II7 erarbeitet.

Teil III beschäftigt sich mit der Darstellung von BIDs in den USA. Zunächst werden der Kontext, in dem BIDs entstanden sind, und die Ursachen nachgezeichnet (Kapitel III1). In Kapitel III2 wird die Literaturlage zu US-amerikanischen BIDs aufbereitet und ein Überblick über BIDs in den USA gegeben. Danach werden in Kapitel III3 die gesetzlichen Grundlagen in New York City, New Jersey und Pennsylvania aufbereitet und die dort besuchten BIDs dargestellt. Dass BIDs auch in den USA nicht unumstritten sind und teils heftig kritisiert werden, wird in Kapitel III4 dargestellt. Die einzelnen Kritikpunkte werden dargestellt und anschließend wird analysiert, inwieweit sie auf BIDs zutreffen. Nachdem die Grundlagen für die Analyse der Kontexteinbettung von BIDs in den USA nunmehr alle zur Verfügung stehen, kommt in Kapitel III5 der entwickelte Analyserahmen zur Anwendung. Das letzte Kapitel (III6) dieses Teils ist einem Exkurs vorbehalten: Der BID-Transfer nach Großbritannien, der fast zeitgleich stattgefunden hat, wurde ausführlich wissenschaftlich begleitet und hat im Ergebnis zu einem anderen BID-Modell geführt als in Deutschland.

Nach dem Blick auf den Herkunftskontext von BIDs nimmt Teil IV nunmehr die deutschen BIDs in den Blick. Der Aufbau lehnt sich dabei an den des vorangegangenen Teils an. Zunächst wird in Kapitel IV1 – quasi analog zu Kapitel III1 – der Einführungsprozess von BIDs in Deutschland nachvollzogen. Der Transferprozess wird in Kapitel IV2 mit Hilfe der in Kapitel II6 vorgestellten theoretischen Ansätze analysiert. Kapitel IV3 bietet einen Überblick über die bisher in Deutschland verabschiedeten BID-Gesetze sowie die eingerichteten BIDs. Das gewählte Fallbeispiel BID Sachsentor schließlich wird in Kapitel IV3.2.3 ausführlich dargestellt. Mit diesen Informationen ausgestattet, kann nunmehr der Einbettung von BIDs im deutschen Kontext untersucht werden (Kapitel IV5). Der Analyserahmen erfüllt hierbei auch den Zweck, Unterschiede zwischen US-amerikanischen und deutschen BIDs als Kontextanpassung oder als Fehler im Politiktransferprozess interpretieren zu können.

In Teil V schließlich werden die einzelnen Thesen, die aus der Verschränkung der theoretischen Konzepte des *Varieties of Capitalism* und Politiktransfer entwickelt wurden, auf den BID-Transfer angewendet und als Komponenten zur Erklärung herangezogen, warum der Transfer von BIDs aus den USA nach Deutschland funktionieren konnte (Kapitel V1). Als praktische Konsequenzen dieser Forschungsarbeit folgen Rückschlüsse für die weitere Anwendung der theoretischen Ansätze sowie Hinweise für die weitere Forschung zu BIDs (Kapitel V2) und es werden Empfehlungen zur Verbesserung des Instrumentes BID abgeleitet (Kapitel V3).

2 Definition(en) von Business Improvement Districts

Business Improvement District ist nicht gleich Business Improvement District. In den USA existieren zahlreiche BID-Gesetze, die eine Fülle unterschiedlichster Regelungen enthalten. Schon die Bezeichnungen für Business Improvement Districts (BIDs) sind nicht einheitlich: Es gibt „improvement districts [ ] for enhanced municipal services“ (Arizona), „municipal special services districts“ (Connecticut), „commercial district management authority“ (Maryland), „special improvement districts“ (New Jersey), „economic improvement districts“ (Oregon), „public improvement districts“ (Texas) (BRIFFAULT 1999: 368, Fn 7); „downtown improvement districts“ (DIDs),

„special assessment districts" (SADs) (PACK 1992: 18); „neighborhood improvement districts" (NID), „industrial area improvement districts" (IID), „residential area improvement districts" (RID), „mixed-use area improvement districts" (MID), „institutional area improvement districts" (INID) (Pennsylvania, vgl. Abschnitt III3.4.1) oder „community improvement districts" (CIDs) (Georgia).

Aufgrund dieser Begriffsvielfalt und fehlender Abgrenzungen zu verwandten Instrumenten ist es nahezu unmöglich, die genaue Zahl der BIDs in den USA zu bestimmen (vgl. auch Abschnitt III2.2). In den USA gibt es mindestens vier Rechtsformen für BIDs, zudem sind BIDs häufig mit anderen (auch städtischen) Organisationen verwoben (vgl. Abschnitte III3.6 und für konkrete Beispiele III3.2.6 und III3.4.2). Häufig ist unklar, was mit der Bezeichnung BID gemeint ist – das Gebiet oder die durchführende Organisation:

> In the literature the term *BID* is used sometimes in reference to specified districts where special funding mechanisms are used and special services are delivered, and sometimes to an organization that delivers such services in such districts. (MORÇÖL; ZIMMERMANN 2008: 29)

Um die Verwirrung perfekt zu machen, wird der Begriff BID auch für freiwillige Formen (also Organisationen, die keine Pflichtabgabe erheben, z.B. der University City District in Philadelphia) verwendet. Es kann vermutet werden, dass diese „freiwilligen BIDs" von BID-Befürwortern mitgezählt werden, um eine höhere Zahl von BIDs angeben zu können: „To prove BIDs are sweeping the nation, BID advocates conveniently include voluntary merchant associations and even chambers of commerce in the rough estimates of the BID population." (MITCHELL 2008: 57)

Aus den genannten Gründen ist es schwierig, BIDs allgemein gültig zu definieren. Bestenfalls kann man bestimmte Grundzüge zusammenfassen, die aber nicht unbedingt für alle BIDs gelten.

In der Literatur finden sich verschiedene Definitionen:

> The state laws and local ordinances authorizing BIDs take differing approaches to such basic questions as district formation, functions, finances and governance. Yet, most BIDs share a few basic characteristics: A BID is a territorial subdivision of a city in which property owners or businesses are subject to additional taxes. The revenues generated by these district-specific taxes are reserved to fund services and improvements within the district and to pay for the administrative costs of BID operations. BIDs' services are provided in addition to those offered by city governments. (BRIFFAULT 1999: 368 f.)

Hier werden vier Merkmale für ein BID genannt: Die räumliche Abgrenzung; die zusätzlichen Abgaben, die innerhalb dieses Gebiets erhoben werden; die Finanzierung von Leistungen materieller oder immaterieller Art, die zusätzlich zu denen der Stadt erbracht werden. Bei dieser Definition fehlt allerdings ein Hinweis auf eine gesetzliche Regelung, auf deren Grundlage BIDs errichtet werden[1] und ebenso auf die wichtige Rolle der öffentlichen Hand bei Einrichtung und Kontrolle des BID. Dies leistet die folgende Definition:

> Business improvement districts (BIDs) are self-assessment districts that are initiated and governed by property or business owners and authorized by governments to operate in designated urban and suburban geographic areas. (MORÇÖL; HOYT; MEEK; ZIMMERMANN 2008: 2)

MORÇÖL ET AL. betonen die Rolle des öffentlichen Partners in der Einrichtung von BIDs. Gerade im Hinblick auf die Bedeutung der jeweiligen Rollen von Privaten und Staat in dieser *Public Private Partnership* gehen die Meinungen auseinander: Während BID-Befürworter gern den „privaten" Charakter von BIDs betonen und die Rolle der öffentlichen Hand unterbelichten, ist der öffentliche Partner im BID von entscheidender Bedeutung (GROSSMAN 2010): „The BID model essentially has the private sector providing funds and technical expertise, and the public sector providing political legitimization and taxing powers." (GROSSMAN 2008: 14) Der Staat bietet also erstens den Zwangsmechanismus, um das Problem der Trittbrettfahrer in den Griff zu bekommen (vgl. Kapitel II2), ist zweitens aber auch von entscheidender Bedeutung für die Einrichtung eines BIDs – weil er ihm Legitimität verleiht – und spielt drittens eine wichtige Rolle in der Überwachung und Kontrolle von BIDs (vgl. auch Abschnitt III4.3.4).

Diese Definitionsunschärfen setzen sich auch in der deutschen Literatur fort. Insbesondere wird auch hier die Rolle der Gemeinde auf die eines Mitteleinzugs- und Weiterleitungsmechanismus verkürzt:[2]

> Ein Business Improvement District (BID) ist ein räumlich begrenzter, meist innerstädtischer Bereich, in dem sich Grundeigentümer und Gewerbetreibende zusammenschließen, um Maßnahmen zur Verbesserung ihres Umfeldes durchzuführen. Die Finanzierung der Maßnahmen erfolgt dabei über eine Sonderabgabe, die von der Ge-

1 Es gibt nur wenige US-Bundesstaaten, in denen bestehende Gesetze ausgeweitet wurden, um die Einrichtung von BIDs zu ermöglichen (BRIFFAULT 1999: 368, Fn 7).

2 Die Ursache dafür – eine Beschränkung der Informationsgewinnung auf BID-Befürworter – wird in Abschnitt IV2.1.1 noch diskutiert.

meinde zusammen mit der Grundsteuer eingezogen und dem BID zur Verfügung gestellt wird. (MSWKS 2001: 11)

Auch die folgende Erläuterung des BID-Modells ist nicht eindeutig:

> Das Besondere an diesem in Nordamerika entwickelten Modell ist, dass die zusätzlich zu erbringende Abgabe nur auf Grundlage der Initiative (Antrag) und der qualifizierten Mehrheit (Abstimmung) der Geschäftsleute und Grundeigentümer eines Stadtquartiers erhoben werden darf und insofern eine Art ‚Selbstbesteuerung' darstellt …
> Nach Konstituierung des BID durch Gemeinderatsbeschluss und Genehmigung des BID-Haushalts (meist für 5-Jahre [sic]) stellt die BID-Abgabe eine zeitlich befristete Zwangsabgabe dar, die von allen Grundstückeigentümern innerhalb des BID erhoben wird. Die Abgabenhöhe pro Grundstück ergibt sich dabei aus einem zuvor festgelegten Schlüssel, bei dem unterschiedliche Parameter wie Grundstücksgröße, Zentralität, vermietbare Gewerbefläche, Länge der Straßenfront oder Höhe der gewerblichen Mieteinnahmen Berücksichtigung finden. (ebd.)

Hier werden weitere Merkmale genannt, die zwar oft, aber mitnichten immer für BIDs gelten. So liegen BIDs zwar meist in einer Stadt, es gibt aber beispielsweise im Bundesstaat Georgia BIDs, die zur Bewältigung der Verkehrsprobleme suburbaner *strip malls* eingesetzt werden (vgl. Abschnitt III3.5.1). Das jüngste BID-Gesetz in Pennsylvania ermöglicht BIDs in unterschiedlich genutzten Gebieten, auch wenn es bislang nur wenige derartiger BIDs gibt (vgl. Abschnitt III3.4.1).[3]

Auch die hier genannte Laufzeit von (meist) fünf Jahren ist kein allgemein gültiges Merkmal von BIDs; so werden die New Yorker BIDs durch einen neuen Vertrag mit der zuständigen Behörde verlängert und in New Jersey ist die Laufzeit unbegrenzt, dafür muss das Budget jährlich vom Gemeinderat genehmigt werden (s. die entsprechenden Abschnitte in Teil III).

Es ist auch nicht immer eine qualifizierte Mehrheit per Abstimmung erforderlich. Im Gesetz von New Jersey z.B. finden sich keine Regelungen zu (positiven oder negativen) Abstimmungsquoren, sondern der Gemeinderat kann ein BID nach freiem Ermessen einrichten, auch wenn in der Praxis üblicherweise der Nachweis einer deutlichen Unterstützung im Quartier erwartet wird.

3 Auch Hamburg ermöglicht BIDs in Wohn- und Gewerbezentren (vgl. Gesetz zur Stärkung von Wohnquartieren durch private Initiativen 2007 und Gesetz zur Änderung des Gesetzes zur Stärkung der Einzelhandels- und Dienstleistungszentren (GSED) 2007). Derzeit ist ein sog. Housing Improvement District (HID) bzw. ein Innovationsquartier im Hamburger Stadtteil Steilshoop geplant, konnte bislang aber noch nicht umgesetzt werden.

Es gibt BIDs, in denen die Abgabe auch von den Gewerbetreibenden erhoben wird. In der US-Praxis kommt dies seltener vor, da die Festlegung einer Berechnungsgrundlage aufgrund des Fehlens eines objektiven und von allen als gerecht empfundenen Verteilungsschlüssel konfliktreich ist. Außerdem sind Mieter, die Gewerbetreibende ja häufig sind, für die Verwaltung schwerer greifbar als Grundeigentümer. Das BID-Modell in Großbritannien dagegen beruht auf der Beitragszahlung der Gewerbetreibenden, da dort keine Grundsteuer erhoben wird (vgl. Abschnitt III6.1).

Eine Definition von BIDs muss also zum einen allgemein genug gehalten sein und zum anderen die Rollen der privaten und öffentlichen Akteure berücksichtigen. Somit schlage ich hier die folgende Definition vor:

> Notwendige Vorraussetzung für ein BID ist eine gesetzliche Regelung (meist auf Ebene des Bundeslandes bzw. Bundesstaates in den USA). BIDs kommen aufgrund einer privaten Initiative von Grundeigentümern und/oder Gewerbetreibenden eines räumlich abgegrenzten Gebiets zustande. Danach wird ein offizielles Verfahren mit oder ohne gesetzlich festgelegte Abstimmungs-Quoren eingeleitet. Abstimmungsgrundlage ist ein verbindlicher Maßnahmen- und Finanzierungsplan. Ein BID wird durch einen förmlichen Akt des Staates gegründet und durch den Staat kontrolliert. Die zur Maßnahmenumsetzung nötigen Finanzmittel werden als verpflichtende Abgabe von allen Grundeigentümern und/oder Gewerbetreibenden vom Staat eingezogen. BIDs sind also eine Form freiwilliger Selbstverpflichtung, die zu ihrer Formalisierung als Public-Private-Partnership des Staates bedarf.
>
> Mit dem Begriff „BID“ kann dabei sowohl das Gebiet als auch die Organisation, die dieses Gebiet managt, bezeichnet werden.

Mit dem Hinweis auf die Pflichtabgabe schließt diese Definition sogenannte „freiwillige BIDs“ aus (vgl. auch PREY; VOLLMER 2009). In Deutschland werden öffentlich geförderte Standortgemeinschaften – häufig im Rahmen von Modellprojekten – unter Einbeziehung von Grundeigentümern gerne als BIDs bezeichnet.[4] Diese Standortgemeinschaften sind aufgrund der

4 Z.B. die DSSW-Modellprojekte (vgl. DSSW 2001) oder die sogenannten Immobilien- und Standort-Gemeinschaften (ISG) in Nordrhein-Westfalen: „Ziel dieser Förderung ist es in den nächsten Jahren, bis zu 20 Modellprojekte in NRW zu initiieren, die nach einem modifizierten Konzept der in Amerika ausgesprochen erfolgreich arbeitenden Business Improvement Districts (BID) arbeiten.“ (<http://www.stadtmarketing-

Freiwilligkeit des Beitrages keine BIDs im oben definierten Sinne und werden im Rahmen dieser Arbeit nicht weiter untersucht. Sie haben ebenso wie freiwillige Werbegemeinschaften oder Citymarketinginitiativen mit dem Trittbrettfahrer-Problem zu kämpfen. In Nordrhein-Westfalen zeigt sich zudem, dass die Überführung von geförderten, freiwilligen ISGen in gesetzlich geregelte ISGen häufig nicht gelingt (ebd. 237).

Deutschland hat also in Bezug auf BIDs sowohl die Begriffsvielfalt (Innovationsbereich in Hamburg, PACT in Schleswig-Holstein, ISG in Nordrhein-Westfalen) als auch die Unschärfe des Begriffs BID (freiwillig/verpflichtend) von den USA übernommen.

2.1 *Aufgaben von BIDs*

BIDs erbringen eine Reihe von Leistungen. Viele dieser Leistungen zeichnen sich dadurch aus, dass sie kollektive Güter sind, d.h. dass niemand von ihrer Nutzung ausgeschlossen werden kann,[5] wie z. B. Sauberkeit, Marketing oder Investitionen in den öffentlichen Raum. Einige BIDs erbringen jedoch auch Leistungen, die ausschließlich den Mitgliedern zugute kommen (z.B. die BIDs in Gießen, die durch einen Einkaufsverbund von Dienstleistungen, wie ein zentraler Hausmeisterdienst oder Gebäudeversicherungen, oder durch den Abschluss von Rahmenvereinbarungen zu Telekommunikation und Energie Einsparungen für die Grundeigentümer erzielen (GiBID Newsletter (BID Katharinenviertel) 2006).

Eine umfassende Aufzählung der möglichen Funktionen von BIDs findet sich im folgenden Zitat:

> *District Maintenance.* Includes the removal of litter and graffiti, the power-washing of sidewalks, shoveling snow, cutting grass, trimming trees, and planting flowers in public places.
> *Security.* Includes the deployment of uniformed security personnel for extra eyes and ears on the street and uniformed hospitality personnel (sometimes called „ambassadors“ or „guides“), the installation of electronic security equipment, and cooperative arrangements with the police – for example, contributions of special police equipment, such as bicycles, or joint participation in the operation of computerized crime-tracking systems.

nrw.de/>, Zugriff 04.08.2005). In Nordrhein-Westfalen kommt erschwerend hinzu, dass die gesetzlich geregelten BIDs ebenfalls als ISGen bezeichnet werden.

5 Dies begründet auch die Notwendigkeit des Zwangsmechanismus (OLSON ²1985).

Consumer Marketing. Includes festival and events programming, coordinated sales promotions, the publication of promotional materials (brochures, maps, newsletters), image enhancement and advertising campaigns, signs directing drivers and pedestrians around the district, and promotional banners.
Business Recruitment and Retention. Includes market research, compilation and distribution of market reports, financial incentives for new and expanding businesses, and marketing to investors.
Regulatory Advocacy and Enforcement. Includes assistance in the enforcement of laws governing sidewalk vending, street performances, vehicle loading and unloading, and taxicab queuing; and advocacy for municipal action on such issues as street furniture standards, building code compliance, and standards of public behavior and civility.
Parking and Transportation Management. Includes planning and advocacy for public parking improvements, management and promotion of public parking facilities, maintenance of transit shelters, operation of ridesharing programs, and promotion of existing public transit.
Urban Design. Includes the development of urban design guidelines, the development of lighting guidelines, and the management of façade and storefront improvement programs.
Social Services. Includes homeless assistance, job training, and youth programs.
Visioning. Includes district visioning initiatives and strategic planning for the district.
Capital Improvements. Includes pedestrian-scale lighting, street furniture, trees, planters, and park and public space enhancements. (HOUSTOUN 2003: 8[6])

MITCHELL unterscheidet folgende neun Tätigkeitsfelder: *Social Services, Parking and Transportation, Economic Development, Security, Public Space Regulation, Policy Advocacy, Capital Improvements, Maintenance, Consumer Marketing* (1999: 18, Table 3), die den oben genannten weitgehend entsprechen.

Die Bündelung und Abstimmung der unterschiedlichen Interessen im BID-Gebiet und deren Vertretung vor allem gegenüber Politik und Verwaltung ist eine wichtige Funktion von BIDs (vgl. auch das Fallbeispiel BID Sachsentor, Kapitel IV3.2.3). Da diese Aufgabe nicht budgetrelevant ist, wird sie bei einem ausschließlichen Blick auf den Finanzierungsplan leicht übersehen. Als verbindliche Vertretung aller Grundeigentümer und des Handels im BID-Gebiet und als Partner der öffentlichen Hand verfügen BIDs über mehr Gewicht als freiwillige Werbegemeinschaften, an denen sich in der Regel nur rund ein Viertel der Gewerbetreibenden beteiligt (BIRK; REICHHARDT; MÄRKT: 2006: 303; REICHHARDT 2004: Folie 9).

In den oben zitierten Aufzählungen werden mögliche BID-Maßnahmen allerdings lediglich unter bestimmten Labels zusammengefasst; sie liefern keine Kriterien für eine Klassifizierung. Ein wichtiges Thema in der

6 Bloem hat diese Aufzählung praktisch unverändert übernommen, in MSWKS (2001: 20) nennt er acht, in BCSD (2003: 12) alle zehn Funktionen, allerdings fehlt das nicht budgetrelevante Lobbying („advocacy for municipal action").

kritischen Diskussion von BIDs ist die Zwitterstellung von BIDs zwischen privater und öffentlicher Aufgabenerbringung. BIDs werden als „private governments" kritisiert, die zunehmend öffentliche Aufgaben ohne eine entsprechende demokratische Kontrolle übernähmen (vgl. Kapitel III4).

MORÇÖL und ZIMMERMANN haben daher eine Klassifizierung anhand des privaten bzw. öffentlichen Charakters von BID-Leistungen vorgeschlagen, mit der sie vier Abstufungen unterscheiden:

> BID functions and services can be grouped into four hierarchical levels; the degree of publicness increases from the first to the fourth levels: 1. Business services ... [consumer marketing, economic development]; 2. Policy advocacy ...; 3. ‚Traditional' public services ... [maintenance, parking and transportation, security, social services, capital improvements] 4. Comprehensive governmental authority ... [strategic planning (design of public spaces), public space regulation, establishing and operating community courts] (MORÇÖL; ZIMMERMANN 2008a: 42)

MORÇÖL und ZIMMERMANN gehen dabei von einem Verständnis aus, das eine eindeutige Trennlinie zwischen öffentlichen und privaten Leistungen unterstellt. Ein derartiges Verständnis ist konstitutiv für das europäische Staatsverständnis, ist in den USA aber erst in der sog. *Progressive Era* entstanden. Die Entstehung von BIDs und deren Eindringen in bisher von öffentlichen Hand erbrachte Leistungen ist allerdings in einem engen Zusammenhang mit „the changing nature of the public service delivery system in the United States" und dem „Verwischen" von als eindeutig getrennt geglaubten Sphären zu sehen (ebd.; vgl. auch Abschnitt III2.2).

Diese Klassifizierung ist daher geeignet, den Blick für den „hybriden" Charakter der US-BIDs zu schärfen, die zwischen der privaten und der öffentlichen Sphäre agieren. Auf der anderen Seite kann anhand dieser Klassifizierung aber auch verdeutlicht werden, worin sich deutsche BIDs von ihrem US-amerikanischen Vorbild unterscheiden: Denn deutsche BIDs erbringen „traditionelle" öffentliche Dienstleistungen (3.) wie Sauberkeit und Sicherheit nur zusätzlich zu einem vorhandenen relativ hohen Grundniveau und können staatliche Kernaufgaben (4.) gar nicht übernehmen. Aus diesem Grund eignet sich diese Klassifizierung insbesondere zur Verdeutlichung der Unterschiede zwischen US-amerikanischen und deutschen BIDs.

II Theoretisch-konzeptioneller Rahmen

1 Einleitung

Anders als in den USA sind BIDs in Deutschland keine Neuerfindung: Ende der 1990er Jahre wurden Consultants auf BIDs in den USA aufmerksam, die Idee wurde diskutiert und propagiert, schließlich wurde das Modell von der Politik aufgegriffen und in Hamburg erstmalig eingeführt – oder zusammenfassend: Das Instrument BID wurde von den USA nach Deutschland transferiert. Dabei wurde betont, dass der Selbsthilfegedanke von BIDs typisch für das US-amerikanische Selbstverständnis sei, und daher bezweifelt, ob dieses Instrument mit der deutschen Mentalität kompatibel sei, die bei Problemen zunächst nach dem Staat rufe. Obwohl an diesem Punkt BIDs als typisches Produkt der US-amerikanischen Verhältnisse interpretiert wurden, wurde in der Folge der Kontexteinbettung praktisch keine Beachtung mehr geschenkt und konsequenterweise die relevanten Kontextunterschiede zwischen den USA und Deutschland auch nicht systematisch untersucht.

In dieser Arbeit möchte ich diese Analyse im Rückblick vornehmen. Dazu bedarf es theoretischer Konzepte, mit denen zum einen die Kontexteinbettung und zum anderen der Transferprozess analysiert werden kann. In diesem Teil der Arbeit werden geeignete Ansätze zur Beantwortung der Forschungsfragen vorgestellt.

Aus diesen Überlegungen ergibt sich die Gliederung des theoretisch-konzeptionellen Teils. Im ersten Schritt wird ein Ansatz vorgestellt und diskutiert, der verschiedene Ausprägungen von Kapitalismus-Systemen untersucht und diese als spezifische Lösungen für die Koordinationsprobleme im ökonomischen System modelliert. Zunächst wird das Thema im Kontext der Governance-Diskussion und insbesondere der *economic governance*-Ansätze verortet (Kapitel II2). Im Anschluss daran wird der *Varieties of Capitalism*-Ansatz (VoC) mit seinen Grundannahmen und dem Vergleich zweier idealtypisch formulierter Kapitalismus-Typen vorgestellt (Kapitel II3). Anschließend werden Stärken und Schwächen des Ansatzes und seine Eignung für den Zweck dieser Untersuchung diskutiert (Kapitel II4). Aus der Unterscheidung zwischen den beiden idealtypischen Kapitalismus-Typen, der liberalen und der koordinierten Marktwirtschaft, wird ein Grund-Analyserahmen für einen Vergleich der unterschiedlichen Kontextbedingungen für das Geberland der BIDs, die USA, und das aufnehmende Land Deutschland abgeleitet. Da sich der VoC-Ansatz jedoch im Wesentlichen auf den ökonomischen Kontext und die dafür relevanten Institutionen beschränkt, muss er um Aspekte des Verständnisses von Staat und Demokratie, von Stadt, von Planung und der Bedeutung des öffentlichen Raums ergänzt werden. Die „Klammer" zwischen den genannten Aspekten bildet der jeweilige Wertekern der beiden Gesellschaften, der Auswirkungen auf alle gesellschaftlichen Subsysteme hat (Kapitel II5).

Zur Analyse des BID-Transferprozesses werden verschiedene theoretische Ansätze des Politiktransfers herangezogen (Kapitel II6). Zunächst gebe ich einen Überblick über Politiktransferansätze und nehme eine Abgrenzung zu anderen Ansätzen vor, die die Entstehung von Politik erklären, wie z.B. rationale Entscheidungsfindung oder „social learning". Anschließend werden zwei Ansätze näher vorgestellt, die sich zur Analyse des BID-Transfers eignen.

Die Annahmen des *Varieties of Capitalism*-Ansatzes, dass ein sozioökonomisches System sich jeweils pfadabhängig weiterentwickelt, führen zu der Schlussfolgerung, dass der Transfer einzelner Elemente aus einem Kapitalismus-Typ in einen anderen prinzipiell nicht möglich ist. Da im Falle von BIDs von einem erfolgreichen Transfer insofern ausgegangen werden kann, als sie sich mittlerweile in Deutschland etabliert haben, müssen Thesen erarbeitet werden, die diesen Transfer theoretisch erklären können. Diese Thesen werden aus der Verschränkung des *Varieties of Capitalism*-Ansatzes mit den Konzepten des Politiktransfers abgeleitet (Kapitel II7).

2 Einordnung des Themas in die Governance-Diskussion: *economic governance*

Business Improvement Districts sind ein politisches Instrument, das sowohl der Wirtschafts- wie auch der Stadtentwicklungspolitik zugeordnet werden kann (vgl. VOLLMER 2008). Es zielt zwar auf Wirtschaftssubjekte ab, die sich seiner bedienen; dennoch können BIDs nicht als rein ökonomisches Instrument interpretiert werden, da es sich um keine eigenständige Selbstregelung der ökonomischen Akteure handelt. Für das Zustandekommen eines BIDs bedarf es der mehrfach verschränkten Aktion zweier Seiten: Erstens muss die Politik ein entsprechendes Gesetz verabschieden, zweitens müssen lokale Grundeigentümer die Initiative zur Gründung eines BIDs ergreifen, drittens muss diese Initiative bestimmten formalen Vorgaben entsprechen und bedarf der staatlichen Sanktion, schließlich wirken viertens an der Umsetzung private Akteure unter staatlicher Aufsicht mit. BIDs stehen somit im Kontrast zu einer idealtypischen hierarchischen Steuerung – Government und sind vielmehr als Governance-Arrangement zu betrachten.

Der Begriff Governance hat zwei Wurzeln: „die in der Institutionenökonomik verankerte wirtschaftswissenschaftliche Wurzel auf der einen, die in der Politikwissenschaft verankerte Wurzel auf der anderen Seite" (BENZ ET AL. 2007b: 10 f.). Während die wirtschaftswissenschaftliche Wurzel auf die institutionenökonomische Erkenntnis zurückgeht, dass die neoklassisch modellierten, unregulierten Märkte in bestimmten Bereichen Ineffizienzen aufweisen, beruht die politikwissenschaftliche Wurzel auf Untersuchungen der internationalen Beziehungen sowie der Policy-Forschung (ebd. 11). Während im Feld der internationalen Politik eine Koordination seit jeher ohne hierarchische Steuerung auskommen muss, steht der Begriff Governance in der Policy-Forschung „in einem Dreischritt von ‚Planung' über ‚Steuerung' zu ‚Governance'" (ebd.). Hinter den Begriffen Planung und Steuerung steht die in den 1960er und 1970er Jahren vorherrschende Vorstellung, dass sich Politik hierarchisch durchsetzen ließe, indem ein Steuerungssubjekt (die Ministerialbürokratie) eine zentral erarbeitete Planung auf ein Steuerungsobjekt anwendet.

> Die für diese Definition zentrale Unterscheidung zwischen Steuerungssubjekt und Steuerungsobjekt lenkt die Aufmerksamkeit zum einen auf die Steuerungsfähigkeit der Akteure und zum anderen auf die Steuerbarkeit der Adressaten ihres Handelns und erlaubt es, systematisch zwischen beidem zu unterscheiden. Neben dem Denken in Termini von Akteuren gehört zu den kognitiven Prämissen der hier ansetzenden politikwissenschaftlichen Steuerungstheorie ein tradiertes – kontinentaleuropäisches – Staatsverständnis, demzufolge Politik nicht als Herrschaft, als Nutzung von Macht im eigenen oder dem Interesse einer Klasse, sondern als Handeln im öffentlichen Interesse verstanden wird. (MAYNTZ 2004a: o.S.)

Als die Implementationsforschung nach dem Erfolg derartiger Planung fragte, stellte sich heraus, dass „das jeweilige Gestaltungsobjekt eben nicht bloß ein passiver, seine Formung durch die staatliche Politik willig über sich ergehen lassender Gegenstand ist, sondern aktiv und eigendynamisch Steuerungsimpulse verarbeitet“ (ebd.). Eine Konsequenz aus dieser Erkenntnis war für die Politikwissenschaft, die Aufmerksamkeit vermehrt auf Formen gesellschaftlicher Selbststeuerung zu richten. Der Blick auf unterschiedliche Koordinationsformen von Akteuren, die im „öffentlichen Interesse“ handeln, führte dazu, dass „die klare Unterscheidbarkeit von Steuerungsobjekt und Steuerungssubjekt verschwindet“ (MAYNTZ 2004a: o.S.).

Hinter dem Begriff Governance verbirgt sich somit in erster Linie ein Perspektivwechsel, der das Forschungsinteresse nicht nur auf staatliche Akteure, sondern auch auf weitere gesellschaftliche Akteure und deren Kooperationsbeziehungen richtet. Unter dem Governance-Konzept vereinen sich daher unterschiedlichste theoretische Ansätze, aus denen für die Analyse des BID-Transfers ein geeigneter auszuwählen ist.

Ansätze aus dem Bereich der *economic governance* betonen die institutionelle Einbettung von Märkten. Für das Zustandekommen eines BIDs bedarf es, wie oben dargestellt, der Mitwirkung staatlicher Institutionen. Mit dem Instrument BID wird also die rein wettbewerbliche Steuerung von Märkten ergänzt. Es ist daher naheliegend, innerhalb der *economic governance* nach geeigneten theoretischen Konzepten zur Analyse von BIDs zu suchen.

2.1 *Die institutionelle Einbettung von Märkten*

Die „Governance in der politischen Ökonomie“ (vgl. den Titel des Beitrages von LÜTZ 2004) befasst sich mit der institutionellen Einbettung der Wirtschaft. Entgegen den – mittlerweile überholten – Vorstellungen der Neoklassik, dass „gerade der freie und von jeder Art politischer Intervention unbelastete Markt Garant einer effizienten Allokation von Gütern, Dienstleistungen und Kapital“ (LÜTZ 2004: 148) sei, haben sich mittlerweile folgende Erkenntnisse durchgesetzt: Die in der neoklassischen Theorie modellierten Märkte funktionieren nur, wenn eine Reihe von Voraussetzungen gegeben sind wie eine atomistische Marktstruktur, Homogenität der Güter, vollständige Transparenz, keine Transaktionskosten u.w.m. (CZADA 2007: 71). In der Realität sind diese Voraussetzungen jedoch nie alle vorhanden, das heißt in der Konsequenz, dass „[d]er ideale Markt … ein theoretisches Konstrukt“ ist (ebd.).

Diese Unvollkommenheit der Märkte führt zu negativen Externalitäten, der Bildung natürlicher Monopole und einer asymmetrischen Informationsverteilung zwischen Marktteilnehmern (ebd. 74 f.). Märkte brauchen für ihr Funktionieren daher zwingend eine marktexterne Instanz, die für eine Kontrolle und Durchsetzung von Regeln sorgt – den Staat.

Die Institutionenökonomie hat darauf hingewiesen, dass der Marktmechanismus nicht immer die effizienteste Koordinationsform ist. Durch hierarchische Koordination der Zusammenarbeit oder durch Verträge können die Kosten, die bei jeder marktlichen Transaktion entstehen, reduziert werden; im Falle eines Unternehmens z.B. die Kosten für die Festlegung und vertragliche Vereinbarung von Arbeitsleistungen. Die Governance-Forschung nahm dabei insbesondere Netzwerke und Verbände (Neokorporatismus) als alternative Koordinierungsmechanismen in den Blick.

Auch bei der Bereitstellung kollektiver Güter, die z.B. in Form von Infrastrukturen eine wesentliche Vorleistung für wirtschaftliche Aktivität sind, versagt der Markt. Bei einer freiwilligen gemeinschaftlichen Finanzierung kollektiver Güter tritt das sog. Trittbrettfahrerproblem auf; im Bereich der Produktion öffentlicher Güter versagt der Markt. OLSON hat dargelegt, dass die Nutzenkalküle rational handelnder Individuen dazu führen, dass eine Gruppe die eigentlich von ihnen gewünschten Kollektivgüter nicht oder nicht in der optimalen Menge bereitstellt. Der Grund ist, dass von der Nutzung eines kollektiven Gutes niemand ausgeschlossen werden kann. Wenn der Nutzen des fraglichen Kollektivgutes für Einzelne in der Gruppe groß genug ist, sind sie bereit, dieses Gut auch zu beschaffen, auch wenn sich nicht alle daran beteiligen. Je größer und je inhomogener die Gruppe, desto größer ist die Wahrscheinlichkeit, dass nicht die optimale Menge eines Kollektivgutes bereitgestellt wird. Ab einer gewissen Gruppengröße bedarf es daher des Zwangs (vgl. OLSON ^{2}1985 (erstmals erschienen 1965)). Die Praxis der freiwilligen Citymarketing-Initiativen beweist dieses Dilemma vielfach. Das BID-Instrumentarium ermöglicht durch die staatliche Sanktion die Erhebung von Zwangsabgaben von allen in dem fraglichen Gebiet ansässigen Grundeigentümern und bietet somit das geeignete Mittel zur Lösung des Trittbrettfahrer-Problems (vgl. SCHMIDT-TRENZ 2007).

Die Konsequenz aus diesen Überlegungen ist, dass Märkte für ihr Funktionieren einer Regulierung bedürfen, und zwar dort, wo der Marktmechanismus versagt. Darüber hinaus müssen Märkte aber auch in einen rechlich-moralischen Kontext eingebettet sein: „Märkte brauchen, um nicht von sozialer und politischer Vermachtung, von Gier, Eigennutz und betrügerischer Übervorteilung zerstört zu werden, die Einbettung in rechtliche und sozialmoralische Regelwerke …" (CZADA 2007: 68).

Economic governance geht also davon aus, dass Märkte in ein staatliches Regulierungssystem und einen sozialen Kontext eingebettet sein müssen, um funktionieren zu können. Der eingeschränkte Blick der Ökonomie auf eine rein wettbewerbliche Koordination muss somit um hierarchische und netzwerkartige Formen erweitert werden.

2.2 Verschiedene Koordinationsformen

HOLLINGSWORTH und BOYER haben die verschiedenen Koordinationsmechanismen anhand von zwei Dimensionen klassifiziert. Die Dimension „Koordinationsmodus" hat die Ausprägungen „horizontal" und „vertikal (hierarchisch)"; die Dimension „Handlungsmotiv" unterscheidet zwischen „Eigeninteresse" und „(durch soziale Verpflichtungen oder Zwang) gebundenem Interesse". Märkte weisen entsprechend die Ausprägung „horizontale" Koordination und „Eigeninteresse" als Handlungsmotive auf, während Unternehmenshierarchien bei demselben Handlungsmotiv „vertikal" koordiniert sind; demgegenüber sind Gemeinschaften (*communities*) wie Märkte „horizontal" koordiniert, unterliegen aber einem „gebundenen Interesse", während letzteres auch für den Staat gilt, der aber „vertikal" koordiniert ist. Netzwerke und Verbände liegen in der Mitte des Schemas, da sie sowohl Eigenschaften vertikaler als auch horizontaler Kooperation vereinen, ebenso wie die Motive des Eigen- und des gebundenen Interesses.

Jeder Koordinierungsmechanismus zeichnet sich durch eine spezifische Kombination der Merkmale Organisationsstruktur, Austauschregeln, individuelle und kollektive Mittel zur Regelbefolgung aus (vgl. HOLLINGSWORTH; BOYER 1997b: 15 f., Tab. 1-1). Dementsprechend weist auch jeder Mechanismus spezifische Schwächen auf. So ist der Marktmechanismus beispielsweise u. a. dadurch gekennzeichnet, dass er weder kollektive Güter produzieren noch mit Externalitäten umgehen kann und eine Ungleichverteilung von Einkommen und Reichtum zur Folge hat (vgl. HOLLINGSWORTH; BOYER 1997b: 17 f., Tab. 1-2). Kein Mechanismus allein kann folglich alle auftretenden Koordinationsprobleme lösen, sondern es kommt auf eine sinnvolle Kombination verschiedener Koordinationsformen an, die die jeweiligen Vor- und Nachteile miteinander verbindet. Auf diese Weise entstehen unterschiedliche Institutionensysteme, die die auftretenden

Koordinationsprobleme durch eine jeweils eigene Kombination der Mechanismen lösen, in diesem Sinne also funktional äquivalent sind, aber auch bestimmte Stärken und Schwächen aufweisen.

2.3 Analyseperspektiven der economic governance

Die auf die (politische) Ökonomie ausgerichtete Governance nimmt das einzelne Unternehmen sowie dessen Innen- und Außenbeziehungen in den Blick. Die Governance-Forschung unterscheidet dabei verschiedene Ebenen: So lassen sich mit LÜTZ Ansätze unterscheiden, die auf der Makro-, Meso- oder Mikroebene ansetzen. Die Makroebene untersucht die nationale Ebene, die aus Governance-Sicht durch ein jeweils spezifisches Institutionensystem gekennzeichnet ist. Auf dieser Grundlage wird von den Vertretern dieser Richtung zwischen unterschiedlichen Kapitalismus-Typen unterschieden. So unterschied ALBERT 1992 zwei Grundtypen – den neoamerikanischen (oder angelsächsischen) und den rheinischen Kapitalismus (der Japan mit einschließt). Andere Typologien wie die von Vivien Schmidt (2002) oder Amable (2003) unterscheiden weitere Typen (*diversity of capitalism*) (LÜTZ 2007b: 391).

Am weitesten entwickelt ist der *Varieties of Capitalism*-Ansatz von HALL und SOSKICE 2001, der zwischen liberalen und koordinierten Ökonomien unterscheidet (s. dazu Kap. II3).

Der Mesoebene werden Forschungsansätze zugerechnet, die eine sektorale oder regionale Ausrichtung haben. Hollingsworth untersuchte die Regeln und Institutionen, die der Handlungskoordination in bestimmten Sektoren dienen („governance of industries"). Der sektorale Ansatz wurde zum Ansatz der Sozialen Produktionssysteme („social systems of production") weiterentwickelt, der davon ausgeht, dass in den dominanten Sektoren einer Volkswirtschaft eine spezifische Kombination von Koordinierungsformen vorherrscht. Dieser Ansatz überschreitet die sektorale Sichtweise insofern, als diese Kombination aufgrund der Bedeutung der dominanten Sektoren auch Einfluss auf die Gestaltung der nationalen Institutionen hat. In der deutschen Forschung stand dagegen die Analyse der Transformation sog. staatsnaher Sektoren (z.B. Infrastruktur, Bildung, Agrarwirtschaft) im Mittelpunkt der Aufmerksamkeit (LÜTZ 2007b: 392).

Regional ausgerichtete *economic governance*-Ansätze untersuchen vorwiegend Kooperationsformen zwischen klein- und mittelständischer Unternehmen, die sich mit komplementären Aufgaben als Verbund ergänzen und kollektive Güter wie spezifisches Know-how zur Einführung bestimmter Technologien bereitstellen. Diese Cluster können mit institutionell sehr unterschiedlichen Konfigurationen, die wiederum vom nationalen Kontext abhängig sind, erfolgreich sein (Drittes Italien, Baden-Württemberg) (LÜTZ 2007b: 392).

Auf der Mikroebene schließlich werden Analysen zu Themen wie Unternehmensverfassung oder die Beziehungsmuster beispielsweise zwischen Management und Beschäftigten, Anteilseignern und Finanzierungsinstitutionen durchgeführt (*corporate governance*).

Nach diesem Überblick über Ansätze der *economic governance* wird nunmehr der *Varieties of Capitalism*-Ansatz von HALL und SOSKICE als Grundlage für die Analyse der Kontexteinbettung von BIDs vorgestellt. Dieser Ansatz ist der Makroebene der *economic governance* zuzuordnen, d.h. er fokussiert die Ebene der nationalen Institutionen.

3 Der *Varieties of Capitalism*-Ansatz (VoC)

Auch wenn es nach dem Zusammenbruch des Sozialismus schien, dass „der" Kapitalismus den Siegeszug angetreten hätte, handelt es sich bei genauerem Hinsehen nicht um ein einziges Modell, sondern es gibt große nationale Unterschiede zwischen einzelnen Wirtschaftssystemen. HALL und SOSKICE haben herausgearbeitet, dass diese in Bezug auf Koordinierungsprobleme in der Wirtschaft jeweils spezifische Stärken und Schwächen aufweisen. Dazu haben sie zwei idealtypische Modelle, die liberale Marktwirtschaft und die koordinierte Marktwirtschaft, entwickelt und einander gegenübergestellt.

Dabei stützen sich HALL und SOSKICE auf frühere Arbeiten (HALL; SOSKICE 2001: 2 ff.). Zu den frühesten dieser Ansätze, die sich mit den Unterschieden von institutionellen Arrangements beschäftigen, gehört der Modernisierungs-Ansatz. In der Nachkriegszeit entstanden, betont er die Rolle des Staates für die Modernisierung einer veralteten Industrie und fokussierte insoweit auf die institutionellen Strukturen und deren Einfluss auf private Wirtschaftsakteure. Ein weiterer Vorläufer ist der Neokorporatismus, der die Fähigkeit des Staates untersucht, organisierte Interessen (z.B. der Arbeitnehmer und Arbeitgeber) in die politische Entscheidungsfindung einzubeziehen. 1992 erschien „Kapitalismus gegen Kapitalismus" von ALBERT, der mit seiner Unterscheidung zwischen dem von ihm sogenannten „rheinischen" und dem neoamerikanischen Kapitalismus als direkter Vorläufer des VoC-Ansatzes zu sehen ist. ALBERT thematisiert essayistisch die Überlegenheit des „rheinischen" Modells, das sowohl in wirtschaftlicher Hinsicht erfolgreicher sei als auch im Vergleich zum neoamerikanischen für größere Verteilungsgerechtigkeit und sozialen Frieden sorge. Demgegenüber würde der neoamerikanische Kapitalismus international als „das" Modell des Kapitalismus angesehen, was auf die Darstellung spektakulärer Erfolgsstories in den Medien zurückzuführen sei.

Unmittelbare Vorläufer für den *Varieties of Capitalism*-Ansatz sind Arbeiten verschiedener Autoren, u. a. Streeck, Schmitter, Hollingsworth, Boyer, Abelshauser, zu sozialen Systemen der Produktion (*social systems of production*) (HALL; SOSKICE 2001: 3). Soziale Produktionssysteme beziehen sich in erster Linie auf sektorale Governance-Systeme, also die Mesoebene, setzen aber auch Institutionen auf nationaler Ebene, wie beispielsweise im Bildungswesen oder im Bereich des Finanzsystems, voraus. Auch wenn HOLLINGSWORTH und BOYER (1997b) von der Koexistenz verschiedener sozialer Produktionssysteme innerhalb einer Volkswirtschaft ausgehen, nehmen sie die Dominanz jeweils eines Systems an, auf das die nationalen Institutionen optimiert seien. Die Autoren unterscheiden zwischen dem System der standardisierten Massenproduktion und Systemen flexibler Produktion, die sie weiter unterteilen in das System der flexiblen Spezialisierung, das in Deutschland verbreitet ist, und in das der diversifizierten Qualitätsmassenproduktion, für das Japan prototypisch ist. Das System der standardisierten Massenproduktion der USA weist viele Parallelen zur weiter unten dargestellten liberalen Marktwirtschaft auf, ebenso wie das System der flexiblen Spezialisierung zur koordinierten Marktwirtschaft.

3.1 Grundannahmen des Ansatzes

HALL und SOSKICE verfolgen einen akteurszentrierten Ansatz, d.h. sie gehen davon aus, dass Akteure ihre Interessen auf rationale Weise in strategischen Interaktionen mit Anderen verfolgen (in Anlehnung an SCHARPF). Unternehmen als die entscheidenden Akteure einer Marktwirtschaft sind die zentrale Untersuchungseinheit. Institutionen beeinflussen deren Interaktionen und schränken Handlungsmöglichkeiten ein. Während im alltäglichen Sprachgebrauch „Institution" und „Organisation" weitgehend synonym verwendet werden, werden die beiden Begriffe in institutionalistischen Theorien unterschieden. HALL und SOSKICE definieren Institutionen in Anlehnung an North als eine bestimmte Menge von formellen oder informellen Regeln, denen bestimmte Akteure generell zu folgen bereit sind (2001: 9). „Institution" ist dabei der weitergehende Begriff, der „Organisationen" mit einschließt. Institutionen können z.B. Flächentarifverträge, die Formen von Unternehmensverfassung und Unternehmensfinanzierung oder betrieblicher Mitbestimmung (MAYNTZ 2004: 67) sein.

Der *Varieties of Capitalism*-Ansatz beinhaltet sechs Grundelemente (HALL; SOSKICE 2001: 6 ff.):

1. Eine relationale Sicht auf Unternehmen, das heißt, das Augenmerk liegt auf die Beziehungen, die ein Unternehmen nach innen und nach außen unterhält. Innenbeziehungen sind dabei die Binnenstruktur sowie das Verhältnis zu den Beschäftigten; Außenbeziehungen unterhält ein Unternehmen mit Kunden, Zulieferern, Geldgebern, kooperierenden oder konkurrierenden Unternehmen, Gewerkschaften, Unternehmensverbänden, Forschungseinrichtungen oder staatlichen Stellen. Die Unternehmensbeziehungen werden in fünf Bereiche unterteilt, die weiter unten als Unterscheidungskriterien zwischen den beiden Kapitalismusmodellen herangezogen werden: (i) die finanziellen Beziehungen (*corporate governance*), (ii) die interne Unternehmensstruktur, (iii) die industriellen Beziehungen, (iv) das Aus- und Weiterbildungswesen sowie (v) die Beziehungen zu anderen Unternehmen.

2. Die Unterscheidung zwischen den beiden idealtypischen Modellen der liberalen („Liberal Market Economy", LME) und der koordinierten Marktwirtschaft („Coordinated Market Economy", CME) entlang der o. g. fünf Kriterien. Da diese Unterscheidung die Grundlage für die Entwicklung des Analyserahmens zur Untersuchung der Kontexteinbettung von BIDs bildet, wird sie im folgenden Abschnitt ausführlich dargestellt.

3. Die Rolle von Institutionen und Organisationen. Die dominanten Institutionen in einer Nationalökonomie definieren den Kapitalismustyp. Märkte – die entsprechend der obigen Definition Institutionen sind – und Unternehmenshierarchien sind die zentralen Institutionen in LMEs, während es in CMEs noch weitere Institutionen zur Koordinierung der

Marktakteure gibt. Dazu gehören Organisationen, wie beispielsweise Unternehmerverbände oder Gewerkschaften, und Institutionen, wie verschränkter Aktienbesitz zwischen Unternehmen, die nicht-marktlichen Informationsaustausch und Kooperation begünstigen. Derartige Institutionen böten auch, so HALL und SOSKICE, eine Plattform für Diskussion und Meinungsaustausch und trügen so zur Bildung einer gemeinschaftlichen Wissensbasis („common knowledge", 11) bei.

4. Neben bestimmten Institutionen tragen nach HALL und SOSKICE Kultur, informelle Regeln und Geschichte wesentlich zur Entstehung eines „common knowledge" bei. Unter informellen Regeln verstehen sie ein gemeinsames Verständnis in Bezug auf die zu erwartenden Handlungsmuster Anderer in bestimmten Situationen. Kultur und Geschichte formten diese Handlungsmuster. (Formale) Institutionen seien in zweierlei Hinsicht durch Geschichte geprägt, da sie erstens aus einer bestimmten historischen Situation heraus geschaffen wurden und zweitens durch historisch gewachsene gemeinsame Erfahrungen immer wieder bestätigt werden. So spielten Traditionen und Werte in der Herausbildung der „[n]euartige[n] institutionelle[n] Ausprägungen in Gestalt von Kartellen, Sozialstaat, Verbandsbildung und produktiver Ordnungspolitik des Staates" (ABELSHAUSER 2003: 35) seit 1873 in der „korporativen Marktwirtschaft" Deutschlands eine große Rolle. Und bei der Entstehung der Korporationen waren die noch bestehenden sozialen Aufgaben der Zünfte, wie Ausbildung und Arbeitsvermittlung, der Ausgangspunkt (ebd.). Auch „Werte und Prinzipien" wurden durch die Zünfte stark geprägt: „nicht Kauf und Gründung, Börse und Spekulation, sondern der genossenschaftliche Vertrag und der Primat gemeinsamer Interessen [nahmen] im öffentlichen Bewußtsein einen höheren sittlichen Rang" ein (ebd. 44).

5. Wechselwirkungen zwischen institutionellem Rahmen und Unternehmensstrategien. Im Gegensatz zu der in der neueren Organisationsökonomie verbreiteten Sichtweise, dass Unternehmen bewusst bestimmte Institutionen einrichteten, um ihre Strategien besser umsetzen zu können („(institutional) structure follows (firm) strategy", HALL; SOSKICE 2001: 15), gehen HALL und SOSKICE davon aus, dass Unternehmen ihre strategischen Entscheidungen an vorhandene institutionelle Strukturen anpassen („strategy follows structure", ebd.). Aus dieser Annahme entwickelten sie ihre „Theorie komparativer institutionel-

ler Vorteile" („theory of comparative institutional advantage", 57). Das jeweils charakteristische Set von Institutionen der beiden Kapitalismus-Typen böte, so die Autoren, komparative institutionelle Vorteile für Unternehmen, die ihre Firmenstrategie an die jeweiligen Vorteile anpassten und somit bestimmte Güter oder Dienstleistungen effizienter produzieren könnten (2001: 38). Daraus folgt wiederum, dass sich nationale Unterschiede langfristig verfestigen (sog. Divergenzthese, vgl. auch Abschnitt II4.1.2). Dies schließt allerdings andere Einflussfaktoren auf die Firmenstrategie nicht von vorneherein aus, so dass die beobachtbare Vielfalt von Unternehmensstrategien in einem System mit der These kompatibel ist.

6. Verstärkung der Unterschiede zwischen LMEs und CMEs durch institutionelle Komplementaritäten. Institutionen gelten als komplementär, „if the presence (or efficiency) of one increases the returns from (or efficiency of) the other" (ebd. 17). Damit ist gemeint, dass der output einer Institution in einem Bereich (z.B. im Finanzsystem die Bereitstellung von Kapital ohne die Erwartung kurzfristiger Profite, also die Nutzung eines Bankdarlehens statt aktienbasierter Finanzierung) die Leistung einer Institution in einem anderen Bereich unterstützt und verstärkt (z.B. langfristige Beschäftigung). Durch diese gegenseitige Verstärkung entstünde insgesamt eine höhere Effizienz aller Teilsysteme als durch reine Summierung der Teilleistungen. Neue Institutionen bildeten sich also nicht zufällig, sondern passten sich in das jeweils vorherrschende Institutionengefüge ein.

Weitere Schlussfolgerungen aus diesen Annahmen, die für den Politiktransfer relevant sind, werden weiter unten diskutiert (Kap. II7). Zunächst werden die in Annahme 2 genannten Kapitalismus-Modelle genauer dargestellt.

3.2 Zwei idealtypische Modelle des Kapitalismus: Liberale und koordinierte Marktwirtschaft

Die Unterscheidung zwischen liberaler (liberal market economy, LME) und koordinierter Marktwirtschaft (coordinated market economy, CME) ist das zentrale Element des *Varieties of Capitalism*-Ansatzes. Charakterisiert wird die liberale Marktwirtschaft durch die dominanten Koordinationsmechanismen Märkte und (Unternehmens-) hierarchien. Entsprechend sind die

Beziehungen zwischen Arbeit und Kapital oder Unternehmen und Zulieferern durch den Preismechanismus bestimmt. Auf hoch entwickelten Kapitalmärkten mit gestreutem Aktienbesitz sind öffentlich zugängliche Informationen wie die Entwicklung des Aktienkurses oder des Unternehmensgewinns wichtige Kriterien für die Beurteilung des Unternehmenserfolgs. Entwickeln sich diese schlecht, werden die Aktien verkauft; Aktionäre binden sich nicht langfristig an ein Unternehmen. Die Unternehmensführung ist daher gezwungen, kurzfristige strategische Entscheidungen zu treffen, die die Entwicklung des Aktienkurses positiv beeinflussen. Arbeitnehmer verfügen eher über allgemeine Qualifikationen und werden kaum in Unternehmensentscheidungen einbezogen, die Unternehmen sind vertikalhierarchisch organisiert. Der externe Arbeitsmarkt ist hochflexibel bei wenig flexiblen internen Arbeitsmärkten („hire and fire“); es besteht keine Bindung zwischen Arbeitnehmer und Unternehmen. In der Ausbildung wird vor allem in allgemeine, übertragbare Qualifikationen investiert; in branchen- oder gar unternehmensspezifische Qualifikationen zu investieren ist angesichts der großen Fluktuation und Flexibilität weder für Unternehmen noch Arbeitnehmer sinnvoll. Technologietransfer und Standardsetzung erfolgen über den Markt: Arbeitnehmer sind hochmobil und „verkaufen“ ihr technologisches Wissen an den Meistbietenden. Unternehmen entwickeln ihre eigenen Standards, die sich dann im Wettbewerb bewähren müssen. Die Marktmentalität ist vorherrschend und durchdringt auch andere gesellschaftliche Sphären.

In koordinierten Marktwirtschaften dagegen werden Koordinationsergebnisse in der Regel durch netzwerkförmige Koordinationsformen mit beeinflusst. Netzwerke und Verhandlungen ermöglichen strategische Interaktionen und Zusammenarbeit zwischen den Akteuren, die auf gegenseitigem Vertrauen und Ansehen beruhen. Dies gilt beispielsweise für die Kooperation mit Zulieferern oder Konkurrenten in der gemeinschaftlichen Definition von Produktstandards. Auch im Bereich des Technologietransfers und der Verständigung über gemeinsame Standards für Berufsausbildung kooperieren eigentlich konkurrierende Unternehmen miteinander. Der Kapitalmarkt ist wenig entwickelt; Unternehmen befinden sich mehrheitlich im Besitz anderer Unternehmen oder der Hausbank. In den Netzwerken ist der Zugang zu Insider-Informationen möglich; die Einschätzung, ob ein Unternehmen solide ist, unterliegt daher nicht dem vierteljährlichen Rhythmus der Vorlage von Unternehmensberichten. Die Finanzierung über das „geduldige Kapital“ (HALL; SOSKICE 2001: 22) der Bankkredite ermöglicht langfristigere Planungshorizonte und Investitionen. Arbeitnehmer verfügen über branchenspezifische Qualifikationen und arbeiten selbständig an der kontinuierlichen Verbesserung von Produkten und Produktionsabläufen. Betriebe haben ein Interesse daran, Mitarbeiter, in deren Weiterbildung sie investieren, auch langfristig im Unternehmen zu halten. Das System der Tarifverträge mit branchenweit gültigen Gehaltsstufen macht die Abwerbung von Mitarbeitern uninteressant, da diese nicht mit einer Lohnsteigerung rechnen können. Die gesetzlich geregelte Mitbestimmung (Betriebsräte, Arbeitnehmervertreter im Aufsichtsrat) bindet die Arbeitnehmervertretung in Unternehmensentscheidungen ein. Das Ausbildungssystem mit festgelegten Lehrberufen legt den Fokus auf branchenspezifische Qualifikationen, die im Ausbildungsbetrieb durch firmenbezogenes Wissen ergänzt werden.

Konkretisiert wird die liberale Marktwirtschaft anhand des Beispiels USA, während Deutschland als Prototyp der koordinierten Marktwirtschaft gilt. Die Stilisierung einer konkreten Volkswirtschaft als Idealtyp mag problematisch sein, denn auch wenn jede Nationalökonomie einem der beiden Grundtypen zugeordnet wird, zeichnet sie sich doch durch spezifische Besonderheiten aus. So wird etwa Japan dem Grundtyp CME zugeordnet, obwohl zwischen Deutschland und Japan erhebliche Unterschiede bestehen, wie HALL und SOSKICE explizit ausführen (2001: 34 ff.). Für das Unterfangen, einen Analyserahmen für den BID-Transfer von den USA nach Deutschland zu erarbeiten, ist der konkrete Bezug auf diese beiden Länder allerdings eher hilfreich.

Der Vergleich zwischen den beiden Kapitalismus-Typen wird entlang der oben genannten fünf Bereiche der Unternehmensbeziehungen – (i) finanzielle Beziehungen (*corporate governance*), (ii) interne Unternehmensstruktur, (iii) industriellen Beziehungen, (iv) Aus- und Weiterbildungswesen, (v) Beziehungen zu anderen Unternehmen – konkretisiert. Wie HALL und SOSKICE anhand von Beispielen darlegen (21 ff.) bestehen Wechselwirkungen zwischen diesen einzelnen Subsystemen. Sämtliche Beispiele stammen aus dem Produktivsektor. Im nächsten Kapitel wird daher diskutiert, ob der Ansatz auch auf andere Sektoren anwendbar ist und inwieweit er sich für die Analyse der Kontexteinbettung von BIDs eignet.

4 Diskussion des *Varieties of Capitalism*-Ansatzes

Im ersten Schritt werden die Stärken und Schwächen des Ansatzes besprochen. Dazu gehört insbesondere die Frage, wie der Ansatz Veränderungen und Pfadabweichungen erklärt. Die Annahmen von HALL und SOSKICE unterstellen, dass sich neue Institutionen in das bestehende System einpassen und sich nur durch die Ausbildung von Wechselwirkungen eine hohe Effizienz erreichen lässt. Dies führt unmittelbar zu der These, dass die vorhandenen Unterschiede in den Wirtschaftssystemen – d.h. Divergenz – im Zeitablauf bestehen bleiben. HALL und SOSKICE treten damit der Konvergenz-These entgegen, die besagt, dass sich die Wirtschaftssysteme in Reaktion auf den global wirksamen Wettbewerb hin zu einem deregulierten und liberalisierten „best model" entwickeln werden.

Der *Varieties of Capitalism*-Ansatz bezieht sich zudem – ohne dies explizit zu benennen – nur auf den Produktivsektor. Daher stellt sich die Frage, ob dies als Schwäche anzusehen ist, oder ob der Ansatz prinzipiell auf andere Sektoren übertragbar ist. Beispielhaft wird dies am Beispiel des Dienstleistungssektors Einzelhandel diskutiert.

4.1 Stärken und Schwächen des Varieties of Capitalism-Ansatzes

Zu den Stärken des *Varieties of Capitalism*-Ansatzes gehört, dass er die unterschiedlichen Ausprägungen des Kapitalismus ins Blickfeld rückt. Erschien der Kapitalismus in der Gegenüberstellung mit dem Sozialismus noch als monolithischer Block, verdeutlicht der Ansatz, dass es erhebliche, national spezifische Unterschiede zwischen den kapitalistischen Ländern gibt. Nationale Unterschiede werden dabei nicht als unterschiedliche Entwicklungsstufen zu einer „perfekten", den Grundannahmen der neoliberalen Wirtschaftstheorie entsprechenden Marktwirtschaft interpretiert. Vielmehr werden die Besonderheiten der jeweiligen nationalen Institutionenstruktur als prinzipiell funktional äquivalente Ergebnisse einer historisch und kulturell geprägten Entwicklung interpretiert.

Wesentlich am VoC-Ansatz ist die Betonung der Einbettung des Wirtschaftssystems in kulturell, historisch und politisch geprägte Institutionen. Diese Institutionen kompensieren die Schwächen des Marktmechanismus und sind national unterschiedlich ausgeformt. Zudem arbeitet der Ansatz heraus, dass Wechselwirkungen („Komplementaritäten") zwischen den einzelnen Elementen oder Subsystemen eines marktwirtschaftlichen Systems bestehen. Somt verdeutlicht er die Grenzen einer simplen Übertragung einzelner Elemente in einen anderen Kontext. Die Debatte um Neoliberalisierung kann dadurch auch erheblich präzisiert werden, da die Anwendung ein und desselben Instruments in unterschiedlichen Kontexten nicht zwingend zu gleichen Ergebnissen führen muss. Diese analytische Schärfe begründet die prinzipielle Brauchbarkeit des Ansatzes für die Analyse des Politiktransfers von BIDs aus dem US-amerikanischen in den deutschen Kontext.

Der VoC-Ansatz weist allerdings auch einige Schwächen auf, die hier benannt und im Hinblick auf ihre Auswirkungen für die Brauchbarkeit des Ansatzes diskutiert werden. Zum einen wird kritisiert, dass er sich lediglich an zwei idealtypischen Modellen orientiere. Spätere *diversity of capitalism*-Ansätze reagieren darauf. HALL und SOSKICE beanspruchen allerdings auch gar nicht, alle Varianten zu erfassen, sondern ihr Ziel ist es, die jeweils dominierenden Koordinierungsformen einer Marktwirtschaft in den Blick zu rücken (HALL; SOSKICE 2001: 35). Zudem kann diese Schwäche im Rahmen dieser Untersuchung vernachlässigt werden, da in der idealtypischen Unterscheidung zwischen LME und CME konkret das US-amerikanische und das deutsche Kapitalismus-Modell Pate standen, was für die hier vorzunehmende Analyse des BID-Transfers eher vorteilhaft ist.

Weitere Kritikpunkte am VoC-Ansatz sind, dass er statisch sei, endogene Veränderungsimpulse also ausgeblendet würden; die implizite These der Divergenz der Kapitalismustypen sowie die Fokussierung auf den Produktionssektor. Diese Schwächen werden in den folgenden Abschnitten diskutiert.

4.1.1 Veränderungen und Pfadabweichung

Die zentrale Kritik am VoC-Ansatz bezieht sich auf sein geringes Maß an Flexibilität:

> Der „Varieties of Capitalism"-Ansatz ist statisch und bietet wenig Möglichkeiten, Wandel innerhalb kapitalistischer Systeme zu erfassen. Man unterstellt, dass Unternehmen immer bestrebt sein werden, bestehende Strukturen zu reproduzieren, um national spezifische Wettbewerbsvorteile zu erhalten. Abweichungen vom bestehenden Pfad lassen sich nur als Reaktion auf exogene Schocks erklären … Nicht erklärbar ist aber dann, warum sich global players im Banken- und Industriesektor strategisch neu orientieren und Strukturen der Unternehmensführung, Finanzverflechtung oder der Mitbestimmung reorganisieren. (LÜTZ 2004: 167)

HALL und SOSKICE leugnen indes nicht, dass insbesondere die koordinierten Marktwirtschaften durch die Globalisierung einem enormen Veränderungsdruck ausgesetzt sind. Sie betonen aber, dass ihr Ansatz „dynamischer“ sei als der Großteil der Globalisierungsliteratur (2001: 62) und sie bieten Erklärungsansätze für Veränderungsprozesse an, die z.B. in Deutschland im Bereich der Unternehmensfinanzierung zu beobachten sind: So setze die abnehmende Bedeutung der Hausbanken als Geldgeber für Unternehmen und die stärkere Orientierung an der Entwicklung des Aktienkurses als Gradmesser für die Performance eines Unternehmens das Modell der koordinierten Marktwirtschaft unter Druck. Die Unternehmen reagierten aber auf eine modellspezifische Weise, indem sie die Zusammenarbeit mit den Betriebsräten intensivierten, um zu kooperativen Lösungen zu kommen (2001: 61). Empirische Untersuchungen (BEYER; HASSEL 2003) bestätigen diese spezifischen Reaktionsmuster; die Autoren ziehen daraus jedoch andere Schlüsse (vgl. dazu den folgenden Abschnitt II4.1.2).

Es lässt sich also zusammenfassend festhalten, dass der VoC-Ansatz dynamisch ist, insofern er Veränderungsprozesse als Anpassungen von neuen Elementen an vorhandene Institutionen erklären kann; dabei bleibt aber gemäß den Annahmen jedes Kapitalismus-Modell seinem grundsätzlichen Pfad treu. Pfadabweichungen sind nur aufgrund modellexterner „Schocks“ denkbar; insofern ist der Ansatz statisch.

4.1.2 Zukünftige Entwicklung: Konvergenz, Divergenz oder Hybridisierung der Kapitalismustypen?

In den letzten Jahren hat sich die Meinung verbreitet, dass sich aufgrund global ähnlich verlaufender Veränderungsprozesse der Bewegungsspielraum der Nationalstaaten verringere: Deregulierung, Privatisierung und Rückzug des Staates scheinen die einzig möglichen Lösungen zu sein. Implizit wird bei dieser Argumentation davon ausgegangen, dass sich die besten und effizientesten Problemlösungen international durchsetzen würden. Aus Sicht der Konvergenzthese wird politischen Institutionen jede Gestaltungsmöglichkeit abgesprochen und das Ergebnis der Entwicklung scheint allein von äußeren Einflussfaktoren determiniert.

Dem setzen HALL und SOSKICE die These einer weiter bestehenden Divergenz der Kapitalismen entgegen und begründen dies mit der Pfadabhängigkeit und Komplementarität von Institutionen.

Empirische Untersuchungen wie die oben zitierte von BEYER und HASSEL (2003) deuten jedoch darauf hin, dass es kein „Entweder – Oder“, sondern vielmehr ein „Sowohl – Als auch“ gibt: Es entstehen Mischungen aus Altem und Neuem, Übernommenem und Angepasstem, also gewissermaßen eine Hybridisierung der Modelle (BEYER 2003a: 8).

Diese Frage ist für den BID-Transfer insofern von Bedeutung, als BIDs im Zusammenhang einer vermeintlichen Privatisierung öffentlichen Raums u.a. durch den Einsatz von Videoüberwachung und Sicherheitsdiensten diskutiert werden. Die mögliche Übernahme von diesen in den USA verbreiteten Techniken steht im Zusammenhang mit einer befürchteten „Amerikanisierung“ der deutschen Stadt. Am Beispiel des BID-Transfers kann also auch die Frage erörtert werden, ob dieser als Hinweis auf eine Konvergenz, Divergenz oder Hybridisierung der Wirtschaftssysteme zu interpretieren ist.

Konvergenz hin zum liberalen Kapitalismus-Modell?

> ... the convergence thesis assumes that there is one best solution to organizing labor, raw materials, and capital in order to manufacture and distribute goods. (HOLLINGSWORTH; BOYER 1997b: 33 f.)

Konvergenz unterstellt, dass es nur eine „beste“ Lösung für ein Problem gibt, die sukzessive von allen Wirtschaftssystemen übernommen wird. Vertreter der Konvergenz-These gehen davon aus, dass Entwicklungen vorrangig von strukturellen Faktoren beeinflusst werden, während Einflussfaktoren wie politischen Entscheidungen oder Kultur nur eine Nebenrolle zugebilligt wird. Das heißt, dass die Variationsmöglichkeiten der politischen Einflussnahme beschränkt sind. Wirken transnationale strukturelle Kräfte, wie bei der Globalisierung, müssten sich daher die Reaktionen der einzelnen Nationalstaaten zwangsläufig gleichen.

Diese These wurde in jüngerer Zeit etwa durch die scheinbar weltweite Verbreitung neoliberaler Reaktionen auf wirtschaftliche Veränderungen durch den verschärften internationalen Standortwettbewerb oder eine Intensivierung der Kapitalbewegungen gestärkt. Demgegenüber galt noch in den 1970er Jahren die deutsche Wirtschaft als „Modell“: Wirtschaftlicher Erfolg war hier mit sozialem Frieden, Währungsstabilität, einer niedrigen Arbeitslosenquote sowie einer geringen Spreizung der Einkommen gepaart. Gegen Ende der 1980er Jahre geriet das „Modell Deutschland“ jedoch unter Druck: „Heute zielt die Kritik der öffentlichen Meinung im Kern exakt auf jene Elemente des deutschen Modells, die in den früheren Dekaden Vorbildcharakter für andere hatten." (ABELSHAUSER 2003: 18 f.) Mit dem erfolgreicheren Abschneiden der angelsächsischen Ökonomien kamen auch deren Erfolgsrezepte, Deregulierung und Privatisierung, in Mode – auch in Deutschland.

1997 fragte STREECK „German capitalism: ... Can it survive?" und wies darauf hin, dass die Aufrechterhaltung einer koordinierten und hochgradig institutionalisierten Volkswirtschaft wie die deutsche ein „Seiltanz" sei und abhängig von einer eher unwahrscheinlichen Kombination bestimmter Erfolgsfaktoren: Erstens müssten weltweite Märkte für Qualitätsprodukte groß genug sein, um auch bei Produktivitätszuwächsen für ausreichend Beschäftigung zu sorgen; zweitens müsse Produktinnovation rasch genug betrieben werden, um den Vorsprung auf den umkämpften Märkten beibehalten zu können, und drittens müsse das Angebot an Arbeitskräften in Bezug auf den Ausbildungsstand der Nachfrage auf den Produktmärkten entsprechen (STREECK 1997: 42). STREECK weist darauf hin, dass die historisch einmalige Kombination dieser Bedingungen seit den 1990er Jahren nicht mehr existiere und das deutsche Modell zudem durch die deutsche Wiedervereinigung und die Globalisierung unter Druck gerate:

> Economic globalization therefore erodes the conditions for such intervention and, by default but also by design, leaves only de-politicized, privatized and market-driven forms of economic order. ... Globalization discriminates against modes of economic governance that require public intervention associated with a sort of state capacity that is unavailable in the anarchic world of international politics. (STREECK 1997: 53)

Die strukturellen Kräfte der Globalisierung, die auf einer höheren Ebene wirksam sind als die an Nationalstaaten gebundenen politischen Interventionen, scheinen also die Kapitalismus-Form zu forcieren, die den Marktkräften freies Spiel lässt.

Divergenz: Beibehaltung der Unterschiede?

Vertreter der Divergenzthese betonen dagegen, dass Entwicklungen pfadabhängig seien, d.h. frühere Entscheidungen die zukünftigen Optionen einschränken. Sie gehen dabei davon aus, dass es mehrere, funktional äquivalente Lösungen für ein bestimmtes Problem gibt, und die Entscheidung für ein bestimmtes institutionelles Arrangement nicht allein von rationalen Kriterien beeinflusst werde; es in der Regel also nicht zu radikalen Neuentwicklungen kommt, sondern bestehende Institutionen laufend verbessert und angepasst würden. Verstärkend wirke die Komplementarität einzelner

Elemente, also die Verwobenheit von Institutionen, die *inputs* verwenden und *outputs* weiterreichen (s. unten).

Für die Divergenzthese sprechen die von HALL und SOSKICE formulierten Annahmen 4 bis 6 (2001: 12 ff.; vgl. Abschnitt II3.1). Durch Kultur und Geschichte geprägte informelle Regeln (Annahme 4) spielten eine wichtige Rolle im Erreichen eines von mehreren möglichen Gleichgewichten. Die aus Annahme 5 – das Vorhandensein von Wechselwirkungen zwischen institutionellem Rahmen und Unternehmensstrategien – entwickelte Theorie komparativer institutioneller Vorteile betont, dass die sogenannten institutionelle Vorteile eines Kapitalismustyps durch die Globalisierung nicht nivelliert werden, sondern sich im Gegenteil verstärken. Und Annahme 6, die These der institutionellen Komplementaritäten, führt in der Konsequenz dazu, dass Institutionen keine *stand alone*-Lösung sind, sondern nur in der Wechselwirkung mit anderen nationalspezifischen Institutionen ihre volle Wirksamkeit entfalten. Die Konsequenz aus diesen Annahmen ist, dass Institutionen immer historisch und kulturell geprägt sind, spezifische Vorteile für Unternehmen bieten und einander zu einem effizienteren Ganzen ergänzen. In dieser Logik kann es keine weltweit gleichen Lösungsmuster für Probleme geben.

ABELSHAUSER 2003 arbeitet heraus, dass sich die Grundzüge des deutschen Wirtschaftsmodells vor über 100 Jahren entwickelt haben, und auch wenn es darin Brüche im Sinne einer Abkehr vom Pfad gab (z. B. während des nationalsozialistischen Regimes), von einer „Kontinuität im Wandel“ gesprochen werden muss, d. h. die historisch entwickelten Grundzüge beibehalten und lediglich inkrementell angepasst wurden (2003: 20). In einem Vergleich zwischen dem deutschen und dem US-amerikanischen Produktionsregime Ende des 19. und des 20. Jahrhunderts kommt ABELSHAUSER zum Schluss: „Der langfristige Vergleich der beiden Produktionsregime zeigt, daß beide zum Zeitpunkt ihres Entstehens am Ende des 19. Jahrhunderts noch mehr Gemeinsamkeiten aufwiesen als hundert Jahre danach …“ (98). Die Divergenz zwischen den beiden Regimen habe also im Zeitverlauf zu- und nicht abgenommen.

Sowohl die Vertreter der Konvergenz- als auch der Divergenzthese gehen nedoch von stark vereinfachenden Annahmen aus, sie zeichnen ein Bild mit groben Pinselstrichen. Bei genauerem Hinsehen werden die Schattierungen sichtbar: Realitätsnäher ist ein Bild, das ein „Sowohl – Als auch“ berücksichtigt: Beibehaltung von Unterschieden in manchen Bereichen bei gleichzeitiger Annäherung in anderen.

Hybridisierung: Entstehung eines neuen Modells bzw. von Mischformen

Die dichotome Unterscheidung zwischen Konvergenz oder Divergenz ist bei genauerer Betrachtung nicht aufrechtzuerhalten. Einerseits gibt es zweifellos Annäherungen zwischen unterschiedlichen Nationalstaaten z.B. durch Harmonisierungsbestrebungen im Rahmen der EU, den Abbau von Handelsbarrieren und einem daraus resultierenden höheren Wettbewerbsdruck oder die Internationalisierung der Kapitalmärkte, durch die Unternehmen nicht mehr auf die nationalspezifischen Finanzierungsinstrumente angewiesen sind. Parallel dazu sei aber, wie STREECK betont, die Beibehaltung oder sogar Verstärkung von Unterschieden zu beobachten:

> Gleichzeitig läßt sich aber beobachten, *daß Konvergenz häufig mit Divergenz einhergeht.* ... Vor allem aber kann Konvergenz in *einem* Bereich Bemühungen um Divergenz in *anderen* auslösen – zur Verteidigung von Identität und Eigenständigkeit, aber auch, *um einem allzu scharfen Wettbewerb unter Gleichen zugunsten von Austausch unter Verschiedenen aus dem Weg zu gehen.* ... Eine wichtige Rolle spielen dabei die von vielen totgesagten Nationalstaaten. ... Globalisierung wird damit zu einem politisch vorangetriebenen Prozeß der sektoralen Spezialisierung territorialer Wirtschaftsgesellschaften ... Zumindest dort, wo es politisch verfaßten territorialen Gemeinschaften gelingt, sich als Ausgleich für die verlorene Kontrolle über ihre Grenzen durch Ausbau ihrer komparativen Vorteile (Porter 1990) eine Nische in einer zunehmend offeneren und systemisch integrierten Weltwirtschaft zu sichern, ist deshalb heute nicht *Konvergenz* die beherrschende Tendenz der Globalisierung, sondern *Konvergenz in Wechselwirkung mit Divergenz*. (STREECK 2004 (o.S.) (Hvhb. im Original))

Jürgen BEYER hat in empirischen Untersuchungen die oben dargestellten Thesen der Pfadabhängigkeit und der institutionellen Komplementaritäten als alleinige Erklärungsansätze für institutionellen Wandel in Frage gestellt. 2003 hat er zusammen mit Anke HASSEL die Auswirkungen der (beobachtbaren) zunehmenden *shareholder value*-Orientierung im Management deutscher Unternehmen auf die Beziehung zu den Beschäftigten untersucht. Untersucht wurde, ob die Annäherung des Managements an angloamerikanische Praktiken in den *corporate governance*-Regimes ebenfalls zu Veränderungen im Verhältnis zwischen Management und Mitarbeitern führten. Dies ließ sich empirisch jedoch nicht verifizieren (BEYER; HASSEL 2003: 180 f.). Die Übernahme eines Elementes der liberalen Ökonomie, nämlich die Orientierung am *shareholder value*, habe zwar Anpassungen anderer Elemente zu Folge, allerdings nicht diejenigen, die BEYER und HASSEL aufgrund der Annahmen des *Varieties of Capitalism*-Ansatzes erwartet hatten (179): Zwar reduzierte sich der „Wertschöpfungsanteil der Beschäftigten";

dies lag aber nicht daran, dass das Lohnniveau, sondern die Anzahl der Beschäftigten reduziert wurde (181).

Von drei möglichen Erklärungen für diesen Befund halten BEYER und HASSEL diejenige für die wahrscheinlichste, dass es zwar

> ... Beziehungen zwischen dem Corporate-Governance-Regime und dem Bereich der Arbeitsbeziehungen gibt, die Wirkmechanismen aber deutlich komplexer sind. ... Wenn Unternehmen aufgrund eines erhöhten Kapitalmarktdrucks den Eigentümern höhere Erträge bieten müssen, dann könnten sie, statt sich am angloamerikanischen Beschäftigungsmodell zu orientieren, z.B. noch deutlich stärker als in der Vergangenheit auf Produktivitätssteigerungen setzten, die sich weiterhin im Einvernehmen mit den Interessenvertretungen der Beschäftigten erzielen lassen. ...
>
> ... Das deutsche Corporate Governance Regime verändert sich im Interesse der Eigentümer, ohne dass dies notwendigerweise negative Auswirkungen auf das deutsche System der Arbeitsbeziehungen haben muss. (BEYER; HASSEL 2003: 181 f.)

Das bedeutet zum einen, dass es spezifische Antworten des deutschen Modells auf Veränderungen gibt. Zum anderen kann die These der institutionellen Komplementaritäten keine klaren Voraussagen darüber treffen, in welche Richtung die Anpassung stattfindet, und ist somit als Erklärungsansatz nicht ausreichend.

In der Einleitung zum Sammelband „Vom Zukunfts- zum Auslaufmodell? Die deutsche Wirtschaftsordnung im Wandel“ (2003) stellte BEYER in Zusammenfassung der Beiträge fest, dass trotz der Debatten um den deutschen Reformstau „sich die deutsche Wirtschaftsordnung in den letzten Jahren bereits verändert hat“ (8). Als gemeinsamen Nenner arbeitet er heraus, dass es im koordinierten deutschen Modell kein „Zentrum“ institutionellen Wandels gebe, die Veränderungen („Modellpflege“) vielmehr „unkoordiniert“ erfolgten:

> Vielmehr scheint sich ein Zustand eingestellt zu haben, bei dem in einigen Bereichen die institutionelle Stabilität überwiegt, in anderen Bereichen Veränderungen zu beobachten sind, die eine gewisse Kontinuität mit dem deutschen Modell erkennen lassen, während in wieder vielen anderen eine überraschend deutliche Abkehr von Bekanntem vorherrscht. Vieles wirkt „hybrid“, aus Bekanntem und Neuem rekombiniert, so dass sich ursprünglich vermeintlich Unvereinbares nun zusammenfügt. ... Der Wandel ist somit widersprüchlich und unsystematisch, was angesichts der Ausgangslage eines integrierten Modells, das auf einer starken Koordination der Wirtschaftsakteure basierte, durchaus bemerkenswert ist. (BEYER 2003b: 8 f.)

Durch die angeführten empirischen Untersuchungen wird deutlich, dass der in seiner analytischen Klarheit überzeugende *Varieties of Capitalism*-Ansatz empirisch nicht uneingeschränkt haltbar ist. Pfadabhängigkeit und institutionelle Komplementaritäten beeinflussen zwar den institutionellen Wandel, reichen als Erklärung aber nicht aus (vgl. auch BEYER 2006). Für die Entwicklung von Thesen zum Politiktransfer müssen daher auch Pfadabweichungen oder fehlende bzw. nur schwache Komplementaritäten in Betracht gezogen werden (s. Kap. II7).

4.1.3 Übertragbarkeit des VoC-Ansatzes auf andere Sektoren

Die letzte der oben erwähnten Schwächen des VoC-Ansatzes bezieht sich darauf, dass er sich stark auf die produktiven Sektoren bezieht. Hier ist daher zu diskutieren, ob und inwieweit der Ansatz auf andere Sektoren übertragbar ist.

HALL und SOSKICE verwenden den Begriff der „politischen Ökonomie"; somit ist davon auszugehen, dass sie die prinzipielle Gültigkeit des VoC-Ansatzes für alle Wirtschaftssektoren beanspruchen. Dafür spricht auch, dass der Ansatz der Makroebene und nicht der Mesoebene – in diesem Falle der sektoralen Ebene – (vgl. Abschnitt II2.2) zuzuordnen ist. Dennoch liegt der Analyseschwerpunkt des *Varieties of Capitalism*-Ansatzes auf dem Produktivsektor, auch wenn dies nicht explizit benannt wird. So stammen die von HALL und SOSKICE zur Illustration angeführten Beispiele ausnahmslos aus dem Produktivsektor.

Die Relevanz dieser Schwäche für die Untersuchung von BIDs ist nicht ganz eindeutig. BIDs sind definitiv nicht dem Produktivsektor zuzuordnen und sind in erster Linie ein politisches Instrument. Sie sind ein staatlich sanktioniertes und von wirtschaftlichen Akteuren initiiertes Organisationsinstrument, das in einem spezifischen Bereich des Immobilienmarktes greift, nämlich die vorwiegend durch Einzelhandel genutzten, meist kleinteilig strukturierten und in einem Zentrum gelegenen Immobilien.

BIDs und die Akteure in BIDs sind nicht eindeutig einem Sektor zuzuordnen: Grundeigentümer können als Unternehmer, als Akteure des Immobilienmarktes oder als private Akteure interpretiert werden; im Falle der vom Eigentümer geführten Geschäfte kommt noch die Rolle als Einzelhändler dazu. Die übrigen Einzelhändler im BID sind eher mittelbar oder indirekt angesprochene Akteure. BIDs sind daher unmittelbar dem Immobilien- und damit zunehmend auch dem Finanzsektor zuzuordnen, da sie zur Stabilisierung bzw. Steigerung der Immobilienwerte beitragen sollen, und mittelbar dem Einzelhandelssektor, da der Einfluss auf die Wertentwicklung über eine Stimulierung des ansässigen Einzelhandels mit entsprechenden Umsatzzuwächsen vermittelt werden soll. Insofern ist zu prüfen, ob der VoC-Ansatz grundsätzlich auch für diese Sektoren gültige Aussagen treffen kann.

Die Gültigkeit des Ansatzes für den Finanzsektor ergibt sich aus der Argumentation der Unterscheidung zwischen liberaler und koordinierter Ökonomie, insoweit der Finanzsektor (Kapitalmarkt oder Banken) als Institution für die Finanzierung von realwirtschaftlichen Projekten interpretiert wird.

Gerade die Finanzierung von Unternehmen unterliegt in Deutschland jedoch tief greifenden Veränderungen. So beschreibt BEYER den Strategiewechsel der Deutschen Bank hin zu einer verstärkten Investmentbank-Orientierung, der „nicht nur eine einzelwirtschaftliche Relevanz [hat], sondern ... in nicht unerheblicher Weise auch die Wirtschaftsordnung als Ganzes“ beeinflusse (BEYER 2003b: 12). Die Deutsche Bank war traditionell zur Reduzierung von Kreditvergaberisiken personell über Aufsichtsratsmandate und durch Kapitalbeteiligungen eng mit den großen deutschen Unternehmen verflochten und hatte daher ein Interesse am langfristigen Erfolg ihrer Kreditnehmer. Die zunehmende Orientierung an einer Investmentbank-Strategie jedoch „entlastet Banken davon, mitunternehmerisch tätig zu werden“, zudem sind „Verflechtungen ... kontraproduktiv für das Investmentbankgeschäft“ (BEYER 2003b: 13). Die veränderte Strategie äußerte sich konkret darin, dass sich die Deutsche Bank weigerte, bei der Rettung der Kirch-Unternehmensgruppe mitzuwirken (ebd. 14) oder in ihrer neutralen Haltung bei der feindlichen Übernahme von Mannesmann durch Vodafone (ebd. 15).

Die (sich verändernden) Handlungslogiken des Finanzsektors betreffen den Immobiliensektor insoweit, als Immobilien von ihren Besitzern zunehmend als Kapitalanlage betrachtet werden. Die Auswirkungen dieser Entwicklung sind bereits seit längerem in Innenstadtlagen spürbar, in denen es für Eigentümer lohnender ist, ihr Einzelhandelsgeschäft aufzugeben und ihre Immobilie zu verkaufen. Gravierender für die Organisation von Business Improvement Districts ist allerdings die sich beschleunigende Tendenz, dass sich Immobilien – und zwar insbesondere die großen „Schlüsselimmobilien“ in Einkaufsstraßen – im Besitz von institutionellen Anlegern befinden und somit für den Ansatzpunkt der BIDs, nämlich lokale Maßnahmen zur Umfeldverbesserung durchzuführen, argumentativ kaum zugänglich sind.

Übereinstimmungen mit den Charakteristika der koordinierten Marktwirtschaft lassen sich insoweit (noch) in der Eigentumsstruktur der (Lebensmittel-) Einzelhandelsunternehmen ausmachen. So weist BAHN darauf hin, dass in Deutschland viele Einzelhandelsunternehmen (insbesondere im Lebensmittelbereich) noch in Familien- bzw. Genossenschaftsbesitz sind; dies gilt auch für die Immobilien. In jüngerer Zeit würden jedoch auch in Deutschland im Zuge der „Konzentration auf das Kerngeschäft" zunehmend Immobilien veräußert.[7] Die in Großbritannien aufgrund der Börsennotierung großer Einzelhandelsunternehmen dominante „Logik des Kapital- und Immobiliensektors" würde daher auch in Deutschland mehr und mehr die „Logik des Einzelhandelssektors" überlagern (BAHN 2004: 64). Das bedeutet, dass die Renditeerwartungen alternativer Investitionen (etwa in Büroimmobilien) in Konkurrenz zu einer Nutzung durch den Einzelhandel treten und ein Druck auf diese Immobilien entstünde, entsprechende Gewinne zu erwirtschaften.

Zusammenfassend kann also grundsätzlich von einer Anwendbarkeit des VoC-Ansatzes auf den Immobiliensektor ausgegangen werden. Gerade im Finanzsektor sind aktuell allerdings sehr große Veränderungen hin zum liberalen Kapitalismustyp zu beobachten. Auch wenn sich während der Finanzkrise gezeigt hat, dass sich in Deutschland die Spekulation am Immobilienmarkt im Vergleich zu den USA in Grenzen gehalten hat, kann davon ausgegangen werden, dass diese Angleichungstendenzen aufgrund der fortschreitenden Internationalisierung der Finanzströme noch nicht abgeschlossen sein werden. Bei einem Vergleich der Kontextbedingungen von BIDs müssen derartige Veränderungen daher unbedingt mit berücksichtigt werden.

Demgegenüber ist die Anwendbarkeit des VoC-Ansatzes auf Dienstleistungssektoren weniger eindeutig. JACOBSEN hat die Anwendbarkeit des Ansatzes der sozialen Produktionssysteme[8] auf den Einzelhandelssektor geprüft. Dabei ist jedoch zu beachten, dass sie lediglich mit Blick auf den Lebensmitteleinzelhandel argumentiert, der wiederum nur ein Segment im Einzelhandel darstellt. JACOBSEN kommt zum Schluss, dass die von HOLLINGSWORTH entwickelten Unterscheidungskategorien grundsätzlich auch auf andere Branchen angewendet werden könnten, aber „im Hinblick auf den jeweiligen Marktbezug, die vorherrschenden Organisationsformen der Betriebe und einzelne Aspekte des Arbeitseinsatzes" modifiziert werden müssten (JACOBSEN 2001: 52 f.). Mit Bezug auf die Übertragbarkeit des

7 „Allerdings lässt sich auch in Deutschland in letzter Zeit beobachten, dass sich die Einzelhandelskonzerne auf ihr Kerngeschäft konzentrieren und ihr Immobilien-Portfolio entweder vollständig abtreten (z.B. Metro-Gruppe) oder sich auf bestimmte Lagen konzentrieren (z.B. Karstadt) ..." (BAHN 2004: 64).

8 Ein Vorläufer des *Varieties of Capitalism*-Ansatzes, vgl. Kap. II3.

Systems der diversifizierten Qualitätsmassenproduktion, das HOLLINGSWORTH als das in Deutschland dominante Produktionssystem identifiziert hat, auf den Einzelhandel stellt sie fest, dass es zwar Parallelen in Bezug auf die Diversifizierung in Bezug auf unterschiedliche Betriebsformen und die „Langfristigkeit des unternehmerischen Handelns“ gebe, die Einzelhandelsunternehmen auf der anderen Seite aber „vorrangig mit *preisorientierten Strategien* agieren“ (ebd. 36 ff. (Hvhbg. im Original)). JACOBSEN erklärt diese Unterschiede zum dominierenden sozialen Produktionssystem mit der großen Bedeutung des Endverbrauchermarkts für den Einzelhandel, da durch die Konsumenten „die landesspezifische Alltagskultur“ eine weitaus wichtigere Rolle in der „Herausbildung des jeweils vorherrschenden Produktionskonzeptes“ spiele als in anderen Sektoren (ebd. 25).

Als Zwischenfazit lässt sich festhalten, dass der *Varieties of Capitalism*-Ansatz grundsätzlich auf andere Sektoren übertragbar ist. Für den Finanzsektor ergibt sich dies unmittelbar aus den Unterscheidungskategorien. Die Übertragbarkeit auf Dienstleistungssektoren wie den Handel wurde für den Ansatz der sozialen Produktionssysteme untersucht und es wurde dabei deutlich, dass dafür Anpassungen notwendig sind. Da der Ansatz der sozialen Produktionssysteme inhaltlich große Übereinstimmungen mit dem *Varieties of Capitalism*-Ansatz aufweist, letzterer zudem auf einer höheren Abstraktionsebene angesiedelt ist, kann hier mit einiger Berechtigung von der grundsätzlichen Anwendbarkeit des VoC-Ansatzes auf Dienstleistungsbranchen ausgegangen werden.

4.2 Zusammenfassung: Die Brauchbarkeit des Varieties of Capitalism-Ansatzes für die Analyse der Kontexteinbettung von BIDs

In den vorangegangenen Abschnitten wurde der *Varieties of Capitalism*-Ansatz in seinen Grundzügen dargestellt, seine Stärken und Schwächen sowie die Übertragbarkeit auf andere Sektoren diskutiert. Es wurde deutlich, dass die sechs Grundannahmen in der Theorie einen überzeugenden Rahmen zur Analyse unterschiedlicher Kontextbedingungen bilden. Der Fokus auf die Beziehungen, die Unternehmen untereinander und zu anderen Institutionen ausbilden, und die Frage nach dem jeweils dominierenden Koordinierungsmechanismus bietet dabei einen wertvollen Analyseansatz. Allerdings wurde auch herausgearbeitet, dass insbesondere die Annahme der institutionellen Komplementarität sowie die daraus abgeleitete Theorie der komparativen institutionellen Vorteile empirisch nicht haltbar sind. Auch die These der Pfadabhängigkeit und die daraus abgeleitete Beibehaltung divergierender ökonomischer Systeme sind durch empirische Erkenntnisse relativiert worden. Vielmehr scheint weder die weitere Divergenz der Kapitalismusmodelle noch die These der Konvergenz aller Modelle zur liberalen Marktwirtschaft haltbar zu sein; realitätsnäher ist die These einer Hybridisierung der Modelle.

Auch wenn HALL und SOSKICE zur Illustration des VoC-Ansatzes ausschließlich Beispiele aus dem Produktivsektor anführen und sich dementsprechend die Unterscheidungskategorien zwischen liberaler und koordinierter Marktwirtschaft daran orientieren, beanspruchen sie eine prinzipielle Gültigkeit des Ansatzes für das gesamte Wirtschaftssystem. In Abschnitt II4.1.3 wurde gezeigt, dass der VoC-Ansatz auf andere Wirtschaftssektoren übertragbar ist. Allerdings liegt bei der Analyse von BIDs der Fokus auf den zwischenbetrieblichen Beziehungen; die übrigen von HALL und SOSKICE verwendeten Unterscheidungskategorien sind daher nicht relevant. Da BIDs nicht nur ein ökonomisches, sondern auch ein politisches Instrument sind, ist der Analyserahmen um weitere Kriterien zu ergänzen, die im nächsten Kapitel diskutiert werden.

5 Entwicklung eines Analyserahmens für den Vergleich des US-amerikanischen und deutschen Gesellschaftssystems

Aufgrund ihrer unterschiedlichen kulturellen Einbettung haben sich historisch verschiedene Modelle des Kapitalismus entwickelt, die spezifische Institutionen aufweisen. Idealtypisch unterscheidet der *Varieties of Capitalism*-Ansatz zwischen der liberalen Marktwirtschaft der USA, die sich durch eine Dominanz marktlicher Koordinierungsmechanismen auszeichnet, und der koordinierten Marktwirtschaft Deutschlands, die neben der Koordination durch Konkurrenz auf den Märkten durch neo-korporatistische, netzwerkförmige Koordinierungsformen gekennzeichnet ist.

Diese im vorherigen Kapitel dargestellte Unterscheidung bildet die Grundlage für die vergleichende Analyse (Abschnitt II5.1). Da dieser nur die in der Wirtschaft vorkommenden Koordinierungsformen fokussiert, bedarf es für die Analyse des BID-Transfers einer Ergänzung um weitere

Kriterien (Abschnitt II5.2). Nach einer Diskussion der Zulässigkeit einer Erweiterung des VoC-Ansatzes werden die vorgeschlagenen Ergänzungen im Hinblick auf die Unterschiede zwischen den USA und Deutschland beleuchtet. Im letzten Schritt werden dann die Überlegungen im Analyserahmen zusammengefasst.

5.1 Ableitung des Grund-Analyserahmens

Die Grundstruktur des Analyserahmens basiert auf dem Vergleich zwischen liberaler (LME) und koordinierter Marktwirtschaft (CME) (Annahme 2 des VoC-Ansatzes, vgl. Abschnitt II3.1). Dabei ist die relationale Sicht auf Unternehmen besonders hervorzuheben. Dieser Fokus auf die Koordinationsbeziehungen wird auch auf die noch zu ergänzenden Bereiche des gesellschaftlichen Systems angewandt (vgl. die folgenden Abschnitte).

Des Weiteren wird unterstellt, dass BIDs in ihren gesellschaftlichen und ökonomischen Kontext eingebettet sind, d.h. dass institutionelle Komplementaritäten zwischen BIDs und den übrigen Teilsystemen bestehen (vgl. Annahme 6). Der hier zu entwickelnde Analyserahmen hat das Ziel, diese Komplementaritäten transparent zu machen. Dieser Rahmen dient also einerseits dazu, die Wechselwirkungen von BIDs mit dem US-amerikanischen Kontext aufzudecken (s. Kap. III5). Andererseits kann damit auf mögliche Kollisionen des US-amerikanischen BID-Modells mit dem deutschen Kontext hingewiesen werden (s. Kap. IV5).

Die sich aus einer konsequenten Interpretation der Annahmen ergebende Theorie der komparativen institutionellen Vorteile und die daraus resultierende These der Pfadtreue der Kapitalismusmodelle (also Divergenz) werden hier jedoch nicht verfolgt, da sie im Lichte der empirischen Erkenntnisse nicht haltbar waren. Unter Modifizierung der Annahmen von Divergenz im Sinne einer Hybridisierung können vielmehr Thesen entwickelt werden, die Politiktransfer vor dem Hintergrund der unterschiedlichen Kapitalismus-Modelle erklären können (s. Kap. II7).

Der im Folgenden vorgestellte Grund-Analyserahmen basiert somit auf dem Vergleich zwischen LME und CME. Allerdings sind nicht alle Unterscheidungskategorien zwischen liberaler und koordinierter Marktwirtschaft gleichermaßen für die Analyse von BIDs brauchbar. Wie bereits ausgeführt, sind BIDs einerseits ein ökonomisches Instrument für Grundeigentümer bzw. Einzelhändler zur Überwindung des Dilemmas kollektiven

Handelns. Auf der anderen Seite sind BIDs aber auch ein wirtschafts- bzw. stadtentwicklungspolitisches Instrument. Da BIDs die Kooperation zwischen einzelnen Unternehmen betreffen, ist vor allem die Kategorie „Beziehungen zu anderen Unternehmen" relevant für die Analyse der Kontexteinbettung. Die erste Kategorie – die Unternehmensfinanzierung – hat aufgrund der sich verändernden Bedingungen am Immobilien- und Kapitalmarkt eine Relevanz, allerdings mehr als Rahmenbedingung und weniger als Vergleichskategorie. Dagegen sind die Institutionen der übrigen Unternehmensbeziehungen – also die interne Unternehmensstruktur, die industriellen Beziehungen und das Aus- und Weiterbildungssystem – für die Analyse der Einbettung von BIDs nicht relevant. Diese Kategorien werden daher nicht in den Analyserahmen übernommen.

Tab. 1: Grund-Analyserahmen für den Vergleich zwischen den USA und Deutschland

USA: Liberale Ökonomie	Deutschland: Koordinierte Ökonomie
Markt (externe) und Hierarchie (interne Beziehungen) als dominierende Koordinierungsmechanismen	Netzwerke als zusätzlicher Koordinierungsmechanismus neben Markt und Hierarchie
(v) Beziehungen zu anderen Unternehmen	
marktliche bzw. wettbewerbliche Beziehungen dominant, basieren auf (vollziehbaren) formalen Verträgen; scharfe (Anti-) Kartell-Gesetze	Verträge sind relativ offen, basieren auf „üblichen Standards", begünstigen zwischenbetriebliche Zusammenarbeit; Wettbewerbsrecht lässt Formen kollektiven Handelns zu

Eigene Darstellung nach HALL; SOSKICE 2001: 21 ff.

5.2 Ergänzungen des Analyserahmens

Der *Varieties of Capitalism*-Ansatz bezieht sich ausdrücklich auf die Beziehungen zwischen Unternehmen und nimmt somit das ökonomische System in den Fokus. Als politisches Instrument stehen BIDs an der Schnittstelle zwischen Wirtschaftspolitik und Stadtentwicklung. Aussagen über die entsprechenden Kontextbedingungen können sich also nicht nur auf die wirtschaftlichen Bedingungen beschränken. Bevor über Ergänzungen nachgedacht werden kann, muss zunächst geklärt werden, ob Erweiterungen überhaupt zulässig sind, sich also in die Logik des Ansatzes einpassen lassen. Im nächsten Schritt werden Ergänzungen aus Bereichen vorgeschlagen, die für das Verständnis der unterschiedlichen Einbettung des BID-Mechanismus in das jeweilige gesellschaftliche System notwendig sind.

Der VoC-Ansatz untersucht Beziehungen zwischen Unternehmen und bewegt sich daher nur innerhalb des Wirtschaftssystems. Er bezieht sich aber ausdrücklich auch auf die Rolle von Kultur und das gesellschaftliche Wertesystem. Außerdem verweisen HALL und SOSKICE auf das Bestehen von Wechselwirkungen zwischen Wirtschafts- und Regierungssystem (2001: 49), ohne diese jedoch genauer auszuführen. Eine Ergänzung des Ansatzes um Elemente aus Regierungs- und Gesellschaftssystem scheint somit grundsätzlich möglich.

Für das Verständnis der Einbettung von BIDs in die unterschiedlichen Kontexte relevant sind erstens die gesellschaftlichen Wertvorstellungen über die richtige Rollen- und Aufgabenverteilung von Staat und Privaten in der Erbringung von kollektiven Gütern. Das jeweilige Demokratieverständnis kommt aus zwei Gründen zum Tragen: Erstens geht es um die Frage, wie die Präferenzen der Grundeigentümer in Einrichtung und Umsetzung eines BIDs Berücksichtigung finden; zweitens ist aber auch die Frage von Bedeutung, wie das Verhältnis zwischen Bürgern bzw. ihren demokratisch gewählten Repräsentanten und einem BID in Bezug auf die sie betreffenden Aktivitäten ausgestaltet ist. Insofern mit BIDs das politische Ziel verfolgt wird, die Innenstadt gegenüber peripheren Standorten zu stärken, sind sie als stadtentwicklungspolitisches Instrument zu sehen; von Belang ist daher das jeweilige Verständnis von Stadtplanung. Die Unterschiede im US-amerikanischen und europäischen Stadtverständnis sind konstitutiv für den Umgang mit öffentlichem Raum. Die Unterhaltung, Bespielung und zum Teil auch Produktion öffentlicher Räume durch BIDs betrifft den gesellschaftlichen Umgang mit dem öffentlichen Raum. Ergänzungen des Analyserahmens werden daher in folgenden Bereichen vorgenommen (vgl. auch WIEZOREK 2004: 113): Wertvorstellungen; Demokratieverständnis; Planungsverständnis; Vorstellungen von Stadt in den USA und Europa; Bedeutung des öffentlichen Raums. Die Unterschiede zwischen den USA und Deutschland sind Thema der folgenden Abschnitte. Um die genannten Bereiche in den Analyserahmen einpassen zu können, wird das Augenmerk im Einklang mit dem Vorgehen des *Varieties of Capitalism*-Ansatzes dabei auf die dominierenden Koordinierungsmechanismen gerichtet.

5.2.1 *Wertvorstellungen: Die Rollen von Staat und Gesellschaft und das Gemeinwohl*

Wie HALL und SOSKICE deutlich gemacht haben, werden Institutionen nicht aufgrund rationaler Abwägungen über ihre größtmögliche Effizienz geschaffen noch entstehen sie zufällig. Vielmehr stellen sie die Verregelung grundsätzlicher gesellschaftlicher Überzeugungen darüber dar, wie ein Problem am besten zu lösen sei. Kulturelle Prägungen und geschichtliche Erfahrungen spielen dabei eine große Rolle. Die jeweiligen gesellschaftlichen Wertvorstellungen sind daher nicht nur für die Institutionen des ökonomischen Systems von grundlegender Bedeutung, wie HALL und SOSKICE betonen (2001: 12 f.), sondern auch für Institutionen anderer gesellschaftlicher Teilsysteme.

Gesellschaftliche Wertvorstellungen sind empirisch schwer zu fassen. Gleichwohl besteht in der einschlägigen Literatur Einigkeit darüber, dass sich die US-amerikanischen und europäisch-deutschen Werte grundsätzlich unterscheiden. Die historischen Wurzeln dieser Unterschiede werden auf die Besiedlung der USA durch Auswanderer zurückgeführt, die ihrer europäischen Heimat aus ideellen Gründen bewusst den Rücken gekehrt haben. Die Auswanderung von religiösen Minderheiten war in ihrer frühen Phase geprägt durch die Erfahrung der Verfolgung durch einen autoritären Staat. Die protestantischen Sekten betonten dagegen Individualismus und Eigenverantwortung. Diese liegen auch dem protestantischen Arbeitsethos zugrunde, nach dem der Grad der Auserwähltheit vor Gott an den Erfolgen im realen Leben – und insbesondere auch am beruflichen Erfolg – gemessen wird. Auch die nicht-hierarchische Organisationsstruktur der protestantischen Kirchen zeugt von einem Misstrauen gegenüber zentraler Autorität. FUCHS fasst diese Charakteristika der Übernahme von Eigenverantwortung, dem Misstrauen gegenüber Hierarchien, der Arbeits- und Leistungsorientierung und des sich gleichberechtigt vor Gott Behauptens mit dem Begriff „kompetitiver Individualismus" zusammen. Diese Werte führten im ökonomischen Bereich zur Herausbildung einer „möglichst uneingeschränkte[n] Marktwirtschaft" und im politischen Bereich zu einer Demokratie, die nur einen „minimalen und schwachen" (2000: 43) Staat zulässt.

Demgegenüber sind die europäischen Gesellschaften historisch mehr durch die hierarchischen Strukturen des Staates und die autoritäre Rolle der (katholischen) Kirche geprägt. Deutschland nimmt dabei eine Sonderrolle ein, da die Industrialisierung „vor allem durch den Staat und den diesen dominierenden aristokratischen Eliten vorangetrieben" (FUCHS 2000: 44) wurde, während in Großbritannien und den USA die Unternehmen die treibende Kraft waren:

> Schließlich lassen sich sehr unterschiedliche vorindustrielle Traditionen auch dadurch kennzeichnen, daß der Beamten- und Interventionsstaat in England die selbsterrungenen Property Rights des Bürgertums und damit das Kernstück des institutionellen Wandels, der am Beginn wirtschaftlichen Wachstums stand, bedrohte, während derselbe Staat in Deutschland diese privaten Verfügungsrechte über das Produktivvermögen erst herstellte und rechtsstaatlich absicherte. (ABELSHAUSER 2003: 53)

Der deutsche Beamtenapparat genoss hohes Ansehen, weil er als effizient galt und bereits im 18. Jahrhundert eine positive Rolle im Einsatz gegen die Korruption gespielt hatte. Gleichzeitig verhinderte die starke Rolle des Staates aber auch die Herausbildung eines selbstbewussten Bürgertums. Unterstützt wurde diese Autoritätsgläubigkeit durch den lutherischen Protestantismus, der die „Idee der Pflichterfüllung" (FUCHS 2000: 45) propagiert. Pflichterfüllung in der lutherischen Deutung beinhaltet im Gegensatz zur US-amerikanischen, calvinistisch geprägten Variante keinen Anreiz, sich durch Leistung von den anderen abzuheben. Auch gibt es keinen Grund, sein Leben aktiv zu gestalten, wenn Gott oder ein fürsorglicher Staat das einzelne Schicksal bestimmen. FUCHS fasst die charakteristischen deutschen Werte mit dem Begriff des „solidarischen Etatismus" (ebd.) zusammen. Der Staat steht quasi über der Gesellschaft; ihm kommt eine ausgleichende und fürsorgende Rolle zu (Wohlfahrtsstaat). Zudem kommt dem Staat in Deutschland eine wichtige Rolle als Hüter des „Gemeinwohls" zu. Das Gemeinwohl wird als übergeordneter Entwurf gedacht, dem sich die Partikularinteressen unterzuordnen haben. Garant für eine gerechte Abwägung zwischen Gemeinwohl und Einzelinteressen ist wiederum der Staat (vgl. auch Abschnitt II5.2.3).

Hinsichtlich der dominanten Koordinationsformen im Bereich der Wertvorstellungen kann man also zusammenfassend festhalten, dass in den USA wettbewerbliche Formen überwiegen: Das Eigeninteresse zu verfolgen bedeutet, Verantwortung für das eigene Wohlergehen zu übernehmen und sich im Wettbewerb mit anderen zu behaupten. Das *public interest* ist nicht a priori gegeben, sondern entsteht als Ergebnis der Vermittlung zwischen unterschiedlichen Interessen und kann somit immer wieder neu verhandelt werden (vgl. MÜNCH 2000; aposteriorischer Begriff von Gemeinwohl, SCHUPPERT 2002: 20). Dem Staat wird misstrauisch begegnet und ihm werden nur Aufgaben übertragen, die nicht in Eigenverantwortung erbracht werden können.

Demgegenüber ist in Deutschland – idealtypisch – eine Präferenz für hierarchische Koordinierungsformen zu beobachten, die sich historisch in den autokratischen Herrschaftsformen von Staat und Kirche begründet. In diesen hatte sich der Einzelne unhinterfragt einem „göttlichen Plan“ oder den Weisungen eines Herrschers unterzuordnen. Eine verwandte Rolle als quasi übergeordneter Entwurf kommt dem Gemeinwohl zu, das – im Gegensatz zum US-amerikanischen Verständnis – nicht als Aushandlungsergebnis aus den Partikularinteressen entsteht, sondern über diesen steht. Dem Staat kommt nach dieser Auffassung eine wichtige Rolle als Garant des Gemeinwohls zu.

Eine Folge des anderen Gemeinwohlverständnisses ist auch, dass in den USA die Verfolgung des (ggf. auch ökonomischen) Eigeninteresses als Teil des Aushandlungsprozesses des Gemeinwohls und nicht, wie in Deutschland verbreitet, als Gegensatz zum Gemeinwohl gesehen wird. Während hierzulande ökonomisches Gewinnstreben gerade von sozial oder kulturell engagierten Akteuren, die für sich beanspruchen, im Sinne des Gemeinwohls zu handeln, eher misstrauisch oder skeptisch beäugt wird, zeigt sich in den USA eine stärkere Integration von ökonomischen und anderen Interessen, die sich beispielshaft an dem vergleichsweise stärker ausgeprägten Engagement der Wirtschaft für soziale und kulturelle Belange zeigt.

Diese grundsätzlichen Unterschiede im Gemeinwohlverständnis finden sich auch in den übrigen Bereichen wieder.

5.2.2 Demokratieverständnis

Die Unterschiede im deutschen und US-amerikanischen Demokratieverständnis werden hier auf verschiedenen Ebenen beleuchtet. Die normativen Demokratiemodelle, die jeweilige Demokratieform (Konkurrenz- bzw. Konkordanzdemokratie) und das Regierungssystem bauen aufeinander auf, während der letzte Abschnitt die jeweiligen Elemente direkter Demokratie beleuchtet. Insbesondere diese letztgenannten Unterschiede sind für die demokratische Einbettung von BIDs von Bedeutung.

Normative Demokratiemodelle

Die Werte wirken sich unmittelbar auf das jeweilige Demokratieverständnis (die demokratische Gemeinschaft) und die Ausgestaltung der demokratischen Institutionen (das demokratische System) aus. Auf der Ebene der normativen Demokratievorstellungen hat FUCHS vier Demokratiemodelle anhand von zwei Dimensionen unterschieden. Die eine Dimension betrifft das „Verhältnis der Individuen untereinander“, das entweder dem Prinzip der Solidarität oder der Konkurrenz unterliegt; die andere Dimension be-

zieht sich auf die „Verantwortung des Individuums für das eigene Lebensschicksal“, die entweder dem Staat oder dem Individuum selbst zugeschrieben wird. Daraus ergeben sich vier Modelle: ein libertäres (Konkurrenz/ Individuum), liberales (Konkurrenz/Staat), republikanisches (Solidarität/ Individuum) und sozialistisches (Solidarität/Staat) Modell, dem nach FUCHS jeweils ein Typus einer demokratischen Gemeinschaft entspricht.
In einer empirischen Untersuchung ging FUCHS der Frage nach, inwieweit sich die demokratischen Gemeinschaften Deutschlands und der USA unterscheiden und ob sie mit dem jeweiligen Demokratiesystem übereinstimmten. Im Ergebnis hat FUCHS die USA als libertäres demokratisches System mit republikanischen Elementen, Deutschland[9] hingegen als liberales System eingestuft, die jeweils mit den normativen Vorstellungen der demokratischen Gemeinschaft korrespondieren.

Die grundsätzliche Einordnung der USA als libertäre Demokratie nimmt FUCHS „aufgrund der individualistischen, anti-staatlichen und meritokratischen Orientierungen seiner Bürger“ (ebd. 47) vor. Die republikanischen Elemente identifiziert FUCHS in der zentralen Bedeutung gemeinschaftlicher Werte, die allerdings nicht durch den Staat, sondern vor allem durch die Gemeinschaft auf lokaler Ebene umgesetzt werden: „Auf lokaler Ebene läßt sich auch eine freiwillige Solidarität feststellen, die sich zum Beispiel in dem hohen Spendenaufkommen für soziale und andere kommunale Angelegenheiten ausdrückt.“ (ebd. 48) Ein weiteres republikanisches Element sei der „moralische(n) Rigorismus in ethischen Fragen“ (ebd.), vor allem im privaten Bereich. Die Solidarität auf lokaler Ebene manifestiere sich zunehmend in sozial und ethnisch homogenen Quartieren oder Gemeinden (vgl. Abschnitt II5.2.4): „Americans generally have one thing in common with their neighbors: they have similar incomes. And that simple fact lies at the heart of the new community.“ (Reich in New York Times Magazine 1991: 17)

Die Einordnung Deutschlands als liberale Demokratie begründet FUCHS wie folgt:

> Kontinuitäten in der kulturellen Tradition ... betreffen zum anderen und vor allem die ausgeprägte Staatsorientierung und die entsprechende Erwartung, daß der Staat für das Lebensschicksal der einzelnen Bürger eine maßgebliche Verantwortung trägt. ... Die Etablierung des Wohlfahrtsstaates erfolgte auf der Ebene der alltäglichen politischen

9 Dieser Befund gilt nur für die alten Bundesländer; die neuen ordnet FUCHS dem demokratisch-sozialistischen Modell zu.

Auseinandersetzungen und innerhalb des Rahmens einer liberalen Verfassung, und beides entspricht den Kriterien des liberalen (sozialdemokratischen) Modells der Demokratie. (FUCHS 2000: 46)

Demokratische Entscheidungsverfahren

Die vorherrschenden demokratischen Entscheidungsverfahren entsprechen den normativen Demokratievorstellungen. MÜNCH hat diese empirisch „anhand eines Vergleichs des Policy-Prozesses der Luftreinhaltung in Deutschland und in den USA" (2000: 15) untersucht und aufgrund der Ergebnisse die politische Kultur der USA als „pluralistische Wettbewerbsdemokratie", die in Deutschland als „rechtsstaatlich fixierte Konsensdemokratie" charakterisiert.

In der US-amerikanischen Wettbewerbsdemokratie würden Verhandlungen zwischen unterschiedlichen Interessen als „*Bargaining* um die kleinsten Vorteile" (ebd. 21) geführt: „Das heißt, daß die Gesetzgebung von vornherein nicht auf das Herausfinden eines Allgemeinwillens, eines Gemeinwohls oder eines gemeinsamen Guten abzielt, sondern auf einen Rahmen, der so viele Rechte und Interessen berücksichtigt wie nur möglich." (ebd. 22 f.) Der Gewinner kann je nach Macht- (und Geld-) verhältnissen immer wieder neu festgelegt werden. In der meist emotional geführten Debatte kommt den Medien eine wichtige Rolle zu. Nicht (scheinbar) objektives Wissen, sondern Einfluss (über Geld oder Medienmacht) ist dabei die entscheidende Währung. Die dann in Gesetzesform gebrachten Kompromisse würden eher als gesetzlicher Rahmen interpretiert, der vor Gericht konkretisiert, in Frage gestellt und gegebenenfalls angepasst wird. In diesem Gewohnheitsrecht spielen Präzedenzfälle, die für nachgeordnete Gerichte bindend sind, eine große Rolle. In verwaltungsgerichtlichen Entscheidungen wird nicht der Inhalt einer Verwaltungsentscheidung überprüft, sondern allein die „Fairneß des Verfahrens" (ebd. 17).

Die deutsche Konsensdemokratie dagegen sei gekennzeichnet durch die Aushandlung von „objektivem Recht", das dann in Form von allgemein gültigen Gesetzen fixiert werde. Den Verhandlungsrahmen „bildet die neokorporatistische Zusammenarbeit von Staat und Großverbänden" (ebd. 16); daran beteiligt seien nur die direkt Betroffenen. Ein Interessensausgleich finde in vorrangig mit Experten besetzten Gremien statt, während Partikularinteressen als unsachlich und inkompetent wahrgenommen würden: „Der liberale Rechtsstaat sichert die individuellen Freiheiten durch allgemeines Gesetz, das von Experten in treuhänderischer Verantwortung für die Bürger ausgearbeitet wird." (ebd. 17) Das Rechtsdenken gehe auf die Staatslehre Kants zurück, die „das ganze Gewicht in die Ordnung der individuellen Freiheiten durch allgemeines Gesetz" lege (ebd.). Das Rechtssystem steht dabei in der Tradition des Römischen Rechts: In gerichtlichen Überprüfungen von Verwaltungsentscheidungen werde kontrolliert, ob der als objektiv angenommene Sinngehalt des Gesetzes befolgt wurde (ebd. 18). Ein Gesetz folgt also dem Gemeinwohl und gilt daher als „objektiv", steht somit über die subjektiven individuellen Interessen.

Die Vor- und Nachteile der Verfahren von Konkurrenz- (Mehrheits-) und Konkordanzdemokratie hat BOGUMIL (2002b: 153) mit Bezug auf die jeweilige *input-* bzw. *output*-Legitimation wie folgt charakterisiert: Während in der Konkurrenzdemokratie prinzipiell mehr Chancengleichheit im Sinne von Teilhabemöglichkeiten an Entscheidungsverfahren realisiert sei, führten Konkordanzdemokratien zu besseren und effektiveren Ergebnissen, vor allem auch im Hinblick auf ein angenommenes „Gemeinwohl". Interessen, die außerhalb der korporatistischen Arrangements stehen, hätten dagegen kaum Teilhabechancen. Im konkurrenzdemokratischen Verfahren der USA sind dagegen die Teilhabechancen besser gewährleistet; die Durchsetzungschancen eines Interesses hängen jedoch stark davon ab, inwieweit die öffentliche Meinung zu dessen Gunsten mobilisiert werden kann.

Regierungssystem

Auch die Ausgestaltung des jeweiligen Regierungssystems korrespondiert mit den unterschiedlichen Wertvorstellungen. Entsprechend dem Misstrauen gegenüber jeder Form von (zentral-) staatlicher Macht ist das präsidentielle System der USA durch eine Fragmentierung der Macht gekennzeichnet. Legislative und Exekutive sind strikt getrennt; im Gegensatz zum deutschen parlamentarischen System kann ein Mitglied der Exekutive nicht gleichzeitig Mitglied der Legislative sein. Der US-amerikanische Präsident hat kein Initiativrecht, kann also Gesetzesvorlagen nur indirekt über ihm wohl gesonnene Abgeordnete in den parlamentarischen Prozess einbringen. Er verfügt auch nicht automatisch über eine parlamentarische Mehrheit, selbst wenn „seine" Partei die Mehrheit hat. Da es keine Fraktionsdisziplin gibt, muss er die einzelnen Abgeordneten immer wieder neu von seinen Vorstellungen überzeugen. Die Exekutive selbst ist in den USA stark fragmentiert; der Präsident ernennt zwar die Behördenchefs, diese verfolgen häufig aber ihre eigene Politik. Dazu kommt, dass „[d]ie politische Verantwortung für einen Politikbereich … auf viele Institutionen verteilt [wird], deren Befugnisse sich häufig überschneiden ..." (LÖSCHE 2008b: 18). Darauf wird beim Planungsverständnis noch zurückzukommen sein.

Die scheinbare Machtfülle des US-Präsidenten als Chef der Exekutive, Staatsoberhaupt und Oberbefehlshaber der Streitkräfte wird also durch Gegengewichte kontrolliert und eingeschränkt: Das Prinzip von „checks and balances" konkretisiert sich erstens in der Notwendigkeit, dass der Präsident für seine Vorhaben immer neu eine Mehrheit im Kongress gewinnen muss, zweitens durch die Autonomie der Regierungsbehörden und Ämter und drittens durch den im Vergleich zu Deutschland stärker ausgeprägten Föderalismus. In dieser Verhinderung einer Machtkonzentration an einer Stelle manifestiert sich das Misstrauen gegenüber „dem Staat" (und insbesondere gegenüber der Bundesregierung in Washington).

Politische Entscheidungsverfahren sind jedoch häufig wenig transparent, weil durch die Machtfragmentierung und die Entstehung von Politiknetzwerken (*issue networks*) zwischen Interessensgruppen, zuständiger Behörde und Kongressausschuss die Verantwortlichkeit für Entscheidungen diffus bleibt.

Auf ganz andere Weise ist die Gewaltenteilung im parlamentarischen System Deutschlands realisiert. Hier verläuft die Trennung nicht zwischen Exekutive und Legislative, sondern zwischen Regierungsmehrheit im Parlament plus Exekutive und parlamentarischer Opposition. Der deutsche Bundeskanzler wird von der Parlamentsmehrheit gewählt und unterstützt, d.h. er kann sich vom Prinzip her der Mehrheit seiner Fraktion sowie ggf. der mit ihr koalierenden Fraktionen sicher sein. Meist verfügen Kanzler und Minister ebenfalls über ein Parlamentsmandat. Ein weiteres Gegengewicht zur Regierung bildet im föderalen System der Bundesrepublik der Bundesrat, dessen Mitglieder aber nicht direkt gewählt, sondern von den Länderregierungen entsandt werden. Die Exekutive selber ist zwischen Kanzler und dem Bundespräsidenten als Staatsoberhaupt geteilt.

Eine wichtige Rolle spielen in Deutschland die Parteien. Die Kanzlerkandidaten werden von ihrer Partei – meist einem Führungszirkel wie dem Präsidium, bestenfalls von den Parteimitgliedern – bestimmt; Quereinsteiger haben dabei kaum eine Chance. Die Abgeordneten fühlen sich in erster Linie an das Parteiprogramm gebunden, das beansprucht, das „nationale Gemeinwohl" (LÖSCHE 2008c: 31) im Blick zu haben. Erst in zweiter Linie kommen – anders als in den USA – die Wahlkreisinteressen zum Zug. Bei Abstimmungen gilt in der Regel Fraktionsdisziplin. Der Volkswillen äußert sich also nur vermittelt über die Wahl einer Partei mit einem bestimmten Programm oder dem bevorzugten Kanzlerkandidaten.

Elemente Direkter Demokratie

Direkt-demokratische Verfahren gibt es für Sach- oder Personalentscheidungen (BOGUMIL 2002b: 155, Fußnote 7). Bei Sachentscheidungen handelt es sich um „Volksabstimmungen", bei Personalentscheidungen um „Wahlen" (STELZENMÜLLER 1994: 31). Bei Sachentscheidungen kann weiter unterschieden werden nach Veranlasser der Abstimmung: Ein Repräsentativorgan wie Parlament oder Regierung können eine Abstimmung veranlassen oder das Volk selbst kann verlangen, dass ein Thema zur Abstimmung gebracht wird. Ferner gibt es „konstruktive" Verfahren, in denen über eine Vorlage abgestimmt wird, und „destruktive" Verfahren, die auf die Zurücknahme (Kassation) einer bestehenden rechtlichen Norm bzw. die Abwahl eines Amtsträgers abzielen (ebd. 32).

In den USA sind insbesondere auf Ebene der Einzelstaaten und der Gemeinden direkt-demokratische Elemente verbreitet. Obwohl mehrfach versucht wurde, direkt-demokratische Elemente auch auf Unionsebene einzuführen, fanden diese Initiativen „eine in Geist und Form hochentwickelte und gegen jeden formalen Änderungsversuch gestählte repräsentativ-demokratische Verfassungskultur vor" (ebd. 115), die die „Selbstherrschaft des Volkes" durch die Wahl des Präsidenten über mit einem imperativen Mandat ausgestattete Wahlmänner realisiert sieht. Auch die Senatoren als Vertreter der Einzelstaaten werden vom Volk direkt gewählt. Auf der Ebene der Einzelstaaten finden sich jedoch zahlreiche Formen direkt-demokratischer Beteiligung. STELZENMÜLLER unterscheidet dabei zwischen Personalentscheidungen der Exekutive und Judikative und Sachentscheidungen im legislativen Bereich. In zahlreichen Bundesstaaten wird nicht nur der Gouverneur, sondern auch weitere leitende Beamte, wie der oberste Justizbeamte oder der Schatzmeister, direkt vom Volk gewählt (ebd. 119 f.). Daneben werden in vier Fünfteln der Staaten Richter vom Volk gewählt; allerdings nicht immer in allen Instanzen. In einigen Bundesstaaten können Beamte und Richter, manchmal sogar Kongressabgeordnete, vom Volk auch wieder abgewählt werden (ebd. 120). Dabei gibt es geographische „Cluster", wo diese Verfahren vermehrt zur Anwendung kommen: „Die Staaten mit dem höchsten Anteil an Wahlämtern liegen im Süden, im Mittleren Westen, und an der Westküste; überwiegend Staaten, deren Verfassungsordnung entscheidend durch ‚Jacksonian Democracy' und ‚Progressivism' geprägt wurde." (ebd. 119) Direkt-demokratische Verfahren im legislativen Bereich sind auf Ebene der Einzelstaaten bei Sachentscheidungen weit verbreitet.

Noch weiter verbreitet sind direkt-demokratische Elemente auf lokaler Ebene. In einigen kleineren Gemeinden – überwiegend in Neu-England, der Ostküste und im Mittleren Westen – gibt es noch die sog. *town meetings*, in denen einmal im Jahr alle Einwohner zur Abstimmung über Grundsatzfragen zusammen kommen und die „zum Kern des amerikanischen Mythos" gehören (ebd. 184). STELZENMÜLLER stellt zusammenfassend fest, dass in kaum einem anderen Land die Bürger auf lokaler Ebene so umfangreiche Kontrollmöglichkeiten hätten wie in den USA (185).

Einen Sonderfall stellen in diesem Zusammenhang die *special districts*[10] dar. *Special districts* sind kommunale Zweckverbände, die öffentliche Versorgungsaufgaben wie Abfallentsorgung oder Wasserbewirtschaftung übernehmen. Auch die Schulen sind häufig in dieser Form (*school districts*) organisiert.[11] Die meisten Amtsträger der *special districts* werden direkt gewählt (und zum Teil auch abgewählt); im Falle der *school districts* sind es 95% (ebd. 181). Der Gründung eines *special districts* liege fast immer „das Bedürfnis [zugrunde], einen bestimmten Regelungsbereich ‚out of politics' zu halten und ihn so unmittelbar wie möglich der Kontrolle der betroffenen Wähler zu unterstellen." (ebd. 180)

Wie in den USA gibt es auch in Deutschland auf Bundesebene keine direkt-demokratischen Elemente; aktuell läuft eine Initiative zur Einführung eines Volksentscheides auf Bundesebene. Auf Landesebene gibt es in allen Bundesländern die Möglichkeit, ein Volksbegehren einzuleiten; allerdings sind die Hürden dafür zum Teil sehr hoch. Dies gilt auch auf für die Gemeindeebene (<http://www.mehr-demokratie.de>, Zugriff 27.11.2009). Diese Verfahren betreffen aber nur Entscheidungen über Sachfragen. In Bezug auf Personalentscheidungen gibt es weder auf Bundes- noch auf

10 *Special districts* sind ein rechtlicher Vorläufer von Business Improvement Districts; vgl. dazu Kap. III1.3.

11 „Obgleich sowohl der Bund als auch die Staaten Gesetzgebungskompetenzen im Bereich des Schulwesens haben, ist die Schulverwaltung in den Vereinigten Staaten eine primär kommunale Angelegenheit. Dabei ist weniger als ein Zehntel der 16.213 Schulbehörden in einen übergeordneten Verwaltungsapparat integriert. Die anderen 14.721 sind unabhängige Verwaltungseinheiten mit eigener Finanzhoheit, also echte ‚special districts'. Sie können Steuern erheben, Schulden machen … oder Gebühren erheben." (STELZENMÜLLER 1994: 180 f.).

Länderebene eine direkte Mitwirkung des Volkes (die Regierungschefs der Länder werden, wie im Bund, durch die Mehrheitsfraktion(en) im Parlament gewählt). Der Bundespräsident wird nicht direkt (bzw. über Wahlmänner) gewählt, sondern über die Bundesversammlung, die aus den Mitgliedern des Bundestages sowie einer gleichen Anzahl von aus den Länderparlamenten entsandten Mitgliedern, besteht (Grundgesetz, Art. 54). Wie die Wahl des letzten Bundespräsidenten gezeigt hat, ist die Wahlentscheidung von den Parteien dominiert und entspricht nicht unbedingt den Präferenzen des deutschen Volkes. Auch die Mitglieder des Bundesrates werden nicht direkt gewählt, sondern bestehen aus Mitgliedern der Länderregierungen (Grundgesetz, Art. 51).

Nur in einigen deutschen Gemeinden bzw. Städten mit entsprechender Kommunalverfassung kann der Bürgermeister direkt gewählt werden, wobei BOGUMIL (2002a: 29) seit 1990 einen Trend zur Zunahme dieser Form von Kommunalverfassungen beobachtet.

Anders als in den USA sind Zweckverbände in Deutschland meist Zusammenschlüsse mehrerer Gemeinden, um Aufgaben der öffentlichen Daseinsvorsorge zu übernehmen. Mitglied dieser Zweckverbände sind dann die Gemeinden und nicht die einzelnen Abgabepflichtigen. Folgerichtig werden die Repräsentanten der Zweckverbände nicht von den Betroffenen, sondern von den Vertretern der Mitgliedsgemeinden gewählt. Zweckverbände sind zumeist als Körperschaft öffentlichen Rechts organisiert; unter dieser Rechtsform können sich allerdings auch natürliche Personen zusammenschließen, die dann wahlberechtigt sind. Diese Personalkörperschaften wurden als mögliche Rechtsform für BIDs diskutiert (vgl. Abschnitt IV1.2.1).

Zusammenfassung

Fasst man die Merkmale des Demokratieverständnisses mit Blick auf die Koordinierungsmechanismen zusammen, ergibt sich folgendes Bild: In den USA genießt das Prinzip der Selbstherrschaft des Volkes hohe Priorität. Diese äußert sich darin, dass – im Prinzip – alle Bürger gleiche Teilhabechancen am politischen Prozess haben. Lösungen werden im Konkurrenzverfahren gefunden. Die staatliche Macht ist fragmentiert und auf verschiedene Stellen verteilt. Hierarchische Durchgriffsmöglichkeiten des Präsidenten gegenüber dem Kongress, den Behörden oder gar den Bundesstaaten gibt es nicht. Auf lokaler Ebene überwiegen aufgrund der großen Bedeutung direkt-demokratischer Elemente ebenfalls wettbewerbliche Koordinierungsformen. Diese werden ergänzt durch netzwerkartige Koordinierungsformen, die sich im Engagement der Bürger für ihr (meist eher homogenes) Gemeinwesen äußern. Netzwerke existieren auch in Form der sog. „issue networks“. Es überwiegt daher der Koordinierungsmechanismus Wettbewerb, an einigen Stellen ergänzt durch netzwerkartige Formen.

Auch in der deutschen Demokratie gelten grundsätzlich wettbewerbliche Formen, allerdings nur bis zu einem gewissen Grad. In der Interessensaushandlung spielen neokorporatistische Netzwerke eine wichtige Rolle. Hierarchische Elemente finden sich in den Parteistrukturen (z.B. Bestimmung des Kanzlerkandidaten), aber auch in der Orientierung an einem übergeordneten Entwurf, wie einem Parteiprogramm oder dem „Gemeinwohl“. Im Gegensatz zu den USA, wo der Bürgerwille viel unmittelbarer über den Abgeordneten des Wahlkreises eingebracht werden kann, wählt der deutsche Bürger ein Parteiprogramm, das die Richtung für die nächsten vier Jahre vorgibt und auf das er nach der Wahl faktisch keinen Einfluss mehr hat. Im Gegensatz zu den in den USA verbreiteten direktdemokratischen Verfahren auch bei Personalentscheidungen dominiert in Deutschland eine „indirekte Vermittlung“ des Wählerwillens, beispielsweise in der Wahl der Regierungschefs durch das Parlament auf Bundes- und Landesebene, aber auch in der Entsendung der Mitglieder des Bundesrates durch die Länderregierungen.

5.2.3 Planungsverständnis

Werte und das demokratische Grundverständnis finden ihren Niederschlag auch im Planungsverständnis. Diese Unterschiede werden hier in verschiedenen Facetten beleuchtet: Betrachtet wird die Aufgabenverteilung im föderalen Staat, die Rolle der Privatwirtschaft und zivilgesellschaftlicher Akteure, das Verhältnis der Städte und Regionen untereinander sowie zwischen Stadt und Umland.

Aufgabenverteilung zwischen Bundesebene, Einzelstaaten und Gemeinden
In den USA gibt es keine zentralstaatliche Planungsbefugnis. Es gibt eine Vielzahl von Stadtentwicklungsprogrammen auf Bundes-, bundesstaatlicher und Gemeindeebene, die unkoordiniert und mit unterschiedlichen Zielsetzungen nebeneinander stehen. Das 1966 gegründete und unter Clinton reformierte Department for Housing and Urban Development (HUD) auf Bundesebene verfügt über keinerlei Kompetenzen zur Durchsetzung einer auf übergreifende Ziele ausgerichteten Stadtpolitik (JUDD; SWANSTROM

1998: 227 ff.; BOCKMEYER 1999: 22). Ein Teil der Koordinierungsleistungen wird von privaten *Community Development Corporations* (CDCs) erbracht (vgl. unten), die versuchen, die unterschiedlichen Programme für ihre Zwecke lokal gebündelt zu nutzen. Das „zoning", das in etwa der deutschen Flächennutzungsplanung entspricht, aber zusätzlich auch „Art und Maß der baulichen Nutzung und die Bebaubarkeit der Grundstücke" (WIEZOREK 2004: 117) regelt, liegt in der Kompetenz der lokalen Ebene, folge jedoch anders als in Deutschland keinen langfristigen Strategien (ebd.).

Auch wenn formal in Deutschland die Planungshoheit der Gemeinde gilt, die faktisch oft genug die Ziele der übergeordneten Planungen konterkariert, gibt es im Prinzip eine hierarchisch abgestufte Planung. Das Bundesraumordnungsgesetz (ROG) legt in §2 als „Grundsätze der Raumordnung" fest, dass die Siedlungstätigkeit auf Zentrale Orte zu konzentrieren ist, in denen je nach Hierarchiestufe (Ober-, Mittel-, Unterzentrum) unterschiedliche Versorgungsfunktionen angesiedelt sind. Entsprechend §6 ROG verabschieden die Länder Landesraumordnungspläne (Landesentwicklungspläne oder Landesentwicklungsprogramme), die auf eventuelle Regionale Entwicklungspläne und schließlich die Flächennutzungspläne und Bebauungspläne heruntergebrochen werden.

Neben dem Raumordnungsgesetz stellt das Baugesetzbuch (BauGB) den Städten weitere Instrumente zur Verfügung, mit denen sie die Stadtentwicklung beeinflussen können. Dies sind insbesondere das Bund-Länder-Programm „Stadtteile mit besonderem Entwicklungsbedarf – Soziale Stadt" (§171 e), die Regelungen zum Stadtumbau (§§171 a-d) sowie die Erhaltungssatzung (§172) und die städtebaulichen Gebote (§§173-179). Hier regelt das Baugesetzbuch bundeseinheitlich die entsprechenden Kriterien und Verfahren. Insbesondere das Programm „Soziale Stadt" wird von Bund, Ländern und Kommunen gemeinsam finanziert.

Die Rolle der Privatwirtschaft

In den USA spielen marktförmige Mechanismen und die Privatwirtschaft eine wichtige Rolle in der Stadtplanung. Die Verwertungsinteressen der Grundstückseigentümer sind das bestimmende Moment in der Stadtentwicklung:

> American local governments have long been closely associated with the regulation of land and the provision of services and amenities that enhance the usefulness – and the profitability – of land. Property owners, as a result, have usually played an important role in local governance. (BRIFFAULT 1999: 374)

Sogar während der progressivistischen Phase, als dem Staat mehr sozialpolitische Aufgaben übertragen werden sollten, setzten sich privatwirtschaftliche Interessen immer wieder durch. So unterlagen beispielsweise im *Urban Renewal Program* die wohnungspolitischen Zielsetzungen dem renditeorientierten Stadtneubau. 1937 unter dem *Housing Act* erstmals verabschiedet, war das *Urban Renewal Program* Teil des *New Deal*[12] unter Präsident Roosevelt. Ziel des *Urban Renewal* war die Beseitigung von unzumutbaren Wohnverhältnissen durch den Abriss von Slums und die Bereitstellung von öffentlichen Wohnungen auf diesen Flächen. Dafür stellte Washington Mittel bereit, die von den Städten durch eine Kofinanzierung ergänzt werden mussten. Der *Housing Act* wurde mehrfach neu aufgelegt; das Gesetz von 1949 war jedoch das folgenreichste. Der Verabschiedung des Gesetzes waren heftige Auseinandersetzungen mit Interessensgruppen der Wohnungswirtschaft vorausgegangen, die sich gänzlich gegen den Bau öffentlicher Wohnungen gestellt hatten. Daraufhin wurden die Projekte durch private Immobilienentwickler umgesetzt. Die Folgen des Gesetzes verkehrten sich dadurch in das Gegenteil der erklärten Absicht: War das erklärte Ziel des Gesetzes von 1949 noch gewesen, „to rebuild the cities, eliminate slums and blight, and provide decent housing for the nation's citizens" (JUDD; SWANSTROM 1998: 181), wurden anstelle der Wohnungsneubauten Büro- und Gewerbebauten errichtet, die höhere Bodenrenditen abwarfen. Nicht zuletzt mit Hilfe des *Urban Renewal Program* wurden zahlreiche historische Stadtzentren durch „moderne" Bürobauten ersetzt (JUDD; SWANSTROM 1998: 181 ff.) und die ansässige, meist arme Bevölkerung verdrängt.

Im Zuge der Kürzungspolitik in den 1980er Jahren wurden in den USA viele stadtpolitische Programme mit dem Ziel formuliert, Anreize für private Investitionen zu bieten, so beispielsweise das *Urban Development Action Grants*-Programm (UDAG) (JUDD; SWANSTROM 1998: 232).

Stadtplanung erfolgt häufig ad hoc, als Antwort auf privatwirtschaftliche Erfordernisse und verfolgt das Ziel einer höherwertigen Nutzung des Bodens. Während in Deutschland die soziale Gebundenheit des Grundeigentums gilt („Eigentum verpflichtet"), was sich in hoheitlichen Ge- und Verboten niederschlägt, ist das Eigentum in den USA (fast) unantastbar (SCHNEIDER-SLIWA 1995: 432). Zudem machen in den USA die Erträge der Grundsteuer einen entscheidenden Teil der kommunalen Haushalte

12 Der *New Deal* sollte die Folgen der Wirtschaftskrise bewältigen und umfasste Kreditprogramme zur Unterstützung der Banken und des Mittelstandes sowie staatliche Arbeitsprogramme und Sozialhilfe.

aus. Daraus erklärt sich auch ein Unterschied zu Deutschland im Verständnis des „öffentlichen Interesses“: Eine Verbesserung der Einnahmesituation der Gemeinde durch eine höherwertige Bodennutzung ist im „öffentlichen Interesse“. So deckt sich das öffentliche Interesse wiederum mit den aggregierten Interessen der (besitzenden) Individuen. Noch aus einem anderen Grund spielen die Grundeigentümerinteressen in US-amerikanischen Städten und Gemeinden eine besondere Rolle: Über die Grundsteuer tragen sie die Hauptlast der Finanzierung der kommunalen Haushalte; die Entwicklung der Grundstückswerte ist somit von herausragender Bedeutung für die Haushaltssituation einer Stadt.

Während im deutschen Verständnis die Planung traditionell als hoheitliche Aufgabe begriffen wird, unterliegt dieses insbesondere im Hinblick auf die Beteiligung privatwirtschaftlicher Akteure in den letzten Jahren einem ausgeprägten Wandel. ALBERS hat dieses seit den 1980er Jahren vorherrschende Planungsverständnis, das durch eine „Betonung der ‚informellen Planung'“ gekennzeichnet sei, als „Perspektivplanung“ bezeichnet (in Anlehnung an den von Ganser geprägten Begriff des „perspektivischen Inkrementalismus“) (1993: 102). Dazu gehört eine Planung in Projekten („‚Leuchtturm'-Strategie“, KRÜGER 2007: 126), der Einzug ökonomischer Überlegungen in die Planung und die Einbindung der Privatwirtschaft in Form von PPP (*Public Private Partnerships*). Nach KRÜGER folgt dieser Phase analog zum gesellschaftlichen Governance-Diskurs eine weitere, die als „kooperative Planung“ interpretiert werden kann: „Darin erhielt der Staat verschiedene Rollen: die eines gesellschaftlichen Akteurs neben anderen, die einer Rahmen setzenden Instanz und die einer Rückfallinstanz, falls die Akteure nicht zu einer Lösung kommen“ (KRÜGER 2007: 126).

Die Rolle zivilgesellschaftlicher Akteure

Die starke Rolle von Privaten in der US-amerikanischen Planung manifestiert sich auch in einer ausgeprägten Bürgerbeteiligung und in der Bedeutung der sogenannten *Community Development Corporations* (CDCs) in der Stadtteilentwicklung. Die verpflichtende Bürgerbeteiligung geht im Wesentlichen auf die Rassenunruhen Mitte der 1960er Jahre und die als Reaktion darauf verabschiedeten Politiken zurück. Mitauslöser für die Aufstände waren die *Urban Renewal*- und *Interstate Highway*-Programme. Von den Räumungen innerstädtischer Nachbarschaften und der Verdrängung der Bewohner waren Schwarze überproportional betroffen: „Slum clearance became a means of moving blacks from potentially valuable real estate.“

(JUDD; SWANSTROM 1998: 177). Die neu gebauten Bundesautobahnen führten oft mitten durch lebendige Quartiere und trennten die Wohngebiete stadträumlich von den Arbeitsplätzen in der Innenstadt ab. Die systematische Missachtung der Rechte der Quartiersbewohner war eine wichtige Ursache der Rassenunruhen. Als Reaktion wurde unter Präsident Johnson der sogenannte *War on Poverty* sowie 1966 das „Model Cities"-Programm verabschiedet. Diese schrieben die Beteiligung von Bewohnern des Stadtteils verbindlich vor (JUDD; SWANSTROM 1998: 404). Das 1967 verabschiedete *Neighborhood Services*-Programm ermöglichte sogar die Bezahlung von Angestellten von *community organizations*: „The War on Poverty especially aided community organizing in low-income neighborhoods, which previously had lacked the financial resources and connections to organize themselves." (JUDD; SWANSTROM 1998: 405) Infolge dieser Unterstützung wandten sich lokale Aktivisten zugunsten direkter politischer Einfluss- und Gestaltungsmöglichkeiten vom Protest ab: „Gradually, the neighborhood movement shifted from protest to politics." (JUDD; SWANSTROM 1998: 392).

Auch bei der Vergabe der Bundesmittel wurden lokale Bürgerinitiativen beteiligt. *Community Development Corporations* (CDCs) entstanden. CDCs sind im Bereich der Wohnungssanierung und des -neubaus tätig, erbringen aber auch Dienstleistungen wie Bildung und Ausbildung oder kümmern sich um die wirtschaftliche Entwicklung des Quartiers (JUDD; SWANSTROM 1998: 411). CDCs übernehmen eine wichtige Rolle im Sinne einer integrierten Quartiersentwicklung, indem sie sich um soziale und wirtschaftliche Belange gleichermaßen kümmern. Gleichzeitig sind sie aber auch wichtige Akteure im Sinne von *advocacy* und *community building*. Wichtig ist die lokale Koordinierungsfunktion, die sie für die Vielzahl von stadtentwicklungspolitischen Programmen übernehmen. Auf der anderen Seite sind aber auch CDCs abhängig vom in ihrem Stadtteil vorhandenen finanziellen und sozialen Kapital (JUDD; SWANSTROM 1998: 412 f.). CDCs sind auch ein Beispiel für eine im Vergleich zu Deutschland stärkere Verschränkung von ökonomischen und gemeinwohlorientierten Interessen, was sich etwa an der Breite der übernommenen Aufgaben zeigt.

In Deutschland gibt es seit Ende der 1960er Jahre eine formal geregelte Bürgerbeteiligung „im Rahmen der Aufstellung von Bebauungsplänen oder Flächennutzungsplänen, Sanierungsmaßnahmen, Stadterneuerung, oder – in Ausnahmefällen – Raumordnungsplänen" (SCHÖNIG; HOFFMANN 2007: 12). Im Rahmen von Bebauungsplanverfahren können Bürger zu hoheitlich erarbeiteten Planungsvorgaben Stellung zu nehmen. Die vorgebrachten Einwände werden dann mit dem übergeordneten, gemeinwohlorientierten Planungsziel abgewogen. Der Planungsprozess bleibt damit in der Hand der Verwaltung und der Politik, die sich als Hüter des Gemeinwohls verstehen. Diese eher begrenzten Möglichkeiten der bürgerschaftlichen Einflussnahme wurden in den 1970er Jahren durch mehr dialogisch ausgerichtete Formen im Rahmen der behutsamen Stadterneuerung ergänzt (SCHÖNIG; HOFFMANN 2007: 12). Hierin zeichnet sich ein Wandel des Planungsverständnisses weg „von einem eher paternalistischen Fürsorgedenken für den Bürger zum Bemühen um seine Beteiligung, um Partizipation" (ALBERS 1993: 102) ab. Dieser Wandel wird auch im Rahmen der Governance-Diskussion thematisiert: Durch Bürgerbeteiligung bereits in der Vorbereitung und vor allem in der Umsetzung von Projekten erhofft man sich qualitativ hochwertigere Ergebnisse und mehr Effizienz durch Akzeptanz.

Wird in Deutschland also eine stärkere Partizipation diskutiert, unterscheidet diese sich deutlich vom bürgerschaftlichen Engagement in den USA. Während Bürgerbeteiligung insbesondere in Form der CDCs im US-amerikanischen Planungssystem gewissermaßen die „Lücken füllt", hat Partizipation im deutschen Kontext eher die Funktion, hoheitliche Planung zu ergänzen, und zwar in Form von gesetzlich geregelter Beteiligung an Verfahren der Stadtentwicklung und als „eigenständige Intervention oder Initiative nicht-staatlicher und nicht-ökonomischer Akteure" (SCHÖNIG; HOFFMANN 2007: 12).

BOCKMEYER arbeitete in einer vergleichenden Untersuchung über die Beteiligung in Stadterneuerungsprozessen in New York und Berlin deutliche Unterschiede in den Beteiligungsformen heraus: Während in der Lower East Side „the American residents concentrated on non-profit community organizations and non-profit community development" (BOCKMEYER 1999: 20), lag in Berlin-Kreuzberg der Fokus auf „protest and movement activity" (ebd. 21). Systematisiert man die Beteiligungsformen „als Ersatz, Partner oder Gegner staatlicher Institutionen" bzw. die Rolle der Zivilgesellschaft als komplementär, supplementär oder antagonistisch (SCHÖNIG; HOFFMANN 2007: 18), lassen sich die Unterschiede zwischen den USA und Deutschland wie folgt darstellen: Für die USA lasse sich erkennen,

> ... dass sich die Rolle der großen professionellen *Nonprofit*-Verbände gegenüber staatlichen Institutionen in den ersten Dekaden des 20. Jahrhunderts ... von der Supplementarität zur Komplementarität verschoben hat und im Zuge des Rückzugs des (Bundes-) Staats aus der öffentlichen Daseinsvorsorge und der Stadtpolitik die

> supplementäre Funktion des *Nonprofit*-Sektors tendenziell seit den späten 1970er Jahren wieder – z. T. durch staatliche Anreize und politisch gewollt – ausgeweitet wird. (SCHÖNIG; HOFFMANN 2007: 19)

Demgegenüber überwögen in Deutschland komplementäre und antagonistische Formen:

> Komplementäres Handeln ist in Deutschland beispielsweise im Wohnungswesen zu erkennen. ... Antagonistisches Handeln ist an vielen Stellen Selbstverständnis von Bürgerinitiativen, die immer wieder auch planerische Konzepte hervorbringen. Supplementäres Handeln wird heute vielfach gefordert, kommt aber – nicht zuletzt wegen des sich von den USA deutlich unterscheidenden Staatsverständnisses – offenbar nicht in dem Umfang zustande, wie es vielleicht politisch wünschenswert wäre. (ALTROCK 2007: 248)

Bürgerbeteiligung in der Stadtplanung ist in den USA also verbunden mit mehr Gestaltungsfreiraum, ersetzt – aus deutscher Sicht – fehlende staatliche Strukturen und Aufgaben und findet in größerem Ausmaß statt (SCHÖNIG; HOFFMANN 2007: 21).

Verhältnis der Städte und Regionen untereinander

Im Verhältnis der Städte und Regionen untereinander gilt in den <u>USA</u> das Prinzip der Konkurrenz („survival of the fittest region“, SCHNEIDER-SLIWA 1995: 432):

> In a press conference held in October 1981, President Ronald Reagan suggested that the residents of cities where unemployment was high should ‚vote with their feet‘ and move to more prosperous areas of the country. ... For the first time since national urban policy began to emerge in the 1930s, the judgment was made that individual cities were not valuable cultural, social, or economic entities except to the degree to which they contributed to a healthy national economy. (JUDD; SWANSTROM 1998: 235 f.)

Nach dieser Logik sind Investitionen in Not leidende Städte und Regionen verlorene Mittel. Programme zur Förderung von Städten wurden unter der Reagan-Administration folgerichtig gekürzt und durch eine Steuerreform ersetzt, die generelle Steuernachlässe zur Ankurbelung der Wirtschaft vorsah (*Economic Recovery Tax Act*, 1981; JUDD; SWANSTROM 1998: 237).

In Deutschland dagegen gilt das im Grundgesetz (GG) verankerte Prinzip der „Gleichwertigkeit der Lebensverhältnisse“. In Art. 72 Abs. 2 GG wird dem Bund im Rahmen der konkurrierenden Gesetzgebung das Gesetzgebungsrecht zugesprochen, insoweit es zur „Herstellung gleichwertiger Lebensverhältnisse im Bundesgebiet“ erforderlich ist. Art. 106 Abs. 3

Nr. 2 GG etabliert den sog. Länderfinanzausgleich.[13] Das Aufkommen aus der Einkommens-, der Körperschaft- und der Umsatzsteuer wird zwischen Bund und Ländern aufgeteilt. Durch den Länderfinanzausgleich werden Ausgleichszahlungen zwischen zahlungskräftigeren und -schwächeren Bundesländern vorgenommen. Innerhalb der Länder werden in ähnlicher Weise durch den kommunalen Finanzausgleich Mittel zwischen reicheren und ärmeren Gemeinden umverteilt. Der sog. Solidarpakt verschaffte den ostdeutschen Bundesländern Sonderzahlungen zur Bewältigung der Folgen der deutschen Teilung. Ziel des Postulats der Herstellung gleichwertiger Lebensverhältnisse ist es, Regionen, die in ihrer Entwicklung „zurückgeblieben" sind, durch den Mitteltransfer in die Lage zu versetzen, notwendige Investitionen in die Infrastruktur zu tätigen und so zu den wirtschaftlich stärkeren Regionen aufzuschließen. Nachdem bereits im Jahr 1994 der zuvor geltende Begriff der „Wahrung der Einheitlichkeit der Lebensverhältnisse" im Artikel 72 Absatz 2 GG zu dem jetzt gültigen der „Herstellung gleichwertiger Lebensverhältnisse" abgemildert wurde, wird in jüngerer Zeit aufgrund der augenscheinlich fortbestehenden und sich teilweise verschärfenden Unterschiede zwischen einzelnen Regionen (häufig, aber nicht nur zwischen west- und ostdeutschen Bundesländern) das Postulat der Gleichwertigkeit der Lebensverhältnisse kontrovers diskutiert (BARLÖSIUS 2006).

Verhältnis zwischen Stadt und Umland

Ähnlich wie das Verhältnis zwischen den Städten ist in den USA die Beziehung zwischen einzelnen Gemeinden in einer (Metropol-) Region durch Konkurrenz um finanzstarke Steuerzahler, also Bewohner und Unternehmen, geprägt. In diesem Wettbewerb leiden die Städte unter einem strukturellen Nachteil: Eine der Folgen des sog. *white flight*, dem Wegzug weißer Mittelschichten aus den Städten im Zuge der Suburbanisierung, war der Verlust potenter Steuerzahler und die gleichzeitige Konzentration von sozialen Problemen in den Innenstädten. Da die Einwohner der neu gegründeten (*incorporated*) Gebietskörperschaften Sozialleistungen nur in geringem Maße finanzieren müssen, ist die Steuerbelastung niedrig, während die Städte mit geschmälerter Einnahmebasis mit der Bewältigung der sozialen Probleme allein gelassen werden. Da eine administrative Ablösung im Rechtssystem der USA vergleichsweise einfach ist (JUDD; SWANSTROM 1998: 294),

13 „Die Deckungsbedürfnisse des Bundes und der Länder sind so aufeinander abzustimmen, daß ein billiger Ausgleich erzielt, eine Überbelastung der Steuerpflichtigen vermieden und die Einheitlichkeit der Lebensverhältnisse im Bundesgebiet gewahrt wird."

führte dies zu Beginn des vergangenen Jahrhunderts zu einer Zersplitterung in kleine, meist in sich relativ homogener Gebietskörperschaften. So stieg beispielsweise die Zahl der Gebietskörperschaften (*general purpose governments*) in der Region New York City von 127 im Jahre 1900 auf 204 im Jahre 1920 an (ebd. 293). Von dieser administrativen Zersplitterung ist auch die kommunale Planung betroffen, die der Zersiedelung wenig entgegen zu setzen vermag (FISHMAN 1991: 79).

Suburbanisierungstendenzen sind auch in deutschen Metropolregionen zu beobachten, jedoch wurden anstelle von administrativen Neugründungen eher Eingemeindungen vorgenommen, vor allem in den 1930er Jahren. In jüngerer Zeit entstanden in praktisch allen deutschen Metropolregionen übergeordnete Kooperationsformen zur regionalen Koordinierung und Zusammenarbeit (etwa Region Hannover oder Stuttgart, Metropolregion Hamburg). Darüber hinaus gibt es weitere Koordinationsformen wie etwa Einzelhandels- und regionale Gewerbeflächenkonzepte. Auch wenn diese Kooperationen häufig nicht verbindlich sind und die Verfolgung gemeinsamer Ziele nur im Konsens erfolgt, können sie ein Gegengewicht zu einer vollkommen den Marktkräften überlassenen Entwicklung bilden.

Zusammenfassung

Das Planungsverständnis in den USA lässt sich also mit Blick auf die im Einzelnen dargestellten Bereiche durch folgende Stichworte kennzeichnen: Dezentralisierung von Verantwortlichkeiten, schwacher Zentralstaat, wichtige Rolle der Privatwirtschaft in der Planung, stark ausgeprägte Bürgerbeteiligung, die teilweise Koordinierungsaufgaben der Planung übernimmt, Wettbewerb der Städte und Regionen untereinander („survival of the fittest") sowie eine administrative Zersplitterung der Metropolregionen. In Deutschland dagegen ist die Planung gekennzeichnet durch eine hierarchische Planung und einheitliche Vorgaben des Bundes, das Verständnis, dass durch Planung die Marktkräfte reguliert werden sollen, durch das verfassungsrechtliche Gebot der „Gleichwertigkeit der Lebensverhältnisse" mit zahlreichen Ausgleichsmechanismen und schließlich das Entstehen mehr oder weniger bindender Kooperationsformen zwischen Stadt und Umlandgemeinden.

Mit Blick auf die Governance-Mechanismen lassen sich somit folgende Charakteristika herausarbeiten: In den USA herrschen marktförmige Mechanismen vor; diese zeigen sich sowohl im Wettbewerb der Städte und Regionen als auch in der wichtigen Rolle privatwirtschaftlicher Akteure in der Planung. Die US-amerikanische Planung ist durch die fast vollständige Abwesenheit von hierarchischen Formen gekennzeichnet. Netzwerkartige Formen gibt es im Rahmen zivilgesellschaftlichen Engagements, insbesondere in Form der CDCs, deren Entstehung und Erfolg jedoch stark von lokal vorhandenen Schlüsselressourcen wie finanziellem und sozialem Kapital abhängt.

In Deutschland dagegen existiert trotz des starken Wandels im Planungsverständnis immer noch eine hierarchisch strukturierte Planung, die vom Prinzip her zu einer relativ einheitlichen Durchsetzung von auf Bundesebene verabschiedeten Vorgaben führt. Privatwirtschaftliche und zivilgesellschaftliche Akteure leisten in wohl definierten Grenzen Beiträge dazu. Auf lokaler Ebene setzen sich aufgrund von Ressourcenknappheit öffentlicher Haushalte zunehmend Kooperationen zwischen privatwirtschaftlichen und öffentlichen Akteuren durch, während dies für zivilgesellschaftliche Akteure erst in Ansätzen gilt. Marktförmige Koordinierungsmechanismen spielen dagegen in der Planung so gut wie gar keine Rolle.

5.2.4 Stadtverständnis: US-amerikanische und Europäische Stadt

> Der ‚urban sprawl' und der soziale Verfall der amerikanischen Städte sind das Schreckgespenst der deutschen Stadtplaner und Städtebaukritiker, und es wird befürchtet, dass die europäische Stadtentwicklung den Trends der amerikanischen Stadtentwicklung mit einem gewissen zeitlichen Abstand folgen wird. Anzeichen hierfür sind die fortschreitende Ausdehnung unserer Städte in Deutschland und Europa in ihr Umland, die Auflösung kleinteiliger Mischungen, die Zerstörung der Städte durch den Autoverkehr und die wachsenden sozialen Spannungen. (KAZIG; MÜLLER; WIEGANDT 2003: 91)

Der Begriff der Europäischen Stadt wurde von Max Weber geprägt. Er hatte diesen Typus in Abgrenzung zur orientalischen Stadt entworfen, um so die wichtige Rolle der Städte bei der Modernisierung Europas und der Entstehung des Kapitalismus herauszuarbeiten. Die Europäische Stadt wurde von Weber somit in einem spezifischen historischen Zusammenhang und zu einem bestimmten Zweck idealtypisch modelliert. Dass sich schon damals nicht und heute noch viel weniger jede real existierende europäische Stadt in diesem Idealtyp spiegelt, ist selbstredend. Vielmehr bestehen innerhalb Europas große nationale Unterschiede zwischen den Städten und es ist auch heute noch relevant, ob eine Stadt als Residenzstadt, Universitätsstadt, Handelsstadt oder im Zuge der Industrialisierung gegründet wurde bzw. sich entwickelt hat.

Dies ist nicht der Ort, um die Diskussion um die Europäische Stadt weiter zu vertiefen. Vielmehr möchte ich herausarbeiten, dass es bei aller Unterschiedlichkeit der europäischen Städte und der Umstrittenheit des Begriffs doch einige Gemeinsamkeiten in Abgrenzung zu US-amerikanischen Städten gibt.

Weber hatte die Europäische Stadt durch fünf Merkmale charakterisiert, mit denen er nicht in erster Linie „die physische Struktur, sondern die politische Assoziation" (HÄUßERMANN 2001: 245) betonte. Sein Ziel war es, die Funktion der Europäischen Stadt für die Entstehung des Kapitalismus in Europa herauszuarbeiten. Von entscheidender Bedeutung dafür war das soziale und politische Selbstverständnis des Stadtbürgertums der mittelalterlichen Stadt in scharfer Abgrenzung zu dem auf dem Land noch vorherrschenden Feudalismus: Innerhalb der mittelalterlichen Stadtmauern konnte sich ein selbst bestimmtes, „freies" Stadtbürgertum entwickeln, das „die Städte zum Ort von sozialer und kultureller Innovation" machte (ebd: 246).

Historisch sind die selbst verwalteten, mittelalterlichen europäischen Städte als „kollektives Subjekt" (ebd: 248) spätestens seit ihrer Integration in Nationalstaaten obsolet – nicht aber der Versuch, „die" Europäische Stadt als Typus zu modellieren. Anfang des 20. Jahrhundert wurde die Europäische Stadt als Gegenmodell zur US-amerikanischen Stadt stilisiert, die mit ihren Wolkenkratzern als „Symbol der reinen Moderne" (KAELBLE 2001: 257) galt. Die Debatte vermischte sich mit Ängsten vor dem Verlust der Individualität durch das Leben in der Großstadt und überlagerte sich teilweise mit der Diskussion über die Zukunft der Stadt an sich. Die US-amerikanischen Städte verkörperten in dieser Sicht das „Prinzip der wirtschaftlichen Nützlichkeit" (ebd. 258). Der Fokus lag hierbei vor allem auf den baulichen Unterschieden, symbolisiert durch „Hochhäuser und Stadtautobahnen" (ebd. 263). Diese Unterschiede haben sich im Verlauf des 20. Jahrhunderts allerdings nivelliert.

Der Nützlichkeitsgedanke wurde mit dem Funktionstrennungs-Paradigma im Sinne der Charta von Athen aufgegriffen. In jüngerer Zeit gilt aber die kompakte, durchmischte (europäische) Stadt wieder als Idealbild der Stadtplaner – auch wenn SIEBEL zu Recht darauf hingewiesen hat, dass in diesem Bild die durch Enge und Armut verursachten Unannehmlichkeiten ausgeblendet werden (2003: 112 f.).

Für ein modernes Verständnis der Europäischen Stadt hat SIEBEL drei Merkmale herausgearbeitet:

> Erstens, wir verbinden mit der europäischen Stadt eine Hoffnung: Stadtluft macht frei. Die Attraktivität der europäischen Stadt ist gar nicht zu verstehen ohne die Perspektive der Emanzipation, die Hoffnung, als Städter ein besseres Leben führen zu können.
>
> Zweitens wird die europäische Stadt durch eine bestimmte Lebensweise charakterisiert, die wir urban nennen. Sie ist gekennzeichnet durch die Polarität von Öffentlichkeit und Privatheit, die Trennung von Wohnen und Arbeiten, ein gesittetes, zivilisiertes Verhalten.
>
> Drittens: Gefäß, Ort und Symbol dieser Lebensweise und dieser Hoffnungen ist die Gestalt der europäischen Stadt. (SIEBEL 2003: 111)

Wie schon bei Weber ist die Europäische Stadt somit nicht in erster Linie als bauliche Struktur zu verstehen, sondern sie ist eben durch eine besondere Lebensform, die urbane, gekennzeichnet und beinhaltet die Hoffnung auf ein freies, selbst bestimmtes Leben. Die physische Gestalt der Europäischen Stadt mit Kompaktheit und Dichte wird zum Symbol für diese besondere Lebensform.

Aufgrund dieser Verknüpfung mit einer selbst bestimmten Lebensform ist der Begriff „Stadt" in Europa positiv besetzt; dagegen ist er in den USA aufgrund des ausgeprägten Anti-Urbanismus eher negativ konnotiert (vgl. auch JUDD; SWANSTROM 1998):

> Den europäischen Bürger zog es schon seit jeher in die Städte – der Idealtyp dieses Kulturkreises ist der Städter, den die Stadtluft frei macht – ... Der Idealtyp des amerikanischen Bürgers ist hingegen der des Pioniers und Siedlers, der die Enge der Stadt aufgibt und ihr entflieht. (KAZIG; MÜLLER; WIEGANDT 2003: 92)

Inwieweit der Idealtyp der Europäischen Stadt heute überhaupt noch Gültigkeit hat, ist umstritten: „Das Leitbild der kompakten europäischen Stadt ist eine rückwärtsgewandte Utopie. Dieses Leitbild realisieren zu wollen, hieße, die Hülle der Gesellschaft des 19. Jahrhunderts ohne die Gesellschaft des 19. Jahrhunderts zu bauen." (SIEBEL 2003: 113) Welche Bedeutung kann die Europäische Stadt heute noch haben, oder anders gefragt: Worin unterscheidet sie sich (noch) von anderen Städten? BAGNASCO und LE GALÈS haben in der Weber'schen Tradition Städte „both as political and social actors and as local societies" (2000: 2) analysiert. Infolge der Schwächung der nationalstaatlichen Ebene durch die Globalisierung entstünden neue Spielräume für (europäische) Städte, die als eigenständige Akteure Einfluss auf ihre Attraktivität für Investoren und Bürger nehmen könnten (ebd. 19). Mit diesem Verständnis grenzen die Autoren die Europäische von der US-amerikanischen Stadt ab und arbeiten sechs Merkmale heraus, die sie eher als „a sketch to support the argument rather than a definitive model" verstanden wissen wollen: „pattern and age; characteristics of the European urban system; town-planning; social structure; membership of the European Union" (ebd. 8).

Für die Zwecke dieser Untersuchung wird die Unterscheidung zwischen Europäischer und US-amerikanischer Stadt anhand von zwei Kriterien vorgenommen: Zum einen werden die Unterschiede baulicher und struktureller Art betrachtet, die als Ergebnis der sozialen und politischen Bedingungen anzusehen sind. Zum zweiten werden die Unterschiede im Hinblick auf die soziale und politische Organisation der Städte untersucht, die für den hier betrachteten Politiktransfer von BIDs von Relevanz sind.

Bauliche und strukturelle Unterschiede zwischen US-amerikanischen und europäischen Städten

Zu den baulichen Strukturmerkmalen der Europäischen Stadt gehört ein klar erkennbares Stadtzentrum. Im Zentrum manifestiert sich die Geschichte in zahlreichen offiziellen Bauten politischer, religiöser und kultureller Art, die als Zeitzeugen auf die Epochen der Stadtgeschichte verweisen. An archäologischen Stätten lassen sich die antiken Wurzeln zurückverfolgen; die Straßenführung zeigt Spuren der römischen oder mittelalterlichen Gründung und Kirchen, Schlösser oder Burgen zeugen von der einstigen Bedeutung der Stadt. Die Stadtzentren haben eine hohe symbolische Bedeutung als „Ort der Identifikation für die Bevölkerung" (HÄUßERMANN 2001: 249). Diese historischen Spuren fehlen naturgemäß in US-amerikanischen Städten; selbst in den zuerst gegründeten Städten der Ostküste sind die ältesten Gebäude kaum älter als die Unabhängigkeitserklärung.

Die Zentren der europäischen Städte zeichnen sich zudem durch eine hohe Nutzungsvielfalt aus. JUDD und SWANSTROM weisen darauf hin, dass Städte in Europa historisch immer auch religiöse, kulturelle, militärische und/oder politische Zentren waren, während in den USA die Städte im Wesentlichen aus wirtschaftlichen Erwägungen gegründet wurden: Die Städte waren Handelsplätze für die im agrarischen Umland hergestellten Güter (1998: 2). Bis heute dominieren in den US-amerikanischen Stadtzentren kommerzielle Nutzungen – sie werden daher konsequenterweise *central business districts* (CBD) genannt. Auf diese unterschiedlichen Nutzungen wird beim Abschnitt über den öffentlichen Raum noch zurückzukommen sein (s. unten).

Europäische Städte weisen – zumindest im Innenstadtbereich – immer noch eine hohe Dichte auf, die sich zu den Rändern hin verringert. Im Kontrast dazu steht die „Horizontalität" US-amerikanischer Städte, aus denen – wenn überhaupt – lediglich der CBD herausragt (BAGNASCO; LE GALÈS 2000: 9). Infolge der Suburbanisierungsprozesse haben sich die US-amerikanischen Städte mehr und mehr zu „urbanen Regionen" (FISHMAN 1991: 74) entwickelt und sind durch eine amorphe Struktur gekennzeichnet. Es fehlt „ein dominierendes Zentrum und eine klar definierte Grenze", die Siedlungen breiten sich in geringer Dichte über große Flächen aus, „Agglomerationen von Einkaufszentren, Bürokomplexen und Unterhaltungsstätten" entstehen überall dort, „wo sich größere Highways kreuzen oder treffen" (ebd.).

Wenn auch in deutschen Städten ähnliche Prozesse der Zersiedelung und Suburbanisierung, der Stadtflucht und der Dominanz des Automobils zu beobachten sind, unterscheiden sich diese in ihrem Ausmaß erheblich von denen in den USA. In Deutschland haben sich die Mittelschichten niemals ganz aus den Stadtzentren zurückgezogen (BAGNASCO; LE GALÈS 2000: 14). Der Verbleib wohlhabender Bürger in den Zentren trug dazu bei, dass dort kontinuierlich investiert wurde und die Gebäude ebenso wie der öffentliche Raum nicht vernachlässigt wurden (ebd. 10). Das in Deutschland politisch vorgegebene System zentraler Orte mildert im Zusammenhang mit der hierarchisch strukturierten Planung die Zersiedelungstendenzen ebenfalls ab. Die vergleichsweise geringe Größe der meisten europäischen Städte befördert zudem den sozialen Zusammenhalt (ebd. 12).

Die bauliche und strukturelle Gestalt der Europäischen und der US-amerikanischen Stadt ist also ein Ergebnis der jeweiligen historischen Entwicklung. In der physischen Form schlagen sich gleichzeitig auch soziale und politische Prozesse und Entscheidungen nieder.

Soziale und politische Unterschiede zwischen US-amerikanischen und europäischen Städten

Die scharfen sozialen Unterschiede in den USA manifestieren sich räumlich in sozial und ethnisch hoch segregierten Stadtquartieren, während in den egalitäreren europäischen Gesellschaften die Städte vergleichsweise mehr durchmischt sind. Während in US-amerikanischen Städten in den Innenstädten – sofern überhaupt noch Menschen dort wohnen – vor allem benachteiligte und farbige Bevölkerungsschichten anzutreffen sind, wohnen die wohlhabenderen (weißen) Mittelschichten überwiegend in den Einfamilienhaussiedlungen der *suburbs* (JUDD; SWANSTROM 1998: 135 ff., vgl. auch Abschnitt III1.2.1). In jüngerer Zeit ist zwar im Zuge der „Renaissance der Stadt" wieder ein Anstieg der Bevölkerungszahlen in den Innenstädten hauptsächlich infolge von Immigration zu beobachten (LÄPPLE 2005: 408), ohne dass dadurch aber die großräumige Segregation wesentlich zurückgegangen wäre. Die Segregation in den USA ist vor allem auf das freie, politisch nicht eingehegte bzw. durch entsprechende Programme sogar noch verstärkte Wirken der Marktkräfte zurückzuführen, wie im Fall der bereits dargestellten Verdrängung von Wohnbevölkerung aus den Innenstädten durch höherwertige Nutzungen.

In europäischen Städten nehmen zwar die sozialräumliche Segregation (und auch die Einkommensunterschiede) deutlich zu, bleiben aber (immer noch) hinter US-amerikanischen Zuständen zurück. In der gleichen Stadt (also der gleichen politisch-administrativen Einheit) finden sich ärmere und reichere Viertel, den Städten bleibt somit ein gewisser Spielraum, für Ausgleich zu sorgen. Im Unterschied zu den USA liegen die „Problemviertel" seltener in der Innenstadt, sondern meist in peripheren Stadtteilen. Die Zentren sind von „amerikanischen Verhältnissen" mit Problemen wie Kriminalität und Verwahrlosung des öffentlichen Raums weit entfernt. Zudem gibt es spezielle Förderprogramme wie das Bund-Länder-Programm „Die Soziale Stadt", mit dem gezielt in benachteiligte Viertel investiert wird.

Wie auch in der Stadtplanung spielen in der US-amerikanischen Stadt die Grundeigentümerinteressen eine besondere Rolle: Über die Grundsteuer tragen sie die Hauptlast der Finanzierung der kommunalen Haushalte; die Entwicklung der Grundstückswerte ist somit von herausragender Bedeutung für die Haushaltssituation einer Stadt. Ein Grund für den Wegzug der Mittelschicht aus den Innenstädten in sozial und ethnisch homogenere suburbane Gemeinden ist somit auch die Unwilligkeit, über hohe Steuerlasten die durch sozial Schwächere verursachten Kosten mitzutragen (JUDD; SWANSTROM 1998: 10). In den kleinen Gemeinden locken niedrigere Steuersätze und gleichzeitig eine bessere Versorgung an öffentlichen Dienstleistungen: „The result has been a growing inequality in basic social and community services. While the city tax rate in Philadelphia, for example, is about triple that of communities around it, the suburbs enjoy far better schools, hospitals, recreation and police protection." (Reich in New York Times Magazine 1991: 44; vgl. auch JUDD; SWANSTROM 1998: 315 f.)

Ganz anders ist dagegen die Einnahmesituation der kommunalen Haushalte in Deutschland, die deutlich diversifizierter ist: Die größten Anteile nehmen das Gewerbesteueraufkommen, der kommunale Anteil der Einkommenssteuer sowie die Grundsteuer ein. Dazu kommen noch der kommunale Anteil an der Umsatzsteuer sowie ggf. weitere kommunale Steuern (z.B. Hundesteuer). Einnahmeseitige Unterschiede zwischen Gemeinden (wie auch Bundesländern) werden durch den Finanzausgleich teilweise nivelliert. Die Qualität der sozialen Infrastruktur hängt somit nicht allein von den Einnahmen und Entscheidungen einer Stadt oder Gemeinde ab, sondern wird durch das Gebot der Gleichwertigkeit der Lebensverhältnisse nach unten abgefedert. In den letzten Jahren geraten die Kommunalfinanzen allerdings zunehmend unter Druck, weil der Bund die Steueranteile zu Lasten der Kommunen verringert, während er die Kommunen durch Bundesgesetze zu neuen Aufgaben ohne entsprechende Gegenfinanzierung verpflichtet.

Zusammenfassung

Aktuell unterliegen US-amerikanische und europäische (deutsche) Städte ähnlichen strukturellen Einflussfaktoren und Trends: Suburbanisierungs- und Segregationsprozesse gibt es in den USA wie in Deutschland, diese unterscheiden sich in Ausmaß und Auswirkungen jedoch erheblich. Bedeutend sind aber vor allem die Unterschiede in Bezug in den Reaktionen auf diese Einflüsse – in den USA werden solche Entwicklungen als negative Folge des Wirkens von Marktkräften weitgehend hingenommen, während in Deutschland versucht wird, mit politischen Instrumenten gegenzusteuern.

Über die herausgearbeiteten grundsätzlichen Unterschiede zwischen europäischen und US-amerikanischen Städten legen sich lokale Geschichte und Traditionen: So ist weder Hamburg mit der traditionell starken Handelsorientierung eine typisch europäische Stadt, noch New York mit dem in mancher Hinsicht[14] recht „europäisch" anmutenden Manhattan eine typisch US-amerikanische Stadt.

Mit einem gewissen Abstraktionsgrad lassen sich jedoch Unterschiede feststellen, die sich mit Bezug auf die Koordinierungsformen wie folgt zusammenfassen lassen: Während sich in US-amerikanischen Städten die (fast) freie Entwicklung der Marktkräfte abbildet, mildern in Europa gesellschaftlich ausgehandelte, politische Steuerungsversuche den Einfluss der ökonomischen Kräfte ab. In der Stadtgestalt, also sowohl der baulichen als auch sozialen Struktur, manifestieren sich die gesellschaftlichen Werte, die

14 Z.B. der gute öffentliche Verkehr, zahlreiche Fußgänger, kompakte Siedlungsstruktur.

geschichtliche Entwicklung und der Einfluss (oder die Abwesenheit) von Planung und politischer Einflussnahme.

Das Verständnis der Europäischen Stadt als „kollektiver Akteur“ mit einem „öffentlichen Interesse“ hat auch entscheidenden Einfluss auf den Umgang mit öffentlichen Räumen.

5.2.5 Bedeutung des öffentlichen Raums

> Die Polarität öffentlicher und privater Räume ist aufgeladen mit den utopischen Emanzipationsversprechen der bürgerlichen Gesellschaft. Der öffentliche Raum steht für die Hoffnungen auf Chancengleichheit am Markt, Auflösung von Herrschaft in der demokratischen Willensbildung selbstbestimmter Bürger und auf gesellschaftliche Teilhabe, kurz auf ökonomische, politische und soziale Integration ohne Negation von Differenz. (SIEBEL 2007: 80 f.)

Die Dialektik zwischen öffentlichem und privatem Leben ist seit BAHRDT ein konstitutives Element der Europäischen Stadt. Das Vorhandensein eines Netzes von vielfältig nutzbaren öffentlichen Räumen prägt die Europäische Stadt (KUKLINSKI 2003: 7; ALTROCK; SCHUBERT 2003: 99). Für eine sachliche Diskussion ist es allerdings wenig hilfreich, wenn die BAHRDT'sche Dichotomie einfach verräumlicht wird, d.h. unterstellt wird, öffentliches Leben könne nur im öffentlichen Raum stattfinden.

Im öffentlichen Raum spiegeln sich die Nutzungsanforderungen der Gesellschaft. Vorsicht ist geboten, wenn von „Verlust“ des öffentlichen Raumes die Rede ist – der Verlust wird zumeist im Vergleich zu einem überhöhten Idealbild gesehen: „Unterstellt wird, anderswo als in der Shopping Mall und vor allem in früheren Zeiten habe es bürgerliche Öffentlichkeit und demzufolge öffentlichen Raum und urbanes Verhalten im emphatischen Sinne gegeben.“ (SIEBEL 2007: 84) Statt von einem „Funktionsverlust“ solle daher vielmehr von einem „Funktionswandel“ der öffentlichen Räume ausgegangen werden (SELLE 2003: 61 ff.).

„Das Thema ‚Öffentlicher Raum' sollte [also] entideologisiert angegangen werden.“ (ALTROCK; SCHUBERT 2003: 107) Gerade BIDs werden immer wieder als Beispiel für eine (scheinbare) Privatisierung des öffentlichen Raums herangezogen (z.B. GLASZE 2001, TÖPFER; EICK; SAMBALE 2007) und folgen dabei einem verbreiteten Topos in der deutschen Debatte. Daher wird an dieser Stelle auf die Diskussion um den öffentlichen Raum und insbesondere die Frage der „Privatisierung“ ausführlicher eingegangen, um zu einem genauen Begriff von „öffentlichem Raum" zu kommen. Im nächsten Schritt werde ich dann auf Unterschiede im Verständnis von und im Umgang mit öffentlichem Raum in Europa und den USA eingehen.

Ein differenzierter Begriff von „öffentlichem Raum"

Die Agora von Athen wird häufig – implizit oder explizit – als Urform des öffentlichen Raums gesehen; dabei wird insbesondere die ihm zugeschriebene politische Funktion des demokratischen Austausches unter Gleichen betont (z.B. MITCHELL 2008: 7). Dabei war schon dieser „Urtyp" des öffentlichen Raums keineswegs für alle gleichermaßen zugänglich, sondern nur für die freien, männlichen Bürger Athens – also lediglich für eine Minderheit der Bevölkerung.

Der moderne Begriff von Öffentlichkeit (und des öffentlichen Raumes) geht auf die BAHRDT'sche Unterscheidung zwischen Privatheit und Öffentlichkeit zurück (2006: 83). Die Polarisierung zwischen diesen beiden Sphären wird konstitutiv für die Europäische Stadt. Das soziale Verhalten auf einem Markt war laut BAHRDT prototypisch für die Herausbildung öffentlichen Verhaltens (ebd.). Wenn in einer Stadt die Teilnahme am Markt zum alltäglichen Verhalten dazugehört, wird „die Teilhabe an einer Öffentlichkeit für die Masse der Bewohner ... [zu einer] alltägliche[n] Form des sozialen Verhaltens. Dies macht es möglich und bis zu einem gewissen Grad wahrscheinlich, daß sich auch andere Formen der Öffentlichkeit herausbilden, z.B. eine politische Öffentlichkeit." (ebd.) Hervorzuheben ist dabei zweierlei: Erstens spricht BAHRDT von öffentlichem Leben und nicht von öffentlichem Raum; zweitens unterscheidet er zwischen mehreren Formen von Öffentlichkeit, nämlich (mindestens) einer sozialen und einer politischen Öffentlichkeit.

Der Begriff „öffentliches Leben" verweist darauf, dass es ihm dabei um die Nutzungsmöglichkeiten und nicht um die Besitzverhältnisse des Raums geht. Eine Beschränkung auf die Besitzverhältnisse zeigt ein eindimensionales Verständnis von Räumen. Dagegen hat LÄPPLE in seinem „Essay über den Raum" vier Komponenten eines „gesellschaftlichen Matrix-Raumes" herausgearbeitet: das materiell-physische Substrat, die gesellschaftlichen Interaktions- und Handlungsstrukturen, ein institutionalisiertes und normatives Regulationssystem und ein mit dem materiellen Substrat verbundenes räumliches Zeichen-, Symbol- und Repräsentationssystem (1991: 196 f.). SELLE hat ebenfalls vier Dimensionen für öffentliche Räume vorgeschlagen, die teilweise Parallelen zu den vier Komponenten von

LÄPPLE aufweisen: „1. Die Produktion des Raumes ...; 2. Die eigentumsrechtliche Zuordnung ...; 3. Die Regulierung der Nutzung ...; 4. Die Nutzbarkeit, der Sozialcharakter eines Raumes ..." (SELLE 2003: 39, Hvhb. im Original). Durch Überlagerung dieser Dimensionen entsteht eine Vielzahl von Raumtypen, die die unterschiedlichen Funktionen von Transit, Konsum, Begegnung, Kommunikation, Erholung, Genuss und Freizeit, der politischen Meinungsäußerung und Diskussion, des Austausches mit Gleichgesinnten und Fremden, der Selbstinszenierung und des Erlebens von Gemeinschaft in unterschiedlichem Maße erfüllen.

Die Nutzung öffentlicher Räume ändert sich und spiegelt den gesellschaftlichen Wandel. Der politische Diskurs findet nicht mehr im öffentlichen Raum, sondern in Parlamenten und Medien statt (WEHRHEIM 2008: 250). Das Interesse an lokaler Politik hat gegenüber bundespolitischen oder internationalen Themen an Bedeutung verloren; „der Erfahrungsaustausch an der Strassenecke [sic] wird ersetzt durch das wortlose Fernsehen" (SCHUBERT 1999: 20). Auch andere öffentliche Funktionen finden zunehmend in Innenräumen statt: „Die Verhäuslichung stellt einen längerfristigen Trend des Zivilisationsprozesses dar. Darunter ist eine fortwährende Verlagerung öffentlicher Funktionen in Innenräume zu verstehen ..." (SCHUBERT 1999: 19). Waren die öffentlichen Räume früher durch eine breite Funktionsmischung gekennzeichnet, überwiegen heute monofunktionale öffentliche Räume, etwa für verkehrliche Nutzungen (Straßen, Parkplätze), insbesondere außerhalb der Innenstädte (KAZIG; MÜLLER; WIEGANDT 2003: 95). Und das Aufkommen virtueller Räume im Cyberspace mit neuen Formen sozialen Austausches wie Chat-Rooms, Blogs und sozialer und professioneller Netzwerke wie Facebook oder XING wird die tradierte Vorstellung öffentlichen Raums weiter aushöhlen (BANERJEE 2001: 18).

Als Konsequenz aus diesen Überlegungen hat SCHUBERT zwölf unterschiedliche „Settings gelebter öffentlicher Räume" (1999: 21) vorgeschlagen, zu denen „nicht nur die physikalischen Erscheinungen von Stadtplätzen, Strassen, Wegen und grünen Freiräumen dazuzählen, sondern auch öffentlich zugängliche Gebäude, Netzwerke der lokalen Öffentlichkeit und öffentlich zugängliche virtuelle Stadträume" (ebd.). „Der" öffentliche Raum differenziert sich so aus in eine Vielzahl von öffentlichen Räumen.

Die Funktionen von „Öffentlichkeit" werden also nicht allein durch „Flächen im Besitz der öffentlichen Hand" erfüllt, sondern es ist ein differenzierterer Blick auf Besitzverhältnisse, Nutzung und Aneignung, Nutzungsregulierung und symbolischen Zuschreibungen notwendig. Statt einer dichotomen Unterscheidung zwischen „öffentlich" oder „privat" differenzieren sich Räume in verschiedenartige Typen aus, die unterschiedliche Funktionen erfüllen. Daher bedarf auch das Schlagwort der „Privatisierung öffentlichen Raums" einer genaueren Betrachtung.

Privatisierung öffentlichen Raums?

Bemerkenswert an dieser Abbildung ist erstens die eigentümliche Vermischung von Begriffen und zweitens die nicht zwingend vorhandene öffentlich Zugänglichkeit von Flächen der öffentlichen Hand.

Abb. 1: „Privatbesitz des Bundes"

Im Gegensatz des durch den Begriff Privatisierung suggerierten Verlusts öffentlicher Räume liegt in quantitativer Hinsicht faktisch eine Zunahme öffentlicher Räume vor, etwa durch die Nutzbarmachung ehemaliger Industrieflächen in der Stadt im Rahmen von Konversionsprojekten (ALTROCK; SCHUBERT 2003: 101). In Expertenbefragungen hat KUKLINSKI zudem festgestellt, dass anstelle eines Funktionsverlusts öffentlicher Räume empirisch eher eine zunehmende Nutzungsintensität bis hin zu einer „Übernutzung" zu konstatieren sei (2003: 3).

Unter dem Schlagwort „Privatisierung öffentlicher Räume" thematisieren Kritiker äußerst heterogene Phänomene wie

- … quantitative Veränderungen (die Flächen öffentlich nutzbarer Räume verringern sich durch die Ausweitung privater – kommerzieller – Nutzung),
- funktionale Verlagerungen (privat produzierte, bedingt öffentlich nutzbare Räume konkurrieren mit traditionellen Plätzen etc.),
- ästhetische Phänomene (Bilder traditioneller Stadträume werden in den „Kunstwelten" der Malls und Entertainment Center imitiert)

ebenso wie Fragen

- der rechtlichen Kontrolle (private Wachdienste gewährleisten Sicherheit und Ordnung in öffentlich nutzbaren Räumen),
- der sozialen Selektivität (die „privatisierten" Räume sind nicht mehr jedermann zu jeder Zeit zugänglich) und
- der Steuerungskompetenz öffentlicher Akteure (wesentliche Aufgaben der Stadtentwicklung werden auf privatwirtschaftlich handelnde Akteure verlagert). (SELLE 2003: 43)

Auch wenn im Zuge etwa der Errichtung von Einkaufscentern streng genommen kein zuvor öffentlicher Raum privatisiert wird, werden öffentliche Räume durch „Einhausung" der nach BAHRDT für die Entstehung von Öffentlichkeit konstitutiven Marktfunktion in ihrer Funktionsvielfalt beschnitten. Es handelt es sich hier genau genommen also nicht um Privatisierung, sondern um eine Funktionsverlagerung. Echte Privatisierungen sind selten; ein Beispiel dafür ist das geplante Überseequartier in der Hamburger Hafen-City: Dort gehen die Flächen zwischen den Gebäuden in privaten Besitz über. Die Stadt Hamburg regelt aber über sogenannte Dienstbarkeiten, dass die öffentliche Nutzbarkeit nicht eingeschränkt werden darf.[15]

WEHRHEIM hat darauf hingewiesen, dass Orte wie Shopping-Center mit ihren spezifischen Formen von (Konsum-) Öffentlichkeit auch bestimmte Funktionen als „Nischen" im „Mosaik" (2008: 255) der Großstadt übernehmen können. Obwohl beispielsweise ein Shopping-Center zweifelsfrei ein Ort sei, der nicht dem „traditionellen normativen Ideal von öffentlichem Raum" (ebd. 263) entspreche, biete er bestimmten Gruppen wie männlichen Jugendlichen und Frauen einen geschützten Raum. Shopping-Center dürften daher nicht nur im Hinblick auf die Frage einer Privatisierung, sondern müssten differenzierter betrachtet werden:

> Die Frage sollte daher nicht mehr nur lauten, ob einzelne Räume mehr oder weniger dem normativen Ideal des öffentlichen Raums entsprechen, sondern inwieweit sie für einzelne Gruppen und für Stadtgesellschaften spezifische Funktionen übernehmen und wie sich erst aus dem Mit- und Nebeneinander der Räume urbane Öffentlichkeit erklären lässt. (WEHRHEIM 2008: 258)

Anstelle einer isolierten Betrachtung einzelner öffentlicher Räume und einer Fokussierung insbesondere auf die Innenstadt, sollten die öffentlichen Räume in ihrer Gesamtheit betrachtet werden – die „Vielfalt öffentlicher Räume als System" (SELLE 2003: 32). Und in diese Betrachtung sollten nicht nur Räume, die „öffentlich" in Bezug auf ihren Besitzstatus sind, miteinbezogen werden, sondern es sollte auf „die ‚öffentliche Nutzbarkeit' als zentrales Kriterium" abgestellt werden (ebd.). Erst in einer Gesamtschau könne dann die ausgewogene Mischung aller Funktionen betrachtet und beurteilt werden, ob Bedürfnisse aller gesellschaftlicher Gruppen Berücksichtigung finden.

15 Hamburger Abendblatt, 13.01.2006; Öffentlicher und privater Raum in der Stadt. In: News Hafencity.

Zusammenfassend kann also festgehalten werden: Eine echte Privatisierung öffentlicher Räume im eigentumsrechtlichen Sinn ist selten. Statt einem Verlust öffentlicher Räume ist vielmehr von einem Funktionsverlust, insbesondere der Marktfunktion (die in eingehauste Räume verlagert wird), auszugehen. Gleichzeitig ist eine „Rückeroberung" öffentlicher Räume durch neue Nutzungsformen (z.B. sportliche Aktivitäten) zu beobachten. Und in quantitativer Hinsicht werden sogar eher ehemals private Räume für die Öffentlichkeit wiedergewonnen, d.h. die verfügbaren Flächen nehmen zu.

Aufgrund der Ausdifferenzierung von Lebensstilen funktioniert die informelle soziale Kontrolle nicht mehr; die gefühlte Unsicherheit im öffentlichen Raum nimmt zu, ebenso der Ruf nach formalen Kontrollmechanismen. Der Einsatz von Überwachungstechniken und Sicherheitsdiensten ist vor diesem Hintergrund zu sehen. Mit der zunehmenden Erlebnis- und Konsumorientierung der Gesellschaft werden somit Räume attraktiv, die genau dies bieten: Privat gemanagte Räume, die die Unannehmlichkeiten öffentlichen Lebens wie Verunsicherung und Ungepflegtheit ausschließen und ein sorgfältig inszeniertes Ambiente bieten. Für öffentliche Räume – sollen sie nicht funktionslos werden – müssen Wege gefunden werden, um dieser Konkurrenz zu begegnen.

Nach diesem Exkurs zur – deutschen – Fachdiskussion über öffentlichen Raum wird nunmehr den Unterschieden zwischen Rolle und Bedeutung der öffentlichen Räume in den USA und Deutschland nachgegangen.

Unterschiede zwischen den USA und Deutschland

Während die multifunktionalen öffentlichen Räume in europäischen Städten hohen Symbolwert haben, geradezu als „konstituierend für die europäische Stadt" (KAZIG; MÜLLER; WIEGANDT 2003: 91) angesehen werden, werden öffentliche Räume in den USA eher mit Kriminalität und Verwahrlosung assoziiert. In der US-amerikanischen Stadt „ist die Mitte ein ‚Central Business District', der ausschließlich durch kommerzielle Nutzung geprägt ist und in welchem Kultur und Wohnen faktisch keine Rolle spielen" (HÄUßERMANN 2001: 249), während in der Europäischen Stadt das Zentrum mit seinen Plätzen, Parks und öffentlichen Gebäuden (Kirchen, Theater, Rathäuser, etc.) ein „Ort der Identifikation" (ebd.) für die Bürger ist.

Gründe für die geringere symbolische Bedeutung öffentlicher Räume in den USA sehen KAZIG, MÜLLER und WIEGANDT im Fehlen einer „historisch-bauliche[n] Struktur und Geschichte" (2003: 92) und im ausgeprägten Anti-Urbanismus der USA (ebd. 94 f.). Schließlich spielt auch die materielle

Gestalt der öffentlichen Räume eine wichtige Rolle: Vielerorts dominiert der motorisierte Individualverkehr. Während viele europäische Stadtkerne vor der Verbreitung des Autos entstanden sind und durch enge und verwinkelte Straßen sowie Nutzungsvielfalt gekennzeichnet sind, dominieren in US-amerikanischen Städten Stadtautobahnen, Straßen und Parkplätze, die ausschließlich der Transitfunktion des öffentlichen Raums dienen. Fußgängerzonen sind in den USA selten und wurden wegen mangelnder Akzeptanz häufig zurückgebaut. Städte können nicht zu Fuß erlebt werden; soziale Interaktion findet nicht in öffentlichen Räumen statt. Die mangelnde Aufenthaltsqualität hängt auch mit der geringen Wertschätzung öffentlicher Räume zusammen, die in Verbindung mit der schlechten Finanzlage der US-Städte (vgl. Abschnitt II5.2.4) eine Vernachlässigung der Innenstädte zur Folge hatte.

Aus diesen Gründen findet in den USA öffentliches Leben in privaten Innenräumen wie Shopping Malls, Urban Entertainment Centern und Office Parks statt – die allerdings nicht für alle zugänglich sind. Für die USA ist somit weniger von einer Privatisierung öffentlicher Räume auszugehen, sondern vielmehr von einer Verlagerung öffentlichen Lebens in halböffentliche Räume in Privatbesitz – übrigens in gewisser Weise ein konsequente Weiterführung der „... Intention Victor Gruens – des ‚Vaters' moderner Shopping Malls –, gerade die spezifischen Qualitäten öffentlicher Räume europäischer Städte auf us-amerikanische zu übertragen und diese zu beleben" (WEHRHEIM 2008: 48).

Neben dieses schwarz-weiß gezeichnete Bild der Unterschiede zwischen den USA und Deutschland treten aber auch Parallelen und Annäherungstendenzen. So weist BANERJEE darauf hin, dass im 19. Jahrhundert den öffentlichen Parks in den USA die demokratisierende und „zivilisierende" Funktion zugeschrieben wurde, die in Europa für den öffentlichen Raum insgesamt gilt (2001: 10). Ein aktuelleres Beispiel für Bemühungen US-amerikanischer Städte um öffentliche Räume sind die „Plazas" in New York, öffentlich nutzbare Räume in privatem Besitz („privately owned public space", PEGELS). Mit der Einführung der zweiten Zonenbauordnung von 1961 schuf die Stadt ein „Bonus-System ..., welches Grundbesitzern erhöhte Bruttogeschossfläche zubilligte, wenn sie in die Gestaltung ihres Gebäudeumfeldes öffentlich zugängliche Plätze integrierten" (PEGELS 2003: 321). PEGELS hatte festgestellt, dass dadurch insgesamt 3,6 ha öffentlich nutzbare Räume geschaffen wurden – dies entspreche einem Zehntel der Fläche des Central Parks (327).

In den USA haben sich die Bemühungen um den öffentlichen Raum seit den 1980er Jahren intensiviert, dem bisherigen Höhepunkt in Bezug auf

Verwahrlosung und Verunsicherung im öffentlichen Raum. Bei einigen Strategien tritt die Stadt als Hauptakteur auf, wie bei der sog. *Zero Tolerance*-Strategie des New Yorker Bürgermeisters Rudolph Giuliani, die auf eine konsequente Verfolgung schon geringfügiger Verbrechen setzt. Weit verbreitet in den USA ist die Installation von Videoüberwachungstechnik (*CCTV – closed circuit television*) im öffentlichen Raum. Videoüberwachung öffentlicher Räume ist – im Gegensatz zu Deutschland – in den USA erlaubt und weit verbreitet; nach US-amerikanischem Verständnis widerspricht diese nicht dem Datenschutz (*privacy protection*). In der Regel weist ein Schild auf die Überwachung hin. Auch private Organisationen wie BIDs dürfen Überwachungsequipment im öffentlichen Raum installieren.

New York bemüht sich aktuell um die Rückgewinnung von öffentlichem Raum für Fußgänger; ein Beispiel dafür ist das Aufstellen von Stühlen an der Ecke Broadway/38th Street: Der Verkehr wurde mit „Betonschweinen" und Blumenkübeln zurückgedrängt und Stühle und Tische aufgestellt, so dass man sich dort hinsetzen und vielleicht einen mitgebrachten Imbiss verzehren kann (vgl. New York Times, 27.02.2009).

Andere städtische Strategien zur Aufwertung öffentlicher Räume in den USA setzen auf die Einbeziehung privatwirtschaftlicher Akteure. Ein Beispiel dafür sind die sogenannten Park Conservancies, private gemeinnützige Organisationen, die eine *Public Private Partnership* mit der Stadt eingehen, um öffentliche Parks zu managen. Die Finanzierung erfolgt zu einem erheblichen Teil aus privaten Mitteln (im Falle des Central Parks[16] in New York City[17] zu 85%). Die Parks bleiben öffentlich zugänglich, haben aber häufig eine Benutzungsordnung.

Nicht zuletzt sind BIDs als Reaktion auf die Vernachlässigung öffentlicher Räume zu sehen und stellen eine Möglichkeit dar, privates Engagement zur Pflege des öffentlichen Raums zu nutzen.

Die Einbeziehung von Privaten in die Unterhaltung öffentlicher Räume ist in Deutschland dagegen weit weniger verbreitet. Kofinanzierung oder *Public Private Partnerships* sind vor allem im Investitionsbereich, also der erstmaligen Herstellung öffentlichen Raums, verbreitet, zum Beispiel im Rahmen städtebaulicher Verträge.

16 <http://www.centralparknyc.org/site/PageNavigator/aboutcon_cpc>, Zugriff 18.11.2009.

17 Viele der folgenden Beispiele stammen aus New York City, da aus dieser Stadt auch BID-Fallbeispiele herangezogen werden. Es muss aber darauf hingewiesen werden, dass diese Beispiele nicht für die USA generalisiert werden dürfen.

Dennoch wird in Deutschland häufig eine Übernahme US-amerikanischer Praktiken beklagt und dafür als Beispiel die Übernahme der *Zero Tolerance*-Strategie (SIMON 2001: 30 ff.) oder die zunehmende Videoüberwachung öffentlicher Räume genannt. Im Unterschied zu den USA ist Videoüberwachung in Deutschland allerdings durch die Gesetze zum Datenschutz des Bundes und der Länder stark eingeschränkt. Eine private Überwachung darf im öffentlichen Raum etwa nur zur Wahrnehmung des Hausrechts oder zur Wahrnehmung anderer „berechtigter" Interessen installiert werden (vgl. §6b, Bundesdatenschutzgesetz (BDGS), <http://www.gesetze-im-internet.de/bdsg_1990/>, Zugriff 24.11.2009). Die Installation neuer Überwachungsanlagen muss mit dem zuständigen Datenschutzbeauftragten abgesprochen werden (vgl. etwa §23 Absatz (4) Satz 2 des Hamburgischen Datenschutzgesetzes).

Im Übrigen führt auch in Europa der globale Standortwettbewerb dazu, dass Maßnahmen zur Verbesserung der Lebensqualität in den Städten ergriffen werden, um damit die besten Köpfe – Humankapital und Unternehmen – anzulocken. Diese Aufwertung zentraler, für das Stadtbild wichtiger öffentlicher Räume interpretieren KAZIG, MÜLLER und WIEGANDT als Annäherung an das US-amerikanische Verständnis des öffentlichen Raums, da sie „dem Standortmarketing und der Imageverbesserung" (2003: 93) aus ökonomischen Überlegungen dienten.

Zusammenfassung

Trotz der beschriebenen Annäherungstendenzen bleiben deutliche Unterschiede zwischen den USA und in Deutschland in der symbolischen Bedeutung, im Erscheinungsbild und im Umgang mit öffentlichen Räumen bestehen. Der auffälligste Unterschied ist, dass in Europa nach wie vor öffentliches Leben in öffentlichen Räumen stattfindet, während dieses in den USA zu einem wesentlichen Teil in (nur eingeschränkt) öffentlich zugängliche Privaträume, in die sog. „analogous city" (Trevor Boddy zit. nach BANERJEE 2001: 13) verlagert ist. Ist der öffentliche Raum in Europa multifunktional, symbolisch aufgeladen und geprägt von (Ideal-) Vorstellungen gleichberechtigter Teilhabe, überwiegen in den USA kommerzielle Nutzungen.[18] Nutzungseinschränkungen bestehen durch die Dominanz des Autoverkehrs und dort, wo durch Funktionsverlust Verwahrlosung und Unsicherheit herrschen – häufig besonders in den Innenstädten.

18 Dies gilt wie oben dargestellt nicht für Parks.

Betrachtet man die Nutzungsstruktur in öffentlichen Räumen als Aushandlungsprozess, können dabei die folgenden Koordinationsmechanismen identifiziert werden: Für die USA lässt sich ein Überwiegen kommerzieller Nutzungen konstatieren, die Nutzungsanforderungen werden dabei über den Markt koordiniert. Gegentendenzen dazu sind Bemühungen um die Wiedernutzbarmachung von öffentlichen Räumen in Städten, die teilweise im Rahmen von *Public Private Partnerships* umgesetzt werden, und im Zusammenhang mit der neuerlichen Zunahme von Wohnnutzungen in Innenstädten zu sehen sind. Die Bemühungen von BIDs um öffentliche Räume sind ebenfalls hier zu verorten, auch wenn diese oft ökonomischen Überlegungen unterliegen (vgl. dazu Abschnitt III4.1). Diese kooperativen Formen sind als netzwerkartig zu charakterisieren.

In Deutschland dagegen wird der Anspruch aufrechterhalten, dass öffentliche Räume von der öffentlichen Hand zu verwalten sind, die sich dabei am Gemeinwohl zu orientieren hat; in dieser Hinsicht ist die Koordinierung als hierarchisch einzustufen. Die oben erwähnte Tendenz, öffentliche Räume zunehmend als Standortfaktor zu interpretieren, mag zwar das Gewicht kommerzieller Interessen verstärken, verändert jedoch nicht die grundsätzliche Koordinierungsform. Nur im Bereich der Produktion öffentlicher Räume gibt es daneben noch netzwerkartige Koordinierungsformen in Form von *Public Private Partnerships*. Es ist jedoch wahrscheinlich, dass auch im Bereich Pflege und Management öffentlicher Räume in den nächsten Jahren einiges in Bewegung gerät – BIDs sind dafür nur ein Beispiel.[19]

5.3 Zusammenstellung des Analyserahmens

In dieser Darstellung der für einen Vergleich der Kontextbedingungen in den USA und Deutschland für den BID-Transfer ist deutlich geworden, dass in den USA der Markt bzw. marktförmige Koordinierungsmechanismen in fast allen Bereichen dominieren – ein Befund, den HALL und SOSKICE bereits für das ökonomische System im *Varieties of Capitalism*-Ansatz erarbeitet haben.

Zu einem ähnlichen Ergebnis kommt ALBERT, der in einer etwas umfassenderen Betrachtung von acht gesellschaftlichen Teilbereichen festgestellt hat, „daß im neo-amerikanischen Modell die Handelsgüter einen

19 So hatte Bremerhaven bereits 2002 die Fußgängerzone an den dortigen Einzelhandelsverband vermietet (FHH o.J. a).

spürbar bedeutenderen Platz einnehmen als im rheinischen Modell" (1992: 105). Unter „nicht handelbaren Gütern" versteht er „Güter, die man weder kaufen noch verkaufen kann. Die einen sind eher persönlicher Art wie Freundschaft, Liebe, Großzügigkeit, Ehre, die anderen eher gemeinschaftlicher Art wie Demokratie, Freiheit, Menschenrechte, Gerechtigkeit" (ebd.), während „gemischte Güter" Güter sind, „die teilweise dem Markt, teilweise öffentlichen Initiativen entspringen" (ebd.). Dieser Befund des höheren Stellenwertes des Marktes im US-Modell ergänzt das bisher Erarbeitete.

Aus den einzelnen Elementen des *Varieties of Capitalism*-Ansatzes und den Unterschieden zwischen Deutschland und den USA im Bereich der gesellschaftlichen Werte, des politischen Systems, der Planungstradition, dem Stadtverständnis und der Bedeutung des öffentlichen Raums kann nunmehr der vollständige Analyserahmen zusammengestellt werden. Die folgende Tabelle zeigt die in den vorangegangenen Abschnitten herausgearbeiteten Unterschiede noch einmal im Überblick (zunächst die identifizierten Koordinierungsformen, danach stichwortartig die Zusammenfassung):

Tab. 2: Erweiterter Analyserahmen für den Vergleich zwischen den USA und Deutschland

USA	Deutschland
Gesellschaftliche Werte	
Wertschätzung marktlicher Koordinationsformen	Wertschätzung hierarchischer Koordinationsformen
„kompetitiver Individualismus" (FUCHS): protestantischer Arbeitsethos: Grad der Auserwähltheit vor Gott wird an den Erfolgen im irdischen Leben gemessen; Gemeinwohl als immer neu zu findendes Ergebnis von Interessenaushandlung (*a posteriori*) Betonung der individuellen Eigenverantwortung; Misstrauen gegenüber dem Staat und staatlichen Eingriffen	„solidarischer Etatismus" (FUCHS) „Idee der Pflichterfüllung" im lutherischen Protestantismus Gemeinwohl als übergeordneter Entwurf (*a priori*), dem sich Partikularinteressen unterzuordnen haben; fürsorglicher Staat als Hüter des Gemeinwohls
Liberale Ökonomie	Koordinierte Ökonomie
Markt (externe) und Hierarchie (interne Beziehungen) als Koordinierungsmechanismen	Netzwerke als zusätzlicher Koordinierungsmechanismus neben Markt und Hierarchie
Beziehungen zu anderen Unternehmen	
marktliche bzw. wettbewerbliche Beziehungen dominieren, basieren auf (vollziehbaren) formalen Verträgen; scharfe (Anti-) Kartell-Gesetze	Verträge sind relativ offen, basieren auf „üblichen Standards", begünstigen zwischenbetriebliche Zusammenarbeit; Wettbewerbsrecht lässt Formen kollektiven Handelns zu

USA	Deutschland
Politisches System	
vorherrschender Koordinierungsmechanismus Konkurrenz, ergänzt durch Netzwerke auf lokaler Ebene	grundsätzlich demokratische Konkurrenz, aber wichtige Rolle neokorporatistischer Netzwerke und hierarchischen Elementen
libertäre Demokratie mit republikanischen Elementen (FUCHS): Eigenverantwortung der Individuen, Konkurrenz untereinander; Solidarität auf lokaler Ebene	liberale Demokratie (FUCHS): Mitverantwortung des Staates für das individuelle Wohlergehen, Konkurrenz der Individuen untereinander
„pluralistische Wettbewerbsdemokratie" (MÜNCH); Prinzip der Konkurrenz der Meinungen; bessere Teilhabechancen für alle bei gleichzeitig schlechterer Effektivität	„rechtsstaatlich fixierte Konsensdemokratie" (MÜNCH); Meinungsvielfalt moderiert durch Neokorporatismus; eingeschränkte Teilhabechancen für nicht korporatistisch eingebundene Interessen bei effektiveren Ergebnissen
Präsidialdemokratie; geschlossene Exekutive; Machtfragmentierung (‚checks and balances'), Prinzip der Selbstherrschaft des Volkes bspw. in Direktwahl des Präsidenten realisiert	parlamentarische Demokratie; geteilte Exekutive; Machtverteilung zwischen Regierung und Opposition, Föderalismus: Bundesrat; dominierende Rolle der Parteien
hohe Bedeutung direkt-demokratischer Elemente, sowohl für Sach- als auch Personalentscheidungen, insbesondere auf der Ebene der Einzelstaaten und lokal	direkt-demokratische Elemente nur auf Ebene der Bundesländer und Gemeinden für Sachentscheidungen; bei Personalentscheidungen sog. „Legimitationsketten", Direktwahl lediglich in manchen Gemeinden (süddeutsche Rat-Bürgermeister-Verfassung)
special districts zur Auslagerung bestimmter Aufgaben (z.B. Schulen); auch hier meist Direktwahl des Führungspersonals durch die Beitragszahler	Zweckverbände als interkommunale Kooperationsform; Führungspersonal von Mitgliedsgemeinden entsandt. Personalkörperschaften (des öffentlichen Rechts) als mögliche Rechtsform für BIDs diskutiert
Planungsverständnis	
Markt als vorrangiger Koordinierungsmechanismus, eingeschränkte Rolle für Netzwerke (zivilgesellschaftliche Akteure)	überwiegender Koordinierungsmechanismus Hierarchie; zunehmende, aber begrenzte Bedeutung kooperativer Formen
stark eingeschränkte Rolle der bundesstaatlichen Ebene, große Autonomie der kommunalen Ebene	Planungshoheit der Kommunen innerhalb eines hierarchisch abgesteckten Rahmens
fehlende Koordination stadtbezogener Programme und Behörden	hierarchisch strukturierte Planung, insbesondere bei Bundesprogrammen
wichtige Rolle von Privatwirtschaft und Privaten in der Planung, Stadtentwicklung durch marktwirtschaftliche Mechanismen determiniert	Verständigung über übergeordnete Planungsziele im „öffentlichen Interesse" (hierarchisch abgestufte Zentralitäten, soziale Ziele) unter Beteiligung der Öffentlichkeit

USA	Deutschland
„öffentliches Interesse" wird verstanden als die ausgehandelte Summe der (auch) ökonomischen Interessen Einzelner, insbesondere auch der Grundeigentümer	„öffentliches Interesse" gedacht als über den Partikularinteressen stehendes Interesse einer kollektiven Identität (Gemeinwohl)
Bürgerbeteiligung v.a. supplementär (zu staatlichen Strukturen)	Bürgerbeteiligung v.a. komplementär und antagonistisch (zu staatlichen Strukturen)
Konkurrenz der Städte und Regionen	Einheitlichkeit der Lebensverhältnisse, Zentrale Orte-System
administrative Zersplitterung der Metropolregionen	unterschiedlich stark ausgeprägte Formen regionaler Kooperation
US-Amerikanische Stadt	Europäische Stadt
(Städte als Manifestation von Planung, daher hier kein Eintrag)	
Städte als Orte des Handels; Stadtzentrum als *central business district* mit dominierender kommerzieller Funktion	Städte als religiöse, kulturelle, politische Zentren und Orte des Handels; Stadtzentrum als Ort der Identifikation, bauliche Manifestation der Geschichte
amorphe Siedlungsstruktur ohne klares Zentrum; Funktionen z. T. an peripheren Standorten mit guter (automobiler) Erreichbarkeit	Städte mit einem (oder mehreren) klaren Zentren, dort Konzentration der Funktionen
Finanzierung der Kommunen zu einem erheblichen Teil über Grundsteuer	Kommunale Finanzierung diversifizierter; v.a. Gewerbe-, Grundsteuer sowie kommunaler Anteil der Einkommenssteuer
soziale Leistungen werden maßgeblich durch Beiträge Privater erbracht	soziale Aufgaben liegen im Verantwortungsbereich der Stadt
„Anti-Urbanismus"	„Stadtluft macht frei"
Öffentlicher Raum	
Markt und (ergänzend) Netzwerke als Koordinierungsmechanismen	Hierarchie als grundlegender Koordinierungsmechanismus; marktliche Formen zunehmend
geringere historische Bedeutung öffentlichen Raums; überwiegend kommerzielle Nutzungen; Nutzbarkeit eingeschränkt durch Vernachlässigung und monofunktionale Nutzung (Automobil)	öffentlicher Raum multifunktional und geprägt von (Ideal-) Vorstellungen gleichberechtigter Teilhabe, zentrales Konzept mit hoher Symbolkraft für die europäische Stadt
Öffentliches Leben in (privaten) Innenräumen	Öffentliches Leben in (öffentlichen) Außenräumen
private Kofinanzierung zur Unterhaltung öffentlicher Räume üblich (z.B. Parks) Videoüberwachung öffentlicher Räume gesetzlich zulässig	private Mittel für öffentliche Räume im Investitionsbereich (z.B. städtebauliche Verträge) (private) Videoüberwachung öffentlicher Räume nur unter Auflagen möglich

Während dieser Untersuchungsrahmen dazu dient, die unterschiedlichen Kontextbedingungen von BIDs und mögliche Wechselwirkungen mit anderen gesellschaftlichen Teilsystemen zu analysieren, muss noch ein Instrumentarium erarbeitet werden, mit dem der eigentliche Transferprozess analysiert werden kann. Dafür bieten sich Ansätze des Politiktransfers an, die im folgenden Kapitel diskutiert werden.

6 Ansätze zur Untersuchung von Politiktransfer

Auch wenn die Einführung der US-amerikanischen BIDs nach Deutschland eindeutig einen Fall von Politiktransfer darstellt, wurde die Frage der Übertragbarkeit von BIDs aus den USA nach Deutschland in der einschlägigen Literatur allenfalls am Rande diskutiert. Vor der Einführung von BIDs wurde zwar verschiedentlich auf Unterschiede zwischen den beiden gesellschaftlichen Kontexten hingewiesen und insbesondere kritisch diskutiert, ob denn die Grundeigentümer hierzulande angesichts einer höheren Steuerlast bereit sein würden, zusätzlich eine freiwillige Steuer zu entrichten und, statt zur Selbsthilfe zu greifen, nicht viel eher nach dem Staat rufen würden (vgl. exemplarisch Bangemann-Johnson in BCSD 2003: 22-24); dies hatte aber eher anekdotischen denn systematischen Charakter. Andere Unterschiede des gesellschaftlichen und ökonomischen Systems wurden zwar teilweise benannt (WIEZOREK 2004: 113 ff.), aber nicht untersucht, welche Konsequenzen daraus zu ziehen wären.

Das heißt, die BID-Einführung in Deutschland wurde weder bewusst als Politiktransfer wahrgenommen noch im Prozess dementsprechend gehandelt. Mit dieser Arbeit möchte ich eine nachträgliche Analyse unter dem Blickwinkel theoretischer Ansätze des Politiktransfers vornehmen und klären, wie der Transferprozess verlaufen ist. Dabei möchte ich untersuchen, welche Wechselwirkungen von BIDs mit anderen Instrumenten im Ausgangskontext bestehen, inwieweit Konflikte im aufnehmenden Kontext auftreten und ob und gegebenenfalls welche Anpassungen am Instrument BID vorgenommen wurden. Mit Hilfe des Instrumentariums kann auch offen gelegt werden, ob Änderungen als Anpassungen an den neuen Kontext oder als Fehler im Transferprozess zu interpretieren sind.

Dieses Kapitel über theoretische Ansätze zur Analyse von Politiktransfer dient der Definition und Abgrenzung des Begriffs und diskutiert dessen Leistungsfähigkeit in Abgrenzung zu anderen Konzepten (Abschnitt II6.1). Danach werden verschiedene Ansätze vorgestellt und deren Stärken und Schwächen dargestellt (Abschnitt II6.2). Abschließend wird das Vorgehen für die Analyse des BID-Transfers skizziert (Abschnitt II6.3).

6.1 Was ist Politiktransfer?

Das Konzept des Politiktransfers wurde Anfang der 1990er Jahre in der britischen Forschung von ROSE (1991, 1993) und BENNETT (1991) entwickelt, die jedoch den Begriff *policy transfer* nicht explizit verwenden: ROSE benutzt den Begriff „Lesson-Drawing", während BENNETT von Policy Convergence" spricht. Hiermit deuten sich bereits einige der Schwierigkeiten an, die mit dem Konzept Politiktransfer verbunden sind.

Viele Vertreter dieser Ansätze gehen davon aus, dass Politiktransfer aufgrund von international enger werdenden Kontakten im Zuge der Globalisierung, Fortschritte in der Kommunikationstechnik und internationalen Institutionen in den letzten Jahren zugenommen habe (DOLOWITZ; MARSH 2000: 6); andere Autoren weisen dagegen darauf hin, dass Politiktransfer kein neues Phänomen sei und führen historische Beispiele an.[20] Da es keine Querschnittsstudien gibt, die alle Fälle von Politiktransfer in einem bestimmten Zeitraum erfassen (JAMES; LODGE 2003: 183), kann die Aussage zunehmenden Politiktransfers empirisch weder belegt noch widerlegt werden.

EVANS lässt daher bewusst offen, ob konkrete Fälle von Politiktransfer zugenommen haben und betont dagegen, dass neue Gelegenheitsstrukturen („opportunity structures", 2004: 1) für Politiktransfer entstanden seien und somit die Chancen für Politiktransfer zugenommen hätten. Dazu gehören die Schwächung des Staates („hollowing out") aufgrund von externen und internen Faktoren, neue Kommunikationstechniken, der Wandel von Government zu Governance, der multikulturelle und multiethnische Charakter der Gesellschaften sowie die Internationalisierung der politischen Agenda etwa im Bereich Wirtschaft, Bildung und Wohlfahrtsstaatlichkeit (ebd. 1 f.).

20 Vgl. etwa EVANS' Hinweis auf die Nicomachische Ethik, in der Aristoteles das Studium von Stadtverfassungen empfiehlt, um daraus zu lernen (2004: 1) oder MOSSBERGER; WOLMAN zur Übernahme des Konzeptes einer nationalen Einkommenssteuer zur Finanzierung des Amerikanischen Bürgerkriegs (1861-1865) von den Briten (2003: 429).

Politiktransfers verteilen sich nicht gleichmäßig über den Globus. Während in den USA aufgrund der Größe und Vielfalt des Landes die Vorbilder eher in anderen Bundesstaaten gesucht werden, liegt bei kleineren Nationalstaaten der Blick ins Nachbarland buchstäblich „näher". Geographische Nähe allein ist jedoch nicht ausschlaggebend; ein ähnlicher Entwicklungsstand oder ideologische Nähe sind ebenfalls wichtige Faktoren für das Zustandekommen von Politiktransfer (ROSE 1993). Ein Systemwechsel wie nach dem Zusammenbruch der Sowjetunion kann den Bedarf an auswärtigen, „unbelasteten" Politiklösungen erhöhen (EVANS 2004). In der Forschung existiere zudem, so EVANS, ein „area bias", der dazu führe, dass vorwiegend Transfers zwischen entwickelten Staaten, weniger aber Transfers zwischen Entwicklungsländern oder zwischen entwickelten und Entwicklungsländern untersucht würden (2004: 41).

6.1.1 Definition

Als Politiktransfer (*policy transfer*) wird

> ... the process by which knowledge about policies, administrative arrangements, institutions and ideas in one political system (past or present) is used in the development of policies, administrative arrangements, institutions and ideas in another political system (DOLOWITZ; MARSH 2000: 5)

bezeichnet. Die Definition verweist darauf, dass Wissen über in anderen politischen Systemen bestehende Politiken erworben und im eigenen Kontext angewendet wird. Übertragen werden können nicht nur Politikinstrumente (Gesetze), sondern auch politische Ziele, Institutionen oder Überzeugungen. Politiktransfer kann nicht nur zwischen Nationalstaaten stattfinden, sondern auch zwischen administrativen Untereinheiten innerhalb eines Staates (wie im Falle der sukzessiven Übernahme des BID-Modells innerhalb der US-Bundesstaaten) oder zwischen verschiedenen Staaten (wie im Falle der BIDs zwischen US-Bundesstaaten und deutschen Bundesländern).[21] Ebenso können auch frühere Politiken wieder aufgegriffen werden. Eine gewisse Uneinigkeit besteht bezüglich der Grenzen des Begriffs: Während DOLOWITZ und MARSH sowie ROSE eine weite Definition verwenden, die Politiktransfer innerhalb nationaler Grenzen ebenso wie die Verwen-

21 Denkbar wäre auch gewesen, dass das Land Hamburg das BID-Gesetz der Stadt New York als Vorbild herangezogen hätte; dies wäre dann ein Transfer zwischen nicht gleichrangigen Untereinheiten gewesen (DOLOWITZ; MARSH 2000: 12).

dung von Modellen aus der Vergangenheit mit einbezieht, verwendet EVANS eine engere Definition und verweist darauf, dass in der Literatur zumeist Politiktransfer über nationale Grenzen hinweg untersucht werde (vgl. Abschnitt II6.1.3).

Diese Uneinigkeiten deuten an, dass Politiktransfer ein diffuses Konzept ist; die Abgrenzung zu verwandten Begriffen sowie das Herausarbeiten seines analytischen Beitrags im Unterschied zu anderen Ansätzen sind daher notwendig.

6.1.2 Begriffliche Abgrenzung

Es gibt eine große Begriffsvielfalt für diesen Sachverhalt, wobei Politiktransfer gewissermaßen ein „Meta-Begriff" ist; explizit wird er nur von einigen Autoren verwendet:

> The literature on policy transfer analysis may be organized into two discernible schools: one which does not use the label ‚policy transfer' directly but deals with different aspects of the process using different nomenclature; and, one which uses the concept directly. The former includes the literatures on: band-wagoning (Ikenberry, 1990); convergence (Bennett, 1991; Coleman, 1994); diffusion (Eyestone, 1977; Majone, 1991); evidence-based practice (Davies et al., 2000 and Pawson, 2002); learning (P. Haas, ed., 1992; Greener, 2001; Common, 2004); and, lesson-drawing (Rose, 1993). The latter includes the work of domestic policy scientists (Dolowitz *et al.*, 2000; Evans and Davies, 1999; and, Page, 2000), comparativists (Common, 2001; Peters 1997; and, Wolman, 1992); and, international policy scientists (Cerny and Evans, 2002; Stone, 2000; and, Ladi, 2003). (EVANS 2004: 12)

Die Wahl der Begrifflichkeit verweist auf einen bestimmten analytischen Blickwinkel: So ist etwa mit „band-wagoning" die Einführung neuer Politiken gemeint, die eine Regierung aufgrund der Befürchtung, hinter den Entwicklungsstand von Nachbarstaaten zurückzufallen, verabschiedet (EVANS 2004: 11). Mit dem Begriff „lesson drawing" wird untersucht, unter welchen Bedingungen Erfahrungen anderer Länder für den eigenen Politikprozess nutzbar gemacht werden können – durchaus auch im Sinne einer Handlungsanleitung für „policy makers" (ROSE 1993: xi). „Policy convergence" schließlich lenkt den Blick auf eine mögliche Angleichung der politischen, gesellschaftlichen oder ökonomischen Systeme, die durch strukturelle Faktoren verursacht wird und bei der Politiktransfer nur eine von mehreren Ursachen sein kann (STONE 2001).

Stärkere inhaltliche Unterschiede bestehen zwischen der Diffusions- und der Transferliteratur. Während die *Policy Transfer*-Debatte mehr auf

Akteure fokussiert, ist die Diffusionsliteratur an der „Rekonstruktion der generellen Strukturmuster, die die Verbreitung von Policy-Innovationen innerhalb oder über politische Systeme hinweg vorantrieben" interessiert (LÜTZ 2007a: 134). Dieser Forschungszweig geht auf die Untersuchung der Verbreitung neuer Politiken innerhalb der US-amerikanischen Bundesstaaten in den 1960er Jahren zurück (Jack Walker, 1969). Die Diffusionsforschung „revealed next to nothing about the process of transfer apart from its identification of mechanisms of diffusion or, indeed, the content of the new policies" (EVANS 2004: 12). Die Transferforschung geht insofern über die Diffusionsforschung hinaus und untersucht neben strukturellen Faktoren auch das Akteurshandeln (STONE 2004: 548).

Die Begriffsvielfalt deutet bereits darauf hin: Auch wenn es zahlreiche Untersuchungen zum Politiktransfer gibt, fehlt ein konsensfähiges theoretisches Konzept. Versteht man unter Theorie ein Modell der Wirklichkeit, das bestimmte Aussagen kausal miteinander verknüpft und eine gewisse allgemeine Gültigkeit beansprucht, kann Politiktransfer diesen Anspruch nicht erfüllen:

> ... policy transfer analysis does not constitute an explanatory theory in the sense that it has established a set of law-like generalizations on cross national policy development. In most instances, it is used as an analogical or heuristic model in the sense that it refers to the suggestion of substantive similarities between a particular form of policy-making and mechanisms of transfer, diffusion, convergence, emulation, or learning. (EVANS 2004: 24)

Politiktransfer-Studien beschränken sich meist auf die Beschreibung von Fallbeispielen, dagegen mangelt es an systematischen Fallvergleichen und der Ursachenforschung für bestimmte Probleme (MOSSBERGER; WOLMAN 2003: 429; 435). Manche Autoren gehen noch weiter und bezweifeln prinzipiell den Nutzen des Konzepts Politiktransfer als eigenständigen Ansatz (JAMES; LODGE 2003).

6.1.3 Leistungsfähigkeit des Ansatzes

Eine Stärke von Politiktransfer besteht in seiner Interdisziplinarität. Die Fragen in der politikwissenschaftlichen Teildisziplin Internationale Beziehungen „often revolve around anarchy and inter-state relations", demgegenüber in der Vergleichenden Politikwissenschaft „the nation-state is often regarded as a closed system" (STONE 1999: 53). Politiktransfer dagegen berücksichtigt den Einfluss <u>internationaler</u> Faktoren auf die <u>nationale</u> Politik und stellt somit ein „Brückenkonzept" dar. EVANS und DAVIES sehen in dieser Interdisziplinärität eine Stärke des Politiktransferkonzeptes, weisen aber auch darauf hin, dass Wissenschaftler deswegen „[have] to juggle with a range of concepts … [and] may justly be accused of being too concept-heavy“ (1999: 362).

Die Hauptkritik am Konzept bezieht sich auf die Abgrenzbarkeit von Politiktransfer gegenüber anderen Formen von Politikgestaltung („policy making“): „… it is hard to think of any form of rational policymaking that does not, in some way, involve using knowledge about policies in another time or place to draw positive or negative lessons.“ (JAMES; LODGE 2003: 181) Diese Kritik zielt allerdings vor allem auf Modelle rationalen Politiktransfers (vgl. den Ansatz von MOSSBERGER und WOLMAN). Weitere Kritikpunkte beziehen sich darauf, dass die Analyse von Politiktransfer nicht erklären liefern könne, wie Politik entstehe, dass das Vorhandensein von Politiktransfer oft nicht eindeutig nachgewiesen werden könne, und auf den bereits erwähnten „area bias“ mit einem Forschungsfokus auf entwickelte Länder (EVANS 2004: 24 f.). Der Mehrwert im Vergleich zu anderen Forschungsansätzen sowie die Frage der Erklärungskraft des Ansatzes werden hier thematisiert, da sie für die Leistungsfähigkeit von Politiktransfer relevant sind; die beiden letztgenannten Kritikpunkte sind im Kontext des BID-Transfers nicht relevant.

Eigener Untersuchungsgegenstand

Politiktransfer ist einer von mehreren Erklärungsansätzen für die Gestaltung einer Politik – es ist also zu fragen, warum allgemeine Theorien über den Politikentwicklungsprozess für die Analyse von Politiktransfer nicht ausreichen. Dabei ist insbesondere die Abgrenzung von rationalen Entscheidungsmodellen wichtig, da diese auch auf den Politiktransfer angewendet werden (vgl. Abschnitt II6.2.1). MOSSBERGER und WOLMAN stellen Politiktransfer in der Tat als eine Möglichkeit von mehreren dar, eine „prospective policy evaluation“ zu betreiben. Neben formellen Methoden, wie Experimente, Modellierungen, Mikrosimulation und Ableitung von Voraussagen aus einer Reihe von Verhaltensannahmen, führen sie informelle Methoden an, so beispielsweise die Berücksichtigung von Expertenempfehlungen, eigene Erfahrung, Anekdoten und Analogieschlüsse. Analogien könnten aus „seemingly similar experience with respect to problems faced by other units of government, programs that have addressed similar problems in the past, or programs that have addressed different problems and are relevant to the current one“ gezogen werden, wobei Politiktransfer als „a form of decision making by analogy, using another entity's experience as a source of ideas and evidence" interpretiert wird (2003: 428).

Insbesondere der relativ umfassende Analyserahmen, den DOLOWITZ und MARSH (2000) in Zusammenfassung früherer Ansätze entwickelt haben, wird aufgrund seiner breiten Definition von Politiktransfer für fehlende Abgrenzbarkeit kritisiert: „It is extremely difficult to distinguish between their theory of policy transfer and normal forms of policy development." (EVANS 2004: 21) Erschwerend kommt hinzu, dass es in der Literatur an klaren Kriterien fehlt, um festzustellen, ob überhaupt Politiktransfer stattgefunden hat. Untersuchungen von Politiktransfer beschränken sich daher häufig auf „perfekte" Fälle und vernachlässigen weniger eindeutige Fälle.[22]

Worin unterscheidet sich also Politiktransfer von anderen Formen der Politikgestaltung, so dass dessen Untersuchung eine eigene Methodik rechtfertigt?

Für EVANS ist vor allem die internationale Dimension von Politiktransfer eine Komponente, die diesen von anderen Formen des „policy making" unterscheidet. Somit grenzt er Politiktransfer sowohl von „intraorganizational policy transfer" ab, also der Übernahme von in der Vergangenheit angewendeten Politiken innerhalb einer Gebietseinheit, wie auch Politiktransfer zwischen unterschiedlichen Gebietseinheiten innerhalb eines Nationalstaates:

> Hence, the temporal dimension of policy transfer is likely to be remarkable only in the context of a spatial variable, which excludes most intraorganizational transfers from consideration. ... By a process of elimination, it may be concluded that the great majority of remarkable policy transfers will occur between distinct organizations at the international or transnational levels. (2004: 27)

Nur Politiktransfers über nationale Grenzen gingen über den Rahmen des „normalen" Politikgestaltungsprozesses hinaus („falls outside the frameworks of normal forms of policy-making", ebd.) und rechtfertigten somit eine eigene Methodik.

Zweitens wird Politiktransfer als absichtsvolle Handlung von der eher unbewusst und instinktiv stattfindenden Anwendung von Erfahrungen abgegrenzt. Dabei bezieht sich EVANS auf ROSE'S Definition einer „Lehre": „In the policy process a lesson can be defined as *a program for action*

22 Diese Kritik trifft im Übrigen auch auf die Analyse des BID-Transfers in der vorliegenden Arbeit zu, der als eindeutiger Fall von Politiktransfer behandelt wird. Hier wird aber nicht die Absicht verfolgt, einen Beitrag zu dieser Debatte zu leisten.

based on a program or programs undertaken in another city, state, or nation, or by the same organization in its own past." (ROSE 1993: 21; Hvhb. im Original) ROSE verweist damit auf eine Handlung, die mit der Absicht eine bestimmte Politik einzuführen („*program for action*") vollzogen wird:

> ... policy transfer is a theory of action oriented policy change. ... Thus, a policy-maker who moves from organization A to organization B and then draws instinctively or deliberately upon some fragment [of] his/her past experience in organization A cannot be said to have drawn a lesson. Rose's caveat is important for otherwise there is no boundary to what counts as lesson-drawing or policy transfer. (ebd. 26)

Ein Vorteil des Konzeptes Politiktransfer ist somit, dass es auf den möglichen Einfluss von internationalen Entwicklungen auf die Entstehung von Politik hinweist. Bereits ROSE hat festgestellt, dass diese in der gängigen Politikforschung nicht ausreichend beachtet werden:

> Yet many theories of public policy imply autarky, that is, self-sufficiency in making decisions. Little allowance is made for decisions within a political system being influenced by what happens outside it. The structure and process of a given system – its political values and institutions; party competition, socioeconomic characteristics, et cetera – are assumed to be the only influences that determine domestic policy outcomes. (1993: 95)

Wenn für gleiche Probleme in mehreren Staaten gleiche Lösungen gefunden werden, dann kämen als Ursache, so ROSE, nicht nur Ähnlichkeiten der strukturellen Bedingungen infrage, sondern eben auch die bewusste Übernahme von bereits existierenden Politikmodellen (ebd. 96).

Politiktransfer unterscheidet sich somit von anderen Formen der Politikgestaltung einerseits dadurch, dass Wissen über andernorts angewandte Politik bewusst und mit der Absicht genutzt wird, dieses für die Entwicklung von politischen Lösungen anzuwenden – und eben nicht nur „in some way", wie von JAMES und LODGE (2003: 180) kritisiert wurde. Zum anderen erweitert Politiktransfer den Horizont des Forschers über die nationale Ebene hinaus, indem als Erklärung für die Entstehung von Politik nicht nur innerstaatliche Faktoren und vielleicht noch international wirkende strukturelle Kräfte, sondern auch die Vorbildwirkung einer in einem anderen nationalen Kontext bereits erprobten Politik herangezogen werden.

> Most approaches to policy transfer are unclear in their specification of independent and dependent variables and messy in their theorization of the relationship between variables and between levels of enquiry. This is largely because most explanations of policy transfer emerge from inductive reasoning rather than deductive formal modelling. This is an inevitable corollary of applying heuristic models of policy development. (EVANS 2004: 28)

Politiktransfer kann erklären, warum und wie eine bestimmte Politik zustande kommt (unabhängige Variable) oder warum und wie Politiktransfer stattfindet (abhängige Variable). Die beiden Prozesse hängen jedoch zusammen und müssen daher auch zusammen analysiert werden:

> However, the two exercises are related. Put simply, if one wishes to use policy transfer to explain policy outcomes, then one also needs to explain what causes transfer; so a full analysis would treat transfer as both a dependent and an independent variable. (DOLOWITZ; MARSH 2000: 8)

JAMES und LODGE kritisieren, dass Vertreter der Politiktransfer-Forschung wichtige Fragen nicht beantworten könnten, unter anderem: „... why does ‚lesson drawing' and ‚policy transfer' occur rather than some other form of policy-making?" (JAMES; LODGE 2003: 180) EVANS nennt in Erwiderung auf diese Kritik vier Ursachen für politische Veränderungen, die erklären könnten, warum Politiktransfer stattfindet: „global, international and/or transnational forces; state-centred forces; the role of policy transfer networks in mediating policy change; and, micro-level processes of policy oriented learning." (2004: 28) Zu den globalen, internationalen und transnationalen Faktoren zählt er Entwicklungen wie Globalisierung und Europäisierung, die Rolle internationaler Organisationen (z.B. IWF, Weltbank, WTO), von Abkommen (wie GATT, NAFTA) sowie von international geführten Diskursen (wie z.B. der von IWF und Weltbank propagierte *Washington Consensus*, der die Einführung neoliberaler Wirtschaftspolitiken postuliert). Zu den genannten nationalstaatlichen Entwicklungen gehören Regierungswechsel, insbesondere wenn diese mit einem Paradigmenwechsel einhergehen (wie z.B. die zunehmenden Politiktransferaktivitäten zwischen Großbritannien und den USA nach dem Regierungsantritt von Tony Blair); das Vorhandensein ähnlicher Problemlagen; das Durchlaufen von Transformationsprozessen (Demokratisierung, Modernisierung, Marktreformen) wie in den ehemaligen Ostblock-Staaten oder China; schließlich die Schwächung des Nationalstaates durch Privatisierung und Einschränkung der staatlichen Eingriffsmöglichkeiten, Übertragung der Leistungserbringung auf quasi-staatliche und private Unternehmen, Kompetenzverlagerung auf die EU-Ebene und die Einführung betriebswirtschaftlicher Management-Techniken mit einer klaren Trennung von politischen und administrativen Aufgaben.

LÜTZ unterscheidet in Bezug auf Entstehungsursachen zwischen endogenen und exogenen Bedingungsfaktoren für Politiktransfer, wobei endogene Faktoren die „Transfereinheiten selbst betreffen" (2007: 139), also mit den oben genannten „state-centred forces" identisch sind, und exogene Faktoren diejenigen sind, „die sich im Umfeld der Transfereinheiten befinden oder deren Beziehung untereinander strukturell prägen" (ebd. 140). Darunter werden auch die Akteure („change agents") gefasst, die sowohl „ein Bewusststein des Bedarfs an Veränderung" erzeugen, als auch Netzwerke pflegen, „in denen Informationen über die bereits erfolgte Verbreitung von Innovationen fließen" (ebd.). Als exogene Faktoren werden somit die oben genannten Kategorien der „international forces" sowie die Akteursnetzwerke zusammengefasst. LÜTZ fügt den Faktoren noch eine weitere Kategorie hinzu: Sie weist darauf hin, dass die Eigenschaften des „Transferobjekts" ebenfalls Einfluss auf den möglichen Erfolg eines Politiktransfers haben: „Gute Voraussetzungen für eine zügige Übernahme bieten einfach strukturierte Politikansätze, die gut sichtbar sind, bei denen der Zusammenhang zwischen Ursache und Wirkung deutlich erkennbar ist und die wenig Konfliktpotenzial beinhalten ..." (LÜTZ 2007: 141).

Bei der Frage, wie und warum Politiktransfer stattfindet, spielen die Akteure und ihre Motive eine wichtige Rolle. Dabei sind es häufig gerade nicht staatliche Akteure (also Regierungsmitglieder oder Politiker), die den Politiktransferprozess anstoßen, sondern Forschungsinstitutionen, Stiftungen oder Consultants. Folgerichtig unterscheidet STONE drei Gruppen von Akteuren: „states, international organizations and non-state sectors" (2004: 548). Bei der Untersuchung eines Politiktransferprozesses muss also zwingend auch die Rolle der Transferakteure betrachtet werden. Analytisch ist daher zwischen Akteuren und deren Motiven einerseits und Strukturen (auf verschiedenen Ebenen) unterschieden werden. Insbesondere der in Abschnitt II6.2.2 dargestellte Ansatz von EVANS und DAVIES berücksichtigt diese Notwendigkeit, beide Ebenen, „structure and agency", zu analysieren.

Dimensionen von Politiktransfer

Für eine deskriptive Erfassung eines Politiktransfers kann zwischen verschiedenen Dimensionen unterschieden werden. DOLOWITZ und MARSH (2000) haben einen Analyserahmen entwickelt, in dem sie Arbeiten anderer Autoren, u. a. von ROSE, BENNETT und WOLMAN, zusammenfassen. Mit diesem Schema gehen sie auf acht Fragen ein:

> Why do actors engage in policy transfer? Who are the key actors involved in the policy transfer process? What is transferred? From where are lessons drawn? What are the different degrees of transfer? What restricts or facilitates the policy transfer process? ... How is the process of policy transfer related to policy ‚success' or policy ‚failure'? (DOLOWITZ; MARSH 2000: 8)

Die achte Frage bezieht sich auf Belege für Politiktransfer: „How To Demonstrate Policy Transfer" (ebd. 9, Tab. 1).

Innovativ an dem von ihnen entwickelten Ansatz ist das sog. Transfer-Kontinuum. Mit diesem Konzept, das auf die „Why Transfer"-Frage eingeht, wollen sie verdeutlichen, dass reale Transfers häufig aus freiwilligen wie auch erzwungenen Anteilen bestehen. Problematisch an dieser Kategorie ist allerdings, dass darin zwei Dimensionen vermischt werden: Die Frage, ob ein Transfer freiwillig oder erzwungen erfolgt, ist unabhängig davon, ob die Akteure sich beim Transfer vollkommen rational verhalten oder nicht (JAMES; LODGE 2003: 185).

Problematisch an diesem Ansatz ist weiterhin, dass darin Fragen, die der <u>Klassifizierung</u> dienen (Fragen nach Inhalten, die Beziehung zwischen gebendem und nehmendem Kontext sowie das Ausmaß des Transfers), mit Fragen nach dem <u>Prozess</u> (Fragen nach Gründen für Politiktransfer, Akteuren, Hemmnissen, Politikversagen sowie mit Einschränkungen die Frage nach möglichen Nachweisquellen) vermischt werden. Die Klassifizierungsmerkmale verfügen über mehrere mögliche Ausprägungen, anhand derer ein Politiktransfer eingeordnet werden kann. Bei den Prozessmerkmalen können dagegen mehrere der genannten Ausprägungen gleichzeitig auftreten.

Unter Berücksichtigung dieser kritischen Punkte kann jedoch aus dem von DOLOWITZ und MARSH entwickelten Analyserahmen ein reines Klassifizierungsschema abgeleitet warden, das die verschiedenen Dimensionen von Politiktransfer verdeutlicht:

Tab. 3: Kriterien zur Klassifizierung von Politik-Transfers

Transfer-Kontinuum			Inhalt des Transfers	Beziehung zwischen gebendem und nehmendem Kontext	Ausmaß der Übertragung
freiwillig	Mischformen	erzwungen			
Unilaterales Policy-Shopping	Wunsch nach Anerkennung („Trendsetter"); Aufgreifen eines Trends	Direkte Auflagen (z.B. eines Besatzerregimes)	Politik-Ziele, -Inhalte, -Instrumente	zwischen zentralstaatlichen Regierungen	Kopie (direkte und vollständige Übernahme)
	internationaler Druck		Programme	zwischen verschiedenen staatl. Ebenen (Zentralstaat/Untereinheiten)	Nachahmung (Übernahme der Grundzüge)
	Bedingungen für Kreditvergabe		Institutionen	zwischen gleichrangigen Untereinheiten	Kombination verschiedener Politiken
	internationale Verpflichtungen		Ideologien		Inspiration (Anlehnung an die Grundidee)
			Einstellungen/kulturelle Werte		
			schlechte Beispiele (Negative Lessons)		

Eigene Darstellung nach DOLOWITZ; MARSH 2000 (Tab. 1 und pp. 9 ff.) mit folgenden Anpassungen:
- Die in der zitierten Tabelle offensichtlich verrutschten Zellen wurden korrigiert.
- Das Transfer-Kontinuum wird auf ein Kontinuum zwischen den Polen „freiwillig" und „erzwungen" reduziert, da ein Politiktransfer nach rein rationalen Kriterien real kaum vorstellbar ist (vgl. Abschnitt II6.2.1). Zusätzlich wird der Begriff „Unilaterales Policy-Shopping" von LÜTZ (2007: 136 ff.) übernommen.
- In Berücksichtigung der Argumentation von EVANS (2004, vgl. Abschnitt II6.1.3) Beschränkung auf Transfers über nationale Grenzen hinweg.

6.1.4 Zwischenfazit

Unter dem Begriff Politiktransfer werden verschiedene Ansätze zusammengefasst, die sich mit einem bestimmten Aspekt der Politikgestaltung befassen, nämlich der absichtsvollen Anwendung von Wissen über in anderen Nationalstaaten bereits angewendete Politiken im heimischen Kontext. Das Konzept Politiktransfer ist dabei „neutraler" als Begriffe wie „policy convergence" oder „band-wagoning", die ein bestimmtes Erkenntnisinteresse betonen; er kann somit als Oberbegriff verwendet werden.

Politiktransfer ist kein geschlossenes Theoriegebäude, sondern zeichnet sich durch eine Vielzahl von konzeptionellen Ansätzen aus. Dabei ist der Übergang zu anderen Ansätzen fließend; Vertreter der Transferforschung beanspruchen jedoch einen eigenen Untersuchungsbereich und einen analytischen Mehrwert des Konzepts Politiktransfer.

Im Folgenden werden Politiktransferansätze zunächst im Überblick und anschließend zwei Ansätze näher dargestellt.

6.2 Unterschiedliche Politiktransfer-Ansätze

Die Fülle an Literatur zu Politiktransfer kann unter verschiedenen Aspekten geordnet werden. Hilfreich ist eine Gliederung nach dem jeweiligen Erkenntnisinteresse. EVANS unterscheidet vier Gruppen von Ansätzen: „process-centred approaches; ideational approaches; comparative approaches; and, multilevel approaches" (2004: 13 ff.). Die jeweilige Herangehensweise sowie die wichtigsten Vertreter werden anschließend skizziert.

Process-centred approaches fokussieren den Transferprozess. Transfer wird vorrangig über das Vorhandensein persönlicher Beziehungen in einer auf gleichen Werten und Überzeugungen basierenden Entscheidungsstruktur erklärt. Die Ansätze von BENNETT (1991) und ROSE (1991, 1993) werden dazu gezählt. ROSE erklärt, warum freiwilliger Politiktransfer („lesson-drawing") zustande kommt: Es entsteht eine Unzufriedenheit mit dem Status quo und eine Möglichkeit ist die Suche nach funktionierenden Lösungen in der Vergangenheit oder anderen administrativen Einheiten. Dabei ist „lesson-drawing" ein von (staatlichen) Akteuren bewusst vorangetriebener Prozess, der, wenn er nach rationalen Kriterien betrieben wird, zu guten Lösungen führen kann. BENNETT dagegen nutzt Politiktransfer als unabhängige Variable, die erklärt, warum eine bestimmte Politik verabschiedet wird. Dabei betont er die Rolle von Interessen im Transferprozess.

Beide Ansätze sind akteurzentriert und vernachlässigen die Bedeutung von strukturellen Faktoren für den Politiktransfer.

Ideational approaches gehen davon aus, dass es bestimmte Überzeugungen („systems of ideas") sind, die Lernprozesse beeinflussen. EVANS fasst darunter vier Ansätze, den des „social learning" (Hall), des „organizational learning" (Tuschman, Nadler; Olsen, Peters; Thompson; Commons), der

„epistemic community“ (Stone) sowie diskursive Ansätze (Ladi). Dabei steht der Lernprozess im Mittelpunkt der Betrachtung. Der „social learning“-Ansatz von HALL unterscheidet drei verschiedene Ebenen, auf denen im Politikprozess Lernen stattfinden kann: „the overarching goals that guide policy in a particular field, the techniques or policy instruments used to attain those goals, and the precise settings of these instruments“ (1993: 278), die er als Veränderungen dritter, zweiter und erster Ordnung („third-, second- and first-order change“) bezeichnet. Allerdings bezieht sich HALL nicht ausschließlich auf Politiktransfer, sondern generell auf Veränderungen von Politik. HALL hatte die Unterscheidung eingeführt, um den Einfluss gesellschaftlicher Diskurse auf das Lernen von staatlichen Organen in verschiedenen Staatstheorien diskutieren zu können. Die drei Typen haben daher für Politikveränderung generell eine Berechtigung. Allerdings erscheint es unwahrscheinlich, dass im Bereich erster Ordnung Politiktransfers im engeren Sinne stattfinden, da solche Veränderungen, wie beispielsweise Anpassungen des Mindestzinssatzes (1993: 278) üblicherweise von Beamten in Routineverfahren durchgeführt werden.

Der „organizational learning“-Ansatz beschäftigt sich mit der Übernahme von Techniken aus dem Privatsektor in den öffentlichen Sektor. Der Ansatz der „epistemic communities“ untersucht die Rolle dieser Netzwerke in der Verbreitung von Ideen auf internationaler Ebene. STONE hat dies auf die Transferforschung angewandt und nicht-staatliche Akteure (Think Tanks, international agierende Consultants, internationale Stiftungen) als Schlüsselakteure des Politiktransfers identifiziert, da sie den „soft transfer“ (2004: 566) von Ideen und Konzepten wie beispielsweise *New Public Management* (557) beförderten. Ladi hat mit ihrem diskursiven Ansatz den Einfluss von Think Tanks untersucht und festgestellt, dass Diskurse wie Globalisierung oder Europäisierung zwar eine wichtige, aber nicht die allein ausschlaggebende Rolle für erfolgreichen Politiktransfer spielen.

Die Annahme, dass bestimmte Ideen oder Überzeugungen Politiktransfer beeinflusst haben, ist allerdings empirisch kaum überprüfbar.

Comparative approaches betonen strukturelle Faktoren wie das Vorhandensein ökonomischer und sozialer Angleichungsprozesse. Während Wolman (1992) den Transfer des Urban Development Action Grant-Programms von den USA nach Großbritannien vorwiegend mit Prozessen sozialer und ökonomischer Modernisierung erklärt, beschäftigte sich Peters (1997) mit der Diffusion von Verwaltungsreformen innerhalb der OECD. Diese Ansätze sind daher eher der Diffusionsforschung zuzurechnen.

Multi-level approaches kombinieren die Ebenen der Makro-, Meso- und Mikro-Analyse. Dazu gehören u. a. der Ansatz von DOLOWITZ und MARSH (2000) (Kombination von Makro- und Mikroebene) sowie der Mehrebenen-Ansatz von EVANS und DAVIS (1999). Dieser wird im Abschnitt II6.2.2 genauer dargestellt.

Im Folgenden werden zwei Politiktransfer-Ansätze vorgestellt, ihre jeweiligen Vor- und Nachteile diskutiert sowie ihre Brauchbarkeit für die Analyse des BID-Transfers untersucht.

6.2.1 Rationaler Politiktransfer als „vorausschauende Politikevaluation": Der Ansatz von MOSSBERGER und WOLMAN

Ähnlich wie der Ansatz von ROSE ist auch dieser Ansatz als Handlungsanleitung für „policy makers" gedacht (MOSSBERGER; WOLMAN 2003: 430). Auch der Begriff der „prospective policy evaluation" wurde von ROSE übernommen: Eine „vorausschauende Bewertung von Politik" soll es politischen Entscheidungsträgern ermöglichen, die Auswirkungen einer geplanten Politik vor deren Einführung abschätzen zu können (ebd. 437). Der Beweggrund, eine neue Politik aufgrund einer als unzureichend wahrgenommenen Leistungsfähigkeit einer bestehenden Politiklösung einzuführen (ROSE 1993), ist allerdings nicht die einzige Ursache für Politiktransfer. Das von MOSSBERGER und WOLMAN vorgeschlagene Modell ist daher nur auf bestimmte Transfers anwendbar, nämlich diejenigen, die freiwillig vollzogen werden und bei denen die Problemlösung im Vordergrund steht.

Um das Potenzial des zwischenstaatlichen Politiktransfers als Instrument für eine erfolgreiche Politikfolgenabschätzung nutzen zu können, entwickeln die Autoren rationale Kriterien, die Entscheidungsträger beachten sollten. Der Prozess beinhaltet drei Schritte:

1. Sorgfalt bei der Informationsgewinnung: a) Entscheider sollten sich einen Überblick darüber verschaffen, wo die fragliche Politik angewendet wird, inwiefern sich diese Politiken unterscheiden und welche Anwendungsformen erfolgreicher sind. b) Entscheidungsträger sollten sich mit der Eignung und Richtigkeit der Informationen auseinandersetzen, d.h. sowohl unterstützendes als auch kritisches Material, Programmevaluationen sowie wissenschaftliche Untersuchungen einbeziehen. Diese seien anekdotenhaften Einzelberichten und Vor Ort-Besichtigungen vorzuziehen. („Awareness" about „Scope of Information" and „Adequacy and Accuracy of Information": 430)

2. Bewertung der gewonnenen Informationen a) hinsichtlich der Vergleichbarkeit von Problemstellung und Zielen, b) hinsichtlich des Erfolgs, Teilerfolgs oder Misserfolgs bestimmter Politiken im Originalkontext und c) hinsichtlich möglicher Unterschiede im gesellschaftlichen, wirtschaftlichen und politischen Kontext. Dabei ist zu berücksichtigen, ob eine geplante Politikeinführung im Gegensatz zu bestimmten gesellschaftlichen Überzeugungen oder Gruppeninteressen steht und ob bestimmte flankierende Vorschriften oder Institutionen zur erfolgreichen Umsetzung einer Politik erforderlich sind. („Assessment" that considers the „Similarity of Problems and Goals", the „Policy Performance", and „Differences in Setting": 430 f.)

3. Anwendung des so gewonnenen Wissens im Entscheidungsprozess über die fragliche Politik. („Application": 431)

MOSSBERGER und WOLMAN überprüfen die Anwendung dieser Kriterien anhand von 17 Fallstudien im Hinblick auf praktische Umsetzungsprobleme. Bezüglich der geforderten Sorgfalt bei der Gewinnung umfassender Informationen stellen sie fest, dass in den meisten Transfer-Fällen lediglich ein Programm an einem Ort betrachtet wurde, häufig nach einem vor Ort-Besuch. Außerdem weisen sie darauf hin, dass ideologische Vorfestlegungen die rationale Suche nach geeigneten und effektiven Politiken behindern können. Im Hinblick auf die Eignung der Information halten sie fest, dass die wichtigsten Informationsquellen meist persönliche Kontakte und vor Ort-Besuche waren, neben Medienberichten und Studien im Auftrag von Regierungen und unabhängigen Organisationen. Kenntnisse über Inhalte einer etwaigen politischen Auseinandersetzung mit dem fraglichen Programm waren kaum vorhanden; vernachlässigt wurden ebenfalls Veröffentlichungen, die sich kritisch mit Stärken und Schwächen auseinandersetzen sowie wissenschaftliche Literatur. Diese Wissenslücken vermindern die Chancen einer umfassenden Evaluation. Schließlich stellen MOSSBERGER und WOLMAN in Bezug auf die Ähnlichkeit von Problemen und Zielen fest, dass die Ziele im gebenden und nehmenden Kontext oft nicht gleich waren; so wurde beispielsweise in Großbritannien ein Programm zur Eintreibung von Unterhaltsansprüchen von Kindern mit dem vorrangigen Ziel der Kostenersparnis eingeführt (433).

ELKINS und SIMMONS haben ebenfalls darauf hingewiesen, dass beim Lernprozess vielfältige Fehler auftreten können, u. a. bei der Auswahl der Vorbilder: „Individuals often have difficulty retrieving a full sample of information and tend to base their decisions on only those instances that are available to them" (2005: 43 f.). Verfügbarkeit („availability") in diesem Kontext bedeutet, dass Vorbilder in Staaten gesucht werden, mit denen (intensive) Beziehungen existieren oder die internationale Bedeutung haben (ebd. 44). Dabei wird gern auf Instrumente als Modell zurückgegriffen, die als erfolgreich gelten (ebd.).

Die Bewertung der gewonnen Informationen ist laut MOSSBERGER und WOLMAN der kritischste Schritt im Transferprozess. Etwaige Informationslücken aus dem vorhergehenden Schritt führen hier unmittelbar zu Problemen. Der Bewertungsprozess sei kritisch, weil 1) im Herkunftsland häufig keine systematischen Untersuchungen über die Wirksamkeit einer Politik existierten, 2) Ideen übertragen würden, bevor sie überhaupt die Chance hatten sich im Originalkontext zu bewähren, oder 3) Empfehlungen auf der Basis von *best practices* schon als Evaluation interpretiert würden. Da bei der Informationsgewinnung das Vertrauen in die Informanten eine große Rolle spiele, neigten Entscheidungsträger dazu, nur das zu glauben, was sie selber gesehen oder von Personen, denen sie vertrauen, gehört hätten (2003: 433). Gerade bei vor Ort-Besuchen entstehe eine Schieflage in Bezug auf die Auswahl der Informationen („„selection bias"), da dort häufig nur mit Befürwortern einer Politik gesprochen werde, man sich nur Vorzeigeprojekte („showcase examples") und selten ein durchschnittliches Anwendungsbeispiel ansehe und generell wenig schriftliches Material konsultiert werde (ebd: 434). MOSSBERGER und WOLMAN bezeichnen diese Informationsgewinnung als „form of policy making by anecdote rather than by analysis" (ebd.). Kontextunterschiede würden zwar teilweise erkannt, aber häufig in Bezug auf mögliche Wechselwirkungen mit der Politik nicht richtig interpretiert.

Die klare Zuordnung von Problemen im Transferprozess zur Bewertungs- oder der Anwendungsphase sei dagegen oft schwierig. In den meisten Fallstudien gebe es Hinweise darauf, dass Informationen über Kontextunterschiede zwar bekannt waren, aber nur eine untergeordnete Rolle in der Umsetzung gespielt hätten. In manchen Fällen konnten MOSSBERGER und WOLMAN jedoch auch feststellen, dass Politikinstrumente während des Übertragungsprozesses in angemessener Weise an den neuen Kontext angepasst wurden (435).

Mit Hilfe der Fallstudienübersicht wollen MOSSBERGER und WOLMAN verdeutlichen, dass ein vollständig auf rationalen Kriterien basierender Transferprozess realistischerweise nicht durchführbar ist. Stattdessen empfehlen sie ein Vorgehen „begrenzter Rationalität“ („bounded rationality”, 435), das die oben dargestellten Probleme, aber auch die Begrenztheit der Ressourcen berücksichtigt. Empfohlen wird daher, sich in der ersten Phase zunächst einen groben Überblick über das Anwendungsfeld zu verschaffen, um danach gezielt ein oder mehrere Politikmodelle auszuwählen und bei der Suche nach Quellen bewusst auch nach Kritik und Problemen mit der Anwendung der fraglichen Politik zu recherchieren. In der zweiten Phase sei es wichtig, auf Unterschiede in Problemstellung, Zielen oder Kontext zu achten und dabei insbesondere zu bedenken, dass eine eventuelle Veränderungen von Zielstellungen im nehmenden Land zu Konflikten führen kann. Schließlich sei es wichtig, nach möglichen Wechselwirkungen der fraglichen Politik mit anderen Instrumenten oder Institutionen zu suchen. (ebd. 436 ff.)

Wenn auch auf diesen Ansatz von MOSSBERGER und WOLMAN die oben dargestellte Kritik der schwierigen Abgrenzbarkeit von „normalen“ Ansätzen rationaler Politikgestaltung zutrifft, ist er dennoch wertvoll für die Beurteilung des BID-Transfers. Als quasi idealtypischen Transferverlauf benennt er Schritte, deren Beachtung Übertragungsfehler vermeiden hilft. Gleichzeitig macht die Übersicht über die Fallbeispiele deutlich, wo typische Fehlerquellen liegen. Insofern ermöglicht der Ansatz es, den BID-Transfer mit einem „idealtypischen“ und einem „typischen“ Politiktransfer zu vergleichen.

Abschließend wird nun ein Ansatz vorgestellt, der sich für die Analyse der Prozessfragen eignet.

6.2.2 Politiktransfer als „interdisziplinärer Mehrebenen-Ansatz“: Das Konzept des „policy transfer network“ von EVANS und DAVIS

EVANS und DAVIES charakterisieren ihren „policy transfer network“-Ansatz als „Multi-Level, Multi-Disciplinary Perspective“ (1999) zur Analyse von Politiktransfers. Sie ordnen ihn der Meso-Ebene zu, da er zwischen den Einflussfaktoren auf Makro-Ebene, also den „Global, International and Transnational Structures“, dem „State Project“ sowie den Lernprozessen auf Mikro-Ebene vermittele (vgl. EVANS 2004: 23, Tab. 2.2):

> ... the process of policy transfer should be examined through a structure and agency approach with three dimensions: global, international and transnational levels, the macro-level and the inter-organizational level. This three-dimensional model employs the notion of a policy transfer network as a middle-range level of analysis which links a particular form of collaborative governance (policy transfer), micro-decision-making in organizations, macro-systems and global, transnational and international systems. (ebd. 46)

Strukturelle Bedingungsfaktoren für Politiktransfer werden auf verschiedenen Ebenen („multi-level") verortet: Ökonomische, technologische, ideologische und institutionelle Faktoren auf globaler, internationaler und transnationaler Ebene können Auslöser für Politiktransfer sein, ebenso die aktuelle Staatsideologie („the State Project"), wie beispielsweise das Konzept des Wettbewerbsstaates; schließlich kann auch die Struktur des Akteursnetzwerkes Entstehung und Verlauf eines Transferprozesses beeinflussen.

Die Stärke dieses Ansatzes besteht darin, dass er eine Methodik für die Analyse von Struktur- und Handlungsebene (*structure* und *agency*) bereitstellt:

> Thus through its emphasis on structural (organizational rules and imperatives) and interpersonal relationships (information and communication exchange) within networks, together with an acceptance of accounting for structural factors exogenous to the network (for example ideology, economy, technology and resource exchange) a method is provided for understanding forms of policy development within a multi-organizational setting. (EVANS; DAVIES 1999: 376)

Zentrales Analyseinstrument ist das Politiktransfer-Netzwerk („policy transfer network"), das EVANS und DAVIES aus dem „policy community"-Konzept von Marsh und Rhodes und dem „epistemic communities"-Ansatz von Adler und Haas weiterentwickelt haben. Eine „policy community" ist ein dauerhaft bestehendes Netzwerk von Akteuren, das aufgrund von ökonomischen oder professionellen Interessen an einem Politikfeld zusammengehalten wird. Eine „epistemic community" dagegen besteht aus Forschern und Wissenschaftlern, die sich durch politikfeldrelevantes Wissen auszeichnen. Beide Netzwerke zeichnen sich durch ihr dauerhaftes Bestehen, eine begrenzte Mitgliederzahl und durch gemeinsame Überzeugungen und/oder Werte aus. Das Politiktransfer-Netzwerk vereint Kennzeichen beider Konzepte, umfasst Experten und politische Akteure und wird für einen überschaubaren Zeitraum mit dem erklärten Ziel des Transfers einer bestimmten Politik gegründet:

> However, the membership and values of both a policy community and an epistemic community tend to persist over time, while our understanding of policy transfer networks is that they are an ad hoc phenomenon set up with the specific intention of engineering policy change. They exist only for the time that a transfer is occurring. (EVANS 2004: 46)

Die Charakteristika eines Politiktransfer-Netzwerks sind in der folgenden Übersicht dargestellt:

Tab. 4: Eigenschaften eines Politiktransfer-Netzwerkes

Dimension	A policy-transfer network
Membership *number of participants and type of interest*	Limited, a shared set of causal and principled beliefs (analytic and normative) act as a filter mechanism which precludes certain inputs, emphasis on bureaucratic and technocratic elites or agents of policy transfer, affected politicians and bureaucrats.
Integration	
frequency of interaction	Within set time scale, frequent, high quality interaction of insider participants on all matters related to the policy transfer.
continuity	Ad hoc action-oriented networks set up with the specific intention of engineering policy change.
consensus	All participants share basic values.
Resources	
distribution of resources (within network)	All participants have resources in an exchange relationship.
distribution of resources (within participating organizations)	Policy makers are dependent on the intelligence gathering skills and knowledge resources of the agent of transfer and the donor organization.
Power	The success of a policy transfer network rests on the ability of the agent of transfer to satisfy the objective policy problem of the client, there must be a positive-sum game if the network is to be successful.

EVANS 2004: 49 (Table 3.2)

Der eigentliche Transferprozess wird in Phasen unterteilt, die jeweils durch bestimmte Aktionen des Netzwerkes gekennzeichnet sind. EVANS und DAVIES identifizieren zwölf Phasen im Falle freiwilligen und zehn im Falle erzwungenen Transfers. Die Stufen sind als Analysehilfe zu verstehen und werden nicht immer alle und nicht immer sequentiell durchlaufen:

Abb. 2: Entstehung und Entwicklung eines Politiktransfer-Netzwerkes

1	2	3	4	5	6
RECOGNITION discourse pull dissatisfaction cyclical events conflict legitimation	SEARCH regime international transnational national regional local	CONTACT	EMERGENCE OF INFORMATION FEEDER NETWORK	COGNITION AND RECEPTION	EMERGENCE OF TRANSFER NETWORK
=>	=>	=>	=>	=>	=>

7 ELITE & COGNITIVE MOBILIZA-TION	8 INTER-ACTION	9 EVALU-ATION	10 DECISION ENTERS POLICY STREAM	11 PROCESS	12 OUTCOME
=>	=>	=>	=>	=>	=>

EVANS; DAVIES 1999: 377, Figure 2 und EVANS 2004: 50 (freiwilliger Transfer)

In den Phasen eins bis drei wird ein politisches Problem erkannt und die Suche nach Lösungsideen beginnt; politisches Lernen kann in den Phasen vier bis neun und zwölf stattfinden. In den Phasen zehn und elf durchläuft eine Politik den formalen Entscheidungsprozess (EVANS 2004: 48).

Die treibende Kraft, der „agent of transfer", können z.B. „policy entrepreneurs such as think tanks, knowledge institutions (KIs), or pressure groups" sein (ebd. 13). In der Vorstellung von EVANS und DAVIES entsteht ein Politiktransfer-Netzwerk, wenn „a decision-making elite, politicians or bureaucrats, ... [recognize] the existence of a decision problem which requires, due to contextual factors, pressing attention" (1999: 377) (Phase 1). In der darauf folgenden Suche nach Problemlösungen (Phase 2) kann ein Schlüsselakteur ausfindig gemacht werden, der über die notwendigen Mobilisierungsfähigkeiten verfügt und das Netzwerk aufbaut (Phase 3). Dieser „agent of transfer" hat in der Regel eigene Interessen, warum er einen Politiktransfer verfolgt; offensichtlich ist dies im Falle von Consultants. Die politischen Akteure mit Veränderungsbedarf werden dann zum „client". In Phase 4 baut der „agent of transfer" ein Informationsnetzwerk auf, um dadurch die Qualität seines Zugangs zu Informationen und Wissensnetzwerken zu untermauern. Die Entstehung des eigentlichen Politiktransfer-Netzwerks – Phase 6 – hängt davon ab, inwieweit „agent of transfer" und „client" ein gemeinsames Wertesystem teilen (Phase 5); der Zugang zu diesem Netzwerk ist somit selektiv und hängt stark von den Ressourcen des „agent of transfer" ab. Diese selektive Inklusion wirft Fragen nach der demokratischen Legitimierung eines solchen Netzwerkes auf. In der Mobilisierungsphase (Phase 7) liefert der „agent of transfer" umfangreiche Informationen über die fragliche Politik und „filtert" Informationen aus, die für den Prozessfortgang schädlich sein könnten („gatekeeper"-Funktion). Darauf folgt ein Ideenaustausch innerhalb der zum Politikfeld gehörenden Wissenselite durch „organization of seminars, fact-finding missions, conferences and the exchange of specialist policy advice documents" (EVANS 2004: 379). Durch diese Wissensverbreitung stellt der „agent of transfer" einen Konsens über die einzuführende Politik her (Phase 8). Nach Abschluss dieser Wissenssammlungsphase wird der „client" die vorliegende Informationen aus- und bewerten und damit die grundlegenden Weichenstellungen in Bezug auf

> ... the objects of transfer (for example policy goals, structure and content; policy instruments or administrative techniques; institutions; ideology; ideas, attitudes and concepts; policy style or negative lessons); the degree of transfer (for example copying, hybridization, emulation, or inspiration); and the prerequisites of transfer (for example policy feasibility and political, cultural and institutional conditions) (ebd.)

treffen (Phase 9). Die formalen Schritte, die für eine Entscheidung über und die Umsetzung einer Politik z.B. in Form eines Gesetzes notwendig sind, werden in den Phasen 10 und 11 durchlaufen. Das Ergebnis des Transferprozesses (Phase 12) bestimmt, inwieweit eine transferierte Politik auch erfolgreich angewendet wird.

Von zentraler Bedeutung in dieser Argumentationskette sind die jeweiligen Wertesysteme. EVANS stellt fest, dass „policy transfer can be a rational and progressive learning activity but only if the policy that is transferred is compatible with the value system of the recipient organization, culturally assimilated through comprehensive evaluation, and, builds on existing organizational strengths." (ebd. 4)

Die Stärke des Ansatzes von EVANS und DAVIES liegt im methodischen Vorgehen, das sowohl Akteursebene als auch strukturelle Faktoren im Transferprozess modelliert. Eine Schwäche stellt dagegen die Verwendung von Begriffen wie „agent of transfer", „client" und „donor organisation"[23] dar, die nicht näher definiert werden; der Sinn muss daher aus dem Kontext erschlossen werden. Insbesondere die Abgrenzung der Rollen von „agent of transfer" und „client" dürfte häufig schwierig sein. Dem Einsatz der Methodik als „heuristisches Instrument" zur Analyse von Politiktransfer widerspricht dies jedoch nicht.

6.3 Zusammenfassung: Theoretisch-konzeptioneller Rahmen für die Analyse von Politiktransfer

Unter dem Begriff Politiktransfer wird eine Reihe von heterogenen Ansätzen zusammengefasst, die kein einheitliches Theoriegebäude bilden. Vielmehr

23 Damit ist vermutlich die Einheit gemeint, die die Tätigkeit des Netzwerks finanziert.

bieten sie „heuristische Modelle" (EVANS), mit deren Hilfe Politiktransfer aus verschiedenen Blickwinkeln analysiert werden kann. Hier wurden zwei Ansätze vorgestellt, die zur Analyse des BID-Transfers aus den USA nach Deutschland dienen. Mit Hilfe des vorgestellten Politiktransfer-Ansatzes von MOSSBERGER und WOLMAN können mögliche Unterlassungen im Transferprozess im Kontrast zu einem idealtypischen Verlauf identifiziert werden. Dazu wird der Ansatz nicht – wie von den Autoren beabsichtigt – als Handlungsanleitung für politische Entscheidungsträger herangezogen, sondern als idealtypischer, rationalen Kriterien folgender Prozess angenommen zur nachträglichen Identifizierung von Transferfehlern. Im zweiten Schritt werden mit dem Ansatz von EVANS und DAVIES die Einflussgrößen des BID-Transfers (also die strukturellen Faktoren und Handlungsmotive) herausgearbeitet.

Der BID-Transferprozess wird somit sowohl als abhängige Variable analysiert, d.h. es wird den Ursachen für das Zustandekommen des Transfers nachgegangen, als auch als unabhängige Variable, um erklären zu können, wie es zur spezifischen Ausprägung der deutschen BIDs gekommen ist, also ob und warum welche Anpassungen gegenüber dem US-BID-Modell vorgenommen wurden.

7 Thesen: Konsequenzen aus dem VoC-Ansatz für den Politiktransfer

Es gibt grundsätzlich zwei Möglichkeiten, die Ansätze *Varieties of Capitalism* und Politiktransfer zu verknüpfen: Erstens kann der VoC-Ansatz, wie beschrieben, den Rahmen für die Analyse der Kontexteinbettung im Rahmen der Informationsgewinnung über ein zu transferierendes Instrument bereitstellen. Mit Hilfe des Analyserahmens wird also nachträglich die Analyse vorgenommen, die – folgt man dem idealen Politiktransfermodell von MOSSBERGER und WOLMAN – bereits im zweiten Schritt und vor dem eigentlichen Transfer hätte erfolgen sollen. Der VoC-Ansatz ist dazu geeignet, würde damit aber weit unter seinen Möglichkeiten bleiben. Die zweite Möglichkeit, die beiden Ansätze zusammenzuführen, ist, die Frage zu stellen, wie die Tatsache, dass ein Politiktransfer stattgefunden hat, mit den Annahmen des VoC-Ansatzes erklärt werden kann. Dieser Weg wird hier vorrangig beschritten, auch wenn dieses Vorgehen zunächst widersprüchlich zu sein scheint. Wie in Abschnitt II3.1 dargestellt, arbeitet gemäß der Komplementaritäts-Annahme von HALL und SOSKICE das ökonomische Gesamtsystem effizienter als seine Einzelteile, da jedes Element Vorleistungen anderer Subsysteme bezieht und in gleicher Weise Vorleistungen für andere Subsysteme bereitstellt. Das Einpflanzen eines „systemfremden" Teils führt nach dieser Logik dazu, dass es – bestenfalls – nicht so effizient wie in seinem Ausgangssystem arbeiten kann oder – schlimmstenfalls – die Effizienz anderer Institutionen beeinträchtigt. HOLLINGSWORTH hat die Problematik der Übernahme sogenannter *best practices* aus einem anderen sozialen Produktionssystem explizit formuliert: „Societies borrow selected principles of foreign management styles and work practices, but their effectiveness is generally limited" (HOLLINGSWORTH 1997a: 265) und folgert daraus: „Because the institutional arrangements of each social system of flexible production are system-specific, they are not easily transferable from one society to another." (HOLLINGSWORTH 1997a: 276). Die Übernahme bestimmter Elemente führe allenfalls zu einer „Hybridisierung" unterschiedlicher Praktiken (bspw. im Falle japanischer Firmen in den USA, 298). HOLLINGSWORTH bezieht sich dabei im Wesentlichen auf die Übernahme japanischer Managementpraktiken durch US-amerikanische Firmen, wie just in time-Produktion oder Qualitätszirkel. In dieser Argumentation ist also nicht nur der Versuch einer Übernahme eines ganzen Teilsystems, wie z.B. des dualen Ausbildungssystems, problematisch, sondern bereits der Transfer von einzelnen Elementen eines Teilsystems, wie eine bestimmte Managementpraxis.

Auch aus der These, dass Wechselwirkungen zwischen institutionellem Rahmen und Unternehmensstrategien vorhanden seien, lässt sich ein Korrektiv zu Pfadabweichungen ableiten. Da nach dieser Annahme Unternehmen ihre Strategien an das vorhandene Kapitalismussystem anpassten, hätten sie kein Interesse an einem grundlegenden Wandel des Systems. HALL und SOSKICE verweisen in diesem Zusammenhang auf Untersuchungen, die belegten, dass Unternehmen sich aktiv an der Entwicklung wohlfahrtsstaatlicher Politik beteiligten, da sie daraus Vorteile ziehen könnten (HALL; SOSKICE 2001: 50). Wie oben diskutiert, ist halten diese Annahmen empirischen Untersuchungen nur mit Abstrichen stand. Die Annahme des Vorhandenseins von Wechselwirkungen zwischen institutionellem Rahmen und Unternehmensstrategien konnte von BEYER (2006) empirisch nicht belegt werden, wohingegen die Komplementaritäts-Annahme von BEYER und HASSEL (2003) als zwar gültiger, aber nicht ausreichender Erklärungsansatz beurteilt wurde (vgl. Abschnitt II4.1). Die Möglichkeit einer Pfadabweichung oder fehlender bzw. nur schwacher Komplementaritäten muss daher für Thesen zum Politiktransfer ebenfalls berücksichtigt werden.

Aus diesen Überlegungen leite ich die folgenden vier Thesen bezüglich des Ausgangs eines Politiktransfers im Rahmen der Annahmen des *Varieties of Capitalism*-Ansatzes ab:

1. Scheitern des Politiktransfers
2. Transfer eines „kontextneutralen" Instruments
3. Anpassung des Instruments an den neuen Kontext
4. Politiktransfer im Kontext weiterer (gesellschaftlicher) Veränderungen

Diese vier Thesen werden nun im Anschluss näher erläutert und diskutiert.

Zu 1. Scheitern des Politiktransfers
Das importierte Instrument funktioniert im neuen gesellschaftlichen oder ökonomischen Kontext nicht und wird daher wieder aufgegeben. Diese These entspricht daher einer strengen Interpretation der Annahmen des VoC-Ansatzes: Ein importiertes Element ist so „systemfremd", dass sich negative Wechselwirkungen mit den übrigen Systemelementen aufbauen und zum Scheitern des eingeführten Instruments führen.

Zu 2. Transfer eines „kontextneutralen" Instruments
„Kontextneutral" meint, dass das importierte Instrument über keine spezifischen Wechselwirkungen mit den übrigen Institutionen eines Kapitalismus-Typs verfügt und daher problemlos in andere Kontexte übertragen werden kann. Es ist theoretisch denkbar, dass – auch wenn die These des Vorhandenseins von Komplementaritäten grundsätzlich geteilt wird – es einzelne Elemente gibt, auf die diese Annahme nicht zutrifft. In der Realität ist eine vollständige Kontextneutralität allerdings kaum vorstellbar, da jedem gesellschaftlichen Handeln zumindest bestimmte Wertvorstellungen zugrunde liegen, die Einfluss auf die konkrete Ausgestaltung einer Institution haben. Die Anwendung eines Instruments im Kontext anderer Werte würde dann bereits seine Effizienz beinträchtigen.

Denkbar wäre hier aber der Transfer von Elementen, die im gebenden und nehmenden Kontext nahezu identische Wechselwirkungen aufbauen können oder so konstituiert sind, dass sie Anknüpfungspunkte für unterschiedliche Systeme bieten. Diese These folgt damit dem Argument von BEYER und HASSEL.

Zu 3. Anpassung des Instruments an den neuen Kontext

Der Transfer eines Elements in einen anderen Kontext kann nur dann zu effizienten Lösungen führen, wenn es gelingt, im neuen Kontext ebenfalls Komplementaritäten aufzubauen. Das importierte Instrument wird dabei bei der Übernahme so angepasst, dass es in den neuen Kontext passt. Dies wäre im Zuge einer sorgfältigen Informationsgewinnung und Abwägung im Sinne eines rationalen Politiktransferprozesses zu leisten.

Diese These ist mit dem VoC-Ansatz insoweit kompatibel, als sie von Wechselwirkungen ausgeht. Die Einführung von systemfremden Elementen würde nach dieser These bedeuten, dass sich die fragliche Veränderung innerhalb des eingeschlagenen Pfades bewegt. Sie impliziert, dass ein Element aus einem anderen Kontext nicht kopiert, sondern allenfalls nachgeahmt werden oder als Inspiration dienen kann.

Zu 4. Politiktransfer im Kontext weiterer (gesellschaftlicher) Veränderungen

Der Import eines Instrumentes findet im Zusammenhang weiterer Veränderungen im aufnehmenden Kontext statt, so dass sich das neue Element in das veränderte System einfügen kann.

Diese These ist mit dem VoC-Ansatz ebenfalls insoweit kompatibel, als sie von Komplementaritäten ausgeht. Allerdings ist sie – möglicherweise – mit einer Pfadabweichung verbunden, denn über die Richtung der gesellschaftlichen Veränderungen sagt sie nichts aus: Diese können pfadkonform, aber auch -abweichend sein.

Mit Hilfe dieser Thesen kann erklärt werden, warum der Transfer von BIDs aus den USA nach Deutschland trotz der dargestellten großen Kontextunterschiede dennoch erfolgreich sein konnte. Die Erklärungskraft der einzelnen Thesen wird am Ende dieser Untersuchung zu prüfen sein, d.h. ob im Falle des BID-Transfers einige Thesen verworfen werden müssen oder mehrere Thesen zur Erklärung beitragen.

Das weitere Vorgehen stellt sich daher wie folgt dar: Im nächsten Teil wird die Einbettung von BIDs in den USA untersucht. Der vierte Teil widmet sich dann den BIDs in Deutschland. Dazu wird zum einen ebenfalls die Kontexteinbettung thematisiert, zum anderen der Transferprozess analysiert. Abschließend erfolgt dann die Überprüfung der Thesen.

III Business Improvement Districts in den USA

Nach gängiger Meinung entstanden Business Improvement Districts (BIDs) in den 1970er Jahren in Nordamerika, genau genommen im kanadischen Toronto. Das Zustandekommen des entsprechenden Gesetzes hat Legendencharakter:

> Das BIA[24] Konzept startete in den sechziger Jahren als Antwort der Einkaufsstraßen und der traditionellen Geschäftsviertel auf den Druck der Einkaufszentren, die sich in Nordamerika entwickelten. ...
> Die Erkenntnis, dass dieser Wandel einen bleibenden Einfluss auf die Geschäfte und ihr Umfeld haben könne, veranlasste die Geschäftsleute in West Torontos Einzelhandel, etwas dagegen zu unternehmen. Die Einzelhändler erkannten, dass sie, ähnlich wie ein Einkaufszentrum, im Verbund handeln müssen, und nicht einzeln und ohne Berücksichtigung der in der Nähe liegenden Geschäfte. Sie entschlossen sich, einen Verband zu gründen. ...
> Das Problem war, dass soviel Zeit damit vergeudet wurde, Gelder einzusammeln, dass kaum Zeit übrig blieb, sich Konstruktiverem zu widmen. ...
> Eine Lösung musste her, die sich von dem Bisherigen unterschied. ...
> Zukunftsorientiert wie sie waren, und bespickt mit einem guten Verständnis über politische Werdegänge, stellten sie einen Antrag an die Provinzialverwaltung zur Entwicklung eines Gesetzes, das ihnen erlauben würde, Geld durch ein Abgabenerhebungsverfahren der Kommune von jedem Grundeigner/Geschäft in einem designierten Quartier einzusammeln. (John Kiru, Executive Director der Toronto Association of Business Improvement Areas (TABIA), in: BCSD 2003: 16)

Fast zeitgleich – ebenfalls in den 1970er Jahren – entstanden auch die ersten BIDs in den USA.

Nicht nach dem Staat zu rufen, sondern seine Geschicke selbst in die Hand zu nehmen, gehört zum Kanon der US-amerikanischen Grundüberzeugungen. Im Gegensatz zum bürokratischen Staat, der durch vielfältige Verpflichtungen gebunden und dadurch schwerfällig sei, seien BIDs in der Lage, schnell, flexibel und innovativ zu reagieren:

24 Die Abkürzung BIA bedeutet „Business Improvement Area" und ist die kanadische Bezeichnung für BIDs.

> As cities must reposition themselves in the turbulent global economy, BIDs may prove a more focused and flexible form of governance than large municipal bureaucracies. Close and accountable to the customer, BIDs can adapt quickly and creatively to new opportunities, take calculated risks, and try new approaches. (LEVY 2001: 129)

> BIDs have emerged as one of the most important developments in urban governance over the past two decades. They have created a mechanism for harnessing private-sector creativity to solve public problems, and their success has sharply highlighted the failures of city government. (MCDONALD 1996a: o.S.)

Dieser Teil beleuchtet die Frage: Sind BIDs als Selbsthilfemechanismus ein typisches Kind der US-amerikanischen Gesellschaft? Im ersten Schritt wird dargestellt, welche Faktoren zur Entstehung von BIDs in den USA geführt haben und aus welchen Vorläufern sie entwickelt wurden (III1). Das zweite Kapitel gibt einen Überblick über die Literatur zu US-amerikanischen BIDs und zeichnet die Entstehung und Verbreitung von BIDs in den USA nach (III2). Um jenseits der meist recht kurzen Darstellung von US-BIDs in der deutschen Literatur zu einer eigenen Einschätzung kommen zu können, wurden im Rahmen eines Forschungsaufenthaltes BIDs in drei US-Bundesstaaten besucht (New York, New Jersey und Pennsylvania). Diese BIDs werden in Kapitel III3 vorgestellt. Abschließend wird die Einbettung von BIDs in das sozioökonomische System der USA anhand des entwickelten Analyserahmens untersucht (Abschnitt III3.5). Auch wenn BIDs mittlerweile in den USA weit verbreitet sind, ist die kritische Debatte über die Angemessenheit des Instruments und möglichen Konsequenzen für die Stadt nicht verstummt. Die wichtigsten Argumente und Gegenargumente werden in Kapitel III4 dargestellt. Den Abschluss bildet ein Exkurs zum Politiktransfer von BIDs in andere Staaten, insbesondere nach Großbritannien (Kap. III6).

1 Der Entstehungskontext von BIDs in den USA

> ... why BIDs? What were the (economic, political, and historical) conditions that created them, or enabled their creation? Did BIDs emerge in response to the economic hardships cities suffered as a result of the suburbanization process? Did the sharp declines in the aid from federal (central) governments to cities, particularly in the 1980s, force local business and government leaders to create BIDs as an alternative funding mechanism? Are BIDs products of a conservative worldview that favors less governmental role in service delivery? How much of a part did the traditions and cultures of societies (e.g., the self-help and privatist traditions of the United States) play in their creations? A related question is, are BIDs a North American phenomenon? (MORÇÖL; HOYT; MEEK; ZIMMERMANN 2008b: 7 f.)

Die Entstehung von Business Improvement Districts ist mit bestimmten Kontextbedingungen verbunden. Zum einen stehen sie in einem ideellen Kontext, in dem grundlegenden Überzeugungen und Paradigmen eine Rolle spielen, und zum anderen ist ihre Entstehung auf die Konstellation konkreter Bedingungen zurückzuführen. In der Literatur besteht weitgehende Einigkeit darüber, dass die Ursachen für das Aufkommen von BIDs in der Finanznot der Städte und Gemeinden aufgrund der Kürzung von Bundesmitteln seit den 1970er und vor allem 1980er Jahren und in der Suburbanisierung liegen. Weniger Aufmerksamkeit dagegen wird dem Bereich der Traditionen und Wertvorstellungen gewidmet, die den Nährboden für BIDs bilden:

> The most common explanation offered in this book and other sources (e.g., Houstoun, 2003) is that BIDs were a response to the combined effects of the economic decline in urban centers and the decreased funds from the federal government to the cities in the United States, particularly in the 1980s. Although this explanation doubtless has some validity, there may be more to the story.
>
> ... Morçöl and Zimmermann ... argue that BIDs are rooted in the long privatist tradition of urban governance and politics in the United States. (MORÇÖL; HOYT; MEEK; ZIMMERMANN 2008b: 8)

Diesen zwei Erklärungssträngen folgt die Gliederung dieses Kapitels: Zunächst wird auf die Traditionen und Wertvorstellungen eingegangen, auf denen die Entwicklung von BIDs fusst. Als strukturelle Entstehungsbedingungen werden die Finanzschwäche der Lokalregierungen und die Suburbanisierung diskutiert; dabei ist die Suburbanisierung sowohl mittelbar als auch unmittelbar für die Entstehung von BIDs verantwortlich: zum einen ist sie eine Ursache für die Erosion vor allem der städtischen Finanzen, der Wegzug der Bevölkerung hat aber direkt zum Verlust von Bevölkerung und damit potenziellen Kunden der Innenstädte geführt.

Der letzte Abschnitt geht auf die rechtlichen Vorläufer von BIDs ein; BIDs waren in den USA keine radikale Innovation, sondern eine schrittweise Weiterentwicklung bestehender Instrumente.

1.1 Wertvorstellungen als Nährboden für BIDs: Privatism

> Monti (1999) rightly observes that BIDs are a continuation of the commercial communalist (privatist) tradition in American cities:
>
> *There is nothing new about businessmen dunning each other so that they can improve the areas where their shops are located. This has been going on for more than 200 years in the United States. Local storeowners initiated subscription campaigns to add sidewalks, put in sewer lines, or to pave the roads in front of their places of business long before local officials began taxing citizens for the privilege of extending these improvements to many other parts of the city. These additions were seen as benefiting the whole town or city, even if they only went to a small part of the municipality at first.*
>
> BIDs are new, however, in the sense that the legal forms in which they are created are not like their predecessors. (MORÇÖL; ZIMMERMANN 2008a: 36 (Zitat im Original kursiv))

MORÇÖL et al. haben die „privatist tradition of urban governance and politics" in den USA als Nährboden für die Entstehung von BIDs identifiziert (2008: 8). MORÇÖL und ZIMMERMANN führen weiter aus, dass der *privatism* in der Gründungszeit der Vereinigten Staaten entstanden sei (vgl. obiges Zitat), während der Phase des Progressivismus zurückgedrängt wurde, nach diesem Intermezzo aber mit dem *Public Choice*-Paradigma unter Reagan wieder aufgegriffen wurde. Unter *privatism*[25] verstehen sie die Vorstellungen

25 Der Begriff *privatism* ist nicht eindeutig definiert. Der „Oxford Advanced Learner's Dictionary of Current English" führt das Wort gar nicht auf; in der Soziologie wird *privatism* im Sinne von Individualisierung und Rückzug ins Private verwendet. Brauchbarer sind die von „yourdictionary" und „wikipedia" verwendeten Definitionen: „Privatism: concern only with one's private life and personal involvements rather than with public affairs, social values, etc." (<http://www.yourdictionary.com/privatism>, Zugriff 16.12.2009)

über die Rollenverteilung von Privaten und des Staates, die, ihrer Meinung nach, entscheidend für die Entstehung von BIDs waren. Andere Erklärungsansätze, wie die *growth machine-* und *urban regime-*Theorie oder die Governance-Debatte, müssten auf diese grundlegenden Wertvorstellungen bezogen werden: „The activism of business leaders in forging and leading growth machine coalitions, or urban regimes, has its roots in the long-standing tradition of *privatism* in urban America.“ (2008: 34)

MORÇÖL und ZIMMERMANN haben den Begriff *privatism* von Warner übernommen, der diesen in seiner Untersuchung[26] der Stadt Philadelphia verwendet:

> The tradition of privatism has always meant that the cities of the United States depended for their wages, employment, and general prosperity upon the aggregate successes and failures of thousands of individual enterprises, not upon community action. It has also meant that the physical forms of American cities, their lots, houses, factories, and streets have been the outcome of a real estate market of profit seeking builders, land speculators, and large investors. Finally, the tradition of privatism has meant that the local politics of American cities have depended for their actors, and for a good deal of their subject matter, on the changing focus of men's private economic activities. (Warner 1987: 4, zit. nach MORÇÖL; ZIMMERMANN 2008a: 34)

Warner beschreibt damit die grundlegenden Wertvorstellungen der USA (vgl. Abschnitt II5.2.1), die Eigenverantwortung und Wettbewerb in den Mittelpunkt stellen. *Privatism* verweist auch auf das Arbeitsethos der protestantischen Sekten: „Privatism justified an individual's search for wealth and affirmed it as a search for happiness and personal independence. Privatism also meant that communities should be unions of wealth-seeking individuals.“ (MORÇÖL; ZIMMERMANN 2008: 34) *Privatism* bedeutet jedoch nicht Egoismus oder Ignoranz gegenüber den Problemen Anderer, sondern sehr wohl die Übernahme von Verantwortung für das Gemeinwesen – nur dass diese Verantwortung eben nicht vom Staat, sondern von der Gemeinschaft der Individuen, also der Gesellschaft, getragen wird.

„Privatism is a generic term describing any belief that people have a right to the private ownership of certain things. There are many degrees of privatism, from the advocacy of limited private property over specific kinds of items to the advocacy of unrestricted private property over everything.“ (<http://en.wikipedia.org/wiki/Privatism>, Zugriff 16.12.2009).

26 Warner, Sam Bass (1987): The private city: Philadelphia in three periods of its growth. Revised ed. Philadelphia: University of Pennsylvania Press.

Zu Beginn des 20. Jahrhunderts wurde dem US-amerikanischen Staat immer mehr Verantwortung für öffentliche Angelegenheiten übertragen; diese Phase wurde als Progressivismus (*progressivism*) bezeichnet. Unter dem Eindruck des Massenelends im Zuge der Industrialisierung wurde eine Reihe von Reformen durchgeführt: Staatliche Institutionen wurden gestärkt, Unternehmen reguliert und die Arbeitsbedingungen verbessert (JUDD; SWANSTROM 1998: 81 f.). Während vorher beispielsweise die Bautätigkeit unreguliert war und dem freien Spiel privater Interessen unterlag, wurde nun auf lokaler Ebene eine Bauleitplanung eingeführt (MORÇÖL; ZIMMERMANN 2008: 43, Fußnote). Es bildete sich eine „öffentliche" und eine „private" Sphäre heraus: „[In] the period of Progressivism ... public goods or public interests were defined separately from private goods and private (business) interests." (MORÇÖL; ZIMMERMANN 2008: 35) Weitergeführt wurde diese Übertragung der Verantwortung insbesondere für die soziale Absicherung auf die öffentliche Hand unter dem *New Deal* von Roosevelt.

MORÇÖL und ZIMMERMANN weisen allerdings darauf hin, dass der Einfluss privatwirtschaftlicher Interessen auf die US-amerikanische Lokalpolitik nie ganz zurückgedrängt wurde. Im Gegensatz zu früher sei der unternehmerische Einfluss in der progressivistischen Ära jedoch „externalisiert" worden, d.h. während in der „privatistischen" Periode die Privatwirtschaft die Stadtregierung in direkter Weise und gegebenenfalls in Koalition mit anderen Interessen führte, beeinflussten Unternehmensinteressen nunmehr die Stadtpolitik „in forms that were external to governmental (public) institutions" (MORÇÖL; ZIMMERMANN 2008a: 35).

Die seit den 1980er Jahren unter der Reagan-Administration betriebene neoliberale Wirtschaftspolitik wird von MORÇÖL und ZIMMERMANN als Rückgriff auf die privatistische Tradition interpretiert: „... the privatist worldview ... resurfaced in the 1980s; it became acceptable once again that business leaders would conduct the public's business. The privatization and public choice discourse of the Reagan era and later years made BIDs acceptable and fashionable." (2008a: 35) Die „Reaganomics" verfolgten die Devise „weniger Staat, mehr Unternehmertum" und beruhten auf der Überzeugung, dass die Privatwirtschaft effizienter als der Staat für Wachstum sorgen könne; konsequenterweise wurden Steuern gesenkt, die Staatsausgaben reduziert, öffentliche Aufgaben privatisiert und staatliche Unternehmenskontrollen zurückgeführt. Untermauert wurde diese Vorgehensweise mit den Argumenten der *Public Choice*-Theorie, die das Verhalten von Bürgern und Staat mit Hilfe ökonomischer Ansätze erklärt:

> Public choice theory defines both the notion of citizenship and the role of government within economic parameters. The persuasive power of public choice theory resides in its espousal of individual freedom and choice and its framing of citizenship in terms of individual consumer choice and preferences. Aggregate choices made by self-interested, rational individuals within a sufficiently competitive arena are considered to produce efficient and optimal social outcomes in the provision of public services and goods ... Thus, the same principle applies to purchasing a car using monetary currency as to ‚purchasing' a community using the currency of mobility to buy the optimal ratio of tax burdens to services ... Public choice theorists individualize citizenship rights and reduce individuals to their functions as simple consumers of both privately and publicly provided goods and services. (SCHALLER; MODAN 2008: 377)

Bürger werden somit zu Nutzenoptimierern, die als „Kunden" öffentliche Dienstleistungen nachfragen. Als Steuerzahler sind sie vorrangig an einer effizienten Leistungserbringung interessiert, da dies geringere Staatsausgaben und somit geringere Steuern zur Folge hat. Unter Reagan wurden folgerichtig auch die Zuschüsse Washingtons an Städte und Gemeinden gekürzt, mit dem Argument, dass es zwar Aufgabe der Bundesregierung sei, das Wirtschaftswachstum zu fördern, aber die Entscheidung, wo sich dies räumlich niederschlägt, dem Markt zu überlassen sei. Die Bürger könnten dann „mit den Füssen abstimmen" (JUDD; SWANSTROM 1998: 235, vgl. auch Abschnitt II5.2.3).

In dieser Sichtweise kann das neue Governance-Paradigma nicht als Machtabgabe des Staates, sondern als ein erneuter Einbezug Privater in die öffentliche Aufgabenerbringung – im Sinne einer Rückkehr „privatistischer" Überzeugungen nach Ende der progressiven Ära – interpretiert werden. Die während des Progressivismus herausgebildete Trennung zwischen einer öffentlichen und einer privaten Sphäre verwischt sich dadurch wieder:

> ... we argue that BIDs constitute a particularly apt exemplar of the expanding scope of the public administration problem, which forces us to re-think the distinctions drawn between the public and private realms and the traditional definitions of accountability. (MORÇÖL; ZIMMERMANN 2008a: 28)

Ein (finanziell) nicht ausreichend ausgestatteter Staat kann nicht alle für ein Gemeinwesen notwendigen Aufgaben erfüllen. Paul LEVY, der Geschäftsführer des Center City District in Philadelphia, hat die These aufgestellt, dass BIDs und private Initiative vorrangig dort entstünden, wo die lokale Stadtregierung schwach ist:

> Particularly in Europe, where cities have higher priority and expectations and funding for government are greater, there is not much of a mandate – public or private – for supplementary BID assessments.
>
> But in the United States, BIDs often fill gaps in municipal services or compensate for what they do poorly. Where government is competent and effective, BIDs rarely need to tread. …
>
> The only two large American cities without major downtown BIDs, Chicago and Boston, both have activist local government, strong mayors, and robust municipal unions. …
>
> At the other extreme, in Houston, with minimalist local government, the BID provides a full complement of privately funded services while managing downtown development as administrator for the city's tax increment financing program. (LEVY 2001: 128)

Schwach kann eine Stadtregierung sein, weil ihre Bürger es so wollen – wie in den USA – oder weil sie durch die Verschlechterung struktureller Faktoren geschwächt wird – wie in den USA, aber auch in Deutschland. Offensichtlich war LEVY aber skeptisch, ob BIDs in Europa angesichts der besseren finanziellen Ausstattung der Städte überhaupt notwendig seien.

BIDs können als Musterbeispiel für eine *growth coalition*, ein *urban regime* oder für Governance interpretiert werden. BIDs sind aber auch eine Antwort auf die alte Frage des „richtigen" Verhältnisses zwischen Staat und Privaten. Die USA gelten als die Nation, die dieses Verhältnis traditionell zugunsten eines schwachen Staates und einer starken Beteiligung Privater ausgelegt hat. Zum US-amerikanischen Selbstverständnis gehört die starke Betonung der Übernahme von Verantwortung des Individuums für das eigene Leben, aber auch für das Gemeinwesen. Diese als *privatism* bezeichnete Wertvorstellung ist in den USA nach wie vor lebendig. BIDs sind in dieser Interpretation eine typisch US-amerikanische Antwort auf die eine bewusst schwache Ausgestaltung öffentlicher Institutionen, die aufgrund der Verschlechterung struktureller Bedingungen faktisch handlungsunfähig geworden waren. Darauf geht der nächste Abschnitt ein.

1.2 Strukturelle Ursachen

In der einschlägigen Literatur werden einhellig die Folgen der Suburbanisierung und die Finanzschwäche der kommunalen und städtischen Verwaltungen als Auslöser für die Entstehung von BIDs benannt. In diesem Abschnitt werden beide zusammen als strukturelle Entstehungsbedingungen diskutiert. Die Suburbanisierung von Bevölkerung, Unternehmen und Freizeiteinrichtungen ist insofern eine unmittelbare Entstehungsursache für

BIDs, als sie zur Verödung der traditionellen Stadtzentren und Einkaufsstraßen beigetragen hat; mittelbar ist sie aber auch Ursache für die Erosion der Einnahmen der vom Wegzug betroffenen Städte. Die Verschlechterung der Haushaltssituation der Städte und Gemeinden hat aber noch andere Gründe, wie weiter unten dargestellt wird.

1.2.1 Suburbanisierung

> For more than a half-century, America's cities have struggled to meet the challenges of suburbanization, new regional growth patterns, and a changing economy. ... A variety of federal, state and local programs have sought to reverse these declines and restore the cities to their pre-1945 economic primacy. ... BIDs can be seen as the latest effort by cities to meet the economic competition posed by suburban, and, increasingly, exurban growth. (BRIFFAULT 1999: 420)

Die Suburbanisierung begann in den USA bereits im ersten Viertel des 19. Jahrhunderts und vollzog sich in mehreren Phasen. JUDD und SWANSTROM unterscheiden vier Phasen, in denen sich die Suburbanisierung der Wohnbevölkerung vollzogen habe: „(1) the railroad and street car suburbs [1815-1918], (2) the automobile suburbs [1918-1945], (3) the bedroom suburbs [1946-1965], and (4) the enclave suburbs [1965-Present]." (1998: 156) In der ersten Phase ermöglichten die Fortschritte im Transportwesen (Ausbau der Eisenbahnlinien und ab 1890 der Straßenbahn) vor allem den Angehörigen der Oberschicht den Wegzug aus den als überfüllt und laut empfundenen Städten. Aber erst die massenhafte Verbreitung des Automobils führte in der zweiten Phase zu einem sprunghaften Wachstum der *Suburbs*, die nun schneller wuchsen als die Kernstädte. Dieses Wachstum beschleunigte sich während der dritten Phase nach dem 2. Weltkrieg, als durch die Verfügbarkeit von günstigen Krediten, billiger Energie und Massenbauweise zunehmend auch Mitglieder der Arbeiterklasse ins eigene Heim in den Vorstädten zogen. Die letzte und vierte Phase schließlich war geprägt von einer zunehmenden Einigelung und Abschirmung in sich meist homogener Enklaven (*gated communities*). Suburbanisierung bedeutete immer schon Segregation: Zu Beginn auf die Oberschicht beschränkt, waren es auch in den späteren Phasen immer wohlhabende, meist weiße Familien die sich ein Einfamilienhaus in den *Suburbs* leisten konnten (*white flight*). In den Kernstädten erblieben die ärmeren Schichten, Schwarze und Minderheiten.

Die Suburbanisierung blieb jedoch nicht auf die Wohnbevölkerung beschränkt. Auch hier lassen sich zwei Phasen unterscheiden: (1) Seit dem 19. Jahrhundert der Wegzug der städtischen Bevölkerung aus den Innenstädten und die Errichtung von lukrativeren Bürogebäuden; (2) nach dem 2. Weltkrieg Wegzug des produzierenden Gewerbes, dann des Einzelhandels und schließlich der Freizeiteinrichtungen (MORÇÖL; ZIMMERMANN 2008a: 32). Zunächst zogen sich die großen Unternehmen der verarbeitenden Industrie aus den Städten zurück und errichteten neue Fabriken und Firmenzentralen außerhalb der Städte.[27] Durch den Wegzug der kaufkräftigen Mittelschichten verlor der innerstädtische Einzelhandel seine Kunden; Anfang der 1960er Jahre begannen Shopping Malls auf der grünen Wiese, meist an Verkehrsknotenpunkten, wie Pilze aus dem Boden zu schießen. Dem innerstädtischen Einzelhandel kamen nicht nur die Kunden abhanden, sie hatten der neuen Konkurrenz der Malls mit ihrer angenehmen und kundenfreundlichen Einkaufsatmosphäre, einheitlichen Ladenöffnungszeiten und ansprechenden Gestaltung auch wenig entgegenzusetzen. Die Bewohner der *Suburbs* brauchten die Stadt nicht mehr – die gewachsenen Innenstädte verödeten zunehmend.

Die US-Bundesregierung versuchte dem Verfall der Innenstädte mit dem *Urban Renewal Program* entgegenzuwirken. Entgegen der eigentlichen Intention wurde mit diesem Programm jedoch durch den Bau von lukrativeren Gewerbeimmobilien eher der Wegzug der (verbleibenden) Bevölkerung aus den Städten verstärkt (vgl. dazu auch Abschnitt II5.2.3). Auch andere Bundesprogramme mit eigentlich anderen Zielsetzungen hatten die weitere Verstärkung der Suburbanisierung als unbeabsichtigte Nebenwirkung. So trug die politisch gewollte Ansiedlung der Rüstungs-Industrie außerhalb der großen Städte zur Erosion der wirtschaftlichen Basis in den Stadtkernen bei (FISHMAN 1991: 78).

Gravierender waren die Förderung des Erwerbs von Eigenheimen und des Autobahnbaus. Mit Section 203 des bereits erwähnten *Housing Act* von 1934 wurde ein Hypothekenversicherungsprogramm (*Mortgage Insurance Program*) ins Leben gerufen, das den Erwerb von neu gebauten Ein- bis Vierfamilienhäusern erleichtern sollte. Für die Instandhaltung von Bestandsgebäuden wurde ein eigener Titel (*Title I*) eingerichtet. Faktisch wurde dieser Titel jedoch kaum genutzt und fast ausschließlich der Neubau außer-

27 „Heutzutage besteht absolut kein Anlass, eine Fabrik in einer großen Stadt oder in der Nähe eines ‚Arbeitsmarktes' zu errichten, wohl aber gibt es zahlreiche zwingende Gründe, davon Abstand zu nehmen" (Henry Ford 1926, zit. nach LÄPPLE 2005: 401).

halb der Städte gefördert. Da es hauptsächlich Angehörige der weißen Mittelschicht waren, die Immobilien in den Vororten erwarben, galten diese Darlehen als sichere Investition, während *Title I* für dringend notwendige Erhaltungsinvestitionen in eher von Schwarzen bewohnte Immobilien in den Städten kaum genutzt wurde (JUDD; SWANSTROM 1998: 195). Mit dem Hypothekenprogramm wurde somit die Expansion der *Suburbs* zu Lasten der Pflege der Bausubstanz in den Städten subventioniert.

Als größte indirekte Subvention der Suburbanisierung ist jedoch der von Washington geförderte Bau der nationalen Highways zu betrachten (*Interstate Highway Act* von 1956 und *Federal Highway Act* von 1956), der von der Bundespolitik als öffentliche Aufgabe definiert und mit Steuergeldern finanziert wurde. Um die Erreichbarkeit der Innenstädte für Berufspendler zu verbessern, wurden ganze Stadtviertel abgerissen; die neu gebauten Autobahnen schnitten die zurückbleibenden Bewohner von der Innenstadt ab:

> Since the highway engineers wanted to cause the least disruption to private commercial land values, highways were routed through neighborhoods, especially those with the cheapest housing occupied by poor people and minorities. The program was justified not only as highway building but as slum clearance. (ebd. 204)

Gleichzeitig wurde der öffentliche Verkehr vernachlässigt, der Schienenverkehr blieb in privater Hand. Der Autobahnbau verbesserte die Erreichbarkeit suburbaner Wohnorte und ermöglichte die flächige Erschließung des Umlandes bei gleichzeitiger Abkehr von einer Konzentration der Funktionen an einem Ort.

Zusammenfassend lässt sich sagen, dass es der Politik nicht gelungen ist, der Suburbanisierung entgegenzuwirken; vielmehr hat sie diese durch ihre Programme noch verstärkt. Eine Folge davon waren Verödung und Verfall der Innenstädte, verbunden mit einem entsprechenden Niedergang der Immobilienpreise. Während diejenigen, die es sich leisten konnten, ins suburbane Eigenheim zogen, konzentrierten sich die ärmeren Bevölkerungsschichten in den Innenstädten:

> In 1959 more than half of the nation's poor lived in rural areas and 27 percent lived in central cities. … By the census of 1990, however, the situation had changed considerably: 43 percent of the nation's poor lived in central cities and 28 percent lived in the suburbs. Since most of the suburban poor were concentrated into inner-ring suburbs contiguous to central city poverty areas, this meant that about 60 percent of poor people were concentrated in areas in or near the urban core. (ebd. 151)

Mit dem Wegzug der Wohlhabenden, der Industrie und des Einzelhandels brach den Städten die Steuerbasis weg, während sie gleichzeitig mit höheren Sozialausgaben konfrontiert waren. Aufgrund dessen waren sie nicht in der Lage, entsprechende Wohlfahrtsprogramme aufzulegen – eine Ursache für hohe Kriminalitätsraten in US-amerikanischen Innenstädten.

Mittlerweile gibt es Anzeichen dafür, dass die Suburbanisierung, die ihren Höhepunkt in den späten 1980er und 1990er Jahren hatte, sich in jüngerer Zeit verlangsamt bzw. nicht weiter verstärkt: So haben die „Großstädte des Nordostens und des Mittleren Westens", und zwar insbesondere diejenigen mit einem hohen Potenzial an Humankapital, seit den 1990er Jahren wieder Bevölkerungszuwächse zu verzeichnen (LÄPPLE 2005: 402). Aber auch Firmen verlegen ihre Hauptsitze wieder in die Innenstädte. In der Standortkonkurrenz der Städte, aber auch der Stadtteile untereinander gibt es allerdings wenige Gewinner und viele Verlierer: Die Wirkung des unbestreitbaren Aufschwungs in den *central business districts* vieler Städte hat bislang wenig auf die umgebenden Stadtviertel ausgestrahlt (JUDD; SWANSTROM 1998: 357).

BIDs können somit einerseits als Reaktion auf Suburbanisierung und auf das Versagen sowohl der bundesstaatlichen als auch der städtischen Politik, die Innenstädte wirksam zu fördern, interpretiert werden (vgl. auch das Zitat von LEVY, Abschnitt III1.1). Zum anderen profitieren sie aktuell von der Renaissance der (Innen-) Stadt, die zu ihrem vermehrten Aufkommen seit den 1990er Jahren beigetragen hat.

1.2.2 Finanznot der lokalen Administrationen

Der Wegzug einkommensstärkerer Schichten im Zuge der Suburbanisierung ist eine wesentliche, aber nicht die einzige Ursache für die Finanzschwäche der Städte und Gemeinden. Eine weitere wichtige Ursache ist die Privatisierungspolitik und die Vernachlässigung städtischer Gebiete unter Reagan (1981-1989) (MORCÖL; ZIMMERMANN 2008a: 31). Die Finanznot der öffentlichen Haushalte auf lokaler Ebene ist somit auf eine strukturelle Verschlechterung der Einnahmenseite, aber auch auf erhöhte Ausgabenerfordernisse zurückzuführen. Die Bankrotterklärung der Stadt New York im Jahre 1975 war dabei der – prominenteste – Höhepunkt dieser Entwicklung.

Die Einnahmen der Städte und Gemeinden in den USA speisen sich fast ausschließlich aus dem Grundsteueraufkommen, wobei die Grundsteuersätze höher sind als in Deutschland (WIEZOREK 2004: 119) (auch wenn die Steuerbelastung insgesamt niedriger ist). Der Verfall der Immobilienwerte in den Städten hat also unmittelbare Auswirkungen auf die städtischen Finanzen. Die suburbanen Wohngebiete mit höheren Grundstückswerten zahlen dagegen ihre Steuern meist an eine andere Gebietskörperschaft. Anders als im deutschen System des kommunalen und Länderfinanzausgleichs fehlt eine übergeordnete staatliche Instanz, die die Unterschiede im Steueraufkommen ausgleichen würde. Vielmehr befördert die administrative Zersplitterung noch die Konkurrenz der Städte und Gemeinden untereinander um die niedrigsten Grundsteuersätze.

Auch der Wandel der Wirtschaftsstruktur hat negativen Einfluss auf die städtischen Haushalte. Der Wegzug der produzierenden Industrie aus den Städten hat höhere Arbeitslosigkeit und den Verlust von Steuern zahlenden Unternehmen zur Folge. In den Innenstädten bleiben Angehörige der ärmeren Schichten zurück, häufig Schwarze oder Migranten. Hohe Arbeitslosigkeit, geringes Bildungsniveau und hohe Kriminalitätsraten erfordern hohe Sozialausgaben; gleichzeitig schwächt das Fehlen der zahlenden Ober- und Mittelschicht die Einnahmenseite.

Die Möglichkeit zur Erhöhung der Grundsteuersätze wurde durch die Volksabstimmung zur sog. *Proposition 13* (*People's Initiative to Limit Property Taxation*) 1978 in Kalifornien grundsätzlich beschränkt. Mit der *Proposition 13* wurde in der kalifornischen Verfassung eine Beschränkung der Grundsteuersätze auf maximal 1% des Grundstückswertes verankert. In den darauf folgenden Jahren verabschiedeten mehrere Bundesstaaten Gesetze zur Beschränkung der Grundsteuersätze oder der Ausgabenmöglichkeiten lokaler Regierungen (JUDD; SWANSTROM 1998: 338). Unter der Reagan-Administration wurden außerdem die Einkommenssteuersätze auf drei Stufen reduziert und drastisch gesenkt. Zahlreiche Bundesstaaten mussten daraufhin ihre Steuersätze ebenfalls anpassen.

Die Reagan-Administration verschlimmerte die Situation der städtischen Finanzen weiter durch die radikale Kürzung bundesstaatlicher Subventionen an die Städte. Es standen zwar Bundesmittel zur Förderung des nationalen Wirtschaftswachstums zur Verfügung, aber den Städten wurden keine Mittel zur Verfügung gestellt, was die Konkurrenz der Gemeinden untereinander um Unternehmen und Arbeitnehmer weiter verschärfte: „The Reagan Administration instructed cities to promote local economic growth as a way to make up for declining federal grants." (JUDD; SWANSTROM 1998: 356)

Infolgedessen waren zahlreiche Städte nicht mehr in der Lage, öffentliche Dienstleistungen in ausreichendem Maße zur Verfügung zu stellen und mussten nach alternativen Finanzierungsmöglichkeiten suchen (MORÇÖL; ZIMMERMANN 2008a: 31 f.). Nutzergebühren für städtische Dienstleistungen wurden erhöht. Städte gingen Kooperationen mit Privaten ein, um Investitionsmittel zu mobilisieren unter Verwendung von CBDG- und UDAG[28]-Mitteln – gestützt durch die Privatisierungsrhetorik aus Washington. Es wurden Steuernachlässe und staatliche Bürgschaften für private Projekte gewährt. Die Städte gingen vermehrt *Public Private Partnerships* ein. Diese Entwicklungen bilden den Hintergrund für das vermehrte Aufkommen der BIDs seit den 1980er Jahren.

BID-Befürworter wie Heather MCDONALD interpretieren allerdings – ganz im Einklang mit dem Reagan'schen Ansatz der Verschlankung des Staates – die Ursachen für die desolate kommunale Finanzlage anders:

> New York's BID movement was a response to deteriorating municipal services. In the 1960s and 1970s, the city started devoting an increasing share of its budget to employee salaries and pensions and to social services. The growth of municipal unions meant that it cost more and more to provide less and less service. (ebd. 1996a)

1.3 Gesetzliche Vorläufer von BIDs: Special Assessments und Special Purpose Districts

Es spricht einiges für die These, dass – auch wenn der Downtown Development District in New Orleans, Lousiana von 1975 der erste Business Improvement District in den USA ist – das Instrument BID parallel an mehreren Stellen entwickelt wurde. So ist beispielsweise vermutlich das erste BID-Gesetz der USA das Business Improvement Districts-Gesetz von 1967 in Pennsylvania (MORÇÖL; PATRICK 2008: 297). Viele BID-Gesetze sind eine Erweiterung bestehender Gesetze[29] (vgl. auch Abschnitt III2.2).

Unmittelbare rechtliche Vorläufer von BIDs sind *special assessments* und *special purpose districts* (BRIFFAULT 1999: 414 ff.; HOUSTOUN 2003: 17). *Special*

28 *Community Block Development Grants* bzw. *Urban Development Action Grants.*

29 So ist das bereits erwähnte BID-Gesetz in Pennsylvania von 1980 eine Weiterentwicklung eines älteren Gesetzes, nämlich des *Municipal Authorities Act* von 1945 (MORÇÖL; PATRICK 2008: 298), in dem *special purpose districts* um BID-Aufgaben erweitert werden. Das BID-Gesetz New Jersey's ist eine Erweiterung eines Gesetzes zur Schaffung von *pedestrian malls.* „In some states, no legislation authorizes BIDs per se; instead the powers of special districts and public authorities have been expanded to enable them to exercise functions associated with BIDs." (BRIFFAULT 1999: 368, Fußnote 7).

assessments sind eine Art Erschließungsbeitrag für staatlich durchgeführte Infrastrukturverbesserungen wie Straßenbau, Abwasser oder Beleuchtung, für die Grundeigentümer anteilig zu dem ihnen daraus resultierenden Vorteil einen Beitrag zahlen müssen. Die BID-Abgabe ähnelt den *special assessments* im Hinblick auf ihre Gebietsbezogenheit (die im Gebiet erhobenen Abgaben müssen auch im Gebiet ausgegeben werden) und auch im Hinblick auf die Berechnungsgrundlage (Grundsteuer). *Special assessments* unterscheiden sich von BID-Abgaben erstens in Bezug auf die Verwendung (physische Verbesserungen in neu gebauten Gebieten bzw. Finanzierung auch von Dienstleistungen im Bestand) und bezüglich der Erhebungsdauer (einmalig bzw. wiederkehrend); zweitens im Hinblick auf die konkrete Nutzenzuordnung zu einem Grundstück (eindeutig bzw. diffus, da Verbesserungen dem ganzen Gebiet zugute kommen) und drittens darin, dass *special assessments* lediglich ein Finanzierungsinstrument sind, das für die betroffenen Grundeigentümer keine Entscheidungskompetenzen beinhaltet (BRIFFAULT 1999: 416 f.):

> An assessment district is ordinarily an object of municipal action, not a subject – an area, not a legal entity. The distinctive feature of many BIDs is the advisory or management body, composed in part of representatives of those subject to BID assessments, entrusted with some responsibility for determining and carrying out the BID's program. (ebd. 417)

Special (purpose) districts dagegen sind organisatorische Einheiten und werden von lokalen Administrationen gegründet, um eine (oder mehrere) staatliche Aufgabe zu erfüllen, wie z.B. Wasserver- und -entsorgung, Elektrizitätsversorgung oder öffentlicher Transport. Mit Einschränkungen sind sie mit den deutschen Zweckverbänden vergleichbar. Aufgabenspektrum und Organisationsformen von *special purpose districts* sind vielfältig; häufig sind mehrere Gebietskörperschaften beteiligt. *Special purpose districts* sind meist als *public authority* konstituiert und als solche unabhängig von der Gebietskörperschaft. Ihre Führung wird entweder vom Bundesstaat oder der Stadt bzw. Gemeinde ernannt, oft aber auch von den Bürgern oder Grundeigentümern des fraglichen Gebiets gewählt; dies gilt insbesondere für die *school districts* (vgl. Abschnitt II5.2.2 Elemente direkter Demokratie). In der Durchführung ihrer Aufgaben sind sie recht autonom. *Special purpose districts* können keine Steuern erheben, daher werden zur Finanzierung Nutzergebühren oder direkte Beihilfen herangezogen. Mit *special purpose districts* sollen als eher „technisch" verstandene Aufgaben ausgelagert und so dem politischen Zugriff entzogen werden. Der Begriff *special purpose government*, der dafür auch verwendet wird, bezieht sich dabei auf das eingegrenzte Aufgabenspektrum, während die allzuständigen Städte und Gemeinden als *general purpose government* bezeichnet werden.

Während die *special districts* ursprünglich und vorrangig für den Bau und Betrieb von physischer Infrastruktur zuständig waren, gab es einzelne, die auch Dienstleistungen erbrachten:

> Yet, in some projects, such as the Nicolett Mall in Minneapolis, Minnesota, some of the money collected via the special tax was allocated to provide services such as maintenance and security for the completed mall, functions which BIDs are now undertaking ... Some types of districts were charged with the monitoring of downtown conditions and suggesting plans for improvements, and others focused on marketing and organising special events. However, none provided the range of services which are now offered by BIDs, broadening the functions of the special district away from the narrowly circumscribed roles of the past. (MALLETT 1994: 281 f.)

BIDs sind also eine Weiterentwicklung der *special districts*; die Bezeichnungen in manchen Bundesstaaten – wie z. B. New Jersey (vgl. Abschnitt III3.3) deuten darauf hin. Übernommen haben BIDs von den *special purpose districts* die institutionelle Unabhängigkeit und den großen Entscheidungsspielraum. In manchen Staaten sind BIDs als *public authority* konstituiert (z.B. Pennsylvania). Unterschiede zwischen *special districts* und BIDs bestehen in Hinblick auf die Finanzierung (Nutzergebühren bzw. BID-Abgaben), dem Gebietszuschnitt (*special districts* umfassen in der Regel das gesamte Gebiet einer Stadt oder Gemeinde oder auch mehrerer benachbarter Gemeinden, während BIDs nur einen Teilbereich umfassen) und insbesondere auch in Bezug auf ihre Aufgaben (Infrastrukturverbesserungen stellen bei den meisten BIDs nur einen kleinen Teil der Aufgaben dar und BIDs beschränken sich nicht auf die Erfüllung nur einer Aufgabe) (BRIFFAULT 1999: 417 ff.). Die Art der Einnahmequelle haben BIDs dagegen von den *special assessments* übernommen:

> The BID is, in effect, a union of the special assessment district and the independent special district, combining the distinctive revenue stream of the former with the governance structure and relative autonomy of the latter. However, BIDs differ from both types of traditional districts in their focus on urban commercial neighborhoods, in their provision of services rather than physical infrastructure, and in the wide range of activities individual BIDs are authorized to undertake. (ebd. 420)

Die eigentliche Innovation von BIDs in den USA besteht also in einer Weiterentwicklung bestehender Rechtsinstrumente durch eine neuartige Kombination einzelner Elemente mit der Übernahme neuer Aufgaben, insbesondere Dienstleistungen und Standortmanagement. Mit diesem neuen Instrumente konnten Geschäftszentren der Konkurrenz zentral gemanagter Shopping Center etwas entgegensetzen: „It became apparent that it was not suburbanization alone that threatened downtowns, but a lack of management, particularly modern customer-service management." (GROSSMAN 2010: 377)

2 Business Improvement Districts in den USA

2.1 Übersicht über einschlägige US-amerikanische Publikationen zu BIDs

Nach mittlerweile rund 35 Jahren Praxis in den USA ist die Literatur zu BIDs naturgemäß sehr umfangreich. Eine vollständige Erfassung der US-amerikanischen BID-Literatur ist somit kaum möglich. In diesem Abschnitt werden daher nur die wichtigsten Veröffentlichungen aufgeführt.

Es gibt in den USA bisher keine umfassende Bestandsaufnahme und Untersuchung der unterschiedlichen US-BID-Gesetze, die die unterschiedlichen Regelungen im Hinblick auf ihre Vor- und Nachteile, ihre Praxistauglichkeit und die Auswirkungen auf die Funktionsweise konkreter BIDs analysiert.[30] Einen an einzelnen Beispielen orientierten Überblick bietet HOUSTOUN 2003. Auch an Bestandsaufnahmen von BIDs mangelt es; ein Grund dafür ist die Vielfalt an gesetzlichen Regelungen und Namensgebungen. Weder von den Bundesstaaten noch auf lokaler Ebene werden BIDs systematisch erfasst. New York City mit der Darstellung aller BIDs im Internet ist eine seltene Ausnahme (vgl. Abschnitt III3.2.3). Wie MITCHELL bemerkt, ist die vorhandene Literatur zudem häufig von „preconceived notions and ideological formulations" geprägt (2008: 109).

Die bisher umfassendste Bestandsaufnahme von BIDs hat Jerry MITCHELL 1999 durchgeführt und dafür 404 BIDs in den USA identifi-

30 „Even though experience with BID laws is already a decade or two long in some states, little effort has been made to assess the pros and cons of different legislative approaches..." (HOUSTOUN 2003: 16).

ziert. Der von ihm versandte Fragebogen mit der relativ hohen Rücklaufquote von 65% enthielt Fragen zu:

> - Structure: What types of organizations are running BIDs? How large are they in terms of budgets, number of employees, and blocks covered? What is the size of their governing board?
> - Functions: What kinds of services do they provide? Are there differences among BIDS in service delivery?
> - Management: Who manages BIDs? How do BID managers approach their jobs? What are the knowledge areas and management skills required for success? How is BID performance evaluated? (ebd. 13, Hvhb. im Original)

Andere überblicksartige Darstellungen gehen eher von Beispielen denn von systematischen empirischen Untersuchungen aus. Zu nennen ist hier die Veröffentlichung von HOUSTOUN 2003, eine der am meisten zitierten Publikationen zu BIDs. Lawrence HOUSTOUN ist ein ausgewiesener BID-Experte, der zahlreiche BIDs beraten hat und u. a. auch an der Formulierung des BID-Gesetzes von New Jersey beteiligt war (Seth Grossman, Interview 25.08.2008). Die Expertise von HOUSTOUN war auch von entscheidender Bedeutung für den BID-Transfer nach Deutschland: Mario Bloem hatte ihn für die Tagung „Stadtplanung als Deal?" 1999 in Düsseldorf als Experten zum Thema „Business Improvement Districts, Urban Entertainment Centers und Kulturelle Zentren" eingeladen (vgl. Abschnitt IV1.1.1). HOUSTOUN hat eine Reihe von Artikeln zu BIDs veröffentlicht, zumeist beim Urban Land Institute, eine durch eine Stiftung finanzierte *non profit*-Organisation, die Forschung und Bildung zu den Themen Flächennutzung und Immobiliennutzung fördert. Als Berater ist HOUSTOUN ein klarer Befürworter von BIDs; er setzt sich zwar mit (ideologisch motivierter) Kritik an BIDs auseinander (2003: 13 ff.), ohne dafür allerdings auf wissenschaftlich fundierte Daten zurückzugreifen. Insgesamt ist HOUSTOUN 2003 als eine mit vielen Beispielen angereicherte Anleitung für BID-Praktiker zu verstehen, im Sinne von „wie man ein BID richtig macht und welche Fehler man vermeiden sollte".

Einen Leitfaden für die BID-Gründung hat das New Yorker Department of Small Business Services herausgegeben: „Starting a Business Improvement District. A Step-by-step Guide" (2003). New York City ist die Stadt in den USA mit den meisten BIDs; die Stadtverwaltung hält eine Unterstützungsstruktur für BIDs vor, mit einer eigenen Website, Mitarbeitern, die BIDs im Gründungsprozess unterstützen und einen Erfahrungsaustausch organisieren sowie verschiedenen Veröffentlichungen wie den o.g. Leitfaden oder Jahresberichte über alle New Yorker BIDs (Eddy Eng, Interview 18.08.2008, vgl. auch <http://www.nyc.gov/html/sbs/html/neighborhood/bid.shtml> und Abschnitt III3.2.1).

Weitere, häufig zitierte Veröffentlichungen von BID-Befürwortern sind die Artikel der Journalistin Heather MACDONALD („BIDs really work" (1996a) und „Why BIDs work" (1996b)), die im Zusammenhang mit der kritischen Auseinandersetzung um die New Yorker BIDs (insbesondere die Grand Central Partnership) (s. unten) erschienen. MACDONALD verteidigt BIDs aus einer staatskritischen Perspektive und geht mit den BID-Kritikern scharf ins Gericht: Sie wirft der „social service industry" (1996a: o.S.) vor, sie habe ihre Interessen durch die von der Grand Central Partnership angebotenen alternativen Sozialprogramme bedroht gesehen und deswegen den BID mit politischen und juristischen Mitteln attackiert.

Ein weiterer viel zitierter Artikel eines BID-Befürworters stammt von Paul LEVY 2001, Geschäftsführer eines der größten und bekanntesten BIDs, des Center City District in Philadelphia. Als Reaktion auf die oben erwähnte Untersuchung von MITCHELL hat er einen Artikel in der Zeitschrift „Economic Development Quarterly" verfasst: „... Mitchell occasionally misses implications of his own research, such as the leadership many of these organizations exercise in shaping public policy and their emerging role in the management and governance of cities" (124). Er kommentiert die Ergebnisse von MITCHELL aus Sicht eines Praktikers und betont – wie im Zitat deutlich wird – die über die reine Leistungserbringung hinausgehende wichtige Rolle von BIDs in der Stadtpolitik.

Auf der anderen Seite des Spektrums stehen einige kritische Auseinandersetzungen mit BIDs. 1992 erschien der Artikel von Janet Rothenberg PACK „BIDs, DIDs, SIDs, SADs: Private Governments in Urban America", in der sie drei kritische Punkte kommentiert:

> First, their expenditures are restricted to one section of a city. Second, the districts are organized and financed by property owners and merchants, who operate on the basis of state and local laws that permit them to tax themselves. And third, revenues are used to purchase supplemental services and capital improvements beyond those provided by the city. (ebd. 18)

In Reaktion auf kritische Presseberichterstattung, insbesondere der New York Times, in der die Frage aufgeworfen wurde, ob BIDs in New York zu mächtig geworden seien und eine „Stadt in der Stadt"[31] bildeten, wurde vom Finanzausschuss des Stadtparlamentes eine Untersuchung der New Yorker BIDs veranlasst (COUNCIL OF THE CITY OF NEW YORK: „Cities within Cities: Business Improvement Districts and the Emergence of the Micropolis", 1995) sowie anschließende Empfehlungen herausgegeben („Managing the Micropolis. Proposals to Strengthen BID Performance and Accountability", 1997). Mitarbeiter des Ausschusses prüften Unterlagen aller damals 33 BIDs in New York City, u. a. „budgets, audit reports, annual reports, and lists of staff salaries, ... minutes and board of director attendance records" (14) und befragten alle BID-Manager „to identify the extent and nature of BID contracting procedures, outreach mechanisms, complaint resolution processes, means of performance assessment, and perceptions of government and self-regulation" (ebd.). Zusätzlich wurden 404 Eigentümer in BID-Gebieten zu ihrer Wahrnehmung der BID-Aktivitäten befragt und Gespräche mit Vertretern der Aufsichtsbehörde geführt. Diese Veröffentlichung ist praktisch die einzige, die sich auf empirischer Datengrundlage sachlich-kritisch mit realen BIDs auseinandersetzt.

Ebenfalls in diesem Zusammenhang mit dieser Auseinandersetzung ist der Artikel von Daniel GARODNICK „What's the BID Deal? Can the Grand Central Business Improvement District Serve a Special Limited Purpose?" (2002) erschienen, der sich aus juristischer Sicht anhand von Gerichtsurteilen mit der Frage auseinandersetzt, ob BIDs tatsächlich nur einen „begrenzten Zweck" erfüllen, womit eine Einschränkung des in der Verfassung garantierten *one person, one vote*-Prinzips zu rechtfertigen wäre. Er stellt fest, dass der Einfluss von BIDs über die reine Leistungserbringung hinausgeht und eine abschließende Klärung dieser Frage durch den *Supreme Court* noch erfolgen sollte; insgesamt schätzt er die Wirkungen von BIDs aber eher positiv ein (1769 f.).

Ebenfalls mit rechtlichen Fragen setzt sich der Artikel von Richard BRIFFAULT (1999) in der *Columbia Law Review* auseinander, und zwar insbesondere mit dem Verhältnis zwischen dem *one person, one vote*-Prinzip und der Wahl der BID-*Boards*, zwischen bundesstaatlichen Steuerbegrenzungsgesetzen und der BID-Abgabe, der demokratischen Kontrolle und Rechenschaft von BIDs sowie die Frage der Ungleichheit in der städtischen Leistungserbringung, die durch BIDs entstehen. Insgesamt kommt auch er zu

31 Der Manager dreier großer Midtown Manhattan BIDs, Daniel Biederman, wurde als „Mayor of Midtown" bezeichnet (GARODNICK 2002: 1757).

einer eher positiven Einschätzung von BIDs, da deren Einfluss durch die Stadt (zumindest von den rechtlichen Möglichkeiten) ausreichend kontrolliert und begrenzt werden könne und sie einen Ausgleich zwischen öffentlichen und privaten Interessen verkörperten: „BIDs represent a compromise, a trade-off of basic values in urban governance." (477)

Brian HOCHLEUTNER (2003) beschäftigt sich ebenfalls mit der Frage der „democratic accountability" und kommt zu dem Schluss, dass BIDs in Anbetracht ihrer geringen Größe und begrenzten Aufgabenbereichs ausreichend legitimiert und kontrolliert seien und sowohl den Bedürfnissen der Grundeigentümer als auch den Interessen der Anwohner gerecht würden (374).

Erwähnenswert sind weiterhin einige Fallstudien, von denen es eine Vielzahl mit unterschiedlichen Untersuchungsschwerpunkten gibt. In dem von MORÇÖL ET AL. 2008 herausgegebenen Sammelband[32] finden sich neben theoretischen und rechtlichen Fragen einige Fallstudien zu BIDs aus verschiedenen US-Bundesstaaten sowie Kanada, Großbritannien und Irland. Darin findet sich z.B. eine Fallstudie von BIDs in Chicago (Illinois) im Hinblick auf Erfolgskriterien (Performance Measures) (CARUSO; WEBER 2008); zu Unterschieden zwischen BIDs in reicheren und ärmeren Stadtvierteln New Yorks (GROSS 2008) oder zu den Besonderheiten von BIDs in Atlanta (Georgia) (MORÇÖL; ZIMMERMANN 2008b).

Fallstudien zum Thema BIDs und Sicherheit und konkret zu der Frage, wie sich die Maßnahmen auf die verschiedenen Arten von Verbrechen auswirkten und ob sich durch BIDs die Kriminalitätsrate im und unmittelbar um das BID-Gebiet verändert, wurden von HOYT (2004, 2005a) in Philadelphia durchgeführt. Der Einfluss von BIDs in New York City auf die Entwicklung der Immobilienwerte wurde von ELLEN, SCHWARTZ und VOICU 2007 empirisch untersucht. Diese Studie ist insofern bemerkenswert, als sie den von BID-Befürwortern proklamierten positiven Einfluss von BIDs auf die Immobilienwerte kritisch unter die Lupe nimmt. Durch eine Gegenüberstellung von BID-Gebieten mit vergleichbaren Gebieten ohne BIDs arbeiten die Autoren heraus, dass BIDs grundsätzlich einen positiven Einfluss auf die Werte gewerblicher Immobilien haben, die Stärke des Einflusses jedoch erheblich variiere:

> There is, however, considerable variation in the impact across BIDs of different types. Specifically, large BIDs and BIDs that are made up predominantly of office space have

32 Etliche der Kapitel sind identisch mit denen in der Schwerpunktausgabe zu BIDs des INTERNATIONAL JOURNAL OF PUBLIC ADMINISTRATION 2006 erschienenen Artikel.

large and positive impacts on commercial property values. At the same time, smaller BIDs and those that mostly include retail or industrial space appear to have little impact. (ebd. 31)

Einige der oben bereits genannten Artikel basieren auf Dissertationen bzw. Masterarbeiten zum Thema BIDs; dies gilt u. a. für die Artikel von Susanna SCHALLER, Devika GOPAL-AGGE und Jill Simone GROSS (MORÇÖL ET AL. 2008). Zwei meiner Interviewpartner, Jonathan Justice und Seth Grossman, haben ebenfalls zum Thema BID promoviert.

Zum internationalen Politiktransfer hat insbesondere Lorlene HOYT (2005b, 2005c, 2006, 2008) geforscht. Dazu hat sie BID-Organisationen u. a. in Kanada, Südafrika und Neuseeland befragt.

Eine aktuelle, eher essayistisch ausgerichtete Auseinandersetzung mit BIDs bietet die 2008 erschienene Publikation von Jerry MITCHELL „Business Improvement Districts and the Shape of American Cities".

2.2 *Entstehung und Verbreitung von BIDs in den USA*

Der üblicherweise in der Literatur genannte erste BID liegt nicht in den USA, sondern in Kanada: Die Business Improvement Area[33] (BIA) im Stadtteil West Bloor Village im Westen von Toronto wurde 1971 auf Initiative von Geschäftsleuten in Zusammenarbeit mit städtischen Vertretern eingerichtet, die bereits seit vielen Jahren nach Möglichkeiten suchten, den Auswirkungen der Suburbanisierung auf den Einzelhandel zu begegnen:

> In 1963, Neil McLellan, a jewelry store owner and Chairman of the Bloor-Jane-Runnymede Business Men's Association's Parking Committee, invited members of the City's Planning Board to discuss the possibility of a business district. For several years, the Business Men's Association relied on voluntary contributions; however, as participation waned, disagreement among business owners intensified and the Association's coffers diminished significantly.
> This invitation started a long dialogue between local representatives and businessmen, and spawned the formation of a committee. The Commitee [sic], including representatives of the Business Men's Association, City of Toronto Planning Board, City Council, Department of Public Works, Parking Authority, City Surveyors Department, City Real Estate Dept, City Legal Department, Department of Streets, Metro Roads and Traffic Department, Department of Parks and Recreation, Development Department, Toronto Transit Commission, Toronto Hydro Electric Commission and Ontario Hy-

33 Dies ist die in Kanada übliche Bezeichnung für BIDs.

dro, was formed to explore the feasibility of business district with a self-imposed tax on local property owners as a means to circumvent the free-rider problem and to make collective improvements which would protect their individual investments.

After considerable research into the subject, the Committee discovered that the formation of such a district required enabling legislation. With cooperation from the Department of the City Solicitor, the Committee crafted the necessary legislation which passed in the Legislature on December 17, 1969. (HOYT 2006: 229)

Ein halbes Jahr nach Verabschiedung der Gesetzesgrundlage durch die Provinz Ontario beschloss der Stadtrat von Toronto das By-law No. 170-70, die Voraussetzung für die Genehmigung des ersten BIDs (ebd.). Die von diesem „Ur-BID" durchgeführten Maßnahmen bezogen sich allerdings vorwiegend auf Investitionen in den öffentlichen Raum – ganz ähnlich wie das 1967 verabschiedete BID-Gesetz in Pennsylvania (s. Abschnitt III3.4.1):

The agenda focused on streetscape improvements and special events and in the first year they supervised the installation of more than 100 large planters, new benches, trash receptacles, banners, lighting, newspaper dispensers, and holiday decorations. They also worked with Ontario Hydro and Toronto Hydro Electric System to remove utility poles from the street and move services below grade. (ebd.)

Das Modell fand innerhalb von Kanada rasche Verbreitung; von entscheidender Bedeutung war dabei die Unterstützung der Provinz Ontario, die in den 1970er Jahren ein Programm auflegte, das die Gewährung von Beihilfen für Infrastrukturprojekte an das Vorhandensein eines BIDs knüpfte (ebd. 230).

In den USA wurde der erste BID 1975 – der Downtown Development District (DDD) – in New Orleans eingerichtet; das dafür notwendige Gesetz, der Lousiana Act 498, war 1974 verabschiedet worden (HOUSTOUN 2003: 19). Das bereits erwähnte Business Improvement Districts-Gesetz von 1967 in Pennsylvania war jedoch noch <u>vor</u> diesen beiden Gesetzen entstanden, also auch vor dem kanadischen Gesetz. Das Gesetz in Pennsylvania wies bereits die entscheidenden Grundzüge der BID-Gesetze auf, indem es die Gründung von Business Improvement Districts als Teil der Verwaltung ermöglichte, die in dafür ausgewiesenen Einkaufszonen Sonderbeiträge erheben konnten, um Infrastrukturverbesserungen in diesem Gebiet durchzuführen; dafür war die Zustimmung einer Mehrheit der Grundeigentümer notwendig (s. Abschnitt III3.4.1). Soweit bekannt, wurden unter diesem Gesetz jedoch keine BIDs eingerichtet (Göktuğ Morçöl, Interview 04.09.2008).

Es scheint daher unwahrscheinlich, dass die BID-Idee als Politiktransfer von Kanada in die USA übernommen wurde. Lorlene HOYT, die sich intensiv mit dem Politiktransfer von BIDs beschäftigt hat, konnte keine Anhaltspunkte für einen Transfer von Kanada in die USA finden: „Despite my best efforts, I was unable to pinpoint exactly how the BID model migrated from Canada to the United States." (2006: 230) Wahrscheinlicher scheint somit die These, dass BIDs in den USA parallel und weitgehend unabhängig von Kanada entstanden sind.

Der eigentliche „BID-Boom" in den USA begann erst in den 1990er Jahren und setzt sich seitdem fort (HOYT 2003). Der Großteil der BIDs (fast 60%) entstand erst nach 1990, 28% nach 1995 (diese Angaben beruhen auf der 1999 von MITCHELL durchgeführten Untersuchung (17) – mittlerweile dürfte sich das Verhältnis weiter verschoben haben). Nach einer Schätzung der *International Downtown Association* (IDA), die jedoch lediglich auf Einschätzungen von BID-Experten, nicht auf empirischen Daten beruht, gibt es mittlerweile in Nordamerika über 1.000 BIDs, darunter 300 in Kanada (MITCHELL 1999: 14). Weitaus realitätsnäher dürfte jedoch die für das Jahr 1999 von MITCHELL erfasste Zahl von BIDs in den USA von 404 sein (ebd. 15). Seth Grossman hat im Rahmen seiner Dissertation (2008) die Zahl von 650 BIDs USA-weit ermittelt (Interview, 25.08.2008; vgl. auch GROSSMAN 2010: 368).

Nach einer Schätzung der *International Downtown Association* (IDA) gibt es in den USA in 49 Bundesstaaten sowie im District of Columbia BID-Gesetze; dies ist allerdings nicht belegt, da IDA nicht für alle der genannten Staaten die gesetzlichen Grundlagen vorliegen; BRIFFAULT schätzt die Zahl der Bundesstaaten mit BID-Gesetz daher vorsichtiger auf 40 (1999: 368, Fußnote 7); außer in South Dakota gibt es in allen diesen Staaten auch BIDs (MITCHELL 2008: 3).

Da in den USA der Erlass von BID-Gesetzen in der Kompetenz der Bundesstaaten liegt, existiert eine große Varianz in der konkreten Ausgestaltung von BIDs. Es gibt auch keine einheitliche Definition von BIDs und die Abgrenzung zu ähnlichen Modellen[34] ist fließend. Häufig sind BIDs auch eng mit anderen Organisationen verflochten (s. bspw. Bryant Park BID, Abschnitt III3.2.6); teilweise werden sie von städtischen Abteilungen mit verwaltet (zu den Schwierigkeiten der Abgrenzung vgl. auch

34 Insbesondere zu freiwilligen Zusammenschlüssen – eine Tendenz, die sich auch in Deutschland abzeichnet (vgl. Kap. I2).

MITCHELL 1999: 14). Auf nationaler Ebene werden BIDs nicht und auf bundesstaatlicher Ebene nur in einigen Fällen systematisch erfasst (vgl. GROSSMAN 2010: 370).

Ebenso wenig ist die Bezeichnung „Business Improvement District" allgemeingültig, sondern es existiert eine Vielfalt von Begriffen (vgl. Kap. I2). Die Modelle unterscheiden sich aber auch erheblich u. a. in Hinblick auf den Kreis der Zahlungsverpflichteten (Eigentümer von gewerblichen bzw. Wohnimmobilien, Einzelhändler), die Bemessungsgrundlage, die Rechtsform, die Gründungsmodalitäten und eine mögliche Begrenzung der Laufzeit (sog. *sunset*-Regelung). Unterschiedlich geregelt sind auch der Grad der Autonomie bzw. der Grad staatlichen Einflusses und Kontrolle, die Kompetenzen und die Zusammensetzung des Leitungsgremiums (*Board*).

3 BID-Beispiele aus drei US-Bundesstaaten

3.1 Auswahl der BIDs und methodisches Vorgehen

3.1.1 Auswahlkriterien

Im Rahmen eines dreiwöchigen Forschungsaufenthaltes vom 17.08. bis 07.09.2008 wurden insgesamt neun BIDs in drei Bundesstaaten besucht: New York (drei in New York City), New Jersey (je einer in Newark, Jersey City, Red Bank und New Brunswick) und Pennsylvania (einer in Harrisburg; in Philadelphia nur der von BID mit initiierte *Communty Court*).

Angesichts von aktuell ca. 650 BIDs und gesetzlichen Grundlagen in rund 40 Bundesstaaten muss jede Auswahl zwangsläufig willkürlich sein. Eine systematische Auswahl wird durch das Fehlen einer vollständigen Bestandsaufnahme aller BIDs zusätzlich erschwert.

Das vorrangige Ziel des Forschungsaufenthaltes war, ein Grundverständnis für die Funktionsweise von BIDs in ihrem Originalkontext zu entwickeln; daher wurde kein Fallstudiendesign gewählt. Zur Auswahl der BIDs wurde ein doppelter Filter von Kriterien angewandt: Einerseits ging es um praktische Erwägungen (geographische Nähe zu den ausgewählten Wissenschaftlern, Vorliegen empirischer Untersuchungen) und andererseits um inhaltliche Gründe (Forschungsfragen).

Aus den Forschungsfragen ergaben sich folgende inhaltliche Auswahlkriterien: Vor dem Hintergrund des BID-Transfers sollten BIDs besucht werden, die für die Transferakteure eine Vorbildfunktion eingenommen hatten, also insbesondere BIDs aus Midtown Manhattan sowie der Central City District in Philadelphia. Da es sich bei diesen BIDs um professionell geführte BIDs mit einem großen Budget und einer geringen Einbindung ins Quartier handelte, sollten ergänzend BIDs in weniger prosperierenden Quartieren außerhalb Manhattans sowie in Kleinstädten untersucht werden. Die Vermutung war, dass in diesen Kontexten eine stärkere Verwobenheit von BID und Anwohnern bzw. im Quartier aktiven Institutionen zu beobachten sein würde.

Die Identifikation der BID-Population in den ausgewählten drei Bundesstaaten erfolgte durch Internet-Recherche und, soweit vorhanden, mit Rückgriff auf vorhandene Literatur. Für New York gibt die dortige Aufsichtsbehörde eine laufend aktualisierte Liste aller BIDs heraus; die Erfassung aller BIDs war dort also einfach und vollständig möglich. Für die anderen Bundesstaaten war dies nicht möglich. Für New Jersey wurde mit Hilfe verschiedener Suchbegriffe eine Internet-Recherche durchgeführt und diese mit in der Literatur genannten BIDs ergänzt; die so identifizierten BIDs wurden anhand der verfügbaren Informationen entsprechend der inhaltlichen Kriterien priorisiert. Einige der ursprünglich ausgewählten BIDs mussten allerdings durch andere ersetzt werden, da vorab kein Kontakt hergestellt werden konnte.

Im Folgenden werden die inhaltlichen Auswahlkriterien für die drei Bundesstaaten sowie die einzelnen BIDs detailliert dargestellt.

New York City

Wurde im Vorfeld des BID-Transfers von BID-Beispielen berichtet, stammten diese häufig (wenn auch nicht ausschließlich) aus Midtown Manhattan. So führte eine Studienreise der CIMA Anfang 2003 nach Washington, Philadelphia, Camden, New York und Boston. Und eines der Fallbeispiele,[35] die Elena WIEZOREK in ihrer häufig zitierten Diplomarbeit (2004) untersucht hat, ist der 34th Street BID.

New York City ist die Stadt in den USA mit der höchsten Anzahl von BIDs – zur Zeit des Forschungsaufenthaltes (2008) waren es 60 – und bie-

35 Die beiden anderen Fallbeispiele sind Lower East Side BID (Manhattan), Myrtle Avenue (BID in Gründung, Brooklyn).

tet somit eine große Auswahl an unterschiedlichsten BIDs. Mit dem *Department for Small Business Services* (SBS) stellt die Stadt New York eine gut organisierte staatliche Unterstützungsstruktur zur Verfügung, die BID-Iniativen ausführlich berät, durch den Genehmigungsprozess begleitet und in der Umsetzungsphase berät. Das SBS ist auch für die Aufsicht zuständig. New York City ist aber auch für seinen kritischen Umgang mit BIDs bekannt; die gesetzlichen Hürden für die Einrichtung von BIDs gelten als besonders hoch (HOUSTOUN 2003: 148). In der Tat wurde in New York Mitte der 1990er Jahre eine äußerst kritische Diskussion um möglichen Machtmissbrauch seitens der BIDs geführt, die in der bereits erwähnten Untersuchung des Finanzausschusses des New Yorker Stadtrates gipfelte (COUNCIL OF THE CITY OF NEW YORK CITY 1995); es ist die einzige bekannte parlamentarische Untersuchung dieser Art.

In New York City wurde daher ein Gespräch mit einem Vertreter des SBS geplant, außerdem Interviews mit zwei ansässigen Wissenschaftlern. Es wurden BIDs aus verschiedenen *Boroughs* (Stadtbezirken) ausgewählt. Der Fordham Road BID liegt in der wichtigsten Geschäftszone der Bronx und ist zudem der einzige der sieben in der Bronx ansässigen BIDs, mit dem vorab elektronisch Kontakt aufgenommen werden konnte. Inhaltlich war beim Fordham Road BID bemerkenswert, dass er – teilweise mit öffentlichen Mitteln finanziert – eine Masterplanung für die Umgestaltung der Straße durchgeführt hat. In Brooklyn schien die Rolle des DUMBO BID in einer Gemengelage verschiedenster sozialer Beziehungen und Interessen aufschlussreich zu sein, da sich dieser in einem Quartier befindet, das in den letzten Jahren einen rasanten Wandel von einem Industriequartier zu einer Top-Destination für Kreative gewandelt hat. Aus Manhattan wurde der Bryant Park BID ausgesucht, einer der wichtigen Midtown Manhattan BIDs, der aber insofern ungewöhnlich ist, als er einen öffentlichen Park managt.

New Jersey

New Jersey bot sich zunächst wegen der relativ guten Literaturlage an (JUSTICE und GOLDSMITH 2008). Das 1984 verabschiedete Gesetz in New Jersey gilt als „highly flexible“ (ebd. 167), insbesondere weil es keinerlei formale Vorgaben (insbesondere Quoren) für die Einrichtung von BIDs macht, d.h. die Stadt kann nach freiem Ermessen entscheiden. Die BIDs (in New Jersey *Special Improvement Districts*, SIDs, genannt) sind daher auch sehr unterschiedlich. Zu erwarten war also eine große Vielfalt an BID-Formen.

Im Falle des Ironbound BID hatte der BID-Manager – Seth Grossman – seine Ph.D.-Thesis zum Thema BIDs verfasst; das Interview zum konkreten BID konnte somit um einen wissenschaftlichen Austausch ergänzt werden. Außerdem liegt dieser BID in einem ethnisch sehr gemischten Quartier; der inhaltliche Schwerpunkt war hier die Frage nach dem Verhältnis zwischen BID und dem umgebenden Quartier. Dem RiverCenter SID in Red Bank wird die außergewöhnlich erfolgreiche Entwicklung der Kleinstadt zugeschrieben; er gilt daher als ausgesprochen erfolgreich. Das *Board* schien laut JUSTICE und GOLDSMITH (2008: 182) auf recht breite Beziehungen in der Gemeinde bauen zu können. Jersey City wurde aufgrund der Kombination des BIDs mit dem Instrument der *Urban Enterprise Zone* ausgewählt. New Brunswick wurde vor Ort spontan aufgrund einer Empfehlung von Seth Grossman ausgewählt.

Pennsylvania

In Pennsylvania sind gleich drei (bzw. vier) verschiedene BID-Gesetze in Kraft. Daneben ist Pennsylvania der erste[36] Bundesstaat mit einem BID-Gesetz. Die 1998 und 2000 verabschiedeten Gesetze lassen auch BIDs in Wohn- und Industriegebieten sowie in Gebieten mit gemeinnützigen und gemischten Nutzungen zu. Aufgrund der unterschiedlichen gesetzlichen Grundlagen gibt es eine große Variation von BIDs.

In Pennsylvania wurde der Center City District (CCD) in Philadelphia als Beispiel ausgewählt, da dieser ebenfalls häufig als Beispiel im BID-Transferprozess herangezogen wurde. Außerdem weist dieser BID die Besonderheit auf, dass er einen sog. *Community Court* betreibt. Leider konnte das Interview mit dem CCD nicht stattfinden, da die Interviewpartnerin aufgrund einer Erkrankung im engen Familienkreis kurzfristig absagen musste. Mit einem weiteren BID (Frankford Special Services District), der in einem sozial schwierigen Viertel Philadelphias liegt, konnte weder in der Vorbereitung noch vor Ort Kontakt hergestellt werden.

Der BID in Harrisburg wurde ausgewählt, weil ein Interviewpartner, Göktuğ Morçöl, an der dortigen Universität lehrt. Dieser BID erwies sich allerdings nicht als besonders aussagekräftig, was zum Teil darauf zurückzuführen war, dass es seit der Terminvereinbarung einen Wechsel im Management gegeben hatte und die neue BID-Managerin nicht auf meinen Besuch vorbereitet war. Auf eine Darstellung dieses BIDs wurde hier daher verzichtet.

36 Das BID-Gesetz von 1967, vgl. Kap.III3.4.1.

3.1.2 Methodisches Vorgehen

Ziel des Forschungsaufenthaltes war es, durch eigene Anschauung einen Eindruck davon zu bekommen, wie BIDs in ihren Originalkontext eingebettet sind, nicht zuletzt auch, um in der Literatur geschilderte Fallbeispiele besser beurteilen zu können.

Experten-Interviews habe ich mit BID-Managern, Vertretern staatlicher Aufsichtsbehörden (New York City, Red Bank und Philadelphia), Wissenschaftlern sowie in einem Fall mit einer Aktivistin einer Nachbarschaftsorganisation geführt. Als Experte galt dabei,

> … wer in irgendeiner Weise Verantwortung trägt für den Entwurf, die Implementierung oder die Kontrolle einer Problemlösung oder
> wer über einen privilegierten Zugang zu Informationen über Personengruppen oder Entscheidungsprozesse verfügt. (MEUSER; NAGEL 1991: 443)

Wünschenswert wäre es gewesen, auch Interviews mit Vertretern von BID-*Boards*, Anwohnern oder kritischen Stimmen aus dem Quartier zu führen; diese Art von Kontakten konnte allerdings nicht über die im Internet verfügbare Informationen hergestellt und vorher geplant werden. Der einzige Kontakt mit einer kritischen Vertreterin einer Nachbarschaftsorganisation hatte sich im Fall des DUMBO BID im Interview mit der BID-Managerin ergeben. Insgesamt wurden 17 Interviews geführt (s. Anhang 1); von den Interviews wurden handschriftliche Notizen angefertigt.[37] Der Verzicht auf eine Aufnahme mit anschließender Transkription entsprang dabei zum einen einer Abwägung der Vorteile (vollständige Aufzeichnung des Gesagten) mit den Nachteilen (mögliche Zurückhaltung vor laufendem Aufnahmegerät). Zum anderen waren die Befragungen von vorneherein nicht im Rahmen einer ausführlichen Fallstudie konzipiert, in deren Rahmen die Informationen von mehreren Interviewpartnern hätten systematisch abgeglichen werden müssen (vgl. ebd. 451).

Für die Vorbereitung der Interviews wurde, soweit vorhanden, vorhandene wissenschaftliche Literatur sowie im Internet verfügbare Informationen zu einzelnen BIDs ausgewertet, um Redundanzen zu vermeiden und in den Interviews gezielt nach fehlenden Informationen fragen zu können. Die Interviews wurden semi-strukturiert geführt; ausgehend von einem einheitlichen Fragebogen (s. Anhang 2) wurden für jeden BID vorhandene Informationen weggelassen und fallspezifische Fragen formuliert.

37 Ausnahmen (Aufzeichnung und Transkription): Jerome Barth, Seth Grossman.

Daneben bekam ich von den Gesprächspartnern auf Nachfrage ergänzende, nicht im Internet veröffentlichte Unterlagen (wie z.B. Budgets, Gebietsabgrenzung, Jahresberichte, empirische Untersuchungen). Die Informationstiefe der Interviews war sehr unterschiedlich: Einige BID-Manager waren sehr aufgeschlossen und hilfsbereit, die Interviews dauerten bis zu zwei Stunden; während in anderen kaum mehr zu erfahren war als vom Internetauftritt ohnehin bekannt. Den im Rahmen der einzelnen BID-Beispiele dargestellten Informationen über das städtische Umfeld liegen Internet-Recherche, Informationen der Gesprächspartner sowie der eigenen Anschauung zugrunde.

Zunächst erfolgt nun eine Darstellung der relevanten gesetzlichen Grundlagen der drei untersuchten Bundesstaaten sowie weiterer relevanter Informationen. Danach folgen die Beschreibungen der einzelnen BIDs, jeweils gegliedert nach kurzer Beschreibung des städtischen Umfeldes und des BIDs, die Darstellung der Ziele, des Budgets und der Maßnahmen, der Zusammensetzung und Wahl des *Boards*, der Zusammenarbeit mit anderen Akteuren sowie eine abschließende Bewertung.

3.2 BID-Beispiele in New York City

> In 1983, the management of Mobil Oil Corporation produced a videotape that would change the face of midtown Manhattan. Mobil's leaders, having resolved to abandon the company's headquarters … in favor of an office park … decided to show the city why the company was leaving. Exhibit A: the videotape. Filmed in and around Grand Central Terminal, directly across from Mobil's headquarters, the short, un-narrated tape reveals a city that has lost control of its public spaces. Cigarette butts decompose in pools of urine outside the terminal; newspaper cyclones swirl wildly down the street; illegal vendors hawk cheap toys from overturned cardboard boxes; crumpled men lie hopelessly on the sidewalk; legions of commuters try unsuccessfully to open terminal doors mysteriously tied shut with twine. (MCDONALD 1996a: 29)

Wenn man heute New York City besucht, könnte man der Meinung sein, die Stadt bräuchte eigentlich nichts für Marketing auszugeben. Rund 44 Millionen

Besucher pro Jahr[38] belegen eindrucksvoll die Attraktivität der Stadt. Dabei wird leicht vergessen, dass New York City Anfang der 1980er Jahre ganz anders aussah. 1975 musste die Stadt ihren Bankrott erklären. Die Ursachen dafür waren struktureller Art, wie der Wegzug wohlhabender Bürger in die *Suburbs*, der Verlust der industriellen Basis und der entsprechende Verlust an Arbeitsplätzen, aber auch politischer Art, denn New York hatte jahrelang versucht, durch Budget-Tricks schmerzhafte Konsolidierungsmaßnahmen zu vermeiden (JUDD; SWANSTROM 1998: 343 ff.). Nach 1975 mussten öffentliche Leistungen drastisch zurückgefahren werden, die Stadt war nicht mehr in der Lage, den öffentlichen Raum zu unterhalten und Sauberkeit und Sicherheit zu gewährleisten. Die Reinigung der Gehwege wurde aus dem öffentlichen Leistungsverzeichnis gestrichen und die Zuständigkeit dafür auf die gewerblichen Eigentümer übertragen, die sie wiederum an die Mieter weiterreichten (WIEZOREK 2004: 42). Kriminalität war allgegenwärtig, öffentliche Parks waren gefährliche Orte – Bryant Park, der sich heute den Besuchern als grüne Oase präsentiert, war laut Jerome Barth fest in der Hand von Drogendealern; Plätze wie Times Square waren von Pornokinos geprägt. In dieser Zeit wurden zahlreiche BIDs gegründet und viele Interview-Partner betonten, dass diese Ausgangslage der Schlüssel für das Verständnis von BIDs in New York sei.

New York City besteht aus den fünf *Boroughs* (Verwaltungsbezirken) Bronx, Brooklyn, Manhattan, Staten Island und Queens. In der Stadt leben rund 8 Millionen Menschen und in der Metropolregion New Yorks (*metropolitan statistical area*, MSA) rund 18 Millionen Menschen; dazu gehören Teile von New Jersey, Pennsylvania und Connecticut.[39] Die Bevölkerung ist relativ jung. Die folgende Tabelle zeigt ausgewählte sozio-ökonomische Daten für die drei *Boroughs* Manhattan, Bronx und Brooklyn, in denen BIDs besucht wurden:

38 Im Jahr 2006, <http://nycvisit.com/>, Zugriff 26.08.2008.

39 Im Jahr 2000: NYC 8.047.944 Einwohner, *urbanized area* (New York - Newark, NY-NJ-CT) 17.799.861 Einwohner, *Metropolitan Area* (New York - Northern New Jersey - Long Island, NY-NJ-CT-PA CMSA): 21.199.865 Einwohner (<http://www.census.gov/>, Zugriff 24.08.2008).

Tab. 5: Vergleich ausgewählter sozio-ökonomischer Daten für die drei *Boroughs* mit untersuchten BIDs in New York City

	Manhattan	Bronx	Brooklyn	New York City
Einwohner (2000)	1.537.195	1.332.650	2.465.326	8.008.278
Durchschnittsalter	35,7 Jahre	31,2 Jahre	33,1 Jahre	34,2 Jahre
Weiße	54,5%	29,9%	41,2%	44,7%
Schwarze	17,4%	35,6%	36,4%	26,6%
Asiaten	9,4%	3,0%	7,5%	9,8%
Lateinamerikanischer Herkunft[a]	27,2%	48,4%	19,8%	27,0%
durchschnittliche Haushaltsgröße	2	2,78	2,75	2,59
Haushalte mit Kind(ern) unter 18 J.	17,1%	38,1%	33,3%	29,7%
Anteil allein erziehender Mütter	6,5%	19,2%	12,2%	10,3%
Pro-Kopf-Einkommen 1999	42.922 US$	13.959 US$	16.775 US$	21.587 US$

[a] ohne Berücksichtigung der Hautfarbe, d.h. die Summe ergibt mehr als 100%

Eigene Darstellung. Datengrundlage: U.S. Census Bureau (<http://www.census.gov/>, Zugriff 24.08.2008)

Anhand dieser Daten lässt sich Manhattan als Bezirk mit mehrheitlich weißer Bevölkerung, relativ hohem Pro-Kopf-Einkommen und geringen Haushaltsgrößen beschreiben; die Bronx dagegen als Bezirk, in dem knapp die Hälfte der Einwohner lateinamerikanischer Herkunft und ein Drittel Schwarze sind. In zwei von fünf Haushalten leben Kinder, das Durchschnittsalter ist mit etwas mehr als 31 Jahren sehr niedrig, der Anteil allein erziehender Mütter liegt bei einem Fünftel, das Haushaltseinkommen liegt unter dem Durchschnitt New York City's und beträgt weniger als ein Drittel des von Manhattans. Brooklyn schließlich lässt sich charakterisieren durch fast gleich hohe Anteile von Weißen und Schwarzen und einem unterdurchschnittlichen Anteil von Einwohnern lateinamerikanischer Herkunft. Das Durchschnittsalter liegt etwas unter dem Durchschnitt New York Citys, die durchschnittliche Haushaltsgröße ist mit 2,75 fast so hoch wie in der Bronx. In etwa einem Drittel der Haushalte leben Kinder, der Anteil allein Erziehender ist mit gut 12% etwa doppelt so hoch wie in Manhattan und etwas mehr als halb so hoch wie in der Bronx.

3.2.1 BIDs in New York City

New York City ist die Stadt mit den meisten BIDs in den USA (BRIFFAULT 1999: 460); zur Zeit meines Forschungsaufenthaltes waren es 60 BIDs (<http://www.nyc.gov/html/sbs/html/neighborhood/bid.shtml>, Zugriff 21.07.2008), davon 7 in der Bronx, je 20 in Brooklyn und Manhattan, 12 in Queens und einer in Staten Island. Zwölf weitere waren 2007 in Planung (NYC SBS o.J.: o.S.).

New York City hat eine eigene Verwaltungseinheit, das *Department for Small Business Services* (SBS), das neben anderen Aufgaben für BIDs zuständig ist (vgl. Abschnitt III3.2.3).

Die New Yorker BIDs verfügten 2007 zusammen über ein Budget von mehr als 100 Millionen US-Dollar, davon mehr als 72 Millionen US-Dollar an BID-Beiträgen. Je größer das BID-Budget desto geringer ist im Schnitt der Anteil der BID-Beiträge. Die BID-Budgets insgesamt übersteigen die Summe der Budgets der fünf New Yorker *Boroughs* und der 59 *community boards*[40] [41], entsprachen jedoch im Jahre 1997 lediglich 0,1471% des Budgets der Stadt New York (BRIFFAULT 1999: 464). Allein im Bereich Sauberkeit erbrachten die BIDs Dienstleistungen, die der Leistung von 480 städtischen Vollzeit-Angestellten entsprachen, im Bereich Sicherheit der von 337 Angestellten. Die jährlichen Budgets liegen zwischen 53.000 und 18 Millionen US-Dollar. (NYC SBS o.J.: o.S.)

40 *Community Boards* sind eine Besonderheit von New York City: Sie vertreten die Bewohner der 59 Verwaltungseinheiten unterhalb des *Borough*, bestehen aus Freiwilligen und werden vom *Borough President* ernannt. Die jeweiligen Wahlkreisabgeordneten sind nicht-stimmberechtigte, ex-officio Mitglieder. Die *Community Boards* haben beratende Funktion (Eddy Eng, <http://www.nyc.gov/html/bxcb4/html/about/know.shtml>, Zugriff 04.02.2010; vgl. auch Glossar).

41 „In fiscal year 1997, New York City's BID assessments totaled $46.1 million, or $8.3 million more than the combined fiscal year budgets of the five borough presidents and 59 community boards." (BRIFFAULT 1999: 442, Fußnote 454).

Tab. 6: Budgets der BIDs in New York City nach Größenklassen (2007)

Größenklasse	Anzahl BIDs/Anteil an der Grundgesamtheit (N=52)	Budgetanteil der BID-Beiträge (Durchschnitt = 72%)
kleiner als 250.000 US$	18/34,6%	92%
250.000 US$ bis 499.999 US$	14/26,9%	87%
500.000 US$ bis 999.999 US$	6/11,5%	78%
1.000.000 US$ bis 5.000.000 US$	9/17,3%	89%
mehr als 5.000.000 US$	5/9,6%	64%

NYC SBS o.J.: o.S. (Anteil an der Grundgesamtheit: eigene Berechnung)

Auf der Ausgabenseite wurden durchschnittlich 22% der Einnahmen für Sauberkeit ausgegeben, 21% für allgemeine Verwaltung, 20% für Sicherheit, 17% für Investitionen oder besondere Projekte, 12% für Marketing, 6% für Verschönerungen und Beleuchtung und 2% für soziale Dienstleistungen. Dabei bestehen Unterschiede zwischen BIDs je nach Budget-Größe: Kleinere BIDs geben eher mehr für Sauberkeit aus, und die Hälfte der BIDs mit Budgets bis unter einer Million US-Dollar erbringt keine Leistungen im Bereich Sicherheit (NYC SBS o.J.: o.S.).

Dieser Befund deckt sich mit den Ergebnissen einer Studie von GROSS, in der sie die Charakteristika New Yorker BIDs in drei verschiedene Typen zusammengefasst hat. Die drei BID-Typen – „large corporate, medium-sized Main Street, and small community types“ (2008: 224) – unterscheiden sich sowohl nach strukturellen („total revenue, total expenditure, program expenditure, administrative expenditure, staff size, number and types of services provided, geographic scope, and size and composition of the board of directors“, ebd. 225) wie auch nach funktionalen Merkmalen. GROSS fand signifikante Unterschiede zwischen den drei BID-Typen in Bezug auf die erbrachten Dienstleistungen:

> My key findings suggest that large and small BIDs fulfill different development functions: the smallest BIDs focus on physical maintenance of an area, mid-sized BIDs tend to concentrate on marketing and promotional activities, and the largest BIDs engage in capital improvement activities, in addition to maintenance and promotion. (ebd. 223)

Diese funktionalen Unterschiede hängen zudem eng mit der jeweiligen finanziellen Ausstattung zusammen: So führten *Main street* BIDs in einkommensstärkeren Quartieren ebenfalls kapitalintensive Aufwertungsmaßnahmen durch.

Zum zweiten hat GROSS die Auswirkungen der sozio-ökonomischen Struktur des Quartiers auf BIDs untersucht. Untersucht wurden *Main street* und *Community* BIDs in den jeweils einkommensstärksten und -schwächsten Quartieren. In den einkommensschwächeren Quartieren waren die BIDs von kleinteiligen Strukturen, unterschiedlichen Interessen der Einzelhändler und häufig nicht vor Ort wohnenden Eigentümern geprägt, so dass „the BIDs in low-income neighborhoods often needed to cultivate a wider range of ‚group process' skills, such as community organizing and group facilitation to compensate for a lack of social capital, than was necessary for the BID located in a wealthy area." (ebd. 2008: 243)

BIDs in einkommensschwächeren Quartieren sind aufgrund des Mangels an (Sozial-) Kapital in besonderem Maße auf Kooperationen mit Organisationen außerhalb des BIDs angewiesen:

> Interviews suggested that the low-income group may also have adopted a more community-oriented approach to local area development. As one Main Street BID manager in Jamaica Queens (a low-income immigrant neighborhood) commented, *In terms of marketing, we work with the other community organizations, the community board, the college, the library, etc. We try to be as visionary as possible, because if you're standing by yourself you're isolated. We are about community, and if you present that, you are going to be successful. We are not like the larger BIDs, like Times Square. We can't take the view that we are omnipotent. (Interview with Janet Barkin, director, Jamaica Center Special Assessment District, June 1996.)* (ebd. 242 (Hvhb. des Zitats im Original))

Von den 41 untersuchten BIDs waren mit 20 fast die Hälfte *community* BIDs, während lediglich elf der Kategorie *corporate* und zehn der Kategorie *Main street* zuzuordnen waren (ebd. 230), was im Übrigen auch für die weit überwiegende Mehrzahl der BIDs in den USA gilt (ebd. 223) – eine Tatsache, die GROSS zu dem Hinweis veranlasst, dass sich die von ihr sog. *community* BIDs besser als Modell eignen als die meist in der Literatur durchweg mehr beachteten *corporate* BIDs:

> To date the literature on BIDs has focused on the experiences of large BIDs operating in wealthier parts of the central city, … these large BIDs are often located in stable economic environments ... While these large BIDs have certainly enhanced their local areas, the lessons they offer for local economic development professionals with weaker resource bases and situated in poorer neighborhoods are limited. (ebd.)

Dieser Widerspruch spiegelt sich auch in der deutschen Literatur über US-amerikanische BIDs: Als Beispiel für das erfolgreiche Arbeiten von BIDs werden viel eher die „großen" BIDs in New York City oder der City Center

District in Philadelphia genannt, als dass die kleinteilige Arbeit von BIDs in den Quartieren Erwähnung findet.

3.2.2 Gesetzliche BID-Regelungen in New York City

> New York City has a long history with BIDs, dating back to the fiscal crisis of the mid-1970s. At the time, the city sought to ensure more effective management of its investment in physical infrastructure. As one city official commented: ‚Originally there were assessment districts in Buffalo, Syracuse and four in New York. They were set up to maintain the capital improvements that were carried out using federal and public works money. Part of the deal as regards the initial investment to rebuild was an agreement that these communities would also arrange to maintain the developed areas after that' (interview with Barbara Wolff, assistant commissioner, Department of Business Services, New York City, June 1996). (GROSS 2008: 224)

Seit den frühen 1970er Jahren gibt es im Bundesstaat New York eine gesetzliche Grundlage für die Einrichtung von BIDs (unter dem Namen *Special Assessment Districts*, SAD). Vier BIDs in New York City wurden auf Grundlage dieses Gesetzes eingerichtet. 1980 verabschiedete der Bundesstaat New York ein Gesetz[42], mit dem den Städten das Recht BID-Gesetze zu verabschieden übertragen wurde. 1981 wurde das BID-Gesetz im Bundesstaat New York verabschiedet (ELLEN; SCHWARZ; VOICU 2007: 12, Fußnote 8); mittlerweile haben die meisten Städte ein eigenes BID-Gesetz, das im Wesentlichen auf den bundesstaatlichen Regelungen beruht, aber kommunale Besonderheiten berücksichtigt.[43] Das BID-Gesetz für New York City wurde 1982 verabschiedet (COUNCIL OF THE CITY OF NEW YORK 1995: 6).

Das BID-Gesetz von New York City setzt relativ hohe Hürden für die Einrichtung eines BIDs: „… the city's legal requirements for approval exceed in caution those of any other statute." (HOUSTOUN 2003: 148) An-

42 General Municipal Law, Article 19-A Business Improvement Districts, §980-b.

43 Alle Informationen von Eddy Eng, SBS, Interview 18.08.2008. So unterscheidet sich das Gesetz von NYC u. a. vom bundesstaatlichen Gesetz, indem es die Mitglieder *ex-officio* nicht mit der abstrakten Funktion, sondern der in NYC üblichen Bezeichnung benennt, also statt *chief executive officer of the municipality mayor*, statt *chief financial officer of the municipality comptroller* und statt *legislative body* zwei Mitglieder *City Council*, nämlich den *borough president* und ein *council member representing the council district* als stimmberechtigte *Board*-Mitglieder vorschreibt.

hang 3 zeigt die gesetzlichen (und ergänzende Verfahrens-) Regelungen anhand ausgewählter Kriterien im Überblick. Hervorzuheben sind folgende Merkmale des New Yorker BID-Gesetzes:

- Für die Einrichtung eines BIDs werden bis zu vier öffentliche Anhörungen durchgeführt (s. Anhang 4), und zwar zwei in der Vorbereitungsphase und zwei in der Genehmigungsphase des BID durch das *Community Board* bzw. des *City Council* und Planungs- sowie Finanzausschuss. In diesen öffentlichen Anhörungen können sich alle Bürger äußern (auch wenn dies in der Praxis wohl selten genutzt wird).
- Es gibt keine *sunset*-Regelung, d.h. die automatische Auflösung eines BIDs nach einer bestimmten Laufzeit. Ein BID kann – sofern er keine ausstehenden Schulden hat – vom *City Council* nach eigenem Ermessen[44] (§25-415) oder auf Wunsch von 51% der Grundeigentümer (Wert und Anzahl) aufgelöst werden. In der Regel schließt die Aufsichtsbehörde Verträge mit fünfjähriger Laufzeit mit dem BID (COUNCIL OF THE CITY OF NEW YORK 1995: 19). Das Budget wird jährlich im vom *local law* genehmigten Rahmen aufgestellt; wird davon abgewichen (Budgeterhöhungen oder Änderungen der Berechnungsformel) muss der *City Council* in öffentlicher Sitzung erneut zustimmen. Restliche Budget-Mittel können auf das nächste Jahr übertragen werden. In der Praxis ist allerdings kein Fall einer BID-Auflösung bekannt (Eddy Eng, Interview 18.08.2008). Mittlerweile werden Verträge je nach Performance des BIDs um ein bis fünf Jahre verlängert (Eddy Eng, eMail vom 11.03.2010).
- In New York ist kein Unterstützungsquorum[45] für die Antragstellung erforderlich; die Initiative zur Gründung eines BIDs kann vom *Mayor* oder vom *City Council* ausgehen. In der Praxis wird allerdings die Dokumentation einer breiten Unterstützung verlangt („sufficient support", NYC SBS 2003: 18). Bei der eigentlichen Abstimmung wird der

44 Ebenso kann der *City Council* – theoretisch – auch die Einrichtung eines BIDs initiieren (§25-405).

45 Eddy Eng erläuterte diesen scheinbaren Widerspruch zwischen dem entsprechenden Paragraphen (§25-405 (a)), der eine Petition mit doppelter 51%-Zustimmungsquote vorsieht, und der Aussage, dass in der Initiierungsphase kein Mindestquorum notwendig sei, wie folgt: „That section of the law says private individuals may on their own efforts petition the City Council to establish a new BID if at least 51% of owners approved, without the assistance from SBS or the Mayor's office. However, no BIDs have been established under that section of the law." (eMail vom 12.12.2008).

BID abgelehnt, wenn jeweils 51% der Anzahl Eigentümer und des Grundstückswertes widersprechen. Dies ist eine vergleichsweise hohe Hürde für Gegner.

- Die BIDs in New York haben eine eigene Rechtspersönlichkeit; das Gesetz regelt, dass sie in Form einer *not-for-profit*[46] als *district management association* organisiert sein müssen. Je nach *local law* wird das Board einmal jährlich gewählt oder vom amtierenden *Board* bestimmt. In beiden Fällen müssen sowohl Eigentümer als auch gewerbliche Mieter repräsentiert sein. Neben den gewerblichen Mietern regelt das Gesetz auch die Repräsentation von Wohnungsmietern; den Eigentümern bleibt jedoch die Stimmenmehrheit vorbehalten. Außerdem müssen im Board vier staatliche Vertreter sowohl des *Mayor* als auch des *City Council* als stimmberechtigte ex-officio-Mitglieder vertreten sein.
- Die Berechnungsgrundlage für die Abgabe kann auf Basis der Frontmeter („Front Footage"), der Grundfläche („Gross Building Square Footage") und des Grundstückswertes („Assessed Valuation") oder einer beliebigen Kombination dieser Kriterien frei festgelegt werden (NYC SBS 2003: 17). Dies eröffnet Spielraum für Ausnahmeregelungen z.B. für Wohngebäude oder differenzierte Abgaben für Immobilien in 1A- und 1B-Lagen. In der Praxis werden Wohngebäude entweder von der Beitragszahlung ganz ausgenommen oder nur mit einem symbolischen Betrag: „In practice, government policies usually don't

46 Eine *not-for-profit organization* hat gewisse Ähnlichkeiten mit dem (gemeinnützigen) Verein. Allerdings kann ein BID-Verein nach deutschem Recht nicht gemeinnützig sein (s. die BID-Vereine in Gießen), da er wirtschaftliche Zwecke verfolgt. Insgesamt gibt es 27 verschiedene Typen von *nonprofit* Organisationen. Die für die Verwaltung von BIDs üblichen Formen sind 501(c)(3) und (4):
Organisationen nach 501(c)(3) sind von der föderalen Einkommenssteuer ausgenommen. Das Einkommen kommt in der Regel aus öffentlichen Quellen und die Leistungen müssen der Öffentlichkeit und nicht einzelnen Individuen zugute kommen. Die Organisation verfolgt „religious, charitable, scientific, testing for public safety, literary, or educational purposes, or to foster national or international amateur sports competition, or for the prevention of cruelty to children or animals." (Internal Revenue Code 501(c)) Spenden sind abzugsfähig.
Organisationen nach 501(c)(4) sind ebenfalls gemeinnützig und widmen sich der sozialen Wohlfahrt oder verfolgen die Interessen einer lokalen Arbeitnehmervereinigung. Einnahmen dienen mildtätigen Zwecken, der Erziehung und Bildung oder der Erholung. Von Organisationen nach 501(c)(3) unterscheiden sie sich insbesondere dadurch, dass sie sich politisch betätigen und Lobbyarbeit betreiben dürfen. (<http://www.law.cornell.edu/uscode/26/501%28c%29.html>, Zugriff 02.02.2010).

allow more than 1 US$ assessment for residential properties, so there usually are no complaints about BIDs." (Eddy Eng, Interview 18.08.2008). Hier scheint die Politik ein wirksames Korrektiv zu sein. Auf Grundlage ihrer Organisationsform als *not-for-profit* können BIDs weitere Geldquellen erschließen, da Spenden an die DMA steuerlich absetzbar sind (Eddy Eng, Interview 18.08.2008). Ein BID darf außerdem innerhalb bestimmter Grenzen (vgl. §25-412 (a)) Schulden zur Finanzierung von *capital improvements* aufnehmen.

- Die BID-Abgabe ist in Bezug auf das gesamte städtische Steuereinkommen gedeckelt:

> The district charge, exclusive of debt service, levied in a given year against real property in a district may not exceed twenty percent of the total general city taxes levied in that year against the taxable real property in the district. The district charge so levied shall be included in the total amount, if any, that the city is permitted by law to raise in that year by a tax on real property. (§25-412 (b))

Als Fazit lässt sich festhalten, dass das New Yorker BID-Gesetz eine Reihe von Vorkehrungen enthält, um Probleme im Vorfeld erkennen und beheben zu können. Dies ist insbesondere durch die Beteiligung zahlreicher Gremien, wie *Community* und *Borough Board*, *City Council* und seiner Ausschüsse, und vier öffentliche Anhörungen, in denen sich alle Bürger mit ihren Bedenken zu Wort melden können, gewährleistet. Im parlamentarischen Prozess der Verabschiedung des *local law* hat der *City Council* zudem die Möglichkeit, notwendige Änderungen am ursprünglichen *District Plan* vorzunehmen. Auch in der Umsetzungsphase eines BIDs sind Stadtvertreter und Anwohner eingebunden. Auf der anderen Seite enthält das Gesetz aber auch flexible Regelungen für BID-Initiatoren, etwa die Freiheit in der Festlegung der Berechnungsformel für die Abgaben oder der Laufzeit, solange sich das Budget im Rahmen des durch den *City Council* verabschiedeten *local law* bewegt.

3.2.3 Die Rolle des Department for Small Business Services (SBS)

> New York City provides far more good guidance for BIDs through its Office of Business Services than does any other city (or any state) … (HOUSTOUN 2003: 148)

Das *Department for Small Business Services* (SBS) kümmert sich um die Belange von Kleinunternehmen und ist auch für die BIDs der Stadt zuständig. Es gibt acht Büros in allen fünf Bezirken New York Citys. Die Aufgaben des SBS in Bezug auf BIDs sind:

- Koordination und Kontrolle aller BIDs in der Stadt;
- Beratung der lokalen Initiativen während der Gründung;
- Teilnahme an den Treffen der Führungsgremien;
- beratende und schulende Funktion im laufenden Betrieb der BIDs;
- ggf. finanzielle Unterstützung der lokalen Initiative im Gründungsprozess;
- Durchführung von Wettbewerben unter den BIDs.

(WIEZOREK 2004: 25, vgl. auch <http://www.nyc.gov/html/sbs/html/about/about.shtml>, Zugriff 11.11.2008)

Der Gründungsprozess, den ein BID in New York City zu durchlaufen hat, ist kompliziert und umfasst eine Reihe von Schritten (s. Anhang 4). Das Department for Small Business Services unterstützt die Initiatoren im Prozess, gibt Hilfestellung bei der Aufstellung des *District Plans* und koordiniert die zu durchlaufenden Schritte im Gesetzgebungsprozess. Das SBS nimmt auch die Aufsichtsfunktion für die Stadt in den BID-*Boards* wahr, ist verantwortlich für die Kontrolle der BIDs und die Ausschüttung der Beiträge. Durch die Verwaltung dieser Mittel verfügt das SBS, so Eddy Eng, auch über ein wichtiges Druckmittel, denn das SBS kann das Geld zurückhalten, wenn BIDs angemahnten Missständen nicht abhelfen (Interview 18.08.2008). Das SBS hat zwei Vollzeit-Angestellte, die BIDs bei der Gründung unterstützen sowie zwei Vollzeit-Kräfte und sechs Teilzeit-Kräfte, die für das Management bestehender BIDs zuständig sind. Der Leiter des Departments (*Commissioner*), Robert Walsh, war von 1989 bis 1997 Geschäftsführer des Union Square BID (Eddy Eng, Interview 18.08.2008).

Das SBS gibt auch eine Reihe von Veröffentlichungen heraus, so u. a. einen jährlichen Bericht über BIDs (*annual report*) und eine Anleitung zur Einrichtung eines BIDs. Auf der Website befindet sich auch eine aktuelle Übersicht über alle BIDs in New York City.

Während die durch das SBS bereitgestellte Unterstützungsstruktur bei der Gründung von BIDs sowie die Beratung im laufenden Betrieb positiv ist, hatte der vom *City Council* in Auftrag gegebene Untersuchungsbericht einige Mängel in der Wahrnehmung der Aufsichtsfunktion aufgezeigt (damals hieß SBS noch *Department of Business Services*, DBS):

> While there is tremendous interaction between the Department of Business Services (DBS) and the BIDs during the approval process, the Administration has failed to al-

locate the sufficient resources needed for DBS to conduct effective oversight of ongoing BID activity. (v)

Some BID board members also serve on boards of organizations which the BID has contracted with for services. ... To date, DBS oversight in this area has proved inadequate. (viii)

The contracts executed between DBS and the BID mandate that DBS evaluate the performance of BIDs prior to contract renewal. Although at least 20 BID contracts have expired, and subsequently renewed, DBS has never conducted performance evaluations of the BIDs. (x)

BIDs must comply with all State and Federal wage laws. DBS should take a more aggressive oversight role ... (xiii) (COUNCIL OF THE CITY OF NEW YORK 1995 (Seitenzahlen jeweils hinter den zitierten Absätzen))

Angesichts dieser kritischen Befunde stellt sich die Frage, zu welchen Konsequenzen diese geführt haben. Da der Bericht keine Schwächen im Gesetz aufgedeckt hatte, wurde das SBS damit beauftragt, Richtlinien für eine gute Management-Praxis zu erarbeiten und die BIDs engmaschiger zu überwachen (Eddy Eng, Interview 18.08.2008). Allerdings räumte er auch ein, dass auch heute das SBS aufgrund der begrenzten Mitarbeiterzahl nicht in der Lage ist, an jeder *Board*-Sitzung aller BIDs teilzunehmen.

Der zitierte Untersuchungsbericht fiel in die Amtszeit von *Mayor* Rudolph Giuliani (1994-2001), der einen äußerst restriktiven und kritischen Kurs gegenüber den BIDs verfolgte: „New York City was at war with its BIDs for much of Mayor Rudolph Giuliani's administration." (HOUSTOUN 2003: 150) Die Auseinandersetzung war vor allem von einem Machtkampf zwischen Giuliani und dem sogenannten „Mayor of Midtown" geprägt:

In 1998, Mayor Giuliani became increasingly concerned with the growing power of Daniel Biederman, the president of the GCP and of two other contiguous midtown BIDS, who was widely known as the ‚mayor of Midtown.' Mayor Giuliani charged that Biederman's BIDs were ‚acting like governments unto themselves' and were turning into private ‚fiefdoms.' In April 1998, the Commissioner of Business Services issued a new directive requiring BIDs to notify the Department of Business Services (‚DBS') of all activities, new initiatives, budget changes and contacts with other City agencies. In what appeared to be either a conflict over the GCP's unwillingness to provide information to the City and its failure to comply with certain City rules and regulations or simply ‚personal pique,' the Mayor refused to renew the GCP's contract to manage the BID in July 1998. The City stated that it would not agree to a new contract until Biederman resigned as president of two of the three BIDs. (GARODNICK 2002: 1757)

Die Verwaltung unter *Mayor* Michael Bloomberg steht BIDs dagegen ausgesprochen positiv gegenüber; er initiierte Maßnahmen, um die Effektivität von BIDs und die Beziehungen zwischen BIDs und der Stadt New York zu verbessern (NYC SBS 2003: Vorwort von Robert Walsh). In seiner Amtszeit wurde das faktische Moratorium für neue BIDs beendet und 16 BIDs eingerichtet (NYC SBS o.J.).

Nach diesem Überblick über das New Yorker BID-Gesetz und die entsprechenden Verfahren werden nun die drei untersuchten BIDs dargestellt.

3.2.4 The Fordham Road BID, Bronx

Kurze Beschreibung

Im 19. Jahrhundert war die Bronx, und auch das Fordham Village in der Gegend des heutigen BIDs, von kleinen landwirtschaftlichen Gehöften geprägt.[47] 1841 wurde die heutige *Fordham University*, eine private Universität, die heute von Jesuiten geführt wird, unter dem Namen *St. John's College* gegründet. 1899 wurde der Bronx Zoo, 1902 der botanische Garten New Yorks im Osten des heutigen BID-Gebietes eröffnet. Der Anschluss an das Schnellbahnnetz durch den Bau mehrerer Linien zu Beginn des 20. Jahrhunderts ließ die Fordham Road attraktiv für Pendler werden und zog viele Einwohner aus Manhattan und dem südlicheren Teil der Bronx an. Ein Warenhaus und ein Theater eröffneten in den 1940er Jahren und machten die Fordham Road zu dem boomenden Shopping- und Unterhaltungszentrum der Bronx.

Der Fordham Road BID sehr gut mit öffentlichen Verkehrsmitteln zu erreichen. Nach Aussage des BID-Managers Daniel Bernstein (Interview 19.08.2008) käme „jeder" dort zwangsläufig vorbei – auch wenn die Subway- und Regionalbahnhöfe keine Kreuzungspunkte im Verkehrsnetz sind. Diese zentrale Lage sei daher auch der wichtigste Wettbewerbsvorteil des Fordham Road BID gegenüber den anderen fünf Einkaufszonen mit BIDs in der Bronx und mache Fordham Road zur wichtigsten Einkaufsstraße der Bronx. Die nächstgelegenen Shopping-Malls seien ungefähr 20 Meilen entfernt, aber nur mit Einschränkung als Konkurrenz zu Fordham Road zu betrachten, da die meisten Kunden ohnehin zu Fuß bzw. mit öffentlichen Verkehrsmitteln kämen.

47 Edgar Allan Poe erwarb dort – angezogen durch die ländliche Atmosphäre – ein kleines Landhaus, um sich zum Schreiben zurückzuziehen.

Abb. 3: Ansicht der Kreuzung *Grand Concourse* – Fordham Road

Das BID-Gebiet ist geprägt von ein- bis zweigeschossigen Gebäuden. Der Verkehr auf der Fordham Road ist beeindruckend und stellt ein nicht zu unterschätzendes Gefahrenpotenzial für Fußgänger dar. Die vierspurige Straße *Grand Concourse*, die mitten durch das BID-Gebiet verläuft, wird in einem Tunnel unter der Fordham Road durchgeführt. Der überwiegende Teil der Nutzung im Gebiet ist Einzelhandel; daneben gibt es Banken, Restaurants, Ärzte und Apotheken sowie einige öffentliche Nutzungen. Am westlichen Ende gibt es einige wenige Wohnnutzungen. In der Fordham Road wurde der Hip-Hop „geboren"; es gibt eine Reihe von Geschäften, die auf entsprechende Kleidung spezialisiert sind (Fordham Road Streetscape-Masterplan 2008: 23).

Der Fordham Road BID nahm seine Arbeit im Juli 2005 auf. Wichtigster Akteur im Gründungprozess war der *Bronx Central Council For Economic Development* (B.C.C.E.D.); daneben waren mehrere Eigentümer sowie die *Fordham University*, die am östlichen Ende des BID liegt, und zwei weitere Colleges aktiv an der Gründung beteiligt. Der *Bronx Council* ist eine Art Entwicklungsgesellschaft und stellt seine Ziele wie folgt dar:

> The Mission of the Bronx Central Council (the ‚Council') is to encourage and facilitate a dialogue between the diverse Bronx business communities, and its residents, that leads to community and economic empowerment. The Council firmly believes that small businesses are the foundation of economic stability in their communities. As such, the Council provides the framework and support mechanism for community and economic empowerment through advice, technical and financial assistance, development of targeted community projects, and production of community events. The fusion of small businesses and communities, coupled with guidance by the Council, will lead to the economic empowerment of the Bronx communities it serves. (<http://www.bronxcentralcouncil.org/home>, Zugriff 19.08.2008)

Diese Zielsetzung, die eine Brücke zwischen ökonomischer und sozialer Entwicklung schlägt, findet sich auch in den Zielen des BID wieder. Dabei wird die Zusammenarbeit mit Organisationen aus dem Quartier betont:

> The mission of the Fordham Road Business Improvement District (BID) is to foster and promote the growth and vitality of its local business community and strengthen its local economic base. ... These services are provided … by the BID and are enhanced by its strong working partnerships with public agencies, elected officials and local organizations within the context of its neighboring communities. (Fordham Road BID, 2007-2008 Annual Report)

Der Fordham Road BID umfasst die Fordham Road von Third Avenue bis Jerome Avenue sowie einen Teil der Seitenstraßen (vgl. Abb. 4); im BID-Gebiet liegen etwa 300 Geschäfte auf ca. 80 Grundstücken mit ungefähr 35 Eigentümern; davon leben ca. 30% im Gebiet. Der BID ist als *not-for-profit* nach 501(c)(3) organisiert und hat zwei Vollzeit-Angestellte sowie Praktikanten (s. weiter unten).

Abb. 4 Karte des Fordham Road BID-Gebietes

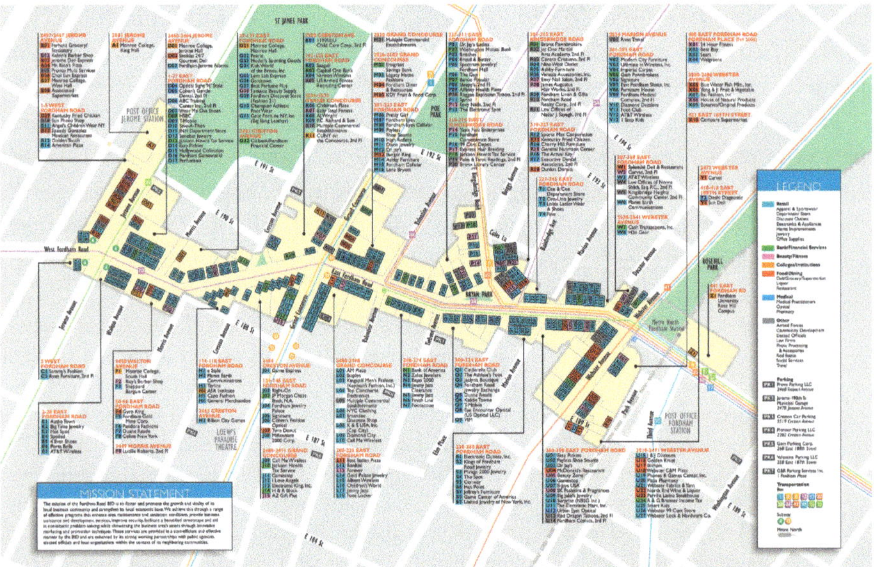

Fordham Road BID

Ziele, Budget, Maßnahmen

Wie bereits erwähnt, ist das erklärte Ziel des Fordham Road BID, „Wachstum und Lebendigkeit der lokalen Geschäfte" zu fördern.

> We achieve this through a range of effective programs that enhance area maintencance and sanitation conditions, provide business assistance and development services, im-

prove security, facilitate a beautified streetscape and aid in constituent problem-solving; while showcasing the business area's assets through innovative marketing and promotion techniques. (Fordham Road BID, 2007-2008 Annual Report)

Der BID nutzt den Slogan „The Outdoor Mall Experience" und nimmt so Bezug auf die Dienstleistungen, die ein einheitlich gemanagtes Einkaufscenter erbringt.

Die Berechnung der BID-Abgabe ist kompliziert und basiert zu den folgend genannten Prozentsätzen auf

Verkaufsfläche	15%
Frontmeter Ladenfläche	40%
Immobilienwert	45%

Es gibt eine Kappungsgrenze für jeden Berechnungsparameter sowie eine generelle, so dass kein Eigentümer mehr als 25.000 US-Dollar pro Jahr zahlen muss. Die Abgabe gilt nur für Einzelhandelsnutzungen; Wohnnutzungen sind von der BID-Abgabe befreit.

Die Einnahmen setzen sich aus verschiedenen Quellen zusammen, die aber nur teilweise im BID-Budget ausgewiesen werden. Nur der geringere Teil der Einnahmen stammt aus BID-Beiträgen: Zu den Spenden und freiwilligen Beiträgen (der *Fordham University*, Spenden), die im offiziellen Budget 43,5% ausmachen, kommen noch Zuschüsse aus öffentlichen Quellen von Stadt, Bundesstaat und Bundesprogrammen, die separat verwaltet werden: 60.000 US$ vom Wahlkreisabgeordneten des *City Council*[48], ein Zuschuss vom SBS Avenue NYC-Programm[49], 20.000 US$ vom Bundesstaat für die Erstellung des Masterplans (Workshop) sowie weitere 1,4 Mio. US$ zur Finanzierung neuer Laternenmasten[50] (in 2007).

Tab. 7: Einnahmestruktur Fordham Road BID, 2008

	US$	%
Assessment	500.000	56,1%
Interest	4.000	0,4%
Contributions	387.500	43,5%
TOTAL REVENUE	891.000	

Eigene Darstellung nach Fordham Road BID, 2007-2008 Annual Report

48 Laut Daniel Bernstein steht den Wahlkreis-Abgeordneten des *City Council* eine bestimmte Summe zur Verfügung, die sie nach eigenem Ermessen im *Borough* einsetzen können.

49 Das Programm stellt Zuschüsse für die wirtschaftliche Entwicklung in den Quartieren zur Verfügung (<http://home2.nyc.gov/html/sbs/html/neighborhood/avenuenyc.shtml>, Zugriff 19.08.2008).

50 Diese sollen an die Boom-Zeiten der Fordham Road erinnern.

Die Maßnahmen[51] umfassen:

- Sauberkeit: sieben Festangestellte, die Bürgersteige fegen, Graffiti und Sticker entfernen, Mülleimer leeren und im Winter Schnee schaufeln;
- Marketing: Ein Einkaufsführer mit allen Geschäften, der auch in Manhattan ausgelegt wird; Unterhaltung der Website; ein halbjährlicher Newsletter; Organisation verschiedener Programme und Veranstaltungen, wie Rabatt-Programme[52] oder Konzerte;
- *Community Relations* und Investitionen: Organisation und Teilnahme an *Networking Events*, die der Vernetzung der Geschäfte untereinander dienen; Erarbeitung eines Master-Plans für die Umgestaltung der Fordham Road unter Beteiligung der Öffentlichkeit; Kooperation mit *1199SEIU Child Care Corporation* zur Organisation des *Fordham Go Green Walk*, der auf die Schaffung eines Umweltbewusstseins zielt; Unterhalt einer Hotline[53] für Beschwerden von Geschäftsinhabern, die an die zuständigen Verwaltungsstellen weitergeleitet werden.

Der BID beteiligt sich auch an Veranstaltungen anderer Organisationen aus dem Gesundheitssektor, wie z.B. die *L.O.L.A.'s Free HCV Testing Mobile Unit Express* in Zusammenarbeit mit der *Latino Organization for Liver Awareness* (L.O.L.A.) oder der *Multiple Sclerosis Awareness Week*, auf der der BID einen Stand mit Marketingmaterialien unterhielt.

Der BID nimmt zudem an einem Praktikantenprogramm teil, das jeweils zwei Jugendlichen ein siebenwöchiges Praktikum ermöglicht. Dies ist Teil eines New York-weiten Programms (*Summer Youth Employment Program*, SYEP), aus dessen Budget die Praktikanten bezahlt werden. Außerdem beschäftigt der BID weitere Praktikanten, meist Doktoranden, für ein halbes oder ganzes Jahr, die ebenfalls bezahlt werden (aus verschiedenen Quellen: Hochschulen, Bundesregierung, BID; Daniel Bernstein, Interview, 19.08.2008).

Im Bereich Sicherheit gibt der BID nichts aus, arbeitet aber eng mit den drei Polizeistationen im Distrikt zusammen. Für 2009 ist die Installation einer durch Spendengelder finanzierten Videoüberwachung geplant.

51 Alle Informationen aus: Fordham Road BID, 2007-2008 Annual Report.

52 Diese Rabatt-Programme sind speziell auf die Kunden des Fordham Road BID mit moderatem Einkommen zugeschnitten.

53 Diese Hotline nahm vom 01.07.2007 bis 31.03.2008 76 Beschwerden entgegen.

Tab. 8: Ausgabestruktur Fordham Road BID, 2008

Program Services:	US$	%
Capital Improvement Projects	300.000	52,5%
Cleaning and sweeping	201.000	35,2%
Promotional Supplies	35.000	6,1%
Promotional Projects	35.000	6,1%
Total Program Services	571.000	69,9%[a]
Total Administrative	245.475	30,1%[a]
TOTAL EXPENSE	816.475	
Surplus	75.025	

[a] Anteil an den gesamten Ausgaben, nicht am Budget
Fordham Road BID, 2007-2008 Annual Report

Der oben bereits erwähnte *Streetscape Master Plan* wurde vom Fordham Road BID in Auftrag gegeben und mit öffentlichen Mitteln finanziert (*New York State Council on the Arts*; *Councilman* Joel Rivera; *Department for Small Business Services*; *Fordham University*). Ziel war ein schöneres und einheitlicheres Aussehen des Gebietes. Dafür wurde ein öffentlicher Workshop durchgeführt, an dem mehr als 75 Personen teilnahmen, neben zirka 30 Eigentümern auch Politiker, Behördenvertreter, Anwohner und lokale Organisationen. Zugleich wurde eine schriftliche Befragung der Einzelhändler und Eigentümer durchgeführt. Der Prozess dauerte insgesamt etwa fünf Monate; der fertige Plan wurde am 30. Juni 2008 veröffentlicht. Umgesetzt werden sollen die kurz-, mittel- und langfristigen Projekte zum Teil mit BID-Mitteln, zum größeren Teil allerdings sollen städtische Gelder eingeworben werden (<http://www.fordhamroadbid.org/main.html?src=%2Findex2.html#7,0>, Zugriff 24.11.2008). Höchste Priorität bekamen Maßnahmen für mehr Sicherheit für Fußgänger; so beispielsweise ein kurzfristig umsetzbares Countdown-System für Fußgängerampeln. Innerhalb der nächsten fünf Jahre sollen mittelfristige Maßnahmen realisiert werden, wie die Koordination von Maßnahmen der Gewerbetreibenden (z.B. einheitliche Ausstattung der Geschäfte mit durchsichtigen Sicherheitsgittern) oder Investitionsmaßnahmen wie eine Umgestaltung der Gehwege.[54] Bereits umgesetzt wurde die Aufwertung des Bryan Park, einer dreieckigen, rund 600 m^2 großen, nicht betretbaren Grünfläche, an deren Rand viele Menschen sitzen oder

54 Fordham Road Streetscape Master Plan; Website <http://www.fordhamroadbid.org>, Zugriff 21.07.2008; Daniel Bernstein, Interview 19.08.2008.

auf den Bus warten. Diese Maßnahme wurde mit Sponsorengeldern (*Bank of America*) und öffentlichen Geldern (Wahlkreisabgeordneter des *City Council*) kofinanziert.

Zusammensetzung und Wahl des Boards

Das *Board* hat 25 Mitglieder und wird einmal jährlich von den registrierten BID-Mitgliedern gewählt. Mitglieder sind automatisch alle Zahlungsverpflichteten, aber das aktive und passive Wahlrecht haben nur registrierte Mitglieder. Etwa 60 bis 70% der Eigentümer und 15 bis 20% der Einzelhändler sind registriert. Das *Board* trifft sich viermal jährlich und hat Ausschüsse entsprechend der Maßnahmenschwerpunkte gebildet sowie einen geschäftsführenden Ausschuss. Die Ausschüsse tagen nach Bedarf.

Die Zusammensetzung des *Boards* entspricht den gesetzlichen Vorgaben; die Funktion des Mitglieds, das die Bewohner repräsentiert, nimmt ein auf dem Campus der *Fordham University* lebender Professor wahr, da im Gebiet nur sehr wenige Menschen wohnen (Daniel Bernstein, Interview 19.08.2008). Zusätzlich gibt es drei nicht-stimmberechtigte Vertreter der drei *Community Boards* der Bronx (<http://www.fordhamroadbid.org>, Zugriff 21.07.2008).

Zusammenarbeit mit anderen Akteuren

Bei der Gründung spielte eine Quartiersorganisation mit vorwiegend ökonomischer Ausrichtung, der *Bronx Central Council For Economic Development*, eine entscheidende Rolle. In der Maßnahmenumsetzung (vgl. dort) arbeitet der BID mit vielen Akteuren aus dem Quartier zusammen. Hier sind die Kooperationen mit Organisationen aus dem Gesundheitssektor zu nennen, aber auch die *1199SEIU Child Care Corporation*, die verschiedene Programme für Eltern und Kinder anbietet. Einige dieser Kooperationen bestehen lediglich aus einem Informationsstand, insofern dienten sie vor allem der Selbstdarstellung des BID; nichtsdestotrotz können diese Kooperationen auch als Zeichen für eine Offenheit des BIDs gegenüber des Quartiers interpretiert werden. Besondere Erwähnung verdient in diesem Zusammenhang auch noch einmal der *Streetscape Master Plan*, für den ein öffentlicher Workshop durchgeführt wurde. In den Empfehlungen werden neben den vor allem an den Interessen des Einzelhandels orientierten Maßnahmen auch welche mit positiven Auswirkungen für das Quartier aufgegriffen (z.B. die Maßnahmen im Bereich Fußgängersicherheit). Angesichts der öffentlichen Finanzierung scheint dies auch folgerichtig zu sein; bemerkenswert ist, dass der BID hier praktisch als Organisator der Quartiersinteressen auftritt.

Bewertung
Der Fordham Road BID sieht sich selbst als *community actor*, der sich nicht ausschließlich den wirtschaftlichen Interessen der Eigentümer verpflichtet sieht. Daniel Bernstein begründete diese Einstellung mit der Verschiedenartigkeit der Einnahmequellen. Die Knappheit der eigenen Mittel zwinge den BID zu „kreativen" Lösungen und zur Zusammenarbeit mit anderen Akteuren – ein Befund, der im Einklang mit den Ergebnissen von GROSS's Studie steht. Kooperiert wird mit unterschiedlichen Organisationen. Auch wenn dabei die (kostengünstige) Vermarktung des BID ein wichtiger Beweggrund sein mag – und angesichts der Tatsache, dass die meisten Kunden aus der näheren Umgebung kommen, auch sinnvoll ist –, lassen die Kooperationen auf eine gute Einbettung in das Quartier schließen.

Besondere Beachtung verdient in diesem Zusammenhang die Durchführung des Workshops und die Erarbeitung des *Streetscape Master Plan.* Auch wenn dieser Plan keine Änderung des *zoning* beinhaltete, für das das *community board* zuständig wäre[55], ist dennoch bemerkenswert, dass der BID hier als „Anwalt" des Quartiers auftritt und die Planung selber in die Hand nimmt. Zu dem Workshop waren nicht nur Eigentümer und Einzelhändler eingeladen, sondern alle Quartiersbewohner. Inwieweit der BID der Aufgabe, in der Planung alle Interessen gleichberechtigt einzubeziehen und zu berücksichtigen, gerecht geworden ist, muss an dieser Stelle allerdings unbeantwortet bleiben.

3.2.5 DUMBO BID, Brooklyn

Kurze Beschreibung
DUMBO (Down Under The Manhattan Bridge Overpass) liegt im *Borough* Brooklyn, zwischen der Brooklyn und der Manhattan Bridge. Genau genommen liegt das Quartier teilweise unter den Brücken, da die Steigung weit vor dem Ufer beginnt, um Schiffsdurchfahrten auf dem East River zu ermöglichen (vgl. die folgenden Abb. 5 und Abb. 6).

Die Abkürzung DUMBO (das Wort bedeutet auf Deutsch „Dummkopf, Depp") wurde von Künstlern als Verballhornung der von Investoren

55 „Community Boards must be consulted on placement of most municipal facilities in the community and on other land use issues. They may also initiate their own plans for the growth and well being of their communities. Also, any application for a change in or variance from the zoning resolution must come before the Board for review, and the Board's position is considered in the final determination of these applications." (<http://www.nyc.gov/html/cau/html/cb/responsibility.shtml>, Zugriff 04.02.2010).

kreierten Namen für die „hippen" Stadtteile in Manhattan – wie SoHo (*South of Houstoun Street*), NoHo (*North of Houstoun Street*), TriBeCa (*Triangle Below Canal Street*) usw. – erdacht. Die ersten Künstler kamen in den späten 1970er Jahren in das Quartier und fanden in den leer stehenden Lagerhäusern günstige und großzügige Ateliers und Wohnungen. Ein Teil der Gebäude wurde besetzt, dieser Zustand später aber legalisiert (Kate Kerrigan, Interview 20.08.2008).

Abb. 5: Karte des DUMBO BID-Gebietes

DUMBO BID

Die Lage am Wasser ist ausgesprochen spektakulär und bietet phantastische Blicke auf Manhattan. Der Lärm des Verkehrs über die Brücken (über die *Manhattan Bridge* fährt die U-Bahn) ist allerdings ebenfalls beeindruckend und allgegenwärtig; Unterhaltungen auf der Straße sind kaum möglich. Am Ufer des East River liegen zwei Parks (*Brooklyn Bridge Park*, *Empire-Fulton Ferry State Park*), in DUMBO gibt es sogar einen kleinen Strand (der einzige in City-Lage laut Kate Kerrigan). Das Quartier DUMBO war früher unter dem Namen *Fulton Ferry Landing* bekannt, da dort seit 1642 die Fähre nach Manhattan ablegte. Mitte des 19. Jahrhunderts war *Fulton Ferry Landing* ein Industriezentrum, in das die Arbeiter aus Manhattan über die *Brooklyn Bridge* kamen; produziert wurden u. a. Blechdosen, Schuhe, Schmuck, Uhrgehäuse, Lack und Makkaroni. Die heute noch vorhandenen Lagerhäuser waren mit die ersten, die aus mit Stahl verstärktem Beton gebaut wurden; diese Konstruktion ermöglichte den Einbau größerer Fenster als bei der bisher üblichen Backsteinbauweise. Diese großen Fenster machen die Fabrikgebäude heute besonders attraktiv für die Umwandlung in Lofts und Ateliers.

Abb. 6: DUMBO BID, Aussicht auf die Manhattan Bridge

Anfang des 20. Jahrhunderts läuteten Infrastrukturprojekte das Ende des Gebietes als Produktionsstandort ein: Der Bau der *Manhattan Bridge* führte zum Abbruch zahlreicher Lagerhäuser und zu Verschattung, die Errichtung eines Elektrizitätswerkes direkt am Ufer machte das dahinter liegende Gebiet völlig unattraktiv und der *Brooklyn-Queens Expressway* schnitt ab den 1940er Jahren das Quartier vom restlichen Brooklyn ab. Verschärft wurde der Niedergang Anfang der 1930er Jahre, als einige der größten Fabriken ihre Produktion verlagerten (<http://www.dumbonyc.org/>, Zugriff 21.07.2008).

Erst in den 1980er Jahren kam mit den Künstlern das Leben nach DUMBO zurück. Das BID-Gebiet gehört im Wesentlichen zwei Grundeigentümern. Nach Aussage von Kate Kerrigan hat einer der großen Grundbesitzer im Quartier, *Two Trees*, aktiv Künstler von SoHo nach DUMBO geholt, die Mieten subventioniert und die Lagerhäuser in seinem Besitz sorgfältig renoviert, während der andere Besitzer, *Vera Realty Corporation*, deutlich weniger investiert hat. *Two Trees* war auch der maßgebliche Motor bei der Gründung des BID.

Heute ist DUMBO ein sehr dynamisches Quartier mit einer Mischung aus alternativen und hippen Ateliers, Kneipen, originellen Einzelhandelsgeschäften, verfügt aber auch immer noch über eine große Anzahl von Bewohnern. Es ist zu erwarten, dass sich der rasante Wandel in den nächsten Jahren fortsetzen wird. Trotz des Ohren betäubenden Lärms ist das Viertel aufgrund der Blickachsen auf die *Brooklyn* und *Manhattan Bridge* und nach Manhattan ausgesprochen attraktiv. Die Bewohner sehen den Wandel von einem Geheimtipp mit eigenen sozialen Netzen hin zu einem von Quartiersfremden und Touristen besuchten Highlight allerdings mit einiger Skepsis. DUMBO ist somit ein typischer Fall von Gentrifizierung.

Ziele, Budget, Maßnahmen

Die Ziele des im Dezember 2005 eingerichteten DUMBO BID sind „… keeping the community's public spaces, addressing public safety, advocating on behalf of DUMBO to public and private stakeholders, and marketing and promoting the area to attract new visitors and businesses" (<http://www.dumbonyc.org/>, Zugriff 21.07.2008). DUMBO soll dabei eher als „kreativer Ort" und weniger als Shopping-Destination vermarktet werden; dies entspreche den Wünschen der Künstler, die sich weniger als „Geschäft" verstehen, und der Bewohner, so Kate Kerrigan.

Bei der Einrichtung des BID war, wie bereits erwähnt, *Two Trees* der maßgebliche Motor. Obwohl dieser wie auch die meisten der 22 anderen Grundeigentümer nach Aussage von Kate Kerrigan vor Ort oder zumindest in der Nähe wohnen oder arbeiten, gab es vor Gründung des BID keine systematische Zusammenarbeit. Mithilfe des BIDs sollte daher insbesondere auch die Interessenvertretung der Quartierseigentümer gegenüber der Stadt verbessert werden.

Die BID-Abgabe wird zu großen Teilen von den bereits erwähnten zwei Grundeigentümern geleistet: *Two Trees* gehören etwa 40%, *Vera Realty Corporation* etwa 30% der insgesamt 29 *Blocks*. Jede Wohnung zählt als eigenes „Grundstück" (*lot*), somit gibt es im BID-Gebiet ungefähr 5.000 „Grundstücke".

Die BID-Abgabe beruht auf einer Mischkalkulation aus gewerblicher Fläche und Grundstückswert; Wohnimmobilien zahlen 1 US-Dollar pro Jahr (im Wesentlichen um ihre Anzahl erfassen zu können, Jane Kojima, Interview 20.08.2008). Für leer stehende Immobilien und Parkplätze gelten besondere Abgabesätze. Nach Aussage von Kate Kerrigan legt *Two Trees* die Abgabe nicht auf die Einzelhändler um.

Der Großteil der Einnahmen wird in diesem Fall aus der BID-Abgabe bestritten; es ist allerdings zu erwarten, dass dieser Anteil zurückgehen wird, da vor kurzem eine *Communications and Development Manager* eingestellt wurde, die unter anderem für das Einwerben für Sponsorengelder und Spenden verantwortlich ist (2006-2007 Annual Report, DUMBO Improvement District). Als Fundraising-Projekt war für das Jahr 2008 u. a. die Wiederöffnung und Nutzbarmachung eines Brückenbogens der *Manhattan Bridge* geplant, der bisher als Lagerraum genutzt wurde und nun zu einem Veranstaltungsraum umfunktioniert werden soll (Kate Kerrigan und Jane Kojima, Interview 20.08.2008).

Tab. 9: Einnahmestruktur DUMBO BID, 2008 (geplant)

	US$	%
Special Assessment	400.000	84,21%
Grants	45.000	9,47%
Fundraising	30.000	6,32%
TOTAL	475.000	

2006-2007 Annual Report, DUMBO Improvement District

Die Maßnahmen des DUMBO BID umfassen

- Sauberkeit: u. a. Straßenreinigung (extern vergeben an den Dienstleister *Doe Fund*); Aufstellung zusätzlicher Mülleimer und häufigere Leerungen (finanziert durch das *NYC Department of Sanitation*); Pflanzung von Bäumen in Zusammenarbeit mit der *Downtown Brooklyn Partnership, NYC Parks sowie der DUMBO Neighborhood Association (DNA)*; Graffiti-Entfernung; Einschalten des *NYC Department of Health* zur Bekämpfung einer Rattenplage;
- Infrastruktur: u. a. Einflussnahme auf das *NYC Department of Environmental Protection* zur Inspektion und Sanierung der Abwasserleitungen; Einwerbung einer Zuwendung des *New York State Department of Parks, Recreation and Historic Preservation* zur vorübergehenden Einrichtung eines Gehsteiges; Einflussnahme auf die *Metropolitan Transit Authority (MTA)*[56] für die Erneuerung der Metro-Stationen im Distrikt;

56 Betreiber der New Yorker Subway.

- Lobbyarbeit: Einrichtung eines W-LAN im *Brooklyn Bridge Park* (in Kooperation mit *Two Trees LLC* und *Wireless NYC*); durch Einflussnahme auf das zuständige Polizeikommissariat wurde die Entsendung eines kontinuierlich im Distrikt anwesenden Beamten erreicht; die Ver besserung der öffentlichen Beleuchtung; dazu wurde eine Karte der aktuellen Beleuchtungssituation erstellt, finanziert werden sollen zusätzliche Lampen vom *Department of Transportation*. Des Weiteren wurde eine „Test Plaza" als Vorläufer eines öffentlichen Platzes im sog. *Pearl Street Triangle* eingerichtet (in Kooperation mit dem *Department of Transportation*). Die Fläche wurde grün gestrichen, Tische und Stühle aufgestellt, ein Kiosk eingerichtet und Kunstwerke installiert.

Abb. 7: Pearl Street Triangle

- Marketing und Events: Organisation der *Dumbo Block Party Series* (in Kooperation mit 20 lokalen Unternehmen) für Familien; Planung und Durchführung der *Dumbo Light Capades*, von lokalen Künstlern geschaffene Lichtinstallationen im *Brooklyn Bridge Park*; Erstellung eines Newsletters und Pflege der Internet-Präsenz; Zusammenarbeit mit dem *Department for Small Business Services* (SBS) in einer Marketing-Kampagne, um DUMBO bei Besuchern bekannter zu machen;
- Dienstleistungen für die Wirtschaft: Organisation kostenloser Seminare für Klein-Unternehmer; Erarbeitung einer einheitlichen Ausschilderung für Brooklyn (in Kooperation mit der *Downtown Brooklyn Partnership*); Vernetzung der Einzelhändler und Kleinunternehmer mit Angeboten anderer Organisationen (*Department for Small Business Services, Brooklyn Business Solution Center, Brooklyn Chamber of Commerce*); Durchführung separater online-Befragungen von Bewohnern und Unternehmern.

Tab. 10: Ausgabestruktur DUMBO BID, 2008 (geplant)

Expenses	US$	%
Program Expenses Total	185.000	38,95%
Sanitation	70.000	14,74%
Promotion/Advertising	30.000	6,32%
Capital Projects	60.000	12,63%
Holiday Lighting	10.000	2,11%
Special events	10.000	2,11%
Retail Services	5.000	1,05%
Operating Expenses Total	265.900	55,98%
Professional services (Legal, audit, accounting)	20.000	4,21%
Administration and Operating Expenses	245.900	51,77%
Subtotal Expenses (Program + Operating)	450.900	94,93%
Capital Reserve	24.100	5,07%
TOTAL EXPENSES	475.000	100,00%

2006-2007 Annual Report, DUMBO Improvement District

Zusammensetzung und Wahl des Boards

Das *Board* besteht aus 17 Mitgliedern, darunter sechs Vertreter von Immobilieneigentümern, ein Anwohnervertreter (der *DUMBO Neighborhood Association*, DNA), zwei Einzelhändler, vier Vertreter der Stadt sowie zwei nicht-stimmberechtigten Mitgliedern und ein Vertreter des *community board*; der Sitz des *Mayors* wird vom SBS wahrgenommen. Dies entspricht den gesetzlichen Vorgaben in New York City. Zusätzlich und auf freiwilliger Basis einbezogen ist eine Vertreterin von *St. Ann's Warehouse* (ein Veranstaltungsort außerhalb des BID-Gebietes).

Die Mitglieder des BIDs werden einmal jährlich zu einer Sitzung eingeladen, auf der die *Board*-Mitglieder gewählt werden.

Zusammenarbeit mit anderen Akteuren

Der DUMBO BID arbeitet mit verschiedenen Behörden und Dienststellen sowie Wirtschaftsorganisationen zusammen, um Verbesserungen für das Quartier zu erreichen: mit dem bundesstaatlichen *Department of Parks, Recreation and Historic Preservation*, der *Brooklyn Park Conservancy* und dem städtischen *Department of Parks and Recreation* u. a. zur Bespielung und Pflege der im BID-Gebiet liegenden Parks; mit dem *Department for Small Business Services*, dem *Brooklyn Business Solution Center* und der *Brooklyn Chamber of Commerce* im

Bereich Wirtschaftsförderung; mit der Polizei und schließlich mit der *Metropolitan Transit Authority* für Verbesserungen im öffentlichen Nahverkehr.

Mit dem Quartiersakteur *DUMBO Neighborhood Association* (DNA) arbeitet der BID im Bereich Sauberkeit zusammen und leitet Anfragen für Filmaufnahmen an die DNA weiter. Das Verhältnis zwischen BID und DNA schien unter dem vorherigen BID-Manager nicht ganz unproblematisch gewesen zu sein, so Kate Kerrigan. Die jetzige BID-Managerin hat eine Verbesserung der Beziehungen jedoch ausdrücklich als ihr Ziel benannt. Die Sprecherin der Nachbarschaftsorganisation, Karen Johnson, begrüßte dies und meinte mit Bezug auf die neue BID-Managerin: „At least, she says hello." (Interview 21.08.2008) Die DNA war 1997 von langjährigen Bewohnern gegründet worden und hatte u. a. das Ziel, den Bau einer Müllverbrennungsanlage in der nahe gelegenen *Navy Yard* zu verhindern (<http://dumbodna.org/default.asp?id=aboutdna>, Zugriff 20.08.2008). Die DNA setzt sich heute besonders für den Erhalt der historischen Strukturen ein. Viele der Anwohner haben Ateliers oder kleine Läden im BID-Gebiet (Karen Johnson, Interview 21.08.2008). Die DNA stand dem BID distanziert bis kritisch gegenüber, da dieser als Instrument des Investors *Two Trees* wahrgenommen wird, gegen den sich ein Großteil der Kritik eigentlich richtet.[57] Während die Aktivitäten von *Two Trees* von der BID-Managerin als visionär und vorbildlich betrachtet wurden, da *Two Trees* durch die Investitionen in die Gebäude die positive Entwicklung von DUMBO maßgeblich mit angestoßen habe, bedeutet diese Entwicklung für die langjährigen Bewohner jedoch steigende Mieten und Verdrängung. Das Argument, *Two Trees* würde auch günstige Mieten anbieten, wurde von Karen Johnson mit der Bemerkung zurückgewiesen, *Two Trees* würde entscheiden, wem sie dies gewährten und in manchen Fällen die Mieten sogar massiv anheben (Interview 21.08.2008).

Die Aktivitäten des BID im Bereich Sauberkeit werden von der DNA begrüßt (vorher hatte die DNA sich an freiwilligen Müllsammlungen im Quartier beteiligt); die DNA ist allerdings der Meinung, dass dies eine Aufgabe der Stadt sei. Der *Farmers' Market*, der laut BID vorrangig für die Anwohner eingerichtet wurde, wird zwar prinzipiell begrüßt – allerdings meint die DNA, er sei am falschen Standort. Gern gesehen wird das Engagement des BIDs für eine Renovierung der Metro-Stationen. Kritisiert wird dagegen der *Pearl Street Triangle*, der ohne Beteiligung der Anwohner eingerichtet

57 Auch Kate Kerrigan meinte, dass es wichtig für den BID sei, sich mehr von *Two Trees* zu „emanzipieren", um als eigenständige Organisation wahrgenommen zu werden.

wurde: „… suddenly it was there, created with the BID's money" (Karen Johnson, Interview 21.08.2008). Insgesamt vertrat Karen Johnson die Meinung, der BID wäre eher überflüssig, würde aber auch nicht wirklich stören.

Bewertung

Das Besondere am DUMBO BID ist, dass er in einem Quartier liegt, dass rasanten Gentrifizierungstendenzen ausgesetzt ist. Dazu gehören sowohl der rasante Wandel des Quartiers von einem aufgegebenen, unattraktiven Industriestandort zu einem dynamischen, kreativen Ort; die entscheidende Rolle, die ein Grundeigentümer sowohl in der Wiederbelebung des Quartiers als auch in der Gründung des BIDs spielte; die Geschichte einiger Gebäude, die zunächst besetzt und später legalisiert wurden und die daraus resultierende Subkultur im Quartier, die jetzt im Mainstream der ökonomischen Entwicklung unterzugehen droht; und die außergewöhnliche Lage, die den spröden Charme des Viertels ausmacht. Der BID ist bemüht, die Entwicklung in diesem Strom mitzusteuern, aber es ist fraglich, wie groß der Einfluss des BIDs tatsächlich ist. Der BID möchte durch Maßnahmen wie Sauberkeit, der Einrichtung eines Wochenmarktes, der Schaffung eines kleinen öffentlichen Platzes oder der Öffnung des Brückenbogens die Lebensqualität auch für Bewohner steigern. Die BID-Managerin versucht außerdem, den BID als Plattform für einen Interessensaustausch der verschiedenen Stakeholder zu etablieren, die Vernetzung der Geschäfte untereinander zu fördern und den BID als Sprachrohr für die Interessen des Quartiers gegenüber der Stadt zu etablieren. Ungewöhnlich ist der BID auch wegen der großen Zahl von Wohnimmobilien, die bewusst in das Gebiet miteinbezogen wurden. Bisher scheint eine Ausrichtung an den Interessen der Bewohner nur mäßig geglückt zu sein; dies liegt aber auch an der besonderen Konstellation. Der BID wird als Kreation desjenigen Grundeigentümers gesehen, dessen Aufwertungsmaßnahmen von der Anwohnervereinigung kritisiert werden, da sie durch Spekulation den Druck erhöhen, die alten Lagergebäude abzureißen und durch „rentablere" Neubauten zu ersetzen. Die erhöhte Attraktivität zieht zunehmend Quartiersfremde als Besucher an.[58] All dies trägt mittelbar zur Steigerung der Mieten und Immobilienwerte bei. In diesem Gentrifizierungsprozess ist die Rolle des BID folglich ambivalent: Da der BID eine dynamische ökonomische Entwicklung anstrebt, scheint die Gentrifizierung quasi unvermeidlich; möglicherweise trägt

58 „The area used to be cut off by streets, if you came here, you had a reason to come, nobody came here by coincidence." Kate Kerrigan. Informationen von Karen Johnson, Kate Kerrigan und <http://dumbo-dna.org/default.asp?id=aboutdna>, Zugriff 20.08.2008.

der BID durch seine Aktivitäten sogar zu einer weiteren Attraktivitätssteigerung bei. Wollte der BID aber wirklich mit den eingesessenen Bewohnern zusammenarbeiten, müsste er seine Rolle hinterfragen und sich etwa um den Erhalt günstigen Wohnraums kümmern. Ob dies ein sinnvolles Ziel eines BIDs sein kann, sei hier dahin gestellt.

3.2.6 Bryant Park BID, Manhattan

> Bryant Park provides very welcome and all-too-rare open space in one of the City's densest areas … and … is one of the best-maintained parks in New York City. (ERNST & YOUNG 2003: 5)

Kurze Beschreibung

> Bryant Park … had become a glaring symbol of the city's inability to control its public spaces. The park was a haven for drug dealers and petty criminals; shootouts and assaults were common. Law-abiding workers in the area feared and shunned the park, and surrounding property values had taken a nosedive.
> … it brought out the city's most virulent anti-gentrification sentiment. Though the park would remain city property, open to all, civic groups such as the Parks Council, as well as academics and the press, accused the project's sponsors of seeking a private enclave for the rich. … Why this scenario should represent more of a taking of the public domain than leaving the park the exclusive province of criminals was never explained.
> Nevertheless, the Bryant Park BID won approval, and it finished the restoration in 1995. Overnight, the park became the most successful public square in the city, showered with awards. … ‚I have yet to see turnstiles,' muses Lieb [one of the BID's sponsors]. ‚No one has ever said: ‚You can't go into the park.' They have said: ‚You can't urinate on the bushes and attack people.' (MCDONALD 1996a)

Bryant Park dürfte vielen New York-Besuchern als grüne Oase inmitten der Hochhäuser in guter Erinnerung geblieben sein. Bryant Park liegt im mittleren Teil Manhattans, in dem gewerbliche Nutzungen überwiegen; lediglich 12% sind reine Wohnnutzungen oder gemischte Nutzungen (ERNST & YOUNG 2003: 30). Es ist ein öffentlicher Park, der hinter der *Public Library* liegt und ungefähr einen Block oder knapp 3,9 ha zwischen der 5th und 6th Avenue sowie der 40th und 42nd St umfasst. Jenseits der genannten Straßen liegen 25 Immobilien, auf die die Abgabe erhoben wird; diese werden überwiegend gewerblich genutzt (Einzelhandel, Banken, Büros, Hotel), es gibt aber auch Wohnungen. Folgende BIDs grenzten direkt daran an: östlich die Grand Central Partnership, südlich der Fashion Center BID sowie westlich die Times Square Alliance. In unmittelbarer Nachbarschaft liegen zahlreiche weitere BIDs, u. a. 34th Street Partnership, 47th Street, Fifth Avenue und East Midtown.

Abb. 8: Karte des Bryant Park BID-Gebietes

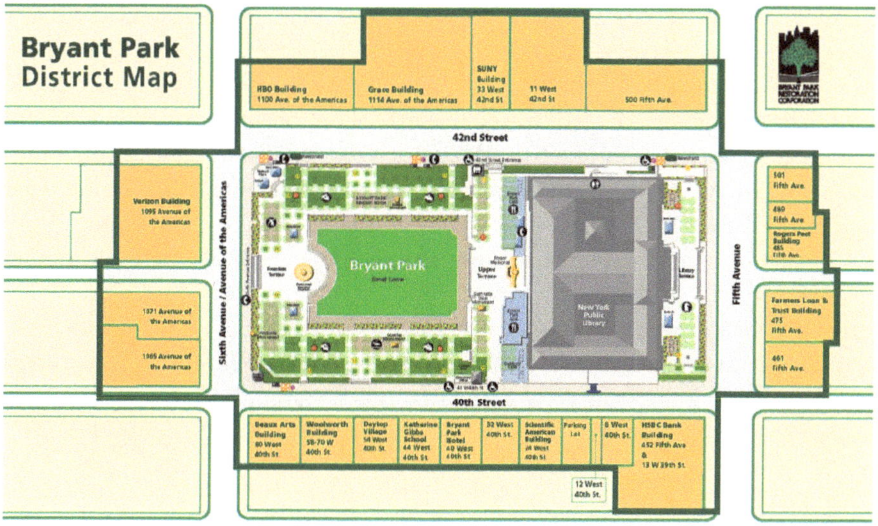

Bryant Park Management Corporation

In den 1980er Jahren war der Bryant Park heruntergekommen und als Drogenumschlagsplatz berüchtigt. Er wurde von Touristen, Angestellten und Anwohnern gemieden, weil er als gefährlich galt. In den angrenzenden Gebäuden waren Leerstände von fast 50% und extrem niedrige Mieten zu verzeichnen. Für die ansässigen Unternehmen soll es schwierig gewesen sein, Arbeitskräfte zu bekommen, da niemand in diesem gefährlichen Umfeld arbeiten wollte (Jerome Barth, Interview 22.08.2008). Ursächlich für die Vernachlässigung des Parks war die schlechte Finanzlage New Yorks. Diese Notlage war auch Grundlage für die Bereitschaft, das damals neuartige Instrument BID auszuprobieren. Der politische Widerstand, einen öffentlichen Park unter private Verwaltung zu stellen, war zunächst enorm – aber da es an Alternativen fehlte, wurde der BID-Gründung schließlich zugestimmt (vgl. auch das Zitat am Anfang des Abschnittes):

> Something had to be done. ... And because it was so bad, people were saying what the hell, let's try it. ... It was like climbing Mount Everest, it's a miracle that it has been done. Just because it was getting worse and worse and worse ... the public sector was ready to accept. (Jerome Barth, Interview 22.08.2008)

Die heute vom BID umgesetzten Maßnahmen gehen auf einen Master-Plan zurück, der 1980 von der *Bryant Park Restoration Corporation* (BPRC) erarbeitet worden war. Die BPRC (heute: *Bryant Park Corporation*) wurde von Daniel A. Biederman und Andrew Heiskell sowie der Stiftung der Rockefeller-Familie gegründet. Da für die Umsetzung des Plans jedoch kein Geld zur Verfügung stand, wurde 1988 der eigentliche BID Bryant Park (*Bryant Park Management Corporation*) gegründet, um eine verlässliche Einkommensquelle zu schaffen. Laut Jerome Barth dient der BID auch heute noch einzig und allein dem Einsammeln der BID-Abgabe, während alle anderen Einnahmequellen über die *Bryant Park Corporation*, die später dazukam, verwaltet werden (vgl. Tab. 11). Der BID mit seiner verlässlichen Beitragszahlung legte also den Grundstock für die weitere Entwicklung von Bryant Park, die so niemand jemals vorhergesehen hatte und die als „great success story" (Jerome Barth, Interview 22.08.2008) gilt.

Während zur Zeit der BID-Gründung die meisten der Immobilien noch in den Händen bekannter New Yorker Familien waren, sind diese mittlerweile zum größten Teil an multinationale Unternehmen verkauft (Jerome Barth).

Ziele, Budget, Maßnahmen

Ziel des BIDs ist die Pflege und Unterhaltung des Parks, um durch die Schaffung eines angenehmen Aufenthaltsklimas die Bodenwerte der umliegenden Immobilien zu steigern. Zu Beginn des BIDs wurden zunächst Grundinstandsetzungsmaßnahmen durchgeführt, u. a. die Wiederherstellung der großen Rasenfläche in der Mitte des Parks (*Great Lawn*), die Schaffung neuer Eingänge und eines Rollstuhl gerechten Zuganges, die Renovierung der Toiletten-Anlage und die Anschaffung der Klappstühle (ERNST & YOUNG 2003: 23).

Die für den Betrieb des Parks notwendigen Mittel werden zu weniger als einem Fünftel aus BID-Beiträgen finanziert; entsprechend niedrig ist die Abgabe (8 Cent/square foot)[59]. Die Abgabe basiert auf der vermieteten Fläche der Immobilien; dies gilt sowohl für die gewerblichen als auch für das

59 Das entspricht rund 0,62 €/m²; 1 square foot = 0,09290304 m²; US$ 1 = 0,71696 € (Umrechnungskurs vom 12.09.2008).

eine Gebäude mit Wohnnutzungen. Die *Public Library* ist von der Beitragszahlung ausgenommen. Die übrigen Einnahmen setzen sich im Wesentlichen aus Spenden und Gebühren zusammen; so werden z.B. von Filmgesellschaften, die Bryant Park als Kulisse nutzen, Nutzungsgebühren erhoben. Daneben gibt es im Park Kioske und auf der hinteren Terrasse der *Public Library* ein Restaurant, deren Miete ebenfalls in das Budget fließen.

Tab. 11: Einnahmestruktur Bryant Park (*Bryant Park Management Corporation* und *Bryant Park Corporation*)

	US$	%
Assessments	750.000	12,4%
Park Usage Fees	3.000.000	49,7%
Restaurant Rent	1.250.000	20,7%
Other Concession Rents	525.000	8,7%
Sponsorships/Grants	290.000	4,8%
Interest	100.000	1,7%
Carousel Tickets	94.000	1,6%
Other Revenue	25.000	0,4%
Total Revenue	6.034.000	

Bryant Park Corporation, für 2008 vorgesehenes Budget

Auf der Maßnahmenseite stehen neben Sauberkeit und Sicherheit die Pflege des Parks, insbesondere der Rasenfläche in der Mitte und der angrenzenden Blumenbeete, der Betrieb des Karussells, einer öffentlichen Leseecke und einer öffentlichen Toilettenanlage sowie zahlreiche kostenlose Veranstaltungen (z.B. Konzerte, Freiluft-Kino).

Von zentraler Bedeutung für das Konzept sind jedoch die 2.000 Klapptische und -stühle, die die Besucher nach Belieben auf dem Rasen („*Great Lawn*“) oder um die *Public Library* herum aufstellen und umsonst (auch ohne Konsumzwang) nutzen können. Insgesamt bis zu 20.000 Besucher pro Tag (ERNST & YOUNG 2003: 5) nehmen dieses Angebot in Anspruch: Büroangestellte, die ihren mitgebrachten Lunch verzehren oder ein kleines Nickerchen halten, Familien mit Kindern, Obdachlose oder Menschen, die das kostenlose W-LAN nutzen.

Abb. 9: „Great Lawn“, Bryant Park

Tab. 12: Ausgabestruktur Bryant Park (*Bryant Park Management Corporation* und *Bryant Park Corporation*)

Program Expenses	US$	%
Sanitation	1.255.000	20,8%
Security	855.000	14,2%
Debt Service	845.000	14,0%
Capital Maintenance	700.000	11,6%
Public Events	456.000	7,6%
Horticulture	418.000	6,9%
Park Programming	189.000	3,1%
Carousel	140.000	2,3%
Design Services	136.000	2,3%
Reading Room	115.000	1,9%
Marketing & Promotion	103.000	1,7%
Retail Management	93.000	1,5%
Total Program Expenses	5.305.000	87,9%
General & Administration	729.000	12,1%
TOTAL EXPENSES	6.034.000	

Bryant Park Corporation, für 2008 vorgesehenes Budget

Der Park hat eine Nutzungsordnung[60] und wird nachts geschlossen, da – so Jerome Barth – die Sicherheit nicht gewährleistet werden könne, wenn nicht genügend Menschen den Park nutzten.

Bryant Park bemüht sich sehr darum, die Effektivität der Maßnahmen zu belegen. Es gibt regelmäßige Besucherzählungen (mit und ohne Veranstaltungen) und die Resonanz in den Medien wie die Berichterstattung in der Zeitung oder auch in Blogs wird analysiert.

Der BID hat kein eigenes Personal; die 23 Angestellten arbeiten noch für zwei weitere BIDs, neben der die BID-Maßnahmen umsetzende *Bryant Park Corporation* für die 34th Street Partnership und außerdem für die Chelsea Improvement Company, ein BID in Gründung. Daneben arbeiten Ehrenamtliche in Projekten mit und es werden Praktika angeboten.

60 Dies ist in New York City nicht ungewöhnlich, da viele Parks von öffentlich-privaten *Park Conservancies* unterhalten werden.

Zusammensetzung und Wahl des Boards
Beide *Corporations* haben ein eigenes *Board.* Es gibt personelle Überschneidungen zwischen den *Boards* und sie tagen zusammen. Das BID-*Board* hatte 2008 25 Mitglieder und wählt seine Mitglieder selber („board-picks-board-members model", HOUSTOUN 2003: 25); die Auswahl ist aufgrund der nur21 Eigentümer ohnehin eingeschränkt. 15 davon sind im *Board* vertreten und es gibt kaum personelle Wechsel (Jerome Barth, Interview 22.08.2008). Die weiteren Vertreter entsprechen den gesetzlichen Bestimmungen, dazu kommt ein Vertreter der *Public Library.*

Das *Board* tagt zweimal jährlich, davon einmal öffentlich. Es legt die Grundlinien der Maßnahmenumsetzung fest, während die eigentliche Umsetzung durch das Management erfolgt. Der BID muss der Stadt einmal jährlich Bericht erstatten; wie bei allen New Yorker BIDs werden die Bücher geprüft; das Budget wird jährlich verabschiedet.

Zusammenarbeit mit anderen Akteuren
In der Anfangszeit des BIDs kamen wesentliche Anstöße vom Rockefeller Fund; dieser hat sich aber mittlerweile aus dem operativen Geschäft zurückgezogen (Jerome Barth, Interview 22.08.2008). Aufgrund der Lage in Midtown Manhattan und geringen Größe des BID gibt es im Wesentlichen keine Zusammenarbeit mit anderen Akteuren, außer mit der *Public Library*, die im BID-Gebiet liegt. Obwohl offensichtlich viele Menschen ein Interesse an der Nutzung des Parks haben, scheint es neben dem BID keine Organisation zu geben, die sich darum kümmert. Einzelne Firmen treten als Sponsoren auf, z.B. für die Pflege der Blumenrabatten.

Bewertung
Die Besonderheit beim BID Bryant Park ist, dass ein öffentlicher Park durch einen BID[61] verwaltet wird. Gegen diese private Verwaltung hatten sich zu Anfang die Stadt und zivilgesellschaftliche Akteure gewehrt. Mit der Übernahme der Verantwortung durch den BID scheint aber eine echte *win-win*-Situation entstanden zu sein, von der sowohl die Nutzer des Parks als auch die Immobilieneigentümer profitieren.

Für die öffentliche Nutzung gibt es laut Benutzungsordnung u. a. folgende Einschränkungen: Verboten sind Drogen- und Alkoholkonsum, laute

61 Genau genommen hat die *Bryant Park Corporation* den entsprechenden Vertrag mit der Stadt geschlossen, aber da die beiden Organisationen in der Praxis nicht zu trennen sind, wird in diesem Zusammenhang vom „BID" gesprochen.

Musik, „Performances“, außerdem ist der Park nachts zwischen 23 und 7 Uhr geschlossen. Andere (öffentliche) Parks in New York City haben vergleichbare Benutzungsordnungen. Offenbar besteht aber dennoch eine gewisse Toleranz gegenüber „unerwünschten“ Personen. So schritten während meiner Anwesenheit die Parkmitarbeiter nicht ein, als augenscheinlich Obdachlose den Park betraten und die Stühle nutzten. Die *Bryant Park Corporation* hatte zum Zeitpunkt meines Besuchs jedoch ein Schild aufgestellt, mit dem Gäste gebeten wurden, bei einem bestimmten Händler keine Waren zu kaufen, da er „illegal“ sei, also über keine Genehmigung verfüge.

Abb. 10: Schild „do not buy from this vendor“, Bryant Park

In Bezug auf die Maßnahmen unterscheidet sich Bryant Park nicht wesentlich von anderen BIDs – Sicherheit, Sauberkeit, Events, Bepflanzungen und Marketing sind Leistungen, die andere BIDs in ähnlicher Prioritätensetzung erbringen; eine Ausnahme ist der Betrieb des Karussells und der Leseecke. Ungewöhnlich ist weiterhin, dass ein Großteil der Einnahmen (aktuell 49,7%) aus Nutzergebühren stammt, die von kommerziellen Nutzern des Parks verlangt werden. Die BID-Abgabe ist sehr niedrig und diente vor allem zu Beginn als Initialzündung und finanzieller Grundstock für die Revitalisierungsbemühungen.

Bryant Park wird gerne als Paradebeispiel für die Leistungsfähigkeit von BIDs zitiert (vgl. das Zitat von MACDONALD zu Beginn des Abschnittes). MitBlick auf den Zustand des Parks vor 25 Jahren ist Bryant Park durch das private Management überhaupt erst wieder zu einer öffentlich nutzbaren Fläche geworden. Da es im Vergleich zu anderen New Yorker Parks kaum Einschränkungen für die öffentliche Nutzbarkeit gibt und der BID ein attraktives Angebot bereitstellt, ist die Akzeptanz des „privaten“ Managements dieses öffentlichen Parks mittlerweile groß.

3.2.7 Zusammenfassung: untersuchte BIDs in New York City

Zunächst einige Eckwerte zu den drei dargestellten BIDs und im Vergleich zum New Yorker Durchschnitt im Überblick zusammengefasst:

Tab. 13: Übersicht über die drei untersuchten BIDs in New York City

	Fordham Road BID (2008)	DUMBO BID (2008)	Bryant Park (BID und B.P. Corp.) (2008)	Durchschnitt NYC (2007)
Budget (US$)	891.000	475.000	6.034.000	1.930.732
Höhe der BID-Abgaben (US$)	500.000	400.000	750.000	1.390.607
Anteil am Budget	56,1%	84,2%	12,4%	72%
Anzahl Grundstücke	80	[29 blocks]	25	-
Anzahl stimmberechtigte (nicht stimmb.) *Board*-Mitglieder	25 (+3)	15 (+2)	25 (nur BID)	-
Gründung	Juli 2005	Dezember 2005	1988	-

Budgets der jeweiligen BIDs; Durchschnitt New York: NYC SBS o.J. (o.S.) (erste beide Zeilen eigene Berechnung)

Obwohl, wie oben dargestellt, nicht alle tatsächlich eingesetzten Mittel in den Budgets berücksichtigt sind, ist bemerkenswert, dass eine erheblicher, wenn auch je nach BID variierende Summe aus anderen Quellen stammt – dies gilt insbesondere für den Bryant Park BID.

BIDs in New York City weisen mittlerweile eine solide Praxis auf; sie werden insgesamt sehr positiv gesehen.[62] Die gesetzlichen Regelungen sind recht umfassend; sie sehen einen Gründungsprozess vor, in dessen Verlauf städtische Akteure – insbesondere der *City Council* – aber auch Bürger an mehreren Stellen ihre Bedenken vortragen können. Eddy Eng betonte im Interview (18.08.2008), dass etwaige Kritiker viele Möglichkeiten hätten, im Prozess ihre Meinung zum fraglichen BID anzubringen; der *City Council* hat dann die Möglichkeit, die Anregungen zu prüfen und den *district plan* entsprechend zu verändern. Auch bei laufenden BIDs ist durch die verpflichtende Vertretung der Stadt und von Wohnungs- und gewerblichen Mietern

62 Dies ist den geführten Interviews entnommen. Dabei muss allerdings darauf hingewiesen werden, dass vorrangig BID-Praktiker interviewt wurden. Aber keiner der Interviewpartner wusste von nennenswerten Kontroversen zu berichten – auch nicht die befragten Wissenschaftler (Richard Briffault, Jerry Mitchell).

im *Board* ein Mindestmaß an Transparenz gewährleistet. Inwieweit die BIDs diese Regeln allerdings sinnvoll ausfüllen, muss dahingestellt bleiben: So ist beispielsweise fraglich, ob im Falle des Fordham Road BID der auf dem Campus lebende Professor die Interessen der Anwohner wirkungsvoll vertreten kann. Ob sich von den wenigen im BID-Gebiet lebenden Menschen tatsächlich niemand gefunden hat oder ob die Suche von vorneherein lustlos durchgeführt wurde, muss hier offen bleiben. Offensichtlich werden die recht weit gehenden gesetzlichen Regelungen aber von allen BID-Akteuren akzeptiert – zumindest gab es keine diesbezüglichen Klagen in den Interviews.

New York City hat auch bewiesen, dass eine Stadt in der Lage ist, eine wirkungsvolle Aufsicht über die BIDs zu führen. Dass die Unterstützung und Förderung von BIDs und die Kontrolle in der Hand einer Behörde liegen, ist allerdings nicht ganz unproblematisch, auch wenn die beiden Bereiche personell getrennt sind (Eddy Eng, Interview 18.08.2008). Insgesamt ist die kritische Variable jedoch die Zahl der für die Aufsicht zuständigen Mitarbeiter – ein Punkt, der in Zeiten knapper Kassen besonders heikel ist.

In welchem Ausmaß passen sich nun die BIDs in New York in ihre jeweiligen Kontexte – ökonomisch, politisch und gesellschaftlich – ein? Ein Indiz dafür ist zunächst die Einbettung ins jeweilige Quartier. Diese ist in Form und Ausmaß sehr unterschiedlich und hängt stark von dem jeweiligen Quartierskontext ab. So war beim Fordham Road BID in einer eher einkommensschwächeren Nachbarschaft eine starke Einbettung zu beobachten, während beim Bryant Park BID eine Einbettung zumindest in der Entstehungsgeschichte eher über die persönlichen Netzwerke einflussreicher Persönlichkeiten erfolgte.[63] Im DUMBO BID dagegen, einem Quartier im Umbruch, waren die Beziehungen zwischen dem BID und der Nachbarschaftsorganisation eher angespannt.

Am augenfälligsten zeigt sich die Frage der gesellschaftlichen Einbettung jedoch im Bereich der Wertvorstellungen und insbesondere des Staatsverständnisses. Der maßgebliche Grund für die Entstehung von BIDs war eindeutig die Bankrotterklärung der Stadt und die nachfolgenden Leistungskürzungen. So gehört Sauberkeit (auf öffentlichen Gehwegen) seit 1960 (Jerome Barth) nicht mehr zu den Leistungen staatlicher Daseinsvor-

63 Vgl. auch die Anmerkung von GROSS zu den sog. *corporate* BIDs: „Indeed, the boards of many of these organizations were a virtual ‚who's who' of renowned business experts." (2008: 229 ff.).

sorge[64], d.h. im Bereich Sauberkeit sind die BID-Leistungen nicht zusätzlich, sondern bündeln die Reinigungspflicht der gewerblichen Eigentümer. Im Bereich der Planung hat der Fordham Road BID ebenfalls eine eher als staatlich zu betrachtende Aufgabe übernommen, nämlich die Erarbeitung eines Masterplans für die Straßengestaltung. Wie an diesen Beispielen deutlich wird, füllen die New Yorker BIDs in ganz anderem Ausmaß als in Deutschland die „Lücken" staatlicher Versorgung. Die Distanzierung von der öffentlichen Hand brachte Jerome Barth im Interview zum Ausdruck:

> We don't want to ask for public money at all. If you take public money, then you are never free, there is always attachments, oh you have to hire this guy, or you have to do it that way, and we want the independence that comes from clean financing. – From the private sector – The City's role is that they leave us alone to do things, and when there is something unusual or controversial, we go to them and discuss it with them. (Jerome Barth, Interview 22.08.2008)

Auf der anderen Seite scheint es auch in New York Vorbehalte gegeben zu haben, öffentlichen Raum (Bryant Park) in die Verwaltung Privater zu geben. Offensichtlich war die Verzweiflung aber groß genug, um ein Experiment zu wagen, das heute nicht mehr umstritten zu sein scheint.

3.3 Special Improvement Districts in New Jersey

New Jersey ist mit 22,608 km² einer der kleineren Bundesstaaten der USA, an der Ostküste zwischen den Bundesstaaten New York, Delaware und Pennsylvania gelegen. Der Norden New Jerseys gehört zur Metropolregion New York, während der Südwesten zur Metropolregion Philadelphias zählt. Viele Gemeinden sind daher sog. Schlafstädte (*bedroom communities*), deren Einwohner zur Arbeit pendeln. Trenton ist die Hauptstadt; die vier größten Städte (Einwohnerzahl von mehr als 100.000) sind in dieser Reihenfolge Newark, Jersey City, Paterson und Elizabeth. New Jersey ist der am dichtesten besiedelte Bundesstaat in den USA.[65]

Die wichtigsten Wirtschaftszweige sind die pharmazeutische Industrie, Forschung und Entwicklung in Chemie, Telekommunikation, Lebensmittelverarbeitung sowie Tourismus. Die Landwirtschaft spielt ebenfalls eine

64 Vgl. auch Administrative Code of the City of New York - Title 16, Chapter 1 (§§16-101 - 16-140).

65 <http://en.wikipedia.org/wiki/New_jersey>; <http://www.nj.gov/>, Zugriff 11.11.2008.

große Rolle – daher wird New Jersey auch als „The Garden State" bezeichnet. Begünstigt durch die natürlichen Gegebenheiten ist der Tourismus für die Atlantikküste von großer Bedeutung – aufgrund der Nähe zu New York und Philadelphia insbesondere auch für Kurzzeitaufenthalte.

Administrativ ist New Jersey in 21 *Counties* und 566 *municipalities* eingeteilt. Die *municipalities* waren ursprünglich in fünf Typen unterteilt – abgestuft nach Bevölkerungszahl und von eher städtischer zu mehr ländlicher Charakteristik fortschreitend: *cities, boroughs, towns, villages, townships*. Diese Begriffe sind jedoch im Lauf der Zeit obsolet geworden. Für die Verwaltung der Gemeinden gibt es zahlreiche, sehr unterschiedliche Formen. Gemeinsam ist allen, dass der *governing body* nur aus einer Handvoll Abgeordneten besteht (bei den besuchten Städten zwischen fünf und neun).

New Jersey ist mit einem Pro-Kopf-Einkommen von 27.006 US$ (1999) der zweitreichste Bundesstaat der USA (zum Vergleich USA (2000): 21.587 US$) (<http://www.census.gov/>, Zugriff 27.08.2008). Dennoch gehört etwa Newark – obwohl in der Metropolregion New York Citys gelegen – zu den ärmsten Städten der USA. Die Bevölkerung New Jersey's ist in Bezug auf Herkunft, Ethnie und Religionszugehörigkeit relativ heterogen.

Tab. 14: Vergleich ausgewählter sozio-ökonomischer Daten für die Städte mit untersuchten BIDs in New Jersey

	Newark	Red Bank	Jersey City	New Brunswick	New Jersey
Einwohner (2000)	273.546	11.844	240.055	48.573	8.414.350
Durchschnittsalter	30,8 Jahre	37,5 Jahre	32,4 Jahre	23,6 Jahre	36,7 Jahre
Weiße	26,5%	68,2%	34,0%	48,8%	72,6%
Schwarze	53,5%	20,1%	28,3%	23,0%	13,6%
Asiaten	1,2%	2,2%	16,2%	5,3%	5,7%
Lateinamerikanischer Herkunft[a]	29,5%	17,1%	28,3%	39,0%	13,3%
Haushalte mit Kind(ern) unter 18 J.	35,2%	18,0%	31,1%	29,1%	33,5%
Allein erziehende Mütter	17,1%	5,2%	11,2%	10,0%	6,4%
Pro Kopf Einkommen 1999	13.009 US$	26.265 US$	19.410 US$	14.308 US$	27.006 US$

[a] ohne Berücksichtigung der Hautfarbe
Datengrundlage: U.S. Census Bureau <http://www.census.gov/>, Zugriff 27.08.2008

Innerhalb der besuchten Städte fällt vor allem Red Bank ins Auge, das als Kleinstadt mit einem hohen Anteil an Weißen, einem niedrigen Anteil allein erziehender Mütter und einem Pro-Kopf-Einkommen, das nur leicht unter dem Durchschnitt New Jersey's liegt, ein deutlich anderes sozioökonomisches Profil aufweist als die anderen Städte. Außerdem liegt das Durchschnittsalter deutlich höher und es gibt signifikant weniger Haushalte mit Kindern unter 18 Jahren. Red Bank liegt damit aber näher am Durchschnitt New Jersey's als die übrigen besuchten Städte.

3.3.1 Gesetzliche BID-Regelungen in New Jersey

In New Jersey gab es laut JUSTICE und GOLDSMITH (2008: 167) mehr als 50 BIDs (die Daten beruhen auf einer in den Jahren 2000-2001 durchgeführten Umfrage). New Jersey gehört damit laut MITCHELL (1999: 15) neben Kalifornien, New York, North Carolina und Wisconsin zu den Bundesstaaten mit den meisten BIDs. Nach Aussagen von BID-Managern[66] sollen es mittlerweile rund 80 sein.

Die gesetzliche Grundlage für die in New Jersey *Special Improvement Districts* (SIDs)[67] genannten BIDs sind die Sektionen 40:56-65 bis 89 der New Jersey Statutes Annotated (N.J.S.A.); das Gesetz wurde in seiner ursprünglichen Fassung 1984 verabschiedet. Die gesetzlichen Regelungen für SIDs wurden als Erweiterung zu einem bereits bestehenden Gesetz zur Schaffung von *special assessment districts* zur Finanzierung von Fußgängerzonen (pedestrian malls)[68] beschlossen. Das Ziel dieser Gesetzesergänzung war, die für Fußgängerzonen vorgesehenen Management-Maßnahmen einzelnen Straßenzügen auch ohne die Einrichtung einer solchen Zone zu ermöglichen (HOUSTOUN 2003: 19). Der erste SID wurde 1985 in Cranford eingerichtet (JUSTICE; GOLDSMITH 2008: 167).

66 Seth Grossman, Ph.D. hat seine Dissertation über BIDs verfasst und managt jetzt den Ironbound BID in Newark, NJ (s. unten); Harriet Cook ist Managerin des RiverCenter SID in Red Bank, NJ.

67 Der Verständlichkeit halber wird, wenn von den SIDs in New Jersey im Allgemeinen die Rede ist, der Begriff „BID" verwendet, nur bei den einzelnen Beispielen wird von „SID" die Rede sein.

68 In den USA gibt es nur sehr wenige Fußgängerzonen. Die unter diesem Gesetz geschaffene Fußgängerzone in Trenton, der Hauptstadt von New Jersey, war ein Flop und wurde 2007 wieder aufgehoben (<http://www.trentonnj.org/documents/housing-economic/zoning%20ordinance%20update/meetingrecord122.pdf>, Zugriff 27.10.2008).

Das BID-Gesetz in New Jersey ist sehr flexibel und wird von BID-Befürwortern wie Lawrence HOUSTOUN gelobt, weil es kein kompliziertes Verfahren zur Einrichtung eines BIDs verlangt.[69] Diese Einschätzung bezieht sich insbesondere darauf, dass keinerlei Quoren für die Einrichtung eines BIDs erforderlich sind – der *governing body* einer Stadt kann ohne weitere Vorbedingungen einen BID einrichten (JUSTICE; GOLDSMITH 2008: 167). In der Praxis wird ein Stadtrat dies jedoch nur tun, wenn eine entsprechende Unterstützung seitens der Grundeigentümer und Einzelhändler vorliegt. Daneben sind verschiedene Rechtsformen für das BID-Management zulässig und es gibt keine Laufzeitbeschränkung; stattdessen muss das SID-Budget jährlich vom *governing body* genehmigt werden.

Ein vollständiger Überblick findet sich in Anhang 3. Hervorzuheben sind folgende Regelungen:

- Der *governing body* hat relativ große Einflussmöglichkeiten: Er kann BIDs einrichten und auflösen. Es gibt keine *sunset*-Regelung. Zur Verlängerung eines BIDs beschließt der *governing body* jährlich über das vom BID eingereichte Budget, welches ohne Begründung verändert werden kann (vgl. Ironbound BID, Seth Grossman, Interview 25.08.2008). Dazu muss er eine angekündigte öffentliche Anhörung durchführen.
- Anders als in New York gibt es weder ein Unterstützungs- noch Ablehnungsquorum. Die Identifikation und ggf. der Schutz einer ablehnenden Minderheit in BID-Quartier wird also voll und ganz dem *governing body* überlassen.
- Ebenso wie in New York schreibt das Gesetz vor, dass *Board*-Sitze für staatliche Vertreter reserviert sind – im Unterschied zu New York allerdings nur ein Sitz für einen Vertreter des *governing body*.
- Neben der Organisationsform der *not-for-profit* kann ein BID auch als *municipal commission* konstituiert werden; in diesem Fall bestimmt der *governing body* ein sog. *advisory board*.[70]

69 „… the New Jersey legislature was trying to avoid the difficulties that nearby states were experiencing with laws that required burdensome BID adoption procedures that were out of proportion to the issues involved in creating districts intended only to finance and manage downtown services." (HOUSTOUN 2003: 19).

70 „While the archetypal, self-governing form of DMC is prevalent in New Jersey, the statute also permits DMCs to take the form of municipal commissions or nonprofit corporations governed by municipally appointed boards. Of 36 New Jersey DMCs surveyed for governance characteristics in 2002 and 2003 …, two-thirds were self-governing nonprofit corporations – 15 were membership corporations with elected boards of trustees, and 9 were corporations governed by self-perpetuating boards. The

- Neben der Abgabe auf Grundeigentum auf frei wählbarer Grundlage (das Gesetz macht dazu keinerlei Aussage) ist auch die Gebührenerhebung von Geschäften möglich (40:56-85), auch wenn bisher (HOUSTOUN 2003: 29) kein BID diese Option gewählt hat. Es gibt keine Deckelung der Abgabenhöhe.
- SIDs können Darlehen aufnehmen (section 40:56-83 b. (6) und (7) (s. bspw. RiverCenter SID, Red Bank).

Das New Jersey-Statut ist auch flexibel in der Gebietsabgrenzung: Das BID-Gebiet wird durch die Aufzählung der betroffenen Grundstücke definiert (40:56-72), muss also kein geschlossenes Gebiet sein. Dies macht es einfacher, einzelne Grundstücke, die nicht vom BID profitieren – beispielsweise Wohngebäude, Parkplätze oder ungenutzte Grundstücke – auszuschließen (vgl. HOUSTOUN 2003: 32 f.; der RiverCenter SID in Red Bank hat davon Gebrauch gemacht).

3.3.2 Ironbound BID (IBID), Newark

Kurze Beschreibung

Newark ist mit rund 280.000 Einwohnern die größte Stadt New Jersey's und eine der größten Städte in der Metropolregion New York City's. Sie ist Sitz der Regierung des Essex-County und liegt ca. 8 km westlich von Manhattan – getrennt durch den Hudson und zwei Arme des Passaic River; es besteht eine sehr gute Anbindung mit öffentlichen Verkehrsmitteln. In Newark liegt der größte Container-Hafen der New York Bay. Der *Newark Liberty International Airport* war der erste Flughafen in der Metropolregion New York.

Im 19. Jahrhundert wurde Newark das industrielle Zentrum der Region (Gerbereien und Lederverarbeitung, Eisen, Chemische Industrie, Brauereien); der Bau von Eisenbahnlinien und die Eröffnung des Morris Canal in 1831, der das Hinterland erschloss, führten zu einem raschen wirtschaftlichen Wachstum. Irische und deutsche Einwanderer ließen sich in Newark nieder; später folgten Immigranten aus Süd- und Osteuropa sowie jüdische Einwanderer.

Die Weltwirtschaftskrise setzte dem Aufschwung ein Ende. Dazu kam, dass im Zuge der Suburbanisierung in Newark vorwiegend Angehörige der

other 12 DMCs include five nonprofits with boards controlled by municipal appointees, four municipal commissions, and three nonprofits with mixed forms of corporate governance." (JUSTICE; GOLDSMITH 2008: 168 f.).

Unterschicht lebten, während sich die Mittelschicht in den Vorstädten niederließ. Da es Newark nicht gelang, diese Gemeinden in das Stadtgebiet zu integrieren, fehlten die entsprechenden Grundsteuer-Einnahmen im städtischen Budget. Newark erlebte nach dem 2. Weltkrieg eine für die USA typische Entwicklung: Die Federal Housing Administration erklärte praktisch ganz Newark für nicht kreditwürdig (sog. *redlining*), so dass wichtige Erhaltungsinvestitionen in die Bausubstanz unterblieben. Industrielle Arbeitgeber wanderten in Niedriglohn-Gebiete ab, häufig unterstützt von bundesstaatlichen Subventionen. Der Bau neuer Autobahnen (Interstate 280, the New Jersey Turnpike, Interstate 78) zerschnitt gewachsene Quartiere, zahlreiche Bewohner wurden umgesiedelt. Die neuen Straßen trugen weiter zur Suburbanisierung bei, da die Vororte nun noch schneller erreichbar waren. Der Abriss sogenannter Slums und der Bau von Sozialwohnungen mit Hilfe von Bundesmitteln trug zur Konzentration ärmerer Bevölkerungsschichten bei. Die Bevölkerungszahl Mitte des 20. Jahrhunderts nahm um ein Viertel ab, während sich durch Zuwanderung eine schwarze Bevölkerungsmehrheit herausbildete. Viele der Einwanderer kamen aber zu einer Zeit, in der die Zahl der Arbeitsplätze in der Industrie bereits drastisch zurückging.

1967 entluden sich die Spannungen in Rassen-Ausschreitungen. Nach der Festnahme eines Schwarzen durch (überwiegend weiße) Polizisten kam es zu zahlreichen Toten und Verletzten und praktisch die gesamte Innenstadt wurde zerstört. 1975 galt Newark als eine der schlimmsten und gefährlichsten Städte in den USA.

Einige wichtige Arbeitgeber wie Prudential (Versicherung) sowie die *Rutgers-University Newark* und die *Seton Hall University* blieben jedoch in der Stadt und errichteten neue Büros. Der eigentliche Umschwung für die Innenstadt begann 1997 mit dem Bau des *New Jersey Performing Arts Center* (NJPAC) und dem Bau eines neuen Baseball-Stadiums, die neue Besucher nach Newark brachten. Seit 2000 wächst die Bevölkerung wieder (http://en.wikipedia.org/wiki/Newark,_New_Jersey, Zugriff 25.08.2008).

Der Ironbound – der Name („von Eisen begrenzt") beschreibt die vom übrigen Stadtgebiet durch die Bahnlinie sowie mehrere Autobahnen abgetrennte Lage – hat eine etwas andere Entwicklung durchlaufen. Durch die räumliche Trennung wurde das Gebiet von den Zerstörungen im Zuge der 1967er-Ausschreitungen verschont. Der Ironbound war im 19. Jahrhundert von Industrie und Einwanderern geprägt. Im Laufe der Jahre entwickelte sich im Ironbound eine Mischung aus gewerblichen, Einzelhandels- und Wohnnutzungen.

Die im Gegensatz zur übrigen Innenstadt von Newark zumeist zwei- bis dreigeschossigen Häuser sind in einem sehr guten Zustand. Heute ist das Viertel von spanisch- und portugiesisch-sprachigen Einwanderern aus Europa und Lateinamerika dominiert (<http://www.goironbound.com>, Zugriff 22.07.2008; Seth Grossman, Interview 25.08.2008):

Abb. 11: Ironbound BID, Ferry Street

> Family and community ties are strong, numerous restaurants and small businesses thrive and the crime rate is one of the lowest in the city.
> The area's success is often attributed to fierce neighborhood spirit, hard work, pride in home ownership, and mutual respect for the traditions of each group. (<http://www.goironbound.com>, Zugriff 22.07.2008)

Das BID-Gebiet befindet sich östlich der *Penn Station*, die an einer der den Ironbound umgrenzenden Bahnlinien liegt und ein wichtiger Verkehrsknoten für den Stadt- und Nahverkehr sowie die Linien innerhalb New Jersey's ist. Das BID-Gebiet umfasste ursprünglich nur die Geschäfte rund um die Ferry Street, wurde 2003 aber auf ein Gebiet von ca. 1,5 km Länge (26 *blocks*) und 400 m Breite (3 *blocks*) erweitert (s. die folgende Abb. 11).
Im BID-Gebiet liegen 570 Geschäfte und 170 Restaurants (<http://www.goironbound.com>, Zugriff 04.02.2010), vorwiegend entlang der Ferry Street; die Nebenstraßen sind überwiegend von Wohnnutzungen geprägt.

Ziele, Budget, Maßnahmen

Der Ironbound BID[71] wurde im Dezember 2000 gegründet. In seinen Zielen nimmt der BID Bezug auf die ethnische Diversität im Quartier, die als Stärke wahrgenommen wird:

> The Ironbound Business Improvement District is a diverse and vibrant community with deep ethnic roots, rich in culture and tradition. We are a bustling retail and restaurant destination easily accessible to the world. Our proud and friendly people welcome visitors to explore our international flair and ambiance and live a true Portuguese, Brazilian, Spanish and Latin experience.

71 Dieser BID heißt tatsächlich „BID" statt der in New Jersey üblichen Bezeichnung „SID", wie Seth Grossman erläuterte, weil BID die gängigere Bezeichnung sei.

We are committed to providing a friendly ‚neighborhood', one that will include a safe and clean environment that gives our customers a feeling of being wanted and appreciated. (Vision Statement 2006, Ironbound BID)

Abb. 12: Karte des Gebietes des Ironbound BID (IBID)

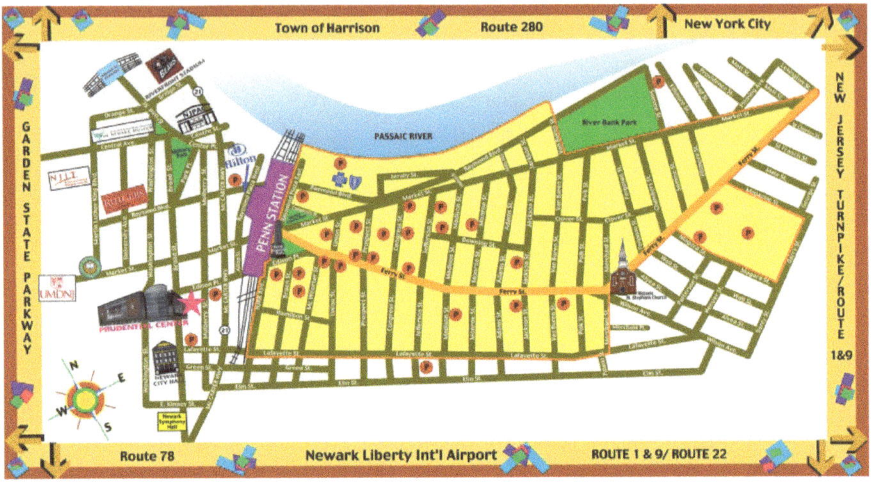

Ironbound BID

Die BID-Abgabe basiert auf dem Grundstückswert, Wohngebäude sind von der Abgabe ausgenommen. Das Budget betrug im Jahr 2008 500.000 US$; für 2009 war eine Steigerung um 5% auf dann 525.000 US$ geplant (Ironbound BID, 2007-2008 Budget Comparison). Im Budget sind lediglich die BID-Beiträge aufgeführt; zusätzlich erhält der BID sowohl von der Stadt als auch dem Bundesstaat Zuschüsse (z.B. 6 Mio. US$ für Straßenverschönerungen oder 90.000 US$ für die Planung, Seth Grossman).

Der größte Teil des Budgets wird für Maßnahmen im Bereich Sauberkeit ausgegeben (Straßenreinigung, die Durchführung eines *Anti-Litter Contest*), PR und Marketing (Werbung, Personalkosten PR Consultant, Newsletter, Website), die Erstellung und Verteilung eines Einkaufsführers sowie für Maßnahmen zur Geschäftsansiedlung (Branchenmix):

Tab. 15: Ausgabestruktur Ironbound BID, 2008

Ausgaben	US$	%
Büro und Nebenkosten	46.609	
Beiträge und Abgaben	10.400	
Personalkosten (inkl. Reinigungspersonal)	135.190	
Verbindlichkeiten und Zinsen	4.700	
Administrative Kosten Gesamt	196.899	39,4%
Branchenmix	13.501	2,7%
Fassadenverschönerung	5.000	1,0%
Beschilderung	1.000	0,2%
Einkaufsführer	51.200	10,2%
PR und Marketing	75.000	15,0%
Gestaltung des öffentlichen Raums	5.000	1,0%
Sauberkeit	138.700	27,7%
Weihnachtsbeleuchtung	1.500	2,4%
Allg. Programmkosten	12.200	0,3%
Maßnahmen Gesamt	303.101	60,6%
AUSGABEN GESAMT	500.000	100,0%

Ironbound BID, 2007-2008 Budget Comparison (eigene Zusammenfassung der einzelnen Positionen)

Wie in New Jersey üblich, muss das Budget vom Stadtrat verabschiedet werden, wobei Seth Grossman ausdrücklich darauf hinwies, dass das Budget einmal komplett abgelehnt wurde; er deutete an, dass es Unstimmigkeiten mit einem *Board*-Mitglied gab und der Stadtrat nicht mit der Einstellung einer bestimmten, für die für die Straßenreinigung zuständigen Firma einverstanden war. Er betonte, dass eine gute Zusammenarbeit mit dem Stadtrat insbesondere deswegen wichtig sei, weil dieser jedes Jahr neu über die Ausschüttung der BID-Beiträge beschließe.

Zusammensetzung und Wahl des Boards

Das *Board* bestand 2008 aus 25 Mitgliedern, davon sind zwei Positionen für Bewohner (zwischen Eigentümern und Mietern wird nicht unterschieden) reserviert. Seth Grossman betonte ausdrücklich, dass in einem mischgenutzten Gebiet wie dem Ironbound eine derartige Repräsentation sinnvoll sei: „Even just as simple, just call it customer ... position or resident position, but it also adds that community flavor to it.“ (Seth Grossman, Interview 25.08.2008). Als staatliche Vertreter sind ein Mitarbeiter des Bürgermeisters sowie ein Stadtratsabgeordneter im *Board.*

Das sog. *Board Committee* trifft sich alle zwei Wochen, während das komplette *Board* sich viermal im Jahr trifft. Die Sitzungen sind öffentlich. Daneben gibt es drei weitere Ausschüsse: den Ausschuss für *Design, Planning & Quality of Life*, das sich um Themen wie die Umgestaltung der Straße und die Programme zur Fassadenverschönerung kümmert, sowie um die Sicherheit der Fußgänger, Parken und Sauberkeit. Der Finanzausschuss ist für die Kontrolle des BID-Budgets, der Ausgaben und der Mitgliedsbeiträge sowie die Beantragung von Zuschüssen zuständig. Die Aufgaben des Ausschusses für „Business Development & Marketing" sind die Anwerbung neuer Geschäfte sowie die Vernetzung der Tourismus-Initiativen des Ironbound mit den kulturellen Einrichtungen von Newark (<http://www.goironbound.com>, Zugriff 22.07.2008).

Neue *Board*-Mitglieder des Ironbound BID werden von den übrigen *Board*-Mitgliedern gewählt. Dazu werden Briefe an alle Mitglieder mit der Aufforderung verschickt, selber zu kandidieren oder jemanden zu benennen. Laut Seth Grossman hat sich dieses Verfahren bewährt, da allgemeine Wahlen zu teuer seien und die beste Methode, Freiwillige für das *Board* zu finden, die direkte Ansprache sei.

Zusammenarbeit mit anderen Akteuren

Der BID sieht sich selbst als „actor in the community", der sich der Bedürfnisse der verschiedenen „communities" bewusst ist, sich aber vorrangig um die Anliegen der „business community kümmert:

> In this community particularly, the Ironbound, you are talking of multi-levels of community. You can define the Ironbound as a Portuguese and Brazilian community, you can define it as the retail focus of Newark, you could define it as a crossroads of New Jersey, you can define it as a lot of different types of community, and I can guarantee you that those multi-level conversations, or realities of communities, are well known to your BID and the BID manager. However, their job is to reinforce the sense of what the business community is as a partner to these other communities. (Seth Grossman, Interview 25.08.2008)

Der IBID formuliert als eines seiner Ziele explizit „[to] develop appropriate professional partnerships with public and private entities" (What is the Ironbound BID? 2003). Er kooperiert dabei insbesondere – wie oben dargestellt – eng mit dem Stadtrat, mit der Polizei; anlässlich konkreter Veranstaltungen mit verschiedenen Akteuren, wie z.B. der Heilsarmee, sowie mit den Kultureinrichtungen Newarks (außerhalb des BID-Gebietes). Außerdem verleiht er Preise und veranstaltet Wettbewerbe (z.B. den *Anti-Litter Contest*).

Bewertung

Der Ironbound BID liegt in Bezug auf das verfügbare Budget etwas über dem Durchschnittswert der SIDs in New Jersey (Median der Budgets 2000-2001: 214.000 US$, GOLDSMITH; JUSTICE 2008: 168, Table 8.1). Auch von den Maßnahmen her mit Sauberkeit und Marketing als wichtigsten Budgetpositionen ist der IBID eher als durchschnittlich zu bezeichnen.

Bemerkenswert an diesem BID ist vielmehr der hohe Grad an Bewusstsein, dass der BID keine rein private Angelegenheit, sondern eine Partnerschaft zwischen öffentlichen und privaten Akteuren darstellt – wobei der öffentliche Partner aufgrund der Hoheit über das Budget eine starke Position inne hat. Seth Grossman betonte zwar den privatwirtschaftlichen Charakter der *Management Corporation*, aber stellte in Bezug auf den BID die rhetorische Frage: „Who owns the BID?“ Die BID-Organisation stelle lediglich das Management – Sauberkeit, Sicherheit als Annehmlichkeiten für die Kunden – zur Verfügung, das Quartier lebe aber von seinem Charakter, über das es – im Gegensatz zu einem gemanagten Einkaufscenter – verfüge:

> … but they [the malls] are not the same vibrancy as are BIDs communities. What makes them successful is that they are real communities, … they were designed real communities, they always will be real communities, they're just managed or not managed. Towns that don't succeed are usually not managed to succeed, towns that do succeed are managed to succeed. Management is the key. (Seth Grossman, Interview 25.08.2008 (Betonung im Original))

Die BID-Community – bzw. die *business community* – ist seiner Ansicht nach ein Spieler im Konzert der verschiedenen *communities*, die erst in ihrem Zusammenspiel die liebenswerte Eigenart eines Ortes ausmachen.

3.3.3 RiverCenter SID, Red Bank

Kurze Beschreibung

Red Bank ist eine kleine Stadt mit knapp 12.000 Einwohnern in Monmouth County am Südufer des Mündungstrichters des Navesink River. Red Bank liegt in der Metropolregion New York und ist ca. 10 Min. von der Atlantikküste und ca. 1 Std. von Manhattan entfernt. Es gibt eine direkte Fährverbindung nach Manhattan. Viele Einwohner Red Bank's pendeln zur Arbeit nach New York; Red Bank ist aber auch ein beliebtes (Wochenend-) Ausflugsziel für New Yorker (Frank Mason). Was das Städtchen als suburbanen Standort außergewöhnlich macht – und wahrscheinlich auch ein Grund für seine Beliebtheit bei Besuchern ist –, ist das Vorhandensein einer historischen, kompakten Bebauung mit einem „richtigen" Stadtzentrum.

Die früheste bekannte Erwähnung des Ortes datiert von 1736, als ein Siedler ein Stück Land an der sog. Red Bank des Navesink River erwarb. Im Laufe des 19. Jahrhunderts wurde zunächst eine Schänke errichtet, der dann weitere Geschäfte, eine Kirche sowie Wohnhäuser folgten. Red Bank war das Handelszentrum für Monmouth County und lebte vom Export lokaler Produkte (Meeresfrüchte, landwirtschaftliche und handwerkliche Produkte) nach New York, der zunächst auf dem Seeweg mit Segel- und Dampfschiffen, nach dem Bau der Raritan und Delaware Bay Eisenbahn in den 1960er Jahren zunehmend auf dem Landweg erfolgte. Die Handelsschifffahrt wurde daraufhin eingestellt; Red Bank war aber weiterhin Ausgangspunkt maritimer Aktivitäten dann mehr sportlicher Art, wie Segelregatten oder Eisyacht-Rennen. Administrativ war Red Bank zunächst ein Teil von Shrewsbury Town, spaltete sich dann aber ab und wurde 1908 durch ein Gesetz von New Jersey offiziell als *Borough* (hier: Stadtgemeinde) anerkannt.[72]

Die Konkurrenz der umliegenden Orte, die ebenfalls über die attraktive Lage in der Nähe des Atlantiks verfügten, aber auch der Bau von Shopping Malls, brachte die Einzelhandelsaktivitäten in den 1980er Jahren nahezu zum Erliegen; die Leerstandsrate lag bei 35%, so dass Red Bank mit dem wenig schmeichelhaften Spitznamen *Dead Bank* bedacht wurde (schriftliches Werbematerial des RiverCenter SID).

Der RiverCenter SID war einer der ersten SIDs in New Jersey überhaupt und wird von vielen als Vorbild gesehen und kopiert (Seth Grossman, Interview 25.08.2008). Heute ist Red Bank eine florierende Stadt für die Mittel- und Oberschicht, die – häufig in einem Tagesausflug von New York – zum Shoppen nach Red Bank kommen. Die Einkaufszone ist geprägt von gut gepflegten, meist zweigeschossigen Gebäuden, in denen exklusive Geschäfte ihre Waren anbieten. Viele der Läden sind kleine, lokal geführte Geschäfte („Mom-and-Pop-Shops", Harriet Cook, Interview 26.08.2008); Filialen landesweit operierender Ketten sind nur wenig prä-

72 Quellen: <http://www.redbanknj.org/history.html>, Zugriff 26.08.2008; <http://en.wikipedia.org/wiki/Red_Bank_New_Jersey>, Zugriff 05.06.2008; <http://www.redbankrivercenter.org/>, Zugriff 16.08.2008.

sent. Möglicherweise wird deren Anteil aufgrund der Attraktivität von Red Bank in den nächsten Jahren zunehmen; so gab es 2008 z.B. eine Filiale von Starbucks und Tiffany & Co. hatte eine Dependance errichtet (schriftliches Werbematerial des RiverCenter SID). Der Branchenmix reicht von hochwertigem Schmuck und Bekleidung über Antiquitäten bis hin zu auf Comics spezialisierte Geschäfte. Daneben gibt es mehrere sehr gute Restaurants.

Abb. 13: Broad Street, Red Bank

Ebenfalls mit im SID-Gebiet integriert sind einige von Wohnnutzungen geprägte Straßen im viktorianischen und *Second Empire*-Stil, von denen ein Teil vom Stadtrat zum *Historic District* erklärt wurde. Gebäude mit reiner Wohnnutzung sind jedoch von den SID-Beiträgen ausgenommen (Frank Mason, Interview 26.08.2008).

Während das Durchschnittseinkommen in Red Bank leicht unter dem entsprechenden Durchschnittswert für New Jersey liegt (vgl. Tab. 14), kommen die Kunden vorwiegend aus den umliegenden, relativ wohlhabenden Gemeinden; für die letzten Jahre weisen die Statistiken zudem einen Zuzug einkommensstärkerer Bürger aus:

> … the borough has also had an influx of higher-income renters and home buyers over the last five to ten years, including significant numbers of professionals and executives relocating from Staten Island and other areas of New York City. Surrounding communities in the approximate primary and secondary trading areas for downtown Red Bank are growing and significantly wealthier than the statewide norm … (JUSTICE 2003: 282 f.)

Eine wichtige Rolle bei der Revitalisierung von Red Bank – das mittlerweile als „Hip City" gilt – spielt die Kultur. Dazu gehören kostenlose Musikveranstaltungen (s. unten), Theater (*Two River Theater, Count Basie Theater*), zahlreiche Galerien sowie zwei Ausbildungsstätten (*Academy of Dance Arts, Count Basie Cool School*).

Das BID-Gebiet umfasst ca. 230 Grundstücke, die von etwa 350 Geschäften und 200 Dienstleistern genutzt werden (im Jahr 2001, JUSTICE 2003: 287). Die Bahnlinie und der Bahnhof liegen im Westen des BID-

Gebietes. In das erweiterte Gebiet wurde auch die sog. *Galleria Red Bank*[73] sowie das *Count Basie Theater* integriert; andere Straßenzüge, bei denen Widerstand der Besitzer erwartet wurde, wurden jedoch außen vor gelassen (Harriet Cook, Interview 26.08.2008). Der RiverCenter SID wird von der *Special Improvement District Borough of Red Bank, Inc.*, bekannt unter *Red Bank RiverCenter*, einer *not-for-profit* nach 501 c(3), gemanagt und beschäftigt zwei Vollzeit- und eine Teilzeitangestellte.

Abb. 14: Karte des Gebietes des RiverCenter SID

rot = ursprüngliche Grenzen, gelb = erweiterter SID- Bereich ab 2007
Grenzen von Harriet Cook eingezeichnet

Ziele, Budget, Maßnahmen

Die Initiative zur Gründung eines SID ging nach Aussage von Harriet Cook von einer Gruppe von Unternehmern aus, die Bürgermeister Ed McKenna auf die Möglichkeit einer SID-Gründung aufmerksam gemacht hatte. Ein ehemaliger Geschäftsmann, der damals Abgeordneter im Gemeinderat war, war die treibende Kraft bei der Aufstellung des SID-Plans. Eingerichtet wurde der RiverCenter SID im Jahr 1991.

Ziel des RiverCenter SID ist nach eigenen Worten

> … to develop a positive unifying force, so that together our picturesque small town waterfront community will reach and become a premier cultural destination offering unique and distinctive shopping districts within easy walking distance of an attractive and convenient parking space. (Red Bank RiverCenter 2006 Mission Statement)

Das Budget wird jährlich aufgestellt; es wird – wie in New Jersey üblich – nach Durchführung einer öffentlichen Anhörung vom *Mayor* und dem *Borough Council* genehmigt. Die Budget-Aufstellung des SID stieß 2008 offensichtlich auf so

73 Eine ehemalige Textilfabrik, die sorgfältig restauriert wurde und nun Geschäften und Dienstleistern im oberen Preissegment genutzt wird (<http://www.thegalleriaredbank.com/>, Zugriff 24.11.2008).

viel öffentliches Interesse, dass es der Online-Zeitschrift <www.redbankgreen.com> ein Interview mit der BID-Managerin Nancy Adams wert war.[74]

Die SID-Abgabe basiert auf dem Immobilienwert; reine Wohnnutzungen und Parkplätze sind von der Abgabe ausgenommen. Für das SID-Gebiet gibt es fünf verschiedene Berechnungsformeln; der Beitragssatz liegt zwischen dem 0,094- und dem 0,175-fachen des Immobilienwertes. Die unterschiedlichen Abgabehöhen ergeben sich aus der Tilgungsverpflichtung für zwei zinslose Darlehen des Bundesstaates New Jersey, mit denen Investitionen in der Broad Street (1998) und Monmouth Street (2004) getätigt wurden. Während alle Eigentümer das operative Budget zu gleichen Teilen finanzieren, wird die Darlehenstilgung auf die Eigentümer der entsprechenden Straßenzüge verteilt.

Das Budget bildet lediglich die mit der Abgabe getätigten Leistungen ab; Einnahmen aus anderen Quellen, wie Spenden, Sponsorengelder oder staatliche Zuschüsse werden für Besonderes wie z.B. Events eingesetzt, tauchen aber nicht im Budget auf (Harriet Cook, Interview 26.08.2008). Laut JUSTICE 2003 betrug der Anteil der BID-Abgaben am Budget im Zeitraum von 1991 bis 2001 rund 86 Prozent (327). Vom Budget bereits abgezogen ist eine Sonderzahlung der St. James Church für die Tilgung des Darlehens für die Broad Street in Höhe von 2.500 US$ (vgl. Tab. 17).

Die eingenommene Abgabensumme betrug 624.052 US$ für das Jahr 2008 und setzt sich entsprechend der fünf Berechnungsformeln wie folgt zusammen:

Tab. 16: Einnahmestruktur RiverCenter SID, 2008

	Assessed Value (US$)	Tax Levy (US$)	Tax Rate
Zone 1	133.105.600,00	179.413,79	0,135
Zone 2	139.791.800,00	195.693,83	0,140
Zone 3	34.741.200,00	59.118,77	0,170
Zone 4	6.116.400,00	10.726,21	0,175
Zone 5	190.563.000,00	179.099,40	0,094
Total	504.318.000,00	624.052,00	

Z. 1: alle Eigentümer außer Broad und Monmouth St.
Z. 2: nur Eigentümer der Broad St.
Z. 3: nur Eigentümer der Monmouth St.
Z. 4: Eckgrundstücke Broad und Monmouth St.
Z. 5: nur operatives Budget
Unterlagen von Frank Mason

74 <http://www.redbankgreen.com/redbankgreen/2008/03/rivercenter-bud.html>, Zugriff 17.09.2008. Redbankgreen ist „an independent, advertiser-supported, web-only presentation of news, feature stories and images centering on life in Red Bank, New Jersey, and its neighbor towns", das von einem Ehepaar aus Red Bank gepflegt wird.

Der durchschnittliche SID-Beitrag beläuft sich auf 1.325 US$ pro Jahr (<http://www.redbankrivercenter.org/funding.cfm>, Zugriff 17.09.2008).

Die ehemalige BID-Managerin des RiverCenter SID, Tricia Rumola, wird gern mit den Worten zitiert: „It's a proven fact that arts and economic development go hand in hand." Mit seinen Maßnahmen setzt der RiverCenter SID nach wie vor auf dieses Rezept. In Red Bank finden zahlreiche Kulturveranstaltungen statt; davon wird allerdings nur ein kleiner Teil vom RiverCenter SID finanziert bzw. organisiert, so etwa ein sonntäglicher *Farmer's Market*, ein jährlicher Straßenverkauf oder die im Dezember wöchentlich stattfindenden *Holiday Harmonies* mit verschiedenen Bands. Mit Unterstützung der *Bank of America* und des *Monmouth Arts Council* sowie weiteren Sponsoren organisiert der SID jeweils samstags im Juni, Juli und August *StreetLife*, mit kostenlosen Performances aus den Bereichen Zauberkunst, Tanz und Musik. Schließlich organisiert der RiverCenter SID das Programm *Dine Downtown*, für das die teilnehmenden Geschäfte und Restaurants einen Beitrag entrichten müssen. Die bekannten und für Red Bank wichtigen Musik- und Kulturveranstaltungen, wie das dreitägige *Riverfront Jazz & Blues Festival* im Juni, das 150.000 Besucher anzieht, das *Fireworks on the Navesink* im Juli oder das *Red Bank International Film Festival*, werden von anderen gemeinnützigen Veranstaltern durchgeführt. Das *Department Parks & Recreation* des *Borough* Red Bank bietet im Sommer praktisch jeden Abend eine kostenlose Veranstaltung im Riverside Park an (*Red Bank Summer Series*).

Einen großen Posten im Budget nimmt der Betrieb des *Visitor's Center* ein, das überwiegend aus Mitteln des SID mit ergänzenden Sponsorengeldern betrieben wird.[75] Schließlich kümmert sich der SID auch um die Vernetzung der *business community*, um Sauberkeit, saisonalen Bepflanzungen (diese werden allerdings von den Geschäften finanziert), Parkmöglichkeiten und die Vermietung leer stehender Ladenlokale. Das *Visual Improvement Committee* (VIC) des SID ist verantwortlich für die Vergabe eines städtischen Zuschusses für Fassaden-Verschönerungen im SID-Gebiet. Diese Möglichkeit sieht das Gesetz ausdrücklich vor:

> … the ordinance may include the requirement that construction or alteration of building and structure facades be subject to prior review and approval to assure compliance with design criteria included in the ordinance. The design criteria shall be approved by the municipal planning board prior to inclusion in the ordinance. A municipal officer

75 „We are a 501-C3 Organization funded primarily through the support of Red Bank RiverCenter as well as local businesses. Our current sponsors include: Metrovation/Terronomics and The Curchin Group of Red Bank. Our charter sponsor, J.P. Barry Associates … provided the initial funding for our Visitors' Center." (<http://www.visit.redbank.com/about.php>, Zugriff 17.09.2008).

or agency shall be designated by ordinance to conduct the review and grant or deny approvals of proposed construction or alteration of facades. In lieu of that designation, the governing body may designate the district management corporation to conduct these reviews and grant or deny these approvals, but only if the governing body finds in the ordinance that the corporation is so constituted and organized as to be reasonably appropriate and qualified for this role. ... (New Jersey Statutes Annotated, 40:56-71)

Die Maßnahmen im Überblick mit den entsprechenden Budgetanteilen:

Tab. 17: Ausgabestruktur RiverCenter SID, 2008

Expenses	US$	%
Total Administration	232.580	37,3%
Total Program Expenses	391.472	62,7%
Total Dept Service	150.072	24,0%
Broad Street Streetscape Dept Service (119.072 US$ abzgl. 2.500 US$ der *St. James Church*)	116.072	
Monmouth Street Streetscape Dept Service	34.000	
Holiday Decorations	28.000	4,5%
Parking/Capital Improvements	75.000	12,0%
Programming/Marketing	88.600	14,2%
Advertising	18.000	
Horticulture Projects	10.000	
Visitors' Center	50.000	
Sidewalk Sale	1.000	
Holiday Events incl. concert	9.000	
Annual Meeting	600	
Visual Improvement Committee/VIC grants	12.000	1,9%
Maintenance	36.000	5,8%
Sidewalk Maintenance	34.000	
Benches (repair and staining)	2.000	
Membership Outreach & Communications	1.800	0,3%
TOTAL EXPENSES	624.052	100%

2008 RiverCenter Budget (auch verfügbar unter <http://www.redbankgreen.com/redbankgreen/files/RiverCenter2008budget.jpg>, Zugriff 17.09.2008)

Überschüsse und Defizite können auf das nächste Geschäftsjahr übertragen werden (JUSTICE 2003: 327).

Zusammensetzung und Wahl des Boards

Das *Board* besteht aus 30 Mitgliedern; sieben dieser Mitglieder sind ernannte Mitglieder: der *Mayor* oder ein Vertreter, ein Vertreter des *Borough Council*, zwei Einwohner des *Borough*, die nicht Eigentümer oder Mieter im *District* sein dürfen und vom *Council* gewählt werden, sowie je ein Vertreter des *Riverview Medical Center*, des *Monmouth County Arts Council* und der *Eastern Monmouth Area Chamber of Commerce*[76]. Die restlichen 23 Mitglieder werden gewählt; jeder Eigentümer im *District* hat eine Stimme und kann sein Stimmrecht an seinen Mieter abtreten. Die *Board*-Mitglieder werden für drei Jahre gewählt, wobei die Amtszeit der einzelnen Mitglieder zu unterschiedlichen Zeitpunkten endet, so dass nie das gesamte *Board* neu gewählt werden muss. Scheidet ein Mitglied vorzeitig aus, kann eine Mehrheit des *Boards* diese Position nachbesetzen. 17 dieser gewählten *Board*-Mitglieder müssen Eigentümer oder Einzelhändler aus dem *District* sein, sechs davon wiederum Eigentümer von Immobilien mit einem Wert von mehr als 500.000 US$. Die übrigen sechs Mitglieder können aus dem *Borough* von Red Bank kommen (*at large*). Es findet ein jährliches Treffen aller *District*-Mitglieder statt. Datum und Ort der regelmäßigen *Board*-Sitzungen sind bekannt zu geben. Die Protokolle der monatlichen *Board*-Meetings können auf der Website eingesehen werden (<http://www.redbankrivercenter.org/minutes.cfm>, Zugriff 17.09.2008). Die täglichen Geschäfte werden von einem *Executive Committee*, das aus mindestens fünf, maximal 13 Mitgliedern besteht, geführt. Das *Board* kann verschiedene Ausschüsse einrichten, so etwa das *Visual Improvement Committee*.[77] Es gibt ein *Board Development Committee*, das für die Nominierung von neuen *Board*-Mitgliedern zuständig ist. Alternativkandidaten oder Kampfabstimmungen scheint es nicht zu geben (JUSTICE 2003: 297).

Diese relative offene Struktur wird allerdings dadurch konterkariert, dass wichtige Entscheidungen und Informationen auf das *Executive Committee* konzentriert sind; dieser Ausschuss tagt unter Ausschluss der Öffentlichkeit und trifft die wesentlichen Entscheidungen (ebd. 301). Die Informationen, die auf den öffentlichen Sitzungen des *Boards* präsentiert werden, scheinen so zugeschnitten zu sein, dass sie mehr der Selbstdarstellung als einer kritischen Diskussion dienen (ebd. 303). Zum Zeitpunkt der

76 Im Gegensatz zu Deutschland sind die Kammern keine öffentlich-rechtlichen Körperschaften und es gibt keine Pflichtmitgliedschaft für Unternehmen. Kammern sind als not-for-profit unter §501 (c) 6 des Internal Revenue Code konstituiert.

77 Alle Informationen aus: Amended and Restated By-Laws of The Red Bank Special Improvement District, adopted as of December 2, 2002.

von JUSTICE durchgeführten Interviews (also 2000-2001) gab es Bestrebungen, diese Struktur zu öffnen (301); dies konnte allerdings im Interview nicht überprüft werden.[78]

Zusammenarbeit mit anderen Akteuren

Wie sich sowohl bei den Maßnahmen als auch bei der *Board*-Besetzung zeigt, arbeitet der Red Bank RiverCenter SID mit zahlreichen Akteuren zusammen. Bei den Maßnahmen geschieht dies insbesondere bei der Veranstaltungsorganisation, bei der alle Akteure das Ziel verfolgen, Red Bank attraktiver zu machen. Die enge Vernetzung des SID mit der Stadt drückt sich auch in der Besetzung des *Boards* aus: Neben den Repräsentanten der Eigentümer und Einzelhändler aus dem *District* selber sitzen dort auch Vertreter wichtiger Institutionen in Red Bank (neben den in der Satzung festgelegten z.B. aktuell auch ein Vertreter des Count Basie Theatre). Neben den satzungsgemäß durch das Gemeindeparlament gewählten Anwohnern gibt es weitere Positionen im *Board*, die von Vertretern außerhalb des SID-Gebietes besetzt sein können.

Auch die Diversität der Finanzierungsquellen der Maßnahmen deuten auf das Vorhandensein von Netzwerken: Beiträge kommen von einzelnen Geschäftsinhabern (Bepflanzungen, Anzeigenkampagnen, *Visitor's Center*), staatlichen Programmen (z.B. städtische *VIC grants* oder ein zinsloses Darlehen für die Verschönerung der Monmouth Avenue im Rahmen des bundesstaatlichen Business Improvement Zone-Programms (JUSTICE 2003: 327)) oder in der Durchführung von Events durch andere Organisationen (z.B. *Jersey Shore Jazz and Blues Foundation, Kaboom! Fireworks Committee*). *Board*-Mitglieder bringen Ressourcen aus ihrer Geschäftstätigkeit zu Gunsten des RiverCenter SID ein: So organisierte beispielsweise ein *Board*-Mitglied, die Besitzerin einer Model-Agentur (Barbizon), eine Modeschau (<http://www.redbankrivercenter.org/programs.cfm>, Zugriff 09.01.2009) oder sie stellt Schaufensterpuppen zu Dekorationszwecken für ein Event zur Verfügung (Minutes of March 3rd Board of Directors Meeting).

Auch mit der Verwaltung *Borough* arbeitet der SID eng zusammen. Der 1991 gewählte Bürgermeister, der auch maßgeblich zur Gründung des SID beigetragen hatte, hatte die Revitalisierung des Einkaufsstandortes zu einem seiner Hauptziele erklärt. Finanziell wurde die Erarbeitung eines Gutach-

78 Zum Zeitpunkt des Interviews mit Harriet Cook waren diese Informationen leider nicht bekannt.

tens vor der SID-Gründung sowie die ein Teil der Umgestaltung der Broad Street unterstützt (Straßenbett, Versorgungsleitungen, Bordsteine). Der *Borough* war daneben auch verantwortlich für die Neugestaltung des Riverside Garden Parks, ein für die Revitalisierung von Red Bank als wichtig erachtetes Projekt (ebd. 329). Daneben kümmert sich der *Borough* gegen Bezahlung um die Bewässerung der Pflanzkübel (ebd. 327). Die Zusammenarbeit mit dem *Borough Council* scheint dagegen nicht immer nach Wunsch des SID zu verlaufen: so entschied sich der Stadtrat in der Frage des Baus einer Parkgarage gegen die Interessen des SID – obwohl diese von der Verwaltung unterstützt wurde (ebd. 300; 306). Andererseits übt das *Visual Improvement Committee* offensichtlich erheblichen Einfluss auf die Entscheidungen des Planungsausschusses aus: „The VIC enjoys a degree of indirect authority over land use and construction approvals for projects within the SID, through an advisory role the borough approval process." (ebd. 300)

Neben den bezahlten SID-Managern sind einschließlich der ehrenamtlich tätigen *Board*-Mitglieder bis zu 100 Freiwillige in *Committees* und den mehr themenorientierten *Task Forces* engagiert (ebd. 298; 328). JUSTICE schätzt, dass durch diese Arbeit ca. 2.000 bis 3.000 Arbeitsstunden pro Jahr zusammenkommen (328).

Eine „familiäre" Atmosphäre und Netzwerke z.B. zwischen benachbarten Geschäften oder Läden aus der gleichen Branche bestanden schon vor Gründung des SID, haben sich aber seitdem intensiviert (ebd. 318). Die im SID Aktiven sind in aller Regel auch ortsbekannte Persönlichkeiten, was durch die Vorauswahl der Kandidaten durch das *Board Development Committee* befördert wird.

Durch die formellen Kooperationen, aber auch die „informellen" Netzwerke hat der SID einerseits Zugriff auf Ressourcen materieller und immaterieller Art, andererseits verbessert dies die Schlagkraft der SID-Maßnahmen, da alle Akteure „an einem Strang" ziehen.

Bewertung

Der RiverCenter SID gilt als der Vorbild-SID New Jersey's schlechthin. Der Erfolg von Red Bank wird dabei unhinterfragt vor allem dem SID zugeschrieben. Bei genauerem Hinsehen sind es jedoch mehrere Faktoren, die dazu beitragen: Die Lage von Red Bank im Einzugsgebiet von New York und an der Küste New Jersey's, die viele Touristen anzieht; die Stadtgestalt selber mit historischen Gebäuden und einer „kompakten" Erscheinung; das kulturelle Angebot, zu dem verschiedene Akteure beitragen. Neben dem SID haben auch andere Akteure, wie der damalige Bürgermeister Ed McKenna, der aktiv kleine Inhaber geführte Geschäfte gegenüber Filialisten gefördert hat (CONNIFF 2004: 87), oder einzelne Eigentümer und Einzelhändler durch Investitionen zu einer Revitalisierung beigetragen. Ohne die Bündelung verschiedener Maßnahmen und den gemeinsamen Marketinganstrengungen, wäre dieses Potenzial allerdings wohl kaum zum Tragen gekommen. Der SID ist daher als die zentrale Schaltstelle in der *business community* Red Banks anzusehen. Die Geschäftsleute pflegen aber auch unter sich hervorragende Kontakte. Zu dem Netzwerk gehören ferner weitere Institutionen, wie die Theater oder medizinische Einrichtungen, die ebenfalls von der Attraktivität der Stadt profitieren. Weniger intensive Kontakte scheinen dagegen mit Einrichtungen wie Kirchen oder Schulen, die als Institution – im Gegensatz zu den kulturellen und medizinischen Einrichtungen – nicht primär das Ziel einer Attraktivitätssteigerung verfolgen, zu bestehen.

Bemerkenswert ist ferner, dass es keine kritischen Stimmen hinsichtlich steigender Mieten oder der Verdrängung alteingesessener Geschäfte zu geben scheint. Die steigenden Grundstückswerte tragen unmittelbar zum Wohlstand der Gemeinde bei, da in den USA die Gemeindebudgets zu einem wesentlichen Teil aus der Grundsteuer bestritten werden. Der RiverCenter SID selber betont, dass die höhere Attraktivität und steigende Grundstückswerte im SID-Gebiet den Interessen aller Einwohner Red Banks dienten:

> As a resident, how have I benefited from RiverCenter?
>
> While our town was once known as ‚Dead Bank', today, Red Bank enjoys a national reputation as an exciting, vibrant and thriving community. This growth has helped to make Red Bank a nicer place to live, work and play as well as substantially increasing local property values. As properties within the business district increase in value, the property owners and businesses in the district carry a larger share of the local tax burden. (<http://www.redbankrivercenter.org/faqs.cfm>, Zugriff 18.09.2009)

Red Bank ist ein Beispiel für eine gelungene konzertierte Aktion zur Wiederbelebung einer Kleinstadt, woran sowohl die öffentliche Hand des *Borough* wie auch die Geschäftsleute ein Interesse haben. Dadurch entsteht der Eindruck, dass Red Bank eine *community* ist, in der die Akteure gut vernetzt sind und sich ehrenamtlich für ein gemeinsames Ziel engagieren. Der BID nimmt dabei einen zentralen Knotenpunkt im Netzwerk ein.

3.3.4 Central Avenue SID (CASID), Jersey City

Kurze Beschreibung

Jersey City liegt westlich von Manhattan und ist sehr gut mit öffentlichen Verkehrsmitteln (U-Bahn, Fähre, Zug) sowohl an Manhattan wie auch das übrige New Jersey angebunden. Jersey City wurde 1820 aus Teilen des North Bergen Township gegründet; 1838 löste es sich von North Bergen, 1840 wurde es Teil des neu gegründeten Hudson County. Im Lauf der folgenden Jahre wurden einige der angrenzenden Orte eingemeindet.

Während Jersey City bis in die 1940er Jahre von Industrie geprägt war, verließen die Unternehmen die Stadt in den 1970er und 1980er Jahren (David Diaz, Interview 27.08.2008). Jersey City war wie viele andere Städte ebenfalls von dem *white flight*, dem Exodus der Mittelschichten in die *Suburbs*, betroffen. Aufgrund günstigen Wohnraums zogen Immigranten nach. Die Bausubstanz verfiel und die Kriminalitätsrate war hoch. In den 1980er Jahren begann die Entwicklung an der sog. Waterfront, die einen spektakulären Blick auf Manhattan bietet. Finanzinstitute zogen in die neu errichteten Hochhäuser; mittlerweile ist der *Exchange Place Financial District* (auch *Wall Street West* genannt) einer der wichtigsten Finanzplätze in den USA. Gleichzeitig kamen auch viele Künstler aus Manhattan auf der Suche nach günstigen Ateliers nach Jersey City. (<http://en.wikipedia.org/wiki/Jersey_City>, Zugriff 25.09.2008)

Jersey City ist Sitz des Hudson County und gleichzeitig dessen größte Stadt. Hudson County besteht aus 12 unterschiedlich großen *cities* und *townships*. Jersey City ist administrativ in sechs Bezirke (*Districts* oder *Wards*) eingeteilt. *The Heights* liegt – wie der Name sagt – auf einer Anhöhe über Hoboken und bietet einen phantastischen Blick auf Manhattan. Dieser Teil von Jersey City ist lediglich per Bus erreichbar und somit nicht besonders gut an den öffentlichen Nahverkehr angeschlossen.

Die Central Avenue ist die Haupt-Einkaufsstraße; im Norden und Süden schließen sich zwei kleinere Parks an. Die Bebauung ist meist zweigeschossig. Rechts und links der Central Avenue liegen Wohngebiete mit Reihen- und Doppelhäusern.

Das SID-Gebiet zieht sich ca. 1,2 km entlang der Central Avenue. Der SID umfasst ca. 200 (gewerbliche) Grundstücke, 180 Eigentümer und etwa 245 Geschäfte (David Diaz). Etwa 10% der gewerblichen Immobilien werden vom Inhaber geschäftlich genutzt (<http://www.entralavesid.org/faq.shtml#About>, Zugriff 07.02.2010).

Abb. 15: Gebiet des CASID

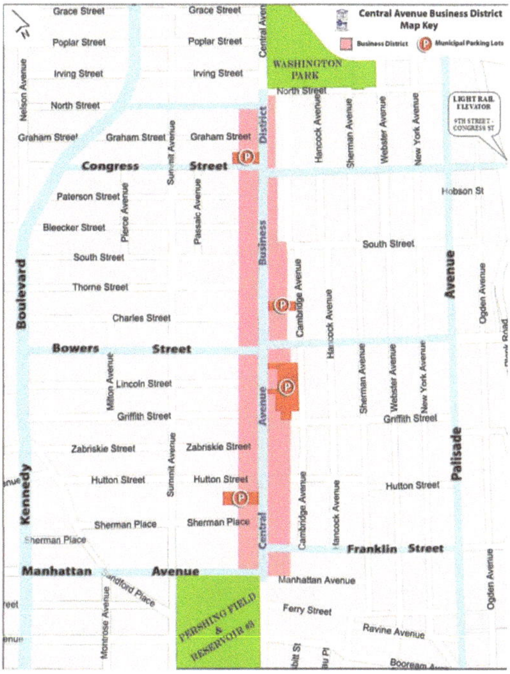

<http://www.centralavesid.org/pdf/CASID_Map_PDF.pdf>, Zugriff 25.09.2008

Abb. 16: Central Avenue, CASID

Die meisten Kunden kommen aus der näheren Umgebung (David Diaz). Noch ist die Nachfrage von 1-Dollar-Shops, Nagelstudios und Handy-Läden groß – diese zahlen die höchsten Mieten –, allerdings ist auch hier eine beginnende Gentrifizierung zu beobachten: Nach Hoboken entdecken die New Yorker zunehmend auch *The Heights* als attraktives Wohngebiet (David Diaz).

Die Initiative zur Gründung des SID ging von Geschäftsleuten und Grundeigentümern aus, die sich auf die Vorbilder bereits bestehender SIDs in New Jersey bezogen. Gründe für die Etablierung des

SID im Jahre 1992 waren zum einen die Schärfung des Profils der Central Avenue gegenüber den übrigen neun Einkaufsstraßen in Jersey City (<http://www.centralavesid. org/faq.shtml#About>[79], Zugriff 25.09.2008). Ein weiteres Ziel war, die als unzureichend empfundenen städtischen Leistungen zu ergänzen und nicht mehr mit der Stadt diskutieren zu müssen. Als wichtiger Grund wird aber auch die Konkurrenz durch Shopping Malls in der Umgebung genannt. Schließlich sollten mit Hilfe des SID die Geschäftsleute geeint werden; diese gehörten zuvor zu zwei Gruppen, die sogar getrennt Weihnachtsbeleuchtungen installierten. Anfangs gab es laut David Diaz erheblichen Widerstand gegen den SID; einige Gegner gingen bis vor den *City Council*. Mittlerweile habe sich die Kritik aber in einem „smooth process" gelegt. Die Leerstandsrate sei von 15% vor der Gründung des SID auf aktuell 8% gesunken (Interview 27.08.2008; <http://www.centralavesid.org/business-uez.shtml>, Zugriff 16.08.2008).

Das Gebiet des CASID gehört zu einer *Urban Enterprise Zone* (UEZ). Das *Urban Enterprise Zone*-Programm wurde 1983 vom Bundesstaat New Jersey aufgelegt; im gleichen Jahr wurde auch die UEZ in Jersey City eingerichtet. Von ursprünglich 10 in 1984 eingerichteten UEZs ist die Zahl mittlerweile auf 32 angestiegen. Üblicherweise werden 30% der Fläche einer Stadt als UEZ ausgewiesen. Geschäfte, die an dem Programm teilnehmen wollen, müssen sich zunächst registrieren (<http://www.nj.gov/treasury/taxation/text/ot9txt.htm>, Zugriff 29.09.2008).

Das UEZ-Programm soll zur Stimulierung der Wirtschaft und zur Schaffung von Arbeitsplätzen in ausgewiesenen städtischen Gebieten beitragen. Es bietet eine Reihe von Steuernachlässen:

- Qualified retail businesses may charge 50 percent of the state's 7 percent sales tax on certain ‚in person' purchases.
- Revenue generated from the 3.5 percent sales tax is maintained in a Zone Assistance Fund (ZAF) and is dedicated to use within the zone for certain economic development and/or public service improvement projects.
- Sales tax refund for purchase of certain materials and tangible personal property. Small UEZ Businesses, with less than $1 million in annual gross receipts, can purchase certain goods and materials sales tax free.
- One-time corporation tax credit of $1,500 for each new, full-time permanent employee who is a resident of a municipality in which a zone is located and who had been unemployed for at least 90 days or dependent upon public assistance.

79 Die Website des CASID ist unter den beiden Adressen <http://www.centralavesid.org> und <http://www.jcheights.com> erreichbar.

- Subsidized unemployment insurance costs for certain new employees with gross salaries of less that $4,500 per quarter.
- Tax credit against the Corporation Business Tax of 8 percent of Investment in the zone by an approved ‚In Lieu' agreement with the Urban Enterprise Zone Authority and Municipality.
- Priority financial assistance for loans, grants and job training.
- Business Retention and Relocation Assistance Grant (‚BRRAG') for relocation and retention of at least 250 non-retail jobs where the grant is a material factor. Special limitations/bonuses for UEZs.
- Business Employment Incentive Program (‚BEIP') applicants may be eligible for a grant award of up to 50 percent of the state income taxes withheld for new employees hired and may increase up to 80 percent if ‚Smart Growth.'
- Business Improvement Grant (Max Value of $20,000): 1:1 matching grant to make facade improvements to business and/or building. (<http://www.centralavesid.org/business-uez.shtml>, Zugriff 16.08.2008)

Für den CASID von großer Bedeutung ist dabei der zweite Punkt, die Reinvestition der Erträge aus der halbierten Mehrwertsteuer im UEZ-Gebiet. Für das SID-Gebiet werden die eingenommenen BID-Beiträge 1:1 mit Mitteln aus der UEZ ergänzt (vgl. Tab. 18 und Tab. 19). Diese Mittel werden für Infrastrukturverbesserungen, die Bindung von Geschäften an das Gebiet, die Schaffung neuer Arbeitsplätze sowie 30 neue Polizeibeamte (davon ca. 20% UEZ-Mittel) eingesetzt (David Diaz). Die UEZ-Mittel werden durch die *Jersey City Economic Development Corporation* (JCEDC)[80] verwaltet und an den SID ausgeschüttet. Die Stadt Jersey City hat somit sowohl die Verwaltung der UEZ-Mittel wie auch die Unterstützung der SIDs in eine privatwirtschaftlich organisierte Entwicklungsgesellschaft ausgelagert.

Die in 1988/89 in Jersey City eingerichtete UEZ sollte eigentlich nach fünf Jahren beendet werden, wurde aber immer wieder verlängert, da laut David Diaz die Befürchtung bestand, dass 40-50% der im UEZ-Gebiet ansässigen Geschäfte abwandern könnten; nach seinen Worten sei die UEZ das „Lebenselixier" des BID-Gebietes.

80 Die Jersey City Economic Development Corporation (JCEDC) wurde 1980 als (private) 501 (c) (3) *nonprofit corporation* von der Stadtverwaltung und dem Stadtrat Jersey City's gegründet. Die Aufgabe der JCEDC ist „to promote, encourage and assist the industrial, commercial and economic development of the City of Jersey City … creating greater employment opportunities and broadening the base of the tax structure." Ab 1987 wurde die JCEDC mit der Verwaltung des *Urban Enterprise Zone* (UEZ)-Programms beauftragt. Die JCEDC ist auch für die Unterstützung der vier SIDs Jersey City's und die Aufsicht über die SID-Programme zuständig (<http://www.jcedc.org/Pages/aboutjcedc.html> und <http://www.jcedc.org/Pages/uezsids.html>, Zugriff 07.02.2010).

Der CASID wird von der *Central Avenue District Management Corporation*, einer *not-for-profit* nach 501 c(4), gemanagt und beschäftigt zwei Vollzeitangestellte.

Ziele, Budget, Maßnahmen

Nach eigenen Worten ist das Ziel des CASID

> … to guide and promote the positive social growth and economic revitalization occurring in the City of Jersey City by providing supplemental management, maintenance, and improvements to the Central Avenue business district also known as the ‚Central Avenue Special Improvement District' (Central Avenue between Manhattan Avenue and North Street). …
> In a traditional neighborhood setting, there is a sensitive relationship between local commerce and the surrounding population. One can not thrive without the other. For this reason, it is imperative for the CASID to be a key player in the community and take a general interest in local matters to better advocate on behalf of the business and neighborhood community. … The CASID works alongside community leaders, neighborhood associations, and elected officials to guide the growth of Jersey City and its highly valued traditional neighborhood quality in the Heights … (<http://www.centralavesid.org/about-mission.shtml>, Zugriff 25.09.2008)

Der CASID bezieht sich also neben seiner zentralen Aufgabe, für ökonomisches Wachstum in seinem Gebiet zu sorgen, ausdrücklich auch auf seine Rolle als ein Akteur in der *community* und sich generell um Interessen der Nachbarschaft zu kümmern.

Die Bemessungsgrundlage für den BID-Beitrag ist die Ladenfrontlänge; diese wird multipliziert mit dem Grundbeitrag von 15 US$/Fuß[81]. Bei einer durchschnittlichen Länge von 25 Fuß ergibt sich der durchschnittlicher Beitrag in Höhe von 375 US$, der von den Grundeigentümern getragen wird. Laut David Diaz wird die Abgabe von einigen Besitzern an die gewerblichen Mieter weiter gegeben. Gebäude, die nur zu Wohnzwecken genutzt werden, sind von der Abgabe befreit; ebenso die Wohnanteile gemischt genutzter Immobilien. Das Budget wird jährlich von BID-Manager und *Board* vorbereitet und auf der jährlichen Mitgliederversammlung beschlossen. Der *City Council* muss dem Budget in einer öffentlichen Sitzung zustimmen. Das Budget des abgelaufenen Jahres muss von einem unabhängigen Wirtschaftsprüfer auditiert werden. (David Diaz und <http://www.centralavesid.org/about-FundingStructure.shtml>, Zugriff 07.08.2008)

81 Entspricht 35,27 €/m Ladenfront; 1 foot = 0,3048 Meter; US$ 1 = 0,71696 € (Umrechnungskurs vom 12.09.2008).

Die Einnahmen des CASID setzen sich aus UEZ-Mitteln, der SID-Abgabe sowie weiteren privaten Mitteln zusammen. Der Anteil der SID-Abgabe macht somit nur etwas mehr als ein Drittel aller Einnahmen aus:

Tab. 18: Geplante Einnahmestruktur CASID, 2008-2009

Revenues	US$				%
	SID	UEZ	Other	Total	
Funds Carried Forward			20.000	20.000	7,6%
SID Assessment	92.700			92.700	35,3%
UEZ 1:1 Matching Grant		92.700		92.700	35,3%
Sponsorship Programs[a]			57.000	57.000	21,7%
TOTAL REVENUES	92.700	92.700	77.000	262.400	100%

[a] Unter der Position „Sponsorship Programs" sind zusammen gefasst: Sponsorship Programs (Street Fair, Commercial, Directory, etc.), Sidewalk Sales Permits, Bank Interest
Central Avenue Special Improvement District Management Corp.: Fiscal Year Budget July 1, 2008 - June 30, 2009

Das erste Projekt des CASID war die Verschönerung der Central Avenue. Der SID finanzierte 1994 mit 70.000 US$ die Erarbeitung eines Masterplans durch ein Architekturbüro. Der Plan wurde an die *Jersey City Economic Development Corporation* (JCEDC) übergeben, die das 1,5 Millionen-Dollar-Projekt in den folgenden beiden Jahren mit UEZ-Mitteln umsetzte. Es umfasste die Neugestaltung der Bürgersteige, das Aufstellen von Lampen, Bänken, Mülleimern, Flaggenmasten, das Pflanzen von Bäumen und eines Schwarzen Brettes für das Quartier. Das Schwarze Brett (vgl. Abb. 17) ist nicht für Nachrichten des SIDs gedacht, sondern für Mitteilungen der Anwohner: „The CASID and local residents use the board to advertise public notices and announce special events and meetings. Community members can drop off notices to be posted on the board at the CASID office ..." (<http://centralavesid.org/atwork-CapitalImprovements.shtml>, Zugriff 07.02.2010).

Mehr als die Hälfte des aktuellen operativen Budgets fließt in Marketingmaßnahmen, ca. ein Drittel in Sauberkeit und die kontinuierliche Pflege des öffentlichen Raums. Zum Marketing gehört u. a. die Organisation von Events, die Erstellung eines Geschäftsverzeichnisses, Werbung in verschiedenen Medien und saisonale Beleuchtung. Im Bereich Sauberkeit werden sog. *District Ambassadors* oder *Street Maintenance Operation workers* eingesetzt, die sich u. a. um Bäume und Bepflanzung kümmern, Graffiti entfernen oder im Winter Schnee schaufeln. Für Sicherheit sind im Budget keine Mittel eingestellt; der CASID setzt sich allerdings bei der Polizei für eine effektive Präsenz ein:

Abb. 17: *Community bulletin board*, CASID

http://www.jcheights.com/atwork-Capital Improvements.shtml, Zugriff 10.10.2008

> The CASID has an ongoing partnership with the JCPD [Jersey City Police Department] and fully supports their mission to proactively reduce criminal activity and enhance the quality of life for everyone in Jersey City. The CASID uses its relationship with the JCPD to report public safety concerns and relay complaints and commendations received from local residents, shoppers and business people citywide. (<http://www.centralavesid.org/atwork.shtml>, Zugriff 16.08.2008)

Der CASID ist zudem an ein stadtweites Videoüberwachungssystem mit mehr als 70 Kameras, 13 davon in der Central Avenue, angeschlossen. Die Installation des gesamten Systems wurde durch den Einsatz von UEZ-Mitteln möglich.

Der SID nimmt auch am sog. *Community Policing* teil, gemeint als Wachsamkeit und Bereitschaft, Verdächtiges der Polizei zu melden, von Seiten der SID-Mitglieder, der *Street Maintenance Operation workers* sowie von Nachbarschaftsgruppen (<http://www.centralavesid.org/atwork.shtml>, Zugriff 16.08.2008). Die Position „capital improvements“ ist nach Abschluss der Umgestaltungsmaßnahmen nur noch mit 1.000 US-Dollar ausgestattet; unterstützt werden Fassadenverschönerungen und lokale Kunst.

Tab. 19: geplante Ausgabestruktur CASID, 2008-2009

Expenses	US$				%
	SID	UEZ	Other	Total	
Administrative Items				37.912,50	14,4%
Equipment	1.000,00			1.000,00	
Insurance	1.500,00			1.500,00	
Rent	6.600,00			6.600,00	
Supplies & Postage	3.300,00			3.300,00	
Telephone/Internet	1.800,00			1.800,00	
Office Personel/ Staff	7.912,50			7.912,50	
Professional Fees	13.800,00		2.000,00	15.800,00	
Program Expenses				224.487,50	85,6%
Capital Improvements				1.000,00	0,4%
Streetscape Improvements			1.000,00	1.000,00	
Marketing				143.597,50	54,7%
District Improvements	7.912,50	20.600,00	23.950,00	52.462,50	
Public Relations	24.312,50	1.600,00		25.912,50	
Special Events & Promotions			49.012,50	49.012,50	
Streetscape Decorations	5.110,00	10.500,00	600,00	16.210,00	
Operations				79.890,00	30,4%
Streetscape Maintenance Staff	15.972,00	55.000,00		70.972,00	
Operation Supplies & Other	3.480,00	5.000,00	437,50	8.918,00	
TOTAL EXPENSES	92.700,00	92.700,00	77.000,00	262.400,00	100%

Central Avenue Special Improvement District Management Corp.: Fiscal Year Budget July 1, 2008 - June 30, 2009

CASID gibt außerdem einen Newsletter heraus, der in Form einer Quartierszeitung (*Jersey City Heights News*) erscheint. In den Newsletter-Ausgaben finden sich auch Artikel über die Verabschiedung des CASID-Budgets, Berichte über die Tätigkeit des *Boards* oder eine Notiz über bevorstehende *Board*-Sitzungen.

Zusammensetzung und Wahl des Boards

Das *Board* besteht aus neun Mitgliedern, davon sieben stimmberechtigte, die von den Mitgliedern des CASID gewählt werden sowie je ein vom *Mayor* bzw. *City Council* ernanntes Mitglied ohne Stimmrecht. Da die Eigentümer reiner Wohnimmobilien keine Abgabe zahlen, sind sie auch nicht stimmberechtigt und haben keinen Vertreter im *Board.* Mitglieder des CASID sind automatisch alle Eigentümer und Geschäftsinhaber im SID-Gebiet. Geschäftsinhaber außerhalb des SID-Gebietes können gegen Zahlung einer Gebühr assoziiertes Mitglied werden und dafür beispielsweise günstiger an CASID-Werbekampagnen teilnehmen. Jedes Mitglied hat eine Stimme, es sei denn, er ist Eigentümer mehrerer getrennt gelegener Grundstücke bzw. Geschäfte. Assoziierte Mitglieder sind im *Board* nicht stimmberechtigt. Es gibt einen Vorstand (*executive committee*) sowie beratende Arbeitsgruppen, denen auch Nicht-*Board*-Mitglieder angehören dürfen.[82] Das *Board* tagt monatlich.

Über die Fortführung des CASID wird alle zwei Jahre auf einer Mitgliederversammlung neu entschieden. Entsprechend werden auch die *Board*-Mitglieder alle zwei Jahre neu gewählt; Wiederwahl ist möglich. Scheidet ein *Board*-Mitglied vorzeitig aus, kann ein neues Mitglied mit einfacher Mehrheit des verbleibenden *Boards* nachgewählt werden; auf die gleiche Weise kann ein Mitglied aus dem *Board* entfernt werden (By-Laws of the Central Avenue Special Improvement District Management Corporation). Laut David Diaz wäre eine Amtszeit von fünf Jahren vorteilhafter, damit das *Board* kontinuierlicher arbeiten kann; seit Gründung des SID im Jahr 1992 hat etwa die Hälfte der *Board*-Mitglieder gewechselt.

Die Sitzungstermine des *Board*, die jährlichen Mitgliederversammlungen für die Budget-Verabschiedung und die zweijährlich stattfindenden Sitzungen für die Abstimmung über eine Verlängerung des CASID sind auf der Homepage veröffentlicht (<http://www.centralavesid.org/about-meeting.shtml>, Zugriff 26.09.2008). Die Termine werden auch im (unregelmäßig erscheinenden) Newsletter bekannt gegeben.

82 Code of the City of Jersey City, NJ, Chapter 69 SPECIAL IMPROVEMENT DISTRICTS, ARTICLE II Central Avenue Special Improvement District (<http://municipalcodes.lexisnexis.com/codes/jersey/>, Zugriff 25.09.2008); <http://www.centralavesid.org/about-staff.shtml>, Zugriff 16.08.2008; By-Laws of the Central Avenue Special Improvement District Management Corporation; David Diaz.

Zusammenarbeit mit anderen Akteuren

Auf der Homepage des CASID finden sich an vielen Stellen Verweise auf die umgebende *community* – also das Quartier *The Heights*; auch David Diaz bezog sich im Interview ausdrücklich auf das „community feeling". An verschiedenen Stellen der Homepage finden sich Verweise auf das Quartier und Aufforderungen an Anwohner, sich mit Anliegen an das CASID-Büro zu wenden; dazu gehört das oben zitierte Mission Statement; daneben gibt es einen eigenen Menü-Punkt „community", unter dem bekannte Gesichter des Quartiers, von Schulen und Universitäten, Nachbarschaftsorganisationen und Angebote für Senioren und Jugendliche aufgezählt werden (<http://www.centralavesid.org/community.shtml>, Zugriff 07.02.2010). Die Maßnahme *Public Relations & Campaigns* interpretiert der SID folgendermaßen:

> A thriving business community is the result of a thriving neighborhood community. For this reason, it is important for the CASID to establish and maintain a strong relationship with local residents, block association leaders, and elected officials to keep Jersey City moving forward. Resources are invested in reaching out to the public via press releases, newsletters, mailings, attending public meetings, newspaper ads, and getting involved in important community campaigns.
> (<http://centralavesid.org/atwork.shtml>; Zugriff 07.02.2010)

Die Bewohner von *The Heights* werden auch direkt als Nutznießer des SID angesprochen. Nach der Überschrift „Leistungen für Mitglieder" (*Member Services*) folgen die für alle Anwohner verfügbaren Dienstleistungen:

> <u>Services Available to the Public</u>
>
> The CASID understands that the vitality of the Central Avenue business community is closely linked to the quality of life in the Heights as a whole. Local residents, shoppers and other Heights stakeholders often share the same concerns as CASID members, and the CASID is available as a resource to anyone with local concerns. In addition to many of the issues listed under Member Services, the CASID can assist the public with:
>
> - organizing the neighborhood to address community conerns [sic]
> - finding or starting neighborhood organizations
> - public transportation issues
> - finding businesses on Central Avenue that can meet their needs
> - locating items lost on Central Avenue
> - publicizing local events
>
> If you would like to take advantage of any of these services, contact us! If we are not the solution to your problem, we'll help you find one.
> (<http://www.centralavesid.org/atwork-administrative.shtml>, Zugriff 16.08.2008)

Die Quartiersbewohner, die auch in diesem Fall die wichtigsten Kunden des SID sind, werden also explizit nicht auf diese Funktion reduziert. Der SID-Manager sieht den SID als Vermittler der Quartiersinteressen (und zwar nicht nur der ökonomischen Interessen) gegenüber den staatlichen Stellen in Stadt und Bundesstaat. Die Zusammenarbeit erfolgt auf mehreren Ebenen: so z.B. mit den Nachbarschaftsorganisationen – für Deutsche vielleicht etwas gewöhnungsbedürftig – im Rahmen des oben geschilderten *Community Policing*. Der SID engagierte sich auch aktiv in der von verschiedenen Quartiersakteuren getragenen Bewahrung eines ehemaligen Trinkwasserreservoirs (die *Save Reservoir#3 Campaign*) als städtische Erholungsoase. Nach eigenen Worten hat der SID „working relationships with all groups". David Diaz betonte außerdem im Interview mehrfach das im SID vorhandene soziale Kapital in Form von Beziehungsnetzen der (*Board-*) Mitglieder etwa in die Stadtverwaltung, das der SID bewusst für die Erreichung seiner Ziele einsetzt.

Bewertung

Die Geschichte von Hudson County ist ein typisches Beispiel für die Zersplitterung der Verwaltungsstruktur in den USA. Auch wenn das Gebiet eine zusammenhängende Siedlungsstruktur bildet, ist es in zahlreiche autonome, relativ kleine Stadtgemeinden ohne klares Zentrum unterteilt. Jersey City ist die größte dieser Gemeinden; die Bewohner identifizieren sich aber weniger mit der Stadt als Ganzem als mit den Stadtteilen, die früher eigenständige Gemeinden waren.[83]

Der CASID geht bewusst in eine enge Austauschbeziehung mit seiner Nachbarschaft; dies zum einen, weil die Nachbarschaft auch die wichtigste Kundengruppe für die Geschäfte im SID darstellt, aber – anders als z.B. der Fordham Road BID – versteht sich der SID auch als Sprachrohr für die Bedürfnisse der Nachbarschaft gegenüber der Stadt. Als Symbol für diese Rolle kann vielleicht das *Community Bulletin Board* gesehen werden, auf dem Nachrichten von der Nachbarschaft für die Nachbarschaft veröffentlicht werden können. Der CASID engagiert sich aber auch aktiv in Kampagnen, die das

83 „Those previous towns now form the basis of the many neighborhoods that make up the Jersey City we have come to know and love today. Although Jersey City is the largest municipality in the State of New Jersey, its neighborhoods can't escape that small town feeling. As in many urban areas, residents often take pride in not only Jersey City but their certain neighborhood within the city." (<http://www.centralavesid.org/community.shtml>, Zugriff 30.09.2008).

Quartier betreffen, wie *Community Policing*, die Bewahrung des Wasserreservoirs oder die Verhinderung einer Ansiedlung von großflächigem Einzelhandel in der Nachbarschaft. Der CASID geht – zumindest in seinem Selbstverständnis – damit weit über die übliche Rolle eines Vertreters der Interessen der *business community* hinaus. Inwieweit dieser Anspruch in der Realität eingelöst wird oder wie diese Rolle von den in der Nachbarschaft aktiven Gruppen und Personen gesehen wird, konnte leider nicht überprüft werden.

Eine weitere Besonderheit dieses SIDs ist die Kombination mit einer *Urban Enterprise Zone*, von deren finanzieller Unterstützung der SID erheblich profitiert. So konnten viele kapitalintensive Maßnahmen, wie etwa die Umgestaltung der Central Avenue aus diesen Mitteln finanziert werden. Die Belastung der Eigentümer durch die SID-Abgabe kann aufgrund der 1:1-Ergänzung durch UEZ-Mittel relativ niedrig gehalten werden – möglicherweise ein überzeugendes Argument bei der Einrichtung des SID. Durch die Kombination beider Programme können Maßnahmen unterstützt werden, zu denen der SID allein nicht in der Lage ist, wie etwa die Schaffung von Arbeitsplätzen im Quartier oder das „Verkaufsargument" des halbierte Mehrwertsteuersatzes in den registrierten Geschäften. Diese Kombination von BID und UEZ scheint daher insbesondere in ökonomisch schwächeren Stadtteilen äußerst sinnvoll zu sein.

3.3.5 City Market SID, New Brunswick

Kurze Beschreibung

New Brunswick[84] liegt am Raritan River, etwa 50 km südwestlich von New York City noch in der Metropolregion und ca. 100 km nordöstlich von Philadelphia. Laut Bevölkerungsvorausschätzung hat die Stadt aktuell knapp 50.000 Einwohner (50.534 für 2007, <http://www.census.gov/>, Zugriff 11.11.2008). Die erste Besiedlung geht auf das Jahr 1681 zurück; der Name bezieht sich auf die englische Königsfamilie Braunschweig-Lüneburg. Die Stadt New Brunswick wurde durch königliche Urkunde 1730 gegründet und 1784 förmlich als *city* (vgl. Abschnitt 3.3) bestätigt. Im 19. Jahrhundert war New Brunswick ein wichtiger Verkehrsknoten, was der Stadt den Spitznamen *Hub City* bescherte. Die in der Stadt noch sichtbare historische Bausubstanz zeugt von der einstigen Bedeutung der Stadt.

Im 19. Jahrhundert prosperierte New Brunswick dank seiner Lage: 1834 wurde der Delaware und der Raritan-Kanal eröffnet. Industriebetriebe siedel-

84 Informationen aus: <http://en.wikipedia.org/wiki/New_Brunswick_(NJ)>, <http://www.cityofnewbrunswick.org/>, Zugriff 11.11.2008.

ten sich an, so etwa 1885 Johnson & Johnson. Um die Wende zum 20. Jahrhundert und erneut nach der vereitelten Revolution von 1956 kamen viele Ungarn als Arbeiter in die Stadt. In den 1960er Jahren verließen viele besser gestellte Weiße die Innenstadt und zogen in die Vorstädte (*white flight*), während sich hauptsächlich Lateinamerikaner in den vernachlässigten zentralen Quartieren niederließen. Heute sind rund 39% der Einwohner lateinamerikanischer Herkunft (vgl. Tab. 14). Ab 1975 bildeten die *Rutgers University*, Johnson & Johnson und die Stadtregierung die *New Brunswick Development Company* (DevCo) mit dem Ziel der Revitalisierung der Innenstadt. Mit Hilfe des *Urban Renewal*-Programms wurden historische Gebäude abgerissen und an deren Stelle der Hauptsitz von Johnson & Johnson sowie das Hyatt-Hotel mit Konferenzzentrum und hochwertigen Wohnungen als Gebäude-Komplex errichtet. Trotz einiger teurer Apartments und Condominiums in der Stadt ist jedoch der Unterschied zu den umliegenden Gemeinden immer noch eklatant: Dort ist das durchschnittliche Einkommen pro Kopf mindestens doppelt so hoch und die Bevölkerung ist überwiegend weiß.[85]

New Brunswick ist Sitz des Middlesex County, ebenso des *Middlesex County Court*. Neben diesen beiden wichtigen öffentlichen Arbeitgebern ist die bereits 1766 als Queen's College gegründete *Rutgers State University of New Jersey* mit einem weitläufigen Campus und die *University of Medicine and Dentistry of New Jersey* dort ansässig. Ein weiterer wichtiger privatwirtschaftlicher Arbeitgeber kommt aus dem Gesundheitssektor: Johnson & Johnson hat seinen weltweiten Hauptsitz in New Brunswick. Dies verschaffte der Stadt, zusammen mit etlichen Forschungs- und Lehreinrichtungen aus dem Gesundheitsbereich den zweiten Spitznamen: *Health Care City*.

Abb. 18: New Brunswick

85 Pro-Kopf-Einkommen 1999 in US-Dollars: New Brunswick: 14.297; North Brunswick: 28.491; Highland Park: 28.767; Somerset: 30.405; Milltown: 31.607; East Brunswick: 33.188; Edison: 26.739 (http://factfinder.census.gov/, Zugriff 12.11.2008).

Im Bereich Kultur hat New Brunswick drei Theater zu bieten, das *Crossroads Theatre*, das *George Street Playhouse* sowie das *State Theatre*, die mit dem Rezept, am Broadway gespielte Stücke zu günstigeren Preisen als in New York City anzubieten, erfolgreich sind (s. Abb. 18). Viele Tagestouristen aus New York City und Philadelphia nutzen dieses Angebot. Ein weiterer wichtiger Magnet sind die Spiele des *Rutgers University Football Teams.*

Teile der Innenstadt gehören seit Dezember 2004 zu einer *Urban Enterprise Zone*, in der es neben dem reduzierten Umsatzsteuersatz von 3% weitere Unterstützungsprogramme für den Einzelhandel gibt (<http://www.nbuez.com/>, Zugriff 12.11.2008; vgl. Abschnitt III3.3.4); etwa vier Blocks des SIDs liegen innerhalb der UEZ (Jill Eisner).

Abb. 19: Karte des Gebiets des City Market SID, New Brunswick

<http://www.newbrunswick.com/images/City_Map2.jpg>, Zugriff 08.02.2010

Das SID-Gebiet umfasst praktisch die gesamte Innenstadt einschließlich der Theater und eines Gebäudes der Rutgers-Universität (der eigentliche Campus liegt auf der anderen Seite der Bahnlinie).

Ziele, Budget, Maßnahmen

Die Ziele des im Oktober 1987 gegründeten SIDs sind in erster Linie ökonomischer Art:

> The goal of City Market is to maximize the return on investment to merchants and property owners of the SID. To achieve that goal, the organization strives to accomplish the following objectives:
>
> 1. Enhance the mercantile environment by continuing street cleaning, graffiti removal, security initiatives, and streetscape and signage improvements as well as by improving downtown street activities.
> 2. Promote New Brunswick as a business destination to people who work downtown, people who live in New Brunswick, and people who live in the region and are looking for unique dining, entertainment, and shopping activities.
> 3. Attract new businesses to enhance the SID's retail mix by working more closely with other economic development organizations in the community. (<http://www.newbrunswick.com/content.php?content=City%20Market_block>, Zugriff 12.11.2008)

Die Initiative zur Gründung des SID ging nach Worten von Jill Eisner von der Stadt aus, die ein Interesse an mehr Sauberkeit in der Stadt hatte. Der SID in New Brunswick gehört mit den zwischen 1985 und 1988 gegründeten SIDs in Cranford, Elizabeth, Englewood, Somerville und Trenton zu den ältesten in New Jersey.

Die Berechnung des BID-Beitrags basiert auf dem Immobilienwert, Wohnnutzungen sind von der Zahlung ausgenommen.

Die Einnahmen des SID setzen sich aus der SID-Abgabe, freiwilligen Beiträgen der *Rutgers University*, des *St. Peter's Hospital* sowie des *Robert Wood Johnson University Hospital*, staatlichen Zuschüssen, Einnahmen aus Anzeigen für einen Einkaufsführer und Parkgebühren zusammen. Insgesamt betragen die Einnahmen 500.000 US$ im Jahr 2008.

Der Schwerpunkt der Maßnahmen liegt nach Jill Eisner auf Marketing; eine zusätzliche Straßenreinigung und Graffiti-Entfernung sind ebenfalls wichtige Anliegen. New Brunswick profitiert davon, dass zusätzlich zu den Einwohnern werktäglich etwa doppelt so viele Gäste in die Stadt kommen: Studenten, Angestellte von Firmen, Forschungseinrichtungen und öffentlichen Arbeitgebern sowie Tagestouristen. Ein wichtiges Marketing-Instrument sind dabei Paketangebote, so etwa das *Four Star Nights*, das eine Theatervorführung und eine Show, einen Restaurantbesuch und ein Hotel für vier Nächte anbietet, oder Rabattaktionen bei den Einzelhändlern für Besucher, die ein Football-Ticket vorweisen. Wichtig ist in diesem Zusammenhang die Kooperation mit der New Brunswick Parking Authority – in deren Gebäude sich das BID-Büro befindet –, die an Spieltagen kostenloses

Parken und einen Shuttle-Bus vom Stadium in die Stadt und zurück anbietet. Weiterhin gibt der SID einen Einkaufsführer heraus, in dem gegen Entgelt alle Einzelhändler – auch außerhalb des SID-Gebietes – eine Anzeige schalten können. Zusätzlich wickelt der SID ein städtisches Zuschuss-Programm ab, mit dem Fassaden-Verschönerungen (*Façade Improvement Grant Program*) und der Ersatz von Markisen (*matching Awning Replacement Reimbursement Grant Program*) finanziert wird.

Für Administratives sind 187.000 US$, für die Umsetzung der Maßnahmen 300.000 US$ und somit 61,6% der Ausgaben vorgesehen.

Der SID hat aktuell mehr als 225 Mitglieder (Einzelhändler, Restaurants, Unternehmen und *community organizations*). Mit der Verwaltung betraut ist die New Brunswick City Market, Inc. (kurz City Market), eine *not-for-profit corporation* nach 501 (c)(3). Sie beschäftigt zwei Mitarbeiter in Vollzeit.

Zusammensetzung und Wahl des Boards

Das *Board* besteht aus 27 Mitgliedern sowie sechs nicht-stimmberechtigten Mitgliedern: vier Vorstandsmitglieder, sechs stimmberechtigte ex-officio-Mitglieder, 17 gewählte *Board*-Mitglieder sowie sechs nicht-stimmberechtigte ex-officio-Mitglieder verschiedener Einrichtungen (<http://www.newbrunswick.com/>, Zugriff 12.11.2008). Zu den stimmberechtigten ex-officio-Mitglieder gehören ein Vertreter des *City Council*, des New Brunswick Cultural Center, der New Brunswick Parking Authority, der Stadtverwaltung, der *New Brunswick Development Corporation* sowie des *Department of Economic Development*. Zu den gewählten Mitgliedern gehören neben Grundeigentümern und Einzelhändlern auch Vertreter des *Middlesex County*, des Bürgermeisters, der *Robert Wood Johnson University Hospital*, des *Stat*e Theatre, der *St. Peter's University Hospital*, der *Rutgers University* und des Unternehmens Johnson & Johnson. Zu den nicht-stimmberechtigten ex-officio-Mitglieder gehören u. a. die Angestellten von City Market sowie ein Vertreter der Polizei und der Handelskammer des Middlesex County.

Neue *Board*-Mitglieder werden vom *Board* bestimmt; zu den zehn Mal jährlich stattfindenden, öffentlichen Treffen werden alle Mitglieder eingeladen, unter den Teilnehmenden sind jedoch vor allem Einzelhändler. Einmal jährlich wird das Budget verabschiedet, das anschließend dem *City Council* zur Zustimmung vorgelegt wird.

Zusammenarbeit mit anderen Akteuren
Das Spektrum der Akteure, mit denen der SID New Brunswick zusammenarbeitet, bildet sich recht gut im *Board* ab. Im Wesentlichen sind das Kooperationen mit einzelnen Hotels, Gastronomie, Einzelhändlern, der Theater, der Krankenhäuser, der *Parking Authority* und der *Rutgers University* (*Football Team*) für die Erstellung der Paketangebote und der Anzeigen basierten Veröffentlichungen. Inhaltlich bewegen sich die Kooperationen ausschließlich im Marketing-Bereich.

Während in Deutschland Einrichtungen wie Krankenhäuser, Theater und Universitäten insbesondere im Investitionsbereich zu einem beträchtlichen Teil mit staatlichen Mitteln finanziert werden, finanzieren sich diese Einrichtungen in den USA auf privatwirtschaftlicher Basis. Neben der Konkurrenz um „Kunden" (Patienten, Studenten) sind sie in hohem Maße auf private Spenden angewiesen. Dies erklärt auch die zunächst befremdliche Tatsache, dass sie sich auf freiwilliger Basis finanziell am SID beteiligen, da auch sie ein Interesse an einem attraktiven Umfeld haben.

Der SID unterhält keinerlei Beziehungen zu Anwohnern oder -organisationen.

Bewertung
Trotz der imposanten Besetzung des *Board* mit zahlreichen Akteuren ist der SID New Brunswick recht eindimensional auf Marketing und ökonomische Verbesserungen ausgerichtet. Anwohner oder Bürger sind konsequenterweise nicht im *Board* vertreten, kommen in der Philosophie nicht vor und spielen auch bei den Maßnahmen keine Rolle. Ein Grund dafür könnte sein, dass der Einzelhandel in New Brunswick in hohem Maße von den nicht ansässigen Besuchern abhängig ist, während viele Einwohner New Brunswicks zum Arbeiten nach New York City pendeln (Jill Eisner, Interview 28.08.2008). Dazu kommt, dass das eher hochpreisige Angebot und das edel gestaltete Ambiente nicht so recht zum Durchschnittseinkommen der Bevölkerung passen wollen: Es zielt eher auf Kunden der umliegenden Gemeinden und die Tagestouristen aus New York City und Philadelphia ab. Auch die Maßnahmen (Paketangebote mit Übernachtung, *Shoppers inventory* und die Rabattaktionen für Football-Besucher) richten sich in erster Linie an auswärtige Kunden.

3.3.6 Zusammenfassung: Untersuchte SIDs in New Jersey

Zunächst die Merkmale der besuchten SIDs in New Jersey im Überblick:

Tab. 20: Übersicht über die vier untersuchten SIDs in New Jersey

	Ironbound BID (2008)	RiverCenter SID (2008)	CASID (2008-2009)	New Brunswick (2008)	Median New Jersey (2000-2001)
Budget (US$)	500.000	(624.052)	262.400	500.000	214.000
Höhe der SID-Abgaben (US$)	500.000	624.052	92.700	n.b.	n.b.
Anteil am Budget	n.b.	(1999-2001: 86%)	35,3%	n.b.	n.b.
Anzahl Grundstücke	(570 Geschäfte, 170 Restaurants)	230	200 (gewerbliche)	n.b.	20 blocks (Durchschnitt)
Anzahl stimmberechtigte (+nicht stimmb.) *Board*-Mitglieder	25	30	7 (+2)	27 (+6)	15
Gründung	Dez. 2000	1991	1992	1987	-

n.b = nicht bekannt
Budgets der jeweiligen BIDs; letzte Spalte (New Jersey): JUSTICE 2003: 70, Table 3.1
Budgetanteil SID-Abgabe RiverCenter: JUSTICE 2003: 327

Aufgrund unterschiedlicher Bezugsjahre und -größen wie Anzahl Grundstücke, Geschäfte oder Block sind die Angaben in der Tabelle allerdings nur bedingt vergleichbar. Zudem sind einige Angaben nicht verfügbar, die Angaben zu den Budgets von sehr unterschiedlicher Qualität und häufig nicht alle verfügbaren Mittel tatsächlich im Budget aufgeführt. Schreibt man den Median für New Jersey aus dem Jahr 2001 hypothetisch mit einer 5%-Steigerung pro Jahr bis 2008 fort, erhält man einen Wert von rund 301.000 US$; drei der besuchten SIDs liegen über diesem fortgeschriebenen Median und einer darunter. Gleiches gilt mit Bezug auf die Größe der BID-*Boards*. Auffällig ist auch hier, dass alle SIDs neben der SID-Abgabe andere Mittel zur Verfügung haben; allerdings ist der genaue Anteil in drei Fällen nicht bekannt.

Das SID-Gesetz von New Jersey überlässt dem Stadtrat relativ viele Freiheiten in der Einrichtung eines SID. So sind verschiedene Rechtsformen (im Wesentlichen die unabhängige, private *not-for-profit* sowie die in die städtische Verwaltung eingebundene *municipal commission*) möglich; die Berechnung der Abgabenhöhe kann auf unterschiedlichen Parametern basieren, mithin können auch Befreiungen bzw. Ermäßigungen etwa für Wohngebäude oder ungenutzte Grundstücke vorgesehen werden; der Distrikt kann grundstücksgenau, muss aber nicht zwingend als zusammenhängendes Gebiet festgelegt werden; der Stadtrat kann nach freiem Ermessen entscheiden, ob genügend Unterstützung für einen SID vorliegt, da es keine Mindestquoren gibt; und es gibt keine Laufzeitbegrenzung, nach der ein SID automatisch endet (*sunset*-Regelung).

Mit Bezug auf die unterschiedlichen Rechtsformen hatte JUSTICE (2003) in einer vergleichenden Untersuchung je zweier selbst („self-governed") und fremd gesteuerter („externally governed") SIDs herausgearbeitet, dass die Akteure in selbst gesteuerten SIDs sich eher mit dem gemeinsamen Ziel identifizieren („sense of ownership") und sich dadurch sowohl deren institutionelle Legitimität verbessert als auch die Effektivität (371 f.). Die Mehrzahl der SIDs in New Jersey ist allerdings laut JUSTICE als *not-for-profit* organisiert – dies gilt auch für die hier untersuchten vier SIDs. Die Initiative zur Gründung ging allerdings in New Brunswick von der Stadt aus und im Falle Red Banks war die Stadt maßgeblich daran beteiligt.

Die Aufsicht über die SIDs vollzieht sich in New Jersey im Wesentlichen über den Genehmigungsvorbehalt, den der jeweilige Stadtrat in Bezug auf das jährliche Budget hat. Dieses Recht weiß der *City Council* auch zu nutzen – wie der Fall Ironbound BID zeigt. Inwieweit bei dieser Entscheidung tatsächlich problematische Zustände oder lediglich „politics" (Seth Grossman) den Ausschlag gaben, muss an dieser Stelle offen bleiben.

Zu fragen ist schließlich noch nach dem Ausmaß der Einbettung der jeweiligen SIDs in ihren ökonomischen, politischen und gesellschaftlichen Kontext.

Mit Bezug auf den ökonomischen Kontext ist in drei Fällen die stark bzw. ausschließlich ökonomische Ausrichtung des SID festzuhalten; bei zweien davon allerdings mit einem ausgeprägten Bewusstsein für die *community*, die im Falle des Ironbound BID durchaus auch nicht-ökonomische Interessen einschließt, während in Red Bank eher alle wesentlichen Akteure der Stadt durch ein gemeinsames ökonomisches Ziel geeint zu sein scheinen. In New Brunswick kooperiert der SID zwar – ähnlich wie in Red Bank – mit Akteuren insbesondere aus dem kulturellen und sportlichen Bereich, scheint aber gewissermaßen über den Bedürfnissen der Einwohner zu „schweben".

In allen besuchten SIDs ist die deutlich ausgeprägte und von den SID-Managern thematisierte Partnerschaft mit der Stadt auffällig. Diese Partnerschaft äußert sich z.B. im städtischen Engagement in der Gründung, in den regelmäßigen Kontakten (die wegen der Abhängigkeit vom Wohlwollen des *City Council* auch folgerichtig sind) und der Unterstützung durch verschiedene Förderprogramme. Außerdem ist per Gesetz auch mindestens ein Vertreter des *governing body* der Gemeinde im *Board* vorgeschrieben – diese

Position ist aber in allen besuchten SIDs auf mindestens zwei städtische Vertreter, des Bürgermeisters und des Stadtrates, ausgeweitet.

Was die Einbettung in den nachbarschaftlichen Kontext betrifft, ist insbesondere der CASID bemerkenswert, bei dem sich eine explizite Bezugnahme auf die Nachbarschaft durch (fast) alle Bereiche des SID zieht – außer im *Board*, das nur mit Eigentümern und Einzelhändlern besetzt ist und mit nur sieben stimmberechtigten Mitgliedern allerdings auch sehr schlank gehalten ist. Aber auch der Ironbound BID zeigt eine hohe Sensibilität für die Bedürfnisse der verschiedenen *communities* – auch wenn er sich dabei eindeutig für die Interessen der *business community* positioniert. Bemerkenswert ist auch der Unterschied zwischen dem RiverCenter SID und dem City Market SID: Obwohl beide unter ähnlichen Rahmenbedingungen operieren, d.h. mit einem attraktiven kulturellen Angebot viele Tagestouristen locken wollen, scheinen in Red Bank auch zahlreiche gemeinnützige Akteure geschlossen hinter dem Ziel der Attraktivitätssteigerung zu stehen, während der SID in New Brunswick eher mit kommerziellen interessierten Akteuren kooperiert. In beiden Fällen jedoch sind Bezüge zu „normalen" Bürgern oder der Nachbarschaft nicht zu erkennen. Insgesamt wird deutlich, dass das Vorhandensein eines lebendigen nachbarschaftlichen Zusammenhangs, wie etwa im Ironbound oder *The Heights*, auch das Verhältnis des SID zu seiner Nachbarschaft beeinflusst.

3.4 BIDs in Philadelphia, Pennsylvania

Anfang des 16. Jahrhunderts waren es zunächst niederländische, schwedische und britische Siedler, die das Gebiet des heutigen Philadelphia besiedelten. 1663-1884 wurde die dann niederländische Kolonie von den Engländern erobert. Per Urkunde übertrug James II. von England im Jahre 1681 William Penn das Gebiet des heutigen Bundesstaates, der den ansässigen indianischen Stämmen dennoch eine Entschädigung zahlte, um Konflikte zu vermeiden.

Aufgrund seiner zentralen Lage wurde Philadelphia zum Zentrum der US-amerikanischen Unabhängigkeitsbewegung; vom *Second Continental Congress* wurde dort die Unabhängigkeiterklärung unterzeichnet. Bis Ende des 18. Jahrhunderts war Philadelphia die Hauptstadt der USA und Pennsylvanias.

William Penn rief die Provincial Assembly, den Vorläufer des heutigen House of Representatives von Pennsylvania, ein und beteiligte die Siedler an den Entscheidungen über die Geschicke des Landes. Diese Grundeigentümer beschlossen schließlich auch, die von ihnen als notwendig erachteten „öffentlichen" Leistungen zu erbringen – so gesehen war die Stadt Philadelphia der „erste" BID (Göktuğ Morçöl, Interview 04.09.2008).

Obwohl Philadelphia in Bezug auf die Bevölkerung bald von New York überholt wurde, blieb die Stadt ein bedeutender Industriestandort der USA, insbesondere im Bereich der Textilherstellung. Obwohl Philadelphia in den letzten Jahren stark vom Strukturwandel betroffen war, spielt der produktive Sektor immer noch eine wichtige Rolle in der städtischen Wirtschaftsstruktur: Erdölraffinerien und Lebensmittelverarbeitung sind neben dem Gesundheitssektor, Biotechnologie, Tourismus und Finanzdienstleistungen die wichtigsten Branchen. In Stadtbild Philadelphia's sind jedoch die Spuren des Strukturwandels abzulesen: Zahlreiche aufgelassene Industriestrukturen bestimmen das Bild, insbesondere in Nord-Philadelphia. Trotzdem wies die Region Philadelphia in 2005 das vierthöchste BIP der USA auf.

Philadelphia profitiert stark vom Tourismus; insbesondere die historischen Stätten wie der Independence National Historical Park werden stark frequentiert.

Während Harrisburg die Hauptstadt von Pennsylvania ist, ist Philadelphia die mit aktuell knapp 1,5 Mio. Einwohnern[86] größte Stadt dieses Bundesstaates. Innerhalb der USA ist Philadelphia aktuell die sechstgrößte Stadt; um 1900 war sie zusammen mit New York und Chicago unter den einzigen Millionenstädten der USA. Nach dem höchsten Bevölkerungsstand mit rund 2 Mio. Einwohnern in den 1960er Jahren ist die Bevölkerung kontinuierlich zu Lasten des Umlands zurückgegangen (<http://en.wikipedia.org/wiki/Philadelphia>, Zugriff 10.02.2010).

Genaue Zahlen über die BIDs in Pennsylvania sind für die Jahre 2003-2004 verfügbar; MORÇÖL und PATRICK zählen in ihrer Übersicht (2008: 291 ff., Tab. 13.1 und 13.2) 41 BIDs auf. Dabei sind auch fünf BIDs erfasst, die ihre Beiträge auf freiwilliger Basis erheben und somit nach einer engen Definition nicht als echte BIDs zu werten sind.

Philadelphia ist eine der Städte mit den meisten BIDs und liegt weltweit nach New York, Toronto, Los Angeles und Vancouver sogar unter den *Top Five* (NYC SBS 2003: 4). Laut Auskunft von Andy Frishkoff und Dennis Murphy vom für BIDs zuständigen Department of Commerce der

86 Schätzung für 2006-2008: 1.448.911 Einwohner (http://factfinder.census.gov, Zugriff 10.02.2010).

Stadt Philadelphia, gab es im Jahr 2008 in Philadelphia 14 BIDs. Setzt man die Anzahl der BIDs in Relation zur jeweiligen Einwohnerzahl, haben Philadelphia und New York City in etwa die gleiche BID-Dichte.

Der nach allen Kriterien bedeutendste und bekannteste BID in Philadelphia ist der Center City District (CCD): Im November 1990 von der Stadt eingerichtet, nahm er seine Tätigkeit im März 1991 auf und ist damit der erste BID in Philadelphia. Mit einem Budget von mehr als 17 Mio. US$ im Jahr 2008 (davon 12,760,220 US$ BID-Beiträge, 2008-2012 Plan and Budget for the Center City District) und einem Gebiet von 120 Blocks bzw. mehr als 4.500 Grundstücken ist er einer der größten BIDs in den USA überhaupt.

Zu den BIDs in Philadelphia gehört auch ein BID in einem Industriegebiet (Port Richmond Industrial Development Enterprise, PRIDE (Andy Frishkoff und Dennis Murphy, Interview 03.09.2008)) sowie zwei BIDs, die im Sinne einer engen Definition gar keine BIDs sind: der University City District sowie der *Sports Complex*. Insbesondere der University City District wird zwar häufig als BID bezeichnet, erhält seine Beiträge aber auf freiwilliger Basis und ist als *charitable nonprofit* organisiert (MORÇÖL; PATRICK 2008: 296).

3.4.1 Gesetzliche BID-Regelungen in Pennsylvania

> This complexity [of the Pennsylvania BID laws] is partly a result of the multiple successive state BID laws. None of these laws has been repealed in their entirety; subsequent laws replaced parts of previous ones. Parts of the successive laws are redundant; these redundancies create confusion and complexity in the legal classifications and day-to-day operations of BIDs. (MORÇÖL; PATRICK 2008: 297)

Die Gesetzeslage zu BIDs in Pennsylvania ist einigermaßen unübersichtlich. Zurzeit sind drei[87] Gesetze in Kraft (MORÇÖL; PATRICK 2008), wobei unklar ist warum immer noch alle in Kraft sind. Andy Frishkoff und Dennis Murphy erwähnten im Interview lediglich zwei Gesetze: das von 1980, auf dem die älteren BIDs, und das von 1998, auf dem die neueren BIDs basieren; das Gesetz von 1996 scheint also in der Praxis bedeutungslos zu sein. Göktuğ Morçöl sagte im Interview, dass niemand so richtig wüsste,

87 Genau genommen sogar vier, zählt man das Community and Economic Improvement Districts-Gesetz von 1998 und das Neighborhood Improvement Districts-Gesetz von 2000 separat; die beiden haben allerdings unterschiedliche Geltungsbereiche (Philadelphia bzw. übriges Pennsylvania) (vgl. den Abschnitt zu diesen beiden Gesetzen).

was in den jeweiligen Gesetzen stünde und dass sein Artikel im International Journal of Public Administration[88] der erste gewesen sei, der die verschiedenen gesetzlichen Regelungen in Pennsylvania behandelt habe.

In Pennsylvania wurde das erste BID-Gesetz der USA verabschiedet – das Business Improvement Districts-Gesetz von 1967 (in Kraft getreten zum 01.01.1968). Allerdings wurde – soweit bekannt – unter diesem Gesetz nie ein BID eingerichtet (mündliche Auskunft von Göktuğ Morçöl; vgl. auch MORÇÖL; PATRICK 2008: 301). Der erste BID in Pennsylvania wurde erst 1985 unter dem Business District Authority Act eingerichtet. Dies ist wahrscheinlich auch der Grund, warum nicht dieses Gesetz, sondern das von Toronto als erstes BID-Gesetz gilt.

Aus der Tatsache, dass unter dem 1967er-Gesetz kein BID eingerichtet wurde, schlussfolgern MORÇÖL und PATRICK, dass allein das Vorhandensein von Problemen, die üblicherweise als Begründung für die Einrichtung von BIDs angeführt werden, nur eine notwendige, aber keine hinreichende Bedingung für die Entstehung von BIDs sei:

> „All of Pennsylvania's BIDs were established after 1985, despite the fact that the problems of crime and economic decline existed long before the 1980s. The structural changes in urban areas that led to the intensification of these problems began in the 1950s and cities like Philadelphia began feeling fiscal strains as early as in the 1970s. Also, ... the BID enabling laws existed in Pennsylvania as early as 1967. The time lag between the emergence of these problems and the creation of the first BIDs in Pennsylvania indicates that BIDs are not automatic responses to economic or social problems. It takes the proactive leadership of local business or government leaders and an arduous organizational process to create a BID.“ (MORÇÖL; PATRICK 2008: 303)

Das Gesetz von 1967 ermöglichte dem *governing body* einer Stadt die Ausweisung eines abgegrenzten Gebietes in einer Einkaufszone („zoned commercial“, Section 2 (a)), in dem sie dann von den Eigentümern kommerziell genutzter Gebäude in Abhängigkeit vom Immobilienwert Beiträge zur Erbringung zusätzlicher Leistungen in diesem Gebiet erheben konnte. Dabei handelte es sich ausschließlich um materielle Verbesserungen, z.B. der Gehwege, Beleuchtung, Parkplätze oder Bepflanzung, die von der Stadt nur durchgeführt werden konnten, wenn sie die Grundstücke vorher erworben hatte (Section

88 Die meisten der Beiträge im International Journal of Public Administration (2006) – insbesondere auch dieser – wurden inhaltlich praktisch identisch erneut in MORÇÖL ET AL. 2008 veröfentlicht und werden daher im Literaturverzeichnis nicht gesondert aufgeführt.

1. (c)). Das Gesetz galt für alle Städte Pennsylvania's außer Philadelphia.[89] BIDs waren dabei als Teil der Verwaltung („subunits of local governments", MORÇÖL; PATRICK 2008: 297) zu konstituieren, hatten also keine eigene Rechtspersönlichkeit. Zwar wurde die Verwaltung dieser BIDs durch eine unabhängige Organisation durch dieses Gesetz nicht ausgeschlossen, aber auch nicht ausdrücklich erwähnt. Die für BIDs typische Unterstützung durch die lokalen Eigentümer wird bereits in diesem Gesetz verlangt:

> Public hearings shall be required before passage of the enabling ordinance. Said ordinance shall specify improvements, with respective costs, to be undertaken. Said ordinance shall not become effective if property owners representing a majority of the total assessed valuation of the proposed district object thereto. (Business Improvement Districts Act 1967: Section 1. (b))

Diese Verfahren zur Einrichtung eines BIDs wurden zum Modell für alle folgenden Gesetze (MORÇÖL; PATRICK 2008: 297).

Das 1967er-Gesetz wurde 1996 durch den Business Improvement Act geändert (vgl. unten), ist also bis heute nicht außer Kraft getreten; theoretisch besteht also immer noch die Möglichkeit, BIDs als Teil der öffentlichen Verwaltung zu einzurichten.

Zusammen mit den beiden anderen geltenden Gesetzen (1980 und 1998/2000, vgl. die folgenden Abschnitte sowie Abb. 20) gibt es also in Pennsylvania vier (theoretisch) mögliche Rechtsformen für BIDs:

> BIDs as subunits of local governments (under the 1967 act), BIDs as municipal authorities (under the 1980 amendments), BIDs as nonprofit NIDMAs [neighborhood improvement district management associations] (under the 1998 and 2000 acts), and BIDs as nonprofit charitable organizations. (MORÇÖL; PATRICK 2008: 300 f.)

Die von MORÇÖL und PATRICK in den Tabellen 13.1 und 13.2 (291 ff.) aufgelisteten BIDs in Pennsylvania sind jedoch ausschließlich als *municipal authority* oder als *nonprofit* NIDMA organisiert. Einen Sonderfall stellen die sog. *charitable nonprofits* dar – diese sind im Grunde keine echten BIDs, da sie ihre Beiträge auf freiwilliger Basis erheben (MORÇÖL; PATRICK 2008: 296).

Nach einer Übersicht über die Entwicklung der BID-Gesetze in Pennsylvania werden die drei gültigen Gesetze im Einzelnen dargestellt, d.h. es wird jeweils auf die Entstehung sowie die wichtigsten Eigenschaften einge-

89 „The 1967 act applied to Pennsylvania's townships, boroughs, and cities of the second and third class, but not cities of the first class (the city of Philadelphia is Pennsylvania's only first class city)." (MORÇÖL; PATRICK 2008: 297).

gangen (da das 1996er-Gesetz in der Praxis offensichtlich bedeutungslos ist, wird dieses nur kurz angerissen).

Abb. 20: Übersicht über die Entwicklung der drei (bzw. vier) in Pennsylvania gültigen BID-Gesetze

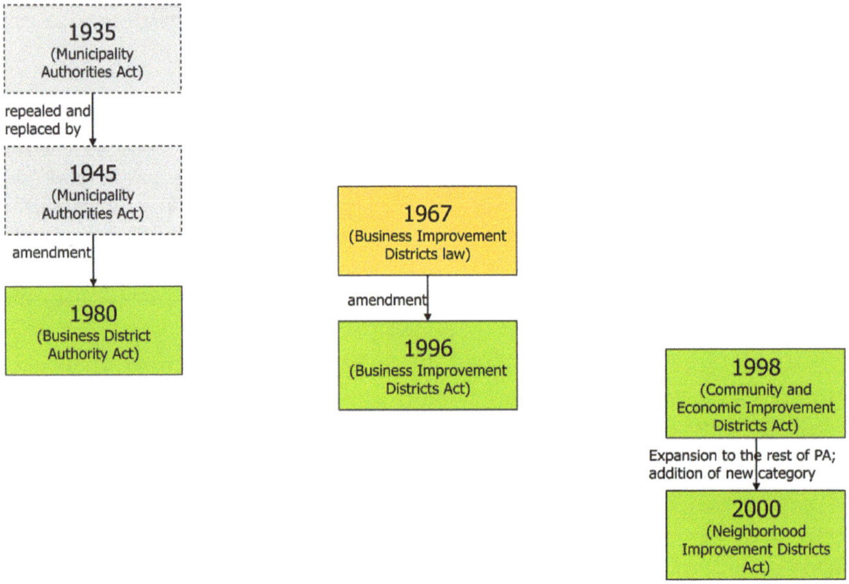

Eigene Darstellung nach Angaben von MORÇÖL; PATRICK 2008: 297 ff.

Der Business District Authority Act von 1980

Das Business District Authority-Gesetz von 1980 wurde als Ergänzung des Municipal Authorities Act von 1945 verabschiedet. Diese 1945er-Gesetz ersetzte ein früheres Gesetz, den Municipal Authorities Act von 1935. Das 1935er-Gesetz hatte es Gemeinden ermöglicht, eigene Organisationen einzurichten, die Darlehen außerhalb des Gemeindehaushalts aufnehmen konnten. Das 1945er-Gesetz war flexibler ausgestaltet und ist heute noch die Grundlage für die Schaffung von *municipal authorities.*

Der Business District Authority Act von 1980 ermöglichte, anders als unter dem 1967er-Gesetz, BIDs nunmehr mit eigener Rechtspersönlichkeit als *municipal authority* einzurichten. Eine *municipal authority* ist eine von der Lokalregierung unabhängige Organisation; BIDs stehen somit gleichberechtigt neben anderen, im Gesetz genannten *municipal authorities*, die z.B. für den Bau von Schulgebäuden, Abfall- oder Abwasserbeseitigung, öffentlichen Nahverkehr oder Einrichtungen zur Bewässerung wie den Bau von Dämmen zuständig sind – also im Prinzip so etwas wie Zweckverbände sind (The General Assembly of Pennsylvania, 1979 (= Business District Authority Act von 1980): section 4: Purposes and Powers). Ebenso wie diese kann sich ein BID auch über das Gebiet mehrerer Gemeinden (*municipalities*) erstrecken (ebd. section 3). Diese Rechtsform unterscheidet sich somit klar von der in New York (*not-for-profit*) und New Jersey (*not-for-profit* oder *municipal commission*). „The 1945 Act is the current state enabling law that grants municipal authorities (including BIDs) a unique status, which is a blend of public, political, and corporate statuses." (MORÇÖL; PATRICK 2008: 298). Das von MORÇÖL und ZIMMERMANN an anderer Stelle (2008a) thematisierte „blurring of the theoretical line between the public and private realms" (MORÇÖL ET AL. 2008b: 4) durch BIDs manifestiert sich exemplarisch in dieser Rechtsform.

Bei der Einrichtung einer *municipal authority* hat der *governing body* der Stadt bzw. Gemeinde einerseits (zumindest theoretisch) einigen Einfluss, insbesondere auf die Besetzung des *Board*:

> ... the 1980 amendments defined a somewhat ambiguous relationship between municipal governments and BID governing bodies.
> The 1980 law grants municipal governments limited authority over BIDs, particularly in three areas. First, the creation of a BID must be approved by the governing body of the municipality. The governing body of the municipality has the authority not to approve the creation, even if there is a petition by a majority of property owners in a designated district. ... Second, BID board members are appointed by the municipal government, for five-year terms, and the government is free to appoint only those board members whose activities it likes. Third, the governing body has the authority to unilaterally take over a BID's projects. (MORÇÖL; PATRICK 2008: 298)

Auf der anderen Seite verfügen *municipal authorities* über bestimmte, durch das 1945er-Gesetz garantierte Rechte, die durch die Stadt nicht eingeschränkt werden können:

> An authority is not considered the creature or agent of the municipality; it is an independent agent of the state ... A municipal government cannot limit the powers of a municipal authority, because these powers are designated by law. These powers include the right to acquire property, exercise eminent domain, borrow money, enter into contracts, make assessments, and appoint police officers (...). The powers granted to municipal authorities are governmental in nature. As municipal authorities, BIDs may exercise these powers as well. (MORÇÖL; PATRICK 2008: 299)

Unter dem Business District Authority-Gesetz von 1980 wurden die meisten der heute noch bestehenden BIDs eingerichtet, so u. a. der Center City District in Philadelphia. Dieses Gesetz zeichnet sich u. a. durch folgende Verfahrensregeln aus:

Zur Einrichtung eines BIDs fordert das Gesetz keine Initiative oder ein Mindest-Unterstützungsquorum seitens der Grundeigentümer, sondern überlässt die Einrichtung formal der freien Entscheidung der bzw. den betreffenden Gemeinde oder Gemeinden:

> Whenever the municipal authorities of any municipality singly or of two or more municipalities jointly shall desire to organize an Authority under this act, they shall adopt a resolution or ordinance signifying their intention to do so. (Senate Bill No. 188 (Business District Authority Act 1980): Section 3)

In der Praxis wird die Gemeinde jedoch wohl keinen BID ohne den entsprechenden Rückhalt bei den Eigentümern einrichten (MORÇÖL; PATRICK 2008: 302). Der Einrichtung eines BIDs durch die Gemeinde geht eine öffentliche Anhörung voraus: „Notice of such hearing shall be advertised at least ten days prior thereto in a newspaper whose circulation is within the municipality where such Authority is established. At such public hearing any interested party may be heard." (Business District Authority Act 1980: Section 4, E.) Die Eigentümer haben dabei das Recht, der Einrichtung zu widersprechen; ist es mehr als ein Drittel (nach Köpfen oder Grundstückswert), kann der BID nicht eingerichtet werden (ebd.). Zahlungsverpflichtet sind alle Grundeigentümer. Als Bemessungsgrundlage stehen folgende Alternativen zur Auswahl:

> Such individual assessments shall be determined by one of the following methods:
> (1) By an assessment determined by multiplying the total improvement or service cost by the ratio of the assessed valuation of all benefited properties in the district.
> (2) By an assessment upon the several properties in the district in proportion to benefits as ascertained by viewers appointed in accordance with municipal law.
> (Senate Bill No. 188 (Business District Authority Act 1980): Section 4, B. (w))

Als *municipal authority* müssen die BIDs ihre Beiträge auch selber eintreiben und müssen dabei auf staatliche Zwangsmittel verzichten, d.h. diese „BIDs lack the power of coercion to collect assessments" (MORÇÖL; PATRICK 2008: 309).

Das *Board* wird in der Regel formal durch die Stadt ernannt, in der Regel für fünf Jahre; in der Praxis jedoch haben die BID-Aktiven großen Einfluss:

> Legally, local governments have the ultimate authority in determining the composition of boards ..., but our interviewees indicated that local business leaders (usually the founders of the BIDs or business leaders with some clout in their communities) usually make the selections and ‚nominate' new members to the board; the mayor and city council simply rubberstamp the nominations. (MORÇÖL; PATRICK 2008: 311)

Die praktische Umsetzung dieser gesetzlichen Regelungen zur Ernennung des BID-*Boards* nähert sich somit an die den BIDs mehr Autonomie überlassenden Regelungen in New York und New Jersey an.

Die Laufzeit eines BIDs ist gesetzlich nicht geregelt; in der Praxis wurde in der Regel eine Laufzeit festgelegt, nach deren Ablauf der *governing body* einen BID auflöst, ggf. auf Wunsch einer Mehrheit von Eigentümern (MORÇÖL; PATRICK 2008: 302, Fußnote). In jüngerer Zeit ist dagegen eine Tendenz zu längeren Laufzeiten zu beobachten (ebd. 302). Auch die Auflösung eines BIDs ist im Gesetz nicht geregelt. Die Aufstellung des jährlichen Budgets ist im Gesetz ebenfalls nicht ausdrücklich geregelt; wahrscheinlich erfolgt sie nach Ermessen der *municipal authority*, möglicherweise eingeschränkt durch individuelle Regelungen in der jeweiligen Satzung (*ordinance*) (Auskunft von Göktuğ Morçöl per e-Mail, 20.02.2010).

Rechenschaftspflichten bestehen gegenüber dem Bundesstaat in Form von Berichten und gegenüber dem State Department of Community and Economic Development (DCED) in Form von jährlichen Finanzberichten. Alle Akten (*records*) sind zudem öffentlich zugänglich (ebd. 314).

Der Business Improvement Districts Act von 1996

Mit dem Business Improvement Districts-Gesetz von 1996, mit dem das 1967er-Gesetz geändert wurde, wurde der Geltungsbereich des Gesetzes auf die Stadt Philadelphia ausgedehnt. Des Weiteren wurde der Katalog der möglichen BID-Maßnahmen von reinen *capital improvements* um „administrative Serviceleistungen" erweitert (diese Mögllichkeit besteht allerdings nur für Städte der sog. *second class*, also nicht Philadelphia, vgl. Fußnote 89):

> ... that is, those services which improve the ability of the commercial establishments of the district to serve the consumer, including, but not limited to, free or reduced fee parking for customers, transportation repayments, public relations programs, group advertising, and district maintenance and security services (Business Improvement Districts Act 1996: §5404)

Der Hintergrund für die Gesetzesänderung war, dass insbesondere die Frage der Beitragserhebung von Wohnimmobilien gelöst werden sollte, die weder im 1967er noch im 1980er-Gesetz geregelt war und die in der BID-Praxis häufig zu Problemen führte: „Under both acts, residents had to be assessed at the same rate as businesses, while not receiving services at the same rates. The representation of residential property owners on the boards of BIDs was an area of concern as well ...“ (MORÇÖL; PATRICK 2008: 299). In §5406 (e) der 1996er Änderung wurde daher verfügt, dass Wohnimmobilien nicht mit den Kosten für „administrative Serviceleistungen“ belastet werden sollten, während die Höhe des Beitragssatzes für gewerbliche und Wohnimmobilien grundsätzlich der gleiche sein musste (die Beiträge können nur „in proportion to benefits“ variiert werden, §5406 (a) (2)). Das eigentliche Problem der Abgabenbefreiung von Wohnimmobilien wurde damit jedoch nicht gelöst (MORÇÖL; PATRICK 2008: 299).

Die übrigen Regelungen des 1967er-Gesetzes wurden beibehalten, also insbesondere auch die rechtliche Unselbständigkeit. Vermutlich ist dies auch der Grund dafür, dass unter diesem Gesetz keine BIDs eingerichtet wurden.

Der Community and Economic Improvement Act 1998 und der Neighborhood Improvement District Act 2000

Das 1998 verabschiedete Community and Economic Improvement-Gesetz und das 2000 verabschiedete Neighborhood Improvement District-Gesetz wurden dagegen völlig neu konzipiert. Damit sollte zum einen die Frage einer möglichen Beitragsbefreiung für Wohnimmobilien, aber auch weitere in der Praxis aufgetauchten Probleme gelöst werden, so die Erbringung von Leistungen auch jenseits der Gebietsgrenzen und die Möglichkeit, die Leistungserbringung auf Dritte zu übertragen (MORÇÖL; PATRICK 2008: 300). Im Zuge der Gesetzesformulierung wurden die Erfahrungen mit anderen bundesstaatlichen BID-Gesetzen bewertet und in das neue Gesetz integriert, so HOUSTOUN (2003: 33 f.); dazu gehörten insbesondere die freie Wahl der Rechtsform (als *public authority* oder *nonprofit corporation*), die Wahlmöglichkeit für BIDs, die Beiträge selber einzusammeln oder dies der Stadt zu überlassen, verschiedene Optionen für die Beitragsberechnung, eine Anpassung des Negativquorums, verschiedene Formen von Improvement Districts für verschiedene Gebietstypen sowie die explizite Erwähnung der Möglichkeit, freiwillige Beiträge zu erbitten. Allerdings sind die gesetzlichen Regelungen recht detailliert; dementsprechend umfangreich (29 bzw. 27 Seiten) sind die Texte.

Die beiden Gesetze sind inhaltlich fast identisch; Unterschiede bestehen im Geltungsbereich (1998: nur für Philadelphia, 2000: für das restliche

Pennsylvania); in zwei zusätzlichen Sektionen (10 und 11) im 1998er-Gesetz, das für Philadelphia eine „Tourism and marketing tax“ und einen „Special tourism and marketing tax fund“ etabliert; sowie in unterschiedlichen (Ablehnungs-) Quoren für die Einrichtung, Änderung und Auflösung von BIDs (1998: meist doppeltes Quorum von 51% der Anzahl Eigentümer und des Immobilienwertes, 2000: Quorum von 40% nur der Anzahl Eigentümer).

Während der mit diesen Gesetzen eingeführte allgemeine Begriff für BIDs in Pennsylvania nunmehr Neighborhood Improvement Districts (NIDs) lautet, werden darunter verschiedene Formen je nach Gebietstyp gefasst:

> Such districts shall be referred to generally as neighborhood improvement district (NID) and specifically as: business improvement district (BID); residential improvement district (RID); industrial improvement district (IID); institutional improvement district (INID); or mixed-use improvement district (MID) depending on the type district established. (The General Assembly of Pennsylvania, 1998, House Bill No. 2858: Community and Economic Improvement Districts Act; The General Assembly of Pennsylvania, 1999, House Bill No. 1142: Neighborhood Improvement Districts Act (2000) jeweils Section 3. Definitions)

Die unter diesen Gesetzen eingerichteten Business Improvement Districts sind in Pennsylvania also als Unterkategorie von NIDs zu verstehen.

Bevor die einzelnen Regelungen im Überblick dargestellt werden, noch einige Besonderheiten, auf die in der Tabelle der Übersichtlichkeit halber nicht eingegangen wird.

Die öffentliche Anhörung muss in einer Zeitung „of general circulation in the municipality“ (section 5. (b) (2)) angekündigt werden. Die vollständigen Unterlagen müssen den Grundeigentümern und Mietern mindestens 30 Tage vorher zugehen (section 5. (b) (1)); schriftlicher Widerspruch kann jedoch nur von den Grundeigentümern eingereicht werden. Die erforderlichen Unterlagen (der sog. *preliminary plan*) sind recht umfangreich und umfassen die „üblichen“ Informationen, wie u. a. die Bezeichnung des Distrikts, die Grenzen durch Nennung der Straßen und eine Liste der Grundstücke, das Budget für das erste Jahr und die geplanten Maßnahmen, die geplanten Einnahmen und die Berechnungsmethode für die Beiträge, den geplanten Zeitraum für die Umsetzung. Daneben ist bemerkenswert, dass folgende Dokumente ebenfalls vorgelegt werden müssen:

(2) A written report from the municipality containing: …

(viii) A statement identifying the administrative body which will govern and administer the NID.

(ix) Any other information, including the statutory authority, or, in the case of a nonprofit corporation, the bylaws, which describe the powers and duties of and the method for making decisions by the NIDMA. …

(3) In addition, the plan shall also:

(i) Identify in detail the specific duties and responsibilities of both the NIDMA and the municipal corporation with respect to the NID.

(ii) Require that a written agreement be signed by the municipal corporation and the NIDMA describing in detail their respective duties and responsibilities. …

(iv) Require in the agreement between the municipal corporation and the NIDMA that the municipality must maintain the same level of municipal programs and services provided within the NID before NID designation as after NID designation. …

(The General Assembly of Pennsylvania, 1998, House Bill No. 2858: Community and Economic Improvement Districts Act; The General Assembly of Pennsylvania, 1999, House Bill No. 1142: Neighborhood Improvement Districts Act (2000) (jeweils section 5. (c)))

Die von der BID-Gründung Betroffenen erhalten neben den Inhalten auch wichtige Informationen zur Umsetzung, nämlich über die Entscheidungsstrukturen und die mit der Durchführung betrauten Personen. Daneben muss sich die Stadt schriftlich verpflichten, ihr Leistungsniveau im BID-Gebiet aufrechtzuerhalten.

Der *final plan*, der dann aufgrund der in der Anhörung oder anderweitig vorgebrachten Anregungen von der Stadt erarbeitet wird, geht dann nur noch den Grundeigentümern zu.

Die unter dem 1980er-Gesetz eingerichteten BIDs (das 1996er BID-Gesetz wird nicht erwähnt) bleiben bestehen; alle neuen (bzw. alte, die aufgelöst und neu gegründet werden) sollen nach den Regelungen des 1998er/2000er-Gesetzes eingerichtet werden (vgl. section 12. (b), (c) und (d) (1998) bzw. section 10. (a), (b) und (c) (2000)). Insoweit die NID-Gesetze weiter gehende Regelungen (Pflichte und Rechten sowie zusätzliche Befugnisse) als das 1980er-Gesetz enthalten, gelten diese zusätzlich (vgl. section 12. (e) (1998) bzw. section 10. (d) (2000)). Zu den zusätzlichen Befugnissen gehören u. a. „the right to prepare planning and feasibility studies for capital improvements, make capital improvements, conduct business retention and recruitment activities, and hire off-duty police officers or private security officers“ (MORÇÖL; PATRICK 2008: 305). Dabei ist nach Meinung von MORÇÖL und PATRICK insbesondere die Planungskompetenz als kritisch einzuschätzen, da

> … it brings the status of BIDs closer to general-purpose governments. Land-use planning authority in the United States is granted to local governments. Although the planning authority granted to BIDs, particularly in the 1998 and 2000 acts, is not technically land-use planning, when it is done to facilitate ‚capital improvements,' it inevitably affects land-use plans in their respective areas. (ebd. 306)

Ebenso wie die BIDs in New York und New Jersey können NIDs Schulden machen: „Every municipal corporation shall have the power: … (7) To issue bonds, notes or guarantees, in accordance with the provisions of general laws in the amounts and for the periods necessary, to finance needed improvements within any NID.“ (Section 4.) Die Höhe der BID-Beiträge ist nicht gedeckelt.

Die Kompetenz, sog. *community courts* (vgl. Abschnitt III3.4.2) einzurichten, wird in keinem der Gesetze ausdrücklich erwähnt. MORÇÖL und PATRICK vermuten, dass im Falle des Center City Districts (CCD) in Philadelphia die Befugnis, im Distrikt für Sicherheit zu sorgen, dafür entsprechend ausgelegt worden ist:

> … it seems that CCD interpreted the authority in the 1980 amendments to ‚provide district security services' as their legal basis for the court. The expenses for the community court are listed under public safety expenses in the consolidated statements of the CCD, which includes the CCDF [the Center City District Foundation, a non-profit charitable organization formed by the CCD]. (ebd. 307)

Im Vergleich zu seinen Pendants in New York und New Jersey unterscheidet sich dieses BID-Gesetz (für einen vollständigen Überblick über die einzelnen Regelungen s. Anhang 3) insbesondere durch

- die Möglichkeit, einen BID als relativ autonome *public authority* einzurichten, obwohl fraglich ist, welche Rolle diese Rechtsform in der Zukunft noch spielen wird;
- in Bezug auf die optionale *sunset*-Regelung, die es in New York[90] und in New Jersey nicht gibt. Faktisch wurden die Laufzeiten von BIDs in Philadelphia (Center City, South Street und City Avenue) vom *City Council* auf 20 Jahre verlängert (HOYT 2005b: 25);

90 Die BID-Laufzeit ist unbegrenzt; der Vertrag mit der Stadt muss allerdings nach fünf Jahren erneuert werden.

- die Vorschriften für die *Board*-Besetzung sind sehr sparsam: es sind keine Vertreter der Geschäftsleute und der Anwohner[91] vorgeschrieben, allerdings wie in New York und New Jersey ein städtischer Vertreter als ex-officio-Mitglied; es gibt eine kann-Bestimmung für Vertreter von Institutionen aus dem Distrikt. Zusätzlich ist ein *district advisory committee* mit Quartiersrepräsentanten einzurichten;
- anders als in New Jersey gibt es keinen Genehmigungsvorbehalt für das Budget.

3.4.2 Philadelphia Community Court

Der erste *Community Court* in den USA war der Midtown *Community Court*, der 1993 unter maßgeblicher Beteiligung des Times Square BID, New York, eingerichtet wurde. Im Jahr 2008 wurden 32 *Community Courts* in den USA gezählt, 13 waren in Vorbereitung (KARAFIN 2008: 2). Unklar ist allerdings, ob bei allen BIDs an Finanzierung und/oder Organisation beteiligt sind. Außerhalb der USA gibt es *Community Courts* in Großbritannien (2), Südafrika (17) und Australien (1) (ebd.).

Community Courts zielen zum einen auf mindere Delikte, die häufig von den regulären Gerichten nicht geahndet werden, und verfolgen einen Ansatz, der weniger auf Bestrafung als auf Kompensation und Hilfe abstellt:

> Community courts are part of a movement to shift the focus of the criminal justice system, in particular its handling of quality-of-life crimes such as minor drug possession, prostitution, shoplifting, and disorderly conduct, from traditional criminal court case processing to community-based restoration. Community-based restoration refers to the sentencing of offenders to community service, preferably to compensate the neighborhood where the crime occurred, and offering defendants help through social services. This movement began in the 1980's with community policing, followed by community courts, community prosecution, and other such initiatives in the 1990's. While the specifics of programs vary, certain premises remain constant: (1) that traditional courts focus resources on serious crime and devote insufficient attention to quality-of-life offenses; (2) that quality-of-life offenses may lead to more serious crime, which causes social and economic problems in neighborhoods where crime occurs, therefore, sentences should include community service; (3) that offenders should have the opportunity for rehabilitation; and (4) that community members have a stake in the production of effective justice and accordingly have a role to play in shaping the justice system. (CABRERA; FORBES 2001: 2)

91 Diese beiden Vorschriften gelten nur für New York.

Den *Community Courts* sitzt ein Richter vor, der allerdings meist kein Urteil fällt, sondern den Angeklagten fragt, ob er sich schuldig bekennt („plead guilty"). Bekennt er sich schuldig, wird er in der Regel zu einem *community service* verpflichtet; tut er es nicht, wird er der normalen Justiz überstellt:

> Most community courts require defendants to plead guilty to the charges at arraignment or enter into a deferment of judgment agreement without entering a guilty plea. Typically, community courts do not offer trials or determine guilt or innocence of defendants. If a defendant pleads not guilty at arraignment, he/she is sent to a traditional court. Some community courts arraign cases, while others process cases referred after arraignment by the traditional court ... (ebd. 3)

Für die Auswahl der *community services* steht dem Richter ein Quartiersrat mit beratender Funktion bei: „Also, judges collaborate with community residents (in some form of advisory council) to select community restoration projects." (CABRERA; FORBES 2001: 3). In diesen *advisory councils* sind neben Anwohnern auch Vertreter der lokalen Wirtschaft wie z.B. Geschäftsleute aktiv und wählen die Projekte aus.

Kritik an *Community Courts* wird insbesondere von Obdachlosenverbänden geäußert, da sie befürchten, dass durch die Art der verfolgten Vergehen vermehrt Obdachlose und Menschen mit psychischen Problemen ins Visier der Polizei geraten. Außerdem wird kritisiert, dass die Aufgegriffenen keinen ordentlichen Prozess bekämen, auch wenn dem von den Befürwortern entgegen gehalten wird, dass die Betroffenen über das Vorgehen aufgeklärt werden und zustimmen müssen (CABRERA; FORBES 2001: 9).

Der *Philadelphia Community Court* (PCC) wurde im Februar 2002 eröffnet (Informationsmaterial) und ist eine Kooperation zwischen dem *Philadelphia Municipal Court*, dem Center City District (CCD), der Staatsanwaltschaft (*district attorney*), der Vereinigung der Verteidiger (*Defenders Association*), der Polizei, dem *Depart ment of Behavioral Health* (DBH) sowie der *Philadelphia Health Management Corporation* (PHMC).

Finanziert werden die Richter und das juristische Fachpersonal („criminal justice personnel“), die Mitarbeiter, die die *community services* betreuen, die Sozialarbeiter sowie Miete und Betriebsausgaben von der Stadt Philadelphia, während der Center City District Verwaltungs- und Managementkosten sowie die Überwachung der verhängten *community services* übernimmt. Die Sozialarbeiter werden vom DBH und eine Krankenschwester (in Teilzeit) von der PHMC gestellt. Diese Partnerschaftsstruktur entspricht dabei dem Ansatz der *Community Courts*, Kompensation mit Unterstützung zu verbinden, und wird im Informationsmaterial wie folgt dargestellt:

Abb. 21: *Community Court*, Philadelphia

Abb. 22: Zuständigkeitsbereich des Philadelphia *Community Court*

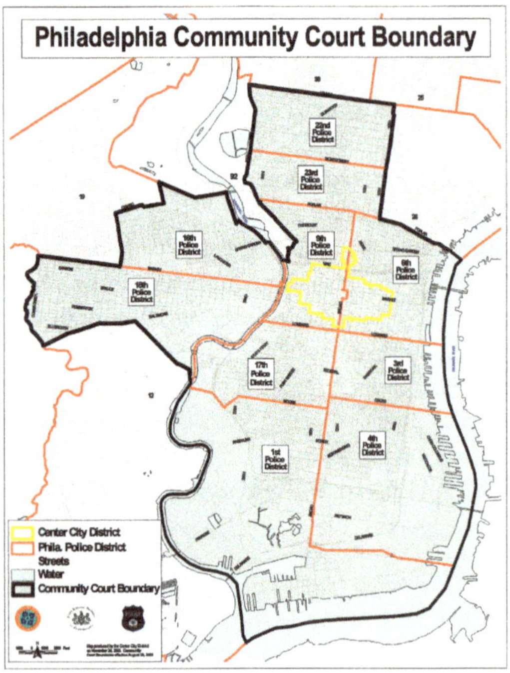

Informationsmaterial des Philadelphia *Community Court*

> The time between arrest and hearing is expedited, and the dispositions emphasize community service and behavioral treatment programs. Community service is imposed both to punish the offender and to pay back the community for the harm done by the offense. The treatment programs, either mandated by the court or entered voluntarily by the offender, are designed to address the underlying causes of the criminal behavior. Criminal justice and social service agencies are located under one roof to insure a comprehensive response and to increase compliance with the imposed sanctions. (Informationsmaterial des Philadelphia *Community Court*)

Der Zuständigkeitsbereich des PCC umfasst zehn Polizeidistrikte, in denen sowohl der Center City District (gelb markiert) als auch der University City District liegen (s. Abb. 22). In den Räumlichkeiten des PCC befinden sich Arrestzellen, der Gerichtssaal sowie Räume für die soziale und medizinische Versorgung.

Vor den *Community Court* werden sog. *quality-of-life-crimes* gebracht, zu denen „all summary offenses ... as well as non-violent misdemeanors approved by the District Attorney's Charging Unit" gehören, also beispielsweise Vandalismus, Graffiti, Diebstähle aus Autos, ordnungswidriges Verhalten, Drogenbesitz oder Geschäftsdiebstähle (Informationsmaterial des PCC). Auch wenn dies Überschreitungen von geltenden Gesetzen sind, werden sie von den staatlichen Gerichten häufig nicht geahndet:

> Because of overcrowding in the Philadelphia Prison System and the lack of sufficient alternative sentencing options, those arrested on these minor offenses routinely were released on non-cash bail, frequently failed to appear for their next court dates, and often committed additional crimes. For those who did appear, judges had few sentencing options other than probation, which meant release back to the street with no treatment for those with drug or alcohol dependencies. (Informationsmaterial des Philadelphia *Community Court*)

Die als Kompensation verhängten sog. *community services* können von *not-for-profits* angemeldet werden und umfassen beispielsweise Straßen- oder Gebäudereinigung, aber auch administrative Hilfstätigkeiten beim *Community Court* selber:

> Offenders have worked with sidewalk cleaning, landscape maintenance and graffiti removal crews of the Center City District and the University City District, in the offices of nonprofit organizations that provide services to the homeless, and have assisted with neighborhood clean-ups. (<http://www.centercityphila.org/programs/community_court.aspx>, Zugriff 11.12.2007)

Die zu einem *community service* Verpflichteten müssen bei der Verrichtung ihrer Dienste eine gut sichtbare Weste tragen, die verdeutlichen soll, dass sie gerade ihr Vergehen gegenüber der *community* wieder gutmachen.

Als Grundsatz sollen zwischen Festnahme und Erscheinen vor dem Gericht nicht mehr als 24 Stunden liegen. Geschieht die Festnahme während der Öffnungszeiten des *Community Court* (4-14 Uhr), wird der Angeklagte noch am gleichen Tag vorgeführt. Nach der Festnahme wird die Person zunächst auf das zuständige Polizeirevier gebracht, wo entschieden wird, ob sie an den *Community Court* verwiesen werden kann. Nach Aufklärung über ihre Rechte (insbesondere auch die Möglichkeit, ein „normales" Verfahren zu durchlaufen), einem Gespräch mit einen Sozialarbeiter und ggf. einer medizinischen Untersuchung findet die Verhandlung statt. Da der Richter nicht über Schuld oder Unschuld entscheidet, hängt der weitere Verlauf davon ab, ob sich der Angeklagte schuldig bekennt. Falls ja, werden in der Regel je nach Vergehen mehrere Stunden oder Tage *community service* verhängt und kontrolliert, ob diese auch wirklich abgeleistet werden. Zusätzlich können dem Betreffenden soziale Dienste angeboten werden, wie etwa Anti-Aggressionstraining, ein Drogen- oder Alkoholentzug, ein umfassender Gesundheitscheck, ggf. mit Impfungen, oder die Überweisung an eine Wohnungsvermittlungsstelle. Neben den Gesprächen und Untersuchungen, die im *Community Court* stattfinden, können weitere Hilfsangebote außer Haus oder in Folgeeinrichtungen vermittelt werden. Diesen Angeboten muss der Betreffende zustimmen; sie können auch freiwillig (also ohne Richterspruch) angenommen werden. Bei Inanspruchnahme wird der Person ein Fallmanager zur Seite gestellt. Plädiert der Angeklagte dagegen auf unschuldig, wird er der normalen Justiz überstellt.

Die Rolle des Center City District (CCD) im *Community Court* ist als äußerst ambivalent einzuschätzen. Der CCD ist nicht direkt, sondern über eine Stiftung (*Center City District Foundation*, CCDF) an der Finanzierung beteiligt:

> The role of CCD in the creation and operation of the ‚Philadelphia Community Court' is more than mere ‚participation,' however. The Center City District Foundation (CCDF), a non-profit charitable organization formed by the CCD to test and support the initiatives of the CCD, began planning the court in 1997 and the court began operating in 2002. (MORÇÖL; PATRICK 2008: 306)

Wie bereits erwähnt, verfügen CCD und CCDF über ein gemeinsames Budget, in dem die Ausgaben für den *Community Court* unter der Rubrik *Safety & Crime Prevention* aufgeführt sind (s. 2008-2012 Plan and Budget for the Center City District).

Wie der *Philadelphia Community Court* selbst hervorhebt, wird ein Großteil der *community services* innerhalb der beiden BID-Gebiete zusammen mit dem Servicepersonal der BIDs abgeleistet: „Most community service assignments are with CCD and University City District sidewalk cleaning, landscape maintenance and graffiti removal programs." (Informationsmaterial des *Philadelphia Community Court*) Die Ableistung der *community services* stellt dabei für die BIDs einen geldwerten Vorteil dar. Daher stellt sich die

Frage, inwieweit diese Maßnahmen tatsächlich eine Kompensation für die *community* darstellen, die ja im Einklang mit der vorgetragenen Argumentation negativ von den *quality-of-life-crimes* betroffen ist. Engagiert sich der BID auch noch im *advocacy council* und entscheidet über die Auswahl der begünstigten Projekte, entsteht ein (fast) geschlossener Kreislauf: Ein Delinquent wird im BID-Gebiet aufgegriffen, akzeptiert einen *community service*, der dann wiederum zum Vorteil des BIDs abzuleisten ist.[92] Da die *community services* mit der weithin erkennbaren Weste abgeleistet werden müssen, wird die „Wiedergutmachung“ eher zu einem Spießrutenlauf. Die an und für sich positive Grundidee der *Community Courts* bekommt dadurch einen faden Beigeschmack.

Wenn auch der *Community Court* und die BID-Aktivitäten durch das Vorhandensein zweier Organisationen formal voneinander getrennt sind, ist davon auszugehen, dass der BID und insbesondere die aktiven Personen im BID in die Konzeption und den Betrieb des Gerichts sehr weit involviert sind. Die Stadt Philadelphia bezahlt den Richter[93], der somit als unabhängig zu betrachten ist; er entscheidet aber über den *community service*. Entscheidend ist, dass der BID von den richterlichen Verfügungen in jedem Falle profitiert. Privates und öffentliches Interesse werden so zu einer untrennbaren Mischung. Auch mit Bezug auf eine klare Kompetenztrennung werden, so MORÇÖL und PATRICK, hier Grenzen überschritten:

> With their explicit or implicit authorities to plan and operate community courts, BIDs have increasingly become like general-purpose governments. … most of the BIDs in existence [in Pennsylvania] … had been created as municipal authorities, which were, by definition, special-purpose governments. Special-purpose governments are limited not only in their geographic service areas, but also in their functions ... Because of their limited foci, they are allowed some exemptions from the requirements for general-purpose governments, such as accountability to general publics and democratic representation in governance. Briffault (1999) argues that as BIDs take on more governmental functions (and more fundamentally governmental ones, like the delivery of justice) and become more like general-purpose governments, the legal procedures they

92 Da darüber keine Zahlen verfügbar sind, bedürfte es einer genaueren Analyse, wie viele der Delinquenten in den beiden BID-Gebieten aufgegriffen wurden und wie das Verhältnis zwischen dem Ort des Deliktes und dem Ort des *community services* ist. Da nach Angaben des PCC aber die meisten Dienste im BID-Gebiet abgeleistet werden, ist anzunehmen, dass auch viele der woanders Aufgegriffenen ihren *community service* dort verrichten.

93 Angesichts des begrenzten städtischen Haushaltes ist davon auszugehen, dass die Mittel für den Richter an anderer Stelle eingespart werden müssen.

use in the election or selection of their board members should come under scrutiny by the higher courts in the nation. (MORÇÖL; PATRICK 2008: 307)

In diesem Falle stellt sich die Frage der demokratischen Verantwortlichkeit insbesondere gegenüber dem Quartier. Sieht man die *community services* als Kompensation an, müssten die betroffenen Quartiersinteressen auch in gleichberechtigter und transparenter Weise an der Entscheidung beteiligt sein, wer am Ende von den Dienstleistungen profitiert.

3.4.3 Zusammenfassung: BIDs in Pennsylvania

Wie MORÇÖL und PATRICK dargestellt haben, trat in Pennsylvania 1968 das erste BID-Gesetz der USA in Kraft; dies blieb allerdings ohne Praxisrelevanz, da kein BID unter diesem Gesetz eingerichtet wurde. Der Business Improvement Districts Act weist bereits die typischen Charakteristika von BIDs auf. Der Unterschied zu späteren Gesetzen ist, dass der BID eine Untereinheit der städtischen Verwaltung gewesen wäre und die Stadt in Besitz der Grundstücke, auf denen die Verbesserungen durchgeführt werden, sein muss; Serviceleistungen waren nicht vorgesehen. Die frühe Existenz eines BID-Gesetzes zeigt, dass dieses Instrument offensichtlich an verschiedenen Orten praktisch parallel entwickelt wurde und wahrscheinlich nicht, wie bisher angenommen, von Kanada ausgehend in die USA transferiert wurde. Das 1967 verabschiedete Gesetz wurde 1996 geändert und ist im Prinzip bis heute in Kraft, obwohl offensichtlich auch unter dem geänderten Gesetz keine BIDs als Teil der Verwaltung eingerichtet wurden. Die meisten BIDs wurden dagegen unter dem 1980er-Gesetz als *public authority* eingerichtet.

Die heutige Gesetzeslage in Pennsylvania ist unübersichtlich, was aber in der Praxis offenbar keine größeren Schwierigkeiten zu verursachen scheint. Mit den jüngsten, 1998/2000 verabschiedeten Gesetzen wurden die von Praxisseite geäußerten Probleme mit dem 1980er-Gesetz gelöst und u. a. die Möglichkeit geschaffen, Wohnimmobilien von der Zahlung der BID-Abgabe auszunehmen. Zudem können BIDs (nunmehr NIDs genannt) auch außerhalb von Einkaufsstraßen eingerichtet werden und von einer *nonprofit* gemanagt werden.

Die Formulierungen in dem 1998/2000er-Gesetz legen nahe, dass dieses perspektivisch das 1980er-Gesetz ersetzen soll; da aber noch zahlreiche BIDs unter letzterem eingerichtet wurden, wurde wahrscheinlich aus pragmatischen Gründen davon abgesehen, diese BIDs einer Neugründung unter den neuen gesetzlichen Bedingungen zu unterziehen. Es ist nur ein Fall bekannt, in dem ein „1980er" BID als *public authority* aufgelöst und unter Verwaltung einer NIDMA neu eingerichtet worden ist (der Harrisburg Downtown District, MORÇÖL; PATRICK 2008: 301).

Mit dem Erlass der einzelnen Gesetze und Gesetzesänderungen einhergegangen ist auch eine Ausweitung der Kompetenzen und des Einflusses von BIDs (vgl. ebd. 304 ff.). Während sich unter dem 1967er-Gesetz die Kompetenz eines BIDs darauf beschränkte, in einem bestimmten Gebiet zusätzliche Abgaben zu erheben um damit materielle Aufwertungen durchzuführen, konnten BIDs unter dem 1980er-Gesetz auch Serviceleistungen anbieten. Das Aufgabenspektrum wurde 1998/2000 erneut erweitert und umfasst nun u. a. auch eine eingeschränkte Planungskompetenz für das BID-Gebiet.

Dass ein BID bereits unter dem 1980er-Gesetz weit reichende Kompetenzen übernehmen konnte, zeigt der Fall des *Philadelphia Community Court* (PCC). Auch wenn der Central City District (CCD) formal nur indirekt über eine Stiftung daran beteiligt ist, werden die Ausgaben für den PCC im BID-Budget aufgeführt.[94] Der CCD war maßgeblich an der Gründung beteiligt, finanziert das Verwaltungspersonal und profitiert von den abzuleistenden *community services*. Rechtlich scheint sich dieses Engagement in einer Grauzone zu bewegen, weil es nicht durch das (1980er) Gesetz abgedeckt ist. Da der PCC aber in enger Kooperation mit der Stadt betrieben wird (wie der CCD betont, wird der PCC „now primarily funded with public-sector resources", 2008-2012 Plan and Budget for the Center City District), ist davon auszugehen, dass dieses Engagement von der Stadt Philadelphia begrüßt wird. Obwohl die Grundidee der *Community Courts*, statt Bestrafung Kompensation und Betreuung anzubieten, innovativ ist und von vielen Akteuren positiv gesehen wird, ist die Rolle eines BIDs darin – als Finanzier und Nutznießer – kritisch zu sehen. Leider ist keine Untersuchung bekannt, die sich dieser Frage annimmt. Laut Bill Babcock ist geplant, *Community Courts* in weiteren Quartieren einzurichten, allerdings ohne finanziellen Beitrag von BIDs.

94 Der *Community Court* hat keine eigene Website, sondern wird unter den Gerichten Philadelphias aufgeführt (<http://www.courts.phila.gov/municipal/criminal/>, Zugriff 22.02.2010; ein Link für weiterführende Informationen führt zu der Homepage des CCD (<http://www.centerphila.org/about/Community.php>, Zugriff 22.02.2010).

3.5 Ausblick auf andere US-Bundesstaaten

Wie bereits erwähnt, gibt es keine umfassende, vergleichende Untersuchung über alle BID-Gesetze und konkrete -Formen in den USA. Zu einigen Bundesstaaten liegen jedoch empirische Daten vor, meist in Form von Fallstudien. Ergänzend zu den in den vorherigen Abschnitten bereits genannten werden hier unter Bezugnahme auf die Literatur noch BIDs in zwei weiteren Bundesstaaten vorgestellt, um die Bandbreite von BID-Formen zu verdeutlichen. Die Community Improvement Districts (CIDs) in Georgia wurden unter dem Aspekt der demokratischen Legitimation ausgewählt, da diese dort als eigenständige Lokalregierungen konstituiert sind. Zum zweiten weisen die CIDs insofern eine Besonderheit auf, als sie vorrangig in suburbanen Gebieten entstanden sind und inhaltlich andere Schwerpunkte setzen als die BIDs, die typischerweise in Innenstadtlagen zu finden sind. Kalifornien wurde erstens ausgewählt, um einen Bundesstaat kontrastierend zu dem Ostküsten-Fokus in den Beispiel-BIDs darzustellen. Zum zweiten ist dieser Bundesstaat ebenfalls ein Beleg für die These, dass BIDs an mehreren Orten unabhängig voneinander entwickelt wurden. Schließlich waren in Kalifornien zunächst nur BIDs möglich, die die Abgabe von den Geschäftsleuten erhoben.

Diese Darstellungen unterstreichen erneut, dass es gerade in Bezug auf Rechtsformen und Kompetenzen eine große Vielfalt von BIDs gibt, es somit irreführend ist, von „dem“ BID-Modell zu sprechen.

3.5.1 Georgia

> The CIDs of Georgia reflect many of the general characteristics of BIDs, but they are also unique in ways that reflect the political culture of the state as well as its changing economic conditions and demographics. (MORÇÖL; ZIMMERMANN 2008b: 350)

Die in Georgia Community Improvement Districts (CIDs) genannten BIDs weisen einige Besonderheiten auf. MORÇÖL und ZIMMERMANN haben in den Jahren 2002-2003 eine Studie über die acht CIDs in der Metropolregion von Atlanta, der Hauptstadt von Georgia, durchgeführt (2008b). Atlanta wurde von Garreau als „a classic of the Edge City genre“ (zit. nach MORÇÖL; ZIMMERMANN 2008b: 353) bezeichnet und ist durch eine starke Zersiedelung und die daraus folgenden Probleme wie Verkehrsstaus und

Luftverschmutzung gekennzeichnet. Der Bundesstaat Georgia zeichne sich durch eine ausgesprochen „business-friendly political culture“ (ebd. 350) aus.

In Georgia gibt es kein eigenes BID-Gesetz; stattdessen sind die CIDs in einem eigenen Abschnitt der Verfassung verankert. Unter Artikel IX, der „counties and municipal corporations“ (ebd. 356) definiert, legt Sektion VII die Rahmenbedingungen für CIDs fest. CIDs sind daher in Georgia als autonome „local governments“ konstituiert: „Georgia’s CIDs are of this fourth type – constitutionally defined local governments. … The wide array of functions they are given makes them virtually general-purpose governments.“ (ebd. 358) Jedes *county* bzw. Stadt verabschiedet dann ein eigenes Gesetz, in dem die Einzelheiten geregelt werden; laut MORÇÖL und ZIMMERMANN unterscheiden sich diese Gesetze nur darin, dass nur einige eine *sunset*-Regelung vorsehen (ebd. 356).

Ein CID bedarf der Unterstützung durch eine einfache Mehrheit der Grundeigentümer, die 75% des Wertes im vorgeschlagenen Gebiet repräsentieren, und kommt durch den Beschluss der lokalen Regierung zustande, die einen Antrag aber auch ablehnen kann. Die *Boards* haben typischerweise sieben oder neun Mitglieder, von denen sechs von den Eigentümern gewählt werden; laut Verfassung muss mindestens ein Repräsentant der Lokalregierung im *Board* vertreten sein. Da Wohneigentümer von der Abgabe ausgenommen sind (ebd. 360), können sie auch nicht an der Wahl teilnehmen; viele CIDs beteiligen Wohneigentümer aber auf informelle Weise, um bereits im Vorfeld Konflikte zu vermeiden. Die Laufzeit ist, wie bereits erwähnt, auf lokaler Ebene unterschiedlich geregelt.

Als „local government“ sind die Rechenschaftspflichten eines CIDs sehr gering. Gegenüber dem Bundesstaat entsprechen sie denen von Städten und *Counties*:

> In Georgia CIDs have no more obligation to report to the state government than cities and counties do because, as noted, they are, for all intents and purposes, autonomous local governments. And, as close kin of special districts, CIDs are exempt from the on person-one vote requirement of general purpose governments in any case … The only obligation CID boards have is to file their articles of incorporation and bylaws with the Department of Community Affairs and sign service agreements with local governments. (MORÇÖL; ZIMMERMANN 2008b: 364)

Die Städte und *Counties* wiederum können ihre Aufsichtspflicht nur über die ins *Board* entsandten Vertreter ausüben – Sanktionsmöglichkeiten haben sie nicht: „However, cities or counties do not have the authority to dissolve CIDs, if they disapprove of their acts, for example." (ebd. 364)

Den Rahmen für die möglichen Maßnahmen legt die Verfassung fest:

> (1) Street and road construction and maintenance, including curbs, sidewalks, street lights, and devices to control the flow of traffic on streets and roads;
> (2) Parks and recreational areas and facilities;
> (3) Storm water and sewage collection and disposal systems;
> (4) Development, storage, treatment, purification, and distribution of water;
> (5) Public transportation;
> (6) Terminal and dock facilities and parking facilities;
> (7) Such other services and facilities as may be provided for by general law (MORÇÖL; ZIMMERMANN 2008b: 358 (Georgia Constitution, article IX, section VII, paragraph II))

Weitere Funktionen werden in den lokalen Gesetzen definiert, so z. B. die Kompetenz für „strategic planning" (ebd. 359). Der Cumberland CID beispielsweise hatte auf seiner Website die Einzelheiten eines Plans veröffentlicht, in dem dem *county* u. a. Vorschläge zur Veränderung von Flächenausweisungen (*zoning*) unterbreitet wurden:

> They announced that they had proposed to the county changes and developments in transportation infrastructure (streets and sidewalks), street-level retailing, and green space in their district. Their plans also included „changes in development and zoning regulations, adoption of urban design standards." (MORÇÖL; ZIMMERMANN 2008b: 359)

Eine Besonderheit in Georgia ist, dass viele CIDs nicht in innerstädtischen Gebieten liegen, sondern in suburbanen Shopping-Centern und Office-Parks. Die Probleme, die dort zu bewältigen sind, unterscheiden sich erheblich von denen innerstädtischer Bereiche:

> … most of Georgia's CIDs originated in the problems caused by what one might call an excess of success in suburban commercial nodes. … The issue was not, as it is for downtowns, attracting people to the place but making the place accessible to the numbers of people who wanted to go there. …
> Consequently, one of the most important functions … of the Cumberland CID – and the other suburban CIDs in metro Atlanta – has been transportation improvement. (ebd. 353 f.)

Verkehrsinfrastrukturprojekte oder der Ausbau des öffentlichen Verkehrs erfordern große Investitionssummen, die allein aus dem Abgabenaufkommen kaum aufzubringen sind. CIDs setzen ihr verfügbares Geld daher zur

Finanzierung von Machbarkeitsstudien ein, mit denen sie dann ihre Lobbyaktivitäten für staatliche Gelder untermauern:

> … the typical mode of operation for CIDs in Georgia is that they invest their own monies for feasibility studies for transportation-related capital improvement projects to get ahead in the competition for state money. During the feasibility study phase of a project, state and local government representatives (e.g., engineers) collaborate closely with the CID. Once the feasibility study is done, the CID's project holds significant advantage over others that are competing for state transportation money because this saves the county or state money conducting its own feasibility studies. (ebd. 361)

Auf diese Weise sind sie in der Lage, staatliche Investitionen im Verhältnis zwischen 6:1 und 10:1 zu ihrem eigenen Budget zu Gunsten des CIDs auszulösen – dies sind enorme Summen im Vergleich zu den von BRIFFAULT genannten durchschnittlich weniger als 10% staatliche Mittel in BID-Budgets (1999: 360). Dieser hohe Einsatz öffentlicher Gelder mag dadurch gerechtfertigt werden, dass die Infrastrukturverbesserungen nicht nur dem CID zugute kommen; fragwürdig ist allerdings, wenn staatliche Mittel nicht nach Bedarf, sondern nach Einflussmöglichkeiten, und nicht nach überparteilich im Konsens mit mehreren Interessengruppen erarbeiteten Plänen, sondern nach den Wünschen und Prioritäten der Eigentümer und Geschäftsleute eingesetzt werden.

Zusammenfassend unterscheiden sich CIDs in Georgia von den bisher dargestellten BIDs im Wesentlichen durch ihre Rechtsform, den Maßnahmenschwerpunkt, der entsprechend der Problemlage mehr auf Infrastrukturverbesserungen denn auf den klassischen innerstädtischen Themen Sicherheit und Sauberkeit liegt und nicht zuletzt dadurch, dass die Lokalregierung (und nicht der Gemeinde-/Stadtrat) über die Einrichtung eines CIDs beschließt. Insgesamt dürften die CIDs in Georgia in Bezug auf ihre Autonomie und Einflussmöglichkeiten gedanklich am anderen Ende eines Spektrums liegen, das mit den (theoretisch) an relativ kurzer Leine geführten BIDs in New York (City) und New Jersey beginnt. Es wird daran aber auch deutlich, dass sich die politische Kultur sich auch in Rechtsform, Kompetenzen und Kontrollmechanismen niederschlägt.

3.5.2 Kalifornien

Ähnlich wie Pennsylvania wurde auch Kaliforniens erstes BID-Gesetz vor dem BIA-Gesetz Torontos als Weiterentwicklung eines älteren Gesetzes verabschiedet:

> … the enactment of the Parking and Business Improvement Area Law of 1965, which expanded on earlier legislation that provided for assessment financing of public improvements such as street lighting by permitting assessments to be used for service provision as well as capital improvements. (MEEK; HUBLER 2008: 198)

Dieses Gesetz wurde mittlerweile dreimal geändert (1989, 1994 und 2004). Während bei dem ursprünglichen Gesetz die Abgabe von den Geschäftsinhabern („business license assessment“) erhoben wurde, wurde 1994 zusätzlich die Möglichkeit eingeführt, die Abgabe auch von den Grundeigentümern zu erheben: „According to BID experts, assessments on real property generate far greater revenues and collections are far simpler to administer than business license taxes.“ (ebd. 200) Wohneigentum und nicht-kommerzielle Nutzungen sind von der Abgabe befreit (ebd. 203). Anders als in den meisten anderen Bundesstaaten darf die BID-Abgabe nicht als Prozentsatz auf den Grundstückswert erhoben werden[95]; stattdessen werden Grundstücks- oder Gebäudefläche, Ladenfrontlänge oder die Nähe zu durch den BID besonders intensiv betreute Bereiche herangezogen (ebd.). BIDs können in Industrie- und Geschäftsbereichen eingerichtet werden (ebd. 200).

Für die Einrichtung eines BIDs muss eine Petition eingereicht werden, mit der die Zustimmung der Geschäftsinhaber („merchant-based BIDs“) bzw. Grundeigentümer („property-based BIDs“), die mehr als 50% der Abgabe zu leisten haben, dokumentiert wird. Im ersten Fall ist diese Petition ausreichend, seit 2004 muss keine Abstimmung mehr durchgeführt werden; im Fall der Abgabe auf Grundeigentum folgt nach Zustimmung des *City Council* eine Abstimmung, in der erneut mehr als 50% der nach Wert gewichteten Stimmen für die Einrichtung stimmen müssen (ebd. 202). In der Praxis – z. B. in San Diego – werden nicht abgegebene Stimmen häufig als Zustimmung gewertet (STOKES 2008: 254). Danach muss der *City Council* die Einrichtung des BID beschließen.

Die *merchant-based* BIDs verlängern sich jeweils um ein Jahr, wenn sich nicht eine Mehrheit der Geschäftsinhaber dagegen ausspricht; sie haben somit eine unbegrenzte Laufzeit. Die *property-based* BIDs werden für fünf bzw. nach der ersten Verlängerung für zehn Jahre genehmigt (MEEK; HUBLER 2008: 202).

95 „This is because of the great variance in assessed valuations that resulted from the tax reform initiative, Proposition 13, which imposes stringent limits on valuation increases unless a property changes ownership.“ (MEEK; HUBLER 2008: 203).

Neben diesen beiden Formen gibt es noch sog. Alpha-BIDs, die nicht nach dem kalifornischen Gesetz, sondern aufgrund einer städtischen Verordnung von „charter cities" eingerichtet und auch von diesen verwaltet werden. Die beiden existierenden Verordnungen halten sich eng an das kalifornische BID-Gesetz und unterscheiden sich im Wesentlichen durch eine niedrigere Zustimmungsquote: „In both cases these BIDs are located in economically depressed areas and city officials have sought to overcome perceived property owner and merchant apathy by lowering the petition threshold." (ebd.)

Mit der Durchführung der Maßnahmen wird meist eine *nonprofit* beauftragt; die *Board*-Mitglieder werden entweder gewählt oder ernannt (ebd.). In selteneren Fällen übernimmt die Stadt selber die Verwaltung (ebd.).[96] In den fünf untersuchten BIDs waren in den *Boards* städtische Repräsentanten vertreten, die die städtische Aufsichtsfunktion wahrnehmen (ebd. 216).

3.6 Zwischenfazit: BIDs in den USA

In diesem Kapitel wurden die gesetzlichen Grundlagen und einzelne BIDs aus drei US-Bundesstaaten vorgestellt. Zusätzlich wurden schlaglichtartig einige Charakteristika von BIDs in Georgia und Kalifornien dargestellt, um in Ergänzung zu den näher untersuchten Gesetzen der Ostküste generelle Trends und Unterschiede herausarbeiten zu können.

Bei allen Unterschieden weisen die untersuchten Gesetze einige Gemeinsamkeiten auf, die als „state of the art"[97] gelten und insofern bemerkenswert sind, als sie sich von den in Deutschland (insbesondere Hamburg) verabschiedeten gesetzlichen Regelungen unterscheiden. Dies gilt insbesondere für die Möglichkeit, Wohnimmobilien von der BID-Abgabe zu befreien oder einen niedrigeren Abgabensatz anzuwenden, die Einbindung

96 Die Möglichkeit, einen BID durch eine *nonprofit* zu managen, wurde ebenfalls erst 1994 eingeführt. Zuvor konnte der *City Council* frei über die Verwendung der Mittel entscheiden und konnte (bzw. ab 1989 musste) einen beratenden Ausschuss (*advisory committee*) dafür einsetzen.

97 Dabei ist zu beachten, dass die besuchten Bundesstaaten alle an der Ostküste der USA liegen und aufgrund der geographischen Nähe von einer kulturellen Ähnlichkeit auszugehen ist. Zumindest die BID-Gesetze von New Jersey und das 1998/2000er Gesetz von Pennsylvania sind aber Gesetze, bei denen versucht wurde, bisherige Erfahrungen mit gesetzlichen Regelungen auszuwerten und Fehler und praktische Probleme zu vermeiden (vgl. HOUSTOUN 2003).

der Stadt durch stimmberechtigte, verpflichtende Mitglieder im Lenkungsgremium oder eine größere Flexibilität für BIDs in Bezug auf Laufzeit (keine *sunset*-Regelung, teilweise) und auf Veränderungen des ursprünglichen Maßnahmen- und Finanzierungsplans, die zwar von der Gemeindevertretung genehmigt werden müssen, aber kein erneutes Durchlaufen des kompletten Genehmigungsverfahrens erfordern. Zudem gibt es in nur bei einem der untersuchten Gesetze eine Deckelung der Abgabenhöhe (New York City, vgl. III3.2.2). Die Rechtsform der *not-for-profit* ermöglicht eine Diversifizierung der Einnahmequellen, insbesondere durch (steuerlich absetzbare) Spenden. Viele BIDs nutzen die Möglichkeit, Schulden aufnehmen zu können. Die Eingriffsmöglichkeiten der öffentlichen Hand sind insgesamt sehr unterschiedlich ausgestaltet; neben den bereits genannten ex-officio-Mitgliedern ist als die am weitesten gehende Regelung die Vorschrift aus New Jersey zu betrachten, wo das BID-Budget jährlich einer Genehmigung durch die Gemeindevertretung bedarf.

Zum anderen wurde deutlich, dass keinesfalls von einem einheitlichen „Modell BID“ ausgegangen werden kann. Die rechtliche Ausgestaltung ist höchst unterschiedlich und auch die konkreten BIDs unterscheiden sich erheblich, und zwar in Bezug auf alle denkbaren Vergleichskriterien. So haben sich BIDs von innerstädtischen Einkaufsquartieren losgelöst und man findet sie nun sowohl an suburbanen Standorten (wie in Georgia), wie auch in Wohn-, Industrie- oder Mischgebieten (Pennsylvania; wobei diese NIDs zwar vom Gesetz ermöglicht werden, in der Praxis bisher aber nur selten umgesetzt wurden). Bemerkenswert ist ferner die sehr unterschiedliche Ausgestaltung der städtischen Kontrollrechte, die häufig von der Rechtsform abhängt. Dass die rechtlichen Bestimmungen in der Praxis häufig nachlässig gehandhabt werden, ist dabei unerheblich – solange es gut läuft, ist dies im Sinne einer Vereinfachung für die BID-Aktiven auch sinnvoll. Entscheidend ist, ob die Stadt bei Missständen die Kompetenz hat durchzugreifen.

Besonders auffällig ist die Diversität von BIDs aber im Hinblick auf die dargestellten kleineren Beispiel-BIDs, denn diese sind kaum mit den häufig zitierten großen BIDs aus Midtown Manhattan oder Philadelphia vergleichbar.[98] Die besuchten kleineren BIDs in Stadtquartieren oder Kleinstädten zeichneten sich durch deutlich kleinere Budgets, weniger Personal, geringeren Leistungsumfang und vor allem eine deutlich ausgeprägte-

98 Ein Forschungsbias mit einem Fokus auf große BIDs in *Central Business Districts* wird im Übrigen auch für die USA beklagt, vgl. GROSS 2008: 223.

re Zusammenarbeit mit anderen Quartiersakteuren aus. Am Beispiel New York Citys wurden erstmals systematisch Unterschiede zwischen verschiedenen BID-Typen und -Größenklassen anhand verschiedener Merkmale herausgearbeitet (GROSS 2008). Diese Studie unterstreicht den Forschungsbedarf in dieser Hinsicht. Während die „großen" BIDs häufig als Beispiele herangezogen werden, sind sie auf der anderen Seite aufgrund des schieren Umfangs ihrer Budgets und ihrer Bedeutung für die Stadt deutlich schwieriger zu kontrollieren und verfügen auch über größeren Einfluss auf die Stadtpolitik. Beispiele dafür sind das geschilderte Engagement für einen *Community Court* oder das Eintreten für die Verabschiedung von städtischen Verordnungen, die sich gegen Bettler, Obdachlose oder illegale Straßenverkäufer (vgl. MALLETT 1994: 280 f.) richten. Mit diesen Maßnahmen, die von MORÇÖL und ZIMMERMANN (2008a: 42, vgl. auch Abschnitt I2.1) als „comprehensive governmental authority" bezeichnet werden und den höchsten von vier möglichen Ausprägungen von „publicness" aufweisen, bewegen sich diese BIDs schon jenseits einer ohnehin löchrigen Grenzlinie zwischen privaten und öffentlichen Aufgaben und rufen Kritiker auf den Plan. Diese Grenzüberschreitungen sind aber im Kontext einer sich verändernden Wahrnehmung der Rolle des Staates im Sinne von Governance zu interpretieren; die Zeiten einer klaren Trennung – sofern es diese jemals gegeben haben sollte – sind endgültig vorbei. Vielmehr wird am Beispiel der BIDs deutlich, dass neue Verfahren und Beurteilungskriterien für staatliches Handeln notwendig sind (vgl. auch SALAMON 2002). Dies wird deutlich an der Frage der staatlichen Kontrolle und Aufsicht über BIDs. Wenn auch die Stadt New York bewiesen hat, dass Städte dazu kraft der gesetzlichen Regelungen prinzipiell in der Lage sind, wenn die öffentliche Debatte über Missstände dazu Anlass gibt, dürfte die Aufsicht im Alltag eher lax gehandhabt werden (s. BRIFFAULT 1999 und MORÇÖL; PATRICK 2008). Die Städte selber unterliegen einem Interessenskonflikt zwischen der Förderung und Unterstützung von BIDs und deren Kontrolle.

Insgesamt ist in der Entwicklung von BIDs seit den 1970er Jahren zu beobachten, dass es in den Gesetzen einen Trend zu einem erweiterten Aufgabenspektrum und weniger Auflagen für die Einrichtung von BIDs[99] gibt (vgl. HOUSTOUN 2003; MORÇÖL; PATRICK 2008). Beides deutet darauf hin, dass die Erfahrungen mit BIDs in der Praxis offensichtlich eher positiv

99 So z.B. der Verzicht auf sunset-Regelungen oder die Vorgabe konkreter Quoren für die notwendige Unterstützung seitens der Grundeigentümer.

eingeschätzt werden und eine enge Kontrolle und strenge Auflagen als entbehrlich betrachtet werden. Andererseits wirft diese Entwicklung im Zusammenspiel mit der geschilderten laxen Aufsicht und der unbestreitbaren Machtposition „großer" BIDs (und zwar sowohl solche mit großen Budgets, wie in Midtown Manhattan, als auch solche, die eine wichtige Rolle in der Stadt spielen, wie z.B. RiverCenter SID, Red Bank) Fragen nach demokratischer Beteiligung und Verantwortlichkeit in neuer Schärfe auf:

> As BIDs become more like general-purpose governments, and as their decisions and actions affect larger segments of metropolitan populations, the representation of affected social groups and individuals in the decision-making mechanisms of BIDs will become more important. ... BIDs illustrate the interdependencies between the public and private sectors and the erosion of the distinctions between the public and the private, and they highlight the need to reconceptualize accountability and democratic representation in governance networks. (MORÇÖL; PATRICK 2008: 317)

Des Weiteren ist im Zusammenhang mit BIDs eine Tendenz zur Legendenbildung zu beobachten. Eine Legende ist, dass der West Bloor Village BIA in Toronto als erster BID eine Innovation der dortigen Geschäftsleute ist. Vielmehr ist richtig, dass sich an verschiedenen Orten parallel BIDs entwickelt haben, und zwar als Weiterentwicklung der *special districts*. Dafür spricht das Business Improvement Districts von 1967 aus Pennsylvania, aber auch MALLETT (1994: 281) schildert eine schrittweise Übernahme von BID-Funktionen durch *special districts*. Auch stellen die BID-Gesetze vieler US-Bundesstaaten Weiterentwicklungen früherer Gesetze (z.B. *special districts*, Pennsylvania 1967/1996 oder „pedestrian malls", New Jersey) und kein völlig neu formuliertes Gesetz dar. Damit soll nicht bestritten werden, dass BIDs ein „innovatives" Instrument darstellen, insofern sie ein „place management" durch die Erbringung von Dienstleistungen ermöglichen.

Eine weitere Legende ist die hohe Zahl von BIDs, die insbesondere von BID-Befürwortern systematisch überschätzt wird, indem auch sog. „freiwillige" BIDs wie der University City District in Philadelphia mitgezählt werden (vgl. auch Abschnitt III2.2).

Eine weitere Legende rankt sich um den „privaten" Charakter der BIDs, der insbesondere von Befürwortern gern propagiert wird (vgl. bspw. MACDONALD 1996a, aber auch MALLETT 1994: 282). Dieser private Charakter gilt für die Organisation, die einen BID managt (sofern es sich um eine *nonprofit organization* handelt, s. unten) – aber nicht für den BID an sich, ein Widerspruch, auf den insbesondere GROSSMAN hingewiesen hat:

„There are two aspects to a BID. First, the BID itself is a part of the municipality as well as the government and is a public entity governed by the enabling ordinance and legislation. Second, the management entity is a separate concern. It is not the BID.“ (GROSSMAN 2010: 373) BIDs müssen vielmehr als *Public-Private-Partnership* gesehen werden, die allerdings im Einklang mit dem oben Gesagten besondere Anforderungen an den öffentlichen Partner stellt.

Außerdem ist darauf hinzuweisen, dass „BID services are rarely of the kinds provided by municipalities. Sidewalk cleaning, for example …, is almost everywhere the legal responsibility of owners of the properties fronting the sidewalk …“ (HOUSTOUN 2003: 145). Gerade im Bereich Gehwegreinigung ist ein BID also ein Instrument, um die Reinigungspflicht der Eigentümer zu bündeln und einheitlich zu erbringen, und nicht als Leistung *on top* des städtischen Grundleistungsniveaus zu interpretieren. In den USA erbringen BIDs Leistungen, die von der Stadt nicht mehr erbracht werden – sie sind also eine Ergänzung zu einer „schwachen Stadt“.

Die Frage des „privaten“ oder „öffentlichen“ Charakters von BIDs spiegelt sich auch in den möglichen Rechtsformen wider. In den USA gibt es insgesamt vier mögliche Rechtsformen für BIDs: „nonprofit organizations (as in New Jersey and Pennsylvania …), public authorities (as in Pennsylvania …), designated areas that are managed directly by the governing authorities of local governments for special purposes (as in the alpha BIDs in California; …), and BIDs as another form of local government.“ (MORÇÖL; ZIMMERMANN 2008b: 357 f.). BIDs sind oft auch mit anderen Organisationen in Form von *Public Private Partnerships* eingebunden[100] oder teilen sich Verwaltungskosten in Holding-Strukturen (MITCHELL 2008: 63). In jüngerer Zeit ist ein deutlicher Trend zur Rechtsform der *nonprofit* zu beobachten. Gründe dafür dürften zum einen in der scheinbar größeren Unabhängigkeit liegen, die der private Charakter der *nonprofit* suggeriert und der für Eigentümer wie auch Consultants (Seth Grossman, Interview 25.08.2008) gleichermaßen attraktiv ist. Zum anderen sind *nonprofits* aber auch deswegen interessant, weil sie im Zuge einer Diversifizierung der Einnahmenseite die Möglichkeit bieten, auch Spenden anzunehmen, die

100 „In the United States, the freestanding BID is more the exception than the rule. In [some] cities … BIDs operate within a partnership model. In these cities, the downtown BID is but one arm of a centrally managed complex of business-supported organizations that deal with various issues that affect the downtown, such as planning and research, housing development, or transportation management.“ (HOUSTOUN 2003: 10).

dann für den Geber steuerlich absetzbar sind. Wie die Diskussion über die möglichen Rechtsformen von BIDs in Pennsylvania aber auch deutlich gemacht hat, ist die „öffentlichere" Form der *public authority* im Sinne einer klaren Trennung von öffentlich und privat alles andere als unproblematisch, weil sie BIDs mit der lokalen Regierung prinzipiell auf eine Stufe stellt. Bezüglich der Klarheit der Rollen bietet die Rechtsform der *nonprofit* daher klare Vorteile, weil sie eine Partnerschaft zwischen Privaten und der öffentlichen Hand mit eindeutig verteilten Rollen zulässt: Die private BID-Organisation ist für die Durchführung der Maßnahmen zuständig und die Stadt für die Genehmigung, Aufsicht und Kontrolle.

Dieses Kapitel dürfte somit verdeutlicht haben, dass die in Deutschland verfügbaren Informationen über BIDs recht lückenhaft sind. Den Gründen dafür und den Konsequenzen daraus wird in Teil IV nachzugehen sein. Nach der Darstellung der Entstehung von BIDs in den USA sowie einem Überblick über einige BID-Gesetze und Beispiel-BIDs in den USA wird nunmehr die kritische Diskussion um BIDs dargestellt.

4 Kritik an BIDs und Diskussion der Argumente

Das neue Instrument BID war und ist sowohl in den USA als auch in Deutschland nicht unumstritten. Auf der einen Seite stehen Kritiker in den Reihen der Grundeigentümer, die die Erhebung von zusätzlichen „Steuern" für Leistungen, die ihrer Meinung nach der Staat zu leisten hätte, in Frage stellen. Auf der anderen Seite wird aber auch grundsätzliche, häufig ideologisch motivierte Kritik an Kommerzialisierung und Disneyfizierung des öffentlichen Raums oder der Privatisierung öffentlicher Leistungen geäußert. BIDs werden dabei häufig in einen Zusammenhang mit übergreifenderen Entwicklungen gestellt und als „pars pro toto" kritisiert.

Empirische Belege für oder gegen die geäußerte Kritik werden selten geliefert. Untersuchungen liegen zu der Frage vor, ob BIDs in Philadelphia zur Verdrängung von Kriminalität in angrenzende Quartiere beitragen (HOYT 2005a) sowie, anhand eines einzigen Fallbeispiels, wie ein BID mit politischen Meinungsäußerungen in seinem Gebiet umging (CLOUGH; VANDERBECK 2006).

In diesem Kapitel werden die gängigsten Kritikpunkte an BIDs erläutert, diskutiert und bewertet. Die Kritik wird dabei drei Themen zugeordnet: Erstens die Kritik an Einschränkungen der Nutzbarkeit öffentlichen Raums, zweitens die Verlagerung der Erbringung öffentlicher Leistungen auf Private und drittens schließlich der Komplex der demokratischen Legitimation von BIDs.

4.1 *Öffentlicher Raum: Privatisierung, Kommerzialisierung, Disneyfizierung, Exklusion durch BIDs?*

Zu Beginn dieses Abschnitts möchte ich mit drei unkommentierten Zitaten das Diskussionsfeld aufspannen:

> Similarly, with private security guards deployed on public streets, the aim is not to protect the city nor the public as a whole, but to make office workers and consumers feel safe to work and spend in the district. As a result, private police employed by BIDs change the nature of policing as well as its spatiality. By altering the priorities of policing, private security forces are more likely to displace crime to other areas than to deter crime overall, intensifying criminal activity in those places. Private security forces on public streets also raise a series of questions related to their rights and responsibilities. …
> Apart from the regulation of city streets by extra security forces, business improvement districts also regulate the public spaces of downtown areas in other ways. An added aspect to the security activities of BIDs is the closer regulation of the homeless through ostensible social services. … The study [commissioned by the Center City District in Philadelphia] proposed strengthening city ordinances making it illegal to sit, lie, or sleep on city streets, a campaign to encourage people not to give money to panhandlers, and a lobbying effort to persuade religious leaders to shift from on-the-street to shelter oriented feeding programmes. (MALLETT 1994: 279 f.)

> More apocalyptic critics conjure images of corporations circling the wagons to keep undesirables out. To BID leaders in once depopulated downtowns, this is a curious comparison. Having hired young planners and landscape architects to restore neglected civic spaces and having deployed cleaning and security teams, they are now funding media campaigns to draw people of all ages, incomes, and races back to the center. Most BID leaders will say that their goal is not to chase some people out but to invite all people in. (LEVY 2001: 129)

> BIDs help to create public places, or rather, they make nominally public places truly open, accessible and appealing to the public. … By the same token, dirty, dilapidated and dangerous streets, squares and parks are effectively closed to the public even if they are publicly owned and nominally open. (BRIFFAULT 1999: 474)

Die Diskussion, die sich zwischen Befürwortern und Gegnern in Bezug auf die Nutzbarkeit des öffentlichen Raums aufspannt, lässt sich also zu folgender Frage zusammenfassen: Tragen BIDs zu einem Verlust von Öffentlichkeit bei oder ermöglichen sie durch ihre Maßnahmen überhaupt erst die (Wieder-) Nutzbarkeit von öffentlichen Räumen?

Die Diskussion um eine faktische oder scheinbare Privatisierung der öffentlichen Räume ist nicht durch das Aufkommen von BIDs ausgelöst worden, sie hat nur eine neue Facette bekommen. Die befürchtete Aushöhlung der Funktionen des öffentlichen Raums durch BIDs im Sinne der in der Kapitelüberschrift genannten Begriffe muss immer auch im Zusammenhang mit weitergehenden gesellschaftlichen Veränderungen in der Wahrnehmung des öffentlichen Raums gesehen werden (vgl. auch Abschnitt II5.2.5). Die im Folgenden dargestellten Befürchtungen hängen inhaltlich eng zusammen und werden häufig auch zusammen diskutiert.

Privatisierung?

Im Zusammenhang mit BIDs die Privatisierung öffentlichen Raums zu diskutieren, übersieht zunächst die Tatsache, dass der öffentliche Raum in BIDs rechtlich in öffentlichem Besitz bleibt, allenfalls das Management in private Hände übergeht (und dies nur in für jeden Einzelfall zu bestimmenden Grenzen). Dazu kommt, dass BIDs keineswegs – insbesondere auch im Gegensatz zu dem, was von Befürwortern gerne behauptet wird – private Organisationen sind, sondern öffentlich-private Partnerschaften: „BIDs are neither wholly public nor fully private, but, rather, combine attributes of both public and private. BIDs are publicly created, they wield public powers, they provide public services, and they are subject to public control." (BRIFFAULT: 373)

Faktisch kann ein BID jedoch vielfältigen Einfluss auf die Nutzung öffentlicher Räume ausüben: BIDs tätigen Investitionen in den öffentlichen Raum oder finanzieren eine einheitliche Straßenmöblierung und Bepflanzung, sie bespielen den öffentlichen Raum mit Veranstaltungen; einige BIDs in den USA können in Zusammenarbeit mit der Stadt über die Nutzung der öffentlichen Räume durch Straßenverkäufer oder Taxi-Stände entscheiden und überwachen (HOUSTON 2003: 8) und BIDs in New Jersey können über die Vergabe von Zuschüssen für städtische Fassadenaufwertungsprogramme entscheiden (vgl. Abschnitt III3.3). Manche BIDs übernehmen Planungsaufgaben im öffentlichen Raum. Am deutlichsten und sichtbarsten wird die Nutzbarkeit des öffentlichen Raums durch den Einsatz von privaten Sicherheitsdiensten und Überwachungskameras beeinträchtigt.

Entscheidend ist daher, wie viele und welche Kompetenzen die öffentliche Hand abgibt und wie sie den BID überwacht.

Kommerzialisierung?
Die vorrangig profitorientierten Interessen der Grundeigentümer und Einzelhändler spielen in BIDs die dominierende Rolle. BIDs orientieren sich inhaltlich am Management von Shopping Malls: Es geht darum, dem Kunden ein Einkaufserlebnis zu bieten, in dessen Rahmen möglichst angenehm und störungsfrei konsumiert werden kann. Kritiker befürchten, dass andere Funktionen des öffentlichen Raums der kommerziellen Funktion untergeordnet bzw. kommodifiziert würden (vgl. auch CLOUGH; VANDERBECK unten):

> Through private-public partnerships, BIDs reconfigure neighborhood space into specialized, mass-marketable, consumer-friendly environments. ... In doing so, however, BIDs also reinvent the urban landscape as a sanitized economic space – in other words, an urban mall ... By catering to middle-class and upper-class mass-market sensibilities, in effect, they meditate consumer preferences and choices ... However, subjecting the function of formerly public neighborhood spaces to an exclusively economic market logic to appeal to citizens whose primary role as social actors is reduced to that of consumers narrows the domain of interaction with the environment and with fellow citizens; there is little room for social contestation where citizens of diverse interests and backgrounds negotiate their daily political, economic and social interactions through public space. (SCHALLER; MODAN 2008: 378)

In diese Richtung deuten auch Äußerungen von BID-Managern, die die Organisation von Kulturveranstaltungen in erster Linie als Marketingmaßnahme begreifen (vgl. z.B. RiverCenter SID, Red Bank, Abschnitt III3.3.3).

Disneyfizierung?
Einschränkungen des öffentlichen Lebens in der Stadt können auch daraus resultieren, dass BIDs – indem sie für einheitliche, standardisierte Straßenmöblierung und saubere, Graffiti freie Räume sorgen – zu einer Erosion der „messy vitality of cities" (Architekt Robert Venturi 1997 zit. nach STEEL; SYMES 2005: 328) beitragen. Während Graffiti bei Einigen den Eindruck hervorrufen, die Stadt sei dreckig und bedrohlich, empfinden andere diese als bunt und bereichernd: „don't paint it, it's art!" (Karen Johnson, Aktivistin im DUMBO BID, Interview 21.08.2008). Durch die gleichförmige Aufhübschung gerieten der Charme und die Einmaligkeit einer Einkaufsstraße in Gefahr:

> Some community groups in the United States … claim that the local character of their city centre is being eroded and that BIDs are in effect simply outdoor malls which provide a bland shopping experience with bland corporate art and an unremarkable series of ships which means that every High Street looks like every other High Street, and where local landmarks and eccentric buildings are replaced with anodyne offices. (STEEL; SYMES 2005: 328)

Ein wichtiger Unterschied zu privat betriebenen Kunstwelten bleibt jedoch bestehen: „BIDs may pursue Disney World values, but they lack Disney World's legal authority.“ (BRIFFAULT 1999: 475).

Exklusion?

Anlass zu kritischen Betrachtungen von BIDs bieten zumeist die Maßnahmen im Bereich Sicherheit. Die rechtlichen Kompetenzen der Sicherheitsdienste sind den Betroffenen oft gar nicht bekannt: Ein Angestellter eines privaten Sicherheitsdienstes darf einen Bettler oder betrunkene Jugendliche nicht des Platzes verweisen, sondern sie lediglich dazu auffordern. Befürchtet wird aber, dass bereits die schiere Anwesenheit privater Sicherheitsdienste bestimmte Personengruppen von der Nutzung des öffentlichen Raums ausschließt. Dass es auch noch andere Methoden gibt, unliebsame Gruppen zu vertreiben, zeigt das Beispiel Baltimore: Dort postieren sich Sicherheitskräfte auf Anweisung des BIDs neben Bettler und versuchen potenzielle Spender davon abzuhalten, einem Bettler Geld zu geben (HOUSTON 2003: 86).

Kritisch wird es, wenn BIDs mit dem primären Ziel, die Sicherheit zu erhöhen, Sozialprogramme für Obdachlose anbieten. So wurden Anfang der 1990er Jahre Vorwürfe an die Grand Central Partnership laut, dass Angestellte des Sozialdienstleisters (*Grand Central Partnership Social Services Corporation*, GCSSC) im Umgang mit Obdachlosen als Schlägertrupps („goon squads“) auftraten. Diese Vorwürfe konnten bei der Überprüfung im Rahmen des sog. Hayes-Reports zwar nicht bestätigt werden, aber der Untersuchungsbericht stellte dennoch Missstände fest:

> Although the Hayes report found no evidence of organized goon squads, it determined that the GCSSC failed to provide staff with the proper levels of screening, training, and supervision; that its board of directors was not independent of the BID; that the outreach program was flawed in its design by attempting to provide security services and social services simultaneously … (COUNCIL OF THE CITY OF NEW YORK CITY 1995: 87)

Aufgrund dessen wurde empfohlen, Sozialdienstleistungen zukünftig nur noch von unabhängigen, erfahrenen Anbietern einzukaufen und Sicherheits- sowie soziale Dienstleistungen vollständig zu trennen (ebd. 93).

Empirische Belege

Empirische Untersuchungen über öffentlichen Raum und BIDs in den USA sind dünn gesät; zwei Studien mit einer kritischen Ausrichtung wurden von CLOUGH; VANDERBECK 2006 und SCHALLER; MODAN 2008 durchgeführt. Diese werden aufgrund ihrer Relevanz im Folgenden etwas ausführlicher dargestellt.

SCHALLER und MODAN beschreiben den Gründungsprozess eines Neighborhood Business Improvement District (NBID) in „Mount Pleasant, a multiethnic, multiclass, quickly gentrifying neighborhood in Washington, D.C." (2008: 374). Die Ausgangshypothese der Untersuchung war, dass „NBIDs exacerbate tensions over space. This is especially the case in economically and ethnically mixed neighborhoods in which multiple constituents, with differing levels of access to the public decision-making process, hold divergent conceptions of what constitutes acceptable use of streets, parks, and building stoops." (ebd.). SCHALLER und MODAN erfassten in einem ethnografischen und diskursorientierten Ansatz die unterschiedlichen Raumvorstellungen der Bewohner (ebd. 375). Diese Vorstellungen kontrastieren sie mit den Raumvorstellungen der BID-Initatioren: „The NBID plan in Mount Pleasant reproduced representations of space that correspond to urban economic development policy prescriptions informed by public choice theory." (ebd.) Als ein Ergebnis halten sie fest, „that notions of appropriate uses of public space ... are conditioned by class and ethnic relations" und fordern, dass die Sichtweisen der lokalen Akteure in Planungsprozessen, ebenso wie bei BID-Gründung, berücksichtigt werden sollten.

Im Sinne der *Public Choice*-Theorie, nach der Bürger mit gleichen Ressourcen ausgestattete Konsumenten von öffentlichen und privaten Gütern sind, interpretieren sie BIDs als Instrument, das gewachsenen Innenstädten durch Verbesserungen des Konsumguts „öffentlicher Raum" Vorteile im Wettbewerb mit suburbanen Standorten verschaffen soll. In dieser Interpretation wird der öffentliche Raum durch BIDs auf seine ökonomische Funktion reduziert (ebd. 378). Besonders problematisch sehen die Autorinnen diese Prozesse im Falle von BIDs, die auf Quartiersebene entstehen.

Anhand der sozioökonomischen Struktur arbeiten sie heraus, dass von den europäisch-weißen Bewohnern ein relativ großer Teil Hausbesitzer sind, während dies für die übrigen ethnischen Gruppen nur in geringerem Maß zutrifft. Während die weißen Bewohner schon seit längerem mit dem Erscheinungsbild der Einkaufsstraße unzufrieden waren und sich für Verschönerungen einsetzten, waren Mitglieder anderer Ethnien von diesen Bemühungen aus verschiedenen Gründen weitgehend ausgeschlossen. Der in diesem Kontext entstehende BID bezog aufgrund der gesetzlich vorgeschriebenen Beteiligung lediglich die (vorwiegend weißen) Immobilieneigentümer, nicht aber die (vorwiegend aus anderen ethnischen Gruppen stammenden) Geschäftsinhaber ein, deren Sichtweisen also systematisch aus dem Gründungsprozess ausgeschlossen wurden. Ebenso wenig wurden Anwohner oder andere Quartiersakteure miteinbezogen. Aus diesen Gründen scheiterte schließlich auch der BID:

> It was an analysis of these very relations that caused the Mount Pleasant Business Association to opt out of the BID project. Too many business owners in Mount Pleasant saw the BID project as another step in a gentrification process that was driving long-time residents from the neighborhood, and a means to privatize services that they considered to be part of the public good, and thus the responsibility of the city to which they pay some of the highest taxes in the country. (ebd. 395)

Auch wenn diese Untersuchung also aufgezeigt hat, dass es divergente Vorstellungen über die Nutzung des öffentlichen Raums zwischen Grundeigentümern und Geschäftsleuten bzw. Bewohnern gibt, zeigt sie auch, dass dieser BID offensichtlich nicht zu Stande kommen konnte, weil er nicht auf einem breiten Konsens basierte.

Die Studie von CLOUGH und VANDERBECK (2006) untersuchte den Umgang des Church Street Marketplace BIDs, Burlington, Vermont mit politischen Meinungsäußerungen im öffentlichen Raum. Die Autoren untersuchen, inwieweit öffentliche Räume in BIDs die „functions of public space in democratic societies“ (2262) erfüllen können und betonen die Notwendigkeit für „people to encounter, by choice or chance, other people from diverse social groups and of diverse opinions with whom they would not otherwise have other opportunities to interact or even see“ (ebd.). Sie beziehen sich damit auf die normativ geprägten europäischen Vorstellungen der Funktionen von öffentlichem Raum (vgl. Abschnitt II5.2.5).[101] Sie gehen davon aus, dass ein Spannungsverhältnis bestehe „between the democratic ideal of public space as a site for public participation in politics and the neo-liberal ideal (as

101 Obwohl der Artikel in der britischen Zeitschrift Urban Studies erschienen ist, sind beide Autoren US-Amerikaner. R. Vanderbeck lehrt mittlerweile an der University of Leeds, UK.

embodied by BIDs) of public space as a site for increased profitability through privatised management" (2263). Der öffentliche Raum wird als Ort interpretiert, ohne den „those in less powerful positions lack physical space where (at no monetary cost) they have the right to speak, and where they have face-to-face access to others who can choose to listen to them or not, without being unduly censored by powerful interests" (2264). BIDs dagegen werden als Instrument einer neo-liberalen Stadtpolitik gesehen, das von mächtigen Kapitalinteressen genutzt werde, um den öffentlichen Raum ihren Profitinteressen zu unterwerfen (2265). In der Untersuchung wollen sie „give particular attention to the ways in which political activity is both restricted and, in certain respects, encouraged as part of the BID's goal of generating increasing profits for local businesses …" (2263). Methodisch stützen sich CLOUGH und VANDERBECK auf Beobachtungen, Interviews und Dokumentenanalyse. Notiert wurden auch die Reaktionen der Polizei auf politische Aktivitäten.

Burlington gilt als Stadt, die eine relativ progressive Politik verfolgt und in der zahlreiche politische Gruppen den öffentlichen Raum für politische Aktivitäten nutzen. Der Marketplace BID ist als *Commission* Teil der Stadtregierung („quasi-governmental body", 2269); die *Board*-Mitglieder werden vom Stadtrat ernannt und vom Bürgermeister kontrolliert, der auch den BID-Manager einstellt bzw. entlässt. Die Sitzungen des BID-*Boards* sind zwar öffentlich, werden aber kaum von der Öffentlichkeit genutzt, u. a. weil Sitzungsdaten und -orte häufig wechseln und nicht rechtzeitig bekannt gegeben werden (2269 f.).

Das vom Marketplace BID propagierte Image orientiert sich an traditionellen Stadtvorstellungen:

> … the theme of the Marketplace is perhaps best described as „congenial, traditional urbanism", as the Marketplace intentionally attempts to invoke nostalgia for the mythologised, pedestrian-friendly American main street. The architect who designed the Marketplace in the 1980s … in fact travelled to Disney World to study Disney's Mainstreet USA … (ebd. 2271)

Sowohl das physische Erscheinungsbild als auch verschiedene Veranstaltungen werden so konzipiert, dass sie dieses „Thema" unterstützen. Da die Straßen in rechtlicher Hinsicht öffentlich sind, ist die Marketplace Commission nicht befugt, die Redefreiheit einzuschränken: „The US Constitution … does not allow cities to discriminate based on the content of speech, but it does allow them to disallow actions that may significantly impact the interests of the city." (ebd. 2271) Der Kniff ist nun, dass politische Veranstaltungen wie normale Veranstaltungen gehandhabt werden:

> The Church Street Marketplace regulates protests, demonstrations, and rallies as ‚special events' and as such they are not specifically differentiated from other kinds of public gatherings ... Applicants who want to stage a protest, demonstration or rally on the Marketplace are required to supply information as to the time, size, tactics and goals of the gathering to both the staff of the Marketplace Commission and the Burlington Police Department. Permits are granted or denied based on the availability of the space at the desired time, the potential benefits or drawbacks of each specific event to the Marketplace and its vendors, and the availability of public resources (police, fire, etc.) to ensure public safety during the event ... This process of permitting is sufficiently flexible to allow the Director of the Commission significant leeway to decide what kinds of events will be allowed and under what conditions they can proceed. (ebd. 2271)

Eine Zeitlang wurden zudem seitens der Stadt Info-Tische an allen Wochenenden zwischen Thanksgiving und Weihnachten verboten, um an den umsatzstärksten Tage Behinderungen zu vermeiden. Außerdem wurde verfügt, dass in einem neun Fuß breiten Streifen vor den Gebäudefronten keine stationären Aktivitäten stattfinden dürften.

Als Ergebnis ihrer Recherchen stellten CLOUGH und VANDERBECK fest, dass bestimmte politische Aktivitäten, und zwar „especially those that are passive, friendly and institutional in nature“ (2272) geduldet oder sogar gefördert wurden, während andere Aktionen als „scary“ eingestuft wurden, „when that activism is judged to be contrary to the interests of the BID, such as when activists employ shocking or offensive tactics that might detract from the supposedly family-oriented nature of the street.“ (2273). Als „bedrohlich“ galten z.B. Proteste gegen den Irak-Krieg, über die sich Kunden beschwerten, „when they were confronted with activists protesting the war in Iraq through the use of burqa-like costumes and baby-dolls wrapped in cloth as though they were casualties of the war.“ (2274)

Da die *Marketplace Commission* Anträge nicht aufgrund ihres politischen Inhalts ablehnen darf, wurde als Argument zumeist die „öffentliche Sicherheit“ bemüht: Politische Aktivitäten wurden mit der Begründung abgelehnt, sie würden zu einer Gefährdung beitragen, da die Straßen sowieso schon überfüllt seien. Dieses Argument wurde, so die Autoren, allerdings nicht bei allen Veranstaltungen bemüht. So wurde ein sog. *Die-In*, eine Fundraising-Aktion zugunsten von Anti-AIDS-Aufklärung, nur unter der Auflage erlaubt, dass die Veranstalter auf eigene Kosten einen privaten Sicherheitsdienst engagierten, obwohl nur ca. 20 Personen daran teilnahmen (2278), während die Rede eines Präsidentschaftskandidaten mit mehreren Tausend Zuhörern ohne Weiteres genehmigt wurde (2279).

Der Fall des Marketplace BID zeigt auf, dass eine zu enge Verflechtung mit der Stadtverwaltung problematisch sein kann: Die Interessen der Stadt und des BID können nicht mehr auseinander gehalten werden, der BID mit seinen kommerziellen Interessen wird quasi Teil der Verwaltung und erhält Zugriff auf Entscheidungen (hier die Genehmigung von Veranstaltungen), die einer unparteiischen Regelung bedürfen. In dieser Konstellation versagt die Stadt in ihrer Aufsichtsfunktion.

Als Fazit aus den beiden Studien kann festgehalten werden: BIDs verfolgen die von den Beteiligten vertretenen Interessen. Dies sind – entsprechend den gesetzlichen Bestimmungen – in erster Linie und mehrheitlich die Grundeigentümer, die an einer Wertsteigerung ihrer Immobilien interessiert sind und daher eine Affinität zu einer kommerziellen Verwertung des öffentlichen Raums haben.

Divergieren diese Interessen von denen anderer Betroffener, kommt es zu Konflikten. Ein BID ist gut beraten, diese zu berücksichtigen – sind es wie im Falle von Mount Pleasant maßgebliche Interessen, wie die der Geschäftsleute, kann ein BID daran scheitern.

Die Stadt muss in der Lage sein, verschiedene Interessen zu moderieren. Macht sie sich die Interessen des BID zu Eigen, wie im Falle des Marketplace BID in Vermont, bleiben schwächere Interessen auf der Strecke.

In der Diskussion um Privatisierung, Kommerzialisierung, Disneyfizierung und Exklusion im Zusammenhang mit BIDs wird deutlich, dass BIDs vielfach als Vehikel einer neoliberalen Stadtpolitik interpretiert und pauschal für deren Folgen verantwortlich gemacht werden – der konkrete Beitrag von BIDs zu den oben genannten Stichworten bleibt diffus. Festzuhalten bleibt, dass es einen Mangel an empirischen Untersuchungen über die tatsächlichen Auswirkungen gibt. Forschungsbedarf ist da, denn die hier zitierten Studien sowie der Untersuchungsbericht über angebliche Übergriffe von Mitarbeitern der Grand Central Partnership gegenüber Obdachlosen deuten darauf hin, dass es kritikwürdige Tendenzen gibt. Allerdings wird auch deutlich, dass der öffentlichen Hand in dieser *Public Private Partnership* eine besondere Bedeutung als Korrektiv zukommt: Welche Kompetenzen werden dem BID überlassen? Wer entscheidet über Umgestaltung und Nutzung des öffentlichen Raums? Sorgt die Stadt dafür, dass auch andere (nicht kommerzielle) Interessen im öffentlichen Raum Berücksichtigung finden? Wie bewusst sich Städte dieser Rolle sind und wie schlagkräftig sie diese tatsächlich ausfüllen, ist jedoch fraglich (vgl. dazu Abschnitt III4.3.2).

4.2 *Privatisierung öffentlicher Leistungen*

BIDs sind (auch) eine Reaktion auf ein als unzureichend empfundenes Niveau öffentlicher Leistungen – insbesondere in den Bereichen Sicherheit und Sauberkeit. Unter Konkurrenzdruck durch private Shopping-Center, die solche Leistungen auf hohem Niveau erbringen, bringen BIDs private Mittel auf, um diese öffentlichen Güter zu produzieren. Allerdings sind etliche BID-Aufgaben keine originär öffentlichen Aufgaben und es ist im ureigensten Interesse von BIDs, öffentliche Aufgaben nicht zu ersetzen, sondern allenfalls zu ergänzen. Die von MORÇÖL und ZIMMERMANN erarbeitete Klassifizierung, mit der die BID-Aufgaben in vier Stufen von rein privaten, über Lobbying und klassische öffentliche Aufgaben bis hin zu umfassender staatlicher Autorität eingeteilt wird (vgl. Abschnitt I2.1), macht allerdings deutlich, dass die Grenze nicht klar zu ziehen ist:

> The line between the private and the public is blurred at the traditional public services level … In the traditional framework of public administration, services such as capital improvements, maintenance, parking and transportation, security, and social services are supposed to be provided by governments. BIDs' ‚intrusion' into these service areas shows the changing nature of the public service delivery system in the United States. (2008a: 42 f.)

Gerade auch im Vergleich mit ihren Vorläufern, den *special purpose districts*, stellen BIDs eine neue Qualität der Zusammenarbeit von öffentlichen und privaten Akteuren dar: Ihr hoher Grad an Autonomie, die Vielfältigkeit der Aufgabengebiete und die Übernahme auch klassisch hoheitlicher Aufgaben verwischen die klar scheinenden Grenzen zwischen öffentlichen und privaten Funktionen – BIDs werden so zu einem „Hybrid": „… in practice they tend to operate in the ‚twilight zone' … between the public (government) and the private (for-profit business) sectors" (JUSTICE; GOLDSMITH 2008: 186). BIDs werden in den USA zuweilen als „private governments" (PACK 1992; MORÇÖL ET AL. 2008, verschiedene Kapitel) bezeichnet. Dieser für deutsche Ohren widersprüchliche Begriff ist in den USA geläufig und geht auf Pluralismustheorien zurück, nach denen der Staat nur einer von vielen denkbaren Zusammenschlüssen von Individuen ist:

> Public governments, on the one hand, are those general as well as special-purpose associations and agencies either to which all inhabitants of a given locality are subject or of which all citizens are members. Private governments, on the other hand, are those limited-purpose associations or organizations, usually voluntary in membership, which exist both alongside and subordinate to public governments. Private associations are considered gov-

ernments when they exhibit, to a significant extent, certain-fundamental political characteristics. In varying degrees and in ways circumscribed by the ultimate coercive sanctions of public governments, private governments exercise power over both members and nonmembers, often in vital areas of individual and social concern. (LAKOFF 1993: 1)

„Private governments"[102] zeichnen sich also durch ihren großen Einfluss aus, den sie ausüben; nach dieser Definition fallen auch z.B. Unternehmen, Gewerkschaften oder Universitätsführungen darunter. Der Begriff wird auch für BIDs eher in kritischer Absicht verwendet (vgl. PACK 1992).

Sind BIDs aber nun vorrangig privater Natur, wie BID-Befürworter gern betonen? Und wird den Privaten zuviel Macht zugestanden, wie die Diskussion von BIDs als „private governments" unterstellt? GROSSMAN stellt stattdessen die öffentlich-private Partnerschaft in den Vordergrund, die seiner Meinung nach BIDs auszeichnet: „The privatization aspects of BIDs have received important attention. Little attention, however, has been dedicated to BIDs as a form of public-private partnerships (PPPs), particularly the public purpose and intention – the ‚publicization' aspects – of these partnerships." (2010: 361) Seiner Meinung nach sollten BIDs ohne ideologische Scheuklappen betrachtet werden und das Augenmerk auf die Chancen gelegt werden: „It is clear that BIDs are not strict forms of privatization and may be better understood as preliminary, albeit primitive, forms of the democratic process that call the private citizenry to become publicly involved and accountable as well as creative in solving immediate social and economic problems." (ebd. 389)

Der „vorläufige" Charakter dieser öffentlich-privaten Partnerschaft bezieht sich auch darauf, dass eine Reihe von Fragen einer Klärung bedürfen und die privaten und öffentlichen Anteile in Leistungserbringung und Kontrolle sorgfältig austariert werden müssen. Es geht dabei insbesondere um die Fragen einer gerechten und angemessenen Leistungsverteilung auf die Quartiere einer Stadt und um die Frage, ob BIDs Leistungen tatsächlich effizienter erbringen können oder dies nur durch das Unterlaufen von Standards (wie Mindestlöhnen) erreichen können. Diese Fragen sind Thema der folgenden Abschnitte. Nicht direkt mit einer Privatisierung öffentlicher Leistungen, aber mit der Entstehung von Ungleichgewichten, hängt die Frage einer möglichen Verdrängung und Gentrifizierung zusammen; darauf wird daher in einem Exkurs eingegangen.

102 Bemerkenswert ist, dass in der Definition von LAKOFF *special purpose districts* als „public governments" bezeichnet werden.

4.2.1 Verteilungsfragen

> … these services are based on the district's willingness and ability to pay, rather than on need for the service. Thus, the rise of BIDs creates a connection between neighborhood wealth and the quality of local public services. BIDs raise the troubling prospect of establishing a practice that could justify inequalities in public services among the different neighborhoods within a city based on neighborhood ability to pay. (BRIFFAULT 1999: 463)

Die Idee der BIDs basiert darauf, dass BID-Gebiete zusätzlich zum Grundversorgungsniveau der öffentlichen Hand eine Leistung aufgrund von privatem Engagement – *on top* – erhalten. Daraus ergeben sich zwei Fragen, die im Folgenden diskutiert werden: Entstehen durch zusätzliche BID-Leistungen Ungleichgewichte zwischen einzelnen Quartieren? Und: Bleibt die Grundausstattung an öffentlichen Leistungen gleich oder spart die Stadt Leistungen ein?

Die hier ebenfalls diskutierte Frage einer möglichen Gentrifizierung von BID-Gebieten steht damit in einem indirekten Zusammenhang, da sich dadurch die Gewichte in der Stadt verschieben können.

Erhalt des Grundversorgungsniveaus an öffentlichen Leistungen

Eine häufig von Eigentümern geäußerte Befürchtung gegenüber BIDs ist, dass die Stadt ihre Leistungen im BID-Gebiet aufgrund der nun von Privaten erbrachten Leistungen zurückfahren könnte. Die Stadt würde dann die Mittel sparen oder in andere Leistungen investieren: „By providing basic services themselves, critics argue, BIDs ‚enable' the city to continue pouring money into salaries, pensions, and a massive welfare apparatus while ignoring the essentials of municipal government." (MCDONALD 1996a)

Da diese Befürchtungen Grundeigentümer davon abhalten würden, einem BID überhaupt zuzustimmen, weisen die meisten BID-Gesetze in den USA jedoch ausdrücklich darauf hin, dass städtische Leistungen nicht substituiert werden dürfen; Pennsylvania z.B. schreibt sogar vor, dass die Stadt sich in den öffentlich-rechtlichen Verträgen mit BIDs verpflichten muss, ein bestimmtes Leistungsniveau aufrecht zu erhalten (HOUSTOUN 2003: 145). Zudem, so HOUSTOUN, seien die meisten BID-Dienstleistungen ohnehin nicht im öffentlichen Leistungskatalog enthalten: „BID services are rarely of the kinds provided by municipalities. Sidewalk cleaning, for example …, is almost everywhere the legal responsibility of owners of the properties fronting the sidewalk …" (ebd.). Belege für Kürzungen, so HOUSTOUN weiter, scheint es nicht zu geben: „In fact, there is little evidence that cities have made BIDs and excuse for cutbacks, and in many cases BIDs have successfully advocated for new government investments in their districts ...“ (ebd.). Dass aufgrund von BIDs das öffentliche Leistungsniveau abgesenkt wird, scheint also kaum zu befürchten zu sein.

Der zweite Teil des Zitats verweist allerdings auf eine weitere Frage: nämlich, ob aufgrund von BIDs knappe städtische Haushaltsmittel vorrangig in Quartiere mit einer mächtigen Lobby investiert werden. Auch wenn LEVY diese Unterstellung zurückweist[103], gibt es Evidenz für diese Möglichkeit: BIDs bündeln die Interessen der Eigentümer und Einzelhändler und verhelfen so den vorher einzeln Agierenden zu mehr Einfluss im politischen Prozess. Durch die Etablierung einer *Public Private Partnership* werden die Wege in Politik und Verwaltung kürzer. Man muss also davon ausgehen, dass ein BID ein einflussreicher Fürsprecher seiner Mitglieder im politischen Entscheidungsprozess ist: „Downtown business interests, however, are not notably powerless, and in fact their political influence may be enhanced by the BID and by its organization and representation of downtown interests. BIDs could thus divert resources from elsewhere.“ (PACK 1992: 19). BIDs nutzen diese politischen Einflussmöglichkeiten auch bewusst:

> BIDs not only create a unified voice for a particular group of property owners and monitor the level of service to the area, but they also negotiate with politicians and municipalities on behalf of business owners ... BID staff simultaneously ensure that the current level of service provided to the area will continue and work to garner additional services. (HOYT 2005a: 191)

Anhaltspunkte für diese befürchtete Verschiebung liefert beispielsweise die enge Zusammenarbeit von BIDs mit der Polizei im Bereich Sicherheit. Manche BIDs gehen Partnerschaften mit der Polizei ein und unterstützen Polizeistationen im Distrikt finanziell:

> Three of the eleven BIDs in Philadelphia (the Center City BID, the South Street BID, and the University City BID) have formal partnerships with the Philadelphia Police Department and provide office space and equipment to support police substations and ministations within the BID ... BIDs often coordinate private (BID security) and public (police) street patrols, streamlining security-related communications, improving response time, and saturating the streets with capable guardians ... (ebd. 190 f.)

103 „Some suggest that BIDs privatize city services and divert dollars from neighborhoods. But Mitchell found nationally that 87% of BID revenues come from self-imposed assessments, not privatized city contracts.“ (LEVY 2001: 127).

Geht es hier noch um eine zusätzliche Unterstützung für bestehende Polizeistationen und eine bessere Koordination zwischen öffentlicher und privater Leistungserbringung, ist die Verlagerung von Polizeistationen aufgrund von Unterstützung eines BIDs schon deutlich problematischer:

> The Wall Street police substation deal, which involved not the hiring of a BID security force but the redeployment of the city's police, provoked a public uproar, with mainstream critics alleging that the arrangement „sends the troubling message that wealthier communities can buy more police attention" and others asserting that the „cash-for-cops" deal was tantamount to bribe. (BRIFFAULT 1999: 400)

In diesen Arrangements wird zusätzliche Polizei also notabene nicht in Quartieren eingesetzt, wo eine besonders hohe Zahl von (schweren) Straftaten zu beobachten ist (also ein Bedarf an mehr Polizei besteht), sondern in Geschäftszonen, wo insbesondere minderschwere Delikte – wie Drogenkonsum oder -verkauf oder unziemliches Verhalten (Alkoholkonsum in der Öffentlichkeit, was in manchen US-Bundesstaaten verboten ist), die für Kunden unangenehm sind (sog. *quality-of-life crimes*) – begangen werden und wo ein BID finanzkräftig genug ist, um Polizeistationen unterstützen zu können. Wo keine formelle Zusammenarbeit besteht, muss man davon ausgehen, dass durch ein BID Verstöße vermehrt zur Anzeige gebracht werden und das Gebiet somit mehr Aufmerksamkeit seitens der Polizei bekommt. Ein weiteres Beispiel ist der *Community Court* in Philadelphia (vgl. ausführlich dazu Abschnitt III3.4.2). Während der BID die Räumlichkeiten und das administrative Personal für den *Community Court* finanziert, werden die Richter von der Stadt bezahlt – schwer vorstellbar, dass die Mittel nicht an anderer Stelle fehlen.

In BID-Gebieten werden die privaten Mittel zuweilen auch mit staatlichen Fördermitteln flankiert. Dies gilt beispielsweise für Mittel aus *Tax Increment Financing* (TIF), die manchmal sogar von BIDs verwaltet werden (z.B. in Houston, LEVY 2001: 128) oder, wie im Falle des Central Avenue SID(CASID) in Jersey City, mit Mitteln des *Urban Enterprise Zone* (UEZ)-Programms (vgl. Abschnitt III3.3.4). Eine derartige Kombination mag sinnvoll sein, insbesondere im Fall von BIDs in wirtschaftlich schwächeren Gebieten (wie Jersey City). Dennoch wirft die Inanspruchnahme öffentlicher Fördermittel im Falle von BIDs immer auch die Frage mit auf, ob die Mittelvergabe dem Bedarf oder den politischen Einflussmöglichkeiten folgt.

Ein Verteilungsproblem anderer Art stellt die Möglichkeit dar, dass die Erhebung von BID-Abgaben, die lokal und zu ihrem Profit eingesetzt werden, die Bereitschaft der betroffenen Eigentümer vermindern könnte, höhere Steuern zum Wohl der Allgemeinheit zu entrichten (PACK 1992: 20). Robert Reich (New York Times Magazine 1991) hat diese Tendenz zu weniger Solidarität und mehr Eigennutz in der Finanzierungsbereitschaft öffentlicher Leistungen als generellen Trend in der US-amerikanischen Gesellschaft identifiziert: „In many cities and towns, the wealthy have in effect withdrawn their dollars from the support of public spaces and institutions shared by all and dedicated the savings to their own private services." (ebd. 42) Ebenso sieht er solche Tendenzen in der zunehmenden Zahl privater Freizeiteinrichtungen, Condominiums und der hohen Spendenbereitschaft für karitative und soziale Zwecke (ebd.).

Einige Bundesstaaten haben, zum Teil auf Initiative des Volkes (beispielsweise in Kalifornien die *Proposition 13* (*People's Initiative to Limit Property Taxation*, vgl. Abschnitt III1.2.2), eine maximale Grundsteuerquote erlassen. Da BID-Abgaben unter auch diese Quote fallen, könnten BIDs tatsächlich zu einer Einschränkung des städtischen Spielraums für Steuererhöhungen führen:

> BIDs also affect non-property-owning residents by operating in direct competition with the city on a broader scale. Under New York law, in any given year, a municipality only can raise a limited amount of its revenues from taxes on real property. BIDs levy an assessment on all property owners within their districts, which is included in the total amount the City of New York is permitted by law to raise. The inevitable result is that the City has a lower limit when raising discretionary taxes, thereby decreasing its ability to provide other City services. (GARODNICK 2002: 1764)

Auf der anderen Seite haben die BID-Abgabepflichtigen aufgrund ihrer geringen Zahl jedoch nur wenig Einfluss auf die Höhe der Steuern insgesamt:

> Although the existence of a BID might stiffen commercial district opposition to general municipal taxation, it is unclear whether those interests would have the political clout to drive down the general level of taxation for the support of city services – after all, it was their inability to obtain more general city revenues for business district services that led them to champion the self-assessment that BIDs entail. (BRIFFAULT 1999: 467)

Und ob die Bereitschaft seitens der Grundeigentümer, höhere Steuern insbesondere für die Erfüllung sozialer Aufgaben zu zahlen, ohne die Erhebung von BID-Abgaben signifikant höher wäre, ist fraglich (MCDONALD 1996a).

Zusammenfassend lässt sich festhalten: Es gibt keine Anzeichen dafür (und rechtliche Vorkehrungen dagegen), dass die Stadt ihr Leistungsniveau in BID-Gebieten absenkt. Eher im Gegenteil gibt es Belege für zusätzliche städtische Investitionsbereitschaft in BID-Gebieten durch die Schaffung neuer, kofinanzierter Einrichtungen (Polizeistationen, *Community Courts*) sowie durch die Akquise zusätzlicher Fördermittel durch BIDs. Inwieweit durch diese Ausgaben andere städtische Leistungen unterbleiben und ob hier Notwendigkeit oder nicht eher das politische Gewicht der BIDs (bzw. der Wunsch, privates Engagement zu honorieren) entscheidet, muss an dieser Stelle offen bleiben.

Ungleiche Leistungserbringung zwischen Quartieren

BIDs basieren auf dem Prinzip der Selbsthilfe. Selbsthilfe setzt voraus, dass man sich selbst helfen kann: Um ein BID zu gründen, muss ein gewisses Maß an Engagement der Einzelhändler und/oder Eigentümer für den Standort vorhanden sein, es muss Sozialkapitel in Form von lokalen Netzwerken geben und nicht zuletzt müssen die Immobilienwerte (noch) Spielraum für Investitionen lassen. Quartiere, in denen noch ein gewisser Gewinn erzielt werden kann, können durch BIDs ihren Vorsprung im Vergleich zu Quartieren, in denen diese Grundvoraussetzungen fehlen, weiter ausbauen. BIDs sind kein Instrument des Chancenausgleichs, sondern des Wettbewerbs:

> BIDs … are a warning that the combination of interlocal competition for tax base, sharp interlocal inequalities in the distribution of taxable wealth, and local dependence on local wealth to fund local programs has placed the norm of urban service equality under siege. (BRIFFAULT 1999: 469)

Die aus der *Public Choice*-Theorie abgeleitete allgegenwärtige Drohung, „mit den Füssen abzustimmen" – also in suburbane Gemeinden abzuwandern, die mit niedrigeren Steuersätzen bessere Leistungen anbieten können – könne, so BRIFFAULT, dazu führen, dass man eine bessere Ausstattung bestimmter Quartiere und damit eine Ungleichheit akzeptieren müsse, um erwünschte Steuerzahler in der Stadt zu halten (ebd. 468).

Ohne diese grundsätzliche Problematik zu leugnen, führt BRIFFAULT vier Argumente aus, die dagegen sprechen, dass die Leistungserbringung durch BIDs zu allzu scharfen Ungleichgewichten führt, und betont stattdessen die Chancen, die BIDs für die Stadt als Ganzes böten:

> First, BIDs are not so sharply distinct from their surrounding neighborhoods that only BID constituents benefit from BID-provided services. … Thus, all city people who come into the districts, whether or not they reside in the BID, benefit from BID programs that make districts cleaner, safer and more vibrant.

> Second, BIDs can benefit their cities as a whole. ... Purchases made within BIDs increase city sales tax revenues; so, too, increased commercial activity within a BID enhances property values and, thus, can increase property taxes. BIDs seek to make downtowns and other commercial districts more competitive with suburban malls and edge city developments ... BIDs can draw new investment and businesses into the cities ...
> Third, existing measures of service need may understate the requirements of business districts. Commercial areas and downtowns have relatively few full-time residents, yet, they attract enormous numbers of office workers, shoppers, tourists and visitors. ... As a result, their cleaning and policing needs are well out of proportion to their resident population. To the extent that the allocation of municipal services is based on population, these areas may actually be underserved ...
> Fourth, it would be wise not to exaggerate the level of inequality produced by BID expenditures. BID budgets are rather small compared to municipal budgets. In fiscal 1997, BID assessments in New York City, which has the largest BID program in the country, came to less than $50 million – or less than two-tenths of one percent of the city's $34 billion budget. Moreover, a part of BID spending is devoted to marketing, promotions and other direct business-related services that would be irrelevant to residential areas. The differences in services expenditures between BID and non-BID districts within cities are probably far less than the differences in expenditures between high-wealth and low-wealth municipalities in the same metropolitan area.
> ... Certainly, it would be better to raise the quality of services within cities generally to bring all neighborhoods up to the level of BIDs. But that is not likely to be an option in today's fiscally constrained urban environment. (ebd. 463 f.)

Folgt man dem dritten Argument von BRIFFAULT, sind verbesserte Leistungen in den viel frequentierten Einkaufsbereichen im Stadtzentrum akzeptabel und ein Stück weit sogar notwendig. Wie aber steht es um die Stadtteile? Es wäre denkbar, dass die wohnortnahe Versorgung gefährdet wird, wenn „reichere" Gebiete besser ausgestattet werden und den „ärmeren" Gebieten Kunden wegnehmen. Über derartige Effekte ist allerdings in der Literatur nichts bekannt.

Eine andere Form von durch BID-Leistungen ausgelösten Ungleichgewichten kann dadurch zustande kommen, dass die erhöhte Präsenz von Sicherheitspersonal zu einer Verdrängung von Kriminalität in angrenzende Gebiete führt. Diese Frage hat Lorlene HOYT (2005a) mit Hilfe einer statistischen Auswertung von BIDs in Philadelphia untersucht. Sie konnte keine empirischen Belege für einen derartigen Effekt finden: In BID-Gebiete war zwar im Vergleich zu Gebieten ohne BID eine geringere Zahl an Eigentumsdelikten (Diebstähle, Raub, etc.) zu verzeichnen. Es ließ sich aber kein statistischer Nachweis dafür erbringen, dass aufgrund der Anwesenheit von Sicherheitskräften oder der Pflege des öffentlichen Raums (im Einklang mit der *broken windows*-Theorie) eine Zunahme von Delikten dieser Art in angrenzenden Gebieten zu beobachten war. Auch BROOKS (2007) wies für BIDs in Los Angeles empirisch nach, dass BID-Maßnahmen zu einer Verminderung von Kriminalität im BID-Gebiet führen, ohne dass diese in angrenzende Gebiete verdrängt wird.

Eine privat finanzierte Mehrausstattung ist also in gewissen Grenzen akzeptabel – solange das Grundniveau an öffentlichen Dienstleistungen ausreichend ist:

> Therefore, the provision of services will be measured most likely by what the city provides generally to each neighborhoods [sic] and as long as there is equity there, the inequity in the existence of affluent neighborhoods pooling their resources for themselves will not be actionable. ... If services are lacking all over the city, to allow them to be enhanced in one area to acceptable levels and then view this resource allocation issue as being merely due to private initiative or election and left lacking in others in ways that track race and class and viewing this as merely being a question of choice or inability is to impose a reinforcing disadvantage that should not be allowed. (MACFARLANE 2003: 8 f.)

Es ist und bleibt Aufgabe der Stadt, dafür zu sorgen, dass dieses Basisniveau erhalten bleibt und in allen Quartieren in angemessenem Maß erbracht wird. Ein Absenken dieser Grundausstattung unter ein „akzeptables" Niveau dürfte allerdings zu Widerstand sowohl der Quartiere mit BIDs als auch der ohne BIDs führen.

4.2.2 Exkurs: Verdrängung und Gentrifizierung

Ein indirektes Ziel von BIDs ist zur Steigerung (oder zumindest Stabilisierung) der Immobilienwerte beizutragen, so dass sich über diese Wertsteigerung die Investition in Form der BID-Abgabe amortisiert. Steigende Immobilienwerte kommen beim Verkauf eines Objektes zum Tragen oder werden in Form von erhöhten Mieten weiter gegeben. Durch steigende Mieten können kleinere, alteingesessene Geschäfte verdrängt und durch zahlungskräftigere Mieter ersetzt werden.

Es ist methodisch nicht ganz einfach zu belegen, ob ein BID zur Steigerung der Immobilienwerte in seinem Quartier führt, da diese vielen Einflussfaktoren, wie der allgemeinen Immobilienwertentwicklung oder der ökonomischen Situation der Gesamtstadt, unterliegen. ELLEN, SCHWARZ und VOICU haben den Einfluss der 44 BIDs in New York City (2002) auf die Wertentwicklung geschäftlich und privat genutzter Immobilien untersucht. Dafür haben sie die Verkaufspreise von Immobilien in BID-Gebieten mit entsprechenden Immobilien verglichen, die außerhalb von BIDs, aber in möglichst ähnlichen Quartieren lagen (ELLEN; SCHWARZ; VOICU 2007: 16).

Bei dieser Analyse konnte ein starker Einfluss größerer BIDs auf die Werte gewerblich genutzter Immobilien nachgewiesen werden, während ein derartiger Effekt bei mittleren und kleinen BIDs statistisch nicht signifikant war (28 f.). Bei Wohngebäuden ließ sich dagegen in der unmittelbaren vor-BID-Phase eine signifikante Wertsteigerung beobachten; nach der BID-Gründung gingen die Immobilienwerte jedoch wieder deutlich zurück (30). Für die gleichen BID-Gebiete hatte eine vereinfachte Betrachtung – analog derer, die BID-*Boards* häufig als Erfolgsnachweis verwenden – ohne Berücksichtigung genereller Trends aufgezeigt, dass der Verkaufspreis im Zeitraum von fünf Jahren nach BID-Gründung um durchschnittlich 30,2% im Vergleich zum gleichen Zeitraum davor anstieg (26).

Eine weitere empirische Untersuchung wurde 2003 von ERNST & YOUNG und NEW YORKERS FOR PARKS (NY4P) durchgeführt, in der die Wirkung von Investitionen in Parks auf die umliegenden Immobilien untersucht wurde. In der Studie wurden sechs Parks – u. a. Bryant Park – in New York City genauer untersucht und die Entwicklung einzelner Immobilien (insbesondere der Mieten) mit vergleichbaren Teilmärkten verglichen. Verglichen wurden die Immobilien mit den Teilmärkten Times Square, Grand Central und Penn Plaza/Garment District, die übrigens teilweise ebenfalls über BIDs verfügen. Für die untersuchten vier Immobilien am Bryant Park ergibt sich in allen Fällen eine überdurchschnittliche Wertentwicklung: In einem Gebäude (Beaux Arts Building, 80 West 40th Street) stiegen die Mieten zwischen 1990 und 2002 um 225%, verglichen mit Steigerungen zwischen 55 und 67% in den genannten Vergleichsmärkten (ERNST & YOUNG 2003: 50). Beide Studien weisen also nach, dass die untersuchten BIDs einen positiven Einfluss auf die Wertentwicklung haben – dies gilt allerdings laut ELLEN, SCHWARZ und VOICU in erster Linie für gewerblich genutzte Immobilien in großen, professionell geführten BIDs. Die Immobilienwerte seien ein umfassender Indikator für den Zustand eines Quartiers, da sich darin die Effekte aller Maßnahmen abbildeten (2007: 10).

Die Verdrängung von finanzschwächeren Geschäften in erfolgreichen BIDs ist also weder auszuschließen noch zu vermeiden. Allerdings erfolgt eine Wertsteigerung immer nur mittelbar über eine Steigerung der Umsätze, so dass kleine Geschäfte eine Chance haben sozusagen „mitzuwachsen". Letztendlich spielt es auch eine Rolle, wie intensiv die einzelnen Eigentümer auf den Mix im Quartier achten, also ob sie Filialisten vorziehen, die höhere Mieten zahlen können, oder ob sie auch Geschäften eine Chance geben, die die Einmaligkeit des Standortes erhalten. So ist der RiverCenter SID, Red Bank NJ (vgl. Abschnitt III3.3.3) ein Beispiel für eine Aufwertung mit enormen Immobilienwertsteigerungen; allerdings ist es den Eigentümern dort (noch) weitgehend gelungen, viele Inhaber geführte Geschäfte zu halten.[104] Manchmal entsteht ein BID auch in einem Kontext, wo sich ein Quartier insgesamt im Aufschwung befindet, somit fraglich ist, welchen zusätzlichen Beitrag der BID zur Wertsteigerung leistet. So ist beispielsweise der DUMBO BID in Brooklyn (vgl. Abschnitt III3.2.5) ein eindeutiger Fall von Gentrifizierung; allerdings setzte dieser Prozess bereits vor der Gründung des BID und somit unabhängig von diesem ein. Inwieweit der BID zu einer Verstärkung oder Beschleunigung des Prozesses führt, kann unmöglich erfasst werden.

Kritischer zu bewerten sind Mietsteigerungen durch Gentrifizierung[105] im Falle von Wohnnutzungen. ELLEN, SCHWARZ und VOICU konnten keinen eindeutig den BIDs zuzuordnenden Effekt bei Wertsteigerungen feststellen. Die ERNST & YOUNG-Studie untersuchte die Mietsteigerungen bei Wohnungen in der Nähe von Parks; allerdings waren entsprechende Zahlen für die Gebäude am Bryant Park nicht verfügbar. Unter Betrachtung allgemeiner statistischer Daten zur Bevölkerungsentwicklung wurde für das Jahr 2002 eine Fortsetzung des Trends einer im Vergleich zu Manhattan überdurchschnittlichen Zunahme der Wohnbevölkerung in unmittelbarer Nähe des Parks prognostiziert, und zwar insbesondere von „young professional singles and families who work in the nearby Midtown businesses" (ERNST & YOUNG 2003: 31). Attraktiv ist dieser Wohnstandort offensichtlich vor allem für Gutverdienende – ein Trend, der allerdings in ganz Manhattan zu beobachten ist. Es ist auch bemerkenswert, dass sich diese Entwicklung in der weiteren Umgebung des Parks viel deutlicher zeigt als in der unmittelbaren Umgebung. Darüber hinaus stellte der Bericht fest, dass eine höhere Lebensqualität (in der Nähe aller untersuchten Parks) zu einer längeren Wohndauer und somit einer Stabilisierung des Quartiers führe (ebd. 3).

Da keine empirischen Studien bekannt sind, die explizit den Zusammenhang von BIDs mit Verdrängung bzw. Gentrifizierung untersuchen, und fraglich ist, inwiefern BIDs parallel oder konträr zu generellen Trends

104 Allerdings handelt es sich dabei häufig um die Ehefrauen der Eigentümer (Harriet Cook, RiverCenter SID, Interview 26.08.2008).

105 Mietsteigerungen aufgrund einer Umlage der BID-Abgabe sind zumindest in den Fällen nicht zu erwarten, wo Wohngebäude von der Abgabe befreit sind.

wirken und wie groß der ihnen zuzuschreibende Beitrag tatsächlich ist, ist der direkte Zusammenhang zwischen BIDs und Verdrängung bzw. Gentrifizierung nicht seriös zu beantworten. Die oben genannten Untersuchungen können aufgrund ihrer anders ausgerichteten Fragestellung allenfalls Anhaltspunkte liefern. Aufgrund ihres Anspruchs, zur Wertsteigerung von Immobilien beizutragen, ist aber davon auszugehen, dass BIDs prinzipiell einen Beitrag zu Gentrifizierung und Verdrängungen liefern. Allerdings hängt deren Ausmaß auch davon ab, ob die Grundeigentümer im BID mehr daran interessiert sind, höhere Mieteinnahmen zu realisieren oder eine lebendige Vielfalt im Quartier zu erhalten.

4.2.3 „Effizientere" Leistungserbringung durch Unterlaufen von Mindeststandards

BIDs, so betonen Befürwortern gerne, „are providing a model of efficient public services which governments should emulate." (MACDONALD 1996b: o.S.). LEVY meint, dass sie dies erreichten, indem sie „successfully implementing entrepreneurial solutions to chronic urban problems" (2001: 130). Hinter dem Begriff „unternehmerisch" verbirgt sich aber auch, dass BIDs die für öffentliche Auftraggeber geltenden Verfahren nicht beachten müssen. Dies gilt insbesondere für die Entlohnung von Dienstleistungen, insbesondere im Bereich Sicherheit und Sauberkeit:

> They operate without civil service rules and red tape; most important, they negotiate labor contracts from a clean slate. They can hire and fire employees based on performance, not civil service status or other government mandates. (MACDONALD 1996b: o.S.)

Aus diesem Grund sehen Gewerkschaften BIDs kritisch, da sie befürchten, dass durch BIDs reguläre Arbeitsplätze im öffentlichen Dienst abgebaut und durch schlechter bezahlte Jobs bei den BIDs ersetzt würden (Seth Grossman, Interview 25.08.2008).[106] Ein BID in Boston ist sogar unter anderem am Widerstand einer Polizeigewerkschaft gescheitert: „However, opposition from the Massachusetts AFL-CIO, the Boston Police Patrolmen's Association, and a handful of locally elected officials cited … problems with BIDs in New York City and expressed concern that such entities privatize jobs by replacing police officers with private security guards." (HOYT 2006: 235).

106 Was im Übrigen einer im vorigen Kapitel diskutierten Absenkung des Mindestniveaus entsprechen würde.

Im Zuge der parlamentarischen Untersuchung in New York wurde festgestellt, dass eine Organisation, die für verschiedene BIDs Dienstleistungen erbrachte und sogar in einem Handbuch der New York City Partnership („BID Manager's Directory“) als empfohlener Dienstleister aufgeführt war, undokumentierte Immigranten beschäftigte, die zum Teil in bar und mit Stundenlöhnen zwischen 4 und 7,50 US-Dollar entlohnt wurden (COUNCIL OF THE CITY OF NEW YORK 1995: 57). Die *Grand Central Partnership Social Services Corporation* (GCSSC), formal eine eigene Organisation, die für den Grand Central BID soziale Dienstleistungen erbrachte, aber faktisch eng mit der BID-Organisation verwoben war (ebd. 72), wurde 1995 von ehemaligen Mitarbeitern verklagt, weil sie nicht den gesetzlichen Mindestlohn gezahlt habe (ebd. 65). Die GCSSC verteidigte sich damit, dass die ehemals Obdachlosen keine Beschäftigten, sondern „Praktikanten“ gewesen seien, die lediglich eine Entschädigung und keinen Lohn erhalten hätten (ebd. 66).

Wie alle privatrechtlichen Organisationen sind BIDs nicht an öffentliche Mindeststandards und Verfahren gebunden und können daher Leistungen kostengünstiger anbieten; mit „Effizienz“ hat dies allerdings nichts zu tun. Solange das von der öffentlichen Hand erbrachte Leistungsniveau konstant bleibt und die privaten Leistungen tatsächlich *on top* sind, d.h. keine Stellen in der öffentlichen Verwaltung abgebaut werden, mag dies akzeptabel sein. Auch BIDs müssen jedoch die geltenden Gesetze beachten und entsprechend kontrolliert werden – im Untersuchungsbericht wurde gefordert, dass die Stadt im Zuge der Aufsicht die in den Verträgen mit BIDs schriftlich fixierte Einhaltung aller Arbeitsgesetze („wage laws“) schärfer überprüfen solle (ebd. 67).

4.3 Demokratische Legitimation von BIDs

> BIDs are a new local form that include a very old local tradition – a tradition in sharp tension with contemporary democratic values – of property owner voting. (BRIFFAULT 1999: 444)

Sind Business Improvement Districts „Compulsory Commercial Clubs“?[107] Sind BIDs ein Rückfall in vormoderne Strukturen des Zensuswahlrechts, bei dem die Besitzenden über mehr Stimmrechte verfügten? Oder sind

107 So der Titel eines Artikels von Lorlene HOYT (2005b).

BIDs dadurch ausreichend legitimiert, dass sie durch die Stadt eingerichtet und kontrolliert werden?

Von Befürwortern wird als Rechtfertigung für BIDs in der Regel das Argument der Effektivität angeführt: „„If you emphasize individual rights, ... the city goes bankrupt. You have to do what needs to be done to see that the city survives."" (Frank Russo, Sicherheitschefs eines BIDs in Baltimore, zit. von: MCDONALD 1996a: o.S.). Von Kritikern wird dagegen in Frage gestellt, ob die Bürger ausreichend an den Entscheidungen im Rahmen von BIDs partizipieren können. Dieses Spannungsfeld zwischen *input-* und *output-*orientierter Legitimation ist typisch für Governance-Arrangements auf allen Ebenen (vgl. DAHL 1994).

Für eine Strukturierung der Argumente wird in diesem Kapitel zwischen *input-*, *throughput-* und *output-*orientierter Legitimation unterschieden. Im Überblick lassen sich die drei Legitimationsarten wie folgt darstellen:

Tab. 21: Drei Dimensionen demokratischer Legitimation

	Principle	Criteria
Input-legitimation	Participation	Consent
Throughput-legitimation	Transparency	Accountability
Output-legitimation	Effectiveness	Problem-solving

HAUS; HEINELT 2005: 15, in Anlehnung an Tab. 2.1

Diese drei Dimensionen werden üblicherweise auf nationalstaatliche demokratische Systeme angewandt. BENZ und PAPADOPOULOS weisen darauf hin, dass für Governance-Arrangements nicht die gleichen Standards demokratischer Legitimation gelten können wie für Nationalstaaten (2006: 4). Im Übrigen könnten auch repräsentative demokratische Systeme die für Legitimität erforderlichen strukturellen Bedingungen[108] nur zum Teil erfüllen; zudem könne nicht von einer Kongruenz der Entscheidungen, die von Repräsentanten getroffen werden, und den Präferenzen der Bürger ausgegangen werden. An die Stelle von Kongruenz müsse von einem kontinuierli-

108 - *Correspondence of jurisdictions and constituencies. ...*
- *Stability of communication between represented and representatives. ...*
- *Ability of representatives to propose solutions for problems and to make the necessary decisions. ...*
- *Effectiveness of representatives' power to control office holders ....*"

(BENZ; PAPADOPOULOS 2006: 6, Hvhb. im Orginal).

chen, zirkulären Anpassungsprozess ausgegangen werden. Bei Governance-Arrangements entstünden zusätzliche Probleme:

> In governance there is neither a single government nor a ‚people', and therefore no congruence between jurisdictions and the scope of decisions. Moreover, power is also exerted by private actors, which are not integrated in the circular relationship between elected governments and people. ... when governance structures develop there are then several circular relations between decision-makers and different constituencies or reference groups. ...
>
> These points raise several fundamental questions:
>
> 1. *Which communities and reference groups are included* in decision-making structures, who decides on inclusion and according to which criteria ...?
> 2. *What kind of considerations* legitimize the empowerment of various sorts of decision-makers?
> 3. In which ways are the policy preferences of the participating collective actors formed? Does the process of preference formation guarantee *inputs from the constituency*?
> 4. How are the choices of decision-makers in governance structures linked to the preferences of their constituencies (*responsiveness*)? What kind of *resources* do constituencies have to check the activity of decision-makers (voice, veto or exit), and to make them effectively *accountable* for the outcomes of policy-making in governance?
> 5. How are *preferences transformed into decisions* in governance? To what extent do structures of decision allow the *adjustment of policies to changing preferences* of affected groups...? (BENZ; PAPADOPOULOS 2006: 8)

Die klassischen Fragen nach *input-*, *throughput-* und *output-*Legitimation werden dadurch modifiziert: So stellt sich in Governance-Arrangements beispielsweise nicht die Frage, ob alle Mitglieder einer territorialen Einheit partizipieren können, sondern vielmehr, welche Gruppen aufgrund welcher Kriterien partizipieren. Dem ist hinzuzufügen, dass die Zusammensetzung von Governance-Netzwerken häufig durch ein Thema bestimmt ist; bei BIDs gibt es im Gegensatz dazu ein Gebiet, durch das die Mitglieder determiniert sind.

Für die Untersuchung der demokratischen Legitimation von BIDs werden die Fragen 1.-3. unter dem Abschnitt *input-*Legitimation behandelt, da sie sich auf die Teilnahme (wer und warum) am und die Einspeisung der Präferenzen in den politischen Prozess beziehen. Die Fragen 4.-5. werden dagegen unter *throughput-*Legitimation untersucht, da sie sich auf die Transparenz der Entscheidungsprozesse beziehen. Die Frage, ob BIDs durch ihre Effektivität, also durch ihren *output* legitimiert sind, ist unabhängig von den zitierten Fragen zu beantworten. Ein eigener Abschnitt wird schließlich der besonderen Rolle gewidmet, die der Stadt beim Schutz der im BID nicht repräsentierten Interessen (*input-*Legitimitation), in der Sicherung der *throughput-*Legitimitation sowie in der Kontrolle der *output-*Legitimation zukommt.

4.3.1 Input-*Legitimation von BIDs*

Die beiden Fragen – welche Gruppe entscheidet im BID und aufgrund welcher Überlegungen – sind auf den ersten Blick schnell beantwortet: Alle Grundeigentümer im BID-Gebiet sind stimmberechtigt, denn „nur wer zahlt, bestimmt auch mit". Diese Begründung ist jedoch hinterfragt worden, denn BIDs produzieren häufig öffentliche Güter, von deren Nutzung niemand ausgeschlossen werden kann. Diese öffentlichen Güter können Auswirkungen sowohl positiver als auch negativer Art haben und können auch nicht zahlende Gruppen, insbesondere Mieter, aber auch Kunden und Bürger, betreffen. Diese Grundproblematik spiegelt sich in den USA in der Diskussion darüber, ob BIDs dem in der Verfassung garantierten Grundsatz *one person, one vote* unterliegen sollten. Auf diese Diskussion wird daher zunächst eingegangen.

Die drei Ausgangsfragen sind schließlich für die genannten Gruppen – Grundeigentümer, Mieter (gewerbliche und private), Kunden und Bürger – jeweils einzeln zu beantworten.

BIDs und der one person, one vote-Grundsatz der US-amerikanischen Verfassung

Der Grundsatz *one person, one vote* geht auf das Gleichheitsprinzip der amerikanischen Verfassung (*Equal Protection Clause*) zurück. Während *one person, one vote* auf lokale Verwaltungseinheiten generell angewendet wird, hat der *Supreme Court* einige *special districts* von dieser Regel ausgenommen (BRIFFAULT 1999: 430). Da die Rechtssprechung im angelsächsischen Rechtssystem auf *Case Law* beruht, also richterlichen Entscheidungen zu Präzedenzfällen, bezieht sich die Rechtssprechung zu BIDs auf diese Urteile zu *special purpose districts.*[109] Die erste Entscheidung zur Frage der Anwendbarkeit von *one person, one vote* auf BIDs fällte der *Supreme Court* im Fall „Kessler vs. Grand Central District Management Association". Der New Yorker Grand Central BID ist einer der größten BIDs in den USA und war Gegenstand heftiger Kontroversen.[110] Das *local law* der Grand Central Partnership schreibt eine Mehrheit für die Eigentümer im *Board* vor, wodurch sich Anwohner benachteiligt sahen und Klage einreichten:

109 Diese sind die rechtlichen Vorläufer von BIDs, vgl. zur Entstehung von BIDs Kap. III1.3.

110 s. dazu auch den parlamentarischen Untersuchungsbericht „Cities within Cities" (COUNCIL OF THE CITY OF NEW YORK 1995).

At the time of the trial, there was only one Class C[111] representative serving on the board to represent the 930 people who lived in co-ops or rental apartments within the district. In contrast, the area's 242 property owners had thirty-one representatives. …

The plaintiffs charged that the voting system ‚privilege[d] one class of district members over another without regard to actual number or place of residence,' and that these limitations on their right to vote for a general-purpose governmental body should be subject to the one person, one vote principle and equal protection analyses. (GARODNICK 2002: 1754 f.)

Sowohl in der erstinstanzlichen Entscheidung als auch in der Berufung entschieden die Gerichte, dass diese Art der *Board*-Besetzung zulässig sei, da die Maßnahmen überproportional die Eigentümer beträfen und die Grand Central Partnership nur den eingeschränkten Zweck („limited purpose") der Förderung der gewerblichen Tätigkeiten in diesem Gebiet verfolge (ebd. 1755). Das Vorliegen eines „eingeschränkten Zwecks" wurde damit begründet, dass die Stadt die Leistungserbringung überwache, die Leistungen zusätzlich zu denen der Stadt erbracht würden, diese vom Umfang her weit darunter lägen und sich auch qualitativ von den städtischen Kernleistungen unterschieden (ebd. 1756).

GARODNICK stellt diese Argumentation allerdings in Frage: Die Kontrollfunktion werde von der Stadt nur oberflächlich wahrgenommen, das Budget des BIDs müsse in New York nur im Falle einer Erhöhung genehmigt werden und die Möglichkeiten der Stadt, einen BID aufzulösen, seien durch die Verpflichtung etwaige Schulden des BID zu übernehmen eingeschränkt (1756 ff.). Auch der „eingeschränkte Zweck" sei mit Blick auf die traditionellen staatlichen Aufgaben „such as housing, transportation, utilities, or roads, and those affecting ‚quality of life'" (1760) im Fall der Grand Central Partnership in Frage zu stellen:

The GCP's activities relate to most of these governmental functions. It provides limited housing for the homeless, sets up accessories for the City transportation system (such as bus signs and taxistands), and maintains Grand Central Terminal itself. It also keeps the sidewalks clean and orderly. Through its supplemental police force, additional sanitation, flower pots, and public events, the GCP's activities are similarly geared to affect the quality of life. (ebd. 1760)

111 In der Verordnung werden vier Klassen von *Board*-Mitgliedern unterschieden: „Class A: Owners of real property in the BID's district; Class B: Tenants who are occupants pursuant to leases of commercial spaces; Class C: Occupants pursuant to leases of dwelling units; Class D: Persons serving as directors by virtue of their appointment by the Mayor, City Comptroller, Manhattan Borough President, and Majority Leader of the City Council. Each member class elected the director class of the same designation." ebd. (Fußnote) Dies steht im Einklang mit dem New Yorker BID-Gesetz (vgl. Kap. III3.2.2).

GARODNICK hinterfragt außerdem die „unverhältnismäßige Betroffenheit" der Eigentümer im Vergleich zu den übrigen Bürgern.[112] Auch BRIFFAULT stellt dies in Frage und führt im Zusammenhang mit der oben erwähnten Kessler-Klage aus: „Landowners may be able to pass along at least part of the cost of BID assessments to their tenants." (1999: 435) Vielmehr sei die Frage nach dem „eingeschränkten Zweck" die eigentlich entscheidende. Während GARODNICK der Meinung ist, dass die bisherige Rechtssprechung zur Anwendbarkeit des *one person, one vote*-Prinzips auf BIDs „inkonsistent" sei und weiterer Klärung bedürfe, betont BRIFFAULT:

> Unlike cities, counties and many special districts ... BIDs lack the authority to tax, they lack the authority to make laws and they generally lack the authority to regulate private behavior. They may undertake traditional governmental services, but they have relatively limited authority over those services. ... [BIDs] are „special limited purpose districts" not because the services they offer are not traditional public services but because BID boards have so little policymaking authority with respect to those services. Their authority over the citizenry is so narrow, and their autonomy relative to city government is so constrained, that they do not „govern" in any meaningful sense. (1999: 438 f.)

Zusammenfassend kann man also festhalten, dass in den USA die Frage einer umfassenden Beteiligung aller Gruppen in BIDs im Sinne des *one person, one vote*-Grundsatzes juristisch noch nicht abschließend geklärt ist, sich aber abzeichnet, dass aufgrund des „eingeschränkten Zwecks" eine Beschränkung der Stimmberechtigung als zulässig erachtet wird. „Eingeschränkt" wird nach BRIFFAULT der Zweck von BIDs insbesondere dadurch, dass sie zwar öffentliche Dienstleistungen erbringen, aber keine politischen Grundsatzentscheidungen treffen können. BIDs mögen zwar – auf informellen Wegen – Einfluss auf die Politik nehmen, sie sind dafür aber immer auf die Zustimmung demokratisch gewählter Gremien angewiesen:

> They can recommend actions – and their proposals may be highly influential – but the implementation of their recommendations requires approval by an elected city government and the city government does not automatically endorse BID requests. (1999: 442)

112 Mit folgender Begründung: Im Bundesstaat New York ist der jährliche Anteil des Steueraufkommens der Städte per Gesetz auf einen bestimmten Prozentsatz der Grundsteuer beschränkt – darunter fallen auch BID-Abgaben. Theoretisch kann also ein hohes Aufkommen an BID-Abgaben dazu führen, dass eine Stadt ihren Grundsteuersatz reduzieren muss und somit weniger Mittel für ihre Leistungserbringung zur Verfügung hat. Während dies zu einem allgemein niedrigeren Niveau staatlicher Leistungen führen würde, könnten BIDs in ihren Quartieren diese Leistungen ersetzen (1762 ff.).

Abschließend sei noch erwähnt, dass die erwähnte Klage von Anwohnern gegen die Grand Central Partnership insofern einen Sonderfall darstellt, als die meisten Klagen gegen BIDs von Grundeigentümern geführt werden, die Widerspruch gegen zu hohe Belastungen durch die BID-Abgabe erheben (BRIFFAULT 1999: 375). Diese geringe Zahl von Klagen mag darauf hindeuten, dass Anwohner diese Benachteiligung in der Regel akzeptieren.

... gegenüber den (zahlenden) Grundeigentümern

Im Fall der Grundeigentümer sind die ersten beiden der oben aufgeführten Fragen – welche Gruppen sind aufgrund welcher Überlegungen in die Entscheidungsstrukturen eingebunden? – vergleichsweise einfach zu beantworten: Die Grundeigentümer des fraglichen Gebietes entscheiden in beiden Phasen, also über Einrichtung und laufende Umsetzung eines BIDs, und sie sind dazu befugt, weil sie den BID finanzieren. Unterstellt wird aber auch, dass die Grundeigentümer ein ureigenes Interesse am Standort und am Zustand des Quartiers hätten, weil dies unmittelbar den Wert und die Verwertbarkeit der Immobilie beeinflusst. Diese in den BID-Gesetzen festgelegte Zugangsregel für die Mitbestimmung ist für die USA durch die oben dargestellte Rechtssprechung zum *one person, one vote*-Grundsatz bislang bestätigt worden. Erwähnenswert ist in diesem Zusammenhang, dass Eigentümer und Einzelhändler, die nicht im Gebiet ansässig sind und daher nicht abstimmen dürfen, durch ihre Mitwirkung in BIDs in die Lage versetzt werden, ihre (ökonomischen) Interessen in die Lokalpolitik einzubringen (JUSTICE; GOLDSMITH 2008: 167).

Die dritte Frage zur *input*-Legitimation, nämlich die Frage nach der Meinungsbildung innerhalb der vertretenen Gruppe und der Einspeisung in den Entscheidungsprozess der Repräsentanten während der Umsetzungsphase, ist nur bedingt gut gelöst. Einzelne Eigentümer können sich mit ihren Anliegen natürlich mündlich oder schriftlich an BID-*Board* oder -Manager wenden. Eine echte Meinungsbildung kann aber nur stattfinden, wenn es ein Forum gibt, auf der die BID-Mitglieder ihre Wünsche und Präferenzen miteinander diskutieren können. Dies ist jedoch häufig nicht der Fall. Eine formale jährliche Mitgliederversammlung müssen nur die BIDs abhalten, die als *nonprofit* organisiert sind und dies in ihrer Satzung festgelegt haben. Viele BIDs verweisen auf die große Zahl desinteressierter Grundeigentümer, so dass diejenigen, die sich äußern wollen, meist auch Verantworung übernehmen und selber Entscheidungsträger sind (z.B.

Bryant Park BID, Ironbound BID). Die Durchführung regelmäßiger Vollversammlungen erscheint aus dieser Sicht als unnötiger Kostenpunkt.

Grundsätzlich gilt: Je kleiner das Gebiet und je persönlicher die Beziehungen, desto eher können informelle Formen der Meinungsbildung funktionieren. Es müsste allerdings im eigenen Interesse jedes BIDs liegen, die Meinungsbildung und den Austausch zwischen Mitgliedern und Repräsentanten zu gewährleisten, da es sonst leicht zu Entfremdung und Unzufriedenheit kommen kann.

... gegenüber gewerblichen Mietern

Zu unterscheiden ist hier zwischen gewerblichen und Wohnungsmietern, da sie in unterschiedlicher Weise und unterschiedlichem Maße von BID-Maßnahmen betroffen sind; auf gewerbliche Mieter wird die BID-Abgabe in der Regel abgewälzt, d.h. sie sind ebenso wie die Grundeigentümer ökonomisch betroffen. Während in den USA die BID-Abgabe in der Regel von den Eigentümern erhoben wird, sind in anderen Staaten (insbesondere Großbritannien) die Abgaben sogar direkt von den Gewerbetreibenden zu entrichten (HOUSTOUN 2003: 29).

Obwohl die Geschäftsleute den BID zu einem Teil mitfinanzieren, sind ihre Einflussmöglichkeiten eher als gering einzuschätzen. Bei der Einrichtung eines BIDs können sie nicht mit abstimmen; in den Bundesstaaten, wo eine öffentliche Anhörung stattfindet und/oder über den BID in einer (öffentlichen) Sitzung der Gemeindevertretung abgestimmt wird, haben sie die Möglichkeit, Bedenken zu äußern – aber keine Garantie, dass diese auch berücksichtigt werden. Während der Umsetzung sind Geschäftsleute manchmal im BID-*Board* vertreten – entweder aufgrund gesetzlicher Vorschriften (wie in New York) oder auf freiwilliger Basis –, aber nicht immer mit Stimmrecht. In jedem Fall aber sind sie in der Stimmenminderheit.

Gewerbetreibende haben theoretisch die Möglichkeit, ihre Interessen gegenüber dem Eigentümer zu äußern und zu hoffen, dass dieser ihre Meinung berücksichtigt und effektiv in den Prozess einbringt – eine Erwartung, die im Falle nicht aktiver Eigentümer sicher enttäuscht wird. Dem Mieter bleibt im Zweifelsfall dann nur die Möglichkeit, zu hohen Kosten die ‚Exit'-Option zu wählen und das BID-Gebiet zu verlassen. In vielen Fällen werden die Wünsche von Eigentümern und gewerblichen Mietern in die gleiche Richtung gehen – denn die Eigentümer sind ja an der Vermietbarkeit ihrer Immobilie interessiert. Ebenso wahrscheinlich sind aber auch unterschiedliche Präferenzen in Bezug auf die BID-Maßnahmen: So sind eher die Gewerbetreibenden als die Eigentümer an Marketingmaßnahmen interessiert, da dies unmittelbar die Kundenströme erhöht. Heikel wird es, wenn durch Aufwertung und damit verbundene Mietsteigerungen alteingesessene Geschäfte vertrieben werden:

> In BID benefit calculations, the perspectives of property owners and tenants can be different, which can become an issue in landlord-tenant relations. Whereas a building owner may support a BID as a means to enhance the area and attract new businesses, the building's tenant might oppose the BID for its potential to heat up the rental market and thus increase rents. Some landlords may see the BID as an opportunity for removing marginal operators and leasing their space to tenants that can afford to pay more. (ebd. 30)

Festzuhalten ist, dass es in diesem Bereich noch Forschungsbedarf gibt: Empirisch wurde bisher nicht untersucht, in welchem Maß und vor allem in welcher Höhe die BID-Abgabe an Gewerbetreibende weiter gegeben wird (BRIFFAULT 1999: 436), ob in nennenswertem Umfang Beschwerden oder gerichtliche Klagen eingereicht wurden und wie intensiv Gewerbetreibende faktisch in Gründung und Umsetzung von BIDs eingebunden sind.

Bemerkenswert ist angesichts der Tatsache ihrer ökonomischen Betroffenheit, dass Mieter weder bei der Einrichtung eines BIDs noch bei der Umsetzung formal ein nennenswertes Mitbestimmungsrecht haben. Faktisch sind Gewerbetreibende allerdings häufig bei der Initiierung und der Maßnahmenformulierung von BIDs äußerst aktiv und es ist auch davon auszugehen, dass sie, wenn sie berechtigte Vorbehalte vorbringen, von den Gemeindevertretungen gehört und berücksichtigt werden. Gesichert ist diese Annahme jedoch nicht.

... gegenüber Wohnungsmietern

Im Falle New York's und New Jersey's zahlen die Eigentümer von Wohnimmobilien in der Regel keine oder nur eine symbolische BID-Abgabe. In Pennsylvania wurden Wohneigentümer unter den alten Gesetzen zur Zahlung herangezogen; unter dem neuen Gesetz ist eine Herausnahme möglich (vgl. Abschnitt III3.4.1). Allerdings gibt es auch in diesem Bereich keinerlei empirische Untersuchungen über Umfang und ggf. Höhe der Umlage. Zumindest in den BIDs, in denen Wohnimmobilien von der Abgabe ausgenommen sind, sind Wohnungsmieter zumindest nicht direkt ökonomisch vom BID betroffen.

Die Bewohner in einem BID sind jedoch auf andere Weise von den Maßnahmen betroffen: In positiver Hinsicht profitieren sie von einer Steigerung der Lebensqualität (z.B. mehr Sauberkeit): „Who would object to making public spaces more attractive, enjoyable and safe?" (Eddy Eng, Interview 18.08.2008) Sie können von Veränderungen im öffentlichen Raum aber auch negativ betroffen sein, wie z.B. durch vermehrte Fußgängerfrequenz und Lärm bei Veranstaltungen oder durch Mieterhöhungen infolge von Wertsteigerungen. Auch können die Ziele des BIDs im Gegensatz zu ihren Interessen stehen. So sah beispielsweise im Fall des DUMBO BID eine Aktivistin und ehemalige Hausbesetzerin, die sich in einer Nachbarschaftsorganisation u. a. für den Erhalt des historischen Charakters und die vorhandenen Sozialstrukturen einsetzt, die Anstrengungen des BID-Managements, DUMBO als Marke zu etablieren und für Touristen attraktiv zu machen, äußerst kritisch (vgl. Abschnitt III3.2.5).

Während der Einrichtungsphase eines BIDs haben Wohnungsmieter wie jeder andere Bürger auch die Möglichkeit, sich im Rahmen von öffentlichen Anhörungen zu äußern, die beispielsweise in New York City, New Jersey und Pennsylvania[113] vorgeschrieben sind.

In der Entscheidungsstruktur von BIDs haben die Wohnungsmieter während der Umsetzungsphase praktisch keine Mitspracherechte. Das New Yorker BID-Gesetz reserviert mindestens einen Sitz im BID-*Board* für Bewohner, lässt aber offen, ob dieser mit einem Eigentümer oder Mieter besetzt wird. Die anderen untersuchten BID-Gesetze treffen keine derartigen Vorschriften; oft wird lediglich ausdrücklich eine Mehrheit der Sitze des *Boards* für Grundeigentümer reserviert.

Auf der anderen Seite werden BIDs von Anwohnern oft auf ehrenamtlicher Basis bei der Maßnahmenumsetzung unterstützt: „Many small BIDs rely extensively on residents who consider the improvement of the commercial area to be a matter of civic interest ..." (HOUSTOUN 2003: 121). Auf manchen BID-Homepages finden sich entsprechende Aufrufe.[114] BIDs können, so HOUSTOUN, auch gut beraten sein, auf Unterstützung aus dem Quartier zu setzen: „Unlike many of the district's property owners and business operators, residents are local voters and their participation can add political weight to the BID's efforts to obtain financial or regulatory support from governing bodies." (2003: 121) Abgesehen von diesem politi-

113 Unter dem aktuellen Gesetz (von 1998/2000) ist sogar vorgeschrieben, dass auch den Mietern die entsprechenden Unterlagen zugesandt werden müssen.

114 Z.B. <http://www.bedstuygateway.com/volunteer/> in Brooklyn, New York; <http://www.coliseumcentral.com/CCBID_CURRENT.htm> in Hampton, Virgina organisiert einen *community clean-up day*, Zugriffe 05.12.2008.

schen Kalkül sind BIDs in kleineren Städten oder Nachbarschaften auch auf gute Beziehungen zu den Anwohnern angewiesen, da diese Kunden ihrer Geschäfte sind (vgl. etwa Fordham Road BID oder CASID, New Jersey). Aber auch aufgrund der Begrenztheit finanzieller und anderer Ressourcen setzen BIDs auf Zusammenarbeit mit lokalen Akteuren – so zumindest der Befund von Jill Simone GROSS für BIDs in ärmeren Quartieren von New York City (2008: 243 f.). BIDs können auch Netzwerkfunktion für ihr Quartier übernehmen:

> While BIDs can be parochial, focusing only on the expressed needs of property owners, they can also be responsive to the broader needs of the larger community. In some cases, for example, the BID may serve a less tangible social capital function for the local business community by creating trust among property owners, businesses, and residents. In this way, BIDs can serve as venues for the development of mutually agreed-upon local economic and social development agendas. (ebd. 228)

Wohnungsmieter haben also formal praktisch keine Möglichkeit der Einflussnahme, weder auf die Gründung eines BIDs (es sei denn sie suchen den Weg über die Gemeindevertretung, wie bei den gewerblichen Mietern dargestellt) noch auf die Umsetzung. Je nach Charakteristik des BID-Gebietes – also insbesondere je nach Zielkundengruppe – und nach Selbstverständnis eines BIDs werden informelle Wege der Zusammenarbeit und des Meinungsaustausches mit Anwohnern genutzt. Mit Bezug auf die oben formulierte dritte Frage gibt es also keine Garantie dafür, dass Anwohner ihre Interessen einbringen können, in bestimmten Fällen aber ein Interesse des BID, diese zu erfahren und zu berücksichtigen.

... gegenüber Kunden und Bürgern

Die Bürger der Stadt außerhalb des BID-Gebietes können von BID-Maßnahmen insoweit betroffen sein, als ein BID zu Ungleichgewichten in der Stadt beiträgt (vgl. Abschnitt III4.2.1) oder, im Falle einer Kleinstadt, sich der Charakter des zentralen öffentlichen Raums durch ein BID maßgeblich verändert (vgl. Abschnitt III4.1). Während Kunden jederzeit die ‚Exit'-Option haben, d.h. nicht mehr dort einkaufen, wenn ihnen die durch ein BID ausgelösten Veränderungen nicht zusagen, haben Bürger diese Option nicht. Auch diese haben wie die vorgenannten Akteursgruppen lediglich die Möglichkeit, im Gründungsprozess ihre Befürchtungen einzubringen – da sich diese aber erst im Laufe der Zeit (möglicherweise) realisieren, müsste auch während der Umsetzungsphase eine Diskussion darüber möglich sein. Dies ist aber nicht der Fall.

Erschwerend kommt hinzu, dass Bürger aufgrund nicht vorhandener Informationspflichten häufig gar nicht wissen, dass es ein BID gibt, dass sie keine ausreichenden Informationen über die Tätigkeiten des BIDs haben oder die fraglichen Veränderungen anderen Akteuren (etwa „der Stadt") zuschreiben.

Da die Einrichtung von BIDs letztlich auf eine Entscheidung der Stadt zurückgeht, haben Bürger immer die Möglichkeit, diese Entscheidung in den fraglichen Gremien oder durch ihre Wahlentscheidung infrage zu stellen. Voraussetzung dafür ist ein ausreichendes Maß an öffentlich verfügbaren Informationen über den BID und die Bereitschaft der Stadt, eine Aufsichts- und Schiedsfunktion zu übernehmen.

4.3.2 Die Throughput-*Legitimation von BIDs*

> The determination that BID elections are not subject to one person, one vote does not mean that the BID is not a public body or that BIDs do not present questions of democratic accountability. (BRIFFAULT 1999: 445)

Da in die Entscheidungsprozesse von BIDs im Wesentlichen nur die Grundeigentümer einbezogen sind, sind die oben präsentierten beiden Fragen zur *throughput*-Legitimation auch nur für diese Gruppe zu beantworten. Die beiden Fragen lauteten:

> 4. How are the choices of decision-makers in governance structures linked to the preferences of their constituencies (*responsiveness*)? What kind of *resources* do constituencies have to check the activity of decision-makers (voice, veto or exit), and to make them effectively *accountable* for the outcomes of policy-making in governance?
> 5. How are *preferences transformed into decisions* in governance? To what extent do structures of decision allow the *adjustment of policies to changing preferences* of affected groups …? (BENZ; PAPADOPOULOS 2006: 8)

Auch wenn „[i]n law and in practice, BIDs that are nonprofit corporations are not expected to take the kinds of transparency measures that governments are required to take to protect taxpayers from the abuse of governmental powers" (HOUSTOUN 2003: 149), treffen BID-Gesetze Vorkehrungen, um die Verantwortlichkeit des BID-*Boards* gegenüber den Zahlungsverpflichteten sicherzustellen. Dazu gehört die städtische Aufsicht über BIDs, Berichtspflichten seitens des BIDs, ggf. eine regelmäßige Wahl der *Board*-Mitglieder, eventuelle Mindestquoren für den Fall einer Auflösung von BIDs und Laufzeitbeschränkungen, nach denen ein BID erneut bestimmte Zustimmungsquoren erreichen muss.

Mit diesen Vorsichtsmaßnahmen wird allerdings in der Praxis häufig nachlässig umgegangen. Der parlamentarische Untersuchungsbericht „Cities within Cities“ (COUNCIL OF THE CITY OF NEW YORK 1995) belegt im Falle der New Yorker BIDs eindrucksvoll, wie weit gesetzliche Bestimmungen und Wirklichkeit auseinander liegen:

1. Viele zahlungsverpflichtete Grundeigentümer sind aufgrund schlechter Information kaum in der Lage, die Performance ihres BIDs zu beurteilen. So wird bspw. der von der Aufsichtsbehörde verlangte Jahresbericht von vielen BIDs nicht an die Eigentümer verschickt; infolgedessen kannten viele Grundeigentümer etwa den Anteil der administrativen Kosten am Budget nicht oder wussten nicht, wie hoch die Gehälter des BID-Personals waren (die allerdings auch nicht immer in den Jahresberichten ausgewiesen waren). Mit Bezug auf die BID-Leistungen vermochten viele Eigentümer nicht zu beurteilen, ob diese den gewünschten Erfolg hatten bzw. waren unzufrieden mit dem Erreichten:

   > Thirty-seven percent (37%) of the respondents to the outreach survey stated they were either dissatisfied or unsure about the quality of BID services. More than 50% of the respondents were unable to claim that the BID assessment was a good investment. Additionally, 45% felt the BID had not accomplished its goals, or were unsure if the BID had accomplished its goals. (COUNCIL OF THE CITY OF NEW YORK 1995: 75)

   Die meisten BIDs verfügten über kein Beschwerdemanagement, d.h. sie führen keine Liste über Beschwerden und ob und ggf. wie diese gelöst wurden. Die Aufsichtsbehörde hatte nicht einmal Kenntnis über gerichtliche Klagen, da derartige Informationen nicht weitergegeben wurden.
2. Zahlreiche *Board*-Mitglieder unterliegen Interessenskonflikten, da sie auch für Firmen arbeiteten, die Auftragnehmer von BIDs waren. Aufgrund der gemeinsamen Nutzung von Büroräumen durch mehrere Organisationen und aufgrund der Funktionshäufung von BID-Managern, die auch in anderen Organisationen Positionen bekleideten[115], war nicht nachvollziehbar, wie viel Zeit der eigentlichen Aufgabe des BID-Managements tatsächlich gewidmet wurde.

115 So z.B. im Falle des Jamaica Center Mall SAD: „The Jamaica Mall's manager was also president of the Jamaica Chamber of Commerce, the entity contracted by the Jamaica Mall for managerial services.“ (ix).

3. BIDs werden praktisch nie aufgelöst. Während die Befürworter darin einen Beleg für den Erfolg des BID-Modells sehen, zeigt der Bericht auf, wo die Ursachen dafür tatsächlich liegen können: Zum einen ist in New York die Auflösung eines BIDs solange unmöglich, wie er noch ausstehende Schulden hat; ein BID kann dadurch im Prinzip seine Weiterexistenz durch die Aufnahme von Krediten sichern. Zweitens werden die üblicherweise fünfjährigen Verträge zwischen Aufsichtsbehörde und BID in aller Regel verlängert, ohne dass erneut ein bestimmter Prozentsatz von Zustimmungen nachgewiesen werden muss. Angesichts der Tatsache, dass innerhalb der fünf Jahre Laufzeit ein beträchtlicher Teil der Immobilien an neue Besitzer übergegangen sein mag, „it is likely that a significant percentage of property owners has never been consulted regarding their desire to support the BID." (17) Und noch ein drittes Argument spreche gegen die Auflösung von BIDs aufgrund von Unzufriedenheit: Für kleine Eigentümer stellt sich das Problem der Kontrolle des BID-Managements in besonderer Weise. Zum einen sind sie seltener in BID-*Boards* vertreten und wenn, können sie leicht überstimmt werden, wenn die Stimmen zugunsten großer Immobilien gewichtet sind. Gemessen an ihren Beiträgen müssen sie überproportional viel Aufwand in eine ausreichende Überwachung investieren. Und sie haben größere Schwierigkeiten, ihren Widerstand zu organisieren:

> Again, in theory, dissatisfied owners can seek to dissolve a BID, or to veto its renewal, but small owners are difficult to organize, particularly when the burden falls on them to gather the votes needed to cross the statutory threshold of legally significant opposition. (BRIFFAULT 1999: 458)

New York City ist wahrscheinlich die einzige Stadt, die jemals so akribisch die Arbeitsweise ihrer BIDs überprüft hat – es ist anzunehmen, dass derartige Zustände in vielen BIDs zu finden sind. Ein Blick auf die verschiedenen strukturellen Vorkehrungen, *voice* oder *exit* auszuüben, zeigt aber auch auf, dass diese nicht alle gleich gut geeignet sind, die *throughput*-Legitimation sicherzustellen. Die *voice*-Option wird durch das Besetzungsverfahren der BID-Führungsgremien realisiert; dafür gibt es in den USA im wesentlichen drei Modelle: Die *Board*-Mitglieder werden entweder von den Zahlungsverpflichteten gewählt, vom *Board* bestimmt oder von der Lokalregierung (häufig auf Vorschlag des BID-*Boards*) ernannt. Diese drei Formen sind unterschiedlich gut geeignet, um die Meinungen der BID-Mitglieder zu transportieren: Während es bei Wahl eine unmittelbare Möglichkeit zur Rückkoppelung gibt, besteht bei den beiden anderen Formen die Gefahr, dass die *Board*-Mitglieder autonom und ohne Rückkoppelung agieren.

Theoretisch gibt es dann bei zu großer Unzufriedenheit der Mitglieder noch die Möglichkeit, einen BID wieder aufzulösen (*exit*-Option). Auch dafür gibt es verschiedene Verfahren: Auflösung, wenn ein bestimmtes Mindestquorum der Grundeigentümer dies verlangt, Autorisierung des Budgets und ggf. Auflösung durch die Gemeindevertretung oder eine automatische Beendigung nach einer vorher festgesetzten Laufzeit (sog. *sunset*-Regelung). Dass das erste Verfahren in der Praxis kaum jemals zur Anwendung kommt, wird von Befürwortern gerne als Beleg für den Erfolg des BID-Modells dargestellt; auf die möglichen tatsächlichen Ursachen hat der parlamentarische Untersuchungsbericht in New York hingewiesen. Dieses Verfahren ist daher für die Umsetzung der *exit*-Option nicht geeignet.

Das zweite Verfahren wird beispielsweise in New Jersey angewendet. Unzufriedene Grundeigentümer hätten dort die Möglichkeit, dem Gemeinderat ihre Kritikpunkte darzulegen und zu hoffen, dass entweder das Budget nicht genehmigt oder angepasst wird oder ein BID aufgelöst wird. Dies ist daher eher als Mischung zwischen *voice*- und *exit*-Option anzusehen und auf jeden Fall nur eine vermittelte Form.

Nur das dritte Verfahren der *sunset*-Regelung bietet aus der Sicht der *input*-Legitimation eine klare *exit*-Option – deren Wirksamkeit ist aber abhängig von der Art des Quorums: Beim sog. Positivquorum muss eine gewisse Mindestzahl einer Neueinrichtung des BID aktiv zustimmen, d.h. die Gegner müssen in der Mehrheit sein. Beim Negativquorum kommt ein BID nicht zustande, wenn mehr als ein bestimmter Mindestprozentsatz dagegen stimmt, d.h. in diesem Fall müssen die Gegner genügend aktiven Widerstand organisieren. Die Art und Höhe dieser Quoren ist in den BID-Gesetzen der Bundesstaaten äußerst unterschiedlich geregelt.

Die bisherigen Überlegungen haben deutlich gemacht, welche Schwierigkeiten die BID-Mitglieder haben, auf Missstände mit *voice* oder *exit* zu reagieren. Es ist daher schwer vorstellbar, dass der Kommentar von HOUSTOUN zu den Ergebnissen des Untersuchungsberichts, dass statt nach mehr staatlicher Kontrolle zu rufen die BIDs selber Vorkehrungen treffen sollten, ohne den „Schatten der Hierarchie“ (SCHARPF 1999) realistisch ist:

> Such problems could occur anywhere, prompting calls for government to step in. It is important, therefore, that BIDs adopt bylaws that give assessees the chance to affect policies and replace board members. The principal flaw in many BIDs is the lack of a convenient method for removing board members and officers who prove to be unacceptable …

> Expecting BIDs to be always and everywhere fresh and idealistic in a businesslike way, unbureaucratic, unencumbered with entrenched interests and political calculations, or without ideology is unreasonable. That is why BID bylaws must incorporate accountability to the BID's constituents and why periodic reauthorization should be required. (HOUSTOUN 2003: 148 f.)

Zusammenfassend lässt sich also feststellen, dass es zwar gesetzliche Vorkehrungen gibt, durch die die Verantwortlichkeit des BIDs gegenüber seinen Mitgliedern sichergestellt werden soll, dass diese aber selten ausreichend sind. Ergänzende Regelungen sind in den Verträgen der Stadt mit den BIDs zu treffen, sofern z.B. die Wahl (bzw. Abwahl) der *Board*-Mitglieder nicht gesetzlich geregelt ist. Eine straffe und kritische städtische Aufsicht ist allerdings unabdingbar, um dafür zu sorgen, dass ein BID seinen Berichts- und Informationspflichten nachkommt – sonst haben die Grundeigentümer wenig Chancen, ihre Rechte wahrzunehmen. Das viel gepriesene Selbsthilfeinstrument BID funktioniert nur im „Schatten der Hierarchie".

4.3.3 Die Output-*Legitimitation von BIDs*

> BIDs sind unbürokratisch. Das ist ein ungemein wichtiger Aspekt. Das Board of Management des BID kann sehr viel schneller agieren als eine Stadt- oder Kommunalverwaltung. Wenn heute etwas passiert, können sie sagen: „Okay, morgen führen wir folgende Maßnahme durch" und brauchen nicht durch einen langwierigen politischen Prozess gehen, um etwas zu erreichen. (Bangemann-Johnson in BCSD 2003: 22)

BIDs werden als privatwirtschaftlich strukturierte, effektive Form der Erbringung von öffentlichen Gütern gelobt. Die Effektivität von BIDs wird von Befürwortern betont und von Kritikern nicht angezweifelt:

> BIDs are also popular because of the widespread belief that, unlike municipal government, „BIDs [r]eally [w]ork." New stories regularly trumpet the successes of BIDs in tackling crime, grime, and social disorder. BIDs are „more effective than government," efficient, „innovati[ve]," and „trailblazers in solving ... urban quality-of-life problems." (BRIFFAULT 1999: 370[116])

> BIDs can provide an extremely effective and attractive alternative to traditional government. (GARODNICK 2002: 1768)

116 Die Quellen im zitierten Text wurden hier weggelassen.

Als Begründung für die höhere Effektivität von BIDs werden üblicherweise zwei Faktoren angeführt: erstens die maßgeschneiderte Erbringung von Dienstleistungen für ein relativ überschaubares Gebiet und zweitens die gesicherte und zweckgebundene Finanzierung (vgl. MEEK; HUBLER 2008: 199). Bietet die *output*-Dimension also angesichts der diskutierten Defizite in den beiden anderen eine ausreichende Legitimation?

Empirisch gesicherte Nachweise über die Effektivität von BIDs sind allerdings dünn gesät. Die meisten BIDs haben nicht einmal ein System der Erfolgskontrolle implementiert: „Unfortunately, few BIDs systematically collect information on their organization's performance, and those that do may not be collecting the appropriate data." (CARUSO; WEBER 2008: 320) Bei ihrer Untersuchung der von BIDs in Chicago (dort als „special service areas", SSAs, bezeichnet) implementierten Erfolgskontrollen stellten CARUSO und WEBER fest, dass nur etwa die Hälfte eine Erfolgskontrolle durchführt. Die Stadt bietet ein Formular an, das allerdings „confuses inputs and outputs with performance indicators" (ebd. 340). Häufig gebe sich die Stadt mit mündlichen Auskünften zufrieden, in denen „the executive director or program manager would articulate the accomplishments of the SSA in an anecdotal fashion" (ebd.). Auch im New Yorker Untersuchungsbericht wurde festgestellt, dass 51% der BID-*Boards* sich die Durchführung von Erfolgskontrollen noch nicht einmal zum Ziel gesetzt hatten; die meisten BIDs verließen sich stattdessen auf „informal, visual assessments" (COUNCIL OF THE CITY OF NEW YORK 1995: 43). Obwohl die Aufsichtsbehörde vor Beendigung eines BIDs die Erfolgskontrollen überprüfen soll, wurden diese faktisch nie durchgeführt.

Dass diese Befunde durchaus typisch sind, legt die von MITCHELL durchgeführte Befragung von 404 BIDs in den USA nahe:

> Only half of the BIDs in the survey had established performance benchmarks. Furthermore, a mismatch existed between the services provided by BIDs and the way performance was measured. While over three-quarters of the BIDs were very involved with consumer marketing, slightly less than half measured performance with customer surveys and only a third conducted pedestrian/visitor counts. (MITCHELL 1999: 7)

Es ist somit davon auszugehen, dass die von den Befürwortern reklamierte Effektivität von BIDs mehr auf Augenschein sowie der generellen Annahme, dass der Privatsektor effektiv sei, beruht als auf tatsächlich überprüfbaren Ergebnissen. Auch wenn die Implementation einer systematischen Erfolgskontrolle einen gewissen Aufwand und somit Kosten bedeutet, ist kaum nachvollziehbar, warum so viele BIDs darauf verzichten: „Without good performance evaluations, BID could reach a point where they do not recognize when they are providing services as inadequately as the local government agencies they are intended to supplement.“ (MITCHELL 1999: 26) Darüber hinaus müsste auch die Stadt als Kontrollinstanz ein Interesse daran haben, insbesondere die *Outcomes* von BIDs zu überwachen: „Performance measures are necessary to manage the potentially negative consequences of privatizing the delivery of public services and requiring that these serves be self-financed.“ (CARUSO; WEBER 2008: 347)

Es mag sein, dass sich die zahlenden Grundeigentümer mit einer „anekdotischen“ Erfolgskontrolle zufrieden geben – für den Zweck einer wirksamen *output*-Legitimation von BIDs ist diese auf keinen Fall ausreichend. Es müsste aber im ureigensten Interesse sowohl der Grundeigentümer als auch der Städte als Kontrollinstanz sein, auf eine differenzierte Kontrolle sowohl der *Outputs* wie auch der *Outcomes* von BIDs zu bestehen.

4.3.4 Der „Schatten der Hierarchie“: Die besondere Rolle der Stadt

> The understanding that BIDs derive from the public realm is not universally accepted; however, that does not negate the fact that BIDs first and foremost have public purpose and responsibilities. Too often, in the interest of partnership, the public sector will relinquish its role and encourage a private sector interpretation to obscure public intention to enhance local management capacity and citizen investment. (GROSSMAN 2010: 387 f.)

Im Gegensatz zu der von etlichen Autoren konstatierten Autonomie und Machtfülle von BIDs („private governments“) betont GROSSMAN die Abhängigkeit der BIDs von der Stadtregierung: In einem „geordneten“ Verfahren werden ihnen bestimmte Kompetenzen übertragen. Gleichzeitig ist in den bisherigen Ausführungen deutlich geworden, welche besondere und wichtige Rolle der Stadt in der Kontrolle und Überwachung von BIDs zukommt. Ein BID ist weder in der Lage, Transparenz und Verantwortlichkeit gegenüber der eigenen „Wählerschaft“, den Zahlungsverpflichteten, zu gewährleisten und schon gar nicht gegenüber Dritten wie Mietern und Bürgern. Ein BID kann weder *input-*, *throughput-* noch *output*-Legitimation aus eigener Kraft erbringen.

Im Bereich der *input*-Legitimation kommt der Stadt die Aufgabe zu, für eine Berücksichtigung der im BID nicht vertretenen Interessen zu sorgen. Berücksichtigt ein BID z.B. mit seinen geplanten Maßnahmen nicht von sich aus die Interessen der Mieter, sollte die Stadt entweder auf einen anderen Zuschnitt bzw. eine andere inhaltliche Ausrichtung drängen oder den BID nicht einrichten.

Im Bereich der *throughput*-Legitimation müssen entweder im BID-Gesetz oder in den lokalen Verordnungen[117] entsprechende Vorkehrungen getroffen werden und die Stadt muss kontrollieren, ob diese vom BID eingehalten werden (also etwa ob die für die Kontrolle durch die Grundeigentümer notwendigen Informationen sich in den Jahresberichten finden und ob diese den Eigentümern zur Verfügung gestellt werden).

Im Bereich der *output*-Legitimation schließlich sollte die Stadt darauf drängen, dass ein BID die von ihm postulierten Erfolge nachvollziehbar und überprüfbar belegen kann.

In den BID-Gesetzen finden sich entsprechende Regelungen, die diese wichtige Rolle der lokalen Verwaltungen unterstreichen: Zur Gewährleistung der *input*-Legitimation verfügt eine Stadt oder Gemeinde über einen Entscheidungsspielraum, d.h. sie kann einen BID meist nach eigenem Ermessen einrichten und ist selbst bei Vorliegen einer ausreichenden Anzahl von Unterstützerstimmen nicht dazu verpflichtet. In manchen Fällen können sie BIDs nach eigenem Ermessen auflösen. Kritisch sind in diesem Zusammenhang Regelungen zu sehen, nach denen die Stadt die *Board*-Mitglieder bestimmt – formal verringert dies die Verantwortlichkeit der *Board*-Mitglieder gegenüber den Beitragszahlern. In den meisten Fällen jedoch ernennt die Stadt vom *Board* vorgeschlagene Personen; es ist dann jedoch unklar, wie in Fällen verfahren wird, wenn diese die Unterstützung seitens der BID-Mitglieder verloren haben. Als problematisch sind auch die mangelnden Informationspflichten gegenüber betroffenen Mietern und Bürgern einzuschätzen; die meisten Gesetze verpflichten die Stadt nur, die Informationen über eine Initiative zur BID-Gründung an die potenziell Zahlungsverpflichteten weiterzuleiten. Mieter und Bürger haben also trotz öffentlicher Anhörungen kaum eine Chance, mögliche Bedenken vorzutragen. Eine kostengünstige Form der Information, wie eine verpflichtende Veröffentlichung in einer verbreiteten Tageszeitung, wäre hier wünschenswert.

Im Bereich der *throughput*-Legitimation gibt es manchmal Regelungen zu ex officio-Sitzen für städtische Vertreter im BID-*Board*; außerdem müs-

117 Die entsprechenden rechtlichen Grundlagen zur Einrichtung eines BIDs haben verschiedene Bezeichnungen, etwa „*local law*" in New York, „*ordinance*" in New Jersey, „Verordnung" in Hamburg und „Satzung" in Hessen. Hier wird stellvertretend der Begriff „Verordnung" verwendet.

sen BIDs in der Regel regelmäßige Berichte vorlegen und unterliegen der städtischen Aufsicht in Bezug auf ihre Finanzen. Wenig findet sich schließlich in den Gesetzen zur *output*-Legitimation: In keinem der untersuchten Gesetze gibt es Regelungen in Bezug auf Erfolgskontrollen. Offenbar wird dies jedoch teilweise in den BID-Verordnungen geregelt, wie der New Yorker Untersuchungsbericht und das von CARUSO und WEBER erwähnte Formblatt in Chicago nahe legen.

Städte und Gemeinden sind also in aller Regel mit allen notwendigen Mitteln ausgestattet, um BIDs im Sinne der Beitragszahler ebenso wie der Mieter und Bürger wirkungsvoll zu kontrollieren, wie das Beispiel New York zeigt:

> The New York City experience provides some basis for the hope that cities can rise to the challenge of overseeing their BIDs. … These actions effectively demonstrate that a city can vigorously oversee its BIDs and take the administrative actions necessary to translate formal legal control into real public accountability. (BRIFFAULT 1999: 459)

Städte haben aufgrund knapper eigener Ressourcen zumeist ein starkes Interesse daran, dass BIDs entstehen und Leistungen über das als unzulänglich empfundene städtische Niveau hinaus erbringen. Dieser Hintergrund lässt es allerdings auch fraglich erscheinen, ob Städte bereit und in der Lage sind, die notwendigen Ressourcen finanzieller und vor allem personeller Art für die geschilderten Anforderungen an eine Aufsicht aufzubringen:

> Yet, it is unclear how vigorously municipal governments actually oversee their BIDs. Municipalities generally devote more attention to the creation of BIDs than to checking on BIDs once they are operational, and the administrative resources for overseeing BIDs are often quite limited. … Thus, city governments are, to an extent, dependent on BIDs, and many have promoted the formation of BIDs. At a time of intense interlocal competition for investment, it may be difficult for city governments to be both supervisors and critics as well as promoters and cheerleaders of BIDs. (ebd. 456 f.)

Im Übrigen besteht latent die Gefahr, dass die städtische Aufsichtspflicht nicht nur in sachlich gebotenen Fällen, sondern auch aus politisch-taktischem Kalkül ausgeübt wird.

4.3.5 Zwischenfazit: demokratische Legitimation von BIDs

Von verschiedener Seite wurde Kritik an der mangelnden demokratischen Legitimation von BIDs geäußert, und zwar sowohl im Bereich der *input-* als auch der *throughput*-Legitimation. Als gegeben wird jedoch in der Regel die *output*-Legitimation, also die Effektivität von BIDs, unterstellt. Einige Autoren haben sich mit dieser Frage insbesondere vor dem Hintergrund der *one person, one vote*-Regelung der US-amerikanischen Verfassung auseinandergesetzt. Sie kamen zum Schluss, dass für BIDs nicht die gleichen Maßstäbe gelten müssen wie für Stadt- oder Gemeindeverwaltungen (*general purpose governments*). Zu einer ähnlichen Einschätzung gelangt man auch, wenn man die Prinzipien demokratischer Legitimation auf Governance-Arrangements herunterbricht.

Die hier vorgestellten Ausführungen haben aufgezeigt, dass BIDs selbst diese angepassten Kriterien nicht immer in vollem Umfang erfüllen, also demokratische Defizite aufweisen. Gleichzeitig wurde deutlich, dass die Einhaltung der Legitimationskriterien ohne eine wirkungsvolle städtische Aufsicht (oder zumindest einer glaubwürdigen Androhung derselben) kaum vorstellbar ist. Es darf aber angezweifelt werden, ob Städte sich dieser Rolle immer bewusst sind und den hohen Anforderungen gerecht werden.

4.4 *Zusammenfassung: Kritik an BIDs*

Als „hybrides“ Gebilde zwischen öffentlicher und privater Aufgabenerbringung werfen BIDs eine Reihe von Fragen auf, und zwar in dem Maße, wie die scheinbar eindeutigen Rollen „öffentlich“ bzw. „privat“ zerfließen. Können (und müssen) Private bei der Erbringung öffentlicher Leistungen die gleichen Maßstäbe an Verteilungsgerechtigkeit und Orientierung am Gemeinwohl wie öffentliche Stellen einhalten? Ist es zulässig, dass eine städtisch sanktionierte Form gibt, mit der eine Akteursgruppe in der Verfolgung ihrer Interessen besonders unterstützt wird? Erhalten Grundeigentümer durch BIDs eine Machtfülle, die im öffentlichen Raum zu unerwünschten Veränderungen führt?

Durch BIDs mögen sich diese Fragen in einer neuen Intensität stellen, neu sind sie nicht. Die Rolle der öffentlichen Hand wandelt sich – was nicht jedem gefällt. In die berechtigte Kritik an BIDs mischt sich daher auch immer ideologisch motivierte Kritik an einem veränderten Staatsverständnis.

Wie in diesem Kapitel dargestellt, besteht die Gefahr, dass BIDs zu Fehlentwicklungen führen. Empirische gesicherte Belege dafür sind allerdings rar. Festzuhalten ist jedoch auch, dass es keine grundsätzlichen oder nicht lösbaren Probleme gibt. Eine Schlüsselrolle kommt dabei der Stadt zu: Sie ist und bleibt dafür verantwortlich, dass die öffentlichen Räume in BIDs weiterhin vielfältig genutzt werden können, dass keine Ungleichgewichte in der Leistungserbringung entstehen, dass BIDs gegenüber ihren Mitarbeitern die entsprechenden Arbeitsgesetze einhalten und dass sowohl die Interessen der Beitragszahler als auch der Mieter und Anwohner geschützt werden. Dieses Bild einer „starken Stadt“ steht in einem augenfälligen Kontrast zu einer von BID-Befürwortern geforderten „schlanken öffentlichen Verwaltung“.

Als nächster Schritt steht nun die Analyse der Einbettung von BIDs in den ökonomischen und gesellschaftlichen Kontext der USA an. Dazu wird der in Teil II entwickelte Analyserahmen in seinen einzelnen Dimensionen herangezogen.

5 BIDs im ökonomischen und gesellschaftlichen Kontext der USA: Anwendung des Analyserahmens

Während in den Zusammenfassungen zu den einzelnen US-BIDs bereits die jeweilige Einbettung in den städtischen Kontext dargestellt wurde, wird die Frage nach den Wechselwirkungen mit dem ökonomischen und gesellschaftlichen Kontext nunmehr mit Hilfe des Analyserahmens in systematischer Weise beantwortet. Dazu wird der Analyserahmen in seinen einzelnen Dimensionen als Übersicht rekapituliert und dann im Einzelnen abgearbeitet. Die Kapitelüberschriften folgen der Reihenfolge des vollständigen Analyserahmens.

5.1 Gesellschaftliche Werte

Beim Vergleich der Wertvorstellungen in den USA und Deutschland wurde herausgearbeitet, dass in den USA gleichberechtigte, wettbewerbliche Koordinationsformen überwiegen. Die Verfolgung des Eigeninteresses und die Übernahme von Eigenverantwortung spielen eine wichtige Rolle. Im Analyserahmen wurden die für die USA relevanten Wertvorstellungen mit folgenden Stichworten zusammengefasst:

Gesellschaftliche Werte
Wertschätzung marktlicher Koordinationsformen
„kompetitiver Individualismus“ (FUCHS): protestantischer Arbeitsethos: Grad der Auserwähltheit vor Gott wird an den Erfolgen im irdischen Leben gemessen; Gemeinwohl als immer neu zu findendes Ergebnis von Interessenaushandlung (*a posteriori*) Betonung der individuellen Eigenverantwortung; Misstrauen gegenüber dem Staat und staatlichen Eingriffen

BIDs beruhen auf den Prinzipien von Selbsthilfe und Eigenverantwortung. MORÇÖL und ZIMMERMANN haben herausgearbeitet, dass das Wiederaufleben der „privatist tradition“ – ein Begriff, mit dem sie die grundlegenden US-amerikanischen Wertvorstellungen der Übernahme individueller Selbstverantwortung bezeichnen – in den 1980er Jahren ein maßgeblicher Katalysator für das Aufkommen und die Verbreitung von BIDs war. Die neoliberalen *Public Choice*-Argumente bildeten den ideologischen Nährboden dafür.

BIDs beruhen auf einem grundsätzlichen Misstrauen gegenüber dem Staat und staatlicher Leistungserbringung – zum Teil aus der Erfahrung heraus, dass die Stadt keine für die Bedürfnisse der Geschäftsleute ausreichenden Leistungen erbringt, teilweise aber auch aus der Grundüberzeugung heraus, dass der Staat prinzipiell „ineffizient“ sei. Sie sind aber auch Ausdruck eigenverantwortlichen Handelns im Einklang mit dem protestantischen Arbeitsethos.

Nach dem US-Verständnis steht die Interessensverfolgung im Rahmen von BIDs nicht im Gegensatz zum Gemeinwohl. BIDs bündeln individuelle Interessen und stärken so die Interessen von Grundeigentümern und ansässigem Einzelhandel – was politisch erwünscht ist. So gebündelt finden diese Interessen Eingang in den allgemeinen Aushandlungsprozess über das Gemeinwohl.

Mit Hilfe von BIDs stellen sich Geschäftszentren der Standortkonkurrenz – der Grundgedanke ist, sich durch Selbsthilfe für den Wettbewerb zu rüsten und nicht nach staatlicher Unterstützung zu rufen. Im Sinne der Eingenverantwortlichkeit und der Annahme des Wettbewerbsgedankens sind BIDs also geradezu prototypisch für die US-amerikanischen Werte.

5.2 Ökonomisches System

Der in Kap. II3 vorgestellte *Varieties of Capitalism*-Ansatz modelliert zwei idealtypische Kapitalismus-Typen, den liberalen und den koordinierten, wobei die USA für ersteren, Deutschland dagegen für letzteren den Prototyp darstellen. HALL und SOSKICE hatten fünf Kategorien eingeführt, anhand derer sie die beiden Typen unterscheiden: die Unternehmensfinanzierung (*corporate governance*), die interne Unternehmensstruktur, die industriellen Beziehungen, das Aus- und Weiterbildungssystem sowie die Beziehungen zu anderen Unternehmen. Im Bereich der unternehmensinternen Beziehungen stellen sie ein Überwiegen hierarchischer Steuerungsformen fest, während bei den externen Beziehungen (also etwa zu Aktionären, Banken, Arbeitnehmern, Lieferanten, Kunden oder Wettbewerbern) marktliche Steuerung vorherrscht. Es folgt der entsprechende Ausschnitt aus dem Analyserahmen:

Liberale Ökonomie
Markt (externe) und Hierarchie (interne Beziehungen) als Koordinierungsmechanismen
Beziehungen zu anderen Unternehmen: marktliche bzw. wettbewerbliche Beziehungen dominant, basieren auf (vollziehbaren) formalen Verträgen; scharfe (Anti-) Kartell-Gesetze

In einem BID schließen sich einzeln handelnde und teilweise konkurrierende Unternehmen (Eigentümer bzw. Einzelhändler) zusammen, um ein gemeinsames Ziel zu verfolgen und gemeinsam kollektive Güter zu produzieren. Diese netzwerkförmige Struktur im Binnenverhältnis steht im Gegensatz zu der für die USA als typisch identifizierten Dominanz marktlicher bzw. wettbewerblicher Koordinationsformen im Bereich der Unternehmensbeziehungen. BIDs sind also untypisch für die in den USA vorherrschenden Koordinationsformen im ökonomischen System.

Hier liegt somit ein Konflikt mit dem Kontext vor. Wie der nächste Abschnitt zeigt, kann eine Erklärung sein, dass BIDs an Strukturen aus dem politischen System anknüpfen.

5.3 Politisches System

FUCHS 2000 hatte die USA als libertäre Demokratie mit republikanischen Elementen auf lokaler Ebene charakterisiert; der dominierende Koordinierungsmechanismus ist daher auch hier das Konkurrenzprinzip, allerdings ergänzt um netzwerkförmige Kooperationsstrukturen auf lokaler Ebene. Auf allen politischen Ebenen ist eine ausgeprägte Fragmentierung der Macht zu beobachten. Direkt-demokratische Elemente haben, dem Prinzip der Selbstherrschaft des Volkes entsprechend, eine große Bedeutung. Die Stichworte des Analyserahmens dazu noch einmal im Überblick:

Politisches System
vorherrschender Koordinierungsmechanismus Konkurrenz, ergänzt durch Netzwerke auf lokaler Ebene
libertäre Demokratie mit republikanischen Elementen (FUCHS): Eigenverantwortung der Individuen, Konkurrenz untereinander; Solidarität auf lokaler Ebene
„pluralistische Wettbewerbsdemokratie“ (MÜNCH); Prinzip des Pluralismus der Meinungen; bessere Teilhabechancen für alle bei gleichzeitig schlechterer Effektivität
Präsidialdemokratie; geschlossene Exekutive; Machtfragmentierung (‚checks and balances'), Prinzip der Selbstherrschaft des Volkes bspw. in Direktwahl des Präsidenten realisiert
hohe Bedeutung direkt-demokratischer Elemente, sowohl für Sach- als auch Personalentscheidungen, insbesondere auf der Ebene der Einzelstaaten und lokal
special districts zur Auslagerung bestimmter Aufgaben (z.B. Schulen); auch hier meist Direktwahl des Führungspersonals durch die Beitragszahler

BIDs passen sich auf folgende Weise in das politische System ein: BIDs als (Selbsthilfe-) Netzwerke auf Ebene der lokalen Gemeinschaft können als „republikanisches Element“ interpretiert werden, in dem gemeinschaftliche Werte auf freiwilliger Basis in kollektives Handeln umgesetzt werden.[118] Dieses Handeln erfolgt zwar nicht ganz unabhängig vom Staat, da dieser die Rahmenbedingungen für das kollektive Handeln schafft; die Initiative für das kollektive Handeln im Rahmen eines BIDs liegt jedoch in privater Hand.

Die Machtfülle, die einige BIDs ausüben, korrespondiert mit dem Prinzip der Machtfragmentierung, die das US-amerikanische demokratische System kennzeichnet. Als *private governments* können BIDs eine machtvolle Position neben den *general purpose governments* bis hin zu einer „Nebenregie-

118 Überlokal kommt dann wieder der wettbewerbliche Mechanismus zum Tragen (Behauptung im Standortwettbewerb und Eigenverantwortung für ihren Erfolg).

rung“ in der Stadt (vgl. den Titel des Untersuchungsberichts „Cities within cities“) erlangen – insbesondere sofern sie von letzteren nicht effektiv kontrolliert werden. Dies gilt vor allem für die Rechtsform der *municipal authority*[119], aber wie das Beispiel einiger New Yorker BIDs zeigt (vgl. den als „mayor of Midtown“ bezeichnete Manager mehrerer BIDs, Daniel Biederman), kommt die kritisierte Machtfülle auch in anderen Rechtsformen vor. Obwohl BIDs Kreaturen der Stadt- oder Gemeindevertretung sind und diesen auch formal untergeordnet sind, wird ihnen doch teilweise ein beachtlicher Grad an Autonomie überlassen und sie können ihre Interessen gegenüber der Stadtregierung machtvoll zur Geltung bringen.

BIDs sind aus dem bestehenden Instrument *special districts* entwickelt worden, die als *special purpose governments* bezeichnet werden, da sie – im Gegensatz zu den *general purpose governments* (Städte und Gemeinden) – nur für einen bestimmten Zweck eingerichtet werden (z.B. *school districts*). Wie bei den *special districts* können bei BIDs nur die (Beitrag leistenden) Mitglieder das Führungspersonal wählen. Die Rechtssprechung zur Einhaltung des *one person, one vote*-Prinzips bei BIDs bezieht sich folglich auf die üblichen Regelungen in *special districts*. Ein wichtiges Motiv zur Einrichtung eines *special disticts* ist häufig, die Erbringung bestimmter Leistungen „out of politics“ zu halten und der direkten Kontrolle der Nutznießer (und Beitragszahler) zu unterwerfen – ein Ansinnen, das auch als „Dezentralisierung“ bezeichnet wurde (BAER; MARANDO 2001, BAER 2008). BIDs übernehmen dieses Prinzip.

Weniger eindeutig ist die Entsprechung in Bezug auf die verbreitete direkte Wahl des politischen Führungspersonals auf lokaler Ebene. Da es in Bezug auf die Bestimmung des Führungspersonals von BIDs verschiedene Formen gibt – die Wahl der *Board*-Mitglieder durch die Mitglieder, die Ernennung (i. d. R. auf Vorschlag des BIDs) durch die Stadt oder die Bestimmung neuer *Board*-Mitglieder durch die amtierenden Mitglieder („board picks board“) –, die nur teilweise als direkt-demokratisch zu bezeichnen sind, kann hier nur eine Übereinstimmung im Fall der Wahl durch die BID-Mitglieder festgestellt werden. Genauere Untersuchungen wären notwendig um festzustellen, ob Parallelen zwischen der Verbreitung von direkt-demokratischen Verfahren in einem Bundesstaat und den jeweils geltenden Wahlverfahren für die BID-Führung bestehen.

119 Ein Begriff, der in Pennsylvania im Übrigen auch für den *governing body* einer Gemeinde benutzt wird.

5.4 Planungsverständnis

Auch in Bezug auf das Planungsverständnis wurde für die USA eine Dominanz marktförmiger Mechanismen herausgearbeitet, die sich sowohl innerhalb der einzelnen Gebietskörperschaften (Wettbewerb der Städte und Regionen) als auch in der Rolle privatwirtschaftlicher Akteure in der Planung manifestiert. Die US-amerikanische Planung ist durch die fast vollständige Abwesenheit von hierarchischen Formen gekennzeichnet, während Netzwerke im Rahmen zivilgesellschaftlichen Engagements vorliegen und zum Teil Koordinierungsfunktionen übernehmen, die von den fragmentierten staatlichen Behörden nicht geleistet werden. Die Stichworte dazu im Überblick:

Planungsverständnis
Markt als vorrangiger Koordinierungsmechanismus, eingeschränkte Rolle für Netzwerke (zivilgesellschaftliche Akteure)
stark eingeschränkte Rolle der bundesstaatlichen Ebene, große Autonomie der kommunalen Ebene
Fehlende Koordination stadtbezogener Programme und Behörden
wichtige Rolle von Privatwirtschaft und Privaten in der Planung, Stadtentwicklung durch marktwirtschaftliche Mechanismen determiniert
„öffentliches Interesse“ wird verstanden als die ausgehandelte Summe der ökonomischen Interessen Einzelner, insbesondere auch der Grundeigentümer
Bürgerbeteiligung v.a. supplementär (zu staatlichen Strukturen)
Konkurrenz der Städte und Regionen
administrative Zersplitterung der Metropolregionen

BIDs stehen von ihrem Grundgedanken her in einem klaren Gegensatz zu einer zentral gesteuerten Planung, da sie „von unten“ entstehen, und zwar dezidiert nicht an den Orten, die aus „objektiver“ Sicht vielleicht ein BID bräuchten, sondern dort, wo ausreichend Engagement und Kapital vorhanden ist. Sie fügen sich somit ein in das unkoordinierte Nebeneinander von verschiedenen Initiativen, Programmen und Finanzierungen, womit nicht ausgeschlossen ist, dass zuweilen verschiedene Formen kombiniert werden (wie z.B. ein BID mit einer *Urban Enterprise Zone*).

In der Initiierung und Umsetzung von BIDs spielen private Akteure eine entscheidende Rolle; die profitorientierten Interessen der Grundeigentümer (und ggf. Einzelhändler) können so unmittelbar (über die BID-Maßnahmen) oder mittelbar (über Einflussnahme auf die städtische Politik) umgesetzt werden, wobei BIDs neben der reinen Förderung wirtschaftlicher Belange häufig auch Einfluss auf die Gestaltung oder das Management des öffentlichen Raums nehmen und somit unmittelbar stadtentwicklungspolitische Themen berühren.

Die einzelwirtschaftlichen Interessen der BID-Mitglieder fließen dabei gebündelt in die Aushandlung eines gemeinsamen öffentlichen Interesses ein, das als Summe von individuellen Interessen verstanden wird – anders als in Deutschland, wo das „Gemeinwohl“ eine den Einzelinteressen übergeordnete Stellung hat. Ein Hinweis darauf ist der (verbreitete) Status der BID-Organisation als *not-for-profit*, der sich auf ein von Deutschland verschiedenes Verständnis von „Gemeinnützigkeit“ bezieht: In Deutschland kann eine Organisation nur gemeinnützig sein, wenn sie die Allgemeinheit – also nicht nur einen bestimmten Personenkreis – selbstlos fördert.[120] Eine Interessengemeinschaft oder ein BID-Verein kann nach deutschem Recht somit nicht gemeinnützig sein. In den USA ist dies dagegen möglich: „a BID's nonprofit status can be maintained as long as its earnings do not inure to any private shareholder or individual, there is an absence of involvement in campaign activity for or against political candidates, and all of the necessary legal forms are submitted in a timely fashion.“ (MITCHELL 2008: 62) Spenden für BIDs können in den USA basierend auf dem *not-for-profit*-Status von der Steuer abgesetzt werden.

Das Engagement von BIDs ist insofern als „supplementär“ zu staatlichem Handeln zu verstehen, als es fehlende oder unzureichende staatliche Leistungen ersetzt bzw. ergänzt (insbes. Sauberkeit und Sicherheit) und es Fehler staatlicher Planungen korrigiert bzw. fehlende Initiative ersetzt (im Hinblick auf fehlende Instrumente zur Kontrolle oder Korrektur von Entwicklungen wie die Errichtung von Shopping-Centern auf der grünen Wiese, die die gewachsenen städtischen Zentren unter Druck setzen).

BIDs entsprechen dem Grundgedanken einer wettbewerblichen Steuerung im Sinne des „survival of the fittest“. Mit Hilfe von BIDs nehmen innerstädtische Quartiere die Konkurrenz von Shopping Malls auf der grü-

120 Vgl. „Eine Körperschaft verfolgt gemeinnützige Zwecke, wenn ihre Tätigkeit darauf gerichtet ist, die Allgemeinheit auf materiellem, geistigem oder sittlichem Gebiet selbstlos zu fördern. Eine Förderung der Allgemeinheit ist nicht gegeben, wenn der Kreis der Personen, dem die Förderung zugute kommt, fest abgeschlossen ist, zum Beispiel Zugehörigkeit zu einer Familie oder zur Belegschaft eines Unternehmens, oder infolge seiner Abgrenzung, insbesondere nach räumlichen oder beruflichen Merkmalen, dauernd nur klein sein kann. ...“ (Abgabenordnung (AO) §52 (1), <http://www.gesetze-im-internet.de/ao_1977/__52.html>, Zugriff 26.02.2010).

nen Wiese an und schlagen mit den gleichen Waffen zurück anstatt nach staatlicher Regulierung zu rufen. Ein BID ist ein Instrument zur Stärkung des Standorts im Wettbewerb. Da BIDs als Finanzierungsquelle nur auf die im Quartier vorhandenen Grundstückswerte (sowie ggf. zusätzliche Einnahmequellen, je nach Geschick und sozialen Netzwerken der BID-Aktiven) zurückgreifen können, funktionieren BIDs grundsätzlich nach dem Prinzip „die Starken stärken". Auch in schwächeren Quartieren muss daher zumindest ein Grundstock an BID-Abgaben erbracht werden können; erst dann kommt – wie z.B. in den *Urban Enterprise Zones* in New Jersey – eine Ergänzung durch staatliche Mittel in Frage. Dem Grundgedanken der martklichen Steuerung entspricht auch die Konkurrenz der Städte bzw. Quartiere mit BIDs untereinander um Kunden.

Als Weiterentwicklung der *special districts* ist die Grundlogik der BIDs nicht neu, dass die Leistungserbringung in einem unmittelbaren Zusammenhang mit der Zahlungsfähigkeit der Mitglieder steht – dies gilt beispielsweise in gleicher Weise für *school districts*. Anstelle einer flächendeckenden, gleichmäßigen Bereitstellung von Leistungen der Daseinsvorsorge wie in Deutschland hängt das Leistungsniveau vom Vermögen der Beitragszahler ab. Wer es sich leisten kann, stimmt daher mit den Füssen ab und wählt eine Gebietseinheit, wo er ein optimales Kosten-Nutzen-Verhältnis vorfindet.

In gewisser Weise entsprechen BIDs daher auch der Zersplitterung der Siedlungsgebiete in kleine administrative Einheiten, mit der Einschränkung, dass BIDs keine völlig autonomen Einheiten sind, da die BID-Abgabe zusätzlich zu den vorhandenen Steuern entrichtet werden muss.

5.5 US-Amerikanische Stadt

> The first attempt to design a BID was to emulate the physical structure of suburban malls, and many BIDs were extensions of statutes that permitted what were called ‚pedestrian malls,' in which the heart of a downtown area was cordoned off and paved like a piazza, emulating European and South American town center plazas. (GROSSMAN 2010: 377)

Im Kapitel über die Europäische und US-amerikanische Stadt war herausgearbeitet worden, dass es zwar gewisse Parallelitäten in den strukturellen Entwicklungsfaktoren gibt – wie Suburbanisierung oder sozialräumliche

Segregation – diese sich aber in ihrem Ausmaß erheblich unterscheiden. Als ein Grund dafür war der Einfluss politischer Gegensteuerung in Deutschland identifiziert worden. Während sich in US-amerikanischen Städten die (fast) freie Entwicklung der Marktkräfte abbildet, mildern in Deutschland politische Interventionen den Einfluss der ökonomischen Kräfte ab. Die Stadtgestalt in ihrer baulichen und sozialen Struktur ist gewissermaßen eine Manifestation der gesellschaftlichen Werte, der geschichtlichen Entwicklung und des Einflusses (oder der Abwesenheit) von Planung und politischer Einflussnahme. Die für den Analyserahmen herausgearbeiteten Stichworte lauteten wie folgt:

US-Amerikanische Stadt
Städte als Orte des Handels; Stadtzentrum als *central <u>business</u> district* mit dominierender kommerzieller Funktion
amorphe Siedlungsstruktur ohne klares Zentrum; Funktionen z. T. an peripheren Standorten mit guter (automobiler) Erreichbarkeit
Finanzierung der Kommunen zu einem erheblichen Teil über Grundsteuer
soziale Leistungen werden maßgeblich durch Beiträge Privater erbracht
„Anti-Urbanismus"

Mit ihrer vorwiegend kommerziellen Ausrichtung passen BIDs gut in die Logik der US-amerikanischen Stadt; sie stärken die kommerzielle Funktion der Stadt (-zentren):

> BIDs effectively commercialize public spaces driving out anything that does not represent the narrow interests of local businesses. Instead of making a contribution to civic life, BIDs celebrate „a society preoccupied with consumption ... where the ‚good' equals goods and ‚value' equals marketability." Instead of advocating policies that make city places more communal, BIDs view public policy as something to be negotiated for private advantage. Instead of developing an intellectually sophisticated history for city places, BIDs tend to pursue Disneyfication and the kitsch of key chains and coffee mugs. (MITCHELL 2008: 107)

Im *central business district* dominieren kommerzielle Nutzungen; andere Nutzungen sind eher marginal. Passend zu diesem Stadtverständnis setzen manche BIDs kulturelle Nutzungen als Mittel zur Attraktivitäts- und Umsatzsteigerung ein (vgl. z.B. RiverCenter SID, Red Bank).[121]

121 Dass dies nicht gleichermaßen für alle BIDs gilt, wurde am Beispiel CASID, Jersey City, aufgezeigt.

Der Verlagerung von Funktionen aus der Stadt in die Peripherie folgend, sind – z.B. in Georgia (vgl. Abschnitt III3.5.1) – auch BIDs an suburbanen Standorten mit entsprechend angepasster inhaltlicher Ausrichtung entstanden (Bewältigung und bessere Abwicklung großer Kundenströme).

Die Finanzierung von BIDs korrespondiert mit der in den USA überwiegenden Gemeindefinanzierung durch Einnahmen aus der Grundsteuer. Daraus ergibt sich auch die besondere Bedeutung des Grundeigentums sowie der Bodenwerte für die lokalen Haushalte. Auf diese Weise haben sowohl Grundeigentümer als auch Gemeinden ein gemeinsames Interesse an einer Steigerung der Bodenwerte.

Die Tradition der Übernahme sozialstaatlicher Aufgaben durch Private in den USA findet sich im Bereich der Leistungserbringung mancher BIDs wieder. Hier sind etwa Maßnahmen im Bereich der Obdachlosenhilfe zu nennen, häufig in einer Kombination von Vertreibungsstrategien mit Unterstützungsangeboten (s. auch den Philadelphia *Community Court*).

Im Gegensatz stehen BIDs dagegen zu dem für die USA konstatierten grundsätzlichen Misstrauen gegenüber allem Städtischen. BIDs sind demgegenüber eine Reaktion auf die Suburbanisierung und stehen für die in jüngerer Zeit zu beobachtende „Renaissance“ der (Innen-) Städte. Sie stehen somit auch für einen Wandel in Bezug auf die Wertschätzung der (gewachsenen) Stadt.

5.6 Öffentlicher Raum

Im Aushandlungsprozess über die Nutzungen des öffentlichen Raums dominieren in den USA marktliche Koordinationsformen. In die Aushandlung des *public interest* fließen individuelle wirtschaftliche Interessen selbstverständlich mit ein. Die marktliche Koordination wird ergänzt durch netzwerkförmige Kooperationen, insbesondere im Rahmen von *Public Private Partnerships* (z.B. für öffentliche Parks). Die entsprechenden Stichworte des Analyserahmens folgen im Überblick:

öffentlicher Raum
Markt und (ergänzend) Netzwerke als Koordinierungsmechanismen
geringere historische Bedeutung öffentlichen Raums; überwiegend kommerzielle Nutzungen; Nutzbarkeit eingeschränkt durch Vernachlässigung und monofunktionale Nutzung (Automobil)
Öffentliches Leben in (privaten) Innenräumen
private Kofinanzierung zur Unterhaltung öffentlicher Räume üblich (z.B. Parks) Videoüberwachung öffentlicher Räume gesetzlich zulässig

Mit Blick auf die Koordinierungsmechanismen passen BIDs zu der dominanten wettbewerblichen Koordinierung des öffentlichen Raums, ebenso wie zu der stark kommerziellen Prägung der Nutzungen im öffentlichen Raum.

Bereits vor der Einführung von BIDs war es selbstverständlich, dass Private sich an der Unterhaltung öffentlicher Räume beteiligen; ein Beispiel sind dafür die sog. *Park Conservancies* oder die Herstellung privater, aber öffentlich nutzbarer *Plazas* in New York. Es gibt Parallelen zwischen der Verwaltung von öffentlichen Parks durch PPPs, an denen zivilgesellschaftliche Akteure beteiligt sind, und der Beteiligung von BIDs an Gestaltung und Management des öffentlichen Raums. Die Etablierung eines BIDs mit der Beteiligung kommerzieller Akteuren in der Verwaltung eines öffentlichen Parks (Bryant Park) wurde allerdings auch kritisert und hat zu scharfen Kontroversen geführt.

Sicherheit und Sauberkeit im öffentlichen Raum lag auch schon vor Bestehen von BIDs teilweise in privater Hand: So wurde in New York die Reinigungspflicht für öffentliche Wege bereits in den 1960er Jahren vollständig in die Verantwortung der privaten (gewerblichen) Eigentümer übertragen und private Videoüberwachung öffentlicher Räume ist zulässig, verbreitet und generell akzeptiert.

Infolge der geringeren symbolischen Bedeutung des öffentlichen Raums in den USA wurde dessen Pflege vernachlässigt. Die kommerzielle Nutzbarkeit von öffentlichen Räumen wurde durch mangelnde Sicherheit und Sauberkeit negativ beeinflusst. BIDs sind eine Reaktion auf diese Entwicklung: Die kommerziellen Interessen organisieren sich, um dem entgegen zu wirken und zu einer Wiederaufwertung beizutragen. BIDs versuchen, öffentliches Leben wieder in öffentlichen Räumen zu ermöglichen. BIDs stellen somit einen Gegentrend zur Vernachlässigung öffentlicher Räume und der Verlagerung von Öffentlichkeit in private Innenräume dar. BIDs stehen mit diesem Anliegen aber nicht allein – sie stehen im Zusammenhang mit dem bereits genannten Trend zur Renaissance der Städte. Auch von städtischer Seite werden Anstrengungen zur Aufwertung öffentlicher Räume unternommen, wie z.B. durch die Stadt New York. In ihren Bemühungen um die Nutzbarmachung öffentlichen Raums können BIDs auch als Versuch interpretiert werden, Eigenheiten der Europäischen Stadt zu imitieren: „Undoubtedly, one reason many European cities are popular with American tourists is that they are accessible to pedestrians. Many BIDs seek to imitate the European experience.“ (MITCHELL 2008: 82 f.) Auch in dieser Hinsicht orientieren sich BIDs am Vorbild Shopping Mall.

5.7 Zusammenfassung: Einpassung von BIDs in den Kontext der USA

Zusammenfassend können BIDs als typisches Produkt des gesellschaftlichen Systems der USA betrachtet werden. Wenn man das US-amerikanische System durch eine Dominanz des wettbewerblichen bzw. marktlichen Koordinierungsmechanismus charakterisiert, zeigt sich, dass auch BIDs insbesondere in ihren Außenbeziehungen diesen Mechanismus nutzen. In den vorangegangenen Abschnitten wurden zahlreiche Anknüpfungspunkte zwischen BIDs und Kontext im Bereich der Wertvorstellungen, des politischen Systems, des Planungsverständnisses, der Stadtvorstellungen und des Verständnisses des öffentlichen Raums herausgearbeitet.

Ein Widerspruch besteht auf den ersten Blick im Bereich des ökonomischen Systems, in dem Beziehungen zwischen Unternehmen vorrangig durch den Marktmechanismus geregelt werden, während BIDs sich intern über Netzwerkstrukturen koordinieren. Diese netzwerkartigen Strukturen wiederum fügen sich jedoch in das politische System ein, wo sich kooperative Strukturen auf lokaler Ebene in relativ homogenen (Interessens-) Gemeinschaften finden („republikanische Elemente“). Dieser scheinbare Widerspruch lässt sich dahingehend auflösen, dass BIDs kein ökonomisches, sondern vorrangig ein politisches Instrument sind.

Ein weiterer Widerspruch zwischen BIDs und Kontext findet sich im Bereich des für die USA festgestellten verbreiteten Anti-Urbanismus und der relativ geringen Bedeutung öffentlicher Räume. Hier sind BIDs aber im Zusammenhang mit gesellschaftlichen Veränderungen in Richtung einer „Renaissance der Stadt“ und einer größeren Wertschätzung gepflegter öffentlicher (Außen-) Räume zu sehen. Überraschend ist, dass BIDs selber über ihre alltägliche Maßnahmenerbringung hinaus diesen Trend nicht aktiver unterstützen. So stellt MITCHELL fest, dass BIDs durch einen Schulterschluss mit entsprechenden politischen Bewegungen ihre eigene Position stärken könnten, dieses Potenzial aber bisher nicht nutzen:

> Thus far, the interesting thing about BIDs has been their tendency to limit their influence by failing to engage in the kinds of advocacy that might make a difference to city places. BID leaders have not been extensively involved with the Congress for the New Urbanism, a major proponent for increasing pedestrian activities in public places and improving the character of cities. Most BIDs have not entered the debate over anti-sprawl initiatives or the government policies that have encouraged Wal-Mart, Home Depot, factory outlets, and the other large merchandisers to draw people and business away from city places. BID managers rarer if ever appear before city councils and planning boards to become involved in the debate about the contribution of chain stores to downtown districts. (2008: 91)

Außer im Bereich des ökonomischen Systems lassen sich also für die USA in keinem der dargestellten Teilbereiche Konflikte zwischen BIDs und ihrem Kontext feststellen; BIDs sind vielmehr ebenfalls durch die jeweils dominierenden Koordinierungsmechanismen gekennzeichnet. Der Gegensatz zum US-amerikanischen „Anti-Urbanismus" lässt sich mit dem Hinweis auf gesellschaftliche Veränderungen auflösen.

6 Exkurs: BID-Transfer in andere Staaten

BIDs sind auf dem Markt des Politiktransfers eine Erfolgsgeschichte. Deutschland ist nicht das erste und nicht das letzte Land, das BIDs importiert hat. Nach ihrer Entstehung in Kanada und den USA gibt es BIDs mittlerweile in mindestens acht weiteren Staaten: Australien, Neuseeland (seit den 1980er Jahren), Südafrika (erstes Gesetz 1999), Serbien, Albanien, Jamaika, Großbritannien (England und Wales 2003, Schottland 2007), Irland (2006)[122] und Deutschland (2005) (HOYT 2006: 228, Deutschland und Irland fehlten bei HOYT's Aufzählung). Zumindest Japan, Dänemark, Norwegen, Schweden, Österreich, Frankreich, Spanien, die Niederlande, Litauen, die Tschechische Republik, Polen sowie Rumänien erwägen aktuell

122 Local Government (Business Improvement Districts) Bill 2006 (<http://www.ukbids.org/legislation.php>, Zugriff 09.10.2009).

die Einführung einer BID-Gesetzgebung oder haben dies erwogen (HOYT 2005c; 2006).

Während in den meisten der genannten Länder die Übernahme des BID-Modells freiwillig erfolgte, geht die Einführung in Serbien, Albanien und Jamaika auf Aktivitäten der US-amerikanischen Entwicklungshilfe-Agentur USAID (United States Agency for International Development) zurück und ist somit als Mischform zu betrachten (vgl. Tab. 3). Das von USAID mit der Übertragung verfolgte Ziel war „improving local government performance, including financial management and citizen participation“ (HOYT 2006: 23).

Mit diesem Exkurs zum Politik-Transfer in andere Staaten, insbesondere Großbritannien, wird aufgezeigt, dass sich gewisse Merkmale des BID-Transfers – bei Beachtung der Unterschiede – generalisieren lassen.

HOYT hat im Jahre 2002 in einem Forschungsprojekt BIDs in acht Ländern anhand eines einheitlichen Fragebogens verglichen. Ergänzend führte sie vor Ort-Interviews in Kanada, den USA, Südafrika und Großbritannien. Sie stellte u. a. fest, dass die Notwendigkeit einer BID-Einführung in den untersuchten Staaten mit der gleichen Begründung untermauert wurde:

> … in each instance of successful BID policy transfer, BID managers, business leaders, and local officials cited the exodus of key businesses and residents from the central city due to the introduction of the automobile, suburban shopping mall, and modern office park as the driving force for BID policy adoption. In short, the BID model initially materialized in response to suburbanization and this condition remains the primary incentive for its proliferation. (2006: 237)

Gleichzeitig weist sie darauf hin, dass sich die Gründe für Suburbanisierung sowie die sozioökonomischen und politischen Bedingungen zum Teil erheblich voneinander unterscheiden. So bestehen etwa im Bereich Sicherheit zwischen den USA und Südafrika erhebliche Unterschiede:

> Moreover, Johannesburg's experience with crime and order deviated significantly from the American experience. During apartheid, the SAP [South African Police] represented a force of oppression; presently, they are very few in numbers. Although the Metropolitan Police Force was established in the late 1990s, its focus is on traffic and council by law enforcement, so Johannesburg has extraordinarily low levels of public security services. Finally, the socio-economic problems facing Johanessburg [sic] are vastly different than those faced by American cities. For example, Johannessburg [sic] has a very high unemployment rate (30%), thus chronic problems with informal traders, homeless people living on the streets, drug use, and violent crime. (ebd. 238)

Dementsprechend gaben die südafrikanischen BIDs als wichtigste Aktivität den Bereich Sicherheit an; die Kriminalitätsbekämpfung wurde als Hauptgrund für die BID-Gründung angeben. Nach einigen Jahren verschoben sich die Aktivitäten dann jedoch auch auf andere Bereiche, wie Förderung des Einzelhandels oder Verschönerungsmaßnahmen (HOYT 2005c: Appendix). HOYT interpretierte dies als Beleg für die Flexibilität des BID-Modells (2006: 239).

Maßgeblich beteiligt am Politiktransfer waren in der Regel informelle Politiknetzwerke, wie HOYT in ihrer Befragung festgestellt hat:

> Results ... show that a wide range of policy entrepreneurs including, but not limited to, property owners, business owners, local governments, public agencies, NGOs, elected officials, private consultancy firms, international organizations, and researchers are responsible for the intra- and inter-national transfer of the BID model. (ebd. 235)

Eine wichtige Rolle als Knoten in diesem Netzwerk spielen Fachverbände, die auch international agieren, insbesondere die US-amerikanische *International Downtown Association* (IDA), die Tagungen organisiert und Herausgeberin einschlägiger Publikationen zu BIDs ist. Viele BID-Promotoren sind Mitglied bei IDA oder vergleichbaren Organisationen. Durch das Andocken an derartige Netzwerke können neue Akteure relativ einfach und rasch an umfassende Informationen gelangen (HOYT 2006: 237). Problematisch daran ist allerdings, dass mit diesen Informationen das Ziel verfolgt wird, BIDs als effektives Instrument darzustellen; diese Informationen sind daher höchst einseitig und werden in der Regel nicht kritisch hinterfragt. Dazu kommt, dass BIDs mit großer Außenwirkung im Wesentlichen darin erfolgreich sind, sich und ihre Maßnahmen zu vermarkten – dies ist allerdings die Kernaufgabe des Marketings: „an impressive marketing scheme is merely evidence that a BID manager is doing his or her job“ (ebd. 237). Im Sinne der oben dargestellten Kriterien für einen erfolgreichen Transferprozess hält sie fest, dass die Transferakteure bei der Informationssammlung auf eine Überprüfung des Erfolgs des Instruments im Ursprungsland und die Beschaffung alternativer Erkenntnisse verzichtet haben:

> Most BID policy entrepreneurs collect information by actively seeking out expert opinions, collecting promotional literature on BIDs, and conducting on-site visits to observe operational BIDs prior to borrowing ideas. Most are satisfied with these subjective accounts of success and few systematically scrutinize the model or require evidence of effectiveness. (ebd. 238)

Dieses Grundmuster lässt sich auch für Deutschland nachweisen. Im Fall Großbritanniens scheint zumindest die Informationsbeschaffung etwas umfangreicher gewesen zu sein.

6.1 BID-Transfer nach Großbritannien

Der BID-Transfer nach Großbritannien stellt insofern einen Sonderfall dar, weil dieser Transferprozess recht gut in der Literatur dokumentiert ist. Die Darstellung dieses Politiktransferprozesses ermöglicht eine Vergleichsfolie für das Herausarbeiten von Unterschiede und Parallelen zum Transfer nach Deutschland.

Die BID-Einführung in Großbritannien wurde, anders als in Deutschland, in erster Linie von der Zentralregierung in London vorangetrieben. Mit dem Regierungsantritt von Blair begann eine Phase intensiven Politiktransfers zwischen den USA und Großbritannien. Zwischen den Regierungen Blair und Clinton wurden zahlreiche gemeinsame politische Initiativen vereinbart (EVANS 2004: 33). Die Regierung Blair hatte sich zum Ziel gesetzt, die Verwaltung zu modernisieren und führte dazu Verfahren ein, um sie zu „rational learning organizations" zu machen:

> In 2001, the UK government's Cabinet Office established an International Comparisons in Policy-making project, as part of its agenda to modernise the civil service. The project is located in the Centre for Management and Policy Studies (CMPS) in the Cabinet Office which was created to help improve executive policymaking in British government. …
> The CMPS has created a policy transfer toolkit to act as practical guidance for UK policymakers engaged in policy transfer activity and have established a „Policy Hub" web site to act as a resource base. In short, the British government has created a permanent opportunity structure for policy oriented learning and possible transfer. (EVANS 2004: 35)

Der Transfer von BIDs reiht sich somit ein in diese Bemühungen, gut funktionierende politische Instrumente aus den USA zu übernehmen. Der Transferprozess wurde daher bewusst und systematisch angegangen. Bereits im Vorfeld wurden einige Anpassungen gegenüber „dem" US-BID-Modell diskutiert, von denen das wichtigste die Heranziehung der Einzelhändler, nicht der Eigentümer, zur Zahlung der BID-Abgabe ist. Vor der Verabschiedung einer gesetzlichen Regelung wurden einige Pilotprojekte durchgeführt.

6.1.1 Darstellung des Transferprozesses

> Grob gesagt war die Motivation für die Aufstellung von BIDs in USA und Kanada folgende:
> - Die Kommunalverwaltung ist pleite, bricht zusammen, kann die normalen Dienstleistungen nicht mehr liefern.
> - Die Innenstadt ist verfallen und gefährlich, macht einen verwahrlosten Eindruck und wird von Käufern gemieden.
> - Die Selbsthilfe der Geschäfte direkt an Ort und Stelle ist die einzige Lösung für eine effektive Aufwertung.
>
> Auch hierzulande und in England haben die Innenstädte ihre Probleme, aber glücklicherweise sind diese keineswegs vergleichbar. Außer ein paar Sonderfällen haben englische Städte immer noch ein vernünftiges Einzelhandelsangebot, werden gut frequentiert, ziehen neue Einzelhändler an und sind nicht gefährlich. Kurz, sie sind nicht sanierungsbedürftig im Sinne des Wortes. Nicht weniger wichtig ist, dass auch die Kommunalverwaltung trotz Kritik immer noch recht gut funktioniert. Kurz, die Ausgangssituation ist eine andere. (Peter Shearman, in: BCSD 2003: 25)

Die ersten Untersuchungen zum Thema BIDs in Großbritannien geht auf das Jahr 1995 zurück (Shearman, in: BCSD 2003: 26). 1996 gab die Stadt London (*Corporation of London*) eine Studie[123] über die BIDs in New York in Auftrag (WARD 2005). Eine wichtige Rolle bei der Überzeugungsarbeit spielte die Association of Town Centre Management (ATCM), ein Zusammenschluss der City-Management-Initiativen und so gewissermaßen das britische Äquivalent des BCSD (Shearman, in: BCSD 2003: 26). Erste Überlegungen zu den Möglichkeiten, das Modell BID einzuführen, wurden im September 2000 im Green Paper „Modernising Local Government Finance" angestellt. Im April 2001 kündigte schließlich die Regierung Blair an, BIDs in Großbritannien einführen zu wollen (LLOYD ET AL. 2003: 313). Das im folgenden Dezember veröffentlichte White Paper „Strong Local Leadership – Quality Public Services" enthielt erste Eckpunkte für eine mögliche gesetzliche Grundlage und setzte sich auch mit der Frage der Übertragbarkeit von BIDs auf den britischen Kontext auseinander (LLOYD ET AL. 2003: 314). Im Juni 2002 (LLOYD ET AL. 2003: 314) wurde ein erster Gesetzesentwurf vorgelegt, der 2003 verabschiedet wurde (Part 4 of the Local Government Act 2003): „Insgesamt hat es bei uns also drei Jahre

123 Travers, T. and Weimar, J.: *Business improvement districts: New York and London.* The Greater London Group, London School of Economics and Political Science: London.

gedauert, die Leitlinien, die Anleitung, also die detaillierten Bestimmungen für Anwendungsmethoden, also das wer macht was, wann und wie, festzulegen." (Shearman, in: BCSD 2003: 26).

Während dieses Gesetz für England und Wales gilt – Wales hat eigene Anpassungen vorgenommen, die Ende April 2005 in Kraft getreten sind (Welsh Statutory Instrument 2005 No. 1312 (W.94)) – hat Schottland zum 1. April 2007 ein eigenes BID-Gesetz verabschiedet (Part 9 of the Planning etc. (Scotland) Bill). Für Nord-Irland ist aktuell kein Gesetz geplant (<http://www.ukbids.org/>, Zugriff 12.10.2009).

Insgesamt wurden 22 Pilotprojekte durchgeführt, ausschließlich in England und Wales. Ausgewählt wurden innerstädtische Bereiche in Groß-, Mittel- und Kleinstädten, allerdings keine „problematischen" Quartiere (Shearman, in: BCSD 2003: 27)

Wie WARD herausstreicht, wurden für den BID-Transfer nur wenige US-BIDs als Vorbilder herangezogen, und zwar vorrangig New Yorker BIDs in Midtown Manhattan. Bereits für die oben erwähnten BID-Studie (Travers und Weimar) 1996 wurde New York City als Untersuchungsgegenstand aufgrund der Ähnlichkeiten zwischen London und New York ausgewählt. Als Quellen für diese Untersuchung scheinen Travers und Weimar sich ausschließlich auf BIDs und die städtische Behörde (also: SBS) verlassen zu haben; kritische Wissenschaftler oder Kritiker vor Ort wurden offensichtlich nicht befragt (WARD 2005: 12).

Diese Festlegung auf New York setzte sich fort: Nachdem die Labour-Regierung in 2003 die Einführung von BID-Modellprojekten beschlossen hatte, wurden von der britischen Association of Town Centre Management (ATCM) sowie der Local Government Association (LGA) Seminare und Konferenzen organisiert. Auf diesen dienten Fallbeispiele aus New York und Philadelphia zur Illustration. Besuche des Managers der „Alliance for Downtown" (New York) sowie von Daniel Biederman, Manager der drei größten BIDs in Manhattan in den 1990er Jahren, folgten. Auch die amerikanische *International Downtown Association* (IDA) spielte eine wichtige Rolle und etablierte enge Kontakte zur britischen ATCM. Auffällig an der Festlegung auf US-BIDs und New York ist laut WARD insbesondere die Tatsache, dass die kanadischen BIAs aufgrund der stärkeren Rolle der nationalstaatlichen Ebene für die BIDs in Großbritannien ein geeigneteres Modell abgegeben hätten (2005: 5).

Als Grund für diese einseitige Festlegung auf New York vermutet WARD die „Wiedergeburt" dieser Stadt in den 1990er Jahren insbesondere in Bezug auf die Zurückdrängung von Kriminalität („zero tolerance"). New York wurde dabei, so WARD, als Vorbild für einen Politikwechsel gesehen, den Labour für Großbritannien wünschte:

> For it wasn't just the policy that UK Ministers liked: it was also that it represented a change in – or to use current New Labour talk ‚modernisation' – of the very *modus operandi* of urban management. ... to create a Business Improvement Districts is not just to introduce a new policy, it is to critique the very ideology of government intervention in cities. (ebd. 9 f.)

WARD betont, dass es kein Zufall ist, welche Politik-Instrumente transferiert werden, sondern dass es übergeordnete Ziele gibt, die mit einem Politiktransfer verfolgt werden. Die Akteure des Politiktransfers spielen dabei eine besondere Rolle:

> This process of ‚making-up' policy is an acutely political one: there is nothing natural about which policies are constructed as succeeding and those that are regarding as having failed: that the model of urban management embodied in Business Improvement Districts has been adopted – in principle if not in name – in sixteen countries across four continents is not an accident, no chance occurrence. It reflects the strong diffusion channels and distribution networks that exist to facilitate the transfer of policies of a particular type from one place to another. (ebd. 20)

Im Falle der BIDs wurde also, geht man mit WARD konform, mehr als das reine Instrument transferiert – nämlich der ideologisch begründete Wunsch nach weniger Staat und mehr Eigenverantwortung. WARD vertritt die These, dass es einen globalen Trend in der Urban Governance gibt, der durch einen Rückzug des lokalen Staates zugunsten von Partnerschaften und der Übernahme neoliberalen Denkens gekennzeichnet sei. Diese Konvergenz städtischer Politik sei global und übe einen starken Anpassungsdruck aus:

> What appears to have emerged in recent years is an apparently international, if not global, way of ‚doing' urban redevelopment ... Urban governance and management in one place appears increasingly to resemble that in another, the consequence of which is that a global model has emerged, which has a disciplining effect on even those cities that choose to pursue an alternative developmental trajectory. This process of ‚fast policy transfer' (Jessop and Peck, 1998) means that neo-liberalization is actively produced in different places at the same time through the existence of strong diffusion channels and distribution networks ... (ebd. 3)

Politiktransfer ist in dieser Sichtweise das Vehikel für eine bewusste Konvergenz zu einer neoliberalen Stadtpolitik. Diese Konvergenz kann allerdings allenfalls in der Grundausrichtung gesehen werden; denn im Detail sind gerade im britischen Fall einige Anpassungen des BID-Modells vorgenommen worden.

6.1.2 Abgleich der Kontextbedingungen und daraus folgende Anpassungen

STEEL und SYMES kommentieren den aktuellen Gesetzgebungsprozess für BIDs in Großbritannien. Sie stellen zunächst den Entstehungskontext von BIDs und deren Funktionen in den USA dar, um dann auf Probleme einzugehen, die sich in der BID-Umsetzung in den USA gezeigt haben. Sie nennen dabei die mangelhafte Kontaktaufnahme und Information der Zahlungsverpflichteten in der Gründungsphase; die Schwierigkeiten, eine gerechte Bemessungsgrundlage und entsprechende Stimmengewichtungen zwischen großen und kleinen Eigentümern zu finden; die Frage der Kontrolle und des Vertrauens in das BID-Management; die drohende Privatisierung öffentlichen Raums; Mietsteigerungen und mögliche Verdrängung von Kriminalität in angrenzende Gebiete (STEEL; SYMES 2005: 326 ff.). Teilweise unter Verweis auf positive Beispiele empfehlen sie Anpassungen für die britische Gesetzgebung und stellen fest: „The government's intention is to use legislation to introduce mandatory procedures that are intended to avoid many of the problems noted above." (ebd. 330)

STEEL und SYMES gehen dabei grundsätzlich davon aus, dass sich die Problemlagen in den USA und Großbritannien gleichen. Ihrer Meinung nach spielten die lokalen Regierungen in Großbritannien allerdings eine stärkere Rolle in BIDs: „The UK version of BIDs is clearly envisaged as more of a public-private partnership than is usually the case in the USA ..." (ebd. 331), womit sie auf eine stärkere Rolle der „local authority" hinweisen. Als Beispiel dafür nennen sie die Möglichkeit, BIDs mit Mitteln der EU oder anderen staatlichen Mitteln zu kofinanzieren, und Veto-Positionen der Lokalregierung bei der Verwendung der Abgabe: „...the difference is that local government will collect it and have some say (if only by veto) in how it will be spent." (ebd. 331). Die Einschätzung, dass sich dies vom US-Modell unterscheide, kann allerdings nur von einer ungenauen Kenntnis der US-BIDs herrühren – denn in New Jersey beispielsweise verfügt die Lokalregierung in Form eines Genehmigungsvorbehaltes ebenfalls über die Möglichkeit, das Budget abzulehnen (vgl. Abschnitt III3.3.1). Ein Grund dafür könnte in der Datengrundlage der Studie liegen: „The paper uses secondary research, focusing mainly on an analysis of American academic and business publications and a reading of a wide range of American BID websites.“ (ebd. 322) Insoweit beziehen sie sich vorwiegend auf wissenschaftliche Literatur; es fließen aber keine Gesetzestexte oder Erkenntnisse aus Vor-Ort-Besuchen in die Analyse ein.

Ebenfalls mit dem Policy-Transfer beschäftigen sich LLOYD ET AL. Die von ihnen durchgeführte Studie wurde vom Economic and Social Research Council (ESRC) finanziert, eine unabhängige Organisation, deren Budget aber zum größten Teil aus Mitteln der britischen Regierung bestritten wird.[124] Wie WARD betonen auch sie, dass die britischen Vorschläge zur Einführung von BIDs „are entirely consistent with a broader approach to urban policy on the part of the UK government that emphasizes the importance of the private sector as a key player in addressing aspects of social and economic decline in cities …“ (ebd. 314).

Die Autoren hatten BIDs in Los Angeles untersucht. LLOYD ET AL. nehmen explizit Bezug auf drei Kriterien, die Wolman 1992 als Faktoren für einen erfolgreichen Politiktransfer erarbeitet hatte: „(a) the similarity of the problem in each context; (b) the success of the policy; and (c) the similarity of the policy setting“ (LLOYD ET AL. 2003: 302). Während sie für (a) auf die wesentlich schärfere Ausprägung der Probleme in den USA hinweisen, sei für (b) fraglich, inwieweit BIDs in den USA tatsächlich erfolgreich sind und für (c) stellen sie fundamentale Unterschiede zwischen Großbritannien und den USA fest, insbesondere im Hinblick auf die steuerlichen Rahmenbedingungen sowie die kulturelle Unterschiede (die größere Bereitschaft US-amerikanischer Unternehmer, in ihr örtliches Umfeld zu investieren). Als Konsequenz leiten sie ab: „Hence the application of Wolman's criteria implies that policy transfer in the case of BIDs is extremely problematic.“ (ebd. 303) Als Gegenargument zu dieser These und somit als positiven Anknüpfungspunkt für die BID-Idee in Großbritannien sehen sie in den schon bisher geleisteten freiwilligen Beiträgen im Rahmen von „town centre partnerships“ (ebd. 312).

Als Hauptproblem für eine Übernahme des Instruments identifizieren sie jedoch die Unterschiede zwischen Großbritannien und USA in Bezug auf die Besteuerung des Eigentums, „since American property taxes are levied on ownership while the rating system in the UK … is a tax on property occupation“ (ebd. 314). Eine Steuer auf Grundeigentum existiert in England nicht und hätte eigens für BIDs eingeführt werden müssen. Die

124 Konkret aus Mitteln des *Department for Business, Innovation and Skills*, vgl. <http://www.esrc.ac.uk/ESRCInfoCentre/about/index.aspx>, Zugriff 09.10.2009.

entsprechende Anpassung bei den britischen BIDs ist daher die Erhebung der BID-Abgabe von den Geschäftsinhabern; eine Form übrigens, die in manchen Bundesstaaten der USA vorgesehen ist, in der Praxis aber selten zur Anwendung kommt. Grundeigentümer sollen, da sie von BIDs ebenfalls profitieren, zur Zahlung freiwilliger Beiträge aufgefordert werden (ebd. 314).

Darüber hinaus bestehen weitere Unterschiede im den institutionellen und legalen Kontexten Großbritanniens und der USA:

> In particular, unlike in the UK, in the USA there is no redistributive basis for taxation, and there is a more direct relationship between property tax payments and the form and extent of service provision within a particular authority ... Property taxes in the USA are therefore determined locally. (ebd. 315)

Ob daraus Schwierigkeiten für die BID-Einführung in Großbritannien erwachsen, wird nicht thematisiert. LLOYD ET AL. empfehlen aufgrund dieser Überlegungen lediglich, verschiedene Bemessungsgrundlagen zu prüfen.

Ein weiterer Unterschied, auf den LLOYD ET AL. hinweisen, sind Unterschiede in der Leistungsfähigkeit der lokalen Verwaltung:

> In addition, it may be argued that BIDs were seen to be necessary in the US context because of the demonstrable failure of local government in many contexts, in terms of the delivery of adequate services. However, this is not the case in the UK context, where the possibility of greater integration of service delivery and public-private partnership has the potential (many would suggest) to address contemporary problems of the perceived inadequacy of service delivery ... (ebd. 316)

Diesen Standpunkt teilen LLOYD ET AL. jedoch nicht; sie halten BIDs auch im britischen Kontext für ein geeignetes Instrument, um zu Verbesserungen in Quartieren beizutragen – empfehlen jedoch Anpassungen des Instrumentes unter Beachtung der folgenden Umstände:

> First, there is the issue of integration of BIDs with other mechanisms for service delivery as well as other policy mechanisms in relation to wider aspects of urban regeneration. ...
> Second, there is the issue of the increased expectation in the UK of the need for the provision of core services by government. ...
> Third, there is the linked factor of the different taxation regime, and the need to allow property owners to be included in terms of contributing to BIDs. (LLOYD ET AL. 2003: 316 f.)

Nicht zuletzt weisen LLOYD ET AL. darauf hin, dass bei den Zielen zur Einführung von BIDs in Großbritannien weniger „a financial or fiscal rather than a regeneration focus“ (ebd. 318) verfolgt wurde. Begründet wird dies damit, dass zunächst eine lokal variierbare Erhöhung der „business rate“ geplant war, um den Städten Bündnisse mit lokalen Betrieben ermöglichen zu können. Da der Widerstand gegen diesen Vorschlag jedoch erheblich war, wurden BIDs als Alternative ins Auge gefasst (ebd.).

6.1.3 Zusammenfassung: BID-Transfer nach Großbritannien

Nach dieser Darstellung des BID-Transfers nach Großbritannien lassen sich zusammenfassend folgende Punkte herausarbeiten:

- Die in den USA existierenden unterschiedlichen BID-Modelle wurden nicht systematisch erfasst, ausgewertet und in Bezug auf ihre Vor- und Nachteile bewertet. Stattdessen ist in den Texten häufig von „dem Modell“ die Rede, das allerdings kaum mehr als die Grundidee eines BIDs beinhaltet. Die zum Teil erheblichen Variationen mit ihren jeweiligen Vor- und Nachteilen wurden nur unzureichend erfasst. Zumindest in der frühen Phase sind praktisch ausschließlich die BIDs in Manhattan als Vorbild maßgeblich.
- Die Datengrundlage, mit der gearbeitet ist, ist lückenhaft. Als Quellen werden genannt: Interviews mit BID-Vertretern oder der BID-Unterstützungsstruktur (Consultants, Regierungsstellen), häufig in Form von vor Ort-Besuchen (z.B. LLOYD ET AL. in Los Angeles); Internet (BID-Websites); wissenschaftliche Literatur. Nachteile von oder Kritik an BIDs und mögliche Konsequenzen wurden nur von STEEL und SYMES diskutiert. Auffällig daran ist, dass kein Material aus erster Hand bezüglich der geäußerten Kritikpunkte gesammelt wurde (also etwa beispielsweise Interviews mit BID-Kritikern oder -Gegnern) und ebenso auffällig ist, dass als Primärquellen keine Gesetzestexte herangezogen wurden.
- Ein wichtiges Motiv für die Einführung von BIDs in Großbritannien war ideologischer Art: Hintergrund ist der in Blair's Großbritannien propagierte „Dritte Weg“ und das erklärte Ziel, mehr private Initiative für die Stadtentwicklung zu mobilisieren.
- Bei LLOYD ET AL. wird explizit benannt, dass es sich um Politiktransfer handelt. Unterschiede zwischen den Kontexten in den USA und Großbritannien werden allerdings nur herausgearbeitet, aber nicht systematisch abgearbeitet. Auch wird die Diskrepanz zwischen der eingangs geäußerten These, dass gemäß den verwendeten Kriterien von Wolman (1992) der Politiktransfer eigentlich nicht funktionieren dürfte, und der abschließenden Aussage, dass „it does seem that BIDs offer the potential, in a modified form and as part of a broader portfolio

of mechanisms, to assist in the process of enhancing the vitality and viability of urban centres, for the potential benefit of all citizens" (LLOYD ET AL. 2003: 319) nicht aufgelöst, sondern nur darauf hingewiesen, dass es auch in Großbritannien im Rahmen der *town centre partnerships* offenbar bereits eine gewisse Bereitschaft der Unternehmer gebe, in ihr lokales Gemeinwesen zu investieren.

Auch wenn im Fall Großbritanniens der Politiktransfer in Untersuchungen thematisiert wurde, scheint es, dass es sich um einen „transfer by anecdote rather than analysis" (Hambleton & Taylor zit. nach LLOYD ET AL. 2003: 302) handelt. Die in Großbritannien vorgenommenen „Anpassungen" „des" BID-Modells sind dabei keine wirklichen Änderungen, da genau diese Formen in den USA auch vorkommen (so etwa die mögliche Erhebung der Abgabe bei den Gewerbetreibenden oder die „stärkere" Rolle der lokalen Regierung bzw. Parlamente). Die Übernahme gerade dieser Regelungen beruht dabei nicht auf einer genauen Prüfung unterschiedlicher Regelungen und einer Abwägung der jeweiligen Vor- und Nachteile. Insbesondere bei der Rolle der Städte von „Anpassungen" zu sprechen, zeigt die Ausrichtung an einem idealtypisch modellierten BID in dem die Rolle der Stadt aus ideologischen Gründen systematisch unterbelichtet wird.

IV Business Improvement Districts in Deutschland

> Das Neue an dem vorliegenden Entwurf [des Hamburger GSED-Gesetzes, d. Verf.] liegt ersichtlich darin, dass er sich gerade nicht der bekannten Formen und Institute des Verwaltungsorganisationsrechts und der Kooperation zwischen Staat und Privaten bedient, sondern mit seinem Modell staatlich unterstützter und begleiteter privater Selbstorganisation neue Wege geht. (FHH 2004d: 6)

Anders als in den USA sind Business Improvement Districts in Deutschland keine Weiterentwicklung von bestehenden Rechtsinstrumenten, sondern stellen ein Novum im deutschen Rechtssystem dar. Auch für die rechtliche Organisation der BIDs in Deutschland haben das Hamburger und die daran angelehnten Gesetze keines der bekannten privatrechtlichen oder öffentlich-rechtlichen Organisationsformen herangezogen und entsprechend modifiziert (vgl. MSWKS 2001: 34 ff.), sondern es wurde die neuartige Figur des sog. Aufgabenträgers eingeführt (s. unten). Die BID-Einführung in Deutschland ist also zum einen geprägt von der Orientierung an einem Vorbild aus einem anderen Rechts- und Gesellschaftssystem und zum anderen von Neukreationen, die als Anpassungen eines „fremden" Instrumentes an das deutsche System interpretiert werden können.

Die Analyse des Einführungsprozesses in Deutschland hat sich also mit beidem zu beschäftigen und danach zu fragen, welche Vorbilder herangezogen wurden, welche Informationen beschafft und berücksichtigt wurden und welche Bedingungen für die konkrete Ausgestaltung des ersten BID-Gesetzes ausschlaggebend waren. Diese Überlegungen bestimmen auch den Aufbau dieses Teils der Arbeit: Zunächst wird der Entstehungsprozess des ersten BID-Gesetzes, des „Gesetzes zur Stärkung der Einzelhandels- und Dienstleistungszentren" (GSED) in Hamburg, chronologisch nachgezeichnet und die maßgeblichen Akteure und ihre Rollen benannt. Es folgt eine Darstellung der mit der Einführung verbundenen Ziele und ein Überblick über die Entscheidungsprozesse in Bezug auf die wesentlichen Weichenstellungen. Ein eigener Abschnitt wird der Darstellung der demokratischen Legitimation nach der Logik des Hamburger BID-Gesetzes gewidmet, da sich hier wesentliche Unterschiede in Bezug auf die untersuchten US-BID-Gesetze zeigen.

Im zweiten Kapitel wird der BID-Transfer-Prozess mit Hilfe der im zweiten Teil entwickelten theoretischen Ansätze analysiert. Zu beachten ist dabei, dass Politiktransfer hier nicht als „prospective policy evaluation" betrieben wird, sondern im Nachhinein analysiert, wie der Prozess verlaufen ist. Im dritte Kapitel werden die bisher in Deutschland verabschiedeten BID-Gesetze und deren Gemeinsamkeiten bzw. Unterschiede dargestellt, mit den untersuchten US-Gesetzen verglichen und ein Überblick über die bisher eingerichteten BIDs in Deutschland gegeben. Das vierte Kapitel widmet sich der Darstellung eines Fallbeispiels, des ersten deutschen BIDs in Hamburg-Bergedorf. Die übrigen deutschen BIDs werden im Überblick dargestellt. Anhand der dann vorliegenden Informationen beschäftigt sich das fünfte Kapitel mit der Analyse der Einbettung in den deutschen Kontext unter Verwendung des erarbeiteten Untersuchungsrahmens. Den Abschluss bildet die Überprüfung der im zweiten Teil entwickelten Thesen um zu erklären, warum der BID-Transfer trotz unterschiedlicher Kontexteinbettung in dem Sinne erfolgreich war, dass sich BIDs in Deutschland mittlerweile etabliert haben.

1 BID-Transfer nach Deutschland

Im Falle der BIDs steht außer Frage, dass es sich um einen Politiktransfer handelt[125] und dass als Modell (nur) die US-BIDs herangezogen wurden. Beleg dafür sind vor allem die von den Transferakteuren genannten Quellen. Anders als im Falle Großbritanniens (vgl. Abschnitt III6.1) wurde die BID-Einführung in Deutschland allerdings nie explizit als „Politiktransfer" bezeichnet, auch wenn den Schlüsselakteuren bewusst war, dass es sich um die Übernahme eines Instruments aus einem anderen Kontext handelte (Bernd Reichhardt, Interview 23.04.2010; Martin Huber, Interview 19.05.2010).

Im ersten Abschnitt dieses Kapitels wird der Transferprozess in seinem zeitlichen Ablauf beschrieben. Dabei wird deutlich, dass dieser von

125 Dies ist nicht immer so eindeutig; so führen bspw. DOLOWITZ und MARSH in ihrem Analyserahmen die Frage eigens auf: „How To Demonstrate Policy Transfer" (2000: 9, Tab. 1).

Unterbrechungen gekennzeichnet ist und im Verlauf eine Verschiebung der Protagonisten stattgefunden hat: So war nicht Nordrhein-Westfalen das erste Bundesland, das für BIDs eine gesetzliche Grundlage geschaffen hat, sondern Hamburg. Es wird daran deutlich, dass für die Einführung spezifische Bedingungen erfüllt sein mussten.

Der zweite Abschnitt widmet sich sodann den Inhalten. Angesichts der Fülle an BIDs in den USA mussten Entscheidungen für bestimmte inhaltliche Ausrichtungen getroffen werden. Dass diese unter den Bedingungen unvollständiger Information stattfanden, aber auch eigenständige Lösungen entwickelt wurden, wird in Abschnitt IV1.2 dargestellt.

Die eigentliche Analyse des Transfers mit Hilfe der in Teil II erarbeiteten theoretischen Modelle erfolgt dann im folgenden Kapitel.

1.1 Der Transfer von BIDs nach Deutschland

Nach aktuellem Kenntnisstand ist der Erstkontakt mit der BID-Idee über zwei parallele Wege, die später zusammengeführt haben, zustande gekommen: Einmal über den Geschäftsführer des Stadtplanungsbüros d-plan, und zum Zweiten über die CIMA GmbH und die BCSD (Bundesvereinigung City- und Stadtmarketing e.V.). Die Idee fiel in Deutschland auf fruchtbaren Boden, denn Experten waren sich seit Jahren der Grenzen der bisherigen Instrumente zur Stärkung gewachsener Zentren nur allzu bewusst. Dennoch dauerte es vom Zeitpunkt der ersten Kenntnisnahme bis zur Verabschiedung des ersten BID-Gesetzes in Hamburg rund sechs Jahre. Die Kenntnis des Instrumentes allein war also nicht ausreichend für eine erfolgreiche Umsetzung, sondern weitere Bedingungen mussten erfüllt sein: Unterstützer in Politik und Verwaltung waren notwendig, die den BID-Grundgedanken von „weniger Staat, mehr Eigenverantwortung“ aktiv umgesetzt haben. Hamburg bot mit der vom Senat zum Leitbild erklärten Politik „Metropole Hamburg – Wachsende Stadt“ den dafür notwendigen Rahmen.

Um die in Kapitel II6 dargestellte Analyse des BID-Transferprozesses vorzubereiten, wird zunächst der Prozess chronologisch dargestellt. Bei der Darstellung liegt dem Analyseinteresse entsprechend ein Fokus zum einen auf den Akteuren, deren Interessen und Motiven sowie ihren Informationsquellen, und zum anderen auf den strukturellen Bedingungen, die die Einführung des BID-Modells begünstigt haben.

Die Gliederung des Kapitels orientiert sich am zeitlichen Ablauf und unterscheidet verschiedene Phasen: Erstens die Phase des Erstkontakts mit dem Instrument, zweitens die Ereignisse im Vorfeld des Gesetzgebungsprozesses in Hamburg und schließlich das eigentliche Gesetzgebungsverfahren bis zum Inkrafttreten des GSED.

1.1.1 Der Erstkontakt mit der BID-Idee: Die Pioniere. Rolle, Motive und Informationsquellen

Die Rahmenbedingungen für den innerstädtischen, gewachsenen Einzelhandel haben sich in den letzten Jahren kontinuierlich verschlechtert. Einige Stichworte in diesem Zusammenhang sind – ohne Anspruch auf Vollständigkeit – Zunahme der Verkaufsflächen, veränderte Konsumgewohnheiten und die Konkurrenz durch einheitlich gemanagte Einkaufszentren auf der grünen Wiese und zunehmend auch durch innerstädtische Center. Die Konsequenzen daraus sind hinlänglich bekannt: Einzug von Billiganbietern, Leerstände und die Verödung ganzer Geschäftsstraßen oder kleinerer Innenstädte. Die in den traditionellen Einkaufsstraßen wirtschaftenden Einzelhändler haben nur begrenzte Möglichkeiten, auf diese ihre Existenz bedrohenden Entwicklungen zu reagieren. Aufgrund der Bedeutung des Einzelhandels auch für die anderen städtischen Funktionen hat die Politik daher Instrumente zur Verfügung gestellt, um die Gewerbetreibenden bei ihren Bemühungen zu unterstützen, die vorwiegend in Form freiwilliger Zusammenschlüsse, wie Citymarketing, gemeinsame Anstrengungen unternahmen. Städtebauförderung und die planerische Steuerung von Neuansiedlungen als hoheitliche Instrumente, aber auch Stadtmarketing, bei dem die Geschäftsleute in Form einer *Public Private Partnership* mit der Stadt kooperieren, sind hier zu nennen. Während City- und Stadtmarketing in den 1990er Jahren einen Boom erlebten, wurden gleichzeitig die Grenzen des vorhandenen Instrumentariums deutlich: Zum einen beteiligten sich selten mehr als 25-30% der Gewerbetreibenden; die Engagierten waren daher mit einer schmalen und unbeständigen finanziellen Basis und der Notwendigkeit, die vorhandenen Mitglieder mit kurzfristig angelegten Erfolgen bei der Stange zu halten, konfrontiert. Es wurde aber auch deutlich, dass ohne eine kollektive Aktivierung der Immobilieneigentümer materielle Aufwertungsmaßnahmen gar nicht angegangen werden könnten.

In der Fachöffentlichkeit waren diese Probleme schon seit längerem bekannt und es wurde nach Lösungsmöglichkeiten gesucht, wie mehrere Experten im Interview erklärten. So betonte Herr Reichhardt von der Handelskammer Hamburg, dass Einzelhändler schon seit längerem beklagten, dass sie sowohl in einer eigenen wie auch gemieteten Immobilie relativ viel Gestaltungsspielraum hätten, gleichwohl aber wenig Einfluss auf das gesamte Erscheinungsbild einer Einkaufsstraße nehmen könnten. Die Handelskammer hatte bereits 1993 einen Kongress zum Thema einer möglichen Einbindung der Eigentümer für die Revitalisierung und Attraktivierung von Einkaufszonen durchgeführt. Bei einigen Interessensgemeinschaften in der Hamburger City wurden die Eigentümer bewusst auf freiwilliger Basis miteinbezogen. Die Handelskammer Hamburg hatte bereits seit geraumer Zeit nach rechtlichen Instrumenten gesucht, um von den Anliegern verbindliche finanzielle Beiträge erheben zu können (z.B. nach dem Vorbild des niedersächsischen kommunalen Abgabengesetzes). (Bernd Reichhardt, Interview 23.04.2010)

Auch die Consulting-Firma CIMA GmbH war sich der Schlüsselrolle der Eigentümer für die Quartiere und ebenso der Begrenztheit insbesondere des City- und Stadtmarketings für diese Zwecke bewusst (Mario Mensing, Interview 21.04.2010).

d-plan

In Fachkreisen war also ein hoher Grad an Problembewusstsein vorhanden – die BID-Idee traf auf fruchtbaren Boden. Das deutsche Fachpublikum kam mit großer Wahrscheinlichkeit[126] zum ersten Mal im Rahmen einer Tagung mit dem Thema BID in Berührung: Im Jahr 1998 hatte das damalige Ministerium für Arbeit, Soziales und Stadtentwicklung, Kultur und Sport des Landes Nordrhein-Westfalen (MASSKS) das Büro d-plan mit der Organisation der Tagung „Stadtplanung als Deal? Urban Entertainment Center und private Stadtplanung" beauftragt. Der Geschäftsführer des Stadtplanungs-Büros d-plan, Mario Bloem, hatte im Rahmen eines Stipendiums in den Jahren 1987/88 ein Jahr an der *Columbia University*, New York, studiert und dabei einschlägige Expertise zu US-Planungsinstrumenten erworben, was der Hintergrund für die Beauftragung war. Auf das Instrument BID war d-plan allerdings erst im Rahmen seiner Recherchen für die Tagung gestoßen. Als Referent für die Konferenz konnte der in den USA bekannte Experte Lawrence Houstoun gewonnen werden. Houstoun gilt als ausgewiesener Kenner der US-amerikanischen BIDs und ist unter anderem Autor des vom Urban Land Institute veröffentlichten und viel zitierten, Praxis orientierten Buches „Business improvement districts" (2003,

126 Bei dieser Aussage stimmen alle Interviewpartner überein.

erste Auflage 1999) mit vielen BID-Beispielen. Darüber hinaus war er als Consultant („The Atlantic Group") bei der Konzeption des BID-Gesetzes in New Jersey beteiligt (Seth A. Grossman, Interview 25.08.2008).

Im Anschluss an die Tagung wurde d-plan 2001 mit der Erstellung des Gutachtens „Untersuchung von Business Improvement Districts (BIDs) in Bezug auf Möglichkeiten einer Übertragbarkeit auf innerstädtische Geschäftsquartiere in Nordrhein-Westfalen" beauftragt. Die Informationen zu BIDs beschaffte sich Mario Bloem vorrangig über Lawrence Houstoun. Der Kontakt war nach der Tagung 1999 bestehen geblieben, da Lawrence Houstoun die Entwicklung von BIDs in Deutschland mit Interesse verfolgte. Mario Bloem schätzte ihn fachlich und menschlich und sah in ihm einen Experten, der einen umfassenden Überblick über die US-amerikanischen BIDs und die entsprechenden Gesetze hatte. Lawrence Houstoun wurde so zur wichtigsten Quelle und Mario Bloem verzichtete weitgehend darauf, eigene Quellenrecherche zu betreiben und insbesondere auch auf das Studium der BID-Gesetze im Wortlaut. Als wichtigste Eckpunkte aus der Beschäftigung mit US-BIDs nannte Mario Bloem im Interview erstens die breite Varianz in der Größe, also dass es BIDs mit kleinen und großen Budgets gab und das Modell im kleinstädtischen wie auch im großstädtischen Kontext auf Quartiersebene funktionierte, zweitens die inhaltliche Flexibilität mit dem Hinweis, dass neuere BID-Gesetze kaum noch Vorgaben bezüglich der Maßnahmen machen würeden und drittens die Konstruktion des Negativquorums[127]. Den zweiten Punkt hatte Bloem direkt von Lawrence Houstoun übernommen, der darauf hingewiesen hatte, dass es weniger wichtig sei, die möglichen Maßnahmen zu begrenzen oder zu kontrollieren, sondern vielmehr sicherzustellen, dass BIDs mit ihren Mitteln verantwortungsvoll umgingen, also eher eine „strukturelle" denn eine detaillierte Überwachung. (Mario Bloem, Interview 17.04.2009)

Nordrhein-Westfalen, das Schauplatz der Tagung und Auftraggeber des Gutachtens gewesen war, hielt sich dann aber aus politischen Gründen[128] mit der Umsetzung einer gesetzlichen Lösung zunächst zurück und entschied sich für ein freiwilliges Modellprojekt mit Förderung durch das

127 D.h. dass die Gegner und nicht die Unterstützer die Stimmen organisieren müssen.

128 Nach Aussage von Mario Bloem bestanden politische Bedenken, dass es keine Akzeptanz für noch mehr Gesetze geben würde, zudem für eines, das zu weiteren steuerlichen Belastungen führen würde.

Land[129]. Die BID-Idee wurde aber von d-plan im Rahmen von Vorträgen weiter verbreitet. Mario Bloem war aufgrund seiner grundsätzlichen Skepsis gegenüber einer Planung von oben[130] vom BID-Prinzip, Eigeninitiative zu ermöglichen, überzeugt. Sein Ziel war – auf der Grundlage des positiven Ergebnisses der rechtlichen Prüfung im Rahmen des Gutachtens – die beispielhafte Einführung von BIDs auf gesetzlicher Grundlage in einem Bundesland und er wollte diesen Gesetzgebungsprozess beratend begleiten. (Mario Bloem, Interview 17.04.2009)

Die CIMA GmbH und die Bundesvereinigung City- und Stadtmarketing Deutschland e.V. (BCSD)

Die CIMA hatte nach eigenem Bekunden ebenfalls bereits im Jahr 1998 Kenntnis über das Instrument BID erhalten, und zwar im Rahmen des ATCM[131]-Kongresses in London, auf dem die mögliche Einführung einer gesetzlichen Grundlage für BIDs in Großbritannien diskutiert worden war (vgl. Abschnitt II6.1). Eine mögliche Einführung in Deutschland schien damals aber noch in weiter Ferne zu liegen. Nach Meinung der CIMA GmbH war die Darstellung von BIDs im Rahmen der Tagung „Stadtplanung als Deal?" 1999 auch mehr von „Angstszenarien" geprägt als dass sie Chance wahrgenommen wurde. Einen entscheidenden Schritt vorwärts machte der Transferprozess erst, als d-plan als Referent auf die Herbsttagung (mit Erfahrungsaustausch) der Bundesvereinigung City- und Stadtmarketing Deutschland e.V. (BCSD)[132] eingeladen wurde, die im Jahr 2002

129 An dieser Stelle sei nur der Vollständigkeit halber darauf hingewiesen, dass es sich bei diesen Immobilien- und Standortgemeinschaften, wie sie genannt wurden, streng genommen nicht um BIDs handelt, da sie keine gesetzliche Grundlage haben und damit auf freiwilliger Grundlage entstehen. Eine Zwangsverpflichtung für Eigentümer und Einzelhändler, die BID-Abgabe zu zahlen, besteht nicht.

130 Vgl. auch die Einlassung von Bloem im Rahmen seines Vortrags auf dem BCSD-Hearings: „Die Diskussion, die wir hier jeden Sommer in Hamburg haben, ist ja, wie weit darf ein Restaurant seine Stühle rausstellen auf den Gehweg? Und dann kommt einer und misst nach. Der Staat muss sich auf andere Sachen konzentrieren und schauen, dass sich die Bürger in der Stadt wohlfühlen und dass die Gewerbetreibenden ihre Einnahmen haben. So können lebendige Zentren entstehen und nicht dadurch, dass man nachmisst, wie weit ein Stuhl auf dem Gehweg steht." (BCSD 2003: 14).

131 *Association for Town Center Management*, ein der BCSD vergleichbarer Zusammenschluss von Stadt- und Citymanagementorganisationen in Großbritannien.

132 Die BCSD war auf Initiative der CIMA GmbH initiiert und 1996 formal gegründet worden, um eine Plattform für den Erfahrungsaustausch zu bieten (Mario Mensing, Interview 21.04.2010).

in Hagen stattfand. Dieser Vortrag und die positiven Erkenntnisse des d-plan-Gutachtens animierten die BCSD und die CIMA, die BID-Idee aktiver voranzubringen. CIMA und d-plan entschieden sich daraufhin, gemeinsam eine Kampagne zur BID-Einführung zu starten (Mario Mensing, Interview 21.04.2010; Mario Bloem Interview 17.04.2009). Die Motivation der CIMA GmbH, die BID-Idee weiter zu verfolgen und zu verbreiten, war sowohl ideeller als auch materieller Art. Zum einen entsprach die Grundidee von BIDs den Grundüberzeugungen der CIMA in dem Sinne, dass die Wirksamkeit öffentlichen Handelns begrenzt sei und sich private Akteure im Sinne einer „städtische Verantwortungsgesellschaft" einbringen sollten. Zum anderen wurden BIDs als mögliches neues Geschäftsfeld gesehen. Die wichtigste Informationsquelle der CIMA zu BIDs war ihr „professionelles Netzwerk", also Kontakte zu Experten. Der Erstkontakt („Brückenkopf", Mario Mensing) in Kanada war Merten Bangemann-Johnson, zu der Zeit stellvertretender Geschäftsführer der Wirtschaftsförderungsgesellschaft Anchorage in Alaska und verantwortlich für die Betreuung der dortigen BIDs (vgl. BCSD 2003). Über Bangemann-Johnson entstand der Kontakt zu John Kiru, Geschäftsführer der Toronto Association of Business Improvement Areas (TABIA). Im Verlauf der Beschäftigung mit dem Thema BID entstanden Kontakte zum Department of Small Business Services in New York. Die CIMA platzierte auch gezielt Praktikanten in den USA. US-Experten wie Lorlene Hoyt oder die *City University New York*[133] waren in die Vorbereitung der Studienreise der CIMA Anfang 2003 in die USA eingebunden. Die CIMA verfolgte auch die Entwicklung insbesondere in Großbritannien über Kontakte zur britischen ATCM und namentlich Peter Shearman[134] – ein britischer Consultant, der dem Thema BIDs eher kritisch gegenüber stand – intensiv weiter. Zu diesen Informationen aus persönlichen Netzwerken kam die Internet-Recherche; außerdem hatte die CIMA Merten Bangemann-Johnson mit einer Materialrecherche über BIDs (Maßnahmenprogramme, Jahresberichte, Gesetze) beauftragt. Eine wichtige Quelle war zudem das Massachusetts Institute of Technology (MIT), das eine ausführliche Quellensammlung über BIDs im Internet bereitgestellt hatte. Insgesamt verließ sich die CIMA nach eigenen Angaben mehr auf Primärquellen, da überblicksartige Darstellungen häufig mit Fehlern behaftet gewesen seien, also insbesondere einer fehlenden Trennschärfe zwi-

133 Wahrscheinlich Jerry Mitchell, der Name wurde jedoch im Interview nicht genannt.

134 Die Genannten – Merten Bangemann-Johnson, John Kiru und Peter Shearman – wurden 2003 auch als Referenten auf das BCSD-Hearing geladen.

schen freiwilligen und gesetzlichen Modellen[135]. (Mario Mensing, Interview 21.04.2010).

Die Handelskammer Hamburg

Die Handelskammer hatte bereits 1999 Kenntnis über das Instrument BID erhalten, nach eigener Aussage[136] durch das von d-plan erstellte Gutachten. Die Idee traf angesichts des oben dargestellten Problembewusstseins auf fruchtbaren Boden: Bereits im Mai 1999 verfasste die Handelskammer ein Papier, in dem unter dem Titel „Quartiersmanagement – Business Improvement Districts" Problemstellung, notwendige Merkmale einer Lösung sowie Vor- und Nachteile verschiedener rechtlicher Umsetzungsmöglichkeiten für BID-ähnliche Modelle, konkret eine kammerrechtliche Lösung, kommunale Normsetzung oder eine körperschaftsrechtliche Lösung diskutiert wurden (FHH o.J. a). Am 25.01.2000 hielten Bernd Reichhardt (Handelskammer) und Mario Bloem (d-plan) einen gemeinsamen Vortrag zum Thema BIDs auf dem Hamburger Städtebauseminar. (Bernd Reichhardt, Interview 23.04.2010)

Obwohl die zwangsweise Einbindung von Eigentümern für Verbesserungen in Einkaufsquartieren im Rahmen eines BIDs daher prinzipiell auf großes Interesse stieß, hielt sich die Kammer zunächst noch damit zurück, das Instrument aktiv zu propagieren, da zu diesem Zeitpunkt infolge einer Änderung des Kammergesetzes die rechtliche Zulässigkeit der Pflichtmitgliedschaft in den Kammern vom Verfassungsgericht überprüft wurde und es daher opportun erschien, vor der Werbung für ein neues „Zwangsinstrument" das bestehende sauber abzusichern und zu begründen (Reichhardt in BCSD 2003: 8; Bernd Reichhardt, Interview 23.04.2010). Das Interesse der Handelskammer am Instrument BID begründet sich in der ihr gesetzlich zugewiesenen Aufgabe der Förderung der gewerblichen Wirtschaft (FHH o.J. a). Die wichtigsten Informationsquellen der Handelskammer waren das d-plan-Gutachten, Internet-Recherche, der internationale BCSD-Kongress sowie die auf verschiedenen Studienreisen gewonnenen Informationen (Bernd Reichhardt, Interview 23.04.2010).

135 So wies Mario Mensing ausdrücklich darauf hin, dass die IDA auch Verlängerungen als jeweils neues BID zählte, die von IDA angegebenen Zahlen über BIDs daher nur eingeschränkt brauchbar seien.

136 Da das Gutachten erst im Dezember 1999 (MASSKS 2001: 7) in Auftrag gegeben wurde, scheint es wahrscheinlicher zu sein, dass die Handelskammer bereits durch die Tagung „Stadtplanung als Deal" oder deren Dokumentation davon Kenntnis erlangt hat.

Als eigentliche Pioniere im Bezug auf die Einführung und Verbreitung des BID-Gedankens lassen sich also drei Akteure identifizieren. Eine entscheidende Rolle als Wegbereiter und Informant spielte d-plan: Das im Jahr 2001 erstellte Gutachten „Untersuchung von Business Improvement Districts (BIDs) in Bezug auf Möglichkeiten einer Übertragbarkeit auf innerstädtische Geschäftsquartiere in Nordrhein-Westfalen" hat das Wissen über BIDs in Deutschland entscheidend geprägt[137]. Augenfällig an dieser Stelle ist die Selektivität der Informationsbeschaffung. Die Motivation des Consultants war zum einen die Begeisterung für die Grundidee der Planung von unten, aber auch ein geschäftliches Interesse.

In dieser Phase kam aber auch weiteren Akteuren eine wichtige Rolle zu. Dabei sind vorrangig zu nennen die Consulting-Firma CIMA GmbH sowie der Interessenverband BCSD und die Handelskammer Hamburg. Bei diesen war – wie dargestellt – bereits im Vorfeld ein ausgeprägtes Problembewusstsein vorhanden. Anders als d-plan verfügten diese letztgenannten Akteure aber über die entscheidenden Kanäle und Ressourcen, um die BID-Idee kraftvoll zu propagieren und die entscheidenden politischen Entscheidungsträger in Hamburg davon zu überzeugen.

Nach der Herbsttagung entschied sich die BCSD – deren Erfahrungsaustausch nach den Worten von Mario Mensing zum Thema City- und Stadtmarketing „Szene bestimmend" in Deutschland war –, ein internationales Experten-Hearing zum Thema BID auszurichten, mit deren Durchführung die CIMA GmbH beauftragt wurde. d-plan war als Referent geladen und stellte die Ergebnisse des Gutachtens zum Thema der Übertragbarkeit dar. Die Handelskammer Hamburg war zu diesem Zeitpunkt schon so weit in das Thema eingebunden, dass sie sich als „inhaltliche(r) Kooperationspartner" (BCSD 2003: 3) einbrachte und den Tagungsort für das Experten-Hearing stellte (Mario Mensing, Interview 21.04.2010; Bernd Reichhardt, Interview 23.04.2010). Das Hearing, das die Frage der Übertragbarkeit des angloamerikanischen BID-Modells auf Deutschland zum Inhalt hatte, fand am 19.03.2003 in der Handelskammer Hamburg statt. Diese Tagung stellt insofern eine Zäsur dar, da von ihr entscheidende Impulse für die Weiterverfolgung der Idee in Hamburg ausgingen.

137 So wurden beispielsweise Informationen wie die dort genannte Zahl von 1.200 BIDs in Nordamerika in zahlreichen Veröffentlichungen ungeprüft übernommen. Auch die Einteilung von BID-Funktionen in acht (20) bzw. später zehn (Bloem in BCSD 2003) Bereiche wird häufig so verwendet. Beide Informationen finden sich im Übrigen genauso in HOUSTOUN 2003.

1.1.2 Prozessverlauf im Vorfeld des Hamburger Gesetzgebungsverfahrens

Die zuständige Hamburger Behörde[138] war bereits 1999 von der Handelskammer über das Thema BID in Kenntnis gesetzt worden. Es wurden erste Gespräche zum Thema BID in der Behörde für Bau und Verkehr (BBV) unter Beteiligung „der Politik, der Handelskammer, der juristischen Fakultät [der Universität Hamburg] und eines Hamburger Planungsbüros" geführt (BÜTTNER 2005: 157; Bernd Reichhardt, Interview 23.04.2010). Auch weitere Akteure beschäftigten sich mit der Thematik: So hatte sich beispielsweise die Bezirksversammlung Hamburg-Altona auf Antrag der SPD-Fraktion ebenfalls Mitte 1999 mit BIDs beschäftigt und den Bezirksamtsleiter mit der Prüfung beauftragt, ob eine Anwendung auf ein konkretes Quartier in Altona (Große Bergstraße) möglich wäre; die Idee wurde dort aber nicht weiter verfolgt, weil die Finanzkraft als nicht ausreichend eingeschätzt wurde (FHH o.J. a).

Überhaupt hielt sich Hamburg auch nach Erscheinen des von Nordrhein-Westfalen beauftragten Gutachtens 2001, das die Frage der Übertragbarkeit grundsätzlich bejaht hatte, zurück und „wollte das Thema erst weiterführend bearbeiten, wenn ‚vor Ort' konkrete Impulse zur Gründung eines BIDs aufgegriffen werden könnten." (BÜTTNER 2005: 157) Auch die Handelskammer war zu diesem Zeitpunkt noch eher verhalten (vgl. vorherigen Abschnitt). Das internationale Experten-Hearing der BCSD spielt an dieser Stelle eine besondere Rolle, da es „[d]ie Verbindung zwischen Politik und Verwaltung einerseits und dem Einzelhandel andererseits … sehr gefördert hat" (BÜTTNER 2005: 157), somit also die gewünschte Verbindung zur Praxis herstellte. Als Reaktion auf diese Veranstaltung ging Ende Juli 2003 ein gemeinsames Schreiben der Interessengemeinschaft der Gewerbetreibenden und des Grundeigentümervereins Neuer Wall an den Ersten Bürgermeister Hamburgs, in dem auf die schon lange bestehenden Defizite im öffentlichen Raum hingewiesen und Interesse an einer privat finanzierten Lösung als BID bekundet wurde:

> In Anbetracht der bekannten, öffentlichen Haushaltslage müssten für andere, dringend notwendige Sanierungen und Verbesserungen z.B. im Straßenraum des Neuen Walls, umgehend die rechtlichen Voraussetzungen geschaffen werden, die es der traditionell

138 Damals noch die Behörde für Bau und Verkehr (BBV), die später mit der Behörde für Umwelt und der Behörde für Stadtentwicklung zur heutigen Behörde für Stadtentwicklung und Umwelt (BSU) zusammengeführt wurde.

> bereits sehr weit organisierten Anliegerschaft am Neuen Wall erlaubt, geeignete Maßnahmen auch in eigener Regie und Verantwortung durchzuführen.
>
> Im Rahmen eines internationalen Hearings in der Handelskammer Hamburg ... wurde deutlich, dass die im Ausland bereits zahl- und erfolgreich praktizierte Konzeption der ‚Business Improvement Districts' hier, am Neuen Wall, modellhaft für Hamburg anwendbar wäre. (FHH o.J. a)

Zwischen der Handelskammer und den Geschäftsleuten am Neuen Wall bestanden schon seit langem gute Kontakte, und ebenso wurden die Anlieger des Neuen Walls von der Handelskammer in ihrem Anliegen unterstützt, eine attraktive Neugestaltung des öffentlichen Raums zu erreichen: „1993 entwickelten die Anlieger mit der Handelskammer Hamburg ein eigenes Neugestaltungskonzept des öffentlichen Straßenraums einschließlich einer verkehrsregulierenden Komponente." (Schrader in FHH 2004e). Dieses Konzept war auch bei Begehungen bereits dem Bezirksamt Mitte vorgestellt worden, allerdings war klar, dass für den gewünschten Gestaltungsstandard absehbar keine öffentlichen Mittel zur Verfügung stehen würden. Am 26.06.2003 fand eine Mitgliederversammlung des Grundeigentümervereins statt, auf dem die Idee eines BIDs als mögliche Finanzierung für dieses Konzept weitergedacht wurde. Der Neue Wall wurde daher schon früh als „Showcase" (Bernd Reichhardt, Interview 23.04.2010), also als BID-Modellprojekt, im Verfahren mitgedacht.

Die Behörde für Bau und Verkehr schlug dann in einem Vermerk über das Internationale Experten-Hearing vor, in das im Rahmen der Senatsdrucksache „Metropole Hamburg – Wachsende Stadt" im Juni 2002 vom Senat beauftragte „Handlungskonzept zur Stärkung des öffentlichen Raums in den Zentren" auch die Idee der BIDs „als Finanzierungsalternative oder als -ergänzung" (FHH o.J. a) mit aufzunehmen.

Parallel dazu stellte die Handelskammer das Konzept der BIDs Politik und interessierten Quartieren in zahlreichen Veranstaltungen vor (z.B. Rahlstedt, Osterstraße; im Bezirksamt und in der Bezirksversammlung Hamburg-Mitte im Sommer 2003, der CDU- und GAL-Bürgerschaftsfraktion im Oktober bzw. Dezember 2003) (Bernd Reichhardt, Interview 23.04.2010; FHH o.J. a).

Den entscheidenden Schub erhielt das Projekt der BID-Einführung aber durch eine Rede, die der Erste Bürgermeister Ole von BEUST am 22.09.2003 vor dem Übersee-Club hielt und die viel Beachtung erfuhr.

1.1.3 Das Gesetzgebungsverfahren in Hamburg

In dieser Rede bekundete der Erste Bürgermeister den Willen der Hansestadt zur Einführung eines Pilotprojektes. Diese Ankündigung steht in der Rede in einem inhaltlichen Zusammenhang, der im Grundtenor mehr Freiheit und Eigenverantwortung des Einzelnen fordert. Der von von BEUST postulierte „Systemwechsel" stellt die ideelle Hintergrundfolie dar, für die BIDs ein Beispiel darstellen. Um den Gedankengang zu illustrieren, wird in dem folgenden Zitat daher die Absichtserklärung, eine gesetzliche Grundlage zu schaffen, in den größeren Zusammenhang der Rede gestellt:

> Dass wir nicht mehr wettbewerbsfähig sind und im Ranking der Länder ganz vorn sein wollen, aber leider ganz hinten sind, das zeigen alle vergleichenden Untersuchungen: Deutschland, der Bremser in Europa, der Wachstumshemmer in Europa! … Ich glaube, das sind Dinge, die jetzt Entscheidungen abverlangen, bei denen es nicht um eine Reform des Systems oder der einzelnen Systeme, ja noch nicht einmal um den Umbau der Systeme geht, sondern ich bin fest überzeugt, in diesen wichtigsten Bereichen der Gesellschaftspolitik [die Agenda 2010, d. Verf.] reichen Reform und Umbau nicht aus. Wir brauchen einen Systemwechsel, um wirklich konkurrenzfähig zu sein; einen Systemwechsel letztlich mit dem Gedanken, den Grundlagen der sozialen Marktwirtschaft … wieder zum Durchbruch zu helfen. …
> … Diese Grundlagen sind: Freiheit, nicht nur als Selbstverwirklichung …, sondern als Verantwortung für sich und die Nächsten, Markt als Prinzip und soziale Gerechtigkeit als Ausdruck von Nächstenliebe. (1)
>
> Neben der Organisation der Verwaltung wird es auch um die größere Eigenverantwortung der Bürgerinnen und Bürger bei der Gestaltung der Stadt gehen. Wie bei den sozialen Sicherungssystemen befürworte ich mehr Eigenverantwortung auch bei Verwaltung und Planung, die bisher hoheitlich wahrgenommen werden. Angelsächsische Länder haben hier ein Modell entwickelt, das auch für uns vorbildlich sein kann, die sogenannten Business Improvement Districts. Das bedeutet, dass in einem bestimmten Areal für einen befristeten Zeitraum Anwohner und Stadt die eigenverantwortliche Übernahme bestimmter Aufgaben durch die Anwohner vertraglich regeln, entweder in deren eigener Finanzierung oder mit Unterstützung der Stadt.
> Ein Beispiel: Wenn die gewerbetreibenden Anwohner einer wichtigen Einkaufsstraße in der Innenstadt eine Reihe von Anregungen für ihre Straßengestaltung oder Kritik haben an den bisherigen baulichen Zuständen, frage ich mich, warum man nicht per Vertrag die Lösung der Aufgaben auf die Anwohner überträgt, soweit es sich nicht um zwingend hoheitliche Aufgaben handelt. Dies kann entweder in eigener Regie oder in einer Public-Private-Partnership geschehen. Die Menschen nehmen ihr Schicksal selbst in die Hand, der Staat zieht sich zurück, Eigenverantwortung greift um sich, und die Probleme werden schneller gelöst.
> Ich will, dass ein solches Modell in einem ausgewählten Quartier in Kürze begonnen wird. Sollte dies erfolgreich sein, kann das beispielgebend sein für viele Quartiere. Wir

> brauchen den Mut und das Engagement der Menschen und müssen nicht denken, alles gehe hoheitlich immer besser. ... (8)
>
> In den letzten zehn, fünfzehn Jahren ist zu lange gezögert und gezaudert worden. ... Ich will, dass mit Vertagungen und Entscheidungsblockaden Schluss ist. Wir können uns dies nicht länger leisten. .... (9)
>
> ...überall dort, wo Veränderungen notwendig sind, gibt es Protest und Ärger.
> Natürlich, jeder hat das Recht zu protestieren ... Es gehört auch zur Verpflichtung der Politikerinnen und Politiker, sich diesen Protest anzuhören und ihn ernst zu nehmen.
> Nur, ich bin überzeugt: Politiker sind gewählt, um zu handeln und eigene Überzeugungen auf dem parlamentarischen Weg durchzusetzen. Man muss sich selbstverständlich die Argumente der Betroffenen und von Interessengruppen anhören. Wer sich aber ausschließlich nach deren Meinung richtet, wird nichts bewegen und ist darum fehl am Platz.
> Darum wäre es ein verhängnisvoller Fehler, sich danach zu richten. Weil dann schlicht und ergreifend nichts passieren würde. Es muss aber viel passieren: Systemwechsel in Deutschland und in Hamburg. (16)
>
> BEUST 2003 (Seitenzahlen jeweils hinter den Absätzen)

Die zügige Einführung von BIDs wird hier im Zusammenhang mit der Senatspolitik der Wachsenden Stadt als Beleg für den Reformwillen des Hamburger Senats angeführt. Das Instrument BID dient somit mehr als nur dem reinen Zweck der Lösung eines bestimmten Problems. Einige der hier genannten Stichworte stellen BIDs in Zusammenhang mit einer bestimmten ideologischen Einstellung; diese lauten: mutige, zügige Entscheidungen; Internationalität und Wettbewerbsfähigkeit von Hamburg fördern; Rückzug des Staates; Übernahme von mehr Eigenverantwortung seitens der Bürger; Markt als Prinzip; Effektivität der Entscheidungen, die nicht durch parlamentarische Verfahren behindert werden sollen. Auch wenn von BEUST diese als Rückkehr zu den „Grundlagen der sozialen Marktwirtschaft" bezeichnet, weisen einige dieser Stichworte eine auffallende Nähe zu den unter Abschnitt II5.2.1 dargestellten US-amerikanischen Wertvorstellungen auf.

Diese Willenserklärung von höchster politischer Ebene war die Initialzündung für das Gesetzgebungsverfahren. Bereits am 07.10.2003 wurde die Behörde für Bau und Verkehr im „Rahmen der Gründung der Marketing GmbH vom Senat beauftragt ..., in Abstimmung mit der BWA und dem Senatsamt für Bezirksangelegenheiten die Einführung dieses Modells für Hamburg zu prüfen und parallel konkrete Bedingungen zur modellhaften Umsetzung in ein bis zwei ausgewählten Quartieren zu klären." (FHH o.J. a) Die Rede vor dem Übersee-Club traf aber auch bei den privaten Akteuren auf fruchtbaren Boden: Zahlreiche Quartiere, darunter der Neue Wall und Bergedorf, meldeten wenige Tage nach der Rede des Ersten Bürgermeisters ihr Interesse als Pilotprojekt an (ebd.).

Die Verwaltung beschloss, einen eintägigen verwaltungsinternen Workshop mit externen Experten durchzuführen, dessen „Zielgruppe ... all die Dienststellen, die mit diesem Verfahren zu tun haben könnten, bzw. deren Belange durch BID berührt werden" waren (FHH o.J. a). Zu den betroffenen Dienststellen gehörten Vertreter der Behörde für Bau und Verkehr (BBV), der Behörde für Wirtschaft und Arbeit, der Finanzbehörde, der Senatskanzlei sowie der Bezirksämter. Mit der Moderation wurde die CIMA GmbH beauftragt; als Experten waren Mario Mensing (CIMA GmbH), ein Rechtsexperte der Technischen Universität Hamburg-Harburg[139] (Prof. Martin Wickel), der Leiter des Bezirksamts Hamburg-Mitte und die Geschäftsführerin des Trägerverbunds Innenstadt e.V. (für ein mögliches Modellprojekt Neuer Wall) sowie ein Vertreter des Grundeigentümervereins Neuer Wall und der Handelskammer geladen.[140] Zur Vorbereitung des Workshops wurde eine behördeninterne Arbeitsgruppe unter Beteiligung der betroffenen Ressorts sowie der Handelskammer eingerichtet. Im Rahmen dieser Arbeitsgruppe wurden entscheidende Weichenstellungen vorgenommen; so fiel etwa am 01.12.2003 die Entscheidung, „die gesetzlichen Voraussetzungen zur Einführung des klassischen angloamerikanischen Modells, d.h. Zwangsmitgliedschaft und Zwangsabgabe, zu prüfen. ... Modelle, die auf Freiwilligkeit basieren, wie z.B. in Nordrhein-Westfalen, sollen in diesem Zusammenhang nicht weiter geprüft werden." (FHH o.J. a). Ebenso wird aus den Protokollen deutlich, dass der Neue Wall als Pilotprojekt für den Gesetzentwurf immer mitgedacht wurde – es bestand ein enger Austausch zwischen Vertretern des Neuen Walls und der Arbeitsgruppe. Außerdem wurden anhand des Modellprojektes auftauchende Probleme in der Arbeitsgruppe besprochen (s. z.B. Protokoll vom 09.01.2004, FHH o.J. a). Die offizielle Entscheidung für die Aufnahme des Neuen Walls als Pilotprojekt fiel in einem Gespräch in der Senatskanzlei am 04.11.2003, „weil die Akteure vor Ort ... bereit sind, ein BID zu versuchen, ein hoher Organisationsgrad bereits vorhanden, die notwendige ‚Freiwilligkeit' bei Grundeigentümern und Gewerbetreibenden für ein Pilotverfahren gegeben, das Gebiet klar abgrenzbar ... und ein Maßnahmen-

139 Das Department Stadtplanung ist heute Teil der Hafen-City Universität.

140 Einigermaßen bemerkenswert ist, dass zu diesem Workshop d-plan, dessen Gutachten bei den anfänglichen Gesprächen 1999 eine große Rolle gespielt hat, nur noch als „Reserve-Referent" vorgesehen war (FHH o.J. a).

katalog schon in Arbeit ist.“ (ebd.). Gleichzeitig lagen im Dezember 2003 gemäß Angaben der Handelskammer bereits Interessensbekundungen von zehn weiteren Zentren vor (Großneumarkt, Steindamm, Schanzenviertel, 2. Abschnitt Colonnaden, Zentrum Harburg, Zentrum Bergedorf, Zentrum Wandsbek, Rahlstedt, Tibarg und Große Bergstraße) (Protokoll der Arbeitsgruppe vom 09.01.2004, FHH o.J. a). Die AG schloss daher die Aufnahme weiterer Initiativen als Modellprojekte ausdrücklich nicht aus. Der Austausch zwischen AG und dem Modellprojekt Bergedorf war jedoch weit weniger intensiv und beschränkte sich auf regelmäßige Sachstandsberichte.

Der verwaltungsinterne Workshop fand am 29. Januar 2004 im Architektur-Centrum Hamburg statt. Kurz vor dem Workshop hatte das Rechtsamt der BBV einen Referentenentwurf für ein mögliches BID-Gesetz (FHH 2004b) erarbeitet, der den Teilnehmern kurz vor der Sitzung zugeleitet wurde. Die Diskussion auf dem Workshop wurde daher schon sehr konkret anhand eines Entwurfs geführt, der bereits die entscheidenden Weichenstellungen für das spätere GSED-Gesetz enthielt. Dies gilt insbesondere für die Entscheidungen, keine körperschaftliche Lösung zu verfolgen, also ein BID ohne eigene Rechtspersönlichkeit einzurichten, sondern stattdessen einen sog. Aufgabenträger mit der Durchführung der Maßnahmen zu beauftragen; eine Laufzeitbeschränkung (ursprünglich maximal acht Jahre) vorzusehen; ein sog. Negativquorum als Zustimmungsgrundlage für die Einrichtung eines BIDs einzuführen sowie die Handelskammer für die Überwachung der ordnungsgemäßen Geschäftsführung einzusetzen. Viele Interviewpartner betonten ausdrücklich, dass gerade diese „schlanken“ Formulierungen – also vor allem der Verzicht auf eine eigene Rechtspersönlichkeit – ihre volle Zustimmung fanden (Bernd Reichhard, Interview 23.04.2010; Christoph Krupp, Interview 06.02.2009).

Ähnlich wie bei den „Pionieren“ des BID-Transfers ist auch die Informationsbasis der Hamburger Verwaltung eher selektiv. In einem vom 09.12.2003 datierten Vermerk der Behörde für Bau und Verkehr werden die Informationsquellen[141] zum Thema BID aufgezählt:

141 Es ist anzunehmen, dass diese Aufzählung nicht vollständig ist, aber sie nennt wohl die als wesentlich erachteten Quellen.

BAG Positionspapier

BCSD Positionspapier

DSSW Pressemitteilung zu vier unechten Pilotprojekten

Mario Bloem: Gutachten für NRW

RA Andreas Schriefers/BCSD: Umsetzung von BID als kommunale Selbstverwaltungsangelegenheit im Sinne von Art. 28 II GG

Lorlene M. Hoyt: BID an international [sic] diffused approach to revitalisation [unpublished paper 2003]

Dorothee Rothmann: BIDs, Eine Chance für strukturschwache städtische Nahversorgungszentren (Dipl.-Arbeit)

Tagungsunterlagen des BCSD-Hearings in Hamburg im März 2003

Bernd Reichhardt: BIDs: Neue Perspektiven für die Städte in Deutschland?

Internet: http://www.cima.de/projektdetails.php?id=306,
http://www.bcsd-online.de/index3.htm, http://www.bid-aktuell.de/
(FHH o.J. a)

Nach diesen Vorarbeiten stimmte der Senat der Einleitung eines Gesetzgebungsverfahrens in seiner Sitzung vom 17. Februar 2004 zu. Aufgrund der nun entwickelten Eile wurde ein enger Zeitplan bis zum geplanten Inkrafttreten erarbeitet: „Verbändeanhörung: bis 31.4.04; Rechtliche Begutachtung: bis 30.6.04; Überarbeitung Gesetzentwurf: bis 31.7.04; Behördenabstimmung: bis 20.8.04; Senatsentscheidung: 9/04; Bürgerschaftsberatung: bis 12/04; Inkrafttreten: 1.1.05“ (FHH o.J. a).

Bereits parallel zu den behördeninternen Abstimmungen wurden interessierte Akteure von März bis Mai 2004 um Stellungnahme gebeten. Im Rahmen dieser Beteiligung richtete die Handelskammer auf Bitte der BBV eine Anhörung am 22.03.2004 aus. Eingeladen bzw. zur Stellungnahme aufgefordert waren Interessenvertreter des Handels und des Grundeigentums, wie etwa die Handwerkskammer, Architekten, Makler, der Landesverband des Hamburger Einzelhandels und der Handelsverband BAG, aber auch Wohnungsunternehmen und Mietervereine. Im April wurde ein Rechtsgutachten zum GSED-Referentenentwurf bei Juristen der Universitäten Bielefeld und Frankfurt in Auftrag gegeben.

Der Gesetzentwurf des Senats wurde mehrfach überarbeitet und schließlich der Hamburgischen Bürgerschaft (Landesparlament) am 28.09.2004 vorgelegt. Nach dreimaliger Beratung im Stadtentwicklungsausschuss wurde der Entwurf am 14.12.2004 in erster und zweiter Lesung im Plenum der Bürgerschaft einstimmig beschlossen (<http://www.buergerschaft-hh.de/parldok/>, Zugriff 20.02.2009). Das Gesetz konnte daraufhin am 28.12.2004 vom Senat verkündet werden und trat wie gewünscht zum 01.01.2005 in Kraft (zu den Inhalten s. Abschnitt IV1.2).

1.1.4 Zwischenfazit: Zusammenfassung der wichtigsten Schritte im BID-Transferprozess

In den vorangegangenen drei Abschnitten wurde der Einführungsprozess der BID-Idee bis zur Verabschiedung des Hamburger GSED-Gesetzes, die Rolle und Motive der Schlüsselakteure sowie deren wichtigste Informationsquellen beschrieben. Bevor nun auf die Entwicklung der inhaltlichen Festlegungen des GSED eingegangen wird, hier die entscheidenden Meilensteine für die Verabschiedung des Hamburger GSED noch einmal zusammengefasst: Die BID-Idee wurde im Rahmen der Tagung „Stadtplanung als Deal? Urban Entertainment Center und private Stadtplanung" in Nordrhein-Westfalen einem größere Fachpublikum in Deutschland erstmals bekannt; im Anschluss daran wurde ein Gutachten zur Prüfung der Übertragbarkeit des Modells auf Deutschland vergeben. Die Handelskammer Hamburg, bei der die Idee, private Eigentümer verpflichtend in die Finanzierung von Quartiersverbesserungen einzubinden, auf offene Ohren stieß, erhielt im Jahr 1999 Kenntnis über das BID-Modell. Im gleichen Jahr erfuhr auch die Hamburger Behörde für Bau und Verkehr davon; das Modell wurde intern diskutiert, aber sowohl von der Behörde wie auch seitens der Handelskammer zunächst nicht aktiv propagiert. Einen entscheidenden Impuls lieferte ein Experten-Hearing, das 2003 vom BCSD in der Handelskammer Hamburg durchgeführt wurde. Als Reaktion darauf meldete sich der Neue Wall als konkreter Interessent. Im September desselben Jahres hielt der Erste Bürgermeister eine Rede, in der er die Einführung von BIDs in Hamburg ankündigte. Daraufhin wurde eine behördeninterne Arbeitsgruppe eingesetzt, die zusammen mit der Handelskammer den Gesetzgebungsprozess aktiv und zügig vorantrieb. Der Neue Wall wurde dabei von Beginn an als Modellprojekt mitgedacht. Der Hamburger Senat verabschiedete den Gesetzentwurf im Februar 2004 und leitete ihn der Bürgerschaft zur September-Sitzung zu. Das GSED wurde von der Bürgerschaft am 28.12.2004 verabschiedet und konnte wie geplant zum 01.01.2005 in Kraft treten.

Zusammenfassend fallen einige Merkmale des Prozesses ins Auge. Den meisten Akteuren waren die Schwächen der bestehenden Instrumente zur Stärkung der Geschäftszentren hinlänglich bekannt und bewusst, und der Bedarf nach einem Instrument, das eine verbindliche Einbeziehung der Immobilieneigentümer ermöglichte, wurde deutlich gesehen. In diesem Zusammenhang ist das bereits erwähnte Papier der Handelskammer Hamburg vom 07.05.1999 äußerst bemerkenswert, in dem – bereits in Kenntnis des Instrumentes BIDs – die Problemstellung und verschiedene Lösungsmöglichkeiten umfassend beleuchtet wurden. Das Problem des Quartiersmanagements wurde mit den Begriffen „Trittbrettfahrer-Problem" und „Homogenität des Beteiligtenkreises" umschrieben, wobei mit letzterem gemeint war, dass eine Homogenität der Interessen bereits bei Gewerbetreibenden selten und noch weniger bei Einbindung der Eigentümer gegeben ist. Als „abstrakte Merkmale einer Lösung" wurde herausgearbeitet, dass es im Falle des Quartiersmanagement um öffentliche Güter ginge, in deren Produktion der Markt versage und der Staat einspringen müsse, mögliche Organisationsformen des Quartiersmanagements nicht wie bisher im privatrechtlichen, sondern vielmehr „im Grenzbereich von staatlichem und privaten Handeln zu suchen" seien (FHH o.J. a). Im Folgenden werden drei nach deutschem Recht in Frage kommende Möglichkeiten diskutiert, namentlich eine kammerrechtliche Lösung, eine Lösung durch kommunale Normsetzung und eine körperschaftsrechtliche Lösung, wobei die ersten beiden laut Verfasser zu viele Nachteile aufwiesen, während eine Organisation als Körperschaft öffentlichen Rechts befürwortet wurde. Bemerkenswert ist dieses Papier zum einen wegen der umfassenden Analyse und Diskussion der Problemstellung und möglicher Lösungen, die das deutsche Recht bietet, und zum anderen, weil die Handelskammer zu diesem Zeitpunkt noch eine Rechtsform favorisiert[142], die dem US-amerikanischen BID-Modell recht nahe kommt.

Das Bekanntwerden des Instrumentes BID in Deutschland war aber nur die notwendige, nicht jedoch die hinreichende Bedingung für eine Umsetzung. Eine Umsetzung in deutsches Recht schien zwar möglich zu sein, diese wurde aus verschiedenen Gründen gleichwohl zunächst nicht forciert. Nordrhein-Westfalen hielt sich aus „politischen Gründen" zurück, d.h. es bestanden Zweifel an der politischen Durchsetzbarkeit einer „zusätzlichen Steuer". In Hamburg wollte die Behörde für Bau und Verkehr – vermutlich aus ähnlichen Gründen – zunächst den Nachweis einer konkreten Nachfrage nach dem Instrument aus städtischen Quartieren, und die Handelskam-

142 Die Handelskammer Hamburg hat diese Lösung erst mit der Einführung des Aufgabenträger-Modells durch den GSED-Referentenentwurf aufgegeben.

mer musste vor dem Hintergrund ihrer gerichtlich in Frage gestellten Zwangsmitgliedschaft erst einmal ihre Position gegenüber einem zusätzlichen „Zwangsinstrument" klären.

Deutlich wird in diesem Transferprozess auch die Rolle der Schlüsselakteure, ohne deren unermüdliche und aus Überzeugung vorgebrachte Werbung für BIDs die Umsetzung gescheitert wäre. Augenfällig ist in diesem Zusammenhang die Nähe zu US-amerikanischen Wertvorstellungen: Die von Mario Bloem im Interview genannten Stichworte lauten „den Leuten die Möglichkeit zu geben, selber Initiative zu ergreifen" und „nicht Stadtplanung immer von oben". Mario Mensing betonte auch die „ideellen Interessen" der CIMA am Thema BIDs, also die Grundüberzeugung der „Endlichkeit öffentlichen Handelns" und einer „städtischen Verantwortungsgesellschaft". Auch beim Hamburger Senat und dem von ihm propagierten Leitbild der „Wachsenden Stadt" finden sich Formulierungen, die diese These stützen. Die Einführung von BIDs ist Teil eines übergeordneten Projekts, das der Erste Bürgermeister von BEUST in der zitierten Rede vor dem Übersee-Club skizziert hatte. Ein ohne „Zögern und Zaudern" durchgeführtes, zügiges Gesetzgebungsverfahren, die Einführung eines Instruments, das als „marktwirtschaftliches Modell" gesehen wird und die dadurch erhoffte Stärkung Hamburgs als innovative und dynamische Stadt im Standortwettbewerb sollten die Handlungsfähigkeit und Innovationsfreudigkeit der CDU-geführten Regierung unter Beweis stellen. In Veröffentlichungen von Behördenmitarbeitern (z.B. BÜTTNER 2005, HUBER 2007) sowie in den Beiträgen der Senatsvertreter im parlamentarischen Verfahren (insbesondere BÜRGERSCHAFT DER FHH 2004c) wird diese Absicht des Hamburger Senats bestätigt. Einige Begriffe aus dem Protokoll der Sitzung des Stadtentwicklungsausschusses vom 26.11.2004, die von Senatsvertretern und CDU-Fraktionsmitgliedern verwendet wurden, sprechen eine deutliche Sprache: „Vorreiterrolle", „das Gesetz so schnell wie möglich in Kraft treten lassen", „Entbürokratisierungsinitiative", „Entschlackung von Normen", „große Chance", „neue Impulse" (BÜRGERSCHAFT DER FHH 2004c).

Die Breite der verwendeten Informationsquellen ist je nach Akteur sehr unterschiedlich, aber in keinem Fall umfassend. Eine wichtige Rolle spielten bei den Consultants persönliche Netzwerke, also Personen, die man in einem professionellen Zusammenhang bereits kannte oder im Zusammenhang mit BIDs kennen gelernt hatte, und denen man im Hinblick auf ihre Expertise vertraute. Daneben spielten auch der persönliche Augenschein und Gespräche mit BID-Praktikern im Rahmen von Studienreisen eine große Rolle. Wichtig aufgrund der leichten Zugänglichkeit, aber als zweifelhaft in der Qualität zu beurteilen, sind Informationen und Dokumente aus dem Internet. Den meisten Akteuren waren Gesetzestexte nicht bekannt bzw. haben keine Rolle gespielt. Wissenschaftliche[143] oder kritische[144] Veröffentlichungen wurden von keinem Akteur zu Rate gezogen.

1.2 Inhaltliche Weichenstellungen im Verlauf des Hamburger Gesetzgebungsverfahrens

Da das Hamburger BID-Gesetz (GSED) als erstes deutsches BID-Gesetz eine (mehr oder weniger zum Tragen kommende, vgl. Abschnitt IV3.1.2) Vorbildfunktion für die übrigen deutschen BID-Gesetze entfaltet hat, lohnt es sich, einen Blick auf die inhaltlichen Weichenstellungen und die Gründe für bestimmte inhaltliche Entscheidungen zu werfen.

Inhaltlich geht es dabei um folgende Themen: Als folgenreichste und daher zentrale Weichenstellung ist die Entscheidung anzusehen, einen Innovationsbereich ohne eigene Rechtspersönlichkeit zu konzipieren und dafür das Konzept des sog. Aufgabenträgers einzuführen. Diese Entscheidung hat vor allem Konsequenzen auf die Ausgestaltung der Mitbestimmungsmöglichkeiten der Zahlenden und anderer Akteure. Eine Besonderheit der Hamburger Lösung ist die der Handelskammer gesetzlich zugewiesene Aufgabe in der Überwachung von BIDs, die nur von der Hansestadt Bremen übernommen wurde. Weitere Weichenstellungen sind der Verzicht auf Ausnahmeregelungen für Wohnungseigentümer, die Beschränkung auf den Einheitswert als Bemessungsgrundlage, das Negativquorum und die automatische Laufzeitbegrenzung (sog. *sunset*-Regelung).

In diesen genannten Themen weicht der Hamburger Gesetzentwurf teilweise von den (im Rahmen dieser Arbeit untersuchten) US-amerikanischen Vorbildern ab (vgl. Abschnitt IV3.1.3). Da – wie dargestellt – die Quellenlage für den BID-Transfer eher schmal ist, ist nur begrenzt davon auszugehen, dass den Akteuren die vollständige Breite der in den

143 Eine Ausnahme ist hier das Papier von Lorlene HOYT „The Business Improvement District: An Internationally diffused Approach to Revitalization", das als „unpublished paper" über das Internet verfügbar war.

144 Ein BID-Kritiker (Peter Shearman) war als Referent auf das Internationale Expertenhearing der BCSD geladen.

USA vorhandenen BID-Ansätze bekannt war. Einige der genannten Merkmale können daher wohl auf fehlendes Wissen zurückgeführt werden, wobei andere Änderungen eindeutig als Anpassungen im Rahmen des Transferprozesses interpretiert werden können (vgl. dazu Kap. IV5).

Im Verlauf des Gesetzgebungsverfahrens können in Bezug auf die vorgenommenen Weichenstellungen verschiedene Phasen unterschieden werden: Von besonderer Bedeutung ist die Vorlage des Referentenentwurfs im Januar 2004, da dieser den bisherigen Diskussionsstand erstmals in rechtlicher Form festhält. Dieser Entwurf wurde im Rahmen der behördlichen Befassung und der Verbändeanhörung weiter präzisiert und angepasst, aber nicht mehr grundlegend verändert. Die letzte Phase bildet die parlamentarische Befassung, in der allerdings nur unbedeutende Änderungen vorgenommen wurden.

1.2.1 Weichenstellungen im Rahmen des Referentenentwurfs (Januar 2004)

> Folgende Anforderungen und Prinzipien liegen dem Gesetzentwurf zu Grunde:
> - Die Stärkung der Einzelhandels- und Dienstleistungszentren liegt im öffentlichen Interesse.
> - Die Quartiersverbesserung muss aus dem Quartier selbst initiiert werden.
> - Der Aufwand für Selbstorganisation muss minimiert werden.
> - Die Vorteile, die den Grundstückseigentümern aus den Fördermaßnahmen entstehen, rechtfertigen die Erhebung von Abgaben.
> - Den lokalen Initiativen soll organisatorisch und inhaltlich ein weiter Handlungsspielraum eröffnet werden.
> - Die Durchführung der Maßnahmen wird einem Aufgabenträger übertragen.
> - Die Geschäftsführung des Aufgabenträgers ist transparent.
> - Minderheitsbelange werden geschützt, ohne dass Blockadepositionen ermöglicht werden.
> - Hoheitliche Befugnisse sollen dem Aufgabenträger nicht übertragen werden.
> - Die Laufzeit der Maßnahmen ist zeitlich begrenzt.
>
> (FHH 2004d 111 f., Begründung Gesetzesentwurf)

Wie bereits dargestellt (vgl. Abschnitt IV1.1.2) wurde zur Vorbereitung der BID-Einführung ein behördeninterner Arbeitskreis eingerichtet. Diese Arbeitsgruppe bereitete den Workshop am 29.01.2004 vor. Die Zielsetzung dieses Workshops war, „den Arbeitsaufwand und die anstehende [sic] Aufgaben sowie die möglichen Problemstellungen im Bereich der öffentlichen Verwaltung zu erkennen und zu diskutieren." (FHH o.J. a). Das Rechtsamt der federführenden Behörde für Bau und Verkehr hatte – nachdem es seinen anfänglichen Widerstand[145] gegen das Vorhaben aufgegeben hatte – kurz vor diesem Workshop einen Referentenentwurf für ein Gesetz vorgelegt, der die Grundlage der Diskussionen im Rahmen des Workshops bildete. Die Vorlage des Entwurfs erfolgte so kurzfristig, dass einige der Vortragenden gar nicht mehr Bezug darauf nehmen konnten (Martin Huber, Interview 19.05.2010), so z.B. der zu den rechtlichen Anforderungen an ein BID-Gesetz referierende Jurist; im Vortragstext wird das Konzept des Aufgabenträgers daher gar nicht diskutiert (Wickel in FHH 2004e). Die meisten der am Workshop Beteiligten begrüßten allerdings den vorgelegten, „schlanken" Gesetzentwurf (so etwa Christoph Krupp, Interview 06.02.2009). Auch die Handelskammer, die anfänglich eine körperschaftliche Organisationsform favorisiert hatte, schloss sich dieser Meinung an.

Einige der Festlegungen im Referentenentwurf können also als Zusammenfassung des Diskussionsstandes im vorbereitenden Arbeitskreis und in anderen Zusammenhängen gelten, andere, wie insbesondere die Figur des Aufgabenträgers, sind als Innovation im Rahmen des Entwurfs anzusehen.

Verzicht auf eigene Rechtspersönlichkeit durch Einführung des sog. Aufgabenträgers und die Konsequenzen: Demokratische Legitimation, Mitbestimmungsmöglichkeiten der Zahlenden, Laufzeitbegrenzung

In den im Vorfeld des Referentenentwurfs geführten Diskussionen wurde von den Akteuren noch eine körperschaftliche Organisationsform für deutsche BIDs favorisiert: So z.B. der mit d-plan kooperierende Rechtsanwalt Dr. Stefan Bock in seinem Gutachten zur Prüfung der rechtlichen Übertragbarkeit (MSWKS 2001), die Handelskammer Hamburg in dem bereits zitierten Papier vom 07.05.1999 (FHH o.J. a) und Prof. Wickel in seinem Beitrag zum behördeninternen Workshop (FHH 2004e). Während das erstgenannte noch die Rechtsform einer Anstalt des öffentlichen Rechts, der eine Sonderabgabe zugeleitet wird, vor einer Organisation in Form

145 Gründe dafür waren weniger Bedenken inhaltlicher oder rechtlicher Art, sondern eher grundsätzliche Zweifel an der Realisierbarkeit dieses Vorhabens (Martin Huber, Interview 19.05.2010). „Das [die Ausgestaltung des Quorums als Negativ- statt als Zustimmungsquorum] fanden wir zunächst *strange*, so wie wir das ganze BID Thema insgesamt bei den Juristen *strange* fanden." (Martin Huber, telefonisches Interview 27.06.2008).

einer Körperschaft bzw. Genossenschaft öffentlichen Rechts empfiehlt, halten die beiden letztgenannten eine Organisation in Form einer Körperschaft des öffentlichen Rechts für geeignet.

Die Vorteile einer öffentlich-rechtlichen Organisationsform und somit auch die Argumente dafür lassen sich wie folgt zusammenfassen: Eine öffentlich-rechtliche Organisation bietet den Vorteil, hoheitliche Mittel nutzen zu können, während sie gleichzeitig die Selbstverwaltung der Betroffenen sicherstellt. Die genaue Ausgestaltung dieser Selbstverwaltung unterliegt der staatlichen Kontrolle, eine Körperschaft öffentlichen Rechts ist somit ein „Mittelweg zwischen privater Selbstverwaltung und staatlicher Fremdverwaltung" (FHH o.J. a). Ein Risiko wurde allerdings insbesondere seitens des Gutachters Bock (MSWKS 2001) darin gesehen, dass die Zulässigkeit einer Zwangsmitgliedschaft leicht vor Gericht angefochten werden könne, da diese von der Zugrundelegung eines legitimen öffentlichen Interesses abhänge, das allerdings ein „dehnbarer" Begriff sei (ebd. 38).

Allen im Vorwege diskutierten Modellen – sowohl den privatrechtlichen als auch öffentlich-rechtlichen Formen – ist gemeinsam, dass sie ein BID mit einer Rechtspersönlichkeit versehen. Im Gegensatz dazu steht die im GSED-Referentenentwurf skizzierte Form, in der auf eine eigene Rechtspersönlichkeit für BIDs verzichtet wird und stattdessen ein sog. Aufgabenträger mit der Durchführung seiner Maßnahmen betraut wird:

> Das Neue an dem vorliegenden Entwurf liegt ersichtlich darin, dass er sich gerade nicht der bekannten Formen und Institute des Verwaltungsorganisationsrechts und der Kooperation zwischen Staat und Privaten bedient, sondern mit seinem Modell staatlich unterstützter und begleiteter privater Selbstorganisation neue Wege geht. (FHH 2004d: 6)

Mit dem Konzept des „Aufgabenträgers" wird eine neue Figur in die deutschen Rechtslandschaft eingeführt: Er ist weder ein Beliehener, dem eine genau definierte staatliche Verwaltungsaufgabe übertragen wird, noch ein Verwaltungshelfer, „der typischerweise im behördlichen Auftrag und nach Weisung in die Erledigung von Verwaltungsaufgaben eingeschaltet wird" (ebd.). Ein Aufgabenträger ist dagegen „nicht mit hoheitlichen (Zwangs-) Befugnissen ausgestattet" (FHH 2004d: 5), sein Status ist vielmehr privatrechtlicher Natur. Darin spiegelt sich auch die Auffassung, dass die von ihm auszuführenden Aufgaben nicht staatlicher Natur sind. „Die Aufgabe bleibt nach der dargestellten Gesamtkonzeption vielmehr eine private, der aufgrund des gesetzlich umschriebenen und exekutiv – durch Rechtsverordnung – konkretisierten öffentlichen Interesses lediglich besondere staatliche Unterstützung und Förderung zuteil wird." (FHH 2004d: 5) Diese Auffassung hat auch Auswirkungen für die als notwendig erachtete demokratische Legitimation.

Diese Konstruktion führt dazu, dass ein BID gar nicht „existiert": Mit „Innovationsbereich" wird ein Gebiet bezeichnet, in dem ein Beitrag in Form eines Aufschlags auf den Einheitswert der Immobilien erhoben wird, mit dem die durch das Konzept definierten Maßnahmen umgesetzt werden. Aber ein BID ist nicht wie in den USA eine eigene Körperschaft mit eigener Organisationsstruktur. Laut Urheber des Gesetzes sollte damit der „Aufwand für Selbstorganisation … minimiert" werden (FHH 2004b: 47). Ein BID sollte nicht zu einer „Zwangsgemeinschaft" werden, in der alle Abgabepflichtigen gezwungenermaßen Mitglied werden (BÜRGERSCHAFT DER FHH 2004b). Martin Huber bezog sich im Interview dabei auf den Verhältnismäßigkeitsgrundsatz, der besagt, dass „der mit der Anordnung der Zwangsmitgliedschaft verbundene Eingriff in das Freiheitsrecht der Mitglieder … zur Erreichung des angestrebten Zieles geeignet, aber auch erforderlich sein [muss], d.h. das Ziel darf nicht durch andere, den einzelnen weniger belastende Maßnahmen ebenso gut erreichbar sein" (MSWKS 2001: 37). Konkret auf die Frage der Rechtsform eines BIDs angewandt bedeutet dies, dass die Anwendung des vergleichsweise „milderen Mittels" – nämlich lediglich die Erhebung eines Beitrags – der Zwangsmitgliedschaft in einer Körperschaft vorzuziehen sei (Martin Huber, Interview 19.05.2010). Gedacht war ein BID dabei als zeitlich begrenzte und kalkulierbare Einrichtung – ein Gedanke, dem der Aufwand der Einrichtung einer Körperschaft öffentlichen Rechts[146] diametral entgegenstünden.

Die Entscheidung, auf eine Rechtspersönlichkeit des BID zu verzichten und stattdessen einen Aufgabenträger einzusetzen, hat mehrere Konsequenzen: Das notwendige Legitimationsniveau ist deutlich geringer; die Mitbestimmungsmöglichkeiten der Zahlenden müssen nicht geregelt werden und eine Begrenzung der Laufzeit ist konstitutiv für dieses Modell. Aufgrund des inhaltlichen Umfangs und ihrer Bedeutung für die Frage der im Transferprozess erfolgten Anpassungen werden die ersten beiden Konsequenzen gesondert diskutiert (s. Abschnitt IV1.3).

Die letzte Konsequenz, die sich aus dem Konzept des Aufgabenträgers ergibt, ist die Notwendigkeit die Laufzeit eines BIDs zu begrenzen, auch

146 Ein weiterer Grund, der gegen die öffentliche Körperschaft sprach, war das Risiko, dass diese erfolgreich beklagt werden könnte und dadurch die Umsetzung von BIDs in Deutschland massiv behindern werden könnte.

wenn sich hier die berühmte Frage nach der Henne und dem Ei stellt. Wie oben angedeutet, ist die gedankliche Festlegung auf eine Laufzeitbegrenzung Grundlage für Möglichkeit, ein einfacheres Verfahren zu wählen, andererseits kann aber das in demokratischer Hinsicht abgespeckte Verfahren nur zulässig sein, wenn damit ein BID für einen begrenzten Zeitraum eingerichtet wird. Nur wenn man sich einen BID als Einrichtung auf Dauer denkt, scheint der nach deutschem Recht notwendige Aufwand für die Etablierung einer öffentlich-rechtlichen Körperschaft verzichtbar zu sein. Unabhängig davon wurde aber die Laufzeitbegrenzung auch als Schutzvorkehrung für die Grundeigentümer gedacht:

> Eines der Grundprinzipien des Gesetzes ist die Befristung jedes Innovationsbereiches. Für die Abgabenpflichtigen ist es ein Sicherheitsfaktor von nicht zu überschätzender Bedeutung ... Damit wird das finanzielle und konzeptionelle Risiko kalkulierbar. Erweis sich der Aufgabenträger als unfähig oder das Konzept als zu schwach, ist das zwar sehr ärgerlich, aber dieses Risiko ist ein für jede Investition typisches und letztlich begrenztes. Kein Eigentümer könnte dagegen der dauerhaften Einrichtung eines Innovationsbereiches zustimmen, der sich letztlich als unberechenbar erweisen wird. (HUBER 2007: 474)

Mit anderen Worten erkauft man sich mit dem Konzept des Aufgabenträgers eine größere Flexibilität und Leichtigkeit bei der Einrichtung eines BIDs sowie mehr Rechtssicherheit um den Preis einer schwächer ausgestalteten demokratischen Einbindung. Dies ist gleichzeitig aber auch Ausdruck einer vom US-Verständnis abweichenden Einstellung: Einem BID bzw. seinem Aufgabenträger werden eben bewusst nicht hoheitliche Befugnisse oder Aufgaben übertragen. Die Implikationen dieser Unterschiede für den Politiktransfer werden weiter unten noch zu diskutieren sein.

Rolle der Handelskammer Hamburg

Die Handelskammer Hamburg hat – wie bereits dargestellt – eine entscheidende Rolle bei der Einführung des BID-Modells in Deutschland gespielt. Dies, aber vor allem ihre Rechtsform und die ihr gesetzlich zugewiesenen Aufgaben mit teils öffentlichem Charakter sind der Hintergrund dafür, dass im GSED der Kammer die Aufsicht über die „ordnungsgemäße Geschäftsführung" (§6 (3) GSED) übertragen wird. Eine vergleichbare Regelung findet sich nur noch im Bremischen BID-Gesetz; dort wird die Kammer allerdings durch den ggf. einzurichtenden Standortausschuss bei dieser Aufgabe unterstützt. Bei den übrigen deutschen BID-Gesetzen übernimmt – ebenso wie in den USA – die Kommunalverwaltung die Aufsichtsfunktion.

Nachdem die Idee der BID-Einführung von der Handelskammer an die Hamburger Verwaltung herangetragen worden war, war auch die Zusammenarbeit zwischen der zuständigen Behörde und der Handelskammer im Vorfeld des Gesetzgebungsverfahrens sehr eng. Vertreter der Handelskammer nahmen regelmäßig an den Sitzungen der behördeninternen (!) Arbeitsgruppe zur Vorbereitung des BID-Gesetzes teil, die Kammer führte auf Bitte der Behörde eine Informationsveranstaltung im Rahmen der Verbändeanhörung durch[147] und die Kammer berät und unterstützt BID-Initiativen in der Initial- und Gründungsphase. (FHH o.J.)

Zum anderen nehmen die Handelskammern aufgrund der Bestimmungen des Kammergesetzes[148] und ihrer Organisationsform als Körperschaft des öffentlichen Rechts eine Zwitterstellung zwischen öffentlichen und privaten Institutionen ein. Der Handelskammer Hamburg obliegt eine Reihe von öffentlichen Aufgaben, die ihr gesetzlich übertragen wurden.[149] Die Funktion der Aufsicht über die ordnungsgemäße Geschäftsführung eines Aufgabenträgers ist mit diesen vergleichbar; gemäß §1 Abs. 4 IHKG kann der Landesgesetzgeber der Handelskammer weitere Aufgaben übertragen: „Solche Aufgaben müssen (nur) im wesentlichen mit den kammerzugehörigen Unternehmen zusammenhängen.“ (FHH o.J. a) Die Handelskammer Hamburg stellte dabei in einer von ihr erstellten Expertise zur Frage der Übertragbarkeit der Aufsichtsfunktion fest, dass das GSED „primär auf die

147 Gab im Rahmen der Verbändeanhörung allerdings auch selbst eine schriftliche Stellungnahme ab, vgl. HANDELSKAMMER 2004a.

148 Gesetz zur vorläufigen Regelung des Rechts der Industrie- und Handelskammern (IHKG).

149 Gesetz über die vorläufige Regelung der Rechtsverhältnisse der Handelskammer Hamburg. Die angesprochenen Aufgaben gemäß §3 lauten u. a.:
„3. die unmittelbare Aufsicht über die Börse nach Maßgabe der Hamburgischen Börsenordnung zu führen,
4. Sachverständige nach Maßgabe der Gesetze öffentlich zu bestellen und zu vereidigen,
5. die berufliche Ausbildung und den Nachwuchs zu fördern, eine Lehrlingsrolle zu führen, Prüfungsausschüsse einzurichten sowie Prüfungen abzunehmen,
6. Ursprungszeugnisse und andere dem Handelsverkehr dienende Bescheinigungen auszustellen,
7. die Sachkenntnisprüfung für den Einzelhandel mit freiverkäuflichen Arzneimitteln nach dem Arzneimittelrecht abzunehmen,
8. die Aufgaben der zuständigen Behörde hinsichtlich der besonderen Anforderungen an Führer von Tankfahrzeugen nach dem Europäischen Übereinkommen über die internationale Beförderung gefährlicher Güter auf der Straße (ADR) wahrzunehmen.“ (http://hh.juris.de/hh/gesamt/VorlHKHmbG_HA.htm#VorlHKHmbG_HA_ArtikelI, Zugriff 23.07.2009).

Förderung der gewerblichen Wirtschaft im Sinne von §1 Absatz 1 IHKG" ziele (ebd.). Dabei stellte sich insbesondere die Frage, ob die Kammer diese Aufsichtsfunktion auch gegenüber „nicht kammerzugehörigen Rechtspersonen (Freiberufliche Aufgabenträger und Grundstückseigentümer)" (ebd.) ausüben darf. Nach Darstellung der Handelskammer habe „d[D]ie Abwicklung über die Heranziehung der Grundeigentümer ... dabei instrumentellen Charakter ..." (ebd.). Die vom Landesgesetzgeber übertragenen „Aufgaben müssen (nur) im wesentlichen mit den kammerzugehörigen Unternehmen zusammenhängen." (ebd.) Da dem Aufgabenträger außerdem „keine hoheitlichen Eingriffsbefugnisse gegenüber den Grundstückseigentümern" übertragen würden, sei „auch die Überwachung dieser Aufgaben ... nicht dem hoheitlichen Eingriffsbereich zuzuordnen." (ebd.) Als Konsequenz aus diesen Überlegungen wurde in §4 (1) GSED festgelegt, dass nicht kammerzugehörige Aufgabenträger erklären müssen, dass sie sich freiwillig der Aufsicht durch die Kammer unterwerfen.

Der zunächst schlüssig scheinenden Anregung des Grundeigentümerverbandes Hamburg von 1832 e.V.

> Statt der Handelskammer Hamburg sollte der Grundeigentümer-Verband Hamburg diese Aufgabe übernehmen. Das würde der Vertrauensbildung dienen. Die Grundeigentümer würden befürchten, dass die Gewerbetreibenden als Mieter bevorzugt werden, wenn die Handelskammer die Aufgabenträger überwacht. Die Handelskammer vertritt die Interessen der Gewerbetreibenden. (FHH o.J. a)

wurde daher konsequenterweise auch nicht gefolgt. Denn der Grundeigentümerverband schiene zwar aufgrund seiner Funktion als Interessenvertreter der abgabepflichtigen Grundeigentümer als Aufsichtsorgan für den Aufgabenträger berufen zu sein, aufgrund des privatrechtlichen Charakters des Verbands schied eine Übernahme dieser Aufgabe aber aus.

Im Rahmen ihrer Änderungsvorschläge hatte die Handelskammer zudem vorgeschlagen, das im Referentenentwurf ursprünglich vorgesehene Anhörungsverfahren gemäß §§3 und 4 des Baugesetzbuches selbst durchzuführen: „Vorstellbar ist, dass auch unsere Handelskammer die Anhörung unter Beteiligung aller Betroffenen und unter Einbindung des antragstellenden Aufgabenträgers durchführt. Denn als Federführerin der Initialphase wird unsere Handelskammer bereits im engen Kontakt zu den Betroffenen sein." (HANDELSKAMMER 2004a: 3) Diese Anregung wurde allerdings nicht übernommen.

Die zunächst befremdlich erscheinende Übertragung der Aufsichtsfunktion auf die Handelskammer in Bezug auf die „ordnungsgemäße Geschäftsführung" erscheint vor dem ausgeführten Hintergrund folgerichtig. Sie ist sowohl als Ausdruck der guten Zusammenarbeit zwischen Behörde und Kammer im Vorfeld und als Entlastung der Behörde zu interpretieren. Laut GSED ist die Handelskammer allerdings nur für die eigentliche Überwachung zuständig; die Konsequenzen – wie die Abberufung eines Aufgabenträgers beim Vorliegen von Missständen – liegen in der Verantwortung der Aufsichtsbehörde (§6 (3) GSED). Ebenso kann der Senat bei „nicht nur unerheblichen" Abweichungen des Maßnahmen- und Wirtschaftsplans von den Vorgaben des Maßnahmen- und Finanzierungskonzepts die Anpassung des Plans an das Konzept vom Aufgabenträger verlangen (§6 (2) GSED).

Verzicht auf Ausnahmeregelungen für Wohnungseigentümer und Festlegung einer einheitlichen Bemessungsgrundlage ohne Wahlmöglichkeit

Wohn- und Gewerbeeigentümer profitieren erkennbar in unterschiedlichem Maße von den einzelnen BID-Maßnahmen: Während Umfeldverbesserungen für beide Gruppen gleichermaßen vorteilhaft sind, kommen Werbeaktionen oder Marketing nur den gewerblichen (und in der Regel nur den an Einzelhändler vermieteten) Immobilien zugute. Die drei untersuchten US-BID-Gesetze sehen daher konsequenterweise Ausnahmeregelungen für Wohneigentum vor. Noch allgemeiner kann dem Problem dadurch begegnet werden, wenn die Festlegung einer Bemessungsgrundlage den Initiatoren überlassen wird, die dadurch flexibel auf unterschiedliche Rahmenbedingungen reagieren können.

Das Hamburger GSED verzichtet aber auf beide Möglichkeiten. Zwei der mit dem Gesetz erklärtermaßen verfolgten Ziele – einerseits ein schlankes Gesetz zu schaffen, das auf die Schaffung zahlreicher Ausnahmetatbestände verzichtet und gleichzeitig den Initiatoren möglichst viel Spielraum zu lassen – kommen hier in Konflikt.

Der Urheber des Gesetzes begründete den Verzicht auf die Möglichkeit, Wohneigentum von der Abgabe auszunehmen, mit mehreren Argumenten. Zum einen sollten möglichst wenig Ausnahmeregelungen („Einzelfall-Gerechtigkeit") im Gesetz getroffen werden, um die Praktikabilität des Gesetzes nicht einzuschränken. Neben einer Wohnnutzung der Obergeschosse seien auch weitere Konstellationen denkbar, in denen ein Eigentümer in Frage stellen könnte, dass er von den BID-Maßnahmen profitiert:

> Anregungen, den Maßstab für die Abgabenerhebung auf Vorschlag der Initiatoren erst im Rahmen der Rechtsverordnung festzulegen, ist man in Hamburg nicht gefolgt. Die Auseinandersetzungen um den richtigen Maßstab wurden manche hoffnungsvolle BID-Initiative aufreiben, da jeder Partner den eigenen Geldbeutel schonen wird, wenn ihm das möglich scheint. Außerdem würde die Rechtssicherheit deutlich herabgesetzt, wenn der Bemessungsmaßstab in jedem Einzelfall erst einmal der tatsächlichen und rechtlichen Prüfung durch die Tatsacheninstanzen unterworfen werden müsste. (HUBER 2007: 473)

Zum anderen seien die unterschiedlichen Nutzungsarten bereits in der steuerlichen Festlegung des Einheitswertes berücksichtigt; einem Eigentümer stünde es dann frei, für Einzelhandelsnutzung zugelassene Räume im Erdgeschoss, die gegebenenfalls anders genutzt würden, eben wieder an Einzelhändler zu vermieten. Der Schlüssel sei die Gebietsfestlegung: Wenn der Charakter eines vorgesehenen BID-Gebiets nicht überwiegend ein Einzelhandels- und Dienstleistungsstandort sei, dann würde durch den Widerspruch der entsprechenden Eigentümer ein BID eben nicht zustande kommen. (Martin Huber, Interview 19.05.2010) Im Übrigen könne die BID-Abgabe als öffentliche Last dann eben auch nur auf die gewerblichen Mieter umgelegt werden und nicht auf die Wohnungsmieter (Bürgerschaft der FHH, 2004b). Schließlich bliebe den Initiatoren noch die Möglichkeit, durch die Wahl geeigneter Maßnahmen auf unterschiedliche Bedürfnisse zu reagieren.

Auffällig ist in diesem Zusammenhang aber auch, dass für viele gewachsene innerstädtische Einkaufszonen Mischnutzungen typisch sind, oft auch innerhalb von Gebäuden. Während diese Feststellung für die meisten der Hamburger Stadtteilzentren, insbesondere diejenigen außerhalb der Hamburger City, gilt, trifft dies auf den Neuen Wall als von Anfang an mitgedachtes BID-Modellprojekt nicht zu. Inwieweit die frühe Festlegung auf den Neuen Wall als BID-Modellprojekt hier die Sicht getrübt haben könnte, bleibt aber der Spekulation überlassen.

Die angeführte Argumentation lässt sich mit einer Priorisierung des oben genannten Ziels, ein schlankes Gesetz zu konzipieren, vor dem Ziel, den Initiatoren mehr Flexibilität einzuräumen, zusammenfassen. Die Stellungnahme der Handelskammer zum Referentenentwurf in Bezug auf die vorgesehene Bemessungsgrundlage warnt genau davor: Durch die vorgesehene Bindung an den Einheitswert ohne die Möglichkeit, die Abgabe nach Nutzung oder nach Lage zu differenzieren, könnte „das Gesetz ohne Not in seinem Anwendungsbereich auf wenige Quartiere reduziert werden“ (HANDELSKAMMER 2004a: 5). Das einzige deutsche BID-Gesetz, das Differenzierungen durch die freie Wahl einer Bemessungsgrundlage zulässt, ist das schleswig-holsteinische PACT-Gesetz. In den drei untersuchten US-Gesetzen ist diese Möglichkeit ebenfalls gegeben. In Pennsylvania wurde die Möglichkeit, Wohneigentum auszunehmen von BID-Praktikern sogar ausdrücklich eingefordert (vgl. Teil III).

Es bleibt abzuwarten, ob die Hamburgische Regelung von möglichen BID-Initiatoren als ausreichend angesehen wird oder ob tatsächlich BIDs daran scheitern werden, dass sie die Flexibilität, Differenzierungen nach Nutzung oder Lage vorzunehmen, nicht haben. Wenn Wohnungseigentümer in einer Minderheitenposition in einem BID sind, also das Mindestquorum von einem Drittel der Stimmen nicht erreichen können, obliegt es letztlich dem Senat, eine Abwägung vorzunehmen, ob er den fraglichen BID durch Rechtsverordnung einrichtet. Da es in Schleswig-Holstein bereits BIDs gibt, die andere Bemessungsgrundlagen verwenden als einen Aufschlag auf den Einheitswert (vgl. Abschnitt IV3.2), scheint diese Möglichkeit, sich auf als gerecht empfundene Kriterien zu einigen, praktikabel zu sein. Welche Regelung besser angenommen wird und sich in der Praxis bewährt, lässt sich zum jetzigen Zeitpunkt jedoch noch nicht entscheiden.

1.2.2 Veränderungen aufgrund des Anhörungsverfahrens (März bis Mai 2004) und der behördlichen Abstimmung

Nach der Vorlage des Referentenentwurfs für das Hamburgische BID-Gesetz im Januar 2004 wurde in der Senatssitzung vom Februar eine Verbändebeteiligung beschlossen. Im Rahmen dieser Beteiligung gaben etliche der angesprochenen Interessenvertreter und Kammern[150] ihre Anregungen ab. Mit Schreiben vom 05.03.2004 wurden auch die Bezirksämter gebeten, ihre Stellungnahmen vorzubringen. Als Reaktion auf diese Anregungen, aber auch aufgrund der im Rahmen der BID-Arbeitsgruppe weitergeführten Diskussionen und der rechtlichen Prüfung durch externe Gutachter wurden verschiedene Änderungen am Referentenentwurf vorgenommen, von denen die Wesentlichen nachfolgend vorgestellt werden.

150 Angeschrieben wurden Handelsverbände, der Grundeigentümerverband, Maklerverbände, Architekten-, Rechtsanwalts-, Steuerberater, Wirtschaftsprüfer-, Zahnärzte-, Handwerkskammer, die Verbraucherzentrale, Interessenverbände der Stadt- und Regionalplaner, der Ingenieure, der Architekten, der freien Berufe, des Gaststätten- und Hotelgewerbes, der Bankenverband Finanzdienstleistungen, der Sparkassen- und Giroverband, Wohnungsunternehmen und Mietervereine.

Grundsätzlich wurde der Entwurf in den Stellungnahmen überwiegend[151] begrüßt. Fast alle wiesen darauf hin, dass die Einrichtung von BIDs nicht dazu führen dürfe, dass die Stadt ihr Engagement in der Daseinsvorsorge reduziere. Viele begrüßten die Schlankheit des Gesetzes und forderten weitere Vereinfachungen. Die wichtigste davon – insbesondere von zwei Bezirksämtern angeregt – war der Verzicht auf ein Anhörungsverfahren in Anlehnung an das Baugesetzbuch (vgl. §4 (3) des Referentenentwurfs, FHH 2004b). Im GSED ist dagegen nur noch vorgesehen, „die vollständigen Unterlagen auf die Dauer eines Monats öffentlich" (§5 (6) GSED) auszulegen. Die zuvor verpflichtend vorgesehene Anhörung wurde durch eine kann-Vorschrift ersetzt: „Die Aufsichtsbehörde kann einen Erörterungstermin unter Beteiligung der betroffenen Eigentümer und derer, die Stellungnahmen abgegeben haben, durchführen." (Hvhb. d. Verf.) Die Chancen der Allgemeinheit, von einem geplanten BID zu erfahren und gegebenenfalls dazu Stellung zu beziehen, werden so auf ein Minimum beschränkt. Die bisher einzige in Hamburg durchgeführte Anhörung belegt dies: Im Falle des BID Lüneburger Straße in Hamburg-Harburg hatten mehr als 50% der Grundeigentümer der Einrichtung des BID widersprochen. Das Bezirksamt Harburg als Aufsichtbehörde führte daraufhin eine Erörterung durch mit dem Ziel, die Widersprüche auszuräumen. Dieses Beispiel zeigt, dass solche Erörterungen im Gegensatz zu einem Anhörungsverfahren im Sinne des Baugesetzbuches gar nicht das Ziel haben, eine breite Öffentlichkeit über den BID zu informieren und deren Meinung einzuholen.

Eine weitere Vereinfachung, die zu Lasten der Information der Öffentlichkeit, aber auch der Abgabepflichtigen gehen kann, ist der Verzicht auf die in §6 (1) des Entwurfs vorgesehene Veröffentlichungspflicht des jährlich aufzustellenden Maßnahmen- und Finanzierungsplans im Amtlichen Anzeiger der Hansestadt Hamburg. Gemäß der endgültigen Fassung des GSED muss der jährliche Plan nunmehr nur noch der Aufsichtsbehörde vorgelegt sowie „unter einer mindestens den Abgabepflichtigen zugänglichen Internet-Adresse bekannt" gemacht werden (§6 (1) GSED).

Weitere wichtige Änderungen beziehen sich auf das Widerspruchsquorum. Anstelle eines kumulativen Widerspruchsquorums von 30% der Grundstückseigentümer im Entwurf (§4 (4)) („... die zugleich Eigentümer

151 Die einzige eher ablehnende Stellungnahme stammt vom Handelsverband BAG (Bundesarbeitsgemeinschaft der Mittel- und Großbetriebe des Einzelhandels), der befürchtet, dass die Zwangsmitgliedschaft verfassungswidrig sei.

… der nach Einheitswerten gewichteten Grundstücksflächen sind“) wurde auf Anregung der Handelskammer in der endgültigen Fassung des GSED ein doppeltes Quorum von jeweils einem Drittel der Grundstücke oder der Grundstücksflächen festgelegt (§5 (8)). Zusätzlich wurde statt der Bezugnahme auf den Einheitswert im Entwurf auf Anregung der Handelskammer und des Grundeigentümerverbandes als Kriterium die Grundstücksfläche eingeführt.

Des Weiteren wird statt der Zugrundelegung der Grundsteuer (§7 (1) des Entwurfs) für die Abgabenhöhe nunmehr der Einheitswert (§7 (1) GSED) herangezogen. Der Grund dafür sind die datenschutzrechtlichen Schwierigkeiten, die bei einer Herausgabe der Grundsteuerdaten entstehen (FHH o.J. a).

Schließlich wurde die maximale Laufzeit eines Innovationsbereichs (§8 des Entwurfs) von acht auf fünf (§9 GSED) Jahre reduziert und der ursprünglich noch enthaltene §9 – automatisches Außerkrafttreten des Gesetzes nach acht Jahren – wurde gestrichen. Stattdessen wurde vereinbart, die Auswirkungen des Gesetzes nach zwei Jahren zu überprüfen und einen entsprechenden Bericht vorzulegen (vgl. FHH o.J. b).

Einige der vorgebrachten Anregungen wurden jedoch nicht übernommen, so die oben bereits erwähnte Anregungen des Grundeigentümerverbandes, diesen mit der Aufsichtsfunktion zu betrauen, sowie der Handelskammer, den Bemessungsschlüssel nach Nutzung und Lage differenzieren zu können. Außerdem hatte sich die Handelskammer (HANDELSKAMMER 2004a) dafür eingesetzt, zur Sicherstellung der Beteiligung der Betroffenen bei der jährlichen Planaufstellung, die im Entwurf vorgesehene Beteiligung „in geeigneter Weise“ (§6 (1)) als Lenkungsausschuss zu konkretisieren und zusätzlich zu den genannten Gruppen eine Beteiligung der „Anwohner des Quartiers sowie Repräsentanten der betroffenen Verwaltungseinheiten und unserer Handelskammer“ vorzusehen (HANDELSKAMMER 2004a: 4). Ebenfalls nicht gefolgt wurde der Anregung der Handelskammer, den Anwendungsbereich des Gesetzes nicht auf Einzelhandels- und Dienstleistungsgebiete zu beschränken.[152]

152 Dies wurde durch die Verabschiedung des HID-Gesetzes (sog. Housing Improvement Districts, geregelt im Gesetz zur Stärkung von Wohnquartieren durch private Initiativen) und der Änderung des GSED mit der Ausweitung des Geltungsbereichs auf „Einzelhandels-, Dienstleistungs- und Gewerbezentren“ (§1 1.) aber noch nachgeholt. Allerdings bietet das Nebeneinander der beiden Gesetze (HID und BID) keine Lösung für Gebiete mit gemischter Wohn- und gewerblicher Nutzung. Die grundsätzliche Unterscheidung

Wesentliche Festlegungen des Referentenentwurfs blieben somit unberührt, insbesondere die fehlenden Hinweise auf die Beteiligung der Akteure und die fehlende Anpassungsfähigkeit des Bemessungsschlüssels. Das Fehlen einer Rechtspersönlichkeit wurde zu diesem Zeitpunkt von niemandem mehr in Frage gestellt.

1.2.3 Parlamentarisches Verfahren (September bis Dezember 2004)

Der Entwurf des GSED wurde der Hamburgischen Bürgerschaft (Landesparlament) am 28.09.2004 mit der Drucksache 18/960 vorgelegt und an den Stadtentwicklungsausschuss überwiesen. Dieser beriet dreimal (am 28.10.2004, am 26.11.2004 mit Experten-Anhörung und am 09.12.2004); danach wurde der Entwurf mit dem Ausschussbericht wiederum der Bürgerschaft zugeleitet und im Plenum in erster und zweiter Lesung am 14.12.2004 bei einigen Enthaltungen einstimmig beschlossen (http://www.buergerschaft-hh.de/parldok/, Zugriff 20.02.2009).

In der ersten Sitzung des Stadtentwicklungsausschusses am 28.10.2004 „bedauerten [die Senatsvertreter angesichts des Wunsches der SPD, eine Experten-Anhörung durchzuführen], erst spät erfahren zu haben, dass bei den Abgeordneten noch ein großer Informationsbedarf bestehe" (BÜRGERSCHAFT DER FHH 2004c: 1). Sie betonten, dass es sich um ein „Vorhaben [handele], das seinesgleichen in Deutschland suche, Hamburg wäre Vorreiter für die Einführung dieser BID" (ebd. 1 f.) und dass alle Verbände Hamburgs bereits umfassend über den Gesetzentwurf informiert sowie „mit entsprechenden Papieren und Gutachten versehen worden" (ebd. 2) seien. Im Übrigen sollten die Erfahrungen mit den zwei Pilotprojekten in zwei Jahren evaluiert werden.

Auf Antrag der SPD-Fraktion wurde die Entscheidung über den Gesetzentwurf dennoch vertagt und für die November-Sitzung eine Experten-Anhörung mit Senatsbefragung anberaumt, zu der Vertreter des Grundeigentümerverbandes, der Fachverbände des Einzelhandels, der Handelskammer, ein Rechtsgutachter als Experten sowie Senatsvertreter eingeladen wurden.

zwischen Wohn- und den übrigen Gebieten bleibt erhalten, da für erstere andere Verfahren (insbesondere höhere Quoren) erforderlich sind. Die erörterten Schwierigkeiten für Wohnnutzungen in gemischt genutzten Gebieten werden damit nicht ausgeräumt.

In dieser Sitzung[153], die am 26.11.2004 stattfand, wurden eine Reihe von kritischen Fragen zum Thema BIDs erörtert. So wurde u. a. die Frage der demokratischen Legitimation diskutiert, und zwar sowohl im Hinblick auf eine ausreichende Berücksichtigung der Eigentümerwünsche durch die Ausgestaltung der Quoren bzw. einer Beteiligung im laufenden BID als auch die Forderung nach einer (verbindlichen) Beteiligung der Bezirksversammlungen[154], die von allen Fraktionen vertreten wurde. Ein weiteres ausführlich diskutiertes Thema war die Betroffenheit der Wohnungsmieter, denen keine Möglichkeit zur Mitbestimmung gegenüberstehe. Diskutiert wurde des Weiteren das Verhältnis von BIDs und bestehendem Recht, das die Handlungsmöglichkeiten von BIDs begrenzt. Betont wurde, dass BIDs sich in das übergeordnete Recht, also insbesondere die Bauleitplanung einpassen, also bei Bauvorhaben die üblichen Verfahren unter Beteiligung der demokratisch gewählten Gremien durchlaufen werden müssten. Ähnliches gelte für die Beantragung von Sondernutzungen im öffentlichen Raum. Insofern bleibe die staatliche Hoheit über den öffentlichen Raum gewahrt, sofern die politischen Gremien ihre Rechte wahrnähmen. Die Gefahr, dass durch BIDs Ungleichgewichte in der Stadt entstünden, wurde nicht grundsätzlich verneint; allerdings wurde darauf hingewiesen, dass ein BID-Antrag abgelehnt werden könne, sofern er sich nicht in die übergeordneten städtischen Planungen einfüge. Angesprochen wurde auch die Vergleichbarkeit mit „amerikanischen Verhältnissen“. Dazu wurde festgestellt, dass in Bezug auf die möglichen Maßnahmen, insbesondere im Bereich Sicherheit und Basisinfrastruktur, die hiesigen Zustände deutlich besser seien und daher auch andere Schwerpunkte bei den BID-Maßnahmen zu erwarten seien. Ein weiterer Unterschied sei die rechtliche Konstruktion. Schließlich wurden noch weitere rechtliche Fragen, wie die Frage der fehlenden eigenen Rechtspersönlichkeit, erörtert.

Die abschließende Beratung des GSED-Entwurfes im Stadtentwicklungsausschuss fand am 09.12.2004 statt. Zu dieser Sitzung wurden zwei Änderungsanträge vorgelegt. Der Prüfantrag der SPD-Fraktion sah vor, „zu prüfen, inwieweit es möglich ist, Grundstücke, die ganz oder zum Teil für Wohnzwecke genutzt werden, entsprechend des Wohnungsanteils von der

153 Das Wortprotokoll der Sitzung kann in der Bürgerschaftskanzlei eingesehen werden, es dürfen aber keine wörtlichen Zitate entnommen werden.

154 In der Einheitsgemeinde Hamburg die gewählten Vertreter eines Bezirkes; sie entsprechen in etwa der kommunalen Ebene, haben allerdings deutlich eingeschränktere Entscheidungsbefugnisse und kein Haushaltsrecht.

Abgabe nach §7 des „Gesetzes zur Stärkung der Einzelhandels- und Dienstleistungszentren" (BÜRGERSCHAFT DER FHH 2004c: 6) auszunehmen. Die GAL-Abgeordneten dagegen beantragten eine Einführung eines Positivquorums von 50%, eine verbindliche Verankerung der Beteiligung der Bezirksversammlungen im Gesetz (statt lediglich in der Durchführungsanordnung), die Wiedereinführung des im Referentenentwurf vorgesehenen öffentlichen Erörterungstermins, eine bessere Beteiligung von Wohnungsteileigentümern sowie den Verzicht auf die Festlegung der Abgabe als öffentliche Last im Falle von Wohneigentum (und damit auf die Umlagefähigkeit der Abgabe). Aufgrund dieser Anträge wurde die Frage der Umlagefähigkeit der Abgabe auf Wohnungsmieter erneut diskutiert, ohne dass die Senatsvertreter definitiv ausschließen konnten, dass dies rechtlich möglich sei (ebd. 4). Die Mehrheitsfraktion CDU lehnte schließlich beide Anträge mit der Begründung ab, dies sei bereits ausreichend im Gesetz berücksichtigt, und forderten die Abgeordneten auf, „mehr Mut zu zeigen" (ebd. 4). Der auf Antrag der CDU geringfügig ergänzte[155] Gesetzentwurf wurde schließlich mit den Stimmen der SPD einstimmig bei Enthaltung der GAL-Fraktion beschlossen (ebd. 5) und am 14. Dezember in erster und zweiter Lesung ohne weitere Diskussion von der Hamburgischen Bürgerschaft bestätigt (vgl. BÜRGERSCHAFT DER FHH 2004d: 945 A), so dass das GSED wie geplant zum 01.01.2005 in Kraft treten konnte.

Die Gesetzesvorlage wurde also im parlamentarischen Verfahren umfassend diskutiert, aber nur unwesentlich verändert. Kritische Punkte wie die demokratische Legitimation, die Betroffenheit von Wohnungsmietern oder der Umgang mit öffentlichem Raum wurden angesprochen. Nur kurz angerissen wurde dagegen die Frage der Übertragbarkeit; diskutiert wurden an dieser Stelle nur Unterschiede in der Notwendigkeit bestimmter Maßnahmen sowie die Einpassung in das rechtliche System. Auf andere Kontextunterschiede wurde nicht eingegangen. Insgesamt ist im gesamten Verfahren eine gewisse Eile erkennbar, die nur von der Opposition etwas gebremst wurde und vermutlich darauf zurückzuführen ist, dass Hamburg als erstes Bundesland ein BID-Gesetz einführen wollte.[156]

155 Einfügung der Worte „innerhalb eines Monats nach Bekanntgabe" in §6 (2) Satz 1 nach den Worten „diesem Plan".

156 Vgl. „Wenn es die Länder sind, die – wir [sic] bisherige Studien suggerieren – die nötige Gesetzgebung in die Wege leiten müssen, hoffen wir auf einen sportlichen Wettkampf und Ehrgeiz der Ministerpräsidenten und Länderparlamente, mit entsprechenden Initiativen einen Schritt in die in der Sache als richtig erkannte Richtung zu gehen." (Birk, in: BCSD 2003: 7).

Trotz einiger fundierter und kritischer Anmerkungen der Parlamentarier wurde keiner der in den Anträgen der Opposition formulierten Änderungsvorschläge von der Regierungsfraktion übernommen. Anzunehmen ist, dass diese in die Vorüberlegungen des Hamburger Senats und insbesondere die bereits im Frühjahr durchgeführte Anhörung eng mit eingebunden war und sich daher den Einschätzungen der Exekutive uneingeschränkt angeschlossen hat.

1.2.4 Zwischenfazit: Inhaltliche Weichenstellungen im Rahmen des Hamburger Gesetzgebungsverfahrens

Die in diesem Kapitel dargestellten Entscheidungen haben zu einer Reihe von Festlegungen geführt, die das Hamburger BID-Gesetz von den US-Vorbildern unterscheiden. Zu den Abweichungen – insbesondere im Vergleich zu den in Teil II dargestellten US-Gesetzen und zu der dort identifizierten „guten Praxis" – gehören: Verzicht auf eine eigene Rechtspersönlichkeit des BID und in der Konsequenz auf Regelungen zur Beteiligung der Betroffenen; Erfordernis eines definierten Antragsquorums anstelle eines Ermessens der parlamentarischen Gremien; automatische Laufzeitbegrenzung; Verzicht auf eine frei wählbare, nach Lage und Nutzung differenzierbare Bemessungsgrundlage; in Bezug auf die Aufgaben ein Fokus auf bauliche Maßnahmen im Sinne einer Aufwertung des öffentlichen Raums unter relativer Vernachlässigung von Sicherheits- und Sauberkeitsaspekten.

Die Ursachen für diese Anpassungen sind vielfältig. Zum Teil sind sie auf unvollständiges Wissen über US-BIDs und insbesondere den gesetzlichen Grundlagen zurückzuführen. So war beispielsweise vielen (deutschen) Interviewpartnern nicht bekannt, dass zahlreiche US-BIDs auf eine *sunset*-Regelung verzichten. Zum anderen ergeben sie sich daraus, dass auf eine umfassende Informationssammlung bewusst verzichtet wurde und eine „Grundidee" über das Funktionieren von BIDs modelliert wurde. Sodann wurde nach einer rechtlichen Form gesucht, die sich in das deutsche Rechtssystem einfügen würde. Die gefundene Lösung mit Aufgabenträger vermied nach Meinung des Gesetzesverfassers mögliche Konflikte mit dem deutschen Rechtssystem und daraus resultierende Unsicherheiten durch Klagen. Der entscheidende Punkt in dieser Argumentation ist, dass nach deutschem Recht eine Zwangsmitgliedschaft nur dann in Frage kommt, wenn das politische Ziel nicht mit „milderen Mitteln" erreicht werden kann. Das „mildere Mittel" stellt in diesem Fall die Möglichkeit dar, von den Betroffenen Abgaben zu erheben, ohne sie zu einer Mitgliedschaft in einer

Körperschaft zu verpflichten. In diesem Punkt sind also bewusst Anpassungen an deutsche Kontextbedingungen – insbesondere das Rechtssystem – vorgenommen worden (vgl. Kap. IV5).

Auch die Festlegung einer verbindlichen Bemessungsgrundlage in Form eines Aufschlags auf den Einheitswert war eine bewusste Entscheidung: Das Argument war, dass sich im Einheitswert bereits Lage und Nutzung abbildeten.

Weiterhin ist auffällig, dass von Anfang an von allen Akteuren das zu beseitigende Problem der öffentlichen Räume mehr in der Ausstattung als im Zustand gesehen wurde, auch wenn sich dies in dem im GSED festgelegten Maßnahmenkatalog nicht widerspiegelt. Entscheidend dafür war sicherlich der Fokus auf das Pilotgebiet Neuer Wall. Dort stand die Neugestaltung eindeutig im Vordergrund, auch wenn ein Teil des Budgets für Pflege und Management vorgesehen wurde (und im aktuell geplanten Folge-BID auch stärkere Berücksichtigung finden wird). Der Hintergrund dafür ist auch der relativ bessere Standard der öffentlichen Sicherheit und Sauberkeit in Deutschland: Während z.B. in New York City, wie dargestellt, die gewerblichen Eigentümer selbst für die Reinigung der Gehwege verantwortlich sind, wird diese Dienstleistung in Hamburg von der Stadtreinigung gegen Gebühr erbracht. Die Grundlage dafür ist das Hamburgische Wegereinigungsgesetz, das die Reinigungsintensität je nach Nutzung der entsprechenden Straße abstuft. Ähnlich ist die Sicherheitslage in Hamburg – zumindest in den Geschäftszentren – als sehr gut einzuschätzen und keinesfalls mit der New York's in den 1980er Jahren vergleichbar.

Zusammenfassend lassen sich also die genannten Unterschiede zu US-BID-Gesetzen einerseits auf unvollständige Informationen zurückführen, andererseits als bewusste Anpassungsprozesse an deutsche Kontextbedingungen und dabei insbesondere an das Rechtssystem interpretieren (eine detaillierte Analyse folgt in Abschnitt IV5).

1.3 Demokratische Legitimation von BIDs nach dem Hamburger GSED

Das notwendige Niveau demokratischer Legitimation ergibt sich unmittelbar aus dem Charakter der Aufgaben und der gewählten Rechtsform von BIDs. Insoweit hat der unter IV1.2.1 dargestellte Verzicht auf eine eigene

Rechtspersönlichkeit Konsequenzen für die demokratische Legitimation, die hier näher ausgeführt werden.

In Teil III wurde die demokratische Legitimation von BIDs unter der Überschrift „Kritik an BIDs und Diskussion der Argumente" diskutiert. Die Diskussion wird hier nur insoweit aufgegriffen, als sie sich spezifisch auf das Hamburgische BID-Modell bezieht. Auf zusätzliche Ausführungen zur *output*-Legitimation wird hier daher verzichtet, da die für die USA ausgeführten Argumente auch für deutsche BIDs gültig sind.

Prinzipiell sind bei der Frage der Legitimation der Verfahren zwei Phasen zu unterscheiden, nämlich erstens die Einrichtung eines BIDs und zweitens die laufende Umsetzung der Maßnahmen (vgl. WELLENS 2009). Im Hinblick auf die in Abschnitt III4.3 entwickelten Fragen zur *input-*, *throughput-* und *output*-Legitimation beziehen sich die ersten drei Fragen – welche Gruppe entscheidet im BID, aufgrund welcher Überlegungen sowie wie erfolgt die Meinungsbildung innerhalb der vertretenen Gruppe und wie wird sie in den Entscheidungsprozess der Repräsentanten eingespeist – auf die *input*-Legitimation beider Phasen. Die vierte und fünfte Frage – der *throughput*-Legitimation zugeordnet – beziehen sich dagegen lediglich auf die Umsetzungsphase: Wie wird sichergestellt, dass die Ausführenden auf die Präferenzen der Wählerschaft reagieren (responsiveness) und welche Ressourcen stehen letzterer zur Verfügung? Und: Wie fließen die Präferenzen der Wähler in die Entscheidungen ein und wie kann sichergestellt werden, dass sich Änderungen in Entscheidungen abbilden?

Die demokratische Legitimation des Aufgabenträgers (bezogen auf die Durchführungsphase) wurde für das Hamburger GSED vorab durch ein von Hellermann und Hermes erstelltes Rechtsgutachten (FHH 2004d) untersucht. Die Legitimation der Errichtung eines BIDs wie auch der Maßnahmendurchführung wurde von WELLENS im Rahmen ihrer juristischen Dissertation 2009 diskutiert. Diese beiden Dokumente bilden die Grundlage für die folgenden Ausführungen.

1.3.1 Input-*Legitimation*

WELLENS argumentiert, dass die Errichtung eines BIDs nur insoweit demokratisch legitimiert sein müsse, als dabei Staatsgewalt ausgeübt wird (2009: 223). Für die Legitimation kommen grundsätzlich zwei Mechanismen in Frage:

> „Die organisatorisch-personelle Legitimation verlangt eine ununterbrochene, auf das Volk zurückführende Legitimationskette, an deren Ende die individuelle Berufung des handelnden Amtswalters steht. Dabei ist die unmittelbare wie die mittelbare Berufung der staatlichen Organe durch das Volk möglich. Demgegenüber meint sachlich-inhaltliche Legitimation die materielle Rückführung der Ausübung von Staatsgewalt auf den Volkswillen." (ebd. 224)

Die organisatorisch-personelle Legitimation ist dabei durch die Rückführung des Erlasses einer Rechtsverordnung auf das Hamburger Landesvolk[157] gegeben. „Die inhaltlich legitimierende Steuerungsfunktion erfüllt in erster Linie das Parlamentsgesetz zur Errichtung von Business Improvement Districts und daneben die Einbindung der Gemeinde in die Verwaltungshierarchie, insbesondere die Kommunalaufsicht." (ebd. 225).

Diese Legitimation wird allerdings dadurch „gestört", dass Private an der Vorbereitung eines BIDs, also der Erarbeitung des Maßnahmen- und Finanzierungsplans und der Gebietsabgrenzung, maßgeblich mitwirken und dadurch die Entscheidung der Kommune beeinflussen. Durch den Erlass einer Satzung wird die Planung Privater „in eine Planung der öffentlichen Verwaltung [transformiert]. Einer solchen wohnt stets ein hoheitliches Element inne, da sie für den Ausgleich aller betroffenen öffentlichen und privaten Belange sorgen muss und damit das Verhältnis von Staat und Bürger betrifft." (ebd. 227) Entscheidend für die Legitimation ist also der Erlass der Rechtsverordnung bzw. der Satzung und nicht die vorbereitende Planung der Privaten, da die Maßnahmen auch auf freiwilliger Basis durchgeführt werden könnten, ohne legitimiert werden zu müssen. Laut WELLENS ist dafür die Ausgestaltung der gesetzlichen Vorgaben für die „Sicherung staatlicher Letztentscheidungsverantwortung" entscheidend:

> Der Schwerpunkt muss im folgenden [sic] daher auf der sachlich-inhaltlichen Legitimation liegen, die sich vor allem aus der Steuerungsfähigkeit des Parlamentsgesetzes speist. Es kommt darauf an, ob das Gesetz zur Errichtung von Business Improvement Districts Regelungen enthält, die gewährleisten, dass die Entscheidung und damit die Ausübung von Staatsgewalt bei der Errichtung von Business Improvement Districts auch sachlich-inhaltlich von der Gemeinde verantwortet werden kann. (ebd. 230 f.)

Diese Regelungen können sowohl materiell-rechtlicher als auch verfahrensrechtlicher Natur sein. Zu ersteren gehören gesetzlich klar vorgegebene

157 Die entsprechende Legitimationskette lässt sich so herstellen: Die vom Volk gewählte Hamburgische Bürgerschaft ermächtigt den Senat, eine Rechtsverordnung zu erlassen.

Kriterien[158], anhand derer der Senat bzw. die Gemeinde bei der Einrichtung prüfen können, ob ein konkreter BID diesen entspricht. Wichtig sei dafür, dass die Gesetze Ziele vorgeben und den „Zweck der Errichtung von Business Improvement District durch einen gesetzlichen Katalog möglicher Maßnahmen deutlicher“ umreißen (ebd. 231). Zudem muss geprüft werden, ob öffentliche Belange, wie städtebauliche Zielvorstellungen, oder Belange Dritter beeinträchtigt werden.

Zu den verfahrensrechtlichen Regelungen sind nach WELLENS die Abstimmung mit der Gemeinde, die gemeindliche Abwägung, die förmliche Betroffenen- und Öffentlichkeitsbeteiligung, die Beteiligung der Träger öffentlicher Belange und die frühzeitige Betroffenen- und Öffentlichkeitsbeteiligung zu zählen, die sie mit den entsprechenden Vorgaben für den vorhabenbezogenen Bebauungsplan (Vorhaben- und Erschließungsplan) vergleicht. Sie kommt dabei zu dem Schluss, dass „die verfahrensrechtlichen Vorgaben der Gesetze zu Business Improvement Districts insgesamt den Anforderungen gerecht [werden], die das Demokratieprinzip stellt“ (ebd. 256).

Auffällig an dieser Argumentation ist, dass sie auf die oben aufgeworfenen Fragen zur *input*-Legitimation nicht eingeht, sondern die Legitimation ausschließlich auf Legitimationsketten (also die organisatorisch-personelle Legitimation) bzw. die sachlich-inhaltliche Legitimation durch gesetzliche Regelungen zurückführt. Das heißt, dass eine in irgendeiner Weise der US-amerikanischen vergleichbaren Diskussion um das *one person, one vote*-Prinzip an dieser Stelle gar nicht geführt wird.

Mehr auf den Charakter der BIDs als Governance-Arrangement bezieht sich dagegen die Frage des legitimatorischen Charakters der von WELLENS sogenannten Sperrminorität. Mit der Einführung des Negativquorums schaffe das Hamburgische Gesetz eine neuartige Mitbestimmungsform für die Betroffenen, die, wie WELLENS ausführt, „im deutschen Recht einzigartig ist.“ (ebd. 256) Wenn das Negativquorum erfüllt ist, muss die Gemeinde die Einrichtung eines BIDs ablehnen, d.h. sie hat dann keinen Ermessensspielraum. In anderen Fällen, wo Betroffene Mitentscheidungsbefugnisse haben, gehen laut WELLENS deren Rechte jedoch sehr viel weiter. Die Sperrminorität stelle daher mehr dar als reine Mitwirkung, sei aber kein vollumfängliches Mitentscheidungsrecht, da damit nur die Ablehnung, nicht aber die Einrichtung eines BIDs beeinflusst werden könne.

158 Die einzelnen deutschen BID-Gesetze unterscheiden sich im Konkretisierungsgrad dieser Kriterien, vgl. dazu WELLENS 2009: 231 ff.

(WELLENS 2009: 259) Anders als in den USA endet die gesetzlich formalisierte Mitwirkung bei den BIDs nach Hamburger Modell aber an dieser Stelle und erstreckt sich nicht auf die Umsetzungsphase. Das GSED schafft so also eine Konstruktion, die neu ist in der deutschen Rechtslandschaft, aber die in den USA zumeist üblichen Legitimationsverfahren nicht vollumfänglich übernimmt. In jedem Fall wird die Beteiligung der Zahlenden im deutschen System nur als „zusätzlich" zur eigentlichen Legitimation angesehen (vgl. WELLENS 2009: 259 ff.), während sie in den USA offensichtlich unverzichtbar ist.

Die auf die *input*-Legitimation bezogenen Fragen – also wer warum an den den BID betreffenden Entscheidungen teilnimmt und wie deren Präferenzen in den Prozess eingespeist werden – können also wie folgt beantwortet werden: Wie in der Mehrheit der Fälle in den USA sind es formal die Grundeigentümer, auf deren Initiative ein BID eingerichtet werden kann. Wer sich aktiv einbringt und den Maßnahmenvorschlag erarbeitet, ist weder in den USA noch in Deutschland geregelt. Legitimiert wird die Einrichtung eines BIDs durch eine Rechtsverordnung/Satzung, bei deren Erlass die Kommune einen durch gesetzliche Vorgaben präzisierten Ermessensspielraum hat. In die Abwägung wird geprüft, ob öffentliche Interessen oder Interessen Dritter beeinträchtigt werden; zu der Prüfung gehört die Durchführung einer öffentlichen Auslegung, die zur Ermittlung dieser Interessen durchgeführt wird. An diesem Punkt unterscheidet sich das Verfahren von den untersuchten in den USA, und es ist anzunehmen, dass eine (oder mehrere) Anhörung(en) eher von den Bürgern bemerkt werden als eine einfache Auslegung.[159] Den Betroffenen wird das Recht zugestanden, kollektiv eine Sperrminorität auszuüben, d.h. wenn mehr als ein bestimmter Prozentsatz der Einrichtung widerspricht, muss die Gemeinde den Antrag auf BID-Einrichtung ablehnen. Dieses Verfahren wird in den USA ebenfalls praktiziert, allerdings verzichtet beispielsweise New Jersey auf jegliche Quoren (vgl. Abschnitt III3.3.1).

Für die Umsetzungsphase regeln die meisten deutschen BID-Gesetze die Beteiligung lediglich durch den Hinweis, dass die Betroffenen bei der jährlichen Aufstellung der Maßnahmen- und Finanzierungspläne „in geeigneter Weise zu beteiligen" sind (GSED, INGE §6 (1), BIDG Saarl §6 (2) bzw. analog ISGG NRW §2 (1) Satz 2). Da anders als in den USA ein Lenkungsgremium aufgrund der fehlenden Rechtspersönlichkeit nicht automa-

159 Dennoch scheint auch in den USA die Resonanz seitens der Bürger eher gering zu sein.

tisch existiert, werden auch keine Vorgaben bezüglich der Zusammensetzung gemacht (Ausnahme Bremen mit der kann-Bestimmung über einen Standortausschuss). Über die Verfahren, wie die Präferenzen der Betroffenen zu berücksichtigen sind, wird, wie in den USA, nichts ausgesagt.

1.3.2 Throughput-*Legitimation*

Im Gegensatz zu den USA, wo das Führungspersonal häufig[160] direkt von den Betroffenen gewählt wird – wie auch beim BID-Vorläufer *special purpose district* üblich – kann es in deutschen BIDs keine Führung im eigentlichen Sinne geben, sondern allenfalls ein Beteiligungsgremium. Dies ist eine unmittelbare Konsequenz aus dem Verzicht auf eine Rechtspersönlichkeit, denn ein BID hat keine (freiwilligen oder zwangsweisen) Mitglieder und kann daher auf festgelegte demokratische Entscheidungsprozeduren verzichten. Die deutschen BID-Gesetze lassen dabei offen, ob es überhaupt ein Beteiligungsgremium gibt[161] und wie die Betroffenen ggf. deren Mitglieder bestimmen können[162]. Das GSED legt konsequenterweise nur fest, dass die Betroffenen „in geeigneter Weise" an der Konkretisierung der Maßnahmen zu beteiligen seien und überlässt die tatsächliche Ausgestaltung dem jeweiligen Aufgabenträger (bzw. letztendlich den Grundeigentümern, die den Aufgabenträger auswählen und ein Vertrag mit ihm schließen).

Aus diesem Grunde stellt sich die Frage, wie sich die demokratische Legitimation des Aufgabenträgers begründet. WELLENS kommt zu dem Ergebnis, dass die Tätigkeit des Aufgabenträgers in der Durchführung der Maßnahmen keine Staatsaufgabe und kein hoheitliches Handeln darstelle und daher keiner Legitimation bedürfe: „Wenn auf einen ausreichenden Konkretisierungsgrad und die Aussagekraft sowohl des Maßnahmen- und Finanzierungskonzepts als auch der Maßnahmen- und Wirtschaftspläne geachtet wird, kann davon ausgegangen werden, dass dem Aufgabenträger keine legitimationsbedürftigen Entscheidungsbefugnisse mehr zukommen."

160 Es gibt in den USA verschiedene Modelle: Wahl durch die BID-Mitglieder, Ernennung des Führungspersonals durch die Gemeinde, i.d.R. hat der BID dabei ein Vorschlagsrecht, dem meist gefolgt wird (vgl. HOUSTOUN 2003: 23; BRIFFAULT 1999: 409 ff.). In Colorado erfolgt die Wahl des Führungspersonals dagegen sogar durch alle Wahlberechtigten des Distrikts (BRIFFAULT 1999: 413).

161 Ausnahme: Bremen (Standortausschuss).

162 Ausnahme: Nordrhein-Westfalen, wo der Aufgabenträger eine sog. Immobilien- und Standortgemeinschaft ist und ggf. wenn der Aufgabenträger ein von den Betroffenen gegründeter Verein ist, wie in Gießen.

(2009: 276) Ähnlich hatte schon das von Hamburg zum Gesetzentwurf angeforderte Rechtsgutachten argumentiert:

> Gemessen daran, dass der Aufgabenträger lediglich insoweit öffentliche Gewalt ausübt, als ihm eine (begrenzte) Dispositionsbefugnis über öffentliche Mittel zusteht, während ihm klassische Eingriffsbefugnisse fehlen, stellt sich die über die gesetzliche Umschreibung seiner Kompetenzen und die aufsichtliche Anbindung an die Handelskammer Hamburg (sachlich-inhaltliche Legitimation) und den öffentlich-rechtlichen Vertrag (personelle Legitimation) gewährleistete demokratische Legitimation als ausreichend dar. Das erforderliche Legitimationsniveau wird somit unabhängig von den durch die neue Rechtsprechung des Bundesverfassungsgerichts ... eröffneten Möglichkeiten partizipatorischer demokratischer Legitimation erreicht. Dies hindert allerdings nicht, in den als Betroffenenpartizipation zu qualifizierenden Elementen des Entwurfs hinsichtlich Kreation und Kontrolle des Aufgabenträgers ein zusätzliches, neben die klassischen Legitimationsformen tretendes Element der Vermittlung demokratischer Legitimation zu sehen. Insgesamt erweisen sich also die den Aufgabenträger betreffenden Regelungen des Entwurfs als vereinbar mit dem Demokratieprinzip." (FHH 2004d: 63 f.)

Die „personelle Legitimation" wird dabei von den Autoren selbst als „ein höchst vermittelter Vorgang" eingeschätzt und begründet sich wie folgt: „Ein Amtsträger ist in diesem Sinne personell legitimiert, wenn er sein Amt im Wege einer Wahl durch das Volk oder das Parlament oder per Ernennung durch einen seinerseits personell legitimierten Amtsträger erhalten hat." (FHH 2004d: 53)

Mit einem vergleichbaren Befund, aber anderen daraus abgeleiteten Forderungen argumentiert WICKEL in seinem Beitrag zur Tagung „Business Improvement Districts: Vom ‚Ob?' zum ‚Wie?'" 2006, dass ein BID einer „Gemeinwohlbindung des BID im Sinne einer Verpflichtung zur Berücksichtigung von Interessen Dritter und der Allgemeinheit" (2006: 11) unterliegen müsste, also „BID gezwungen werden, neben den privaten Interessen ihrer Initiatoren auch die Interessen Dritter und der Allgemeinheit zu berücksichtigen" (2). Aus diesem Postulat leitet er ab, dass dies am besten durch Vertretung der Interessengruppen im Leitungsorgan gewährleistet werden könne:

> Direkten Einfluss auf die Entscheidungen des BID könnten die Interessengruppen dann ausüben, wenn sie unmittelbar in den Leitungsorganen des BID vertreten wären. Um dies sicherzustellen, wäre es am nächstliegenden ein kollegial organisiertes Leitungsorgan vorzusehen, in das die einzelnen Interessengruppen stimmberechtigte Vertreter entsenden. Als Alternative ließe sich auch an die Bildung eines entsprechend be-

setzten Aufsichtsorgans denken, das laufend die Entscheidungen des BID kontrolliert und Einspruchmöglichkeiten besitzt. (WICKEL 2006: 11)

Den Verzicht des Hamburger Gesetzgebers auf jedwelche Regelung bezüglich eines Lenkungsorgans „bringt das hamburgische Gesetz zum Ausdruck, dass es die Leitung von BID im Wesentlichen als Managementaufgabe begreift. Die hier betonte Gemeinwohlverpflichtung des BID und damit die politische Dimension seiner Entscheidungen kommen hingegen nicht zum Tragen." (ebd.) Diese Feststellung kontrastiert WICKEL mit der Aussage HOUSTOUN's, dass „BID boards are essentially political entities and not, as some businesspeople assume, management bodies" (2003: 51). Oder anders gesagt: Eine demokratische Legitimation wäre nur dann erforderlich, wenn der BID hoheitliche oder staatliche Kernaufgaben übernähme – dies soll er nach den deutschen Gesetzen ja aber gerade nicht. Der Verzicht auf eine eigene Rechtspersönlichkeit und somit auch auf Lenkungsorgane, die einer wie auch immer ausgestalteten Legitimation unterliegen müssten, begründet sich daher mit den klar umgrenzten Maßnahmen mit lediglich ausführendem Charakter.[163]

Nach dieser Argumentation resultiert die Transparenz der Entscheidungsprozesse aus den Festlegungen im Maßnahmen- und Finanzierungsplan, der in der Einrichtungsphase des BIDs durch die Betroffenen aufgestellt und der Hürde des Negativquorums unterliegt. Nach dieser Logik hat der Aufgabenträger bei der Umsetzung so wenig Spielraum, dass sich eine Beteiligung der Betroffenen auf die jährliche Aufstellung der Maßnahmen- und Finanzierungspläne beschränken kann. Die Praxis zeigt jedoch, dass das Interesse zumindest einiger Grundeigentümer und Einzelhändler an einer kontinuierlichen Begleitung und Beteiligung hoch ist:

> In der Praxis spielen aber beispielsweise in Hamburg die sogenannten Lenkungsgruppen oder -ausschüsse … eine bedeutsame Rolle. Sie sorgen für den Kontakt zwischen Aufgabenträger und Betroffenen im Gebiet während der Umsetzungsphase, was gerade bei externer Aufgabenträgerschaft wichtig ist. Der Aufgabenträger schließt teilweise sogar mit der Lenkungsgruppe einen zivilrechtlichen Vertrag, in dem der Lenkungsgruppe Einfluss auf die Umsetzungsphase zugebilligt wird. Hieran wird deutlich, dass ein Bedürfnis nach Mitwirkung der Betroffenen dem Konzept der Business Improvement Districts immanent ist, da es von der Initiative der Gebietsansässigen lebt und diese ein Interesse daran haben, bei der Verwendung des Aufkommens aus ihren Abgaben mitreden zu können. Es wird daher vorgeschlagen, analog zur Organi-

163 Eine Einschätzung, die im Übrigen auch von BRIFFAULT für die US-amerikanischen BIDs geteilt wird, 1999: 439, vgl. Abschnitt III4.3.1.

> sationsstruktur der Business Improvement Districts in den USA gesetzlich die Einrichtung eines Kollegialgremiums als Leitungs- oder Aufsichtsorgans eines Business Improvement Districts zu regeln, in dem vornehmlich die Grundstückseigentümer und/oder Gewerbetreibenden vertreten sind. (WELLENS 2009: 82 f.)

Die Befunde im untersuchten Fallbeispiel (vgl. Kapitel IV3.2.3) bestätigen dies ebenfalls. Das Fallbeispiel verdeutlicht darüber hinaus, dass in der Umsetzungsphase nur ein Beteiligungsgremium auf veränderte Rahmenbedingungen oder Vorstellungen reagieren kann – im Sinne der oben angeführten fünften Frage zur *throughput*-Legitimation, welche Verfahren sicherstellen, dass auf veränderte Präferenzen der Betroffenen reagiert werden kann.

Anhand dieser Ausführungen ist aber auch deutlich geworden, dass ähnlich wie in den USA auch für deutsche BIDs gilt, dass der staatlichen Seite eine wichtige Rolle zukommt, um die Legitimation von BIDs sicherzustellen – und zwar sowohl in der Einrichtungs- als auch der Umsetzungsphase.

2 Analyse des BID-Transfers

Bevor mit der eigentlichen Analyse des BID-Transfers mit Hilfe der vorgestellten Politiktransfer-Ansätze begonnen wird, werden hier die jeweiligen Ausprägungen der in Abschnitt II6.1.3 Dimensionen von Politiktransfer, Tab. 3: Kriterien zur Klassifizierung von Politik-Transfers entwickelten Kategorien aufgeführt.

Transfer-Kontinuum: Der BID-Transfer ist als Mischform zu charakterisieren. Er erfolgte zwar freiwillig (im Sinne eines „unilateralen Policy-Shoppings"), allerdings ist aus den Äußerungen der Protagonisten auch deutlich ablesbar, dass Hamburg sich als „Trendsetter" für die BID-Einführung in Deutschland profilieren wollte. Ein internationaler Trend wurde insoweit aufgegriffen, als Großbritannien mit der BID-Einführung bereits weiter fortgeschritten war.

Bezüglich des Inhalts ist der BID-Transfer angesichts der Begrenztheit des Ansatzes als „Programm"[164] einzuordnen. Wie dargelegt, war die Ein-

164 Zur Abgrenzung zwischen „Politik" und „Programm": „It is important to distinguish between policies, which are seen as broader statements of intention and which gener-

führung eines BID-Gesetzes in Hamburg Teil einer übergeordneten Politik, der „Wachsenden Stadt“; die übrigen Bestandteile dieser Politik wurden jedoch nicht aus dem US-amerikanischen Raum übernommen. Und auch wenn bei einigen Akteuren eine gewisse „ideologische Nähe“ zu US-amerikanischen Werten durchaus erkennbar ist, kann in diesem Zusammenhang nicht vom Transfer einer Ideologie ausgegangen werden.

Die Beziehung zwischen gebendem und nehmendem Kontext ist im Falle des BID-Transfers die zwischen gleichrangigen untergeordneten Gebietseinheiten über Staatsgrenzen hinweg. Da es sich sowohl bei den USA als auch bei Deutschland um föderale Staaten[165] handelt, ist dies zunächst nicht so überraschend. Dennoch sind Unterschiede in Bezug auf die Kompetenzen dieser Untereinheiten zu beachten: Während die Frage der Zuständigkeit für ein BID-Gesetz sich im Falle der US-Bundesstaaten nicht stellte, musste sich Hamburg bei der Begründung für das GSED auf das sog. „Recht der Wirtschaft“ berufen, da den Bundesländern keine Gesetzgebunngskompetenz für den Bereich der Stadtplanung zustand[166].

In Bezug auf das Ausmaß der Übertragung ist schon allein wegen der Vielfalt der Vorbild-Gesetze in den USA ein reines Kopieren unwahrscheinlich. Denkbar wäre gewesen, dass Hamburg ein Gesetz als Modell herangezogen oder Elemente aus mehreren Gesetzen kombiniert hätte. Dies war aber nicht der Fall. Von einem Kopieren kann im Falle des BID-Transfers nach Hamburg aber auch deshalb nicht ausgegangen werden, da den Schlüsselakteuren die originalen Gesetzestexte gar nicht bekannt waren. Vielmehr hat man – so die Aussage von Martin Huber – „überlegt, was man braucht und hat das in Gesetzesform gegossen“ (telefonisches Interview, 27.06.2008). Eine gewisse Anpassung war im Übrigen aufgrund der unterschiedlichen Rechtssysteme unumgänglich. Die dargestellten Abweichungen des Hamburger GSED von den im Rahmen dieser Arbeit untersuchten BID-Gesetzen New Yorks, New Jerseys und Pennsylvanias – insbe-

ally denote the direction policy-makers wish to take, and programs, which are the specific means of the course of action used to implement policies. … Thus, it should be clear that each policy can have multiple programs, while a program is a complete course of action in and of itself.“ (DOLOWITZ; MARSH 2000: 12).

165 Im Falle des BID-Transfers in das zentralistisch organisierte Großbritannien handelt es sich dagegen um einen Transfer zwischen verschiedenen staatlichen Ebenen.

166 Eine auf „private Initiativen“ begrenzte gesetzgeberische Kompetenz wurde erst durch eine entsprechende Änderung des Baugesetzbuches ermöglicht.

sondere in Bezug auf die fehlende Rechtspersönlichkeit – unterstreichen die Klassifizierung als Nachahmung im Sinne einer Übernahme der Grundzüge.

2.1 *Abgleich mit dem idealtypischen, rationalen Politiktransfer nach MOSSBERGER und WOLMAN*

Der von MOSSBERGER und WOLMAN (2003) entwickelte ideale, rationalen Entscheidungskriterien folgende Politiktransferprozess besteht, wie in Abschnitt II6.2.1 dargestellt, aus drei Schritten: Sorgfalt bei der Informationsgewinnung, Bewertung der gewonnenen Informationen sowie Anwendung des gewonnenen Wissens im Entscheidungsprozess. Der BID-Transfer wird nunmehr mit diesem idealtypischen Verlauf unter Beachtung der „pragmatischen" Vorgehensweise mit „begrenzter Rationalität" abgeglichen.

2.1.1 *Sorgfalt bei der Informationsgewinnung*

Idealtypisch sollten sich Entscheidungsträger einen Überblick über die Anwendung der fraglichen Politik in unterschiedlichen Kontexten verschaffen und über die Unterschiede zwischen den Ausprägungen und deren Effektivität. Außerdem sollte die Eignung und Richtigkeit der Informationen überprüft werden und nicht nur unterstützendes, sondern auch kritisches Material berücksichtigen. Da diese umfassende Informationssammlung häufig aus pragmatischen Gründen nicht leistbar ist, empfehlen MOSSBERGER und WOLMAN, sich zumindest einen groben Überblick zu verschaffen, um danach gezielt geeignete Modelle auswählen zu können. Schließlich sollten Entscheider gezielt nach Kritik an und Anwendungsproblemen mit dem fraglichen Modell suchen.

Im Falle des BID-Transfers ist die Informationssammlung seitens der Schlüsselakteure im Abgleich mit diesen Anforderungen unvollständig. Das von d-plan im Auftrag des nordrhein-westfälischen Ministeriums für Städtebau und Wohnen, Kultur und Sport im Jahr 2001 erstellte Gutachten (MSWKS 2001) bildet die Grundlage für die Informationslage über BIDs in Deutschland. Dieses Gutachten basiert vorrangig auf den von Lawrence Houstoun gelieferten Informationen. Die von diesem ausgewiesenen BID-Experten gelieferten Informationen wurden – nicht zuletzt aufgrund der persönlichen Glaubwürdigkeit – nicht überprüft und auch nicht mit kritischen Informationen kontrastiert. Einige der in dem Gutachten enthaltenen

Informationen sind, wie hier nachgewiesen wurde, unvollständig oder falsch, wie die Zahl der BIDs (vgl. Fußnote 137) oder das Rekurrieren auf den Bloor West Village BIA als ersten BID, ohne auf einschlägige BID-Gesetze in den USA zu verweisen (vgl. Abschnitt III2.2). Viel entscheidender ist jedoch, dass in dieser Veröffentlichung – ganz im Einklang mit HOUSTOUN 2003 – die Rolle der staatlichen Akteure systematisch ausgeblendet bzw. unterbelichtet wird. So wird im d-plan-Gutachten im Kapitel „Administrative Struktur" mit keiner Silbe erwähnt, dass die Stadtverwaltung (zumindest formal) die Mitglieder der Lenkungsgruppe ernennen bzw. selbst darin vertreten ist:[167]

> Mit zunehmender Konkretisierung der Pläne bildet sich meist eine Steuerungsgruppe heraus, welche die Gründung eines BID vorbereitet. In dieser Phase … [wird] die Gründung einer Trägergesellschaft vorbereitet. Diese Trägergesellschaft übernimmt nach der Gründung des BID die Funktion des operativen Managements. Sowohl Organisationsform als auch die personelle Besetzung werden von der Steuerungsgruppe nach eigenem Ermessen festgelegt. Stimmt die Kommune der Gründung einer solchen – meist privatwirtschaftlichen – Trägergesellschaft zu, kann mit der Konstitution des BID begonnen werden. (MSWKS 2001: 17)

Dazu passt auch, dass die originalen US-Gesetzestexte – ebenso wie in Großbritannien – keine Beachtung oder gar Berücksichtigung fanden. Dies ist zwar auf den ersten Blick verständlich, weil Gesetze ausgesprochen kontextspezifisch sind. Andererseits finden sich in diesen wichtigen Primärquellen viele Detailregelungen, wie z.B. die Kompetenzen des lokalen Parlamentes in New York oder New Jersey, die von den Politiktransfer-Akteuren mit ihrem Fokus auf den „privaten" Charakter von BIDs offensichtlich systematisch ausgeblendet wurden. Diese Informationen konnten so auch nicht in den Transferprozess einfließen.

167 Andere Informationen über US-BIDs, die im Hamburger BID-Modell nicht berücksichtigt wurden, finden sich dagegen im Gutachten. So wird beispielsweise sowohl die Laufzeitbegrenzung als auch die Variante mit Verlängerung durch die Gemeinde erwähnt: bei BIDs könne „[d]ie Regelung über die Verwendung des Budgets … im Jahresrhythmus durch die öffentliche Hand verabschiedet werden oder für einen Zeitraum von fünf Jahren festgelegt werden" (MSWKS 2001: 17). Ebenso werden verschiedene Bemessungsgrundlagen und die Differenzierungsmöglichkeiten nach Lage erwähnt. Zudem wird darauf hingewiesen, dass „Wohnflächen von der BID-Abgabe ausgenommen [sind], da die Bewohner des Stadtquartiers aus der Standortaufwertung keine wirtschaftlichen Vorteile ziehen können und man soziale Verdrängungseffekte ausschließen möchte." (ebd. 5).

Die Consulting-Firma CIMA GmbH hat nach eigenen Angaben eine Hintergrundrecherche über BIDs in Auftrag gegeben, in deren Rahmen Maßnahmenprogramme und Jahresberichte einiger BIDs sowie einige Gesetze gesammelt wurden (Mario Mensing, Interview 21.04.2010). Die im Interview genannten Quellen waren daher vergleichsweise umfassend. Wissenschaftliche Quellen wurde konsultiert, insbesondere die Literaturliste des MIT (Massachusetts Institute of Technology) und namentlich Lorlene Hoyt, allerdings umfasst diese Liste auch nicht alle zu der Zeit verfügbaren wissenschaftlichen Publikationen über BIDs. Der Schwerpunkt bei der Informationsbeschaffung lag eindeutig auf persönlichen Kontakten, also dem professionellen Netzwerk der CIMA, vor Ort-Besuchen sowie von der eingesetzten Praktikantin. Eine gezielte Auseinandersetzung mit kritischen Argumenten erfolgte aufgrund der Parteinahme für das Modell BID laut Mario Mensing bewusst nicht; allerdings lud die CIMA eine kritische Stimme zu BIDs – Peter Shearman – als Referent auf das BCSD-Hearing 2003 ein. Auf der Homepage der CIMA fanden sich hauptsächlich deutsche Veröffentlichungen (u. a. auch ein Vortrag von d-plan) und nur wenig Material aus den USA.[168]

Die Quellen der Handelskammer waren nach eigenen Angaben wiederum vorrangig das d-plan-Gutachten, Informationen aus der Internet-Recherche, die Vorträge auf dem BCSD-Kongress sowie die verschiedenen Studienreisen.

Die Hamburger Behörde für Bau und Verkehr hat sich im Wesentlichen auf diese Vorarbeiten berufen. Die Hauptinformationsquellen waren Internet-Recherche und persönliche Anschauung vor Ort (Frithjof Büttner, Interview 16.06.2008); Original-Gesetzestexte wurden auch hier nicht beschafft oder herangezogen (Martin Huber, Interview 19.05.2010). Die in der BID-Akte enthaltene Liste mit Informationsquellen (datiert vom 09.12.2003) enthält fast nur von der Handelskammer Hamburg bzw. BCSD/CIMA verfasste oder beauftragte Veröffentlichungen (vgl. Abschnitt IV1.1.3), während eine im Internet (<http://fhh.hamburg.de/stadt/Aktuell/behoerden/stadtentwicklung-umwelt/stadtplanung/bid/start.html>, Zugriff 07.10.2004) veröffentlichte

168 Zwei Fallstudien (City of Long Beach, Fashion District of Los Angeles); Artikel „Die Rolle externer Berater“ (Quelle: MainStreetGroup); „A Comparative Study of Urban Revitalization in Four Countries“ von Lorlene Hoyt sowie Links zu einigen BID-Homepages (Detroit Gateway, Manhattan´s Time Square, Downtown Denver Partnership) und den BIDs in Großbritannien (<http://www.cima.de/projekte/projektdetails.php?id=306>, Zugriff 04.04.2006).

Literaturliste der Behörde im Jahr 2004 neben den bisherigen deutschen Veröffentlichungen (d-plan, CIMA) eine Dissertation über BIDs in Großbritannien (von Fiona Clandillon) und das Paper von Lorlene Hoyt nannte. Der Verfasser des Gesetzentwurfs hatte nach eigenen Angaben ausschließlich die von der Handelskammer verfassten Vorarbeiten sowie behördeninterne Informationen zur Verfügung; die Informationsquellen der Consultants hätten keine Rolle gespielt. Er sagte im Interview, dass es nicht viele Quellen gewesen seien und die Recherche „eher intuitiv als wissenschaftlich-systematisch“ verlaufen sei (Martin Huber, Interview 19.05.2010).

2.1.2 Bewertung der gewonnenen Informationen

Die idealer Weise möglichst vollständig erfassten Informationen sollen nach dem Idealmodell des Transfers im zweiten Schritt bewertet werden, und zwar a) hinsichtlich der Vergleichbarkeit von Problemstellung und Zielen, b) hinsichtlich des Erfolgs oder Misserfolgs der Politik im Originalkontext und c) hinsichtlich möglicher Unterschiede im gesellschaftlichen, wirtschaftlichen und politischen Kontext. Dabei sei zu berücksichtigen, ob die gewünschte Politik im Widerspruch zu gesellschaftlichen Überzeugungen stehe und ob ggf. flankierende Vorschriften oder Institutionen zur erfolgreichen Umsetzung einer Politik erforderlich seien.

Über die Vergleichbarkeit von Problemstellung und Zielen ist im Falle des BID-Transfers durchaus nachgedacht worden. So wurde etwa im Rahmen des BCSD-Hearings intensiv über den Bedarf eines BID-Modells in Deutschland debattiert (vgl. auch das Papier der Handelskammer vom 07.05.1999, s. Abschnitt IV1.1.4) – auch wenn dabei Problemaufriss und Ziele nicht explizit mit der Situation in den USA verglichen wurden. In seinem Vortrag auf dem BCSD-Hearing setzte sich etwa Mario Bloem mit einer möglichen Übertragung auseinander und benannte als Parallelen die Zielrichtung der Standortverbesserung, die vorhandene Nachfrage seitens der Gewerbetreibenden sowie die zunehmende Knappheit öffentlicher Finanzen (BCSD 2003: 14).

Diese zweifellos vorhandenen Ähnlichkeiten der Probleme und Ziele verdeckt aber wesentliche Unterschiede: So sind Aufgaben und finanzielle Ausstattung der öffentlichen Hände nicht vergleichbar, was sich insbesondere auch im Bereich der Stadtplanung zeigt (vgl. Abschnitt III5.4). Auch ist etwa das Niveau öffentlicher Finanzierung nicht vergleichbar, was sich insbesondere im Maß an Sicherheit und Sauberkeit äußert. Die diesseits und jenseits des Atlantiks vorhandene Unzufriedenheit mit Ausstattung und

Zustand des öffentlichen Raums startet von unterschiedlichen Ausgangsniveaus. Und die Probleme US-amerikanischer Zentren sind zwar vom Grundsatz her mit denen deutscher zu vergleichen, aber die hiesige Wertschätzung gewachsener Zentren und die zu deren Schutz eingesetzten Instrumente haben auch hier dazu geführt, dass sich die Probleme in ihrem Ausmaß wesentlich unterscheiden (vgl. Abschnitt III5.5).

In diesem Zusammenhang muss noch erwähnt werden, dass das Instrument BID im Sinne von LÜTZ zu den „einfach strukturierte Politikansätze[n], die gut sichtbar sind, bei denen der Zusammenhang zwischen Ursache und Wirkung deutlich erkennbar ist und die wenig Konfliktpotenzial beinhalten" (2007: 141) zu zählen ist und dies im Vergleich zu komplexeren Politiken die Übertragbarkeit begünstigt.

Die Bewertung hinsichtlich des Erfolgs oder Misserfolgs von BIDs in den USA ist dagegen ein weitaus heikleres Thema. Bezieht man den Begriff „Erfolg" in diesem Zusammenhang auf den Erfolg der BID-Gesetze, also etwa dass durch BIDs das sog. Trittbrettfahrerproblem gelöst werden kann, sind BIDs aufgrund des Zwangsmechanismus sicherlich effektiv. Bezieht man „Erfolg" jedoch darauf, wie effektiv einzelne BID-Maßnahmen sind, scheitert eine Bewertung schon daran, dass derartige Daten aus den USA nicht verfügbar sind. Wie in Abschnitt III4.3.3 dargestellt, ist die Erfolgsmessung von BIDs äußerst unbefriedigend. Die meisten BIDs führen keine systematische Erfolgskontrolle durch und es gibt auch keine vergleichenden Untersuchungen über die Effektivität einzelner Maßnahmen. Die Überzeugung, dass „BIDs Really Work" (MACDONALD 1996a) beruht in der Regel allein auf persönlicher Inaugenscheinnahme, dem Glauben, dass privatwirtschaftliche Lösungen grundsätzlich effektiver seien und bestenfalls einer *output*-Messung in Bezug auf einzelne Maßnahmen (also z.B. wie viele Tonnen Müll gesammelt wurden – nicht jedoch, ob dadurch beispielsweise die subjektive Wahrnehmung von Sauberkeit seitens der Kunden verbessert wurde).

Ebenso wenig existieren wissenschaftliche Studien über etwaige Vor- und Nachteile einzelner gesetzlicher BID-Regelungen. Die einzige verfügbare Publikation, die in diese Richtung zielt, stammt von HOUSTOUN (2003: 17 ff.), der dies auf der Grundlage seiner Erfahrungen als Consultant diskutiert. Die Zielrichtung dieser Diskussion ist, Empfehlungen für einfachere und besser anwendbare Verfahren auszusprechen oder allenfalls noch die Kontrollmöglichkeiten für die Beitragspflichtigen zu verbessern. Gänzlich ausgeblendet sind dabei wichtige Aspekte, wie effektiv etwa unterschiedliche Eingriffsmöglichkeiten der Stadt sind oder die Frage nach der

Begrenzung von Macht und Einfluss von BIDs, insbesondere wenn diese vergleichsweise groß[169] sind. Diese Veröffentlichung ist daher nicht als wissenschaftlich fundiert zu bezeichnen.

Im d-plan-Gutachten wird der „Nutzen der BIDs" (MSWKS 2001: 25) ebenfalls diskutiert – allerdings ohne auf die oben geschilderte Problematik fehlender Erfolgkontrollen einzugehen. Die von BID-Befürwortern ins Feld geführten Vorteile werden im Gutachten unhinterfragt aufgeführt:

> In erster Linie profitieren die Geschäftsleute und Grundeigentümer des BID von den Umsatzzuwächsen, zunehmenden Kundenfrequenzen oder Mietsteigerungen, es gibt aber auch noch weniger deutlich quantifizierbare Auswirkungen wie z.B. die Aufwertung des öffentlichen Raumes, die Verbesserung der Infrastruktur, das erhöhte Sicherheitsempfinden für Besucher und Bewohner und ein wiedererweckter urbaner Erlebniswert. (MSWKS 2001: 25)

Zusammengefasst wäre eine Bewertung, ob BIDs im Originalkontext erfolgreich sind oder nicht, aufgrund dürftiger Quellenlage sehr schwierig. Eine fundierte Auseinandersetzung anhand der wenigen vorhandenen Quellen wurde aber im Transferprozess noch nicht einmal vorgenommen. Stattdessen hat man sich die positiven Aussagen von BID-Befürwortern unkritisch zu Eigen gemacht – möglicherweise auch infolge der weltanschaulich motivierten Vorentscheidung pro BID.

Diese Schwierigkeit, die Leistungsfähigkeit einer Politik objektiv bewerten zu können, ist im Übrigen bei Politiktransfers weit verbreitet. MOSSBERGER und WOLMAN weisen mit Blick auf die von ihnen untersuchten Fallbeispiele auf eine Reihe von Problemen hin, insbesondere auch auf den Verzicht auf systematische Evaluationen („policy making by anecdote rather than by analysis", vgl. Abschnitt II6.2.1).

Eine <u>Prüfung von Anpassungsbedarfen in Bezug auf Unterschiede im gesellschaftlichen, wirtschaftlichen und politischen Kontext</u> ist im Fall des BID-Transfers nicht nachweisbar. An verschiedenen Stellen wurde zwar auf Kontextunterschiede zwischen den USA und Deutschland eingegangen – allerdings mehr intuitiv als systematisch. So hatte Merten Bangemann-Johnson, ein Deutscher, der sowohl in der Landesregierung Brandenburg als auch in der Administration von Tacoma, wo er für die BIDs verantwortlich war, gearbeitet hatte und somit über Einblick sowohl in die deutsche als auch US-amerikanische Verwaltungsmentalität verfügte, im Rahmen der

169 Also entweder über ein großes Budget-Volumen verfügen oder einen wesentlichen Teil des Zentrums einer Stadt oder Gemeinde umfassen.

BCSD-Tagung zu BIDs im Jahr 2003 auf Unterschiede in den Wertvorstellungen hingewiesen:

> Sind BIDs auf Deutschland übertragbar?
>
> … Rechtlich gesehen, haben wir von Herrn Bloem gehört, sollte das über Sonderabgaben sicherlich kein großes Problem sein. …
>
> Nichtsdestotrotz, gibt es definitiv kulturelle Unterschiede, und ich möchte an dieser Stelle einige davon aufzeigen. In den USA besteht eine ‚Volunteerism Tradition' in der Wirtschaft. Die Wirtschaft ist sehr aktiv in der Gesellschaft tätig, und scheut sich nicht, freiwillig Aufgaben zu übernehmen, die der Staat einfach nicht übernehmen kann oder will. Das Steuerrecht spielt da sicherlich eine Rolle. Eine weitere Rolle spielt aber auch die Tatsache, dass es eigentlich keine Zwangsmitgliedschaften in irgendwelchen Organisationen gibt. Ich denke, dass es in Deutschland leider immer noch so ist, dass sich die Wirtschaft relativ gering in der Gesellschaft engagiert. In den USA ist das Vertrauen in den Staat, sowohl seitens der Wirtschaft als auch seitens der Gesellschaft relativ gering. Dies ist in Deutschland eher umgekehrt. Wenn in Deutschland etwas gebraucht wird – zumindest aus meiner Erfahrung – dann wird zunächst einmal der Staat gefragt, ob dieser sich darum kümmern kann. Diese Frage stellt sich in den USA zumeist überhaupt nicht. Dort baut man darauf, dass die Privatwirtschaft grundsätzlich effektiver arbeitet als das der Staat überhaupt nur kann. Hier besteht in Deutschland – auch gerade was Sponsoring etc. angeht – ein ungemeines Misstrauen bezüglich privatwirtschaftlicher Motive. Macht das die Wirtschaft, weil sie etwas in ihrem Umfeld was verbessern will, oder geht es ihr nur darum, unterm Strich mehr Geld zu machen? (Bangemann-Johnson in BCSD 2003: 23)

Diese aus persönlicher Erfahrung gespeisten Erkenntnisse sind zum einen unvollständig, zum anderen wurde nicht nach daraus entstehenden Anpassungsbedarfen für den BID-Transfer gefragt.

Auf „drei gravierende Unterschiede zwischen den Ursprungsländern und der Bundesrepublik" (FHH 2004e: 12) hatte auch Mario Mensing im Rahmen des Workshops in Hamburg am 29.01.2004 im ArchitekturCentrum hingewiesen:

- Anders als in den USA genießen öffentlich-rechtliche Stadtplaner und -entwickler hier ein gutes Ansehen. Die Kommunen neigen nicht dazu, Aufgaben und Verantwortung abzugeben, sondern neue an sich zu ziehen. Wo dennoch abgegeben wird, versuchen die Kommunen durch Rechtskonstruktionen und Verträge politischen Einfluss zu wahren. Eine von weiten Teilen der Gesellschaft getragene Grundüberzeugung wie in Amerika, dass private Unternehmen grundsätzlich effizienter und kostenbewusster agieren, besteht in Deutschland nicht. Stattdessen besteht eine latente Skepsis gegenüber ‚der' Wirtschaft, sie sei nur von vordergründiger Profitgier getrieben.
- Die Quote unserer Steuern und Gebühren ist unvergleichlich höher als in den USA. Eine zusätzliche BID-Abgabe im Sinne der dargestellten Selbstbesteuerung der

Grundeigentümer trifft also hier auf eine höhere Ausgangsbelastung, die weniger Spielräume lässt. Auch das Feld der Selbstverwaltung der Wirtschaft ist mit den Industrie- und Handelskammern bereits gut besetzt, deren Finanzierung auf Zwangsmitgliedschaft basiert.

- Es bestehen unter Juristen unterschiedliche Auffassungen darüber, welche Spielräume die Auslegung des Gleichbehandlungsgrundsatzes unserer Verfassung für eine ‚punktuelle' Belastung des Eigentums in einen (nur) räumlich definierten Bereich zulässt. (Mensing in: FHH 2004e: 12)

Zu den von Bangemann-Johnson genannten Unterschieden vor allem im Verhältnis zwischen Staat und Privaten und Steuerlast tritt hier noch der Hinweis auf die in Deutschland per Grundgesetz garantierte „Gleichwertigkeit der Lebensverhältnisse".

Etwas ausführlicher hat WIEZOREK die Kontextunterschiede untersucht (2004, Kap. 13.1-13.4) und „[d]ie für die Tätigkeit der BIDs relevanten gesellschaftlichen Rahmenbedingungen …, [die] die kulturelle Tradition, die historische Stadtentwicklung, das Staatsverständnis sowie den Charakter des Planungssystems, Aspekte des Steuersystems und die gesetzliche Legitimation [umfassen]" (ebd. 113) vergleichend dargestellt. Die Frage nach etwaigen sich daraus ergebenden Anpassungsnotwendigkeiten wurde dagegen auch hier nicht gestellt und diese dementsprechend auch nicht geprüft.

Sorgfältig geprüft wurde dagegen die Frage, wie BIDs in den deutschen Rechtsrahmen einzufügen seien. Zwei Gutachten beschäftigen sich mit dieser Frage: Im vom damaligen nordrhein-westfälischen Ministerium für Städtebau und Wohnen, Kultur und Sport (MSWKS) beauftragten Gutachten hatte d-plan mit dem Rechtsanwalt Dr. Stefan Bock kooperiert und die rechtlichen Fragen untersuchen lassen. Dieses Gutachten trägt explizit den Titel „Untersuchung von Business Improvement Districts (BIDs) in Bezug auf Möglichkeiten einer Übertragbarkeit auf innerstädtische Geschäftsquartiere in Nordrhein-Westfalen". Der von den Autoren verfolgte Untersuchungsansatz verzichtet allerdings gänzlich auf einen Einbezug unterschiedlicher gesellschaftlicher oder ökonomischer Kontextbedingungen und beschränkt sich auf die Frage der rechtlichen Übertragbarkeit:

> Zur Beurteilung, ob die Arbeitsweise der Business Improvement Districts mit ihrer Kombination von Eigeninitiative, Selbstbesteuerung und Selbstverwaltung auch in nordrhein-westfälischen Städten Anwendung finden kann, werden in der vorliegenden Untersuchung zunächst die wesentlichen Grundzüge der Business Improvement Districts herausgearbeitet, um darauf aufbauend die Möglichkeiten einer rechtlichen bzw. organisatorischen Übertragbarkeit auf innerstädtische Quartiere in Nordrhein-Westfalen zu erörtern. (MSWKS 2001: 5)

Mit Bezug auf die rechtliche Übertragbarkeit wurde betont, dass das „zentrale Strukturelement des BID“ nämlich die Verknüpfung von einem „auf Freiwilligkeit und Eigeninitiative gegründete[n] Zusammenschluß [sic] Privater“ mit „dem durch hoheitliche Mittel – also auch durch Zwang – bewirkten Einzug des für die Aufgabenerfüllung des BID benötigten Finanzaufkommens ... in der bundesdeutschen Rechtslandschaft – zumindest auf lokaler Ebene – soweit ersichtlich ohne Beispiel“ sei (ebd. 27). Untersucht wurde daraufhin insbesondere die Einpassung in abgaben- und organisationsrechtlicher Hinsicht, also zum einen die Frage, ob die BID-Abgabe in Form einer Steuer, einer Gebühr oder als Beitrag zu erheben sei und zum anderen die Prüfung verschiedener privatrechtlicher oder öffentlichrechtlicher Organisationsformen – also als Verein, Gesellschaft bürgerlichen Rechts oder als GmbH bzw. als Körperschaft, Anstalt oder Stiftung.

Auf weitere rechtliche Fragen ging das zur Prüfung des Hamburger GSED-Entwurfs beauftragte Rechtsgutachten von Prof. Dr. Johannes Hellermann und Prof. Dr. Georg Hermes vom August 2004 ein:

> Auftrag des nachfolgenden Gutachtens ist es, die Vereinbarkeit des Entwurfs eines Gesetzes zur Stärkung der Einzelhandels- und Dienstleistungszentren mit höherrangigem Recht, d.h. mit einfachem Bundesrecht, mit formellen und materiellen Vorgaben des Grundgesetzes sowie mit dem Europäischen Gemeinschaftsrecht umfassend zu untersuchen. (FHH 2004d: 2)

Insbesondere auf die Prüfung der Verfassungsmäßigkeit im Hinblick auf das Demokratieprinzip wird weiter unten noch einzugehen sein (Abschnitt IV5.3). Die Frage der Einpassung in das in Deutschland geltende Demokratieprinzip wurde also in Form eines Rechtsgutachtens geprüft – allerdings auch hier wieder ohne Blick auf das im Ausgangskontext bestehende Verständnis. Das Rechtsgutachten hatte also explizit nicht die Aufgabe, die Übertragbarkeit mit Blick auf unterschiedliche (rechtliche, gesellschaftliche, ökonomische) Kontexte, sondern lediglich die Einpassung eines neuen Instruments in den deutschen rechtlichen Kontext zu prüfen.

Der von MOSSBERGER und WOLMAN formulierten Notwendigkeit, die über das zu transferierende Modell gewonnenen Informationen hinsichtlich verschiedener Kriterien zu bewerten, wurde hier also erkennbar nur sehr rudimentär und unsystematisch entsprochen. Die Vergleichbarkeit von Zielstellungen und Problemstellung ist grundsätzlich gegeben, auch wenn sich insbesondere die Probleme in ihrem Ausmaß unterscheiden. Der Erfolg von BIDs im Originalkontext wurde unkritisch unterstellt, was nur zum Teil auf eine unvollständige Datengrundlage zurückzuführen ist. Unterschiede im gesellschaftlichen, politischen und ökonomischen Kontext wurden zwar zum Teil benannt, aber weder systematisch erfasst noch wurden daraus Anpassungsbedarfe abgeleitet. Auch diese Befunde decken sich mit den von MOSSBERGER und WOLMAN identifizierten typischen Fehlern bei der Informationsbewertung. Die von ihnen in diesem Kontext konstatierte „form of policy making by anecdote rather than by analysis" (ebd.) korrespondiert dabei mit der Feststellung von Martin Huber, die Informationsbeschaffung sei „eher intuitiv als wissenschaftlich-systematisch" verlaufen (Interview 19.05.2010).

Dass die im Verlauf des BID-Transfers vorgenommenen Anpassungen dennoch – wenn auch nicht solchermaßen begründet – teilweise auf Kontextunterschiede reagieren, wird weiter unten noch zu zeigen sein (s. Kap. IV5).

2.1.3 Anwendung des Wissens im Entscheidungsprozess

Der letzte Schritt im rationalen Politiktransfermodell von MOSSBERGER und WOLMAN ist die Anwendung des gewonnenen Wissens im Entscheidungsprozess. Aufgrund ihrer Erkenntnisse aus der Auswertung von Fallstudien stellen sie allerdings fest, dass „it is unclear whether problems resulted from a lack of understanding or a lack of application" (2003: 435). Ähnlich verhält es sich im Fall des BID-Transfers: Es lässt sich im Verlauf nicht genau nachzeichnen, ob Informationen unbeabsichtigt verloren gingen oder bewusst außen vor gelassen wurden. Auf die Unterschiede zwischen dem Hamburger BID-Gesetz und den (untersuchten) US-BID-Gesetze (vgl. Abschnitt IV3.1.3) im Interview angesprochen, konnte der Verfasser des Gesetzes die Abweichungen sachlich begründen; dies gilt für die Entscheidung für das Aufgabenträger-Modell, die Laufzeitbegrenzung, den Verzicht auf eine verbindliche Regelung der Beteiligung (etwa in Form eines Lenkungsausschusses) und den Verzicht auf Ausnahmeregelungen für Wohnungseigentümer. Diese Begründungen weisen darauf hin, dass diese Regelungen bewusst und mit Bezug auf den deutschen (Rechts-) Kontext getroffen wurden. Auch die Antworten auf die (kritischen) Fragen der Abgeordneten im Rahmen der bürgerschaftlichen Anhörung (BÜRGERSCHAFT DER FHH: 2004b) deuten auf eine profunde Auseinandersetzung mit den vorhandenen Informationen hin.

Zum anderen waren Interviewpartnern bestimmte US-amerikanische Regelungen bzw. deren Verbreitung nicht geläufig oder zumindest nicht (mehr) bewusst, wie z.B. das Fehlen einer Laufzeitbegrenzung (Martin Huber). Andere Informationen sind in der deutschen Debatte schlichtweg nicht aufgetaucht, wie z.B. die staatlichen Kontrollinstrumente oder die durchaus übliche Einbindung von ex-officio-Mitgliedern in den US-amerikanischen BID-*Boards*.

Aus den vorhandenen Indizien lässt sich somit schließen, dass das vorhandene – mit den dargestellten Mängeln behaftete Wissen – im Gesetzgebungsprozess weitgehend angewendet wurde.

2.2 Analyse nach dem „interdisziplinären Mehrebenen-Ansatz" von EVANS und DAVIS

Im letzten Analyseschritt erfolgt nun die Anwendung des in Abschnitt II6.2.2 vorgestellten „interdisziplinären Mehrebenen-Ansatzes" von EVANS und DAVIS. Dabei wird zunächst das BID-Transfernetzwerk mit den von diesen beiden Autoren vorgestellten allgemeinen Kriterien für das Vorliegen eines Politiktransfer-Netzwerkes abgeglichen. Danach wird der Prozess anhand der von EVANS und DAVIS vorgeschlagenen zwölf Schritte Recognition, Search, Contact, Emergence of Information Feeder Network, Cognition and Reception, Emergence of Transfer Network, Elite & Cognitive Mobilization, Interaction, Evaluation, Decision Enters Policy Stream, Process, Outcome (vgl. EVANS; DAVIES 1999: 377 ff. und EVANS 2004: 50 ff.) analysiert. Daraus ergibt sich die Strukturierung der folgenden Abschnitte.

Zunächst muss geprüft werden, ob es sich im Falle des BID-Transfers überhaupt um ein „Politiktransfer-Netzwerk" im Sinne von EVANS und DAVIES handelt. Die Analyse von EVANS und DAVIES setzt ein mit dem Erkennen eines Problems durch Entscheidungsträger. Das eigentliche Politiktransfer-Netzwerk entsteht also erst, wenn ein staatlicher Akteur ein Problem erkennt und beginnt, nach einer Lösung zu suchen.

Als mögliche Anfangszeitpunkte[170] für die Entstehung eines Politiktransfer-Netzwerkes kommen im Falle des BID-Transfers das Jahr 1999, als in Hamburg die ersten innerbehördlichen Gesprächsrunden zum Thema BID stattfanden, oder aber das Jahr 2003, als der Transferprozess richtig ins Rollen kam, in Frage. Für den späteren Zeitpunkt spricht, dass das Netzwerk erst ab diesem Zeitpunkt recht stabil war. Für 1999 wurden von

170 Da bei dieser Betrachtung Hamburg im Fokus steht, das als erstes Bundesland ein BID-Gesetz eingeführt hat, wird hier die vorangegangene Entwicklung in Nordrhein-Westfalen vernachlässigt.

Bernd Reichhardt im Interview als Teilnehmer an den behördeninternen Runden einige Personen genannt, die später keine Rolle mehr spielten. Ebenso war das Beratungsbüro d-plan anfangs noch als Experte dabei, rückte aber nach 2003 zunehmend in den Hintergrund. Zudem wurde erst im Verlauf des Jahres 2003 die klare politische Absicht geäußert, ein BID-Gesetz in Hamburg einzuführen.

Zu den Teilnehmern des ab 2003 entstehenden Netzwerkes sind u. a. zu zählen: die Handelskammer Hamburg (insbesondere Bernd Reichhardt sowie weitere Personen, die Informationen zulieferten oder Gutachten schrieben); Behördenvertreter; Vertreter der Consulting-Firma CIMA GmbH; Vertreter des BCSD; sowie Vertreter des als Pilotprojekt geplanten BIDs Neuer Wall. Die genannten Akteure sind als Schlüsselakteure zu sehen, die den Prozess vorangetrieben haben; daneben war eine Reihe weiterer Akteure am Prozess beteiligt. Bei den Schlüsselakteuren ist ein gemeinsames Wertesystem zu erkennen: Die Überzeugung, dass der Staat nicht alle Probleme lösen kann; der Glaube an die Effektivität von Selbsthilfe und der Wunsch, gesellschaftliche Akteure an Stadtentwicklungsprozessen zu beteiligen. Das Netzwerk ist somit als gut integriert zu bezeichnen, kommuniziert häufig und tauscht die notwendigen Informationen aus. Während die Stadt Hamburg als „client" zu betrachten ist, ist die Handelskammer Hamburg der wichtigste „agent of transfer". Dieser und die übrigen Teilnehmer des Netzwerkes verfügen über wichtige Ressourcen, vor allem im Hinblick auf Informationen, aber auch über Kontakte zu Quartiersakteuren und ein Netzwerk von meinungsführenden Spezialisten. Die Abhängigkeit des „client" von den extern zugelieferten Informationen ist klar erkennbar: So wurde seitens des Gesetzesverfassers praktisch keine eigene Recherche betrieben. Die mit der BID-Einführung vom „client" verfolgten Ziele können auf zwei Ebenen identifiziert werden: Einerseits sollte das Problem der Einbindung von Eigentümern in Quartiersinitiativen zur Aufwertung des öffentlichen Raums gelöst werden (im Rahmen des in der Senatsdrucksache „Metropole Hamburg – Wachsende Stadt" beauftragten „Handlungskonzepts zur Stärkung des öffentlichen Raums in den Zentren"); andererseits wollte der Senat aber auch seine Handlungsfähigkeit im Rahmen eines von ihm selbst angestrebten Politikwechsels unter Beweis stellen (vgl. die Rede vor dem Überseeclub). Diese beiden Ziele des „client" konnte der „agent of transfer" – durchaus in seinem eigenen Interesse – hervorragend befriedigen; die BID-Einführung stellt für alle Akteure ein „Positivsummenspiel" dar. Das Netzwerk ist also als „kraftvoll" im Sinne einer erfolgreichen Zielerreichung zu betrachten. Die von EVANS

(2004: 48, Table 3.2) erarbeiteten Kriterien für ein Politiktransfer-Netzwerk sind somit vollumfänglich erfüllt (vgl. auch Tab. 22 weiter unten).

Die erste Phase der Problemerkennung (*recognition*) ist, wie oben bereits für das Politik-Netzwerk begründet, im Jahr 2003 anzusetzen. Zu diesem Zeitpunkt waren mehrere Voraussetzungen zur BID-Einführung erfüllt: Ein Problembewusstsein seitens der Politik (in Form des beauftragten Handlungskonzeptes für den öffentlichen Raum); ein erkannter Bedarf (durch die Forderungen von Quartiersinitiativen, insbesondere des Neuen Walls) und der politisch erklärte Wille, die BID-Einführung als Teilprojekt des vorgesehenen Politikwechsels zügig umzusetzen. Die Phase 2 der Suche nach Lösungen (search) entfällt für die politischen Entscheidungsträger, da die Lösung bereits bekannt war.[171] Die Lösung wurde bereits durch den potenziellen „agent of transfer" präsentiert; der Kontakt zwischen „client" und „agent of transfer" (Phase 3) bestand also bereits. Die Handelskammer war durch ihren öffentlich-rechtlichen Charakter prädestiniert für diese Rolle und hat sie durch ihre Aktivitäten zur Informationsbeschaffung und -verbreitung und dem Aufbau eines eigenen BID-Netzwerkes weiter untermauert (Phase 4, emergence of information feeder network). Die Rede des Ersten Bürgermeisters vor dem Überseeclub und die Reaktion der Handelskammer darauf[172] unterstreicht das gemeinsame Wertesystem. Zu diesem Zeitpunkt hat die Kenntnis des Instruments BID die höchste politische Ebene in Hamburg erreicht und ist dort positiv aufgenommen worden (Phase 5, cognition and reception). Mit dem Auftrag an die Behörde für Bau und Verkehr (BBV) vom 07.10.2003, federführend „in Abstimmung mit der BWA [Behörde für

171 Im Falle der Handelskammer könnten diese beiden Phasen sauber unterschieden werden, da dort bereits seit Jahren das Problem fehlender Einbindung von Eigentümern in Aufwertungsbemühungen für den öffentlichen Raum bekannt war. Es wurden verschiedene Ansätze erprobt (so u. a. eine Einbindung auf freiwilliger Basis). Die Kenntnisnahme des Instruments BID fiel so bereits auf vorbereiteten Boden, da die Grenzen vorhandener Instrumente leidlich bekannt waren. Zu nennen ist in diesem Rahmen insbesondere das zitierte Papier der Handelskammer von 1999, in dem sie sich intensiv mit den notwendigen Eigenschaften einer Lösung auseinandersetzt. Im Übrigen wird an diesem Fall auch deutlich, dass die Phasen nicht zeitlich hintereinander folgen, sondern eher analytisch unterschieden werden können.

172 „Dass Sie dabei insbesondere auf die Wichtigkeit der für unsere Wirtschaftsordnung zentralen Prinzipien: Freiheit, Eigenverantwortung und Subsidiarität hingewiesen haben, findet unsere volle Zustimmung. … Die Freie und Hansestadt Hamburg könnte mit der Realisierung von BIDs eine echte Vorreiterrolle in Deutschland einnehmen." (FHH o.J. a; aus dem Schreiben vom 24.09.2003 des Hauptgeschäftsführers der Handelskammer, Prof. Dr. Hans-Jörg Schmidt-Trenz, an den Ersten Bürgermeister).

Wirtschaft und Arbeit] und dem Senatsamt für Bezirksangelegenheiten die Einführung dieses Modells für Hamburg zu prüfen" (FHH o.J. a) und der Einrichtung einer behördeninternen Arbeitsgruppe unter Hinzuziehung der Handelskammer beginnt Phase 6 (emergence of transfer network). Der Kontakt zwischen der BBV und der Consulting-Firma CIMA war zu diesem Zeitpunkt bereits hergestellt (vgl. E-Mails zwischen dem 21.03.-29.06.2003 mit inhaltlichen Nachfragen seitens der Behörde im Nachgang zum BCSD-Expertenhearing, ebd.); die CIMA konnte sich so als Informationslieferant profilieren (vgl. die Urheberschaft von Handelskammer bzw. BCSD/CIMA für die meisten genannten Quellen, Abschnitt IV1.1.3).

Die Teilnehmer des Netzwerks zeichnen sich durch eine bedingungslose Unterstützung des Modells BID aus; so sagte Mario Mensing im Interview, dass die CIMA für BIDs Partei ergriffen hätte und eine kritische Auseinandersetzung[173] mit BIDs bewusst ausgeblendet habe (Interview 21.04.2010). Die von EVANS aufgeworfenen normativen Fragen zur Legitimität des Netzwerkes stellen sich somit in vollem Umfang: Am Netzwerk nehmen Akteure teil, die durch ihre Funktion und/oder ihr Wissen dazu qualifiziert sind; eine klare Legitimation im demokratietheoretischen Sinne kann daher von vorneherein nicht gegeben sein. Die im Netzwerk geführte Auseinandersetzung ist auch zu keinem Zeitpunkt öffentlich oder öffentlich nachvollziehbar geführt worden. Die später im Stadtentwicklungsausschuss der Bürgerschaft geführte Diskussion war zwar durchaus kritisch, konnte aber an den auf Netzwerkentscheidungen basierenden grundsätzlichen Weichenstellungen nichts mehr ändern.

Als „cognitive mobilization" sind die Aktivitäten der Handelskammer zur Information von politischen Entscheidungsträgern zu sehen (so u. a. von Abgeordneten insbesondere der Regierungsfraktion, mehrere Bezirksversammlungen), von Interessensgruppen (insbesondere der Grundeigentümer sowie des Handels) und interessierten Quartieren (u. a. auch Bergedorf), die die Handelskammer verstärkt nach dem BCSD-Hearing unternahm. Den Zugang zu Wisseneliten als „elite mobilization" stellte die Handelskammer zu verschiedenen Zeitpunkten her: Zunächst vermittelte sie den Kontakt zwischen d-plan und der Hamburger Stadtentwicklungsbehörde; später konnte sie durch den Kontakt zu CIMA/BCSD und die intensive Zusammenarbeit zum Austragungsort des ersten BID-Kongresses

173 Insbesondere mit ideologisch motivierten kritischen Einwänden. Im Übrigen wurde aber auch die nicht-ideologisch motivierte und auf empirischen Daten beruhende kritische Untersuchung über US-BIDs (COUNCIL OF THE CITY OF NEW YORK 1995) nicht berücksichtigt.

(BCSD-Hearing) werden und nicht zuletzt konnte sie durch die frühzeitige Information alle notwendigen Akteure, die im Rahmen des BID-Gesetzgebungsverfahrens beteiligt wurden, für das Projekt BID begeistern. Diese Phase 7 ist also zwar analytisch identifizierbar, aber nicht genau zeitlich einzugrenzen, auch wenn in 2003 eine deutliche Intensivierung dieser Aktivitäten feststellbar ist. Gleiches gilt für Phase 8 (*interaction*): Die Handelskammer organisierte und beteiligte sich an einer Reihe von Veranstaltungen zum Thema BID (siehe z.B. der gemeinsame Vortrag mit d-plan im Rahmen des Städtebauseminars bereits im Jahr 2000; das BCSD-Hearing 2003; der Besuch zahlreicher Quartiersinitiativen und politischer Gremien). Sie nahm an Studienreisen teil und motivierte andere Akteure, BIDs zu besuchen (so z.B. CDU-Abgeordnete, denen nahe gelegt wurde, sich im Rahmen einer bereits geplanten USA-Reise auch BIDs anzusehen; Bernd Reichhardt, Interview 23.04.2010).

Die Evaluationsphase (Phase 9) beginnt mit dem Referentenentwurf des GSED, in dem zahlreiche Festlegungen getroffen wurden, die den späteren Prozess entscheidend prägten (vgl. Abschnitt IV1.2.1). Weitere Feinjustierungen wurden während der Diskussion des Entwurfs vorgenommen, also im behördeninternen Workshop, in der Abstimmung mit den Verbänden und den anderen Behörden.

Die Funktion der Handelskammer und der CIMA als „gatekeeper" für Informationen sind im BID-Transferprozess klar erkennbar. Dennoch weicht im Falle des BID-Transfers der Gesetzentwurf deutlich von den Vorstellungen des „agent of transfer" ab: So hatte die Handelskammer von Beginn an eine körperschaftsrechtliche Lösung mit einer klar geregelten Beteiligung der Betroffenen angestrebt und sich auch nach Akzeptanz der Aufgabenträger-Lösung für eine Festschreibung eines Lenkungsausschusses im Gesetz ausgesprochen. Im Rahmen des Referentenentwurfs nahm der „client" somit eine eigenständige Umsetzung der vorliegenden Informationen vor.

In den formalen (parlamentarischen) Entscheidungsprozess (Phase 10) wurde der GSED-Entwurf mit der Drucksache 18/960 vom 29.09.2004 in Form einer Mitteilung des Senats an die Bürgerschaft eingespeist (FHH 2004a). Wie oben (Abschnitt IV1.2.3) dargestellt, erfolgten im Verlauf der parlamentarischen Debatte (Phase 11) keine inhaltlichen Veränderungen des Gesetzentwurfs mehr. Das Ergebnis (Phase 12) schließlich ist ein BID-Gesetz, das in Hamburg (und anderen Bundesländern) bereits mehrfach angewendet wird. Das GSED hat mittlerweile eine Korrektur erfahren (vgl. Abschnitt IV3.1.1).

Die Erkenntnisse der Analyse abschließend noch einmal in der folgenden Übersicht dargestellt:

Tab. 22: Charakteristika des Politiktransfer-Netzwerkes im Falle des BID-Transfers

Kriterium	BID-Transfer-Netzwerk
Membership *number of participants*	Eine sehr überschaubare Zahl von Akteuren; insbesondere die Zahl der Schlüsselakteure ist eng begrenzt. Das BID-Transfer-Netzwerk ist als Beispiel für Governance zu werten.
type of interest	Repräsentiert ist die Hamburger Verwaltung, die Handelskammer, Consulting-Firmen sowie weitere Interessensgruppen. Hinzugezogen wurden externe Experten, wie z.B. Juristen, die aber nicht stabil im Netzwerk verblieben.
Integration	
frequency of interaction	Der eigentliche Transfer vollzog sich innerhalb von anderthalb bis zwei Jahren (2003 bis Ende 2004). Häufige Kontakte waren durch die regelmäßigen Treffen der behördeninternen Arbeitsgruppe gegeben; von weiterem intensiven Austausch muss ausgegangen werden.
Continuity	Kontakte innerhalb des Netzwerks bestanden bereits vor der BID-Einführung und wurden auch darüber hinaus fortgeführt (z.B. im Rahmen von nachfolgenden BID-Veranstaltungen); die Handelskammer ist an der Umsetzung der Politik weiterhin beteiligt. Allerdings hat der Akteur CIMA im eigentlichen Gesetzgebungsprozess keine Rolle mehr gespielt. Das Politiktransfer-Netzwerk hat sich also nur teilweise aufgelöst.
Consensus	Alle Teilnehmer verbindet ein gemeinsames Wertesystem. Die Consulting-Firma hatte zusätzlich ein privates Gewinninteresse, das naturgemäß von den übrigen Beteiligten nicht geteilt wurde. Dieses hatte aber auf den Prozessverlauf keinen Einfluss.
Resources	
distribution of resources (within network)	Die Ressourcen insbesondere der Handelskammer waren von entscheidender Bedeutung für den Erfolg des BID-Transfers.
distribution of resources (within participating organizations)	Die Ressourcenverteilung ist extrem asymmetrisch: Während die Handelskammer über die Schlüsselinformationen und -kontakte verfügt, obliegt der Behörde die Entscheidung über die Einleitung und die wesentlichen Eckpunkte eines Gesetzes.
Power	Die Protagonisten-Rolle der Handelskammer, die auf die Problemlage und die mögliche Lösung aufmerksam macht, ist unverkennbar. Dies und ihr öffentlich-rechtlicher Status begründet das Vertrauen des „client" in die Qualität der Informationen. Dennoch ist eine eigenständige Position des „client" in der Interpretation der Informationen und deren Umsetzung in einen konkreten Gesetzentwurf erkennbar.

Eigene Darstellung in Anlehnung an EVANS 2004: 58

2.3 *Fazit: Analyse des BID-Transfers*

In diesem Kapitel wurden die in Teil II vorgestellten beiden theoretischen Ansätze zur Untersuchung von Politiktransfers auf den BID-Transfer angewendet. Im ersten Abschnitt wurde der idealtypische, rationalen Kriterien folgende Ansatz von MOSSBERGER und WOLMAN angewendet; allerdings nicht – wie von den Autoren intendiert – als Handlungsanleitung für Entscheidungsträger, sondern als Vergleichsfolie für den realen BID-Transfer zur Identifikation von möglichen Fehlerquellen im Transferprozess. Der Erkenntnisgewinn aus diesem Analyseschritt lässt sich wie folgt zusammenfassen: Im Verlauf des BID-Transferprozesses lassen sich – insbesondere in den Phasen der Informationsgewinnung und -bewertung – Unzulänglichkeiten feststellen, die aber durchaus typisch für reale Politiktransferprozesse sind. Lücken sind insbesondere im ersten Schritt (Sorgfalt in der Informationsbeschaffung) zu erkennen, mit Bezug auf die Beschaffung von Informationen und Veröffentlichungen, die eine kritische Perspektive gegenüber BIDs einnehmen oder mögliche Nachteile diskutieren. Angesichts der Tatsache, dass die eingeholten Informationen überwiegend von Experten geliefert wurden, die Befürworter von BIDs waren, wäre für eine neutrale Bewertung eine kritische Auseinandersetzung mit der Qualität dieser Informationen notwendig gewesen; dies ist aber nicht zu erkennen. Im Gegenteil wurde aufgrund ähnlicher weltanschaulicher Einstellungen diesen Informationen ein hohes Vertrauen entgegen gebracht.

Auch im zweiten Schritt (Bewertung der gewonnenen Informationen) sind im Vergleich zum idealtypischen Vorgehen Versäumnisse zu erkennen: Gibt es noch eine gewisse Ähnlichkeit hinsichtlich der Vergleichbarkeit von Problemstellung und Zielen, fehlt eine kritische Auseinandersetzung mit dem Erfolg von BIDs, deren Maßnahmen oder einzelnen gesetzlichen Regelungen. Dies erscheint angesichts des Mangels an entsprechender Literatur zu den US-BIDs allerdings auch kaum leistbar. Ebenso wenig wurde schließlich eine systematische Analyse der unterschiedlichen Kontextbedingungen und möglicher, sich daraus ergebender Anpassungsbedarfe unternommen. Anpassungen wurden – aus einer unmittelbaren Notwendigkeit heraus – in Bezug auf das Rechtssystem vorgenommen. Da das jeweilige Rechtssystem die in einem Kapitalismus- und Gesellschaftstyp üblichen Verfahren spiegelt, können die genannten Anpassungen teilweise auch als Anpassungen an den neuen Kontext gedeutet werden. Dies gilt zum Beispiel für den Verzicht auf eine eigene Rechtspersönlichkeit und entsprechend deren demokratische Legitimation (s. Näheres dazu in Kap. IV5).

Soweit erkennbar, wurde dagegen das gewonnene Wissen im Gesetzgebungsprozess auch angewendet (Schritt 3).

Der BID-Transferprozess reiht sich mit diesen Unterlassungen also gänzlich in die von MOSSBERGER und WOLMAN bei der Analyse von Fallbeispielen festgestellten typischen Fehler bei Politiktransferprozessen ein (vgl. Abschnitt II6.2.1). Der BID-Transfer folgte der Logik einer politisch gewollten, raschen Einführung und nicht einem systematischem, dem von MOSSBERGER und WOLMAN empfohlenen vergleichbaren, Vorgehen begrenzter Rationalität.

Der zweite Abschnitt widmete sich einer Analyse der beteiligten Akteure und der Kontextbedingungen mit Hilfe des interdisziplinären Mehrebenen-Ansatzes von EVANS und DAVIS. Die Analyse der Prozesse und Strukturen des BID-Transfers zeichnet deutlich die unterschiedlichen Rollen nach, die staatliche und nicht-demokratisch legitimierte gesellschaftliche Akteure beim Zustandekommen des GSED gespielt haben – in den Worten von EVANS ein klarer Fall von „collaborative governance" (2004: 45). Während die Handelskammer und Consulting-Unternehmen eine entscheidende Rolle in der Propagierung von BIDs und der notwendigen Informationsbeschaffung gespielt haben, haben die Verwaltungsakteure ihren Entscheidungsspielraum auf dieser Grundlage autonom genutzt. Die eigentlichen Gesetzgeber, die Abgeordneten, stellten im parlamentarischen Verfahren zwar eine Reihe von kritischen Nachfragen, verließen sich aber letztendlich ähnlich wie die Exekutive auf die Informationen und Einschätzungen der Experten.

Die Analyse verdeutlicht aber auch, dass die erfolgreiche Einführung von BIDs voraussetzungsvoll war. Eine entscheidende Voraussetzung war die ideologische Nähe der Schlüsselakteure untereinander, aber auch in Bezug auf die relevanten Werte im Ausgangskontext, den USA. Ebenso von Bedeutung war die der BID-Einführung zugedachte Rolle als Paradebeispiel für den von der CDU-Regierung angestrebten Politikwechsel. Der unermüdliche und engagierte Einsatz des „agent of transfer" bereits vor der Entstehung des eigentlichen Transfernetzwerkes fiel somit auf gut vorbereiteten Boden.

Zu beachten ist, dass die BID-Einführung insbesondere in den Phasen 1 (recognition) und 2 (search) vom von EVANS und DAVIES idealtypisch skizzierten Verlauf abweicht, denn idealtypisch erfordert ein politisches

Problem eine dringende Lösung: „the emergence of a policy transfer network begins with the recognition by a decision-making elite, politicians or bureaucrats, of the existence of a decision problem which requires, due to contextual factors, pressing attention." (1999: 377, Hvhb. d. Verf.) Erst ausgehend von der erkannten Problemstellung beginnt die Suche nach geeigneten Instrumenten. Im Fall des BID-Transfers ist das Problem eher als latent fortbestehend zu beschreiben, und erst aufgrund der Kenntnis eines möglichen Lösungsansatzes (nämlich BIDs) beginnen die Akteure, bei der Politik vorstellig zu werden und die Einführung dieser Lösung zu verlangen. Die Suche nach alternativen Lösungsmöglichkeiten fand daher gar nicht statt und beschränkte sich auf mögliche rechtliche „Kleider" für das Modell BID.

Am Rande sei noch bemerkt, dass im Falle des BID-Transfers nach Deutschland anders als beim Transfer in andere Staaten (vgl. Kapitel III6) der US-amerikanische Interessenverband *International Downtown Association* (IDA) keine wesentliche Rolle gespielt hat. Zwar finden sich in der Mitgliederliste der IDA acht deutsche Mitglieder, die meisten davon Vertreter von Handelskammern (Auskunft per e-Mail von Rowena Gono, IDA; 22.01.2009); allerdings tauchen Vertreter der IDA in keiner deutschen Veranstaltung auf und diese Kontakte haben nach Aussage der interviewten Experten auch keine Rolle gespielt. Vielmehr hatten sich die Experten ein eigenes Netzwerk von internationalen Fachleuten zum Thema BID aufgebaut.

Methodisch sind die gewählten Ansätze als geeignet für die gewünschten Analysezwecke anzusehen. Die von MOSSBERGER und WOLMAN entwickelten Kriterien für einen erfolgreichen Politiktransferprozess erwiesen sich – obwohl als Handlungsanleitung für Entscheider gedacht – als taugliches Instrument auch für die nachträgliche Analyse. In dieser Weise wurden diese Kriterien im Übrigen auch von den Autoren selbst angewandt, um typische Fehler in Politiktransferprozessen zu identifizieren. Mit dem Tool konnten Fehler im BID-Transfer-Prozess identifiziert werden und mit den von MOSSBERGER und WOLMAN genannten typischen Fehlern abgeglichen werden. Der Ansatz des Politiktransfernetzwerks von Evans und Davies schließlich war ausgesprochen hilfreich für die Analyse der Strukturen und der Akteursrollen, die die BID-Einführung begünstigt bzw. erst ermöglicht haben.

3 Business Improvement Districts in Deutschland

3.1 Die bisherigen BID-Gesetze in Deutschland

Fünf Jahre nach Einführung des ersten BID-Gesetzes in Deutschland gibt es mittlerweile insgesamt sechs Bundesländer, die gesetzliche Grundlagen für BIDs geschaffen haben:

Tab. 23: Übersicht über die sechs BID-Gesetze in Deutschland

Bundesland	Name des BID-Gesetzes	beschlossen am	in Kraft getreten zum
Hamburg	Gesetz zur Stärkung der Einzelhandels- und Dienstleistungszentren (GSED)	28.12.2004	01.01.2005
Hessen	Gesetz zur Stärkung von innerstädtischen Geschäftsquartieren (INGE)	21.12.2005	01.01.2006
Schleswig-Holstein	Gesetz über die Einrichtung von Partnerschaften zur Attraktivierung von City-, Dienstleistungs- und Tourismusbereichen (PACT-Gesetz)	13.07.2006	27.07.2006
Bremen	Bremisches Gesetz zur Stärkung von Einzelhandels- und Dienstleistungszentren	18.07.2006	19.07.2006
Nordrhein-Westfalen	Gesetz über Immobilien- und Standortgemeinschaften (ISGG NRW)	10.06.2008	20.06.2008
Saarland	Gesetz zur Schaffung von Bündnissen für Innovation und Dienstleistung (BIDG)	26.09.2007	27.09.2007

Nordrhein-Westfalen führt neben den gesetzlichen ISGen auch das Förderprogramm für freiwillige ISGen fort; dabei wird die Entscheidung, dass beide Formen unter dem Begriff „Immobilien- und Standortgemeinschaften (ISG)" gefasst werden, in Zukunft zu Verwirrung beitragen.[174] Einige Bundesländer verzichten bis dato auf eigene Gesetzesinitiativen und setzen stattdessen auf freiwillige Modelle (z.B. Niedersachsen „Belebung der Innenstädte – Quartiersinitiative Niedersachsen, QiN"; Rheinland-Pfalz „QuartiersGemeinschaften Innenstadt"; Bayern „Leben findet Innenstadt – Öffentlich-private Kooperation zur Standortentwicklung"; vgl. PREY; VOLLMER 2009: 232 ff.). In Sachsen bereitet die Landesregierung ein BID-

174 Der Begriff „freiwillige BIDs" ist eigentlich ein Widerspruch in sich selbst, da BIDs definitionsgemäß auf gesetzlicher Grundlage alle Betroffenen zur Zahlung einer Abgabe verpflichten.

Gesetz vor. In den übrigen ostdeutschen Bundesländern gibt es nach Beendigung der DSSW-Modellprojekte (vgl. DSSW 2001) bis dato keine weiteren Initiativen zur Schaffung gesetzlicher Grundlagen für BIDs. In einigen anderen Bundesländern sind BID-Initiativen einzelner Fraktionen gescheitert (vgl. PREY; VOLLMER 2009: 232 sowie DIHK 2010c).

Im Folgenden wird zunächst das Hamburger Gesetz dargestellt, an dem sich die meisten anderen Landesgesetze mehr oder weniger stark orientieren und das daher die Vergleichsfolie für die Inhalte der übrigen deutschen BID-Gesetze bildet; diese werden im nächsten Schritt im Überblick skizziert. Abschließend werden Unterschiede zu den untersuchten BID-Gesetzen in den USA dargestellt.

3.1.1 Inhalt des Hamburger GSED

Als erstes BID-Gesetz in Deutschland hat das GSED einige Grundprinzipien eingeführt, von denen die nachfolgenden Gesetze nicht abweichen. Insofern setzt das GSED Standards für BIDs in Deutschland. Dennoch gibt es mit den mittlerweile bestehenden sechs BID-Gesetzen im Einzelnen auch Abweichungen (s. nächster Abschnitt). Welche dieser Vorschriften sich in der Praxis bewähren, ist noch abzuwarten. Ein vollständiger Überblick über die gesetzlichen und Verfahrensregelungen des Hamburger GSED findet sich in Anhang 3.

Das GSED bezeichnet BIDs als „Bereiche zur Stärkung der Innovation von Einzelhandels- und Dienstleistungszentren", kurz „Innovationsbereich"[175]. Grundsatz des GSED ist, „zur Förderung der Wirtschaft und zur Verbesserung der Versorgung der Bevölkerung mit Waren und Dienstleistungen gewachsene urbane Einzelhandels- und Dienstleistungszentren zu stärken und zu entwickeln." (§1) Hiermit beruft sich das GSED auf das sog. „Recht der Wirtschaft", in dessen Rahmen den Bundesländern im Sinne der konkurrierenden Gesetzgebung nach Art. 74 Abs. 1 Nr. 11 GG das Recht zusteht, Gesetze „zur Förderung der Wirtschaft, namentlich von Handel und Gewerbe, in einzelnen Stadtquartieren" zu verabschieden, sofern der Bund von seiner Gesetzgebungskompetenz keinen Gebrauch gemacht hat (FHH 2004d: 15). Das GSED ist somit ein Instrument zur Wirtschaftsförderung. Mit diesem Grundsatz nach §1 wird zudem „die Stärkung

175 Dieser Begriff geht auf den Wunsch zurück, eine deutsche Bezeichnung zu verwenden, die das Kürzel „BID" aufnimmt (HUBER 2007: 467). Daher werden hier die Begriffe „Innovationsbereich" und „BID" synonym verwendet, sofern von Hamburger BIDs die Rede ist.

und Entwicklung gewachsener urbaner Einzelhandels- und Dienstleistungszentren zum gesetzlichen Ziel im öffentlichen Interesse an der Wirtschaftsförderung und der Versorgung der Bevölkerung erklärt" (HUBER 2007: 467). Dieses öffentliche Interesse begründet, dass der Staat eine Partnerschaft mit Privaten eingeht. Ebenso ist es die Begründung dafür, dass dem Aufgabenträger eines Innovationsbereichs der Status eines Trägers öffentlicher Belange (TöB) in „förmlichen oder nicht förmlichen Anhörungsverfahren" (GSED §2 (3) Nr. 8) eingeräumt wird. Ein Aufgabenträger eines BIDs kann somit „die Entwicklung dieser Zentren als öffentlichen Belang in besonderer Weise" vertreten (HUBER 2007: 467).

Mit der Änderung des GSED wird neben Einzelhandels- und Dienstleistungszentren auch Gewerbegebieten die Möglichkeit eingeräumt, einen BID zu gründen. Davon wurde bisher jedoch noch kein Gebrauch gemacht.

Ziel eines Innovationsbereichs ist,

> die Attraktivität eines Einzelhandels- und Dienstleistungszentrums für Kunden, Besucher und Bewohner zu erhöhen und die Rahmenbedingungen für die in diesem Bereich niedergelassenen Einzelhandels- und Dienstleistungsbetriebe zu verbessern, um die jeweiligen Standorte zu stärken. (GSED §2 (1))

Auch in der Zielformulierung bezieht sich das GSED also auf wirtschaftspolitische Argumente. Dass dieses Gesetz aber in erster Linie als städtebauliches Instrument gesehen wird, zeigt sich darin, dass die Behörde für Stadtentwicklung und Umwelt (BSU) sowohl für das Gesetz wie auch die Hamburger BIDs zuständig ist. Der Grund für den Verzicht auf eine städtebauliche Begründung im Gesetz ist die Tatsache, dass die Novelle des Bundesbaugesetzbuches (BauGB) erst zum 01.01.2007 erfolgte (vgl. VOLLMER 2008: 45), mit der mit der Einfügung von §171 f. „Private Initiativen zur Stadtentwicklung, Landesrecht" es den Bundesländern ermöglicht wurde, BID-Gesetze auch mit städtebaulicher Begründung einzuführen.

Zur Erreichung der Ziele nach §2 setzt ein BID Maßnahmen um. In diesem Rahmen können

> insbesondere
> (1) Konzepte für die Entwicklung des Zentrums ausgearbeitet,
> (2) Dienstleistungen erbracht,
> (3) in Abstimmung mit den jeweiligen Berechtigten Baumaßnahmen finanziert und durchgeführt,
> (4) Grundstücke bewirtschaftet,
> (5) gemeinschaftliche Werbemaßnahmen durchgeführt,

(6) Veranstaltungen organisiert,

(7) mit öffentlichen Stellen oder mit ansässigen Betrieben Vereinbarungen über die Durchführung von Maßnahmen getroffen und

(8) Stellungnahmen in förmlichen oder nicht förmlichen Anhörungsverfahren abgegeben werden. (GSED §2 (2))

Die Maßnahmen müssen verbindlich für die Laufzeit eines Innovationsbereichs in einem Maßnahmen- und Finanzierungskonzept festgeschrieben werden (§2 (3)).

Die Einrichtung eines BIDs erfolgt durch die Verabschiedung einer Rechtsverordnung durch den Senat (§3). Voraussetzungen sind die Antragstellung durch einen Aufgabenträger und der Abschluss eines öffentlich-rechtlichen Vertrags zwischen Aufsichtsbehörde und Aufgabenträger (§3 (1)). In der Rechtsverordnung werden das Maßnahmen- und Finanzierungskonzept, der Aufgabenträger, die Gebietsabgrenzung und der Hebesatz festgehalten (§3 (2)). Die Aufgaben der Aufsichtsbehörde werden vom zuständigen Bezirksamt[176] wahrgenommen.

§4 (1) enthält die Regelung, dass ein Innovationsbereich „keine eigene Rechtspersönlichkeit" hat und „[s]eine Aufgaben ... von einem Aufgabenträger wahrgenommen" werden. Bei den bisherigen Hamburger BIDs sind z.B. ein Wirtschaftsverein, Bauunternehmen oder Consulting-Firmen Aufgabenträger. Ein Aufgabenträger kann „Stellungnahmen in förmlichen oder nicht förmlichen Anhörungsverfahren" (§2 (2) 8.) abgeben, ist also Träger öffentlicher Belange. In den Fällen, wo ein Privatunternehmen Aufgabenträger ist, ist diese Vorstellung allerdings gewöhnungsbedürftig.

§4 (2) GSED legt die Anforderungen an den Aufgabenträger fest und lässt die Übertragung der Aufgabendurchführung an Dritte zu (§4 (3)).

Für eine Antragstellung durch den Aufgabenträger ist die Zustimmung von je 15% der Grundstücke nach Anzahl und Fläche erforderlich (§5 (1)). Neben einer Definition der betroffenen Grundstücke (2) und der einzureichenden Unterlagen (3) regelt (4), dass dem Aufgabenträger die Gesamthöhe der Einheitswerte im fraglichen Gebiet mitzuteilen ist. Dies ist unerlässlich für eine Berechnung der voraussichtlichen Höhe der Abgabe, die für die Grundeigentümer in der Gründungsphase von großem Interesse ist. §5 (5) regelt die Rechte der Aufsichtsbehörde, einen Antrag abzulehnen

176 Die Bezirksämter sind in Teilgebieten (Bezirken) des Stadtstaates Hamburg für die Erledigung der ihnen übertragenen Aufgaben zuständig, wobei an der Aufgabenerledigung die gewählten Bezirksversammlungen mitwirken (Verfassung der Freien und Hansestadt Hamburg, Art. 4 (2)).

und gibt der Stadt einen gewissen Ermessensspielraum in der Einrichtung von BIDs. Da bisher noch kein Antrag auf dieser Grundlage abgelehnt wurde, ist bisher allerdings offen, auf welche Fälle dieser Absatz Anwendung finden könnte (Frithjof Büttner, Interview 16.06.2008).

Nach der Prüfung durch die Aufsichtsbehörde wird der Antrag während eines Monats öffentlich ausgelegt sowie im Internet bekannt gemacht (§5 (6)). Grundstückseigentümer sollen vom Aufgabenträger direkt benachrichtigt werden. Schließlich kann die Aufsichtsbehörde einen Erörterungstermin durchführen. In der Praxis wurde bisher einmal – im Falle des BID Lüneburger Straße in Hamburg-Harburg – ein Erörterungstermin durchgeführt. Das Ziel dieser Anhörung war, die Eigentümer, die förmlich Widerspruch gegen den BID eingelegt hatten, zu dessen Rücknahme zu bewegen.

§5 (8) definiert das Widerspruchsquorum als Negativquorum, d.h. ein BID kann eingerichtet werden, wenn nicht mehr als ein Drittel der Eigentümer (Anzahl oder Fläche) dagegen Widerspruch einreichen. Das Negativquorum wurde von allen nachfolgenden BID-Gesetzen übernommen.

§6 regelt die Umsetzung und Überwachung eines BIDs. Ein Aufgabenträger hat jährlich einen sog. Maßnahmen- und Finanzierungsplan aufzustellen, der der Aufsichtsbehörde vorgelegt und den Beitragspflichtigen zugänglich gemacht werden muss (§6 (1)). Dort findet sich auch die einzige Aussage über die innere Organisation eines BIDs, nämlich die Beteiligung der „betroffenen Grundstückseigentümer, Freiberufler und Gewerbetreibenden in geeigneter Weise“. In welcher Form dies geschehen soll, lässt das Gesetz offen. Weicht der Plan „nicht nur unerheblich“ (§6 (2)) von dem eingereichten Konzept ab, haben die Eigentümer das Recht, zu widersprechen. Übersteigt die Anzahl der Widersprüche mehr als ein Drittel der Eigentümer oder der Fläche, muss der Plan an das ursprüngliche Konzept angepasst werden (§6 (2)). Diese Klausel ist als Schutz für die Grundeigentümer gedacht, die einen Finanzrahmen für ein bestimmtes Maßnahmenkonzept zur Verfügung gestellt haben. In der Praxis ist es aber oft genug schwierig, mit einmal getroffenen Festlegungen flexibel umzugehen und an eventuelle neue Gegebenheiten anzupassen. Schließlich überwacht die Handelskammer die „ordnungsgemäße Geschäftsführung“ des Aufgabenträgers (§6 (3)). Aufgrund von Beanstandungen kann die Aufsichtsbehörde den Aufgabenträger abberufen und die Maßnahmendurchführung der Handelskammer übertragen.

Die Details der Abgabenerhebung werden in §7 geregelt. Die Abgabe errechnet sich aus dem Einheitswert der Grundstücke, der mit dem sog. Hebesatz, errechnet aus dem Quotienten der Summe des Finanzierungskonzepts und der Summe der Einheitswerte, multipliziert wird. Die Abgabe darf 10% des Einheitswertes nicht überschreiten. Diese Grenze – als Sicherheit für die Grundeigentümer gedacht – wird von Praktikern mittlerweile als Hemmschuh gesehen (vgl. HEINZE; TSCHENTSCHER 2008: 31). Sie steht außerdem im Widerspruch mit der Absicht des Gesetzgebers, den Initiatoren möglichst viel Gestaltungsfreiraum zu überlassen – zumal diese für eine höhere Abgabe sowieso die Zustimmung der Grundeigentümer gewinnen müssten.

Mit der Änderung des GSED wurde in §7 ein neuer Absatz 2 eingefügt, der eine sog. Kappungsgrenze einführt. Diese greift bei Grundstücken mit einem relativ hohen Einheitswert, also große oder dicht bebaute Grundstücke (vgl. auch KLIMACH; VOLLMER 2009):

> Übersteigt der Einheitswert eines Grundstücks den Mittelwert der im Innovationsbereich festgestellten Einheitswerte um mehr als das Dreifache, ist bei der Berechnung der Abgabenhöhe (...) anstelle des tatsächlichen Einheitswertes eines Grundstücks der dreifache Mittelwert anzusetzen. (§7 (2) GSED)

Diese Regelung entlastet große Eigentümer, die unter der alten Regelung in einigen Fällen in Hamburg fast ein Drittel der vorgesehenen Kosten hätten tragen müssen. Eine Einigung über das BID-Budget hätte sich dabei an der Summe orientieren müssen, die diese Eigentümer zur Verfügung zu stellen bereit gewesen wären. Das BID-Gesamtaufkommen wäre damit entsprechend niedrig ausgefallen. In anderen Fällen wird diese Regelung aber als „ungerecht" empfunden, weil sie den „Kleinen" höhere finanzielle Lasten aufbürdet.

Die BID-Abgabe ist grundsätzlich von allen Eigentümern (bzw. Erbbauberechtigten) zu entrichten. §7 (5) (neu) sieht jedoch einige Tatbestände vor, unter denen eine Befreiung von der Abgabe möglich ist. Eigentümer von Wohnimmobilien können diese aber nicht geltend machen und werden in voller Höhe mit der Abgabe belastet.

Die BID-Abgabe wird von der Stadt eingezogen und an den Aufgabenträger weitergeleitet. Dieser erhält einen Leistungsbescheid (§8 (2)). Er muss die Mittel treuhänderisch und getrennt von seinem eigenen Budget verwalten (§8 (3)). Im Fall der Nichtverwendung muss er die Mittel nach Ende der Laufzeit zurückerstatten.

Die maximale Laufzeit eines Innovationsbereichs beträgt fünf Jahre (§9 (1)) (sog. *sunset*-Regelung). Eine Verlängerung eines BIDs kommt einer Neueinrichtung gleich: Es muss dafür der gesamte Antragsprozess erneut durchlaufen werden (§9 (3)).

Mit der Änderung des GSED wurden, wie teilweise bereits erwähnt, folgende Änderungen eingeführt: die Möglichkeit, BIDs in Gewerbegebieten zu gründen; die Kappungsgrenze und eine Präzisierung der Beitragspflicht im Falle von Wohnungsteileigentum in §7 (7).

3.1.2 Andere BID-Gesetze in Deutschland

Ein Vergleich zwischen den Ländergesetzen zu BIDs ist bereits an anderer Stelle erfolgt (HEINZE; TSCHENTSCHER 2008: 21 ff.; PREY; VOLLMER 2009: 231 f.; für eine sehr umfassende Darstellung s- WELLENS 2009: 69 ff.). An dieser Stelle erfolgt daher ein Vergleich überblicksartig und ergänzend.

Das Hamburger GSED hat eine starke Vorbildwirkung entfaltet; allerdings hat bisher keines der anderen Bundesländer die Möglichkeit geschaffen, auch in Gewerbegebieten oder Wohngebieten[177] BIDs einzurichten. Gemeinsam ist allen nachfolgenden BID-Gesetzen ein Negativquorum (ein Höchstsatz negativ Abstimmender), eine *sunset*-Regelung (fünf Jahre maximale Laufzeit) und das notwendige Durchlaufen eines zweistufigen Genehmigungsprozesses mit Antragstellung und Abstimmung der Betroffenen. Drei der fünf Gesetze orientieren sich auch in den übrigen Regelungen stark am Hamburger Modell und übernehmen z. T. sogar den gleichen Wortlaut, namentlich Hessen, Bremen und das Saarland.

Unterschiede gibt es in der Bezugnahme auf wirtschaftspolitische und/oder stadtentwicklungspolitischen Zielen, die, wie bereits erwähnt, auf die Novelle des BauGB 2007 zurückgeht. Die nach dem 01.01.2007 verabschiedeten BID-Gesetze (Nordrhein-Westfalen, Saarland) beziehen sich explizit auf stadtplanerische Ziele.[178]

Die folgende Tabelle zeigt die für BIDs formulierten Grundsätze, Ziele und Aufgaben in den deutschen Ländergesetzen im Überblick:

177 Dazu hat Hamburg zum 20.11.2007 ein eigenes Gesetz verabschiedet, das „Gesetz zur Stärkung von Wohnquartieren durch private Initiativen". Bisher wurde noch kein Innovationsquartier genanntes „Housing Improvement District" eingerichtet; es gibt ein Pilotprojekt in Hamburg-Steilshoop.

178 Vgl. z.B. die Begründung des nordrhein-westfälischen ISGG: „Immobilien- und Standortgemeinschaften dienen dem stadtentwicklungspolitischen Ziel der Stärkung privater Initiativen, die einen Beitrag zur städtebaulichen Verbesserung von Stadtquartieren in funktionaler und gestalterischer Hinsicht leisten können ... Die gewachsenen urbanen Einzelhandels- und Dienstleistungszentren sollen auch zur Förderung der Wirtschaft und zur Verbesserung der Versorgung der Bevölkerung mit Waren und Dienstleistungen gestärkt werden." (A. Allgemeiner Teil).

Tab. 24: Übersicht über Grundsätze, Ziele und Aufgaben von BIDs in den sechs BID-Gesetzen der deutschen Bundesländer

Grundsatz und Ziele	
Hamburg GSED	§1 Grundsatz Mit diesem Gesetz wird angestrebt, zur Förderung der Wirtschaft und zur Verbesserung der Versorgung der Bevölkerung mit Waren und Dienstleistungen gewachsene urbane Einzelhandels- und Dienstleistungszentren zu stärken und zu entwickeln. §2 Ziele und Aufgaben (1) Ziel der Schaffung eines Innovationsbereichs ist es, die Attraktivität eines Einzelhandels- und Dienstleistungszentrums für Kunden, Besucher und Bewohner zu erhöhen und die Rahmenbedingungen für die in diesem Bereich niedergelassenen Einzelhandels- und Dienstleistungsbetriebe zu verbessern, um die jeweiligen Standorte zu stärken.
Hessen INGE	§1 Grundsatz Mit diesem Gesetz wird angestrebt, zur Stärkung der Funktion der Innenstädte und zur Förderung der örtlichen Wirtschaft und zur Verbesserung der Versorgung der Bevölkerung mit Waren und Dienstleistungen gewachsene urbane Einzelhandels- und Dienstleistungszentren zu stärken und zu entwickeln. §2 Ziele und Aufgaben (1) Ziel der Schaffung eines Innovationsbereichs ist es, die Attraktivität eines Einzelhandels- und Dienstleistungszentrums im Sinne des §1 für Kunden, Besucher und Bewohner zu erhöhen und die Rahmenbedingungen für die in diesem Bereich niedergelassenen Einzelhandels- und Dienstleistungsbetriebe zu verbessern, um die jeweiligen Standorte zu stärken.
Schleswig-Holstein PACT	§1 (1) Zur Förderung der Wirtschaft und zur Verbesserung der Versorgung der Bevölkerung mit Waren und Dienstleistungen kann die Gemeinde, insbesondere auf private Initiative hin, durch Beschluss der Gemeindevertretung bestimmte abgegrenzte Bereiche ihrer gewachsenen, städtebaulich integrierten City-, Dienstleistungs- und Tourismusbereiche festlegen. (keine Ziele formuliert)
Bremen	§1 Grundsatz Zur Förderung der Wirtschaft und zur Verbesserung der Versorgung der Bevölkerung mit Waren und Dienstleistungen sollen gewachsene urbane Einzelhandels- und Dienstleistungszentren gestärkt und entwickelt werden, indem die Möglichkeit geschaffen wird, auf Antrag Bereiche zur Stärkung der Innovation von Einzelhandels- und Dienstleistungszentren (Innovationsbereiche) festzulegen … §2 Ziele und Aufgaben (1) Durch die Festlegung von Innovationsbereichen sollen die Attraktivität eines Einzelhandels- und Dienstleistungszentrums für Kunden, Besucher und Bewohner erhöht und die Rahmenbedingungen für die in diesem Bereich niedergelassenen Einzelhandels- und Dienstleistungsbetriebe verbessert werden, um die jeweiligen Standorte zu stärken.

NRW ISGG	§1 Satzung für eine Immobilien- und Standortgemeinschaft (1) Unbeschadet sonstiger Maßnahmen nach dem Baugesetzbuch kann die Gemeinde auf Antrag einer privaten Initiative (Immobilien- und Standortgemeinschaft) durch Satzung Gebiete festlegen, in denen durch eine Immobilien- und Standortgemeinschaft in privater Verantwortung und in Ergänzung zu den Aufgaben der Gemeinde standortbezogene Maßnahmen durchgeführt werden, die auf der Grundlage eines mit den städtebaulichen Zielen der Gemeinde abgestimmten Konzepts der Stärkung oder Entwicklung von Bereichen der Innenstadt oder der Stadtteilzentren dienen.
Saarland BIDG	§1 Grundsatz und Ziel Mit diesem Gesetz wird angestrebt, die Standortqualität und Attraktivität von Innenstädten, Stadtteil- und Gemeindezentren zu verbessern und zur Förderung der Wirtschaft beizutragen.
mögliche Maßnahmen	
Hamburg GSED	§2 Ziele und Aufgaben (2) Aufgabe eines Innovationsbereichs ist es, Maßnahmen selbst zu ergreifen oder anzuregen, die geeignet sind, die in Absatz 1 genannten Ziele zu verwirklichen. Hierzu können insbesondere 1. Konzepte für die Entwicklung des Zentrums ausgearbeitet, 2. Dienstleistungen erbracht, 3. in Abstimmung mit den jeweiligen Berechtigten Baumaßnahmen finanziert und durchgeführt, 4. Grundstücke bewirtschaftet, 5. gemeinschaftliche Werbemaßnahmen durchgeführt, 6. Veranstaltungen organisiert, 7. mit öffentlichen Stellen oder mit ansässigen Betrieben Vereinbarungen über die Durchführung von Maßnahmen getroffen und 8. Stellungnahmen in förmlichen oder nicht förmlichen Anhörungsverfahren abgegeben werden.
Hessen INGE	§2 Ziele und Aufgaben (2) Aufgabe eines Innovationsbereichs ist es, Maßnahmen selbst zu ergreifen oder anzuregen, die geeignet sind, die in Abs. 1 genannten Ziele zu verwirklichen. Hierzu können insbesondere 1. Konzepte für die Entwicklung des Zentrums ausgearbeitet, 2. Dienstleistungen erbracht, 3. in Abstimmung mit den jeweiligen Berechtigten Baumaßnahmen finanziert und durchgeführt, 4. Grundstücke bewirtschaftet, 5. gemeinschaftliche Werbemaßnahmen durchgeführt, 6. Veranstaltungen organisiert, 7. mit öffentlichen Stellen oder mit ansässigen Betrieben Vereinbarungen über die Durchführung von Maßnahmen getroffen, 8. Stellungnahmen in förmlichen oder nicht förmlichen Anhörungsverfahren abgegeben werden, 9. Leerstandsmanagement betrieben und 10. Erhalt und Erweiterung des Branchenmixes gefördert werden. Die Wahrnehmung rein hoheitlicher Tätigkeiten sowie der kommunalen Daseinsvorsorge sind keine zulässigen Aufgaben eines Innovationsbereiches.

Schleswig-Holstein PACT	-
Bremen	§2 Ziele und Aufgaben (2) Hierzu können durch den Innovationsbereich insbesondere 1. Konzepte für die Entwicklung des Zentrums ausgearbeitet, 2. Dienstleistungen erbracht, 3. in Abstimmung mit den jeweiligen Berechtigten Baumaßnahmen finanziert und durchgeführt, 4. Grundstücke bewirtschaftet, 5. gemeinschaftliche Werbemaßnahmen durchgeführt, 6. Veranstaltungen organisiert, 7. mit öffentlichen Stellen oder mit ansässigen Betrieben Vereinbarungen über die Durchführung von Maßnahmen getroffen und 8. Stellungnahmen in förmlichen oder nicht förmlichen Anhörungsverfahren abgegeben werden.
NRW ISGG	vgl. §1: ... standortbezogene Maßnahmen durchgeführt werden, die auf der Grundlage eines mit den städtebaulichen Zielen der Gemeinde abgestimmten Konzepts ... (Begründung zu §1 Absatz 1: Die Immobilien- und Standortgemeinschaften übernehmen nicht die gesetzlichen Aufgaben der Gemeinde sondern sie können durch standortbezogenen Maßnahmen die gemeindlichen Aufgaben ergänzen. Die von den Immobilien- und Standortgemeinschaften durchzuführenden standortbezogenen Maßnahmen sind vor allem Maßnahmen zur Aufwertung des öffentlichen Raumes durch Verbesserung der Sauberkeit und Sicherheit, baulich-gestalterische Verbesserungen durch eine gemeinsames Werbekonzept und Werbegestaltung, bauliche Maßnahmen an den Gebäuden, Behebung von Leerständen durch ein gemeinsames Leerstandsmanagement, Verbesserung der Aufenthaltsqualität durch Gestaltung von Sitzgelegenheiten und Ruhezonen etc. sowie die Stärkung der lokalen Identität und eines „Wir-Gefühls" durch gemeinsames Marketing und lokale Events.)
Saarland BIDG	§2 Aufgaben (1) Aufgabe eines Bündnisses für Investition und Dienstleistung ist es, Maßnahmen selbst zu ergreifen oder anzuregen, die geeignet sind, das in §1 genannte Ziel zu verwirklichen. Hierzu kommen insbesondere in Betracht: 1. Erarbeitung von Konzepten für die künftige Entwicklung des Bündnisses für Investition und Dienstleistung, 2. Erbringung von Dienstleistungen, 3. Finanzierung und Durchführung von Baumaßnahmen sowie Sachinvestitionen in Abstimmung mit den jeweiligen Berechtigten, 4. Grundstücksbewirtschaftung, 5. Pflege und Ausbau des Geschäftsbestandes, 6. Durchführung von gemeinschaftlichen Veranstaltungen, Marketing, Werbung, 7. Abschluss von Vereinbarungen mit öffentlichen Stellen oder ansässigen Betrieben über die Durchführung von Maßnahmen, 8. Abgabe von Stellungnahmen in förmlichen oder nicht förmlichen Anhörungsverfahren, 9. Leerstandsmanagement, 10. Erhalt und Erweiterung des Branchenmixes.

Bei den Maßnahmen gibt es in Hamburg und Bremen einen Katalog mit acht, in Hessen und im Saarland einen Katalog mit zehn konkret aufgeführten möglichen Maßnahmen, während Schleswig-Holstein und Nordrhein-Westfalen mögliche Maßnahmen nicht benennen.

Weitere Unterschiede im Vergleich zum Hamburgischen BID-Gesetz sind die Folgenden:

Das Hessische und das Hamburgische Gesetz unterscheiden sich in der Höhe des Negativquorums (Hamburg: ein Drittel, Hessen: ein Viertel) sowie darin, dass in Hamburg zur Einrichtung eines BIDs eine Rechtsverordnung vom Senat (Landesregierung), in Hessen eine Satzung von der zuständigen Gemeindevertretung verabschiedet werden muss. Im Bereich der Maßnahmen nennt Hessen zehn, Hamburg dagegen nur acht Bereiche (vgl. die folgende Tab. 25). Die Überwachung eines BIDs erfolgt in Hamburg durch die Handelskammer, in Hessen durch die jeweilige Gemeinde. Am 29.09.2010 wurde das hessische INGE novelliert. Es besteht nunmehr die Möglichkeit, reines Wohneigentum aus der Abgabenpflicht auszunehmen (Ergänzung des §7 (4), Gesetz zur Änderung des INGE). Außerdem wurde eine Kappungsgrenze eingeführt, die allerdings deutlich komplizierter als im geänderten Hamburger GSED ist und gestaffelte Reduzierungen des Hebesatzes vorsieht, je nachdem, um wie viel der Einheitwert des betroffenen Grundstücks den Mittelwert überschreitet (Ergänzung des §7 (1), ebd.). Schließlich wurde der Zugriff der Initiatoren auf die Namen der Grundeigentümer vereinfacht (Neufassung des §5 (4) Satz 1, ebd.). Der Anregung der Arbeitsgemeinschaft hessischer Industrie- und Handelskammern, auch andere Umlageschlüssel als den Einheitswert zuzulassen (DIHK 2010a), wurde jedoch nicht gefolgt.

Bremen unterscheidet sich vom Hamburger Gesetz im Wesentlichen dadurch, dass die Stadtgemeinde einen sog. Standortausschuss einrichten kann, der den Aufgabenträger unterstützt und in Kooperation mit der Handelskammer überwacht (§6 (3)). Dem Standortausschuss sollten „mindestens Vertreter der betroffenen Grundeigentümer, der gewerblichen und freiberuflichen Mieter im Innovationsbereich, der Stadtgemeinde Bremen oder Bremerhaven und der Handelskammer [...] angehören“ (§3 (4)). Wie Hamburg hat Bremen mit der Änderung des Bremischen Gesetzes am 02.06.2009 eine Kappungsgrenze eingeführt.

Das Saarländische Gesetz schließlich unterscheidet sich vom GSED durch die Möglichkeit, reine Wohnimmobilien auf Antrag von der Abgabepflicht auszunehmen. Neben den Abgabepflichtigen können andere Betroffene, wie Gewerbetreibende oder Freiberufler, dem BID freiwillig beitreten (§6 (1)). Mittel können über die Laufzeit hinaus auf ein etwaiges Folge-BID übertragen werden (§8 (4)). Sowohl für die Antragstellung als auch für das Negativquorum ist nur die Anzahl der Eigentümer ausschlaggebend, ohne Gewichtung nach Fläche. Aufgabenträger kann nur eine Person werden, die Eigentümer im BID-Gebiet ist oder dort ihren Sitz hat (§3 (2)). Das Saarland bietet schließlich die Möglichkeit, mit dem Einverständnis aller betroffenen Eigentümer die Obergrenze von 10% für den Hebesatz zu überschreiten (§7 (2)). Insbesondere mit der möglichen Befreiung von Wohneigentümern reagiert das Gesetz auf in einigen BIDs bereits aufgetretene Schwierigkeiten.

Eigenständig formuliert ist das Schleswig-Holsteinische PACT-Gesetz, das Antragstellern und Gemeinden wesentlich mehr Freiheiten lässt. So verzichtet es auf den Nachweis einer Unterstützung durch die Betroffenen bei der Antragstellung, lässt als Abgabepflichtige sowohl Grundeigentümer als auch Gewerbetreibende zu und macht keinerlei Vorgaben für die Festlegung eines Umlageschlüssels. Bei zwei der existierenden BIDs in Schleswig-Holstein wird der Einheitswert der Grundstücke als Grundlage (Flensburg, Elmshorn) herangezogen, in einem die gewerblich nutzbare Fläche unter Ausschluss von Wohnraum (Schmuggelstieg) sowie in einem die um einen Faktor der baulichen Nutzung korrigierte Quadratmeterzahl des Grundstückes (Rendsburg) bzw. in der Neuauflage zu einem Drittel nach der Grundstücksfläche nach vollen Quadratmetern und zu zwei Dritteln nach der Länge der Grundstücke an der Straße in Dezimetern (Frontlänge). Gewerbetreibende werden bisher in keinem Fall zur Abgabe herangezogen. Des Weiteren kennt PACT kein gewichtetes Widerspruchsquorum, d.h. für die Verhinderung eines BIDs genügt der Widerspruch eines Drittels der Anzahl der Betroffenen (§2 (4)). Der BID wird in Schleswig-Holstein als „Partnerschaft zur Attraktivierung von City-, Dienstleistungs- und Tourismusbereichen, PACT“ bezeichnet; dieser Begriff ermöglicht die Einrichtung eines BIDs auch in touristisch genutzten Gebieten. Eine Besonderheit in Schleswig-Holstein ist, dass die Gemeindevertretung zunächst einen Beschluss über die Gebietsfestlegung fasst, bevor sie die eigentliche Satzung zur Durchführung der Maßnahmen beschließt.[179]

179 Gebietsfestlegung und Satzung stimmen in ihrer Laufzeit nicht immer überein: So wurde etwa im PACT Rendsburg das Gebiet für fünf Jahre, die beiden aufeinander folgenden Satzungen jedoch nur für jeweils ein Jahr festgelegt.

Das nordrhein-westfälische BID-Gesetz gilt „als BID-Gesetz der zweiten Generation", da es „Präzision im Verfahren und Freiheit in der Handhabung" verknüpft (HEINZE; TSCHENTSCHER 2008: 23). Der grundlegendste Unterschied des ISGG zu den anderen Gesetzen ist, dass ein BID (Immobilien- und Standortgemeinschaft, ISG) über eine eigene Rechtspersönlichkeit verfügt. Nordrhein-Westfalen bezieht sich damit auf die Erfahrungen aus den Modellvorhaben auf freiwilliger Basis, in denen „sich die Immobilien- und Standortgemeinschaften überwiegend in der Form eines Vereins organisiert und die Durchführung der Maßnahmen Dritten übertragen" haben (Begründung zu §2 Absatz 1). In der Wahl der Rechtsform ist die ISG allerdings frei (vgl. §2 (1)). Dabei ist die „Beteiligung der Grundeigentümerinnen, Grundeigentümer und Erbbauberechtigten der im Gebiet gelegenen Grundstücke und der im Gebiet ansässigen Gewerbetreibenden, freiberuflich Tätigen und Dritten … zu ermöglichen." (ebd.) Ebenso wie Hessen schreibt das ISGG ein niedrigeres Widerspruchsquorum von 25% vor.

Die folgende Tabelle zeigt die Varianz der Gesetze anhand der genannten Kriterien noch einmal im Überblick:

Tab. 25: Vergleich der sechs BID-Ländergesetze anhand ausgewählter Kriterien

<table>
<tr><th colspan="5">Kriterium</th></tr>
<tr><td>Einrichtung des BID durch</td><td colspan="2">„Exekutive": Hamburg (Senat)</td><td colspan="2">„Legislative"[180]: Gemeindevertretung (Hessen, Schleswig-Holstein, NRW, Saarland) bzw. Stadtbürgerschaft (Bremen)</td></tr>
<tr><td>formales Mindestquorum zur Antragstellung</td><td colspan="2">ja:
15% Anzahl UND Fläche (Hamburg, Hessen, Bremen)
15% nur Anzahl (Saarland)</td><td colspan="2">nein: Schleswig-Holstein, NRW</td></tr>
<tr><td>Negativquorum</td><td colspan="3">ein Drittel</td><td>ein Viertel (25%)</td></tr>
<tr><td></td><td>Anzahl und Fläche: Hamburg, Bremen</td><td colspan="2">nur Anzahl: Schleswig-Holstein, Saarland</td><td>Anzahl und Fläche: Hessen, NRW</td></tr>
<tr><td>eigene Rechtspersönlichkeit</td><td colspan="2">nein: Aufgabenträger (Hamburg, Hessen, Bremen, Schleswig-Holstein; Saarland: Einschränkung, dass Person aus BID-Gebiet kommen muss)</td><td colspan="2">ja: frei wählbare Rechtsform (NRW)</td></tr>
<tr><td>Beitragspflichtige</td><td colspan="2">(gewerbliche und Wohn-) Eigentümer: Hamburg, Hessen, Bremen
Ausschluss von reinen Wohngebäuden möglich: Saarland
Eigentümer verpflichtend, Gewerbetreibende/Freiberufler/Andere auf freiwilliger Basis: NRW</td><td colspan="2">Eigentümer und/oder Gewerbetreibende: Schleswig-Holstein (aufgrund der Offenheit des Schlüssels können Wohneigentümer ausgenommen werden)</td></tr>
<tr><td>Bemessungsgrundlage</td><td colspan="2">nur Einheitswert (Hamburg, Hessen, Bremen, Saarland)
mit Kappungsgrenze in Hamburg und Hessen (nach Gesetzesnovellierungen)</td><td colspan="2">frei wählbar: Schleswig-Holstein
drei zulässige, kombinierbare Schlüssel: NRW
Ausnahme für Wohneigentum (nach Gesetzesnovellierung in Hessen)</td></tr>
<tr><td>Begrenzung des Hebesatzes auf 10%</td><td colspan="2">ja:
Hamburg, Hessen, Bremen, NRW</td><td colspan="2">nein:
Schleswig-Holstein, Saarland (mit Zustimmung der Eigentümer)</td></tr>
</table>

180 Die Bezeichnung „Legislative" ist hier nicht im Wortsinn als gesetzgebendes Organ zu verstehen, sondern soll darauf hinweisen, dass es sich hier um ein direkt vom Volk gewähltes Organ handelt.

3.1.3 Unterschiede zu den untersuchten BID-Gesetzen in den USA

Ein Vergleich zwischen drei bundesstaatlichen US-BID-Gesetzen und den sechs deutschen BID-Ländergesetzen muss sich angesichts der skizzierten erheblichen Unterschiede der Gesetze untereinander auf wesentliche Grundzüge beschränken. Das Gesetz von New Jersey und das neueste Gesetz von Pennsylvania berücksichtigen den „state of the art", d.h. reagieren auf in der Praxis aufgetretene Probleme. Einige Grundzüge der drei untersuchten US-amerikanischen Gesetze wurden in Abschnitt III3.6 herausgearbeitet; diese waren: Differenzierungsmöglichkeiten der Bemessungsgrundlage in Bezug auf Nutzung und Lage und insbesondere die Möglichkeit, Wohnnutzungen von der Abgabepflicht zu befreien; der Verzicht auf formale Unterstützungsquoren für die Antragstellung; keine *sunset*-Regelungen und stattdessen eine Verlängerungsoption, ggf. mit Genehmigungsvorbehalt der lokalen Gemeindevertretung für das jährliche Budget; keine Deckelung der Abgabenhöhe; eigene Rechtspersönlichkeit des BID in der Regel als *not for profit*; die Möglichkeit für BIDs, Schulden aufzunehmen; Berichtspflichten an die Stadt und städtische ex officio-Mitglieder im Lenkungsgremium (*Board*). Alle drei untersuchten Gesetze führen im Übrigen eine Liste möglicher Aufgaben auf, auch wenn diese in zwei Fällen (New Jersey, Pennsylvania) mit einer Öffnungsklausel versehen sind („including, but not limited to", vgl. Anhang 3).[181]

Auffällig ist vor diesem Hintergrund, dass nur unter zwei (seit der Änderung des hessischen INGE drei) der deutschen Gesetze die Herausnahme von Wohnnutzungen aus der Abgabenpflicht überhaupt möglich ist (Schleswig-Holstein, Saarland), wobei im Saarland nur Gebäude, die komplett für Wohnzwecke genutzt sind, befreit werden können. Hamburg hatte den Verzicht auf eine Ausnahmeregelung damit begründet, dass eine Wertsteigerung „jeder in diesem Bereich befindlichen Immobilie ... zu Gute" (BÜRGERSCHAFT DER FHH 2004c: 4) komme. Es gebe drei Schranken, um negative Auswirkungen auf Eigentümer von Wohnimmobilien zu vermeiden: „Zum einen die sehr genau vorzunehmende Gebietsabgrenzung, das Einspruchsrecht der Eigentümer von Wohngrundstücken sowie die Befreiungsvorschrift." (ebd.) Zudem sei der Einheitswert von Immobilien mit vielen Wohnungen geringer und dem Eigentümer sei es selbst zu überlas-

181 Dies steht im Gegensatz zu der Aussage von Mario Bloem, Lawrence Houstoun habe die inhaltliche Offenheit bezüglich möglicher BID-Maßnahmen hervorgehoben (Interview 17.04.2009).

sen, inwieweit er die Abgabe auf Wohnungsmieter umlege (Martin Huber, telefonisches Interview 27.06.2008). Bisher zeichnet sich in Hamburg kein diesbezügliches Umdenken ab. Ebenso wenig möglich ist unter den deutschen Gesetzen (Ausnahme Schleswig-Holstein) eine Differenzierung der Beiträge z.B. nach 1a- und 1b-Lagen. Die Verwendung eines einheitlichen Hebesatzes und des Einheitswertes für die Berechnung der Abgabe hat sicherlich den Vorteil, dass dadurch Diskussionen über die gerechteste Form des Umlageschlüssels vermieden werden; das Beispiel Schleswig-Holstein zeigt aber auch, dass die Freiheit genutzt wird – drei von fünf[182] existierenden BIDs haben andere Umlageschlüssel gewählt. Die unflexible Ausgestaltung der Abgabenerhebung im GSED sowohl im Hinblick auf die Herausnahme von Wohnnutzungen als auch auf eine Differenzierung der Abgabe hat zur Konsequenz, dass Gebiete anders zugeschnitten werden müssen oder Initiativen scheitern – dies wurde aber vom Hamburger Gesetzgeber durchaus in Kauf genommen (vgl. BÜRGERSCHAFT DER FHH 2004b, Martin Huber, telefonisches Interview 27.06.2008).

Ein weiterer augenfälliger Unterschied ist der Verzicht auf eine eigene Rechtspersönlichkeit für BIDs in den meisten deutschen Gesetzen (außer NRW) und der Aufgabenwahrnehmung durch einen sog. Aufgabenträger. Das Spektrum der möglichen Aufgabenträger ist groß: So haben zum Beispiel beim PACT Rendsburg drei Personen der PACT Lenkungsgruppe diese Aufgabe übernommen und bei den vier BIDs in Gießen wurden dafür Vereine[183] gegründet, während in anderen Fällen Bauunternehmen oder Consulting-Firmen Aufgabenträger sind. Die Entscheidung gegen eine eigene Rechtspersönlichkeit eines BIDs hat aber auch Konsequenzen: Jede BID-Initiative steht vor der Frage, die Meinungsbildung und Interessenvertretung ihrer Eigentümer gegenüber dem Aufgabenträger zu organisieren. In den meisten Fällen haben sich daher Lenkungsgruppen oder Beiräte gebildet, die den Aufgabenträger beraten. Die Verfahren zur Besetzung dieser Gremien sind jedoch sehr unterschiedlich. Auch wenn argumentiert wurde, dass der Aufgabenträger nur noch eine rein ausführende Funktion hat (vgl. Abschnitt IV1.3), zeigt die Praxis, dass sich während der Laufzeit Änderungen gegenüber dem ursprünglichen Konzept ergeben oder die Ausführung einzelner Maßnahmen durchaus strittig ist, so dass eine Beteiligung der Eigentümer im laufenden Geschäft dringend geboten ist.

182 Bei dieser Zählweise ist die BID-Verlängerung in Rendsburg eingeschlossen.

183 Die vier Vereine haben eine GbR gegründet, die die Arbeit der vier Vereine koordiniert und zudem Gesellschafter der Gießen Marketing GmbH ist.

Die Offenheit bezüglich der Interessenvertretung hat außerdem den Nachteil, dass jede Initiative jedes Mal neu den richtigen Weg finden muss, mit dem alle Betroffenen einverstanden sind (vgl. Fallbeispiel). Ein weiteres Problem ist, dass bei einem Verzicht auf Hinweise zur inneren Struktur das Gesetz auch keine Vorgaben bezüglich des Einbezugs weiterer Akteure machen kann, also wie im Falle New Yorks Vertreter der Stadt oder der Anwohner.[184] Das BID-Gesetz des Saarlandes ermöglicht die Aufnahme anderer Betroffener des Gebietes, insbesondere Gewerbetreibender und Freiberufler, als Mitglieder.

Weitere Unterschiede zwischen den US-amerikanischen und deutschen BID-Gesetzen im Bereich der Finanzierung finden sich in der Deckelung des Hebesatzes bei 10%, der in vier von sechs deutschen Gesetzen vorgesehen ist. Wenn auch die meisten BIDs weit darunter liegen, kann diese Grenze für manche BIDs Einschränkungen bedeuten; so musste beispielsweise im Falle des BID in Hamburg-Wandsbek das ursprüngliche Budget erheblich reduziert werden, da der Hebesatz sonst über den 10% gelegen hätte; aktuell liegt er mit 9,64% nur knapp darunter. Relativ unflexibel sind deutsche BIDs auch, was die Aufteilung der Abgabensumme auf die Jahre der Laufzeit betrifft; Erhöhungen des Budgets sind – selbst wenn alle Eigentümer zustimmen sollten – ohne ein erneutes Durchlaufen der kompletten Gründungsprozedur nicht möglich. Ebenso wenig kann ein deutscher BID Schulden machen.[185]

Auch in Bezug auf die Einwerbung und Verwendung von Drittmitteln bestehen Unterschiede zu den USA. Die Beispiele aus den USA haben gezeigt, dass ein erheblicher Teil des Budgets von US-BIDs aus anderen Quellen als der Abgabe stammt. Die Organisation als *nonprofit* ermöglicht es, Spenden einzuwerben, die steuerlich absetzbar sind – eine vergleichbare rechtliche Konstruktion gibt es allerdings in Deutschland nicht, da ein BID-Verein – ebenso wenig wie eine Interessengemeinschaft – nicht als gemeinnützig anerkannt werden kann, da diese nicht selbstlos tätig werden.[186] Einige deutsche BIDs haben andere Finanzierungsquellen mit ge-

184 Allerdings schreibt §6 (1) GSED vor, dass „Freiberufler und Gewerbetreibenden in geeigneter Weise“ an der Erarbeitung des jährlich aufzustellenden Maßnahmen- und Finanzierungsplans zu beteiligen sind.

185 An dieser Stelle geht es bewusst nur um die Feststellung, nicht um eine Bewertung dieser Unterschiede.

186 Auch hierin manifestieren sich im Übrigen Kontextunterschiede in Bezug auf die Bewertung des Begriffs „gemeinnützig“.

nutzt: So kofinanzierte der BID Sachsentor die Entfernung von Graffiti mit Mitteln aus einem Förderprogramm der Behörde für Stadtentwicklung und Umwelt und für die Bepflanzung konnten Spenden gewonnen und die öffentliche Hand hat eigene Leistungen unentgeldlich eingebracht (vgl. Abschnitt IV4.4.3). Beim BID Holm/Große Straße, Flensburg wurden für die Straßensanierung sowohl Mittel des BID (für die aufwändigere Gestaltung) als auch öffentliche Mittel (für die Grundsanierung des öffentlichen Raums) eingesetzt. Für die Gründungsphase des OXBID hat der Hamburger Bezirk Nord 50.000 € Anschubfinanzierung bereitgestellt. Im BID II Sachsentor und beim BID Schmuggelstieg sollen bzw. wurden die BID-Mittel mit Mitteln aus dem Bundesprogramm „Aktive Stadt- und Ortsteilzentren" kombiniert.

Prinzipiell ist auch eine Kombination von BID-Geldern mit Mitteln der Städtebauförderung denkbar (vgl. HEIß 2005). Bisher hat noch kein deutscher BID Gebühren für eigene Leistungen gegenüber Dritten erhoben (z.B. durch die Bereitstellung von Parkraum, öffentlichem Nahverkehr o.ä.). Einige BID-Managements praktizieren allerdings schon zur Nutzung von Synergien den gemeinschaftlichen Einkauf von Leistungen, die sie dann gegen entsprechendes Entgelt an die interessierten Eigentümer weitergeben (z.B. BIDs in Gießen, BID Das Viertel).

Insbesondere aufgrund des unterschiedlichen steuerrechtlichen Status ist es unwahrscheinlich, dass Spenden in deutschen BIDs eine ähnlich wichtige Rolle spielen können wie in US-BIDs. Es ist aber anzunehmen, dass mit zunehmender Praxis BIDs auch kreativer in Bezug auf die Einwerbung von Finanzierungsbeiträgen aus anderen Quellen werden.

Ein weiterer wesentlicher Unterschied zu den USA ist der Umgang mit einer automatischen Laufzeitbegrenzung: Während alle deutschen BIDs eine *sunset*-Regelung vorsehen, ist dies bei den untersuchten US-Gesetzen nicht der Fall.[187] Vorteil der *sunset*-Regelung ist erkennbar die Risikobegrenzung für die betroffenen Eigentümer; Nachteil ist das aufwändige erneute Durchlaufen des Einrichtungsprozesses. Alternativen, die Risikobegrenzung mit einfachen Verlängerungsverfahren miteinander kombinieren und zudem Flexibilität in Bezug auf Veränderungen im Budget ermöglichen, sind die Vertragsverlängerung mit der Stadt nach einer bestimmten Zeit, wobei verschiedene Kriterien berücksichtigt werden können (New York)

187 Das 1998er/2000er Gesetz aus Pennsylvania sieht die Möglichkeit einer Begrenzung vor, dies ist aber nicht verpflichtend.

oder eine automatische Verlängerung, wobei das Budget jedes Jahr von der Gemeindevertretung neu zu genehmigen ist (New Jersey).

Unterschiede finden sich schließlich auch in der Kontrolle eines BIDs durch die Stadt. Hamburg und Bremen haben die Durchführung der Aufsichtspflicht an die jeweilige Handelskammer abgegeben; nur wenn diese Verstöße gegenüber der Aufsichtsbehörde anzeigt, wird die Stadt tätig. Bei den anderen Gesetzen übernimmt die Gemeinde die Aufsicht. Die deutschen Gesetze sehen keine Berichtspflichten (weder inhaltlich noch finanziell) eines BIDs gegenüber der Aufsichtsbehörde vor. Ebenso wenig sind Vertreter der Stadt verbindlich und mit kontrollierender Funktion in das operative Geschäft der BIDs eingebunden; in vielen Fällen nehmen städtische Vertreter an Sitzungen der Lenkungsgremien von BIDs aber auf freiwilliger Basis und mit beratender Funktion teil (vgl. Fallbeispiel).

Eine Besonderheit des Hamburger GSED ist, dass die Einrichtung eines BIDs auf Grund einer Rechtsverordnung erfolgt, die vom Senat – also der Hamburgischen Landesregierung – als sog. Senatsdrucksache verabschiedet wird (vgl. dazu ausführlicher Abschnitt IV3.2.3). Alle anderen Gesetze (sowohl der USA als auch der deutschen Bundesländer) sehen die Einrichtung eines BIDs durch die gewählten Vertreter der Stadt oder Gemeinde vor.

3.2 Überblick über laufende BIDs in Deutschland (Stand: November 2010)

Nach der Verabschiedung des ersten BID-Gesetzes in Deutschland gingen unmittelbar zwei BIDs an den Start, der BID Sachsentor in Hamburg-Bergedorf und der BID Neuer Wall in Hamburg-Mitte. Die jeweiligen Verordnungen zur Einrichtung wurden vom Hamburger Senat am 16.08.2005 bzw. am 27.09.2005 verabschiedet. Kurz darauf wurden auch die ersten BIDs in Hessen unter dem Gesetz zur Stärkung von innerstädtischen Geschäftsquartieren eingerichtet: der BID Seltersweg am 01.10.2006 und die drei BIDs Katharinenviertel, Marktquartier, Theaterpark am 01.01.2007, alle in der Innenstadt Gießens gelegen. 2007 starteten die ersten BIDs (dort PACT genannt) in Schleswig-Holstein, Flensburg und Elmshorn, wobei letzterer mit einem Budget von nur 3.000 € über fünf Jahre die Weihnachtsbeleuchtung finanziert. 2008 gingen zwei weitere BIDs an den Start, Wandsbek-Markt in Hamburg und Rendsburg in Schleswig-Holstein.

Sprunghaft angestiegen ist die Zahl der BIDs im Jahr 2009 mit neun neuen BIDs, darunter die ersten in Bremen: Lüneburger Straße (Hamburg-Harburg), Baunatal (Hessen), Alte Holstenstraße (Hamburg-Bergedorf), Hohe Bleichen (Hamburg-Mitte), Sachsentor II (Verlängerung des ersten BIDs), Rendsburg II (Verlängerung des ersten BIDs um ein weiteres Jahr), Schmuggelstieg (Norderstedt, Schleswig-Holstein), Ansgarikirchhof (Bremen), Ostertorsteinweg/Vor dem Steintor „Das Viertel“ (Bremen). Bis November 2010 wurden bisher drei BIDs – der BID Burbach als erster im Saarland, der OXBID in Hamburg-Ochsenzoll und der PACT Pinneberg – eingerichtet. Eine Besonderheit des OXBID ist, dass er zusammen mit dem PACT Schmuggelstieg ein länderübergreifendes Quartier mit demselben Aufgabenträger bildet.

Abb. 23: Entwicklung von Business Improvement Districts in Deutschland

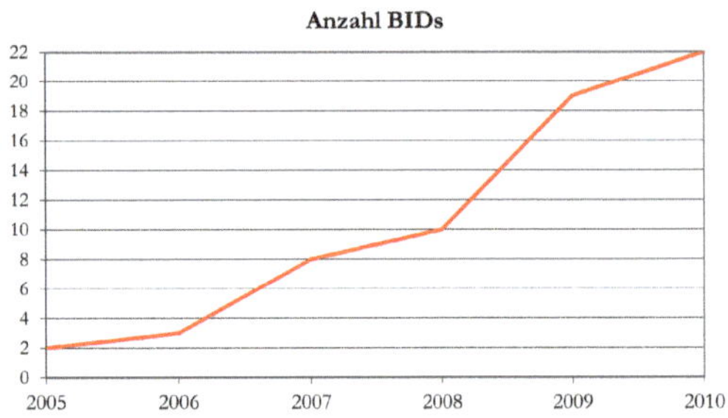

Eigene Darstellung nach DIHK 2010c (Stand: November 2010) und eigenen Recherchen

Hamburg mit dem ersten BID-Gesetz ist auch das Bundesland mit den meisten BIDs, derzeit sind es sieben. Es folgt Hessen mit fünf, wobei nach dem Start von vier BIDs in Gießen bisher nur ein weiteres dazu gekommen ist. In Schleswig-Holstein sind es ebenfalls fünf, in Bremen zwei und im Saarland eines:

Tab. 26: Anzahl operative BIDs nach Bundesländern; Anzahl verlängerte und gescheiterte BIDs

Bundesland	Anzahl operative BIDs
Bremen	2 Das Viertel, Ansgarikirchhof
Hamburg	7 Sachsentor (1x verlängert); Neuer Wall; Wandsbek-Markt; Lüneburger Straße; Alte Holstenstraße; Hohe Bleichen/Heuberg; OXBID
Hessen	5 Seltersweg, Katharinenviertel, Marktquartier, Theaterpark in Gießen; Baunatal
Nordrhein-Westfalen	(bisher nur freiwillige ISGen)
Saarland	1 Burbach, Saarbrücken

Schleswig-Holstein	5 Flensburg; Elmshorn; Schmuggelstieg, Norderstedt; Rendsburg (1x verlängert); Pinneberg
Summe	*20*[188]
verlängerte BIDs:	2 *Sachsentor, Hamburg-Bergedorf*: BID I (3 Jahre), BID II (5 Jahre) *Rendsburg*: BID I (1 Jahr), BID II (1 Jahr)
ohne Verlängerung beendete BIDs:	1[189]
gescheiterte BIDs:	4 *Kiel, Holstenstraße-Alter Markt; Halstenbek*: aufgrund ablehnender Eigentümervoten nicht zustande gekommen *Wiesbaden, Taunusstraße* *Kassel, Untere Königsstraße*: Antrag während der Auslegungsphase zurückgezogen, derzeit keine BID-Aktivitäten
im ersten Anlauf gescheiterte BIDs:	3 *Lüneburger Straße Hamburg-Harburg*: Einwendungen wurden im Rahmen der öffentlichen Anhörung ausgeräumt *Baunatal*: zu viele Widersprüche im ersten Auslegungsverfahren; durch Öffentlichkeitsarbeit und Konkretisierung des Maßnahmenkonzepts konnte der Widerstand ausgeräumt werden *Burbach*: Überschreiten des Negativquorums im ersten Auslegungsverfahren sowie Formfehler

Stand November 2010. Eigene Zusammenstellung u. a. nach DIHK 2010a/BIDNews Nr. 10, DIHK 2010c/Übersicht der BID-Initiativen <http://www.hk24.de/servicemarken/branchen/handelsplatz_hamburg/bezirke/bid/bids_in_hh/BIDs_in_Deutschlands_im_Ueberblick.jsp> (Zugriff 27.08.2010)[190]

Man könnte versucht sein, die Zahl von 20 operativen BIDs (plus zwei Verlängerungen) nach mittlerweile fünf Jahren gültiger BID-Gesetze als wenig zu bezeichnen; allerdings ist der Vorlauf von der ersten Initiative bis zur erfolgreichen BID-Einrichtung lang (i. d. R. wird von eineinhalb bis zwei Jahren gesprochen, so z.B. HEINZE; TSCHENTSCHER 2008: 30) und eine BID-Initiative kann aus vielen Gründen gar nicht erst zustande kommen oder in einem frühen Stadium scheitern (ebd.).[191]

188 Die Summe weicht von der vorherigen Abbildung um zwei ab, weil BID Sachsentor und PACT Rendsburg bereits einmal verlängert wurden, hier aber nicht gesondert gezählt werden.

189 Der PACT Rendsburg ist nach Auslaufen der 2. Satzung im Juli 2010 nicht noch einmal verlängert worden. Die Gebietssatzung ist jedoch noch bis 2012 gültig.

190 Für weitere Details zu den einzelnen BIDs s. Anhang 5 Basisdaten deutsche BIDs.

191 Auch in den USA stieg die Zahl der BIDs erst in den 1990er Jahren sprunghaft an, vgl. Abschnitt III2.2.

Erwähnt werden müssen auch die BIDs, die im Formalverfahren nicht zustande gekommen sind; nach derzeitigem Kenntnisstand sind es vier, wobei diejenigen nicht mitgezählt wurden, die bereits vor der Antragstellung aufgegeben haben. Namentlich sind dies die BIDs in Wiesbaden (Taunusstraße), Kiel (Holstenstraße-Alter Markt), Halstenbek und Kassel (Untere Königsstraße).

Zwei bereits gestellte Anträge wurden aus „formalen Gründen" wieder zurückgezogen. Beim geplanten BID in Kassel wurde der Antrag vom Aufgabenträger zurückgezogen, weil sich im Auslegungsverfahren zu viel Widerspruch insbesondere seitens der Eigentümer mit großen Grundstücken abzeichnete und die Initiatoren den Eindruck eines Misserfolgs vermeiden wollten. Derzeit wird dort die BID-Idee nicht weiter verfolgt, sondern Maßnahmen auf freiwilliger Grundlage durchgeführt (telef. Auskunft von Christine Neumann, IHK Kassel, 22.04.2010). Auch beim geplanten BID Taunusstraße in Wiesbaden wurde der Antrag während der öffentlichen Auslegungsphase am 30.03.2007 zurückgezogen. Die Initiatoren hatten einen Formfehler befürchtet, da nach der Einreichung des Antrags das Gebiet reduziert worden war und man es versäumt hatte, für diesen neuen Gebietszuschnitt erneut das notwendige Zustimmungsquorum von 15% der Stimmen einzuholen. Der Antrag wurde dann aber nicht erneut gestellt, da offensichtlich auch die Befürchtung bestand, der Widerstand seitens der Eigentümer könnte zu groß sein. Der Bürgermeister vermutete, die BID-Initiatoren hätten sich „ein bisschen zu stark mit den Geschäften beschäftigt und vielleicht nicht ausreichend darauf geachtet, die Hausbesitzer einzubeziehen" (FAZ 21.05.2007). Aktuell wird dort eine freiwillige Initiative weiterverfolgt, die mit einer Pauschale pro Anlieger statt einem an Größe und Wert der Immobilie orientierten Beitrag arbeiten will (Wiesbadener Kurier, 27.07.2010).

Zwei BIDs sind während der Auslegung gescheitert, weil die Quote der ablehnenden Stimmen von einem Drittel überschritten wurde (DIHK 2010c). Im Falle des PACT in Kiel ist es nicht gelungen, die Eigentümer vom Konzept zu überzeugen (telef. Auskunft von Björn Ipsen, IHK Kiel, 22.04.2010). Im Falle des PACT Halstenbek wurden „Als Gründe für das Scheitern ... die ungeklärten Kostenfragen zwischen Grundstückseigentümern und Mietern – und wie sie daran beteiligt werden – sowie die Uneinigkeit über die Höhe des Werbeetats" genannt (Hamburger Abendblatt/Pinneberger Tageblatt, 06.09.2007) – und dies, obwohl die Gemeinde 60.000 € für die Umgestaltung dazu schießen wollte. Bei beiden PACTs war also offenbar nicht Uneinigkeit über die Bemessungsgrundlage ursächlich für das Scheitern.

Dazu kommen drei BIDs, die im ersten Anlauf gescheitert sind. Der BID Lüneburger Straße wurde ursprünglich von mehr als der Hälfte der Eigentümer abgelehnt; von der Aufsichtsbehörde wurde jedoch ein Erörterungstermin am 17.06.2008 durchgeführt (vgl. §5 (6)). Die Verlängerung der Widerspruchsfrist wurde für Gespräche mit den Gegnern genutzt, so dass bis zur Anhörung alle Widersprüche zurückgezogen wurden. Daraufhin wurde der BID zum 10.03.2009 vom Hamburger Senat eingerichtet. Der BID Baunatal scheiterte zunächst im Auslegungsverfahren, da zwei Eigentümer, die sich nicht ausreichend informiert fühlten, entsprechenden Widerstand mobilisieren konnten. Nach einer umfassenden Öffentlichkeitsarbeit, die von der Stadt moderiert wurde, konnte nach einer Konkretisierung des Maßnahmenkonzeptes die Satzung bei nur fünf Widersprüchen beschlossen werden (telef. Auskunft von Hr. Ludwig, Stadt Baunatal, am 22.04.2010). Auch der BID Burbach scheiterte am Negativquorum: „In der ersten Auslegungsphase 2009 wurde das Negativquorum überschritten. Unklarheiten in der Auszählweise der Stimmen sowie Fehler bei der Gebietsabgrenzung machten einen zweiten Anlauf nötig. Maßnahmen und Finanzierungskonzept wurden überarbeitet.“ (DIHK 2010a)

Neben den operativen BIDs wurden im Januar 2008 über 70 BID-Initiativen in verschiedenen Realisierungsstadien gezählt (HEINZE; TSCHENTSCHER 2008: 24).

Es folgt ein Überblick über ausgewählte Aspekte der deutschen BIDs, namentlich die Budgets und Maßnahmenschwerpunkte und die von den BID-Initiativen gewählten Aufgabenträger.

3.2.1 Budgets und Maßnahmenschwerpunkte

Ebenso wie ihre US-amerikanischen Vorbilder unterscheiden sich die bisherigen deutschen BIDs erheblich in Bezug auf Größe des Budgets, Maßnahmen, Laufzeit und Organisationsstruktur. Um einen Überblick über die Bandbreite einiger ausgewählter Kriterien zu geben, aber auch einige Unterschiede zu US-BIDs anzudeuten, wird im Folgenden auf die Budgethöhen und die Maßnahmenschwerpunkte eingegangen.

Tab. 27: Budgets der deutschen BIDs nach Größenklassen

Größenklasse	BIDs	Anzahl BIDs/Anteil an der Grundgesamtheit (N=22)
kleiner als 250.000 €	Sachsentor I (Hamburg) Theaterpark (Hessen) Ansgarikirchhof (Bremen) Rendsburg I (Schleswig-Holstein) Baunatal (Hessen) Rendsburg II (Schleswig-Holstein) Schmuggelstieg (Schleswig-Holstein) OX-BID (Hamburg)	8 36,4%
250.000 € bis 499.999 €	Katharinenviertel (Hessen) Elmshorn (Schleswig-Holstein) Alte Holstenstraße (Hamburg) Pinneberg (Schleswig-Holstein)	4 18,2%
500.000 € bis 999.999 €	Marktquartier (Hessen) Lüneburger Straße (Hamburg) Sachsentor II (Hamburg) Burbach (Saarland)	4 18,2%
1.000.000 € bis 5.000.000 €	Seltersweg (Hessen) Holm/Flensburg (Schleswig-Holstein) Das Viertel (Bremen) Wandsbek-Markt (Hamburg) Hohe Bleichen (Hamburg)	5 22,7%
mehr als 5.000.000 €	Neuer Wall (Hamburg)	1 4,5%

Anm.: Der durchschnittliche BID-Beitrag pro Jahr beträgt rund 207.601 € (vgl. Anhang 5)

Die Größenklassen wurden in Anlehnung an die entsprechende Aufstellung der BIDs in New York City gewählt (vgl. Tab. 6), auch wenn die Umrechnung von US$ in Euro natürlich nicht dem Verhältnis 1:1 entspricht. Leider steht keine entsprechende Aufstellung für alle BIDs in den USA zur Verfügung.[192] Allerdings wären derartige Daten auch nicht wirklich vergleichbar, weil zahlreiche US-BIDs in ihren Budgets auch Drittmittel aufnehmen.

In Bezug auf die Maßnahmen bzw. die Maßnahmenschwerpunkte ist es trotz einer überschaubaren Zahl von BIDs relativ schwierig, sich einen genauen Überblick zu verschaffen. Ursache dafür ist, dass nur ein Teil der Maßnahmen- und Finanzierungskonzepte im Internet verfügbar sind. Die vorhan-

192 MITCHELL 1999 hatte diese Daten zwar offensichtlich erhoben, aber nicht gesondert veröffentlicht.

denen Konzepte folgen naturgemäß keinen einheitlichen Kriterien bei der Zuordnung von Budgetanteilen zu Maßnahmen; so sind teilweise die Budgetanteile der Maßnahmen nicht sehr detailliert aufgegliedert oder die Ausweisung der administrativen Kosten erfolgt nach sehr unterschiedlichen Kriterien.[193] Auch kann im Einzelfall die Zuweisung zu übergeordneten Begriffen fragwürdig sein – so ordnet etwa der BID Seltersweg die Weihnachtsbeleuchtung der Kategorie „städtebauliche Maßnahmen" zu, während diese mit guter Begründung auch dem Bereich „Marketing" zugerechnet werden könnte. Zudem kann im Vergleich auch nicht mit absoluten Ausgabesummen gearbeitet werden, da dann ein einzelner BID wie der BID Neue Wall mit seinem hohen Budget das Ergebnis verzerren würde. Daher ist die von HEINZE und TSCHENTSCHER gewählte Methode sinnvoll, die Rangfolge der Budgetanteile der einzelnen Maßnahmen zu betrachten. Aufgrund der genannten methodischen Schwierigkeiten und des hohen Aufwandes wird diese Aufstellung – obwohl mit Stand Januar 2008 bereits veraltet – hier verwendet:

Tab. 28: Rangfolge der Aufgabenschwerpunkte in den Budgets der bisher eingerichteten deutschen BIDs – Stand Januar 2008

Rangplätze	Sachsentor	Neuer Wall	Seltersweg	Theaterpark	Marktquartier	Katharinen-viertel	Holm/Große Straße	Elmshorn	Durch-schnitt/ typisch
Konzept/ Planung	1.	-	1.	2.	1.	2.	-	-	1.
Städtebau/ Verkehr	2.	1.	1.	2.	1.	2.	1.	1.	1.
Management	-	2.	2.	3.	2.	3.	-	-	2.
Werbung/ Events	-	4.	3.	1.	3.	1.	2.	-	3.
SOS*, Services	3.	3.	4.	4.	4.	4.	-	-	4.
Flächenmanagement	4.	-	-	-	-	-	-	-	-

* Sicherheit, Ordnung, Sauberkeit
HEINZE; TSCHENTSCHER 2008: 29, Tab. 6; leicht verändert: Reihenfolge, Durchschnitt Flächenmanagement als „-" statt als „4." gekennzeichnet

Auch diese Aufstellung hat den Nachteil, dass nicht immer deutlich wird, welche Maßnahmen welchem Oberbegriff zugeordnet wurden; insbesonde-

193 Diese können entweder pauschal als Abführung an den Aufgabenträger gekennzeichnet sein; in den meisten Fällen werden sie jedoch den einzelnen Maßnahmen zugeordnet und häufig nicht gesondert ausgewiesen.

re die Abgrenzung der Begriffe „Management“ und „Sicherheit und Sauberkeit“ ist diffus. Ebenso werden unter dem Begriff „Konzept/Planung“ sehr unterschiedliche Maßnahmen zusammengefasst: Während beim BID Sachsentor, wie in Abschnitt IV4.4.3 dargestellt wird, die strategische Ausrichtung für den Folge-BID gemeint war, legt bei den vier Giessener BIDs der Blick auf deren Maßnahmenkonzepte nahe, dass eher die Maßnahmenfeinplanung im Rahmen des Managements gemeint ist (vgl. Anhang 5). Außerdem berücksichtigt diese Aufstellung erst acht der mittlerweile 22 BIDs.

Mit diesen Einschränkungen zeigt sich folgendes Bild: Es lässt sich ein Fokus der deutschen BIDs auf Konzeptentwicklung und investiven Maßnahmen im Bereich Städtebau und Verkehr feststellen, gefolgt von Management und Werbung, während Sicherheit und Sauberkeit erst an vierter Stelle folgen.

Interessant wäre wiederum ein Vergleich dieses Befundes mit US-BIDs. Dieser scheitert jedoch an methodischen Problemen. Die einzige Aufstellung von Aufgabenschwerpunkten hat MITCHELL 1999 mit seiner US-weiten Befragung vorgenommen. Diese unterscheidet sich allerdings methodisch erheblich von der eben dargestellten von HEINZE und TSCHENTSCHER. MITCHELL hat nicht die Finanzierungspläne zur Grundlage genommen, sondern hat die BID-Manager nach ihren Schwerpunkten befragt. Daher wurden auch Aufgaben wie „policy advocacy“ berücksichtigt, die oben gar nicht vorkommen. Außerdem unterscheiden sich die Kategorien deutlich voneinander. Da es sich jedoch um die einzige verfügbare Untersuchung handelt, wird sie hier dargestellt:

Abb. 24: Dienstleistungen von US-BIDs und die Häufigkeit der Erbringung

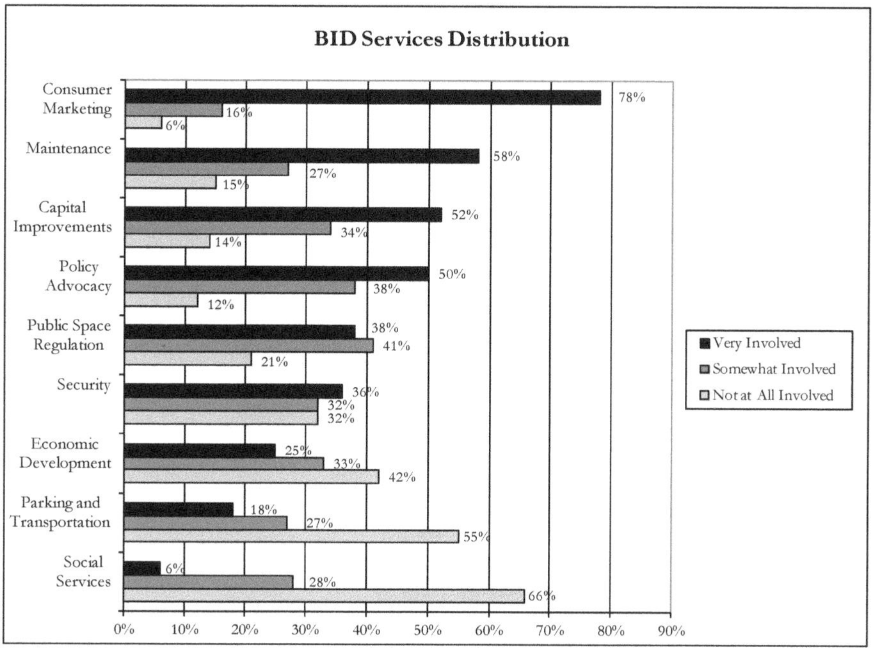

MITCHELL 1999: 18
leicht verändert: Sortierung nach Häufigkeit der Maßnahmen mit „very involved"

Mit allen methodischen Einschränkungen lässt sich zumindest feststellen, dass bei den US-BIDs Marketing an erster Stelle steht, gefolgt von Sauberkeit und investiven städtebaulichen Maßnahmen. In Maßnahmen für Sicherheit sind immerhin noch 36% der von MITCHELL untersuchten US-BIDs „very involved", während Sicherheit bei den deutschen BIDs bisher nur eine untergeordnete Rolle spielt. Dieses Ergebnis wird durch im Rahmen der 5. Weltkonferenz der privaten Stadtentwicklungsinitiativen im Juni 2010 in London präsentierte Daten grundsätzlich bestätigt: Dort wurde festgehalten, dass 98% der US-BIDs öffentliche Sicherheit und 97% Marketing als Schwerpunkte hatten (DIHK 2010b). Auf die untersuchten US-Fallbeispiele trifft diese Aussage insoweit zu, als bei drei der sechs untersuchten BIDs Sauberkeit (bzw. *Maintenance*) die größte und bei weiteren zwei die zweitgrößte Budgetposition stellt.

3.2.2 Aufgabenträger und Organisationsstruktur

Wie in Abschnitt IV1.2.1 dargestellt, haben BIDs in Deutschland keine eigene Rechtspersönlichkeit[194]; sie bedürfen daher für die Umsetzung ihrer Maßnahmen eines sog. Aufgabenträgers. Laut Hamburgischem Gesetz kommen dafür alle (natürlichen und juristischen) Personen in Frage, die Mitglied der Handelskammer Hamburg sind oder sich freiwillig deren Aufsicht unterwerfen (GSED § 4 (1)). Außerdem muss diese Person finanziell ausreichend leistungsfähig sein und ihre „steuerliche Zuverlässigkeit durch eine Unbedenklichkeitsbescheinigung des Betriebsstättenfinanzamtes darlegen" (GSED § 4 (2)). Ähnlich ist dies in Hessen (§4), Schleswig-Holstein (§2) und Bremen (§3) geregelt (in den Flächenländern müssen sich die Aufgabenträger der Aufsicht der Gemeinde unterwerfen). Im Saarland wird diese Regelung noch dadurch ergänzt, dass diese Person

1. Eigentümer eines innerhalb des Bündnisses für Investition und Dienstleistung gelegenen Grundstücks ist,
2. ihren Sitz innerhalb des Bündnisses für Investition und Dienstleistung hat oder
3. nach Vorlage einer schriftlichen Vollmacht Personen nach Nummer 1 oder 2 vertritt. (BIDG Saarl, §3)

In der Praxis der deutschen BIDs haben sich mittlerweile vor allem vier verschiedene Typen von Aufgabenträgern herauskristallisiert, wie die folgende Übersicht zeigt:

194 Bis auf Nordrhein-Westfalen; dort wurden aber bis dato keine ISGen als verpflichtende BIDs eingerichtet.

Tab. 29: Aufgabenträger in deutschen BIDs

BID	Aufgabenträger	BID-Verein[1]	bestehender Verein[2]	Bauunter-nehmen	Consulting-Unternehmen	Andere	Besonderheit:
Sachsentor I	WSB Wirtschaft und Stadtmarketing für die Region Bergedorf e.V.		x				
Neuer Wall	Otto Wulff Bauunternehmung GmbH & Co. KG			x			
Seltersweg	BID Seltersweg e.V.	x					die vier BID-Vereine haben sich zu einer GmbH zusammengeschlossen, die einen Geschäftsanteil an der Gzießen Marketing GmbH hält
Katharinen-viertel	BID Katharinen-viertel e.V.	x					
Marktquartier	Marktquartier e.V.	x					
Theaterpark	BID Theaterpark e.V.	x					
Holm/ Große Straße, Flensburg	Bauplan Nord GmbH & Co KG			x			
Elmshorn	Verein zur Förderung von Stadtmarketing in Elmshorn e.V.		x				
Wandsbek-Markt	Otto Wulff Bauunternehmung GmbH & Co KG			x			
Rendsburg I	Thomas Krüger, Jan Rathjens und Kay Nehls					x	Privatpersonen (PACT Lenkungsgruppe der IG Holsteiner Straße)
Lüneburger Straße	konsalt GmbH				x		
Baunatal	City Management Baunatal e.V.		x				
Alte Holstenstraße	WSB Wirtschaft und Stadtmarketing für die Region Bergedorf e.V.		x				
Hohe Bleichen	Zum Felde GmbH			x			

BID	Aufgabenträger	BID-Verein[1]	bestehender Verein[2]	Bauunter-nehmen	Consulting-Unternehmen	Andere	Besonderheit:
Schmuggel-stieg, Nor-derstedt	CIMA GmbH				x		
Ansgari-kirchhof	CS City-Service GmbH					x	Tochterunterneh-men des Stadtmar-ketings und eines Parkraumanbieters
Das Viertel	Interessengemeinschaft „Das Viertel" e.V	x					
Burbach	BID Burbach e.V.	x					
OXBID	CIMA GmbH				x		
		6	4	4	3	2	19

1 ggf. eigens gegründet

2 z.B. Wirtschafts- oder Stadtmarketingverein

Anm. Um Verzerrungen zu vermeiden, wurden die BID-Verlängerungen nicht erneut aufgeführt.

Die Aufgaben der weitaus meisten BIDs werden also entweder von einem (meist eigens gegründeten) BID-Verein, einem bestehenden Wirtschafts- oder Stadtmarketingverein oder einem Bauunternehmen wahrgenommen. WELLENS hat hierbei nach „interner" und „externer" Aufgabenträgerschaft unterschieden (2009: 55 f.), wobei nach diesem Verständnis nur die Vereine aus Gebietsansässigen als interne Aufgabenträger zu betrachten sind. Diese Unterscheidung berücksichtigt somit nicht die in der oben stehenden Tabelle aufgeführten, weiter gehenden Differenzierungen.

Bei allen BIDs mit Bauunternehmen als Aufgabenträgern liegt der Maßnahmenschwerpunkt auch eindeutig auf baulichen Investitionen in die Straßengestaltung. Eine Ausnahme wird hierbei nur die Neuauflage des BID Neuer Wall bilden, der trotz des im zweiten BIDs auf Marketingmaßnahmen liegenden Schwerpunktes am ursprünglichen Aufgabenträger festhalten wird. Consulting-Unternehmen sind bisher erst bei drei BIDs zum Aufgabenträger gewählt worden; es bleibt also abzuwarten, ob sich die dauerhafte Betreuung von BIDs als neues Aufgabenfeld für Beratungsfirmen etablieren kann. In der Gründungsphase von BIDs waren allerdings häufig Consultants involviert, so z.B. bei den vier BIDs in Gießen (vgl. DETTLING; VOLKE 2009) oder auch beim BID Sachsentor.

Besonders interessant unter Beteiligungsgesichtspunkten sind die vier BIDs in Gießen. Dort wurde als Aufgabenträger jeweils ein Verein gegründet. Diese Konstruktion ist mit der der US-amerikanischen *not-for-profit* vergleichbar, insbesondere dann, wenn sich die Mitglieder registrieren müssen. In einen BID-Verein müssen die Eigentümer aktiv eintreten; es können aber prinzipiell auch Eigentümer oder sogar Außenstehende eintreten, sofern die Satzung dies zulässt. Die Satzung des Vereins BID Seltersweg beispielsweise unterscheidet zwischen ordentlichen und fördernden Mitgliedern. Ordentliches Mitglied können nur Personen werden, „denen innerhalb des … Innenstadtbereichs das Eigentum bzw. ein sonstiges dingliches Recht an einem gewerblich genutzten Grundstück zusteht oder die innerhalb des Bereichs ein Unternehmen betreiben" (§4), also Grundeigentümer oder Einzelhändler im BID-Gebiet. Diese Organisationsform ermöglicht es somit, den interessierten Beitragszahlern und Gewerbetreibenden ein Forum zu bieten. Die Mitgliederversammlung muss mindestens ein Mal jährlich einberufen werden und entscheidet u. a. über

- Wahl und Abberufung von Vorstandsmitgliedern, …
- Verabschiedung des jährlichen Maßnahmen- und Wirtschaftsplans,
- Entgegennahme des Jahres- und Wirtschaftsberichts des Vorstandes …
- Beschlussfassung über Anträge, Beschwerden, Satzungsänderungen und die Auflösung des Vereins. (Satzung des Vereins BID Seltersweg, §7)

Die Organisationsform des Vereins ermöglicht es prinzipiell aber auch, interessierte Bürger miteinzubeziehen. Als klassische Form der Selbstverwaltung hat ein Verein andererseits aber auch die Nachteile der Eigenorganisation – also hohe Anforderungen an das Engagement der Aktiven, die Notwendigkeit, Personen zu finden, die diese Aufgaben übernehmen und im schlimmsten Fall auch mangelnde Professionalität. Die BID-Vereine Gießen haben Externe mit der Wahrnehmung der Managementaufgaben beauftragt:

> Die BID Theaterpark und Seltersweg haben … einen gemeinsamen, hauptamtlichen Geschäftsführer eingesetzt, der für die Durchführung der Maßnahmen verantwortlich ist. Auch das BID Marktquartier hat eine bezahlte Koordinatorposition geschaffen und kauft zudem einzelne Managementleistungen bei der Gießen Marketing GmbH [s. unten] ein. Das BID Katharinenviertel arbeitet derzeit rein ehrenamtlich. (DETTLING; VOLKE 2009: 26)

Außerdem besteht bei der Wahl eines Vereins als Aufgabenträger ein Haftungsrisiko im Falle der Unwirksamkeit des BID-Gesetzes, da dann die Grundeigentümer nicht zur Zahlung des BID-Beitrages verpflichtet wären und der Verein für bereits durchgeführte Maßnahmen das Risiko übernehmen müsste.

Der Notwendigkeit der Koordination der Aktivitäten der einzelnen BIDs und mit dem Gießener Stadtmarketing begegneten die vier Gießener BIDs mit der Gründung einer „BID-GbR" mit den vier BID-Vereinen als Gesellschafter. Der Gegenstand dieser GbR ist „das Halten und Verwalten eines Geschäftsanteils an der Gießen Marketing GmbH sowie die Koordination der Arbeit der einzelnen Gesellschafter in deren Funktion als Aufgabenträger der Business Improvment Districts (BIDs) in Gießen." (Gesellschaftsvertrag der Gesellschaft bürgerlichen Rechts unter der Bezeichnung „BID-GbR" (Entwurf): §2). Die vier Gesellschafter stellen jeweils einen Geschäftsführer, von denen einer als Vertreter für die Ausübung des Stimmrechts in der Gießen Marketing GmbH gewählt wird (§7).

Eine andere Lösung des Beteiligungsproblems hat der BID Neuer Wall gewählt. Der BID Neuer Wall zeichnet sich durch die Besonderheit aus, dass dort bereits vor Gründung des BIDs ein lokal auf die Anlieger der Straße beschränkter Grundeigentümerverein (Grundeigentümerverein Neuer Wall) sowie eine Interessensgemeinschaft der Gewerbetreibenden (IG Neuer Wall) bestanden. Durch sein Engagement im Vorfeld der BID-Gründung konnte der Grundeigentümerverein rund 70% aller Eigentümer als Mitglieder gewinnen – ein ungewöhnlich hoher Organisationsgrad für eine freiwillige Organisationsform.[195] Zu den Sitzungen, insbesondere vor BID-Gründung zur Diskussion der geplanten Maßnahmen, kamen sogar bis zu 80% der Eigentümer, also auch Nicht-Mitglieder (Dr. Hans-Werner Schrader, Interview 28.09.2007; Sebastian Binger, Interview 20.06.2007). Auch die IG wuchs im Verlauf der BID-Gründung von ursprünglich 13 auf 47 Mitglieder an (Tina Benecke, Interview 11.07.2007). Im Lenkungsausschuss des BID Neuer Wall wiederum sind von insgesamt 13 stimmberechtigten Mitgliedern sind drei Vorstands- und sechs einfache Mitglieder des Grundeigentümervereins sowie drei Vorstandsmitglieder der IG (von denen zwei gleichzeitig Grundeigentümervertreter sind) vertreten. Nicht stimmberechtigte Mitglieder sind die Handelskammer Hamburg, die Behörde für Stadtentwicklung und Umwelt sowie das Bezirksamt Mitte, der

195 Aktuell sind es noch 65% (DIHK 2010b: 19).

Trägerverbund Projekt Innenstadt, der Aufgabenträger sowie ein Vertreter der Helmut-Schmidt-Universität als wissenschaftliche Begleitung (später auch Sprecher des BID und als solcher stimmberechtigt) (BINGER; BÜTTNER 2005: 23 f.).[196] Die stimmberechtigten Mitglieder im Lenkungsausschuss konnte durch das Vorhandensein entsprechender Vereine auch anders als im BID Bergedorf vorab legitimiert werden: „Ein wichtiger Erfolgsfaktor der BID-Initiativen am Neuen Wall und in Wandsbek war deren formelle Legitimation zur Einrichtung eines Lenkungskreises qua Mitgliederbeschluss eines vor Ort vorhandenen Organs." (BINGER; BÜTTNER 2008: 131)

Vor Gründung des BID hatte der Lenkungsausschuss vier mögliche Varianten für die Aufgabenträgerschaft juristisch prüfen lassen: 1. der Grundeigentümerverein als Aufgabenträger, 2. eine vom Grundeigentümerverein gegründete GmbH, 3. Grundeigentümerverein oder eine von ihm gegründete GmbH wird Aufgabenträger und überträgt diese Aufgabe einem Dritten, 4. Beauftragung einer Baugesellschaft oder eines Projektentwicklers (BINGER; BÜTTNER 2005: 31 f.). Nicht zuletzt aufgrund des Haftungsrisikos bei einem Verein als Aufgabenträger (s. oben) fiel die Wahl auf die Alternative 4.

Trotz der Wahl eines Bauunternehmens als Aufgabenträger ist bei diesem Modell die enge Beteiligung des Lenkungsausschusses sicher gestellt. Das Verhältnis der drei Organisationen – Grundeigentümerverein, Lenkungsgruppe und Aufgabenträger – ist durch Verträge geregelt, wobei der Lenkungsausschuss auf eine eigene Geschäftsordnung verzichtet (Stand: 2007). Die Besetzung des Lenkungsausschusses ist im öffentlich-rechtlichen Vertrag festgelegt. Eine Besonderheit dieser Konstruktion ist das sog. BID-Agreement zwischen Aufgabenträger und Grundeigentümerverein. In diesem ist geregelt, dass „die im öffentlich-rechtlichen Vertrag ... ausgearbeiteten Regelungen zur Beteiligung des Lenkungsausschusses einzuhalten sind" (ebd. 33 f.). Der Aufgabenträger ist somit rechtswirksam an die Weisungen des Lenkungsausschusses im Rahmen des Maßnahmenkonzeptes gebunden (Sebastian Binger, Interview 20.06.2007).

Einzig kritisch zu sehen an diesem Arrangement ist das ausschließliche Besetzungsrecht der entsprechenden Sitze im Lenkungsausschuss durch

196 Nach Aussage von Hr. Dr. Schrader wurde die Stimmberechtigung auch nicht immer streng gehandhabt; in den drei Interviews war auch nur von elf formal stimmberechtigten Mitgliedern die Rede.

den Grundeigentümerverein – ein Manko, dass sich aber angesichts des hohen Organisationsgrades relativiert.

Die Wahrnehmung von BID-Aufgaben durch Bauunternehmen wird kontrovers diskutiert. Auf den ersten Blick scheint es heikel, dass Privatfirmen in dieser besonderen Form von *Public Private Partnership* die Umgestaltung des öffentlichen Raumes beeinflussen können und dass sie als Aufgabenträger Stellungnahmen in förmlichen und nicht förmlichen Anhörungsverfahren abgeben können (vgl. z.B. § 2 (2) GSED), also wie Träger öffentlicher Belange angehört werden müssen. Wie noch ausgeführt wird (vgl. Abschnitt IV5.4), unterliegen BIDs und deren Maßnahmen im deutschen Planungssystem jedoch so eindeutig einem staatlichen Genehmigungsvorbehalt, dass diese Kompetenzen dadurch prinzipiell eingehegt werden können. Außerdem legt die Antwort auf eine Anfrage des Bezirksamtes Bergedorf an das Rechtsamt der Hamburger Behörde für Stadtentwicklung und Umwelt (BSU) nahe, dass die Beteiligung als Träger öffentlicher Belange nicht wesentlich mehr Rechte beinhaltet, als jedem Einwendenden sowieso zur Verfügung stehen:

> [Das Bezirksamt Bergedorf schreibt am 25.01.2006 an die BSU:]
>
> Über die Auslegung [der entsprechenden Formulierung im öffentlich-rechtlichen Vertrag] besteht nun Dissens. Während das Bauamt den Aufgabenträger nur in solchen Verfahren beteiligen möchte, die den räumlichen Bereich des BID betreffen ..., möchte der Aufgabenträger auch bei Vorhaben beteiligt werden, die seinen Wirkungskreis inhaltlich betreffen ..., weil Auswirkungen auf den Einzelhandel in Bergedorf zu erwarten sind. ... Wo zögen Sie die Grenze? Gehen wir planungsrechtliche Risiken ein, wenn wir den Aufgabenträger zuviel oder zuwenig beteiligten?
>
> [Die BSU antwortet dazu am 30.01.2006:]
>
> Die Einstufung als Träger öffentlicher Belange ergibt sich daraus, dass der Aufgabenträger den Innovationsbereich repräsentiert und dass dieser Innovationsbereicht nach § 1 zur Wahrnehmung öffentlicher Interessen geschaffen wurde. ...
> Selbst wenn man den Aufgabenträger nicht als Träger öffentlicher Belange ansehen sollte, wäre seine Beteiligung ... im Ergebnis unschädlich. Bei den relevanten Verfahrensfehlern, die in § 124 BauGB aufgezählt sind, finden wir nicht den Fall, dass jemand als TÖB beteiligt wurde, der nicht TÖB ist. Im Übrigen dürfte es für das Schicksal des B-Planverfahrens kein [sic] Unterschied machen, ob der aufgabenträger [sic] als TÖB oder als ‚Bürger' nach § 3 BauGB beteiligt wurde. (FHH o. J. a)

Was dennoch Anlass zur Sorge geben könnte, ist die Tatsache, dass im Rahmen eines BIDs Private – in diesem Fall eine Baufirma – und die öffentliche Hand sehr eng zusammenarbeiten und dadurch ein „kurzer Draht" entstehen könnte, die das Privatunternehmen auch in anderen Fällen ausnutzen könnte.

Ein weiterer Aspekt der Übernahme der Aufgabenträgerschaft durch Baufirmen wurde kritisiert: „Problematisch ist auch die Tatsache, dass Bauunternehmen die Initiative ergreifen sich bereits vor der Begründung eines Quartiers als Maßnahmenträger verpflichten lassen [sic]. In der Umsetzung sind diese Unternehmen dann oft geschäftsführend tätig, verwalten das Gesamtbudget und sind Auftragnehmer und Empfänger des Budget." Gefordert wird stattdessen, dass ein Aufgabenträger nur treuhänderisch tätig sein sollte (<http://www.hamburg.gruene.de/artikel/18-08-2010/transparenz-und-buergerbeteiligung-bei-bid-und-hid>, Zugriff 13.11.2010, Landesarbeitsgemeinschaft Planen Bauen Wohnen der GAL Hamburg). Nach dieser Logik könnte ein Bauunternehmen sich quasi selbst einen Auftrag verschaffen, indem es die Grundeigentümer eines potenziellen BID-Gebietes dazu „überredet", einen BID zu gründen und mit der Umsetzung der Maßnahmen zu beauftragen. Angesichts der geschilderten hohen Hürden bei der Einrichtung eines BIDs sowie auch der Lehren aus gescheiterten BIDs scheint diese Gefahr allerdings nur in ganz bestimmten Konstellationen real zu sein. Auch zeigt das Beispiel BID Neuer Wall, dass eine enge Kontrolle der Maßnahmendurchführung seitens der Grundeigentümer trotz externer Aufgabenträgerschaft durch eine entsprechende rechtliche Konstruktion möglich ist.

3.2.3 Beteiligung der politischen Gremien

Hamburg stellt in Bezug auf die Beteiligung der gewählten politischen Gremien aufgrund seiner besonderen Verwaltungsstruktur als sog. Einheitsgemeinde einen Sonderfall dar. Wie aus Tab. 25 ersichtlich, entscheiden in allen anderen Bundesländern die politisch gewählten Vertreter über die Einrichtung eines BIDs. In Hamburg dagegen erlässt der Senat ohne Beteiligung der Bürgerschaft (das Hamburgische Landesparlament) eine sog. Rechtsverordnung. Während die BID-Satzungen der andere Bundesländer öffentliche Dokumente und zumeist im Internet (über die jeweiligen Ratsinformationssysteme) auffindbar sind, sind die Rechtsverordnungen des Hamburger Senates als Senatsdrucksache vertraulich und offiziell nicht einmal den Abgeordneten der Hamburger Bürgerschaft zugänglich.

Diffus ist die Rolle der jeweiligen Bezirksversammlung (die gewählten politischen Vertreter der Hamburger Bezirke) bei der Einrichtung eines

BIDs. Im GSED ist nur die Rolle der „Aufsichtsbehörde" geregelt, eine Aufgabe, die gemäß der Durchführungsanordnung[197] vom jeweiligen Bezirksamt wahrgenommen wird. Gemäß §19 (1) des Hamburger Bezirksverwaltungsgesetzes muss das Bezirksamt „die Bezirksversammlung über alle Angelegenheiten von grundsätzlicher Bedeutung" informieren. Dabei kann die Bezirksversammlung „in allen Angelegenheiten, für die das Bezirksamt zuständig ist, das Bezirksamt bindende Beschlüsse fassen." (ebd. §19 (2)) Beteiligt werden die Bezirksversammlungen also nur insoweit der jeweilige Bezirksamtsleiter sie informiert. Im Zweifel kann die Bezirksversammlung die Informationspflicht im Rahmen einer Vereinbarung konkretisieren, die sie laut §19 (1) Satz 3 mit dem Bezirksamt schließen soll.

Jegliche Vorstösse, eine Beteiligung der Bezirksversammlungen verpflichtend im GSED (oder in der Durchführungsanordnung) zu regeln, wurden mit dem Hinweis auf die oben dargestellte Regelung im Bezirksverwaltungsgesetz abgelehnt. Über die Wichtigkeit einer Beteiligung der Bezirksversammlungen bestand jedoch über alle Fraktionen hinweg Einigkeit (BÜRGERSCHAFT DER FHH 2004b).

Wie sieht nun die Praxis aus? Eine entsprechende (mündliche) Nachfrage in der Behörde für Stadtentwicklung und Umwelt ergab im Herbst 2010, dass es dort mangels Zuständigkeit keinen Überblick über die konkrete Vorgehensweise in den einzelnen Bezirken gab. Prinzipiell gibt es verschiedene Zeitpunkte im Verlauf der BID-Gründung, an der eine Beteiligung bzw. Information der Bezirksversammlung angezeigt erscheinen mag. Dies könnten sein: Der Zeitpunkt, wenn die Verwaltung erste Kenntnis über eine BID-Initiative erlangt; wenn erstmals ein Entwurf eines Maßnahmen- und Finanzierungskonzepts vorgelegt wird und möglicherweise Gespräche zu dessen Konkretisierung geführt werden; wenn das 15%-Quorum erreicht ist; oder wenn der Antrag offiziell eingereicht wird und die Auslegungsfrist beginnt. Je nachdem wie eng die Zusammenarbeit zwischen Behörde und BID-Initiative ist, kann es auch sein, dass das Bezirksamt nur von den offiziell erforderlichen Schritten Kenntnis erlangt. Wenn aber z.B. eine Umgestaltung des öffentlichen Raums geplant ist, ist von einer engen Abstimmung zwischen Amt und Initiative bereits im Vorfeld des Formalverfahrens (d.h. vor Einholen der 15% Zustimmung) auszugehen. Finden in diesem Rahmen etwa schon städtebauliche Wettbewerbe

197 Anordnung zur Durchführung des Gesetzes zur Stärkung der Einzelhandels- und Dienstleistungszentren 2005.

statt, kann es zu entscheidenden Vorfestlegungen kommen, auf die die Bezirksversammlung dann keinerlei Einfluss mehr nehmen kann, wenn sie erst im Formalverfahren beteiligt wird. Im Falle des BIDs Wandsbek waren Vertreter der Fraktionen nicht in das konkurrierende Gutachterverfahren eingebunden. Über die formalen Verfahrensschritte dagegen wurde die Bezirksversammlung korrekt informiert (mündliche Auskunft eines Vertreters des Stadtplanungsausschusses).

Die „Entfernung“ zwischen politischer Vertretung (hier die Bezirksversammlung) und des die Rechtsverordnung beschließenden Organs (der Senat) ist in Hamburg besonders groß: Ein Beschluss der Bezirksversammlung bindet nur das Bezirksamt; dieses muss dann im Rahmen der externen Abstimmung der Rechtsverordnung[198] eine entsprechende Stellungnahme abgeben. Diese wiederum fließt in die Abwägung des Senats ein.[199]

In den anderen Bundesländern ist die politische Vertretung das die Satzung beschließende Organ. Zwar ist auch hier nicht auszuschließen, dass die Verwaltung bereits im Vorfeld Absprachen mit den BID-Initiatoren trifft. Die politisch gewählten Vertreter verfügen jedoch immer über das Drohpotenzial, die Satzung nicht zu beschließen, wenn sie sich nicht ausreichend informiert und beteiligt fühlen.

Im Rahmen der Befassung der jeweiligen Stadtvertretung erscheint das Thema BID meist mehrmals auf der Tagesordnung der entsprechenden Gremien. In Schleswig-Holstein etwa stehen angehende PACTs zunächst für den Beschluss über die Gebietsfestlegung und dann für den Beschuss der eigentlichen Satzung auf der Tagesordnung; häufig wird sogar mehrfach über das Thema diskutiert, etwa im Rahmen von Ausschussbefassungen.

198 Eine Senatsdrucksache wird zunächst intern, also im Haus der entsprechenden Behörde abgestimmt, und dann extern mit den übrigen betroffenen Behörden, in diesem Falle also auch mit dem jeweiligen Bezirksamt.

199 Prinzipiell könnte sich der Senat über eine ablehnende Stellungnahme hinwegsetzen, auch wenn dies hier aus politischen Gründen kaum vorstellbar ist.

Später bekommen die Stadtvertreter die Jahresberichte zur Kenntnis.[200] Durch das Fehlen öffentlicher Anhörungen können sich zwar die Bürger nur durch den Besuch der jeweiligen Gremiensitzungen informieren, aber durch die Bereitstellung der Unterlagen im Internet ist ein Mindestmaß an Transparenz hergestellt.

Andererseits sind die Satzungsbeschlüsse wenig kontrovers, wie stichprobenartige Prüfungen für Schleswig-Holstein ergeben haben: Die Beschlüsse zur Einrichtung von PACT wurden zumeist einstimmig (Flensburg, Norderstedt, Pinneberg; Rendsburg II mit einer Enthaltung; Elmshorn mit einer Gegenstimme) von der jeweiligen Stadtvertretung gefasst (Informationen den jeweiligen Ratsinformationssystemen der genannten Städte entnommen).

Sowohl in Bezug auf Transparenz wie auch Beteiligung der politischen Gremien ist in Hamburg im Vergleich zu den anderen Bundesländern ein Defizit festzustellen. Dies ist jedoch nicht auf die Ausgestaltung des Hamburger BID-Gesetzes zurückzuführen, sondern auf die spezielle Verwaltungsstruktur. Diesem Defizit könnte somit auch nicht durch eine Änderung des GSED abgeholfen werden. In Bezug auf die Bürgerbeteiligung fallen jedoch alle deutschen Länder hinter die Verfahren mit öffentlichen Anhörungen in den New York, New Jersey und Pennsylvania zurück.

200 Siehe beispielhaft die Befassung der Stadtvertretung Norderstedt zum PACT Schmuggelstieg:
1) Gebietsabgrenzung, Sitzung 02.04.2009 Ausschuss für Stadtentwicklung und Verkehr
2) Gebietsabgrenzung, Sitzung 28.04.2009 Stadtvertretung
3) PACT-Antrag für das Gebiet Schmuggelstieg, Sitzung 18.06.2009 Ausschuss für Stadtentwicklung und Verkehr (Grundsatzbeschluss mit dem Auftrag an die Verwaltung, das Konzept zu prüfen und die notwendige Abstimmung mit der Arbeitsgruppe Norderstedt-Mitte durchzuführen)
4) Satzungsbeschluss, Sitzung 02.07.2009 Ausschuss für Stadtentwicklung und Verkehr (Besprechung)
5) Satzungsbeschluss, Sitzung 14.07.2009 Stadtvertretung
6) Vorbereitungsphase zur Einrichtung eines PACT-Bereiches Norderstedt-Mitte, Sitzung 01.04.2010 Ausschuss für Stadtentwicklung und Verkehr (nach Einarbeitung einiger Änderungen)
7) Bericht zum 1. Jahr PACT, Sitzung 02.09.2010 Ausschuss für Stadtentwicklung und Verkehr (Besprechung) (<http://gidw6.gid24.de/ratsinfo/sessionnet/buergerinfo/suchen01.php?__swords=pact&__sgo=Suchen&go=Suchen>, Zugriff 19.11.2010).

4 Fallbeispiel BID Sachsentor in Hamburg-Bergedorf

4.1 Auswahl des Fallbeispiels und methodisches Vorgehen

4.1.1 Auswahlkriterien

Als erster deutscher BID wurde am 16.08.2005 der Innovationsbereich Sachsentor[201] vom Hamburger Senat eingerichtet. Mit einer Laufzeit von drei Jahren und einem Budget von knapp 150.000 € startete dieser BID bescheiden und vorsichtig, was vor allem im Vergleich mit dem zweiten BID, Neuer Wall mit einem Budget von knapp 6 Mio. €, ins Auge fällt. Häufig wird der BID Neuer Wall als erster deutscher BID bezeichnet und es mag daher erklärungsbedürftig erscheinen, warum stattdessen der BID Sachsentor als Fallbeispiel ausgewählt wurde.

Zum einen gab es zu Beginn der Untersuchungen zu dieser Arbeit lediglich die beiden erwähnten BIDs; die vier BIDs in Gießen starteten erst Ende 2006/Anfang 2007, so dass Langzeitbeobachtungen überhaupt nur für die beiden Hamburger BIDs möglich waren. Zum anderen stellt der BID Bergedorf viel mehr als der BID Neuer Wall den „Durchschnittsfall" eines BIDs in Deutschland dar, was im Folgenden begründet werden soll.

Die beiden Hamburger BIDs unterscheiden sich in Bezug auf die meisten Merkmale erheblich: Nicht nur beträgt das Budget des BID Neuer Wall rund das 40fache des Budgets des BID Sachsentor, auch die Hebesätze unterscheiden sich um den Faktor zehn – und dies obwohl die Einheitswerte als Ausgangsbasis am Neuen Wall höher sind. Die Anzahl der Grundstücke liegt mit 71 (BID Neuer Wall) und 88 (BID Sachsentor) zwar in einer ähnlichen Größenordnung, die Zuschnitte der Grundstücke wichen jedoch beim Neuen Wall nur wenig voneinander ab, da sie geographisch durch die mittig verlaufende Straße und seitlich durch zwei Kanäle begrenzt sind. Im Falle des BID Sachsentor unterscheiden sich Grundstücksgrößen und -werte dagegen erheblich: So lag der höchste BID-Beitrag um mehr als das 680fache über dem niedrigsten; im Zuge der BID-

201 Dies ist die offizielle Bezeichnung dieses BIDs. Von den Akteuren wird jedoch häufig auch die Bezeichnung „BID Bergedorf" verwendet – zumindest für die erste Laufzeit. Der zweite BID dagegen wird in der Verordnung offiziell als „Innovationsbereich Sachsentor – vom Mohnhof bis zum Serrahn" und inoffiziell als BID Bergedorfer Innenstadt bezeichnet.

Verlängerung fielen mehrerer Grundstücke unter die Kappungsgrenze, d.h. deren Einheitswert betrug mehr als das Dreifache des Durchschnittswerts.

Während der BID Sachsentor die 1a-Lage des Bezirkszentrums Bergedorfs umfasst, handelt es sich beim Neuen Wall um eine Geschäftsstraße der Hamburger City, die durch einen exklusiven Ladenbesatz ausgezeichnet ist. Der Neue Wall ist somit Teil der Hamburger City, Bergedorf dagegen versteht sich als Oberzentrum für das östliche Umland Hamburgs. Im Neuen Wall gibt es kaum Wohnungen, während die oberen Geschosse im Sachsentor überwiegend zu Wohnzwecken genutzt werden. In beiden Fällen bestanden vor Gründung des BID bereits formalisierte Interessensvertretungen: Im Neuen Wall gab es einen Grundeigentümerverein sowie eine Interessensgemeinschaft der Einzelhändler, in denen sich ausschließlich und mit einem hohen Organisationsgrad die entsprechenden Akteure am Neuen Wall organisiert hatten. In Bergedorf bestand seit vielen Jahren eine Interessensgemeinschaft, die allerdings einige Zeit vor BID-Gründung mit dem örtlichen Wirtschaftsverein fusioniert hatte und danach viele Mitglieder verlor.

Der Neue Wall zeichnet sich somit durch Exklusivität und hohe Immobilienwerte sowie eine große Homogenität der Nutzungen (überwiegend gewerblich) und der Grundstücke aus. Die langjährigen Beziehungen der Akteure untereinander und die hohen Immobilienwerte ermöglichten ein hohes BID-Budget. Daher war davon auszugehen, dass der BID Neue Wall eher als Sonder- denn als Normalfall für deutsche BIDs anzusehen ist. Mittlerweile zeigt sich, dass zumindest zwei der später eingerichteten BIDs – der PACT Flensburg und der BID Wandsbek-Markt – sowohl von der Investitionssumme, den Maßnahmen und der Aufgabenträgerschaft, wenn auch weniger von den Lagebedingungen, Ähnlichkeiten mit dem BID Neuer Wall aufweisen. Dennoch gilt auch nach wie vor, dass die meisten anderen bestehenden BIDs im Hinblick auf Lage, Rahmenbedingungen und Maßnahmen eher mit dem BID Sachsentor vergleichbar sind.

Der BID Sachsentor als Fallbeispiel wurde über die gesamte Laufzeit intensiv beobachtet. Im Februar 2006 wurde ich als beratendes Mitglied in die Lenkungsgruppe aufgenommen.

4.1.2 Methodisches Vorgehen

Die Ausführungen der folgenden Abschnitte beruhen vor allem auf den Ergebnissen der teilnehmenden Beobachtung der Lenkungsgruppensitzungen. Neben den offiziellen Protokollen habe ich handschriftliche Notizen über Beobachtungen angefertigt, um Diskussionsverläufe und Argumente nachvollziehen zu können. Daneben wurden mir interne Dokumente, wie die Geschäftsordnung der Lenkungsgruppe, Schreiben an die Grundeigentümer oder Jahresberichte, zugänglich gemacht. Zeitungsartikel der lokalen Presse vervollständigen das Bild.

Zusätzlich wurden Schlüsselakteure des BID Sachsentor interviewt; namentlich die BID-Koordinatorin, drei Vertreter der Aufsichtsbehörde (Bezirksamt), zwei Vertreter des Aufgabenträgers, ein Vertreter des Grundeigentümervereins, die ehemalige Citymanagerin, ein Mitglied aus dem BID-Initiativkreis sowie ein Lenkungsgruppenmitglied, das später im Vorstand des Nachfolge-BID war (vgl. Anhang 1). Bis auf zwei wurden alle Interviews aufgezeichnet, transkribiert und inhaltlich ausgewertet.

4.2 Hamburg-Bergedorf: Darstellung des Standortes

4.2.1 Lage und zentralörtliche Funktion

Der Bezirk Bergedorf ist mit 154,8 km² nach Harburg der zweitgrößte der sieben Bezirke Hamburgs. Bergedorf liegt im Südosten Hamburgs und umfasst die 13 Stadtteile Allermöhe, Altengamme, Bergedorf, Billwerder, Curslack, Kirchwerder, Lohbrügge, Moorfleet, Neuengamme, Ochsenwerder, Reitbrook, Spadenland und Tatenberg. Während die Stadtteile Bergedorf und Lohbrügge eher städtisch, sind die zu den sog. Vierlanden gehörenden Stadtteile Kirchwerder, Curslack, Neuengamme und Altengamme sowie die sog. Marschlande mit Allermöhe, Billwerder, Moorfleet, Ochsenwerder, Reitbrook, Spadenland und Tatenberg eher ländlich geprägt. Der Stadtteil Allermöhe besteht aus dem Dorf Allermöhe sowie den ab den 1990er Jahren errichteten Neubaugebieten Neu-Allermöhe Ost und West. Bis auf Billwerder und Teile Moorfleets liegen alle ländlich geprägten Stadtteile südlich der BAB 25.

Im Flächennutzungsplan Hamburgs, der sich am System der Zentralen Standorte sowie der Hamburger Achsenkonzeption orientiert, sind zentrale Standorte verschiedener Hierarchiestufen ausgewiesen. Zentrale Standorte sind als „Dienstleistungszentren für die Wohnbevölkerung und für die Wirtschaft" zu verstehen und es konzentrieren sich dort „Einzelfunktionen auf den Gebieten des Handels der Verwaltung, der Unterhaltung, der Bildung und des Verkehrs" (FHH 1997: o.S.). Hamburg besteht aus einem A-Zentrum – der Hamburger Innenstadt – sowie sieben sog. Bezirkszentren (B1) und acht sog. Bezirksentlastungszentren (B2). Während sich die Bezirkszentren alle in City-Nähe befinden (innerhalb der sog. „Inneren Stadt", mit Ausnahme von Bergedorf und Harburg), liegen die Bezirksentlastungszentren weiter von der City entfernt. Neben diesen Zentren kennt das Hamburger System zentraler Orte noch sog. Stadtteilzentren (C-Zentren) und Nahversorgungszentren (D-Zentren). Im Bezirk Bergedorf liegen neben dem B1-Zentrum noch ein Stadtteilzentrum (Allermöhe)[202] sowie 13 Nahversorgungszentren.

Abb. 25: Der Bezirk Bergedorf im Hamburger System zentraler Orte

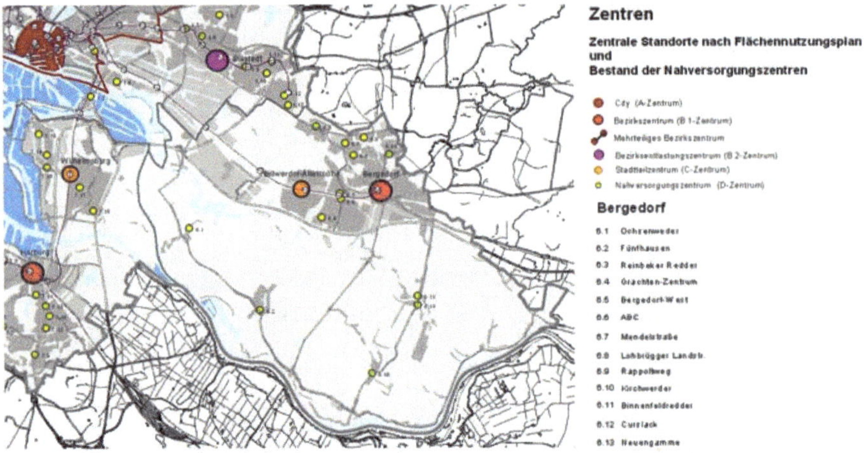

FHH 2003 (Ausschnitt aus der Karte)

Ein B1-Bezirkszentrum verfügt über einen Einzugsbereich von etwa 200.000 Einwohnern (FHH 1997: o.S.). Die Bezirkszentren liegen zumeist in historisch gewachsenen Zentren. Diese waren ehemals unabhängige Ortschaften und wurden im Lauf der letzten beiden Jahrhunderte eingemeindet; Bergedorf kam erst 1867 zu Hamburg. Zuvor wurde Bergedorf mehr als 400 Jahre lang „beiderstädtisch" durch die Hansestädte Hamburg und Lübeck verwaltet (<http://fhh.hamburg.de/stadt/Aktuell/bezirke/bergedorf/geschichte/jahrtausend/start.html>, Zugriff 06.04.2010).

Neben der historisch begründeten Eigenständigkeit Bergedorfs ist auch die geographische Lage ein Grund für die deutliche Abgrenzung gegenüber Hamburg. In der Summe führen diese beiden Faktoren dazu, dass

202 Dieses Zentrum (Billwerder/Allermöhe) wird allerdings mittlerweile eher als Nahversorgungszentrum gesehen (CIMA 2010: 58).

das Einzugsgebiet Bergedorfs – ebenso wie das Harburgs – über die Hamburger Landesgrenzen hinausreicht: „Diese beiden Bezirkszentren erfüllen auch Versorgungsaufgaben für das benachbarte Umland." (FHH 1997: o.S.)

Innerhalb des im folgenden Abschnitt dargestellten Einzugsbereichs für den Bergedorfer Einzelhandel liegen folgende zentrale Orte des Bundeslandes Schleswig-Holstein: Geesthacht und Reinbek – Glinde – Wentorf als „Mittelzentren im Verdichtungsraum", wobei letzteres sich kreisübergreifend aus mehreren Gemeinden zusammensetzt sowie Schwarzenbek, Büchen und Lauenburg/Elbe als Unterzentren (Innenministerium des Landes Schleswig-Holstein 2009).

4.2.2 Sozioökonomische Struktur, Einzugsgebiet

Mit Bezug auf die Bevölkerungszahl ist der Bezirk Bergedorf mit knapp 119.000 Einwohnern der kleinste und am dünnsten besiedelte der Hamburger Bezirke. Aufgrund mehrerer Neubaugebiete im Bezirk verlief die Bevölkerungsentwicklung bis 2005 mit einem Zuwachs von 19,7% (1990-2005) sehr viel dynamischer als im übrigen Hamburg (+ 1,65%); dieses Bevölkerungswachstum hat sich seitdem aber abgeschwächt und liegt nun leicht unter der gesamthamburgischen Entwicklung.

Die Stadtteile Bergedorf und Lohbrügge bilden mit zusammen 78.963 Einwohnern oder 66,4% der Bevölkerung des Bezirks den Bevölkerungsschwerpunkt. Aufgrund der durch Gemüse- und Blumenanbau geprägten Vier- und Marschlanden ist der Bezirk mit 769 Einw./km^2 dünner besiedelt als Hamburg insgesamt (2.298 Einw./km^2), wobei die Siedlungsdichte der städtisch geprägten Stadtteile Bergedorf (3.586 Einw./km^2) und Lohbrügge (2.957 Einw./km^2) über dem Hamburger Durchschnitt liegt.

Der Bezirk Bergedorf ist mit einem Anteil der Unter 18-Jährigen an der Bevölkerung von 18,8% ein sehr „junger" Stadtteil (zum Vergleich Anteil der Unter 18-Jährigen für ganz Hamburg: 15,6%), während der Anteil der Über 65-Jährigen etwas niedriger liegt: 18,8% für Bergedorf im Vergleich zu 19,1% für ganz Hamburg.[203]

In Bezug auf die sozialversicherungspflichtig Beschäftigten liegt sowohl der Gesamtbezirk als auch der Stadtteil Bergedorf über dem Hamburger Durchschnitt. Die Arbeitslosigkeit liegt für den Bezirk unter, für den Stadtteil Bergedorf über dem Hamburger Durchschnitt.

203 Alle Daten für das Jahr 2008; Quelle: Statistikamt Nord, http://www.statistik-nord.de/, Zugriff 07.04.2010, z. T. eigene Berechnungen.

Tab. 30: Ausgewählte sozioökonomische Daten für den Bezirk Bergedorf, den Stadtteil Bergedorf sowie Hamburg insgesamt

2008	Bezirk Bergedorf	Stadtteil Bergedorf[204]	Hamburg insgesamt
Bevölkerung	118.910	40.521	1.735.663
Bevölkerungsdichte (Einw./km²)	769	3.586	2.298
Unter 18-Jährige (in %)	18,8	18,3	15,6
Über 65-Jährige (in %)	18,8	17,1	19,1
Sozialversicherungspflichtig Beschäftigte in % der 15- bis unter 65-Jährigen	52,4	52	50,4
Arbeitslose in % der 15- bis unter 65-Jährigen	6,5	7,2	6,7
Arbeitslose nach SGB II (Hartz IV) in % an der Bevölkerung der 15- bis unter 65-Jährigen	4,2	4,8	4,6

Statistikamt Nord, <http://www.statistik-nord.de>, Zugriff 07.04.2010, z. T. eigene Berechnungen

Innerhalb Hamburgs ist der Bezirk Bergedorf, der aus ländlich und städtisch geprägten Teilgebieten besteht, zusammenfassend also der nach Bevölkerung kleinste und am dünnsten besiedelte Bezirk. Die Bevölkerung ist jünger als im Hamburger Durchschnitt. Der Anteil der Beschäftigten liegt etwas höher, während die Arbeitslosigkeit etwas niedriger ist als in Hamburg. Das verfügbare Einkommen dürfte somit etwas höher sein.

Für den Einkaufsstandort Hamburg ist allerdings auch das Umland von Bedeutung, also insbesondere die schleswig-holsteinischen Gemeinden in den Kreisen Herzogtum Lauenburg und Stormarn. Bergedorf versteht sich als „informelles Oberzentrum" dieses Einzugsbereichs.

Das 2010 von der CIMA GmbH erstellte Einzelhandels- und Zentrenkonzept für den Bezirk Bergedorf definiert das Einzugsgebiet der Bergedorfer City basierend auf der Berechnung von Kaufkraftströmen und Expertenbefragungen wie folgt:

204 Da der BID Sachsentor im Stadtteil Bergedorf liegt, werden die entsprechenden Daten zu Vergleichszwecken zusätzlich aufgeführt.

Abb. 26: Karte des Einzugsbereichs des BID Sachsentor /Bergedorf

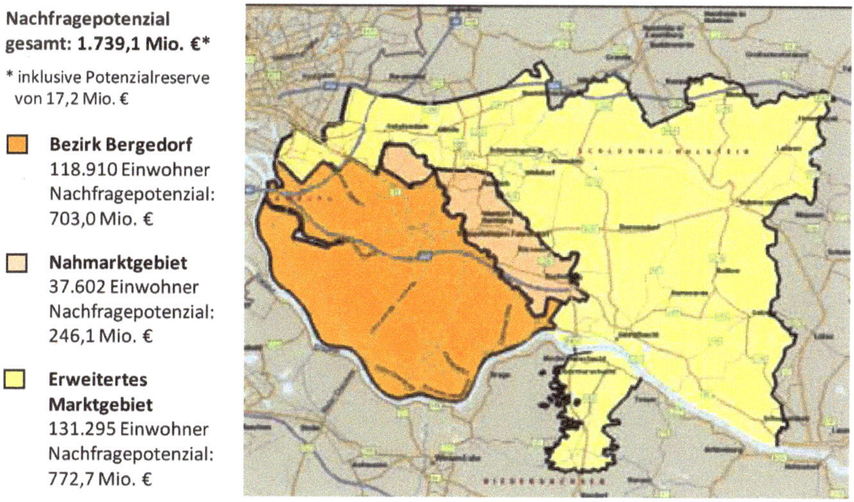

Kartengrundlage: MapPoint 2006
Bearbeitung: CIMA GmbH 2010

CIMA 2010: 17

Der Elbe-Lübeck-Kanal im Osten und die Elbe im Süden bilden natürliche geographische Grenzen, die nur entlang der B404 in Richtung Lüneburg überwunden wird. Im Norden begrenzt die BAB 24 und im Westen die BAB 1 das Einzugsgebiet. Die Bevölkerung des gesamten Einzugsgebiets umfasst rund 287.800 Einwohner.

Für den Bezirk Bergedorf liegt die für den Einzelhandel im Jahr 2009 zur Verfügung stehende Kaufkraft pro Einwohner bei 5.912 € und damit über dem Bundesdurchschnitt von 5.439 € (CIMA 2010: 13). Die einzelhandelsrelevante Kaufkraftkennziffer für den Bezirk liegt mit 108,7% deutlich über dem Bundesdurchschnitt (= 100%). Viele der unmittelbar angrenzenden Gemeinden weisen jedoch eine höhere Kaufkraftkennziffer auf.

Die einzelhandelsrelevante Kaufkraftkennziffer des Bezirks Bergedorf liegt über derjenigen ganz Hamburgs und einiger angrenzender größerer Orte, allerdings niedriger als die der Gemeinden des sog. Speckgürtels.

Auch diese Daten bestätigen, dass der Bezirk Bergedorf etwas wohlhabender ist als der Hamburger Durchschnitt.[205]

Abb. 27: Einzelhandelsrelevante Kaufkraftkennziffer für Bergedorf und angrenzende Orte

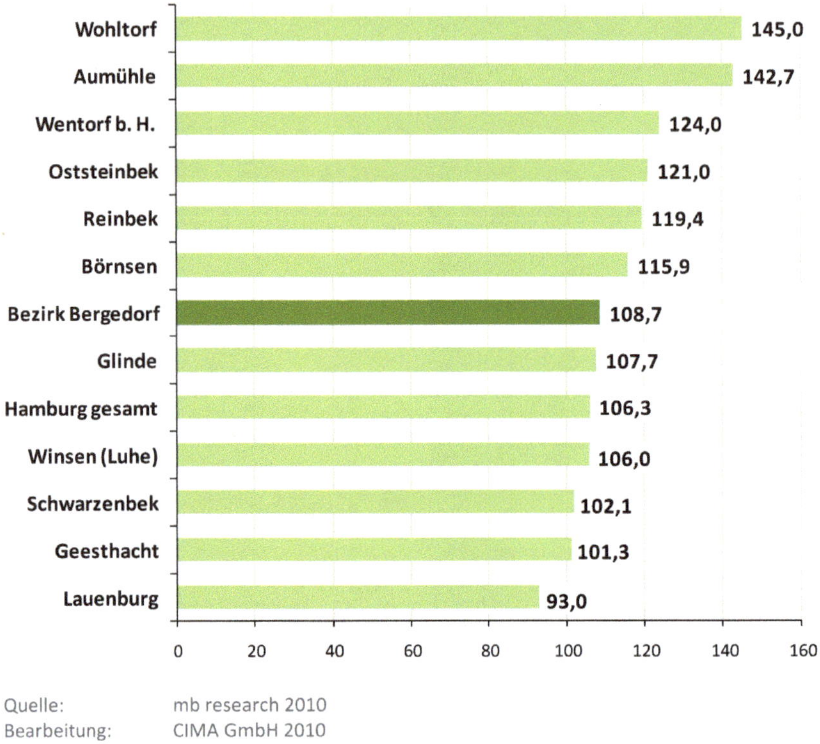

CIMA 2010: 13
Anmerkung: Winsen (Luhe) liegt südlich der Elbe in Niedersachsen

4.2.3 Einzelhandel im Bezirk Bergedorf

Die Fußgängerzonen „Sachsentor" und „Alte Holstenstraße" bilden die Haupteinkaufslage des Bezirks Bergedorf; diese zieht sich vom Mohnhof (Kreuzungsbereich der B5/B207) ausgehend nach Nordwesten über die Straßenzüge Sachsentor und Alte Holstenstraße unter der Bahnlinie hindurch in den Stadtteil Lohbrügge und endet am Lohbrügger Markt. Die

205 Bergedorf liegt innerhalb der Hamburger Bezirke mit Bezug auf die einzelhandelsrelevante Kaufkraftkennziffer an zweiter Stelle hinter Wandsbek (CIMA 2010: 14).

beiden Fußgängerzonen sind durch das für Kraftfahrzeuge befahrbare Stück der Alten Holstenstraße vor und nach der Bahnunterführung unterbrochen. Insgesamt erstreckt sich das Zentrum vom Mohnhof bis zum Lohbrügger Markt über ca. 1.200 m (vgl. Abb. 28).

Im Jahr 2009 gab es im gesamten Bezirk Bergedorf 557 Betriebe des Einzelhandels mit einer Verkaufsfläche von rd. 195.170 m² und einem Umsatz von 620,9 Mio. € (CIMA 2010: 19). Davon entfielen auf das Bezirkszentrum Bergedorf 282 Betriebe (50,6%) mit 64.125 m² Verkaufsfläche (32,9%) und einem Umsatz von 229,3 Mio. € (36,9%) (ebd. 29). In dem relativ hohen prozentualen Anteil der Betriebe im Zentrum bildet sich die kleinteilige Struktur des Zentrums ab. Laut Handelskammer ist das Sachsentor die „umsatzstärkste Einkaufsmeile nach der Innenstadt“ Hamburgs (Hamburger Abendblatt, 27.03.2003).

Neben dem Hauptzentrum gibt es im Bezirk eine Reihe von Nahversorgungszentren sowie Ansiedlungen von Fachmärkten an mehreren Standorten (Baumärkte, IKEA, etc.).

Aktuell liegt die Einzelhandelszentralität (2009) im Bezirk Bergedorf bei 88% (ebd. 21). Diese Zahl deutet auf Kaufkraftabflüsse v. a. in die Hamburger City, aber auch an Konkurrenzstandorte im Umland hin. Insbesondere im Bereich periodischer Bedarf (Lebensmittel) sind die Kaufkraftabflüsse ins unmittelbare Umland hoch (ebd.).

Sowohl das GMA-Entwicklungsgutachten von 2005 wie auch das CIMA-Einzelhandels- und Zentrenkonzept zeigen spezifische Lücken im Angebot des Bergedorfer Zentrums auf. Das GMA-Gutachten macht ausgehend von durchschnittlichen Verkaufsflächen-Anteilen pro Einwohner Defizite insbesondere im Bereich Textil und Schuhe, Bücher und Elektroartikel aus (GMA 2005: 32 ff.). Die Defizite im Textilsektor werden vor allem im Fehlen hoch profilierter und bekannter Retailmarken gesehen (ebd. 36). Demgegenüber identifiziert das CIMA-Gutachten mit Blick auf die Handelszentralität Werte von unter 75% in den Bereichen Elektroartikel/Unterhaltungselektronik, Gardinen/Teppiche/Heimtextilien, Gesundheit und Körperpflege, Bücher und Schreibwaren, Blumen und Zeitschriften, Schuhe/Lederwaren sowie Uhren/Schmuck/Optik (CIMA 2010: 22). Im Bereich Bekleidung und Wäsche weist die CIMA einen Zentralitätswert von 92% aus. Unterstrichen werden diese Ergebnisse durch die saldierten Kaufkraftabflüsse, die in den Bereichen Lebensmittel/Reformwaren, Gesundheits- und Körperpflege sowie Elektroartikel/Unterhaltungselektronik am signifikantesten sind (ebd. 25). Alle diese als defizitär identifizierten Sortimente werden von der CIMA als zentrenrelevant für Bergedorf eingestuft (ebd. 48).

Abb. 28: Die Haupteinkaufslage im Bezirk Bergedorf (Sachsentor und Alte Holstenstraße)

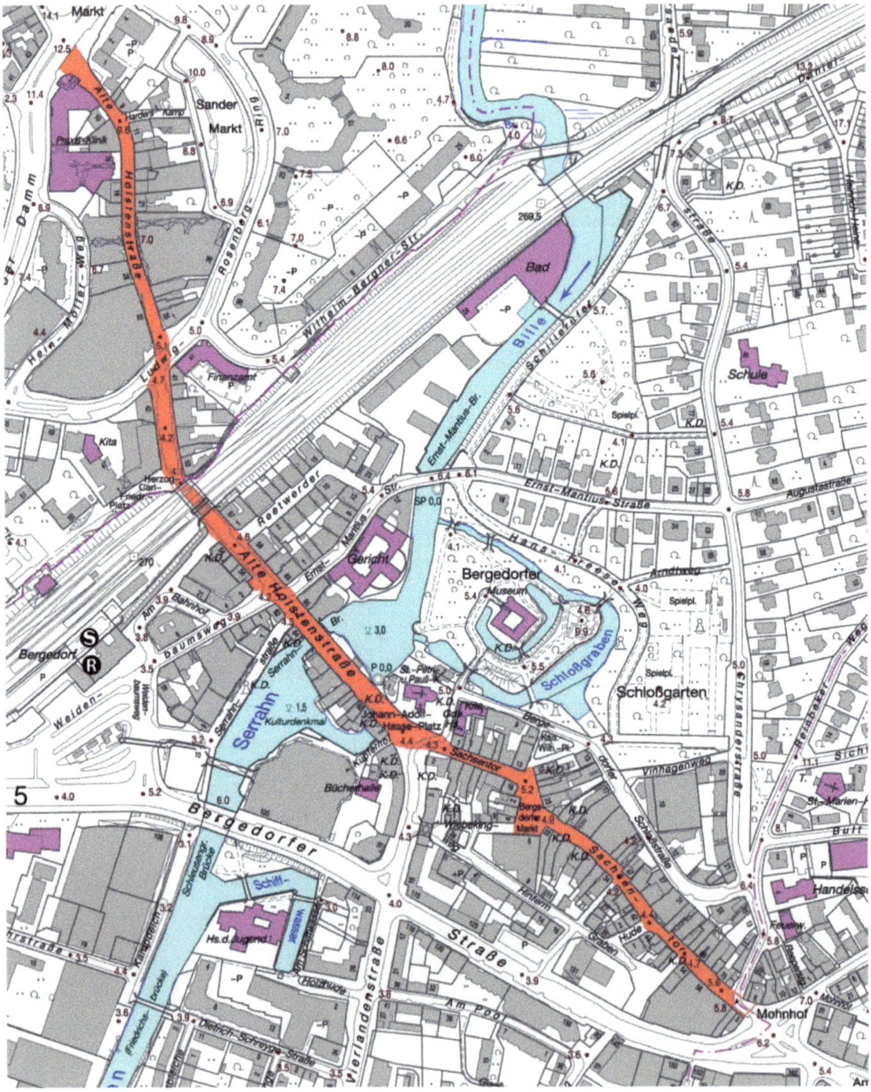

Eigene Bearbeitung; Kartengrundlage: Digitale Karte 1:5000, LGV Hamburg 2010

4.2.4 Relevante stadtplanerische Entwicklungen in Bergedorf

Die Situation des Einzelhandels im Zentrum Bergedorfs wird von zwei Einschnitten geprägt, die von entscheidender Bedeutung für das Verständnis der Entstehung des BID Sachsentor sind. Es handelt sich dabei zum einen um die Schließung zweier großer Kaufhäuser und zum anderen um die Entwicklung neuer Einzelhandelsflächen im Umfeld des Bergedorfer S-Bahnhofs. Eine weitere wichtige Rahmenbedingung stellt die Neugestaltung der Fußgängerzone im Jahre 2003 dar.

Neugestaltung des Bergedorfer Busbahnhofs mit Erweiterung eines Shopping-Centers (2000-2010)

Die Neugestaltung des Bergedorfer Busbahnhofs wurde in Bergedorf kontrovers diskutiert und hatte eine jahrelange Unsicherheit über die weitere Entwicklung des Einkaufsstandorts zur Folge. Der ehemalige Bergedorfer Busbahnhof lag südlich des Bahnhofs und in fußläufiger Entfernung der Innenstadt. Die mangelhafte Gestaltung, aber auch funktionale Unzulänglichkeiten für die Abwicklung des Busverkehrs wurden schon seit langem als unbefriedigend empfunden. Ursprünglich war die Vergabe der Fläche an einen Investor geplant, der neben einem Einkaufszentrum den Busbahnhof neu bauen sollte. Dieses Vorhaben führte zu heftigen Auseinandersetzungen zwischen Bergedorfs Politik und den Bürgern, die schließlich in ein Bürgerbegehren mündeten. In einem Bürgerentscheid im April 2000 wurde dieser Plan mehrheitlich abgelehnt.[206] Daraufhin wurde ein „Runder Tisch" eingerichtet, an dem sich auch Vertreter des eingesessenen Einzelhandels aktiv beteiligten. Der „Runde Tisch" verständigte sich u. a. darauf, dass Bergedorf einen Mangel an modernen, größeren Verkaufsflächen aufweise und eine Verkaufsflächenerweiterung um ca. 15.000 m² notwendig sei. Daneben bewertete der „Runde Tisch" verschiedene Vorschläge für einen Neubau des Busbahnhofs und empfahl mehrheitlich[207] die Verlagerung des ZOB auf eine Fläche neben den höher gelegenen Bahngleisen. Durch diese Verlagerung wurde die Fläche des ehemaligen Busbahnhofs frei.

2004 wurden die Fläche des Busbahnhofs, der Neubau des ZOB sowie eine Fläche südlich der Bergedorfer Straße (B5) für „eine dem zentralen

206 Allerdings ohne dass die Wahlbeteiligung das nach damaligem Hamburger Gesetz notwendige Mindestquorum erreichte, vgl. FALKENBERG; HEILMANN 2001.

207 Dies ist eine verkürzte Darstellung. Der Runde Tisch wurde nach der Hamburger Bürgerschaftswahl 2001 aufgelöst, bevor er einen endgültigen Beschluss fassen konnte.

Standort angemessene städtebaulich und gestalterisch attraktive Bebauung" (FHH 2004a: 2) ausgeschrieben. Aus dem Verfahren ging ein Vorschlag als Sieger hervor, der eine Neubebauung des ehemaligen Busbahnhofs mit einem Einkaufscenter[208] sowie eines Fachmarktzentrums südlich der B5 vorsah. Diese beiden Neubauten werden zu einer erheblichen Erweiterung der vorhandenen Verkaufsfläche im Bergedorfer Zentrum um rund 17.300 m² führen.

Schließung zweier traditionsreicher Kaufhäuser und Neuentwicklung der Immobilien (2003-2010)

Das am östlichen Ende des Sachsentors gelegene inhabergeführte Textilkaufhaus Penndorf mit 7.500 m² Verkaufsfläche und 200 Mitarbeitern musste zum 27.12.2003 wegen Insolvenz schließen. Das Familienunternehmen hatte ein Komplettsortiment an Bekleidung – insbesondere Damenoberbekleidung – Wäsche, Heim- und Haustextilien geführt und war ein wichtiger Magnet am östlichen Ende der Fußgängerzone. Nach der Schließung begann eine jahrelange Hängepartie, die auch den ersten Bergedorfer BID noch maßgeblich negativ beeinflusste (s. Abschnitt IV4.4.3): Ein Rückgang der Fußgängerfrequenz und infolgedessen der Umsätze und Mieten im Umfeld des Leerstandes waren die Folge; weitere Immobilien verloren ihre Mieter und standen zum Verkauf. Nach einer Zwischennutzung durch ein „Billig-Kaufhaus" (Bergedorfer Zeitung, 28.02.2006) scheiterte eine erste Anhandgabe an einen Investor im Jahr 2007, während die ungenutzte Immobilie zunehmend verwahrloste. Im Sommer 2008 drohte die Zwangsversteigerung, die dann aber durch das Auftreten eines neuen Investors abgewendet werden konnte. Dieser legte ein Konzept für den Umbau zu einem „Haus für die junge Familie" (Bergedorfer Zeitung, 22.05.2008) vor und begann 2009 mit den Renovierungsarbeiten. Die Eröffnung fand im Mai 2010 statt.

Das ebenfalls am Mohnhof außerhalb der Fußgängerzone gelegene traditionsreiche Kaufhaus der Gebrüder Glunz mit ca. 8.000 m² Verkaufsfläche und 80 Mitarbeitern schloss Ende Juni 2004. Das bereits 1926 gegründete Familienunternehmen, das auf ein breites Angebot und persönlichen Service setzte, schrieb bereits seit Jahren rote Zahlen (Hamburger Abendblatt, 03.09.2003). Die Nachnutzung erwies sich in diesem Fall als nicht so langwierig, verzichtete jedoch auf eine grundlegende Sanierung und

208 Als Erweiterung des bestehenden City-Center Bergedorf (CCB).

Umgestaltung der vorhandenen Bausubstanz. Nach einer zwischenzeitlichen Nutzung durch einen Fox-Markt (Sortiment der Versandhäuser Neckermann und Quelle) ist nun dort ein Bergedorfer Einzelhändler eingezogen, der sein bereits bestehendes Einzelhandelsgeschäft vergrößert hat.[209]

Die Schließung dieser beiden ehemaligen Magneten führte zu einem Einbruch im Umsatz und der Einzelhandelszentralität des Bergedorfer Zentrums. Lag letztere davor noch über 100%[210], war sie nach den Geschäftsaufgaben auf ungefähr 75% eingebrochen. Die Schließung und insbesondere der lange Leerstand der Penndorf-Immobilie wird von vielen Akteuren als negativer Tiefpunkt der Entwicklung des Einzelhandelsstandortes empfunden. Ein *trading down*-Effekt hatte bereits eingesetzt, da zahlreiche weitere Geschäfte in der Fußgängerzone schlossen, Ladengeschäfte leer standen und Billigläden oder Handy-Shops einzogen.

Im Herbst 2004 und parallel zu dem Vorhaben am ehemaligen Bergedorfer Busbahnhof wurden von einem Hamburger Center-Betreiber Pläne vorgelegt, die eine Wiederbelebung der Penndorf- und Glunz-Flächen durch ein Shopping-Center mit ca. 23.000 m^2 Verkaufsfläche vorsahen (GMA 2005: 18). Damit sollte ein zweiter Magnet am östlichen Ende der Fußgängerzone neben dem Einkaufscenter auf dem Bahnhofsvorplatz entstehen – als sogenannter „Knochen". Diese Pläne führten zu großer Besorgnis der Bergedorfer Einzelhändler, da sie im Falle der Realisierung zusammen mit der Entwicklung am Bahnhof eine Erweiterung der bestehenden Verkaufsfläche um ca. zwei Drittel bedeutet hätten. Zur Bewertung der Auswirkungen der beiden Vorhaben wurde daher ein Gutachten in Auftrag gegeben (GMA 2005), dessen Ergebnis die Unverträglichkeit beider Planungen mit dem Erhalt der vorhandenen Strukturen aufzeigte[211]; infolgedessen wurde dieses Vorhaben von der Politik abgelehnt.

Neugestaltung der Fußgängerzone Sachsentor (2003)

2003 wurde vom Bezirk eine umfassende Neugestaltung des Sachsentors vorgenommen. Rund eine Million Euro wurde in eine neue Pflasterung, Beleuchtung, Bänke und Bepflanzung investiert. Zusätzlich wurden blaue Leuchtfliesen installiert, die mithilfe von 136 Sponsoren finanziert werden konnten (Hamburger Abendblatt, 10.03.2004). Mit dieser Maßnahme ist die

209 Mittlerweile (Herbst 2010) steht erneut eine Schließung bevor.

210 Hr. Deiters erwähnte eine Kaufkraftbindung von knapp 110% (Interview 15.11.2006).

211 „Insgesamt sind beide projektierten Vorhaben gemeinsam für den Einzelhandelsstandort nicht tragfähig." (GMA 2005: 76).

öffentliche Hand in Vorleistung für den Bergedorfer Einzelhandel getreten, die unabhängig von und weit vor den Diskussionen um die Einrichtung eines BIDs erbracht wurde. Viele Bergedorfer Akteure verweisen auch heute noch positiv auf den (auch finanziellen) Einsatz der Stadt für die Umgestaltung (vgl. Abschnitt IV4.3.1).

4.2.5 Zwischenfazit

Die Rahmenbedingungen und Entwicklungen in Bergedorf zeigen somit eine von mehreren denkbaren, typischen Konstellationen auf, wie Standorte dem Strukturwandel des Einzelhandels unterliegen: Bergedorf ist als Beispiel für ein Mittelzentrum in einer ökonomisch prosperierenden Region zu sehen. Ausgangspunkt ist die Lage Bergedorfs in einer insgesamt wachsenden Metropolregion. Durch die Randlage ergibt sich einerseits eine Funktion als Oberzentrum für das Umland über die Bergedorf im Flächennutzungsplan zugewiesene Funktion als Bezirkszentrum hinaus. Andererseits muss sich Bergedorf der Konkurrenz durch die nach allen Maßstäben weitaus größere Hamburger City stellen, aber auch der anderer Standorte im Einzugsgebiet, wie beispielsweise Lüneburg oder dem Einkaufscenter in Hamburg-Billstedt. Die Schwächen des gewachsenen, kleinteiligen Bestands an Einzelhandelsgeschäften führten im Zusammenhang mit veränderten Konsumgewohnheiten zu Schließungen und Leerständen: Zu kleine Zuschnitte der Ladengeschäfte; die Schließung alteingesessener, inhabergeführter Magnetbetriebe, die sich nicht auf die neue Konkurrenz einstellen können; Lücken im Angebot. Es kam zu Leerständen, häufigen Mieterwechseln und den Einzug von Billiggeschäften (Bäcker, Handy-Shops, Schnäppchenläden). Die Krise wurde verstärkt durch eine schlechte Stimmung am Standort, die Einzelhändler beklagten die Entwicklung und waren kaum in der Lage, gemeinsam eine positive Einstellung zu entwickeln und auszustrahlen (Veronika Wonerow-Vogelsang, Interview 12.12.2006). Das politische Tauziehen um die weitere Entwicklung des Bahnhofsvorplatzes tat das Seine dazu. Auf der Positivseite dagegen steht der gute Zustand des öffentlichen Raums in der zentralen Fußgängerzone Bergedorfs, der auch von den Akteuren positiv vermerkt wird. Vorteilhaft wirkt sich mittlerweile aus, dass aufgrund der durch Gutachten sorgfältig fachlich vorbereiten die politischen Entscheidung gegen ein zweites Center und den Baubeginn am Bahnhofsvorplatz Klarheit geschaffen wurde: Die Entwicklung im ehemaligen Penndorf-Haus sowie aktuell kaum zu beobachtende Leerstände sprechen dafür, dass der Tiefpunkt nunmehr überwunden ist.

4.3 Gründungsprozess des BID Sachsentor

Häufig wird der BID Neuer Wall als erster BID[212] oder als erster „richtiger“ BID bezeichnet. Entgegen dieser verbreiteten Darstellung ist der BID Sachsentor der erste BID in Deutschland (Inkrafttreten der Rechtsverordnung am 16.08.2005, BID Neuer Wall 27.09.2005).

Der BID Neue Wall stellt mit seinem Investitionsvolumen von knapp 6 Mio. € über fünf Jahre das Budget des ersten BID Sachsentor mit nur knapp 150.000 € über drei Jahre weit in den Schatten. Auch sind die Maßnahmen des BID Neuer Wall mit der Umgestaltung und Neupflasterung der Straße spektakulärer und sichtbarer. Dennoch ist – wie bereits dargestellt (vgl. Abschnitt IV4.1.1) – der BID Neue Wall eher als Ausnahme denn als Modell zu betrachten.

Im Verlauf des GSED-Gesetzgebungsverfahrens wurde der BID Neue Wall immer als Pilotprojekt mitgedacht. Bergedorf hatte allerdings ebenfalls schon früh sein Interesse bekundet. Die Voraussetzungen in Bergedorf für einen schnellen Start waren gut: Ein hoher Grad an Problembewusstsein bei den Akteuren, eine Kaufmannschaft, die auf die Erfahrung mehrerer Jahre erfolgreichen gemeinsamen Arbeitens als freiwilliges Citymanagement zurückblicken konnte und ein enger und vertrauensvoller Austausch zwischen Wirtschaft und Verwaltung (Bezirksamt). Im Ergebnis war der BID Sachsentor mit seinem relativ überschaubaren Budget dann schneller am Start als der BID Neuer Wall.

4.3.1 Eckdaten zur Einrichtung des BID Sachsentor

Mit der ersten Grundeigentümerversammlung am 27.01.2004 im Bergedorfer Rathaus konstituierte sich eine BID-Iniativgruppe, die die Gründung des BID Sachsentor inhaltlich und formal vorangetrieben hat. Organisatorisch war die Initiativgruppe Teil des örtlichen Wirtschaftsvereins und späteren Aufgabenträgers WSB. Nachdem die Maßnahmen in einer weiteren Grundeigentümerversammlung am 22.02.2005 abgesegnet worden waren, konnte der offizielle Antrag am 23.02.2005 gestellt und dem Bezirksamtsleiter übergeben werden. Die öffentliche Auslegung der Antragsunterlagen im Bezirksamt Bergedorf fand vom 07.03. bis 07.04.2005 statt (angekündigt im Amtlichen Anzeiger vom 18.02.2005: 328). Während der Auslegungsfrist haben vier Grundeigentümer der Einrichtung des Innovationsbereichs

212 Z.B. „Der erste deutsche BID: der Neue Wall“. In: Immobilienzeitung.

widersprochen. In Anbetracht der geringen Zahl der Widersprüche verzichtete das Bezirksamt Bergedorf auf einen Erörterungstermin. Einem Widerspruch wurde mit Neuzuschnitt des BID-Gebietes durch die Herausnahme der entsprechenden Grundstücke gefolgt. Den übrigen Widersprüchen wurde nicht gefolgt. Zusätzlich wurden während des Zulassungsverfahrens die im Besitz der Kirche befindlichen Grundstücke – obwohl teilweise kommerziell genutzt – von Zahlungen freigestellt. Da es für die Kirchengrundstücke keinen Einheitswert gibt, wurde dafür der Mittelwert der anderen Grundstücke angesetzt, was im Ergebnis rechnerisch zu einer relativ hohen BID-Abgabe geführt hätte. Die BID-Initiatoren erfuhren jedoch erst im Nachhinein davon, so dass sie keine Möglichkeit hatten, mit der Kirche über eine ggf. niedrigere Zahlung für ein von einem Café genutzten Grundstücksteil zu verhandeln. Durch diese Veränderungen fehlten dem BID im Vergleich zum ursprünglich geplanten Finanzierungskonzept von 150.000 € rund 11.000 € im Budget.[213] (Isabel Kaßner, Interview am 22.02.2006)

Der öffentlich-rechtliche Vertrag wurde am 03.05.2005 im Bergedorfer Rathaus unterzeichnet. Die Rechtsverordnung wurde vom Senat am 16.08.2005 erlassen und trat zum 24.08.2005 in Kraft. In der Rechtsverordnung wurde der Hebesatz auf 0,420775% sowie die Verwaltungspauschale in Höhe von 1.500 € festgelegt (Verordnung zur Einrichtung des Innovationsbereichs Sachsentor, vom 16.08.2005). Die Laufzeit des ersten BID Sachsentor betrug drei Jahre. Die Vergütung des Aufgabenträgers und somit die Verwaltungskosten, von der auch die BID-Koordinatorin mit rund 10 Stunden/Monat bezahlt wurde, waren mit rund 1,25% recht niedrig angesetzt.

4.3.2 Beteiligte Akteure

Die Informationen über BIDs kamen auf verschiedenen Pfaden nach Bergedorf. Zum einen war die Verwaltung durch die Teilnahme an der behördeninternen Arbeitsgruppe über BID und das laufende Gesetzgebungsverfahren informiert, zum anderen wurde der Wirtschaftsverband WSB vermutlich bereits Ende 2003 durch die Handelskammer über BIDs in Kenntnis gesetzt. Angesichts der besonderen Konstellation in Bergedorf entschloss sich der WSB dazu, die BID-Idee weiter voranzutreiben. Kontakte zwischen WSB und Bergedorfer Grundeigentümerverein existierten zu diesem Zeitpunkt bereits über persönliche Netzwerke (Elke Timm, Inter-

213 Bei der Darstellung der Maßnahmen wird dennoch Bezug auf das ursprünglich geplante Budget genommen.

view 26.04.2010) bzw. Doppelfunktionen einzelner Personen. Relativ zügig wurde eine erste Grundeigentümerversammlung einberufen, auf der die Einrichtung einer Initiativgruppe BID beschlossen wurde.

Neben dem wahrgenommenen Problemdruck durch die oben dargestellten Veränderungen im Einzelhandel Bergedorfs waren nach übereinstimmenden Aussagen der Interviewpartner entscheidende Faktoren für die rasche Gründung des BID die engen, persönlichen Netzwerke und die treibende Rolle einiger Protagonisten im Bezirksamt und dem WSB. Der Grundeigentümerverein hat nach eigenen Angaben nur eine beobachtende, wenn auch positiv begleitende Rolle gespielt.

Die Schlüsselakteure sowie deren Interessen und Rollen bei der Konstituierung des BID Sachsentor werden im Folgenden genauer dargestellt.

WSB Wirtschaft und Stadtmarketing für die Region Bergedorf e.V.

Der Verein WSB – Wirtschaft und Stadtmarketing für die Region Bergedorf e.V. spielt sowohl im Gründungsprozess als auch aktuell als Aufgabenträger des BID Sachsentor eine wichtige Rolle. Der eingetragene Verein WSB vertritt die Interessen der in Bergedorf ansässigen Unternehmen. Seine Tätigkeitsbereiche umfassen u. a.: Wirtschaftspolitische Verbandsarbeit, Stadtmarketing und City-Management, Tourismusförderung, Verschiedene Kultureinrichtungen, Landwirtschaft und Gartenbau, Stadtentwicklung sowie Wirtschaftsförderung. Der WSB ist aus dem Zusammenschluss der City Partner Stadtmarketinggesellschaft GbR (CP) und der Wirtschaftlichen Vereinigung Bergedorf e.V. (WV, gegründet 1919) zum 24. November 2003 hervorgegangen.[214] Hintergrund für das Zusammengehen war eine Überschneidung der Tätigkeitsbereiche und ein Rückgang der Mitglieder beider Organisationen. Die City-Partner waren eine Werbegemeinschaft, die Anfang der 1970er Jahre als Zusammenschluss der Bergedorfer Einzelhändler gegründet wurden und eine der ersten Werbegemeinschaften überhaupt in Hamburg war. 1996 wurden die City-Partner als Pilot-Projekt von der Wirtschaftsbehörde über drei Jahre gefördert und es wurde eine Citymanagerin eingestellt. Durch die Tätigkeit der Citymanagerin konnte die Zahl der Mitglieder auf 180 gesteigert werden, was einem Organisationsgrad von gut 40% aller Einzelhändler der Bergedorfer City entsprach. Aufgrund personeller Wechsel und dem Auslaufen der Förde-

214 Vgl. Präambel der Satzung (<http://www.wsb-bergedorf.de/satzung.htm>, Zugriff 27.04.2010).

rung wurde das Büro aufgelöst und die Citymanagerin beendete ihre Tätigkeit; in der Folge ging die Zahl der Mitglieder stark zurück. Aufgrund der schwierigen Situation im Einzelhandel sahen die Einzelhändler die doppelte Beitragszahlung (also für die City-Partner und die damalige Wirtschaftliche Vereinigung) zunehmend kritischer, so dass ein Zusammenschluss beider Organisationen folgerichtig schien. (Veronika Wonerow-Vogelsang, Interview 12.12.2006) Mitursache für den Mitgliederschwund war allerdings auch die Schließung inhabergeführter, am Standort engagierter Geschäfte, und die Zunahme von Filialisten, die eine Beitragzahlung für eine Standortgemeinschaft lediglich als zusätzliche Kosten betrachteten (Elke Timm, Interview 26.04.2010). Aber trotz des Spareffekts durch Wegfalls eines Mitgliedsbeitrags wurden von den ehemaligen City-Partnern nur rund 30 Mitglied beim neu gegründeten WSB; ein möglicher Grund dafür könnte sein, dass der Zusammenschluss von Seiten der City-Partner eher als Übernahme denn als gleichberechtigte Fusion wahrgenommen wurde (Veronika Wonerow-Vogelsang, Interview 12.12.2006).

Die Folge der Zusammenführung beider Organisationen war also unter dem Strich eine Schwächung der Interessen der City-Einzelhändler, zum einen aufgrund des deutlich geringeren Organisationsgrades und zum anderen aufgrund der Subsumierung der spezifischen Interessen des Einzelhandels in einer umfassenderen Organisation, die für die Vertretung der wirtschaftlichen Interessen des Bezirks insgesamt stand. Gleichzeitig sah sich der WSB intern immer wieder Diskussionen ausgesetzt, ob er nicht die Interessen des Einzelhandels überproportional zu Lasten der übrigen Wirtschaftsinteressen vertrete.[215]

Das Interesse des WSB, sich für den BID einzusetzen, war nach eigener Aussage vor allem der „Marketing-Aspekt“ (Norbert Deiters), also zu vermitteln, dass der WSB etwas Positives für die Mitglieder und für Bergedorf bewegt (Norbert Deiters, Joachim Wagner, Interview 15.11.2006).

Der WSB hat im Prozess der BID-Gründung eine entscheidende Rolle gespielt. Als Reaktion auf die Rede vor dem Übersee-Club des Ersten Hamburger Bürgermeisters richtete der WSB-Vorstand am 25.09.2003 eine Art Interessensbekundung in Form eines Briefes an den Ersten Bürger-

215 So zum Beispiel bei der Diskussion um das Engagement des WSB für eine Weihnachtsbeleuchtung (die von freiwilligen Beiträgen der Einzelhändler finanziert wird) oder um Sonntagsöffnungen, deren Mehrwert sich der übrigen Wirtschaft nur schwer erschließt. Zum Zeitpunkt des Interviews hatte der WSB rund 140 Mitglieder, davon 20 aus dem Kreis der City-Einzelhändler (Joachim Wagner, Interview 15.11.2006).

meister Ole von Beust[216] mit dem Signal ‚Bergedorf will als Pilotprojekt dabei sein' (FHH o.J. a), auch wenn zu diesem Zeitpunkt die Meinungsbildung innerhalb des WSB noch nicht abgeschlossen war (Norbert Deiters, Interview 15.11.2006). Nach durchaus kontroversen Diskussionen innerhalb des WSB vor dem Hintergrund der Frage, ob sich der WSB zu sehr für die Interessen des Einzelhandels unter Vernachlässigung der übrigen Wirtschaftsinteressen engagiere, entschied sich der Vorstand dafür, die BID-Idee weiter zu verfolgen (Elke Timm, Interview 26.04.2010). Relativ rasch fand dann am 27.01.2004 eine Grundeigentümerversammlung auf Einladung des Bezirksamtsleiters im Spiegelsaal des Bergedorfer Rathauses statt, an der etwa 40 Personen aus dem Sachsentor sowie Vertreter der Handelskammer teilnahmen (Bernd Reichhardt, Interview 23.04.2010). Am Ende der Versammlung wurde eine Initiativgruppe BID eingerichtet, der neben einigen WSB-Mitgliedern auch zwei Grundeigentümer angehörten. Ebenfalls beteiligt waren Vertreter des Bezirksamtes. Bereits im März 2004 wurde ein erster Konzeptentwurf für mögliche BID-Maßnahmen vorgelegt. (Elke Timm, Interview 26.04.2010)

Bezirksamt Bergedorf

Auch die Bergedorfer Verwaltung spielte bei der Einrichtung des ersten BIDs eine herausragende Rolle. Der Bezirksamtsleiter hat ebenfalls früh über das Instrument BID und das geplante Gesetzgebungsverfahren Kenntnis erhalten, nach eigener Aussage Anfang der 2000er Jahre von den damals noch bestehenden City-Partnern (Christoph Krupp, Interview 06.02.2009). Die Hamburger Bezirksamtsleiter waren darüber hinaus an der internen Arbeitsgruppe der Hamburger Behörden beteiligt. Der Bezirksamtsleiter und weitere Akteure aus Bergedorf nahmen ebenfalls am behördeninternen Workshop am 29.01.2004 (vgl. FHH 2004e) teil (Christoph Krupp, Interview 06.02.2009).

Das Bezirksamt lud zu der bereits erwähnten Grundeigentümerversammlung am 27.01.2004 ein; zwei Mitarbeiter waren an dem dort eingerichteten BID-Arbeitskreis und an der Ausarbeitung des Maßnahmenkonzeptes maßgeblich beteiligt. Am 10.02.2004 meldete der Bezirksamtsleiter in einem Schreiben an den Bausenator offiziell das Interesse des Bezirks an, als zweites Pilotprojekt mit ‚dabei' zu sein (FHH o.J. a).

216 Mehrere Quartiere gingen diesen Weg, vgl. Abschnitt IV1.1.3.

Nach übereinstimmender Aussage zweier Interviewpartner war die Rolle des Bezirksamtes entscheidend für das Zustandekommen des BID (Dirk Klimach, Interview 05.12.2006; Bernd Reichhardt, Interview 23.04.2010). Auch seitens des WSB wurde hervorgehoben, dass die Unterstützung seitens des Bezirksamtes im Vorfeld der BID-Einrichtung „sehr tatkräftig" gewesen sei (Norbert Deiters, Interview 15.11.2006). Zwischen Bezirksamt und dem WSB bestanden schon vorher intensive Kontakte und man pflegte einen konsensorientierten Arbeitsstil, der auch schon vor BID-Einrichtung zu zahlreichen anderen gemeinsamen Projekten geführt hatte.

Das Hauptmotiv des Bezirksamtes, die Einrichtung eines BIDs zu unterstützen, ist im Interesse an der Vitalität der (gewachsenen) Innenstadt zu sehen. Dem zugrunde liegt ein partnerschaftliches Verständnis einer gemeinsamen Verantwortung für den Standort. So betonte Dirk Klimach im Interview, dass die Stadt mit der Pflasterung der Fußgängerzone in Vorleistung getreten sei, die nun mit Maßnahmen seitens der Einzelhändler flankiert werden müsse (Interview 05.12.2006). Der Bezirksamtsleiter hob hervor, dass die Wirtschaft im Zuge der Gründung eines BIDs durch eine verlässliche Finanzierungsbasis und bessere Organisation gestärkt werde, um in Partnerschaft mit der Stadt den Standort gemeinsam voranzubringen (Christoph Krupp, Interview 06.02.2009).

Festzuhalten bleibt, dass die Rolle des Bezirksamtes im Gründungsprozess des ersten BIDs in der Wahrnehmung der Beteiligten von entscheidender Bedeutung war. Weitere wichtige Erfolgsfaktoren waren die schon vorher bestehenden guten Beziehungen zwischen Wirtschaft und Verwaltung, die eine vertrauensvolle Kooperation in der Frage des BID überhaupt erst ermöglicht haben sowie das Selbstverständnis des Bezirksamtsleiters, der die gemeinsamen Interessen an und die Verantwortung von Wirtschaft und Verwaltung für die Stärkung des Standorts betonte.

Grundeigentümerverein Bergedorf

Vor dem Hintergrund, dass es sich bei einem BID um einen Grundeigentümerzusammenschluss handelt, ist es überraschend, dass der bestehende Grundeigentümerverein in Bergedorf allenfalls eine Nebenrolle im Gründungsprozess gespielt hat. Der Grundeigentümerverein war bereits zu einem relativ frühen Zeitpunkt über ein Vorstandsmitglied zum Thema BID informiert, das ebenfalls Beiratsmitglied des WSB war (Heinz Pilzweger, Interview 08.01.2007). Die Diskussion über eine mögliche Befürwortung des BID-Gedankens verlief dann aufgrund lokaler Besonderheiten anders als auf Ebene des Hamburger und insbesondere auch des Bundesverbandes, die befürchteten, dass sich die öffentliche Hand mit dem Aufkommen von BIDs aus ihrer Verantwortung zurückziehen würde. Entscheidend für die Unterstützung eines Bergedorfer BID waren daher die Haltung und die (finanzielle) Vorleistung des Bezirksamtes:

> Und hier ist es ja wieder ganz anders, weil vorher die Stadt ja das Sachsentor zurecht gemacht hat, das ein BID auch überfordert hätte. … und dann muss man noch sagen …, dass die Initiatoren mit mir zusammen arbeiten, es ist ja nicht nur, dass hier die Geschäftsleute so gut sind, sondern das muss man eindeutig sagen, dass hier jeder im Bezirksamt, insbesondere Dr. Krupp ja auch mitgezogen haben, das unterscheidet das nämlich in anderen Kreisen und Gemeinden dort, da kommt es dann so, dass die öffentliche Hand oder die Vertreter, die sagen, wir haben kein Geld, wenn ihr was machen wollt, dann begrüßen wir das, aber von uns gibt's keinen müden Cent dazu. (Heinz Pilzweger, Interview 08.01.2007)

Der Bergedorfer Grundeigentümerverein stand daher dem BID-Gedanken aufgeschlossen gegenüber, ohne sich aber explizit dafür zu engagieren (Elke Timm, Interview 26.04.2010). In der eigentlichen Initiativgruppe war der Grundeigentümerverein als Organisation nicht vertreten, wenn auch einige Mitglieder der Arbeitsgruppe individuell Mitglied im Grundeigentümerverein waren. Der Grundeigentümerverein Bergedorf war zudem indirekt über seine Dachorganisation, den Hamburger Grundeigentümerverband, in das Hamburger Gesetzgebungsverfahren eingebunden (Heinz Pilzweger, Interview 08.01.2007).

Die Einbindung der Grundeigentümer in den BID Sachsentor erfolgte also unabhängig von der Organisation und vorwiegend über Personen, die Einzelhändler und Grundeigentümer in Personalunion waren (Dirk Klimach, Interview 05.12.2006). So waren in der Initiativgruppe BID von insgesamt zwölf Personen (Stand: Juli 2004) sieben Grundeigentümer des Sachsentors, davon vier Personen Einzelhändler und Grundeigentümer in Personalunion; WSB-Mitglieder waren sieben Personen, beim Grundeigentümerverein dagegen nur eine:

Tab. 31: Zugehörigkeiten der Mitglieder der Initiativgruppe BID Sachsentor (Juli 2004)

	Grundeigentümer	Einzelhändler	WSB-Mitglied	Mitglied Grundeigentümerverein
1	x			
2	x			
3	x			
4	x		x	
5	x	x	x	
6	x	x	x	
7	x	x	x	x
8		x	x	
9			x	
10			x	
11	Mitarbeiter des Bezirksamtes			
12	Mitarbeiter des Bezirksamtes			

Wenn auch die Rolle des Grundeigentümervereins Bergedorf im BID-Gründungsprozess also keine tragende war, wäre doch die BID-Gründung ohne die grundsätzlich positive Einstellung vermutlich nicht so reibungslos verlaufen. In diesem Zusammenhang wird die Bedeutung der vorhandenen Netzwerke mit Doppel- oder Mehrfachmitgliedschaften einzelner Personen deutlich: Auch wenn der Grundeigentümerverein offiziell nicht eingebunden war, konnten Informationen aufgrund persönlicher Beziehungen fließen und ausgetauscht werden.

4.3.3 Zwischenfazit: Bestimmungsfaktoren für die Gründung des ersten deutschen BIDs

Die Faktoren, die entscheidend zur erfolgreichen Gründung des ersten deutschen BID beigetragen haben, lassen sich also sowohl auf der strukturellen wie auch der Akteursebene identifizieren.

Auf der strukturellen Ebene sind als Faktoren zu nennen: Die Diskussionen im Vorfeld und nach der Ansiedlung eines Centers am Bahnhofsvorplatz, der Bürgerentscheid und die Einrichtung eines Runden Tisches, die Schließung der Kaufhäuser Penndorf und Glunz mit den beschriebenen negativen Effekten und schließlich die Diskussion um eine mögliche Ansiedlung eines zweiten Shopping-Centers an dieser Stelle; und als positiver struktureller Faktor mit großer Bedeutung schließlich die „Vorleistung" der Stadt in Form der Neupflasterung der Einkaufsstraße.

Der Diskussionsprozess um die Ansiedlung eines oder zweier Einkaufscenter in Bergedorf hat aber auch – obschon langwierig und kontrovers – im Ergebnis dazu geführt, dass sich innerhalb der Bergedorfer Kaufmannschaft zwei Einsichten durchgesetzt haben: Erstens, dass eine Erweiterung der bestehenden Verkaufsflächen um großflächigere und moderne Flächen notwendig sei, um die Ansiedlung bekannter Filialisten am Standort zu ermöglichen. Zweitens wurde aber auch deutlich, dass eine derartige Erweiterung die bestehenden Geschäfte in der Bergedorfer City unter Konkurrenzdruck setzen würde, dem sie sich nur geschlossen und in einer gemeinsamen Anstrengung stellen könnten. Ein wichtiges Motiv für die Grundeigentümer war, dem ihrer Meinung nach infolge der Entwicklungen drohenden Wertverlusts der Immobilien durch Aktivitäten im Rahmen eines BIDs begegnen zu können (Elke Timm, eMail vom 20.05.2010). Die meisten Gesprächspartner bezogen sich zudem positiv auf die Neupflasterung, die erstens als Zeichen dafür gewertet wurde, dass der eingesessene Einzelhandel von der Stadt nicht im Stich gelassen werden würde und zum anderen auch als Verpflichtung interpretiert wurde, nun seinerseits etwas für den Standort zu tun.

In dieser Situation wurde das Instrument BID von den Gewerbetreibenden als Chance gesehen, die Protesthaltung im Rahmen der Bürgerinitiative gegen die Bahnhofsvorplatzbebauung und das Jammern über den Standort zu überwinden und ihr Schicksal aktiv in die Hand zu nehmen:

> Ausgangspunkt ... für diese Initiative war, eine Organisationsform zu finden, die es dem am Ort bereits ansässigen Einzelhandel ermöglichen sollte, für die anstehenden Entwicklungen eine eigene Konzeption zu entwickeln und sich dann im Wettbewerb zu behaupten. Da sind wir der Meinung gewesen, wenn das unter einer einheitlichen Führung zusammengefasst erfolgt, dass da zumindest was korrigiert werden kann. Mit dem BID würden wir ja schließlich die Haupteinkaufsstraße repräsentieren, das macht mehr Sinn, als wenn sich ... Geschäfte jetzt eine Einzelmaßnahme gegen das neue CCB [die Erweiterung des bestehenden Einkaufscenters auf dem Bahnhofsvorplatz, d. Verf.] ausdenken würden, also die einzelnen Geschäfte im eigenen Saft schmoren würden und jeder macht irgendeine Werbeaktion. (Norbert Deiters, Interview 15.11.2006)

Eine wichtige Rolle in der raschen Umsetzung der BID-Gründung haben aber auch die Faktoren auf der Akteursebene gespielt. Zu nennen ist hier das Engagement einzelner Akteure, wie das des jetzigen Aufgabenträgers WSB und des Bezirksamtsleiters und seiner Mitarbeiter. Zu unterstreichen ist hier insbesondere auch die Rolle der vorhandenen engen Netzwerke und personellen Verflechtungen zwischen Schlüsselakteuren, also insbesondere zwischen Wirtschaft (WSB), Bezirksamt und Grundeigentümerverein: „... das bewährte Netzwerk ... hat sich nur, sag ich mal, auf anderer Ebene wieder getroffen oder zusammengesetzt" (Heinz Pilzweger, Interview 08.01.2007).

Hervorheben ist schließlich die aktive Rolle des Bergedorfer Bezirksamtes in der Anschubphase und das Engagement des Bezirksamtsleiters für die Belange der Wirtschaft. Ohne diese Unterstützung – beispielsweise in Form der Einladung zu einer Grundeigentümerversammlung, die sonst für Initiatoren immer wieder eine Hürde darstellt, da Adressen nicht bekannt sind, oder die inhaltliche und personelle Unterstützung bei der Erarbeitung des Maßnahmen- und Finanzierungskonzeptes – wäre die schnelle Einrichtung des Bergedorfer BID wohl kaum möglich gewesen. Im Gegensatz zum Pilotprojekt Neuer Wall war die Handelskammer dagegen während der Initialphase dieses ersten BIDs nur wenig eingebunden (Bernd Reichhardt, Interview 23.04.2010).

Last but not least wäre aber eine BID-Gründung ohne die engagierte Arbeit der Initiativgruppe nicht denkbar. Diese hat letztendlich die notwendigen Vorarbeiten geleistet. Neben dem ehrenamtlichen Einsatz ist hier auch die Bereitschaft für die Übernahme von Vorfinanzierungen z.B. für Info-Flyer für die Grundeigentümerversammlung 2005 zu nennen oder der Passantenbefragungen im Oktober 2005, als der BID zwar schon begonnen hatte, die Abgaben aber noch nicht auf dem Konto eingegangen waren.

4.4 Beschreibung des BID Sachsentor

4.4.1 Gebiet des BID Sachsentor

Das Gebiet des ersten BID Sachsentor umfasste den „Bergedorfer" Teil der Haupteinkaufszone, also die Straße Sachsentor und den südlichen Teil der Alten Holstenstraße, die seit den 1970er Jahren als Fußgängerzone ausgewiesen sind. Es handelt sich hierbei um die 1a-Lage der Bergedorfer Innenstadt, die in den Nebenstraßen von einigen weiteren Einzelhandelsgeschäften flankiert wird.[217]

217 Diese sind in das vergrößerte Gebiet des zweiten BID mit aufgenommen worden.

Abb. 29: Karte des Gebietes des BID Sachsentor (BID-1)

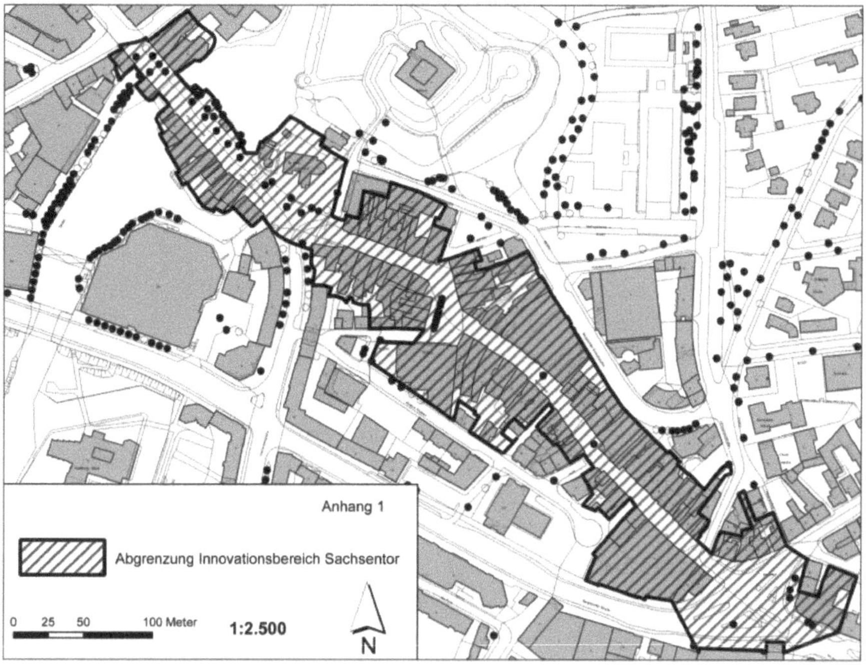

Verordnung zur Einrichtung des Innovationsbereichs Sachsentor 2005

Das Sachsentor ist geprägt von historischen Gebäuden wie Fachwerkhäusern, die teilweise aus dem 16. Jahrhundert stammen, und gründerzeitlichen Häusern. Einzelne Gebäude sind als Nachbauten historischer Vorläufer errichtet worden.

Im Stadtbild fehlen aber auch nicht die Bausünden der 1950er Jahre. Dennoch werden die sehr gut instand gehaltenen historischen Gebäude und die hohe städtebauliche Qualität übereinstimmend als Pluspunkt für den Einkaufsstandort gesehen (vgl. z.B. JUNKER UND KRUSE 2006: 18).

Die Gebäude im BID-Gebiet werden in den Erdgeschossen überwiegend von Einzelhandel genutzt, daneben gibt es Banken und Gastronomie; in den Obergeschossen befinden sich vorwiegend Anbieter von Dienstleistungen wie z.B. Rechtsanwälte und Ärzte. Vor allem in den höheren Geschossen gibt es aber auch einige Wohnungen. An öffentlichen Nutzungen findet sich im BID-Gebiet die Kirche St. Petri und Pauli mit dem Gemeindehaus sowie der Hasseturm, der mittlerweile von der sog. Stadtmeisterei[218] genutzt wird. Angrenzend an das BID-Gebiet liegt das Bergedorfer Schloss, das auf eine um 1220 errichtete Wasserburg zurückgeht und dessen älteste Bausubstanz aus dem 17. Jahrhundert stammt. Ebenfalls in unmittelbarer Nähe findet zweimal wöchentlich ein Wochenmarkt statt.

Abb. 30: Blick ins Sachsentor

Das Gebiet des ersten BID Sachsentor umfasste 84 Grundstücke mit ca. 156 Eigentümern (lt. mündlicher Auskunft der damaligen BID-Koordinatorin, Isabel Kaßner). Die Grundstücksgrößen sind äußerst heterogen und umfassen sowohl einige größere Flächen als auch kleinteilige Strukturen. So sind acht Grundstücke so groß, dass ihr Einheitswert über dem Dreifachen des Durchschnitts liegt und sie daher nach der Novellierung des GSED unter die Kappungsgrenze fallen. Die BID-Beiträge variierten zwischen 24,40 € und rund 16.660 € für die gesamte Laufzeit. Der durchschnittliche BID-Beitrag belief sich auf knapp 1.500 €.[219]

4.4.2 Ziele und Budget des BID Sachsentor

Die Ziele des BID Sachsentor sind vor dem in Abschnitt IV4.2.4 geschilderten Hintergrund zu interpretieren: Die Sorge um die Konkurrenzfähigkeit der gewachsenen Einkaufszone, drohende Leerstände, eine zunehmende Filialisierung und der weitere Verlust von inhabergeführten Geschäften angesichts der geplanten Center-Erweiterung im unmittelbaren Umfeld bestimmten die formulierten Ziele. Dabei standen die Stärkung der Attraktivität als Einzelhandelsstandort, aber auch der Stadtqualitäten im Vordergrund:

218 Die „Stadtmeisterei" bot ursprünglich 20 Arbeitsgelegenheiten nach § 16.3 SGB II (sog. „Ein-Euro-Jobber") und unterstützte das Stadtmarketing für Bergedorf. Aufgrund der mangelnden Gemeinnützigkeit musste die Stadtmeisterei mittlerweile die Aufnahme von Schmierereien für den BID Sachsentor aufgeben und beschäftigt nun 25 Langzeitarbeitslose mit befristeten Arbeitsverträgen (Bergedorfer Zeitung, 08.03.2010).

219 Diese Informationen sind internen Dokumenten der Lenkungsgruppe entnommen.

> Ziel des BID ist es, die Bergedorfer Innenstadt vom Mohnhof/Sachsentor bis zur Alten Holstenstraße/Serrahn wettbewerbsfähiger zu machen und das historisch gewachsene Zentrum als Lebensraum für die Bürger zu erhalten. (<http://www.bid-1.de>, Zugriff 04.06.2007)

Bemerkenswert hieran ist, dass neben das kommerzielle Interesse der Attraktivitätssteigerung auch ein Interesse an der Erhaltung einer lebendigen Stadt für die Bürger tritt. Dieses Interesse wurde u. a. in der Maßnahme „Visualisierung der Stadtgeschichte“ konkretisiert und fand – getragen insbesondere von einem Lenkungsgruppenmitglied – auch in etlichen Lenkungsgruppensitzungen Erwähnung.

Die Formulierung der Ziele im BID-Antrag orientiert sich am Wortlaut des GSED:

> Das Ziel der Implementierung dieses BID besteht darin, die Attraktivität der Bergedorfer Innenstadt insbesondere im Bereich des Mohnhof/Sachsentor/Alte Holstenstraße für Kunden, Besucher und Bewohner zu erhöhen und die Rahmenbedingungen für die in diesem Bereich niedergelassenen Einzelhandels- und Dienstleistungsbetriebe zu verbessern (§2 GSED). (Antragstellung zur Errichtung eines Innovationsbereichs – Business Improvement District (BID) – in der Bergedorfer Innenstadt (2005): 2)

Das Budget zur Umsetzung dieser Ziele fiel mit rund 150.000 € für drei Jahre relativ bescheiden aus. Grund für die vergleichsweise geringe Summe war die Vorsicht der Akteure: Die Unklarheit, ob das rechtliche Konstrukt BID auch bei Klagen vor Gericht standhalten würde und die Unsicherheit, wie viele der Grundeigentümer tatsächlich bereit wären, den BID auch bei höheren Beiträgen zu unterstützen, wurde in zahlreichen Gesprächen betont. Gleichzeitig war aber auch der Ehrgeiz erwacht, der erste BID Deutschlands zu werden, und so wurde eine möglicherweise langwierige Diskussion über notwendige Maßnahmen zur Erreichung des formulierten Ziels auf ein dann zu gründendes Folge-BID verschoben. Einen nicht unerheblicher Anteil des BID-Budgets sah man daher für die Erarbeitung eines „Konzepts zur Steigerung der Wettbewerbsfähigkeit und Entwicklung des Innovationsbereichs“ vor, von dem man sich neben einer Bestandsaufnahme auch Vorschläge für eine strategische Orientierung erhoffte.

Die Einnahmen des BID Bergedorf basierten vorrangig auf den BID-Beiträgen; der Hebesatz betrug 0,420775%. Zusätzlich konnte sich der BID ein Anti-Graffiti-Programm (<http://www.gebaeudereiniger-hamburg.de/docs/service/anti-graffiti-programm.php>, Zugriff 29.10.2008) der Hamburger Behörde für Stadtentwicklung und Umwelt (BSU) zunutze machen, mit dem Grundeigentümer mit 50% der Kosten bei der Entfernung bezuschusst wurden. Der BID Bergedorf hat über drei Jahre ca. 20.000 € aus diesem Programm erhalten (schriftliche Auskunft von Isabel Kaßner 29.10.2008). Des Weiteren wurde eine Aktion im Rahmen der Budgetposition Erlebniskultur („Bergedorfer Einzelhändler rollen den roten Teppich aus“, Bergedorfer Zeitung 30.06.2007) von Sponsoren unterstützt, ebenso wie das am Ende der Laufzeit angebrachte Großplakat. Auf Basis privater Darlehen konnte zudem die Passantenbefragung vor Eingang der ersten BID-Beiträge vorfinanziert werden.

Die meiste Umsetzungsarbeit wurde ehrenamtlich erbracht; geschätzt wurden während der Laufzeit des BID allein für die Arbeit in der Lenkungsgruppe und den Arbeitsgruppen rund 2.328 Stunden pro Person ehrenamtlich geleistet (interne Dokumente der Lenkungsgruppe). Das eigentliche BID-Management[220] war dagegen nur sehr sparsam ausgestattet.

4.4.3 Umsetzung der Maßnahmen des BID Sachsentor

Das Budget teilt sich wie folgt auf die einzelnen Maßnahmen auf:

Tab. 32: Maßnahmen des BID Bergedorf

Ausgaben	€	%
1. Entwicklung und Umsetzung eines Konzepts zur Steigerung der Wettbewerbsfähigkeit und Entwicklung des Innovationsbereichs	70.000	46,67
1.1 Konzepterstellung, Kommunikation, Administration	40.000	26,67
1.2 Umsetzung des Konzeptes	30.000	20,00
2. Graffiti-Entfernung	20.000	13,33
3. Erlebniskultur in der Fußgängerzone	20.000	13,33
4. Visualisierung der Stadtgeschichte	10.000	6,67
5. Schaffung von Info-Punkten und Passantenleitsystemen	10.000	6,67
6. Leerstandsmanagement	20.000	13,33
Gesamt:	*150.000*	*100,00*

Antragstellung, 23.02.2005

Ohne eigene Budgetposition, aber für den Erfolg dieses BIDs von großer Bedeutung waren die Aktivitäten im Sinne einer „Politikbeeinflussung“ (vgl. dazu Abschnitt IV4.4.3 Arbeitskreis Kommunikation und Aktivitäten der

220 Und daher konsequenterweise auch nur als „BID-Koordination“ bezeichnet wurde.

Lenkungsgruppe in den Bereichen Kommunikation und Zusammenarbeit mit anderen Akteuren).

Es folgt die Darstellung der einzelnen Maßnahmen.

Entwicklung und Umsetzung eines Konzepts zur Steigerung der Wettbewerbsfähigkeit und Entwicklung des Innovationsbereichs

Der Verunsicherung durch die bevorstehenden Entwicklungen in Bergedorf und der neu entstehenden Konkurrenz begegnen zu können, war ein wichtiger Entstehungsgrund für den BID Sachsentor. Dass alle dafür gemeinsam an einem Strang ziehen müssten, war allen Beteiligten klar – nur die Richtung, in die es gehen sollte, war ungewiss. Beschlossen wurde daher, mit 70.000 € knapp die Hälfte des Budgets für eine Aufnahme und Analyse der Ist-Situation, die Entwicklung eines Konzeptes und Festlegung strategischer Maßnahmen, deren Kommunikation sowie eine Soll-Ist-Analyse am Ende der Laufzeit vorgesehen war (Antragstellung BID Bergedorf 23.02.2005, Anlage 2).

Die Umsetzung dieser Maßnahme wurde frühzeitig und mit hoher Priorität begonnen. Mit der Konzeptentwicklung sollte ein Beratungsbüro beauftragt werden. Drei Büros gaben Angebote ab, die nach Gesprächen weiter überarbeitet wurden. Bereits vor dem offiziellen Start des BID entschied sich die Lenkungsgruppe für das Büro Junker und Kruse. Der Auftrag wurde durch die Bausteine „Bestandsanalyse und Zielentwicklung; Projektplanung und projektbezogener Umsetzungsplan; Mitwirkung bei der Projektumsetzung; Prozessbegleitende Kommunikation und PR-Arbeit; Organisationsentwicklung/Erfolgskontrolle“ konkretisiert (interne Dokumente des BID). Zur Begleitung der Umsetzung wurde zunächst keine Arbeitsgruppe eingerichtet, da die Lenkungsgruppe als Ganzes an der Konzeptentwicklung beteiligt sein sollte.

Im Rahmen des Auftrags wurde vom 24.-29.10.2005 eine Passantenbefragung durchgeführt. Daraus sowie aus statistischen Daten, vorhandenen Gutachten und Expertengesprächen wurde eine Stärken-Schwächen-Analyse des Standorts abgeleitet. Im Mai 2006 wurde ein erstes „(BID-) Bergedorf-Papier“ vorgelegt, das laut Junker und Kruse eine klare politische Positionierung des BID im Hinblick auf Rollenverständnis, Aufgabenverteilung und Forderungen an Politik und Verwaltung beinhalten sollte (Vortrag von Junker und Kruse auf der Informationsveranstaltung am 03.04.2006). Dieses Papier enttäuschte aber die Erwartungen der Lenkungsgruppe, da es nicht auf die Situation im BID-Gebiet eingehe, die Zielsetzung des BID und die zukünftige, daraus abgeleitete Strategie nicht ausformuliere. Als dieses Papier auch nach einer Neuformulierung nicht auf Zustimmung stieß, beschloss die Lenkungsgruppe am 08.08.2006, eine eigene Arbeitsgruppe „Konzeptentwicklung" einzurichten. Ein Teil der BID-Lenkungsgruppe wünschte sich neben einem BID-Konzept ein weiteres, an die Politik adressiertes Papier mit explizit formulierten Forderungen an Politik und Verwaltung.

Die Arbeitsgruppe Konzeptentwicklung arbeitete zunächst weiter mit Junker und Kruse zusammen. Am 10.11.2006 fand ein Workshop mit Junker und Kruse unter Beteiligung der Handelskammer zum Thema Marken- und Leitbildentwicklung statt. Es wurde vereinbart, zum einen die bisherigen BID-Maßnahmen auf Konsistenz mit dem entwickelten Markenbild zu überprüfen und Empfehlungen für neue strategische Maßnahmen zu erarbeiten und zum anderen ein „Bergedorf-Papier" als „politisches Statement" in Form von Empfehlungen an die politischen Gremien zu verfassen (interne Dokumente des BID). Ein entsprechender Maßnahmenplan wurde im Januar 2007 vorgelegt, die daraus abgeleiteten Maßnahmen waren aber in den Augen der Lenkungsgruppe nicht konkret genug. Der Arbeitskreis Konzeptentwicklung entwickelte daraufhin im März 2007 eigenständig ein Konzept mit den drei Arbeitsfeldern „Aufenthaltsqualität" mit den Projekten Erscheinungsbild (Erlebniskultur, Begrünung) und Sauberkeit, „Erreichbarkeit" und „Image/Werbung" und Markenentwicklung. Aufgrund wachsender Unzufriedenheit wurde die Zusammenarbeit mit dem Beratungsbüro im April 2007 vorzeitig beendet. Für die Konzeptentwicklung war bis zu diesem Zeitpunkt knapp die Hälfte des vorgesehenen Budgets ausgegeben worden.

Mit den Restgeldern wurde vom 08.-13.10.2007 eine zweite Passantenbefragung durchgeführt sowie der geplante Web-Auftritt www.meinbergedorf.de[221] unterstützt. Zudem sollte – wie von der Arbeitsgruppe vorgeschlagen – die Entwicklung einer Marke Sachsentor vorangetrieben werden. Eine Agentur wurde mit der Entwicklung eines Logos und eines Claims für die „Marke Sachsentor" beauftragt. Die zum Ende des ersten BIDs vorgelegten Vorschläge blieben jedoch in der Lenkungsgruppe umstritten, da weder die Gestaltung ungeteilte Zustimmung fand noch Einigkeit darüber bestand, ob der BID oder nicht eher die Einzelhändler (auch finanziell) dafür zuständig seien. Der Minimalkonsens lautete, dass der BID

221 Dieser wurde im Rahmen der ursprünglich geplanten Maßnahme „Schaffung von Info-Punkten und Passantenleitsystemen" entwickelt, s. dort.

höchstens Standortwerbung betreiben solle. Parallel dazu schloss sich eine Gruppe von Facheinzelhändlern zusammen, die – unabhängig vom BID – unter dem Motto „Wir + Ihr + Unser Bergedorf" Werbung mit Darstellung der teilnehmenden Geschäfte macht.[222]

Graffiti-Entfernung

Vorgesehen war, mit 20.000 € die „einmalige Entfernung der Graffiti zum Start des Innovationsbereichs" und „danach eine 50%-Beteiligung für Anti-Graffiti Vorsorge-Maßnahmen, die der jeweils betroffene Grundeigentümer eingeleitet hat, im Rahmen des vorhandenen Etats" (Antragstellung BID Bergedorf 23.02.2005, Anlage 2) zu finanzieren. Die Umsetzung sollte von der Arbeitsgruppe Graffiti begleitet werden. Dank der Förderung durch das städtische Anti-Graffiti-Programm (vgl. Abschnitt IV4.4.2) konnte zusätzlich zu dem ursprünglich Geplanten in jedem Jahr der Laufzeit eine Reinigungsaktion mit anschließender Versiegelung der betroffenen Flächen durchgeführt werden.

Dazu musste zunächst eine Einwilligung der von Graffiti betroffenen Grundeigentümer eingeholt werden, damit Dritte (vom BID beauftragte Handwerker) Graffiti an ihrem Eigentum entfernen konnten. Zu diesem Zweck wurden die Eigentümer zweimal angeschrieben. Augenfällig ist zunächst die vergleichsweise geringe Resonanz bei den Zustimmungserklärungen: Nach dem ersten Aufruf (mit beigefügtem Formular) erteilten nur 32 Eigentümer eine entsprechende Vollmacht, in den Jahren 2006/2007 konnte diese Zahl auf 46 gesteigert werden – nicht einmal die Hälfte der Eigentümer. Eigentlich wäre ein höherer Rücklauf zu erwarten gewesen, handelt es sich hierbei doch um eine Leistung für die Grundeigentümer, um die sie sich ansonsten selber kümmern müssten, und die der BID zum Nutzen aller kollektiv anbietet. Offensichtlich ist die Zurückhaltung der Eigentümer jedoch darauf zurückzuführen, dass die Zustimmung zu einer Entfernung durch den BID mit einem Verlust an Flexibilität einher geht: Die Entfernung erfolgt dann zwar für alle gleichzeitig, aber nicht unbedingt zeitnah und die Kontrolle über die sachgerechte Ausführung (z.B. die Farbgebung des Anstrichs) liegt nicht mehr beim Eigentümer, sondern beim BID (Hans-Jürgen Bausewein, Interview 20.07.2010).

222 Die Logo-Entwicklung wurde im BID II nicht weiter verfolgt und die unter dem Titel „Image" vorgesehenen Gelder in eine gemeinsame Werbekampagne für den Standort zusammen mit Bezirk, WSB und den beiden Center-Betreibern investiert.

Über die Graffiti-Entfernung hinaus fühlte sich der Arbeitskreis (AK Graffiti) jedoch schon früh auch für Sauberkeit im weiteren Sinne zuständig. Dies konkretisierte sich in der regelmäßigen Teilnahme an den monatlichen Besprechungen der Koordinierungsrunde mit dem stadteigenen Unternehmen Stadtreinigung Hamburg und weiteren mit Sauberkeit befassten Akteuren (die sog. „Stadtreinigungsrunde"), in der in Kleinarbeit etliche Verbesserungen für den BID erreicht werden konnten. Abgestimmt wurde in dieser Runde etwa der Austausch der im Zuge der Neupflasterung des Sachsentors angeschafften Design-Müllbehälter gegen eine andersfarbige Variante der für die Stadtreinigung einfacher zu handhabenden Standard-Mülleimer oder die aus Sicht des BID unbefriedigende Situation bei der Mülleimerleerung (verschiedene Protokolle der Lenkungsgruppensitzungen).

Ebenfalls in diesem Zusammenhang steht die Zusammenarbeit mit der sog. Stadtmeisterei (vgl. Fußnote 218). Der BID konnte diese – über den am Projekt ebenfalls beteiligten Aufgabenträger WSB – beispielsweise mit der Entfernung von Aufklebern an Laternenpfählen beauftragen.

Teilweise bedingt durch einen personellen Neuzugang in der Lenkungsgruppe verschob sich der Fokus der Tätigkeiten im Bereich Sauberkeit zeitweilig in Richtung Prävention bzw. Verfolgung von Graffiti (mittlerweile als „Schmierereien" bezeichnet). Eine empfundene Häufung der vorgefundenen Tags wurde mit Pressearbeit (vgl. Bergedorfer Zeitung vom 03.05.2008) und einer vom BID initiierten konzertierten Reinigungsaktion („Aktion Frühjahrsputz") unter Kooperation der verschiedenen Akteure wie Bezirksamt, Telekom, Post sowie einem Energieversorger beantwortet. Nachdem ein Graffiti-Sprayer zufällig von der Polizei erwischt wurde, stellte der BID Strafanzeige und inszenierte dies medienwirksam (vgl. Bergedorfer Zeitung vom 01.08.2009), um weitere Täter abzuschrecken. Zudem wurde die Stadtmeisterei damit beauftragt, neue Graffiti regelmäßig zu fotografieren und bei der Polizei anzuzeigen.

Die Fokussierung der Tätigkeiten auf Sauberkeit führte der Lenkungsgruppe jedoch auch ihre Hilflosigkeit gegenüber nachts aktiv Graffiti-Sprayern und anderen „Vandalen" vor Augen: Neben den Schmierereien und Scratching wurden auch die aufgestellten Blumenkübel regelmäßig ihres Schmucks beraubt. Daraufhin entspann sich eine Diskussion über die Möglichkeiten der Installation einer Videoüberwachung. Parallel dazu wurde auch der Einsatz eines privaten Sicherheitsdienstes diskutiert. Der Leiter des Bergedorfer Polizeikommissariats wurde zur Lenkungsgruppensitzung im Mai 2008 eingeladen. Er stellte die Sicht der Polizei dar, die angesichts der Tatsache, dass der überwiegende Teil der Straftaten im Sachsentor Sachbeschädigungen waren, keine Notwendigkeit für eine Erhöhung der Polizeipräsenz oder eine Begründung für die Einrichtung einer Videoüberwachung im öffentlichen Raum sah. Diese Haltung wurde vom Hamburger Datenschutzbeauftragten in einem Schreiben vom 24.06.2008 bekräftigt. Ebenfalls im Juni wurde von einer privaten Überwachungskamera eine Person dabei aufgezeichnet, wie sie Fassaden mit Edding „beschriftete". Dieses Bild wurde an die Presse weitergegeben und in der Bergedorfer Zeitung veröffentlicht („Hier wird das Sachsentor beschmiert", 20.06.2008). Dieser Verstoß gegen das Datenschutzgesetz hatte eine Rüge des Datenschutzbeauftragten zur Folge.

Abb. 31: Privater Sicherheitsdienst im Sachsentor

Durch diese Entwicklungen wurde zunehmend deutlich, dass sich eine Videoüberwachung des öffentlichen Raums unter den geltenden gesetzlichen Bestimmungen nicht realisieren lassen würde. Die nachträgliche Zahlung eines größeren, bisher ausstehenden[223] BID-Beitrags durch den Käufer des ehemaligen Penndorf-Hauses eröffnete den Spielraum zur Finanzierung eines privaten Sicherheitsdienstes[224]. Da die Chance, dass der Sicherheitsdienst dabei zufällig Schmierer aufgreifen würde, auch seitens der BID-Lenkungsgruppe als eher gering eingeschätzt wurde, wurden zur Abschreckung zudem Schilder an den Zugängen des Sachsentors aufgestellt.[225]

Eine Lehre aus dieser Erfahrung mit der inhaltlichen Ausweitung der ursprünglich als Graffiti-Entfernung konzipierten Maßnahme bestand darin, die einzelnen Maßnahmen für den zweiten BID nicht mehr so konkret

223 Da aufgrund der unklaren Perspektive der Eigentumsverhältnisse nicht mehr mit der Beitragszahlung gerechnet worden war, war diese aus dem Budget herausgenommen worden.

224 Der von der Bergedorfer Zeitung prompt mit dem Titel „ ‚Schwarze Sheriffs' fürs Sachsentor" bedacht wurde (06.10.2008).

225 Diese Schilder wurden erst nach dem Ende der Laufzeit des ersten BID aufgestellt.

zu benennen, um später mehr Spielraum in der Umsetzung zu haben (vgl. „Aufwertung der Aufenthaltsqualität“, Antragstellung BID-2).

Erlebniskultur in der Fußgängerzone
Die ursprüngliche Intention dieser Maßnahme war die „Etablierung von Kultureinrichtungen von bleibendem Charakter, wie z.B. Wasserspiele (keine eventmäßigen Aktionen)“ (Antragstellung BID Bergedorf 23.02.2005, Anlage 2). Für diese Position waren insgesamt 20.000 € vorgesehen. Nach längeren Überlegungen innerhalb der Arbeitsgruppe Erlebniskultur entschied man sich für die Pflanzung von Rosen und die Anbringung von Rankgittern ergänzend zu den bereits im Sachsentor vorhandenen. Unterstützt und beraten wurde die Arbeitsgruppe dabei von den Fachleuten des Bezirksamtes. Am 30.03.2007 wurden die Rosen im Rahmen einer kleinen Feier durch die „Rosenkönigin“ gepflanzt. Mit dem Bezirksamt wurde vereinbart, dass dieses die Kosten für Rosen und Rankgitter sowie die Pflege nach einem eventuellen Ende des BID, der BID die Kosten für die Pflege während der Dauer des BID übernimmt.

Mit den übrigen Mitteln wurden zusätzliche Pflanzkübel angeschafft und saisonal bepflanzt. Zur Einweihung der zwanzig Blumenkübel am 29.06.2007 wurde ein „Roter Teppich“ für die Kunden im Sachsentor ausgerollt und mit einer publikumswirksamen Aktion der American Footballers „Blue Devils“ sowie einem Gewinnspiel begleitet (Bergedorfer Zeitung vom 30.06.2008). Auch bei den Kübeln wurde die Bepflanzung vom Bezirksamt, die laufende Pflege dagegen vom BID in Auftrag gegeben. Für die Bepflanzung der Blumenkübel konnten insgesamt 1.300 € an Spenden eingeworben werden.

Auch bei dieser Budget-Position lässt sich also eine Verschiebung im Vergleich zum ursprünglich Intendierten feststellen: Waren zunächst „Kultureinrichtungen“ geplant, verlegte man sich bereits nach den ersten Überlegungen auf die Ergänzung der bereits vorhandenen Rosen und das Aufstellen von Blumenkübeln.

Visualisierung der Stadtgeschichte
Diese Maßnahme sollte „a) Z.B. durch Anbringung von Tafeln an geschichtsträchtigen und gut sichtbaren Plätzen oder b) durch Erstellung eines Geschichtslehrpfads“ (Antragstellung BID Bergedorf 23.02.2005, Anlage 2) umgesetzt werden und war mit 10.000 € ausgestattet. Auch zur Umsetzung dieser Maßnahme wurde eine Arbeitsgruppe gebildet – die AG „Geschichte“. Diese wollte zunächst Kontakt mit einschlägigen Bergedor-

fer Vereinen (Bürgerverein, Kultur- und Geschichtskontor, Bergedorfer Schloss) aufnehmen. Diese Kontakte waren zwar im Prinzip über persönliche Netzwerke vorhanden, wurden aber nie offiziell aufgenommen. Zur Umsetzung des Grundgedankens wurden verschiedene Ideen entwickelt: Die Anbringung von Schildern an den Standorten der drei historischen Stadttore, die Aufstellung einer Vitrine mit vorhandenen Modellen des Namen gebenden Sachsentors, die Anbringung von Bronzetafeln an historisch bedeutsamen Häusern oder die Erstellung eines „Historischen Passes" für die älteren Gebäude im BID-Gebiet. Angesichts der Umsetzungsschwierigkeiten wurde schließlich die Idee weiterverfolgt, ein dauerhaftes, großes Plakat mit einer historischen Stadtansicht (ein Ausschnitt der sog. Freese-Karte von 1593) mit dem Sachsentor in der Nähe des früheren Standortes dieses Stadttores an einer Hausfassade anzubringen.

Abb. 32: Großplakat „Historisches Sachsentor"

Zwischenzeitlich wurde erwogen, das Plakat zusätzlich mit dem in Entwicklung begriffenen Logo und Claim für den Einkaufsstandort Sachsentor zu versehen. Dies wurde in der Lenkungsgruppe äußerst kontrovers diskutiert und schließlich mit dem Argument verworfen, dass das Plakat nicht vorrangig der Standortwerbung dienen solle. Ein weiterer Grund für die Ablehnung war jedoch auch, dass Logo und Claim umstritten waren und deren Integration in das Plakat daher weitere Verzögerungen nach sich gezogen hätte. Mit knapper Mehrheit sprach sich die Lenkungsgruppe für den „allgemeinnützigen" Charakter dieser Maßnahme aus: Mit dem Großplakat sollte den Besuchern der Fußgängerzone die Bedeutung des Begriffs „Sachsentor" als historisches Stadttor veranschaulicht werden.

Insgesamt gingen die Arbeiten zu dieser Maßnahme – auch bedingt durch die häufige Abwesenheit der Arbeitsgruppenmitglieder – nur schleppend voran. Aufgrund der Zweckbindung der reservierten Mittel gab es aber einen Realisierungsdruck. Verwirklicht wurde das Plakat schließlich erst nach Ende der Laufzeit des ersten BIDs am 19.06.2009 mit Restmitteln des ersten BIDs[226], einer Spende der Hauseigentümerin – einer Bank – sowie einer weiteren Person und aus Mitteln des zweiten BIDs.

Parallel zur Enthüllung des Plakats fand eine temporäre Ausstellung zum historischen Sachsentor und zur Geschichte Bergedorfs in den Räumlichkeiten der Bank statt, die von einem Mitglied der Lenkungsgruppe bestückt worden war. Sowohl in der Realisierung des Plakates als auch in der Auswahl der Exponate für die Ausstellung war der Leiter des Bergedorfer Schlosses eng eingebunden.

Schaffung von Info-Punkten und Passantenleitsystemen

Unter dem mit 10.000 € ausgestatteten Titel „Schaffung von Info-Punkten und Passantenleitsystemen" war geplant:

> a) Schaffung eines dauerhaften Informationssystems in Form von feststehenden Punkten mit Informationen über Stadt, Handel, Kultureinrichtungen und Gewerbe
> b) Regelmäßige Aktualisierungen (Antragstellung BID Bergedorf 23.02.2005, Anlage 2)

Zunächst wurde im für die Umsetzung zuständigen „Arbeitskreis Info-Punkte" die Aufstellung einer elektronischen Infosäule geprüft; dies stellte sich aber als zu kostspielig heraus. Daher wurden zwei andere Projekte favorisiert: Zum einen die Gestaltung und Aufstellung von zwei Plakaten in vorhandenen Vitrinen und zum anderen die Entwicklung eines Internet-Auftritts, in dem das Bergedorfer Einzelhandels-, Dienstleistungs- und Kultur-bzw. Freizeit-Angebot möglichst vollständig dargestellt werden sollte. Von dieser ursprünglichen Idee verabschiedete sich die Lenkungsgruppe jedoch aufgrund des hohen Aufwands und weil entsprechende Internet-Angebote bereits vorhanden waren, und einigte sich auf die Darstellung des Bergedorfer Einzelhandelsangebots.

Während die Plakate bereits nach gut einem Jahr realisiert und aufgestellt wurden, konnte die daraufhin entwickelte Internet-Plattform www.mein-Bergedorf.de jedoch erst im Sommer 2008 online gehen, nachdem ein Praktikant in mühevoller Kleinarbeit die Daten aller Einzelhändler in die Datenbank eingepflegt hatte – zum Teil nach persönlicher Befragung. Für die Umsetzung wurde ein Teil des Budgets für die Maßnahme Konzeptentwicklung eingesetzt.

226 Um den Rechnungsabschluss nicht zu behindern, wurden die Restmittel als „eingegangene Verpflichtung" gekennzeichnet.

Auch wenn diese Maßnahme letztlich vollständig umgesetzt wurde, bleibt fraglich, ob mit diesen beiden Projekten – den Plakaten und der Internet-Datenbank – der ursprünglich beabsichtigte Zweck eines Leitsystems für Passanten erreicht werden konnte: Das Plakat wirkt aufgrund seiner Gestaltung eher als Werbung für das Sachsentor; Informationen über einzelne Geschäfte oder Angebote konnten aufgrund der fehlenden Aktualisierungsmöglichkeit naturgemäß in der Gestaltung nicht berücksichtigt werden. Der Internet-Auftritt www.mein-Bergedorf.de bietet zwar nutzerfreundliche Möglichkeiten für eine Suche nach Angeboten (so konnten auf einer interaktiven Karte zu jedem Gebäude Informationen abgerufen werden und es gab eine Suchfunktion für spezielle Produkte) – dies hilft aber Kunden, die bereits im Sachsentor unterwegs sind, wenig, wenn sie nicht bereits zu Hause nach den entsprechenden Angeboten gesucht haben oder den Weg in den Info-Point der Stadtmeisterei im sog. Hasseturm finden, wo ein Internet-Anschluss vorhanden ist.

Dieses Projekt wurde im BID II nicht mehr weiter verfolgt, da die regelmäßige Aktualisierung der Daten aufwändig ist und eine Umstellung auf neue Software sowie die Kommunikation der Existenz dieser Datenbank sehr kostspielig gewesen wäre (Hans-Jürgen Bausewein, Interview 20.07.2010).

Leerstandsmanagement

Die eingestellte Summe von 20.000 € sollte laut BID-Antrag für

> a) Dekorative Maßnahmen für temporäre Leerstände
> b) Nutzung für informative Zwecke
> c) Optimierung des Branchen-Mix durch Einrichtung eines Info-Pools für Grundeigentümer und potenzielle Mieter (Antragstellung BID Bergedorf 23.02.2005, Anlage 2)

eingesetzt werden. Mit der Umsetzung der Maßnahmen wurde der Arbeitskreis Flächenmanagement betraut.

Zunächst war zur Umsetzung dieser Maßnahme eine Internet-Datenbank geplant, in der das Angebot an leer stehenden Immobilien aus dem BID-Bereich mit ergänzenden Informationen dargestellt und so Markttransparenz hergestellt werden sollte (Hans-Jürgen Bausewein, Interview 20.07.2010). Die Programmierung wurde zügig in Auftrag gegeben und die Grundversion im Oktober 2006 fertig gestellt. Die Datenbank wurde intern getestet, aber obwohl schon früh die weiteren Schritte feststanden, kam die weitere Umsetzung nur noch schleppend voran. Es tauchten zunehmend Zweifel am „Mehrwert" einer Datenbank nur für Immobilien im BID-Gebiet auf; daher sollten zusätzlich Informationen über den Bergedorfer Immobilienmarkt und Einzelhandel, Kennzahlen zu Bergedorf und zum gewünschten Branchenmix aufgenommen werden. Am Ende der Laufzeit des ersten BID war die Datenbank zwar fertig, aber noch nicht online gestellt.

Einen weiteren Schwerpunkt der Aktivitäten der Arbeitsgruppe bildete der das östliche Sachsentor stark beeinträchtigende Leerstand in der ehemaligen Penndorf-Immobilie. Zunächst nahm sie Kontakt zu einer Kulturmanagerin auf (vgl. Bergedorfer Zeitung vom 14.07.2006), um mit einer Schaufenster-Dekoration die Leerstände zu kaschieren, die seit der Insolvenz von Penndorf im Sommer 2006 immer weiter zunahmen. Gespräche mit einigen Eigentümern gestalteten sich jedoch zäh – das Interesse war gering. Die Eigentümer der ehemaligen Penndorf-Immobilie stimmten jedoch zu, so dass dort ab Dezember 2006 eine Dekoration realisiert werden konnte. Die Schaufenster wurden von einzelnen Geschäftsleuten des BID-Gebietes gestaltet.

Abb. 33: Leerstandsdekoration im ehemaligen Penndorf-Haus

In den daneben liegenden Gebäuden konnte daraufhin ebenfalls eine Dekoration realisiert werden; dort wurden künstlerische Arbeiten von Schulklassen ausgestellt. Später wurden noch die der Hauptstraße zugewandten Schaufenster mit stilisierten Nachtaufnahmen vom Sachsentor beklebt.

Der Leerstand von Penndorf stellte aber trotz der Dekoration für den BID und insbesondere das östliche Sachsentor ein großes Problem dar und war praktisch ein Dauerbrenner in den Lenkungsgruppen-Sitzungen. Nach der mehrfachen Verlängerung eines Treuhandauftrages an einen Entwickler – aus dem dennoch kein tragfähiges Konzept hervorging – wurde die BID-Lenkungsgruppe und der Aufgabenträger WSB aktiv und traten an Hauptgläubiger – eine lokale Bank – und Verwalter der Immobilie heran, nahmen Kontakt mit dem überschuldeten Besitzer auf und initiierten ein gemeinsames Gespräch von Bezirksamt, WSB, Handelskammer und dem Hauptgläubiger. Um den Druck zu erhöhen, mobilisierte die BID-Lenkungsgruppe gleichzeitig eine Gruppe von Grundeigentümern, die an die Presse herantraten und ihre Position zum Leerstand verdeutlichten: Sie kritisierten, dass die mittlerweile viereinhalb Jahre andauernde Hängepartie auf „überzogene Forderungen" (Bergedorfer Zeitung, 23.05.2007) der Besitzerfamilie und des Hauptgläubigers zurückgingen und formulierten öffentlich zwölf Fragen an den Gläubiger. Im Hintergrund wurden zahlreiche Gespräche mit Besitzer und Gläubigerbank geführt. Aber alle Aktivitäten führten der Lenkungsgruppe nur ihre Machtlosigkeit in dieser Frage vor Augen: Ende 2007 trat der Projektentwickler vom Vertrag zurück und es wurde ein Zwangsversteigerungsverfahren eingeleitet. Immerhin beteiligte sich die Gläubigerbank an den Kosten der Leerstandsdekoration. Der Zustand der Immobilie war aber zunehmend Besorgnis erregend: Scheiben waren eingeschlagen, Tauben hatten sich eingenistet, aufgrund eines Wasserschadens stand kein Strom mehr für die Hinterleuchtung der Poster zur Verfügung – der Anblick wirkte verwahrlost. Erst mit einem neuen Projektentwickler eröffneten sich neue Perspektiven.[227]

Das Thema Flächenmanagement im Sinne eines aktiven Umgangs mit Leerständen war für den BID von großer Bedeutung. Durch das abgestimmte und gemeinsame Vorgehen der Grundeigentümer konnte der BID zwar deutlich mehr erreichen als Einzelne es je gekonnt hätten: Durch den Aufbau von öffentlichem Druck gelang es zumindest, die Gläubigerbank für den negativen Einfluss des Leerstandes auf das Sachsentor zu sensibilisieren (Hans-Jürgen Bausewein, Interview 20.07.2010). Bei diesem Thema wurden aber gleichzeitig die Grenzen des im Rahmen eines BIDs Möglichen deutlich: Auch bei kollektivem Vorgehen kann auf einzelne Grundeigentümer nur begrenzt Einfluss ausgeübt werden – sogar wenn diese, wie in diesem Falle Besitzer und Gläubigerbank, lokal verwurzelt sind und ihnen der Schaden für die gesamte Fußgängerzone wohl bewusst ist.

Auch die geplante und realisierte Immobiliendatenbank konnte die in sie gesetzten Erwartungen nicht erfüllen: Während die Zielgruppe überregional agierende Investoren sein sollten, blieb unklar, wie diesen eine auf eine kleines Gebiet beschränkte Datenbank bekannt und dem Mehraufwand, in dieser zusätzlich zu bundesweit ausgerichteten Datenbanken zu recherchieren, plausibel gemacht werden sollte. An der Stelle, wo es um die Formulierung des Pflichtenhefts für einen Auftragnehmer zur Vermarktung der Immobilien-Datenbank ging, kam das Projekt daher ins Stocken. Nicht

227 Seit der Neueröffnung des „Neuen Mohnhofs" haben sich die Fußgängerfrequenzen am östlichen Ende des Sachsentors signifikant erhöht: „Es wirkt, als hätte jemand ein „Betreten verboten"-Schild am östlichen Sachsentor abmontiert." (Bergedorfer Zeitung, 28.05.2010).

nachvollziehbar bleibt allerdings, warum diese im Prinzip naheliegenden Überlegungen nicht bereits vor Beauftragung der Datenbank unternommen wurden. Im BID II wird diese Datenbank nicht weiterverfolgt, auch wenn das Flächenmanagement weiterhin als Maßnahme benannt wird – diesmal allerdings unter dem Obertitel „Maßnahmen zur Steigerung der Wettbewerbsfähigkeit und des Image" (Antragstellung vom 11.11.2008). Erfolg versprechender scheint der nunmehr eingeschlagene Weg, die persönliche Ansprache der Grundeigentümer durch die BID-Managerin zu suchen (Hans-Jürgen Bausewein, Interview 20.07.2010).

Arbeitskreis Kommunikation und Aktivitäten der Lenkungsgruppe in den Bereichen Kommunikation und Zusammenarbeit mit anderen Akteuren

Der Arbeitskreis Kommunikation wurde ursprünglich vor allem eingerichtet, um die Informationsvermittlung zu den Grundeigentümern sicherzustellen. Für die im Zusammenhang mit den Informationsschreiben stehenden Kosten wurde kein Budget zur Verfügung gestellt. In diesem Abschnitt werden – zusätzlich zu den eigentlichen Aufgaben der Arbeitsgruppe – weitere Aktivitäten der Lenkungsgruppe dargestellt, bei denen es ganz allgemein um Kommunikation, die Zusammenarbeit mit anderen Akteuren oder die Einflussnahme auf Politik und Verwaltung ging.

Die Arbeitsgruppe hatte beschlossen, ab 2006 einen Stammtisch für Grundeigentümer und Gewerbetreibende einzurichten und einen regelmäßigen Newsletter an die Grundeigentümer herauszugeben. Insgesamt wurden von der Arbeitsgruppe fünf <u>Informationsschreiben</u>[228] an die Grundeigentümer verfasst. In den Schreiben wurde über die bis dahin gelaufenen Aktivitäten berichtet, Rechenschaft über die Budget-Verwendung abgelegt, die Organisationsstruktur dargestellt, um aktive Mitarbeit gebeten und ggf. zu bevorstehenden Info-Veranstaltungen eingeladen.

Zudem wurden drei <u>Jahresberichte</u> verfasst. Diese wurden den Lenkungsgruppen-Mitgliedern, der Aufsichtsbehörde sowie der Handelskammer zugeleitet. Die ersten beiden Berichte wurden dem Fachausschuss für Wirtschaft und Arbeit der Bezirksversammlung Bergedorf vorgestellt.

228 01/06 vom März 2006; 02/06 vom Dezember 2006; 01/07 vom April 2007; 02/07 vom Dezember 2007 (im dessen Rahmen auch der Fragebogen d. Verf. verschickt wurde); 02/08 vom Juli 2008. Daneben gab es noch weitere Schreiben an die Grundeigentümer, um z.B. die Vollmacht der Eigentümer für die Entfernung von Graffiti einzuholen.

Eine Informationsveranstaltung für Grundeigentümer fand am 03.04.2006 statt, wiederum im Spiegelsaal des Bergedorfer Rathauses. Daran nahmen rund 30 Grundeigentümer teil.

Um den Grundeigentümern eine zusätzliche Möglichkeit für Information und Kontaktaufnahme zu bieten, wurde ein Stammtisch eingerichtet; der erste fand am 19.04.2006, der zweite am 22.06.2006 zum Thema Sauberkeit mit externen Gästen[229] statt. Die Resonanz war aber so gering, dass der nächste Stammtisch erst wieder am 12.11.2007 abgehalten wurde. Auf dem letzten Stammtisch am 22.01.2008 wurden die Ergebnisse der Passantenbefragung 2007 vorgestellt; dieser Stammtisch war aber eher als zeitliche Entlastung der Lenkungsgruppen-Sitzungen gedacht.

Neben den Aktivitäten der Arbeitsgruppe wurde die Lenkungsgruppe als Ganzes in weiteren Bereichen aktiv. Der wichtigste war die Einflussnahme auf politische Prozesse, erstens im Rahmen der Wahrnehmung des im BID-Gesetz (GSED) festgeschriebenen Rechts, als Träger öffentlicher Belange (TÖB) „Stellungnahmen in förmlichen oder nicht förmlichen Anhörungsverfahren" (GSED §2 (2) Satz 8) abgeben zu dürfen. Der BID wollte eine Stellungnahme zu den Bebauungsplanverfahren am Bergedorfer Bahnhof zur Erweiterung des Einkaufscenters (vgl. Abschnitt IV4.2.4) abgeben und forderte darin eine Reduktion der Verkaufsflächen. Allerdings mussten Bezirksamt und Baubehörde dafür zunächst klären, ob der BID das Recht als TÖB überhaupt wahrnehmen dürfe, da diese Verfahren aber in keinem unmittelbar räumlichen Zusammenhang mit dem BID-Gebiet, sondern nur in einem inhaltlichen Bezug standen. Da ein BID „zur Wahrnehmung öffentlicher Interessen geschaffen wurde" (FHH o.J. a), wurde dies bejaht.

Neben diesem ihm ausdrücklich zugeschriebenen Recht nahm der BID aber auch in anderen Fällen seine Interessen gegenüber Politik und Verwaltung wahr, so zum Beispiel im Falle des Umbaus der Wentorfer Straße – einer wichtigen Zufahrtsstraße für das Bergedorfer Zentrum –, mit dem Ziel, die negativen Auswirkungen der damit verbundenen Umleitungen auf den Einzelhandel zu minimieren. Ein weiteres Beispiel war der Einsatz insbesondere eines Lenkungsgruppen-Mitglieds für eine Neuausrichtung des Bergedorfer Weihnachtsmarktes. Dieser sollte aus der Fußgängerzone[230] vor das Bergedorfer Schloss verlagert werden sowie ein einheitlicheres

229 Repräsentanten der Stadtreinigung, der Polizei, Mitarbeiter des zuständigen Amtes in der Bergedorfer Verwaltung, die Stadtmeisterei sowie weitere Gäste aus der Politik.

230 Dass die Buden des Marktes gerade in der umsatzstärksten Zeit vor Weihnachten vor den Schaufenstern der Geschäfte errichtet wurden, hatte immer wieder für Ärger gesorgt.

Erscheinungsbild und ein differenzierteres Angebot aufweisen. Dieser Vorstoß war letztlich erfolgreich – unter anderem auch, weil ein Teil der Fußgängerzone aufgrund einer Umleitung der Buslinien im Zuge des Umbaus des Bergedorfer Busbahnhofs gar nicht mehr für eine Nutzung durch den Weihnachtsmarkt zur Verfügung stand. Mehrfach wurden zudem Gespräche mit dem Bezirksamtsleiter und den Fraktionen der Bezirksversammlung geführt. Der BID wurde von diesen Gesprächspartnern als Interessenvertreter der und einheitlicher Ansprechpartner für Grundeigentümer und Gewerbetreibende gesehen. So fragte beispielsweise das Bezirksamt beim BID an, ob dieser mit der Durchführung eines Flohmarktes in der Fußgängerzone einverstanden wäre. Auch wenn der BID in dieser Hinsicht keinerlei Kompetenzen hatte, wurde dem negativen Votum des BID entsprochen, der befürchtete, dass ein Flohmarkt den Qualitätsanspruch des Sachsentors nicht unterstützen würde. Die Bedeutung dieser Aktivitäten zur politischen Einflussnahme verdeutlicht das folgende Zitat:

> Feststeht, dass durch BID die öffentliche Wahrnehmung und Kommunikation sowohl zur Bezirksverwaltung, zur Politik, zu den Medien u. a. deutlich verbessert wurde. Als Träger öffentlicher Belange stellt BID eine kompakte Intereressengemeinschaft dar und diesen Weg sollten wir unbedingt weitergehen. (Protokoll der Lenkungsgruppensitzung vom 24.10.2007)

Zu nennen ist an dieser Stelle auch die Pressearbeit der Lenkungsgruppe. In der Lokalzeitung[231] erschien eine Reihe von Artikeln über den BID, aber auch in anderen Tageszeitungen, wie dem Hamburger Abendblatt, der Welt, der tageszeitung und in Fachpublikationen wie der Immobilienzeitung wurde über den Bergedorfer BID berichtet – insbesondere anlässlich seiner Einrichtung als erster BID Deutschlands.

Schließlich sind hier zahlreiche Gespräche mit verschiedenen Akteuren zu erwähnen, so die unter dem Bereich Flächenmanagement bereits dargestellten Gespräche zum Thema Penndorf oder die Gespräche im Rahmen der sog. Stadtreinigungsrunde (s. Abschnitt Graffiti-Entfernung). Nicht zuletzt wurde auch Kontakt mit dem Investor des Einkaufszentrums am Bahnhofsvorplatz (City Center Bergedorf) aufgenommen, um die Interessen des BID (insbesondere Verkehrsführung, Parkplätze sowie die Vermietung) im Rahmen des Neubaus zu vertreten und das Interesse des Eigentümers an einer Integration in den Folge-BID auszuloten.

231 In Hamburg ist es eine Besonderheit, dass Bergedorf über eine eigene Tageszeitung verfügt.

Last but not least sind hier noch die zahlreichen Besuche im BID-Gebiet sowie Vorträge von Lenkungsgruppen-Mitgliedern auf Veranstaltungen, u. a. in Lübeck, Wiesbaden, Bad Oldesloe, Gießen und Hannover, zu erwähnen. Am 12.11.2007 besuchte eine Gruppe aus Luxemburg unter Führung des Ministers für Mittelstand den BID und am 20.11.2007 war ein Fernsehteam aus Südkorea vor Ort. Weitere Führungen fanden für den DVAG (Deutscher Verband für angewandte Geographie) und für Geographie-Studenten der Uni München, für eine Delegation aus Japan sowie für BID-Interessierte aus Bremen, Peine, Wiesbaden sowie weiteren Städten statt. Schließlich hat der BID Bergedorf eine Auszeichnung des Bundesministeriums für Verkehr, Bau und Stadtentwicklung (BVBS) im Rahmen des Projektaufrufs „Lebenswerte Innenstädte – Initiativen, die bewegen" erhalten, der auf dem Kongress „Auf dem Weg zu einer Nationalen Stadtentwicklungspolitik" am 02.07.2007 in Berlin verliehen wurde.

Die Aktivitäten im Bereich Kommunikation waren also äußerst vielfältig und in vielen Bereichen erfolgreich. Auch wenn der BID kein Forum für die Meinungsbildung unter den Grundeigentümern und Gewerbetreibenden geboten hat (vgl. Abschnitt IV4.6), hat er die Interessen der BID-Lenkungsgruppe wirkungsvoll transportiert und wurde von den jeweiligen Gesprächspartnern als Ansprechpartner für einzelhandelsrelevante Fragen wahrgenommen. Der Kontakt zum Bezirksamt darf als sehr gut bezeichnet werden, was sich an der regelmäßigen Teilnahme zweier Mitarbeiter in der Lenkungsgruppe, wie auch an den zahlreichen Gesprächen mit Bezirksamtsleiter und Baudezernenten zu verschiedenen Themen ablesen lässt. In vielen Bereichen (z.B. Sauberkeit, Weihnachtsmarkt) konnten durch die geführten Gespräche konkrete Verbesserungen erwirkt werden, für die der BID keine eigenen Mittel einsetzen musste.

Zwischenfazit: Erfahrungen mit der Umsetzung der Maßnahmen

Geht man die einzelnen Maßnahmen durch, ergibt sich ein uneinheitliches Bild: Einige Maßnahmen wurden zügig und ohne große Diskussionen umgesetzt (Info-Plakat, www.mein-bergedorf.de; Graffiti-Entfernung), bei anderen dagegen war die Umsetzung zäh (Visualisierung der Stadtgeschichte) oder sehr kontrovers (Konzeptentwicklung, Immobiliendatenbank). Bei manchen Maßnahmen ergaben sich Verschiebungen oder neue Schwerpunktsetzungen (Erlebniskultur, Graffiti-Entfernung bzw. Sauberkeit) und einige schließlich wurden nur unzureichend umgesetzt (Immobiliendatenbank). Die Gründe dafür sind sehr unterschiedlich und reichen vom persönlichen Einsatz der jeweiligen Arbeitsgruppenmitglieder bis hin zu Umsetzungsschwierigkeiten, die bei der Aufstellung des Maßnahmen- und Finanzierungskonzepts nicht bedacht worden waren. Nicht zuletzt zeigten sich hier auch die Grenzen ehrenamtlichen Engagements. Vieles wurde angefangen, ein Stück weit verfolgt und im Angesicht von Schwierigkeiten wieder aufgegeben: Konzeptentwicklung, Markenentwicklung oder die Immobiliendatenbank. Im Falle der Konzept- und Markenentwicklung konnte im Vorwege keine Einigkeit unter den Lenkungsgruppen-Mitgliedern über das Vorgehen erzielt werden, es wurde stattdessen ein diffuser Auftrag erteilt, der die Erwartungen nicht erfüllen konnte. Im Falle der Immobiliendatenbank wurden konzeptionelle Überlegungen erst angestellt, als es konkreter wurde. Dadurch wurden Mittel unnötig ausgegeben.

Unterschiedliche und diffuse Vorstellungen machten sich besonders im Bereich Konzeptentwicklung bemerkbar. Eigentlich sollte diese Maßnahme dazu dienen, eine Strategie und daraus abgeleitete Maßnahmen für den Folge-BID vorzubereiten. Das Beratungsbüro sollte dabei eine Protagonistenrolle im internen Diskussionsprozess im Hinblick auf die Inhalte des Folge-BID einnehmen. Diese Erwartungshaltung bezüglich der Rolle war jedoch im Auftrag nicht explizit formuliert worden und wurde vom Büro auch abgelehnt (Hans-Jürgen Bausewein, Interview 20.07.2010). Dies wurde im Verlauf des Beratungsprozesses zunehmend deutlich und führte letztlich zur Aufkündigung der Zusammenarbeit.

Erfolgreicher präsentiert sich dagegen die Maßnahme *Graffiti-Entfernung und Sauberkeit* im weiteren Sinne. Diese waren das Schwerpunktthema der zweiten Hälfte der BID-Laufzeit, bedingt durch immer wieder auftretende Graffiti, die Unzufriedenheit im Bereich Sauberkeit wie überhängende Mülltüten oder sog. „Klebchen" an den Laternenpfählen, aber auch die Vandalismusschäden an den vom BID aufgestellten Blumenkübeln (Entwendung von Pflanzen, Graffiti an den Kübeln). Allerdings konnte der BID in diesem Bereich auch einiges erreichen: Zeitgleiche und regelmäßige Entfernung von Graffiti, Verbesserungen im Service der Stadtreinigung und erhöhte Aufmerksamkeit seitens der Polizei für Schmierereien. Auf den ersten Blick könnte man meinen, hier Parallelen zum US-amerikanischen Vorbild „safe and clean" zu entdecken.

Allerdings gibt es gerade hier auch deutliche Abweichungen im Detail: Erstens sind hier die Beschränkungen durch das Datenschutzgesetz zu nennen, die eine Überwachung des öffentlichen Raums fast unmöglich machen. Zum anderen wurde der Sicherheitsdienst eingesetzt, um Sachen zu schützen und nicht, um den Kunden ein besseres Sicherheitsgefühl zu vermitteln. Das „safe" gilt hier also den Dingen und nicht den Personen – unsicher fühlt man sich im Sachsentor höchstens nachts, wenn alle Geschäfte geschlossen sind. Und auch beim „clean" erbringt der BID hier gerade nicht das Grundniveau an Reinigungsleistungen, sondern kümmert sich um das „on top". Hier machen sich unterschiedliche Kontexte also deutlich bemerkbar.

4.4.4 Organisationsstruktur des BID Bergedorf: Zusammensetzung und Wahl der Lenkungsgruppe sowie deren Aufgaben

Die Lenkungsgruppe des BID ging direkt aus der Initiativgruppe BID innerhalb des WSB hervor, die sich auf der ersten Grundeigentümerversammlung am 27.01.2004 konstituiert und den BID vorbereitet hatte. Formal ist die Existenz der Lenkungsgruppe in §5 (1) „Willensbildung und Beteiligung" des öffentlich-rechtlichen Vertrages geregelt:

> Um die Mitwirkung der abgabepflichtigen Grundstückseigentümer an der Willensbildung des Aufgabenträgers sicherzustellen, setzt der Aufgabenträger unter Beteiligung der Grundeigentümer sowie der im Innovationsbereich ansässigen und tätigen Freiberufler und Gewerbetreibenden eine Lenkungsgruppe ein, die er während der Laufzeit des Innovationsbereichs an konzeptionellen Entscheidungen zur Durchführung der Maßnahmen durch den Aufgabenträger beteiligt.
>
> Ein Vertreter des Bezirksamtes nimmt an den Sitzungen der Lenkungsgruppe beratend teil. (Öffentlich-rechtlicher Vertrag zwischen Hamburg und dem WSB 2005)

Der öffentlich-rechtliche Vertrag macht also nur Aussagen über die Existenz einer Lenkungsgruppe, die den Aufgabenträger bei der Maßnahmenumsetzung berät, nicht aber über die Zusammensetzung oder Bestimmung der Mitglieder (bis auf das beratende Mitglied des Bezirksamtes). Dies regelt die Geschäftsordnung der Lenkungsgruppe, die in der Phase zwischen Antragstellung und formaler Einrichtung des BID erarbeitet wurde. Diese regelt in §3 „Eintritt von Mitgliedern":

> (1) Der BID-Koordinator wird vom WSB auf Vorschlag der Lenkungsgruppe beauftragt. In dieser Funktion ist er geborenes Mitglied der Lenkungsgruppe.
> (2) Die Vollmitglieder werden vom WSB auf Vorschlag des BID-Koordinators berufen.
> (3) Kooptierte Mitglieder werden durch Beschluss der Lenkungsgruppe bestellt. … (Geschäftsordnung der Lenkungsgruppe „Innovationsbereich Sachsentor" des WSB 2005)

Abgesehen davon, dass diese Regelung einen Zirkelschluss[232] beinhaltet, sagt auch sie nichts über die Beteiligung der Grundeigentümer an der Entsendung der Mitglieder aus.

Des Weiteren regelt die Geschäftsordnung in §2 „Mitglieder der Lenkungsgruppe" die Zusammensetzung und Größe der Lenkungsgruppe:

> (1) Die Lenkungsgruppe besteht aus einem geborenen Mitglied (BID-Koordinator), Vollmitgliedern und wahlweise aus kooptierten Mitgliedern.
> (2) Mitglied kann jede natürliche oder juristische Person werden. … Die Tätigkeit ist ehrenamtlich.
> (3) BID-Koordinator ist die vom WSB beauftragte Person zur Umsetzung des Maßnahmen- und Finanzierungskonzepts. Dieser ist stimmberechtigt.
> (4) Die Lenkungsgruppe besteht aus höchstens 15 Vollmitgliedern. Diese sind stimmberechtigt und müssen im Innovationsbereich über Grundeigentum oder Erbbaurecht verfügen oder dort als Freiberufler oder Gewerbetreibende ansässig und tätig sein. Nach Möglichkeit sollen mindestens 8 Vollmitglieder dem Kreis der Abgabepflichtigen angehören. Vorrangig sollen Personen berücksichtigt werden, die den Aufgabenträger bereits während des Antragsverfahrens beraten haben.
> (5) Die Lenkungsgruppe kann höchstens 5 kooptierte Mitglieder aufnehmen. Diese verfügen lediglich über eine beratende Stimme. (Geschäftsordnung der Lenkungsgruppe „Innovationsbereich Sachsentor" des WSB 2005)

Die Lenkungsgruppe ist also offen für Personen, die nicht Grundeigentümer oder Gewerbetreibender bzw. Freiberufler im Innovationsbereich sind – allerdings dürfen diese laut Geschäftsordnung der Lenkungsgruppe nur als kooptierte, also beratende Mitglieder angehören. Die Mehrheit der Stimmen soll für Abgabepflichtige reserviert sein. Die Kontinuität wird durch die vorrangige Berücksichtigung von Personen sichergestellt, die bereits in der Initiativphase dabei waren.

Faktisch setzte sich die Lenkungsgruppe nach etwa zwei Jahren Laufzeit wie folgt zusammen:

232 Wenn man unterstellt, dass zunächst keine Lenkungsgruppe existiert, kann diese keinen BID-Koordinator vorschlagen; dem WSB kann also kein dementsprechender Vorschlag für die Beauftragung unterbreitet werden; ebenso wenig kann ein nicht bereits bestimmter BID-Koordinator Mitglieder der Lenkungsgruppe vorschlagen, die dann vom WSB berufen werden.

Tab. 33: Zusammensetzung der Lenkungsgruppe des BID Sachsentor im Juni 2006

Bezeichnung	stimmb.	nicht stimmb.	
BID-Koordinatorin	1		
Vollmitglieder	14		
davon (nur) Grundeigentümer im BID-Gebiet (plus Makler)			4 (+2)
davon (nur) Gewerbetreibende im BID-Gebiet (plus Geschäftsführer Kaufhaus)			1 (+1)
davon Gewerbetreibender und Grundeigentümer im BID-Gebiet			5
andere (Grundeigentümer außerhalb des BID-Gebiets)			1
Kooptierte Mitglieder		3	
davon Vertreter des Bezirksamts			2
andere (WSB-Vorsitzender)			1
Gäste (Handelskammer, Wissenschaftlerin)		2	
Gesamt:	*15*	*5*	

Anm.: Zwei Mitglieder, die während längerer Zeit nicht erschienen, wurden hier nicht berücksichtigt, obwohl sie formal Mitglieder der Lenkungsgruppe waren.
Eigene Zusammenstellung nach Lenkungsgruppen-Protokoll vom 27.06.2006

Diese Übersicht zeigt, dass die Vorgaben der Geschäftsordnung im Hinblick auf die Mehrheit von Grundeigentümern erfüllt sind (inkl. der Makler sind es elf). In der Praxis wich die Lenkungsgruppe allerdings in zwei Punkten von der Geschäftsordnung ab, da ein Grundeigentümer von außerhalb des BID-Gebiets Vollmitglied war und bei den meisten Abstimmungen alle Mitglieder unabhängig von ihrem Status mitgestimmt haben. Bemerkenswert ist die große Kontinuität in Bezug auf die Mitarbeit: Von den oben genannten zwölf Mitgliedern der Initiativgruppe (vgl. Tab. 33) waren elf[233] noch immer in der Lenkungsgruppe – wenn auch einer davon nicht mehr so aktiv wie zu Beginn. Auffällig ist, dass von den 15 stimmberechtigten Mitgliedern der Lenkungsgruppe elf auch Mitglied beim Aufgabenträger WSB sind, darunter drei Vorstandsmitglieder und ein Beiratsmitglied.

Die *Aufgaben* der Lenkungsgruppe lauten laut §1 der Geschäftsordnung: Beteiligung bei der Aufstellung des jährlichen Maßnahmen- und Wirtschaftsplans; Unterstützung bei der konkreten Umsetzung des Maßnahmen- und Finanzierungskonzepts durch u. a. Vorbereitung des Tätigkeitsberichts, Über-

233 Bei einem davon gilt Kontinuität nur in Bezug auf die Funktion als Geschäftsführer eines Kaufhauses, die Person hatte gewechselt.

prüfung des Abgabenaufkommens bzw. der Mittelverwendung, Überprüfung der treuhänderischen und abgesonderten Verwaltung der Mittel durch den Aufgabenträger, Zusammenarbeit mit der Aufsichtsbehörde sowie der Handelskammer, Kontaktpflege zu Grundeigentümern, Einzelhandel und Behörden, Unterstützung des Aufgabenträgers bei der Wahrnehmung seiner Aufgaben als Träger öffentlicher Belange (TÖB) (Geschäftsordnung der Lenkungsgruppe „Innovationsbereich Sachsentor" des WSB 2005). Zur Wahrnehmung dieser Aufgaben kann die Lenkungsgruppe Arbeitsgruppen einrichten:

> (1) Zur effektiven Aufgabenwahrnehmung kann die Lenkungsgruppe aus ihrem Kreis Arbeitsgruppen bilden oder Ansprechpartner für einzelne Sachgebiete benennen.
> (2) Die Beschlusskompetenz verbleibt ohne ausdrückliche Übertragung bei der Lenkungsgruppe. (Geschäftsordnung der Lenkungsgruppe „Innovationsbereich Sachsentor" des WSB 2005: §8 Arbeitsgruppen)

Waren ursprünglich noch Arbeitsgruppen angedacht, die sich um Einzelthemen, wie Presseinformation, Einzelhandelswerbung, politische Kontakte, Homepage sowie Vorbereitung BID II kümmern sollten, wurde im September 2005 die Einrichtung von Arbeitsgruppen entsprechend der geplanten Aufgaben beschlossen: Graffitientfernung, Erlebniskultur, Visualisierung der Stadtgeschichte, Info-Punkte/Passantenleitsystem und Flächenmanagement. Für die Maßnahme Konzeptentwicklung wurde erst später eine Arbeitsgruppe eingerichtet. Die Organisationsstruktur stellt sich somit wie folgt dar:

Abb. 34: Organisationsstruktur BID I Sachsentor

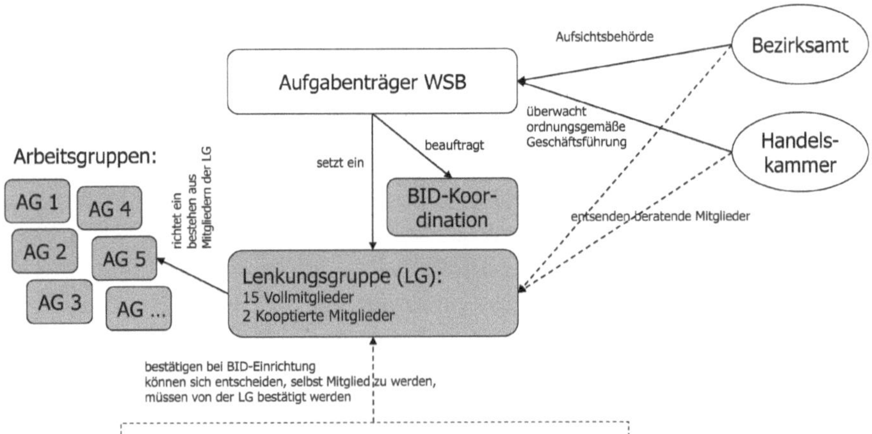

De facto hat die Lenkungsgruppe mit ihren Arbeitsgruppen sowie die BID-Koordination die eigentliche Maßnahmenumsetzung bewältigt. Der Aufgabenträger war zwar – wie dargestellt – personell eng mit der Lenkungsgruppe verflochten und durch die ständige Anwesenheit seines Vorsitzenden auch prominent vertreten; die Umsetzung lag aber allein in der Hand der Lenkungsgruppe. Die Lenkungsgruppe des BID Sachsentor ist somit weit mehr gewesen als ein den Aufgabenträger beratendes und kontrollierendes Gremium.

Die Organisationsstruktur der BID-Lenkungsgruppe birgt aber auch immanente Probleme. Erstens ist die äußerst unklare Berufungsstruktur zu nennen, die – wie ausgeführt – logisch nicht abschließend durchdacht ist. Zudem haben die Grundeigentümer kaum Einfluss auf die Zusammensetzung der Lenkungsgruppe: Die Mitglieder der Lenkungsgruppe haben sich zu Beginn des BID auf der Grundeigentümerversammlung nur vorgestellt und sich offen für neue Mitglieder gezeigt (in Form eines Aufrufes zur Mitarbeit) – sie wurden aber nie formal von den Grundeigentümern gewählt oder bestätigt. Noch viel weniger konnten – mangels Grundeigentümerversammlung – während der Laufzeit Mitglieder abgewählt werden. Die Lenkungsgruppenmitglieder sind also nichat legitimiert und verfügen somit auch nicht über ein Mandat der Grundeigentümer (vgl. dazu auch den Abschnitt IV4.6). Drittens obliegt die Kontrolle des Aufgabenträgers laut Geschäftsordnung der Lenkungsgruppe. Da aber faktisch die Lenkungsgruppe das ausführende Organ war, stellt sich eher die Frage, wer die Lenkungsgruppe kontrolliert. Viertens ist ungeklärt, was im Falle eines Konfliktes zwischen Lenkungsgruppe (oder einzelnen Mitgliedern) und Aufgabenträger passiert: Da der Aufgabenträger die Mitglieder der Lenkungsgruppe bestellt, ist er formal dazu berechtigt, kritische Personen gar nicht erst aufzunehmen. Schwieriger wäre es gegebenenfalls, unliebsame Mitglieder auszuschließen. Die Geschäftsordnung definiert, in welchen Fällen ein Ausschluss möglich ist:

> (2) Der WSB kann auf Vorschlag des BID-Koordinators ein Vollmitglied aus der Lenkungsgruppe ausschließen, wenn dieses Mitglied sich an der Arbeit der Lenkungsgruppe nicht aktiv beteiligt, den Versammlungen der Lenkungsgruppe über einen längeren Zeitraum fernbleibt oder den Interessen des Aufgabenträgers und der Lenkungsgruppe (Stärkung und Entwicklung des Einzelhandels- und Dienstleistungszentrums) zuwiderhandelt. Das Mitglied ist zuvor anzuhören. (Geschäftsordnung der Lenkungsgruppe „Innovationsbereich Sachsentor" des WSB 2005: §4 Austritt und Ausschluss von Mitgliedern)

Danach liegt es in der Definitionsmacht des WSB, ab wann ein „kritisches" Mitglied den „Interessen des Aufgabenträgers" zuwider handelt.

Die Kontrolle der finanziellen Seite der Aufgabenumsetzung durch die Lenkungsgruppe kann dagegen als gut angesehen werden: Die BID-Koordinatorin hat regelmäßig über den Stand der eingenommenen BID-Beiträge, wie auch den auf die einzelnen Maßnahmen bezogenen Stand der Ausgaben berichtet.

4.4.5 Zusammenarbeit mit anderen Organisationen und Institutionen

Eine gute, sinnvolle und sachlogische Zusammenarbeit pflegte der BID regelmäßig und während der gesamten Laufzeit mit folgenden Organisationen und Institutionen: Verschiedene Dienststellen des Bezirksamtes, Handelskammer, Stadtmeisterei und Stadtreinigung (vgl. auch Abschnitt IV4.4.3). Darüber hinaus war eine Reihe von Kooperationen angedacht. Insbesondere die Gruppe „Visualisierung der Stadtgeschichte“ hatte die Kontaktaufnahme mit verschiedenen Bergedorfer Vereinen und Kultureinrichtungen geplant, die aber nicht realisiert wurden. Nur mit dem Bergedorfer Schloss und der Bank, an deren Fassade das Großplakat aufgehängt wurde und in deren Räumlichkeiten die Begleitausstellung stattfand, bestand zu Ende der BID-Laufzeit eine Kooperation.

Die Arbeitsgruppe Graffiti hatte es zunächst für sinnvoll erachtet, den Geschäftsführer des Bergedorfer Grundeigentümervereins mit in die Gruppe zu integrieren. Aus Zeitgründen erschien er jedoch nicht zu den Sitzungen, auch weil Abstimmungen gegebenenfalls auch über die vorhandenen informellen Kanäle realisiert werden könnten.

Schließlich sollte auch der Geschäftsführer des Aufgabenträgers WSB mit in die Lenkungsgruppe aufgenommen werden, um den Informationsfluss zwischen den entsprechenden Arbeitsgruppen des WSB und dem BID sicherzustellen. Auch dieser Plan wurde nie umgesetzt; allerdings nahm der Vorsitzende des WSB regelmäßig an den Sitzungen teil.

Weitere projektbezogene Kontakte gab es schließlich zwischen einer Bergedorfer Kulturmanagerin und dem BID in Bezug auf die Dekoration von Leerständen sowie mit Energieversorgern und Telekommunikationsunternehmen für die konzertierte Graffiti-Reinigungsaktion. Ein regelmäßiger Informationsaustausch bestand auch zwischen der Einzelhändler-Gruppe „Wir + Ihr + Unser Bergedorf“ und der Lenkungsgruppe, was angesichts der personellen Verflechtung aber nicht weiter bemerkenswert ist.

Die schriftliche Befragung enthielt auch Fragen zum Thema Zusammenarbeit mit anderen Organisationen. Die Abbildung zeigt, wie sich die 45 Antworten auf die Frage „Inwieweit stimmen Sie folgenden Aussagen zu: Ich fände es besser, wenn die Maßnahmen zur Aufwertung des Sachsentors von einem breiten Bündnis getragen werden, also z.B. auch Vereine, kulturelle Einrichtungen oder Bürger in die Entscheidungen miteinbezogen werden.“ (Frage 12. d) verteilten.

Abb. 35: Von Grundeigentümern gewünschter Einbezug anderer Bergedorfer Organisationen

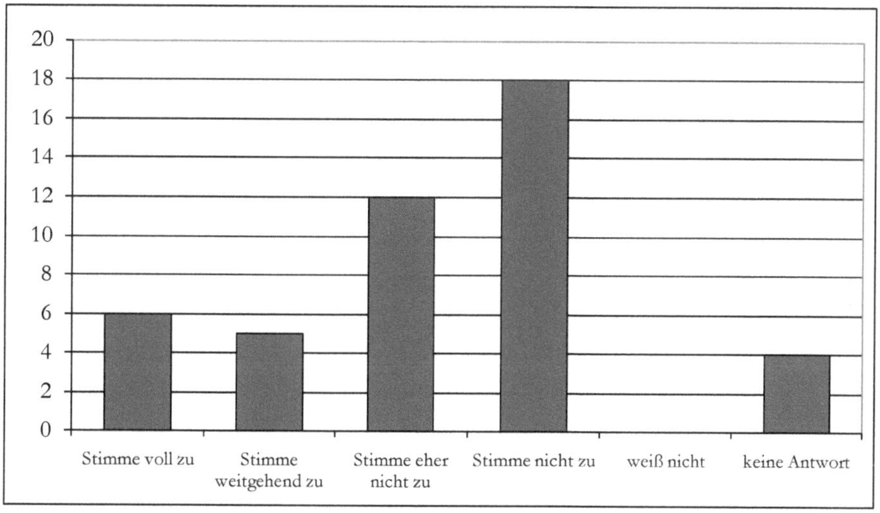

Zwei Drittel waren dagegen oder eher dagegen, dass der BID in der Maßnahmenumsetzung mit einem breiten Bündnis kooperiert und nur etwas weniger als ein Viertel wünschte dies.

Auch bei der Frage „Um welche Dinge sollte sich Ihrer Meinung nach ein Nachfolge-BID vorrangig kümmern?“ (Frage 13) erreichte die (vorgegebene) Antwortmöglichkeit „gemeinsame Aktionen mit anderen Bergedorfer Institutionen“ nur den siebten Platz, allerdings noch vor anderen möglichen Maßnahmen (vgl. zu allen Antworten den folgenden Abschnitt).

Offen muss hierbei allerdings bleiben, an welche Bergedorfer Institutionen die Antwortenden dabei jeweils dachten.

Zusammenfassend lässt sich festhalten, dass der BID Sachsentor recht pragmatisch und erfolgreich mit vielen Bergedorfer Institutionen und Organisationen zusammengearbeitet hat – auch unter Ausnutzung der vorhandenen persönlichen Beziehungen im „Bergedorfer Netzwerk“. Ein Fokus ist dabei in Bezug auf Institutionen festzustellen, die in Bezug auf die Attraktivierung der Fußgängerzone ähnliche Zielstellungen verfolgen; weniger gefragt waren dagegen Kooperationen mit eher gemeinnützig orientierten Organisationen.

4.5 Ausblick: Die Neuauflage des BID Sachsentor (BID II)

Die Vorbereitung eines Folge-BID war von Anfang an im BID I mitgedacht: Die Maßnahme Konzeptentwicklung war insbesondere auch für die Entwicklung von Maßnahmen des BID II gedacht (vgl. den Unterabschnitt in IV4.4.3 „Entwicklung und Umsetzung eines Konzepts zur Steigerung der Wettbewerbsfähigkeit und Entwicklung des Innovationsbereichs"). Kurz nach Einrichtung der Arbeitsgruppe Konzeptentwicklung wurden im Herbst 2006 erste Überlegungen zur Vorbereitung des BID II angestellt, als erstmals über ein Vorbereitungstreffen zwischen Grundeigentümern und WSB nachgedacht wurde. Im März 2007 einigte man sich darauf, dass nach dem Ende des BID I auf jeden Fall ein weiteres BID folgen und der WSB wiederum die Aufgabenträgerschaft übernehmen sollte. Maßnahmen, Laufzeit und Gebietsabgrenzung sollten noch konkretisiert werden. Geplant war, zunächst das Maßnahmen- und Finanzierungskonzept im Rahmen eines Workshops mit externer Moderation zu erarbeiten. Dieser Workshop fand am 24.08.2007 in der Handelskammer statt. Danach wurde vereinbart, vier Arbeitsgruppen zur weiteren Bearbeitung der anstehenden Themen zu bilden: Formalien (Laufzeit, Gebietsabgrenzung, Entstehung, Vertrag WSB-BID), Events (Events, Sonntagsöffnungen, Weihnachtsbeleuchtung, Qualität/Service-Angebote), Marketing/PR (Marketing, PR, Quartiersmanagement, Interne Kommunikation, Flächenmanagement), Öffentlicher Raum/ Verkehr (Öffentlicher Raum, Gestaltung, Verkehr/Erreichbarkeit, Sauberkeit, Sicherheit, Parken) (Protokoll der Lenkungsgruppen-Sitzung vom 06.09.2007). Am 24.10.2007 traf sich die Lenkungsgruppe zu einer gesonderten Vorbereitungssitzung für den Folge-BID. Auf der Sitzung nahm die Diskussion über die Machtlosigkeit gegenüber dem Penndorf-Leerstand breiten Raum ein; dennoch war man sich einig, dass man ohne BID deutlich schlechter dastünde und daher eine Fortsetzung des BID ohne Alternative sei. Einigkeit bestand auch darüber, dass das Finanzvolumen deutlich erhöht werden müsste, um ein professionelles BID-Management finanzieren zu können, da die bisherige ehrenamtliche Arbeit an deutliche Grenzen stoße. Angesichts der aufwändigen Vorbereitung und administrativen Abläufe bis zur Einrichtung wurde zudem eine Laufzeit von fünf Jahren angestrebt. Bei den inhaltlichen Vorüberlegungen einigte man sich u. a. darauf, die bisher vom WSB finanzierte und ausschließlich den Einzelhändlern zugute kommende Weihnachtsbeleuchtung[234] nunmehr aus Mitteln des BID zu finanzieren. In Bezug auf den Gebietszuschnitt stellte die Arbeitsgruppe „Formalien" im November 2007 eine „kleine", dem bisherigen Zuschnitt entsprechenden, und eine „große" Lösung unter Einbezug der Seitenstraßen vor. Aus den bisherigen thematischen Arbeitsgruppen wurde eine Gruppe gebildet, die einen Konzeptvorschlag für den Folge-BID erarbeiten sollte. Parallel dazu wurde von einer weiteren Gruppe ein Maßnahmen- und Finanzierungsplan entwickelt. Die erste Gruppe stellte in der folgenden Sitzung ein von der Handelskammer maßgeblich mit erarbeitetes Organigramm für den Folge-BID vor, das einigen der erkannten Mängel abhelfen sollte: So sollte nunmehr die Lenkungsgruppe zu Beginn von den Grundeigentümern gewählt und ein Lenkungsgruppenvorstand gebildet werden, der die Lenkungsgruppe vom operativen Tagesgeschäft entlasten sollte. Der Aufgabenträger sollte im Vorstand vertreten sein und über ein Vetorecht verfügen. Daneben wurde ein erster Entwurf eines Maßnahmen- und Finanzierungskonzepts vorgestellt.

Anfang Januar 2008 erfolgte schließlich eine Einigung über das neue, erweiterte BID-Gebiet, das weiter geprüft wurde (u. a. Gespräche mit den Eigentümern, Ermittlung der Einheitswerte). Ebenso konnte man Einigkeit über das mittlerweile mehrfach überarbeitete Maßnahmen- und Finanzierungskonzept mit einem deutlich erhöhten Budget für ein BID-Management (Arbeitszeit 6 Std. täglich) erzielen.

Im Februar 2008 wurde die bereits vorgestellte Organisationsstruktur sowie zwei Alternativmodelle diskutiert und nach längerer Diskussion Einigkeit über folgende Eckpunkte erzielt:

1. Die *Lenkungsgruppe* wird von den Grundeigentümern am Anfang des BID gewählt und setzt sich, wie bisher, aus einer Mehrheit von Grundeigentümern, Kaufleuten, Mitgliedern der Verwaltung sowie beratenden Mitgliedern zusammen.
2. Der für das Tagesgeschäft zuständige *Vorstand* besteht aus vier Personen, die aus dem Kreis der Lenkungsgruppe gewählt werden. Der Auf-

234 Die Finanzierung der Weihnachtsbeleuchtung war angesichts der Mitgliederstruktur des WSB immer ein Streitpunkt: Weder beteiligten sich alle Einzelhändler daran, noch konnten die übrigen Mitglieder aus der Wirtschaft ihren Nutzen daran erkennen. Dennoch konnte man sich im Rahmen des BID I nicht darauf einigen, dem BID diese Aufgabe zu übertragen.

gabenträger ist nicht im Vorstand vertreten. Der Vorstand wird von einem Vorstandsvorsitzenden vertreten.

3. Die *Arbeitsgruppen* werden nach Bedarf für einzelne Projekte ins Leben gerufen (die bisherigen Arbeitsgruppen werden aufgelöst)
4. Der *Aufgabenträger* wird von den Grundeigentümern beauftragt, das Maßnahmen- und Finanzierungskonzept umzusetzen. Dafür setzt er ein BID-Management ein.
5. Das *BID-Management* ist vom WSB per Besorgungsvertrag angestellt und unterliegt dessen Weisungen. Es setzt die Maßnahmen professionell um, erarbeitet Vorschläge und koordiniert ggf. externe Dienstleister.

Abb. 36: Organisationsstruktur im BID II (2008–2013)

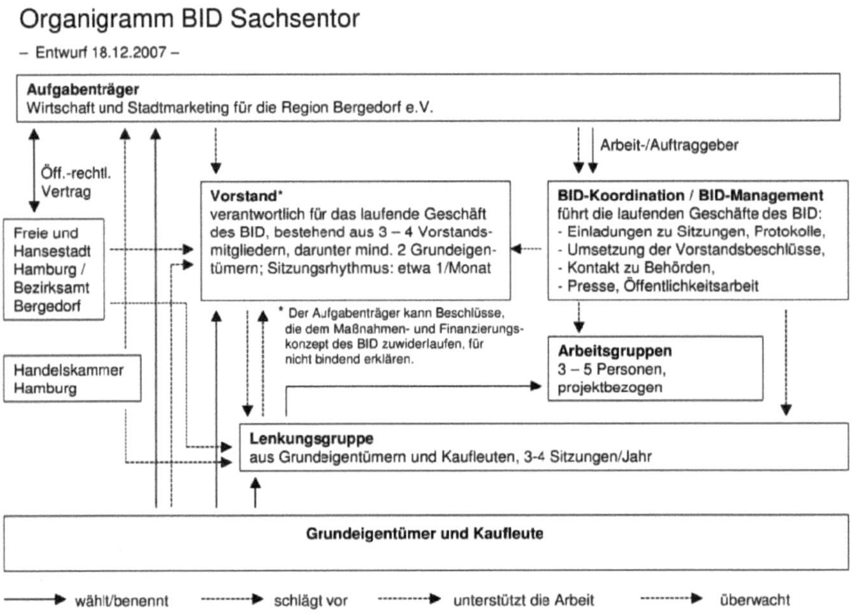

Unterlagen der Lenkungsgruppe

Im Mai 2008 lag schließlich die Auskunft über die vom Finanzamt berechnete Summe der Einheitswerte vor. Im Abgleich mit dem beschlossenen Budget im Umfang von ca. 1 Mio. ergab sich trotz der erweiterten Gebietskulisse jedoch ein Hebesatz, der einer Reihe von Grundeigentümern der Lenkungsgruppe nicht akzeptabel erschien. Man einigte sich darauf, dass die Eigentümer einen Vorschlag mit reduziertem Budget erarbeiten; dieser wurde am 29.05.2008 vorgelegt. Das vorgeschlagene Budget betrug nunmehr rund 600.000 €. In der gleichen Lenkungsgruppen-Sitzung wurde auch über den (zunächst) gescheiterten BID Lüneburger Straße (in Hamburg-Harburg, vgl. Abschnitt IV3.2) diskutiert; dessen hohe geplanten Kosten für das BID-Management galten als möglicher Grund für das Scheitern. Gleichzeitig wurde darauf hingewiesen, dass mit dem reduzierten BID-Budget eine Professionalisierung des Managements kaum möglich und weiterhin ehrenamtliche Arbeit notwendig sei. Schließlich einigte man sich darauf, die Erwartungen nicht zu hoch zu stecken und den Aufgabenkatalog des BID-Managements entsprechend dem eingeplanten Budget zu verkleinern sowie einige Maßnahmen, deren Umsetzung in den Händen des BID-Managements gelegen hätte (wie z.B. die Erarbeitung eines Gastronomie-Konzepts) ganz zu streichen.

Geplant war, in einer Grundeigentümerversammlung am 02.09.2008 die Eckpunkte des BID II vorzustellen und zu beschließen, um so die durch die bisherigen Verzögerungen nicht mehr zu verhindernde Lücke zwischen BID I und BID II möglichst kurz zu halten.

Im Juli 2008 wurden seitens des WSB erste personelle Überlegungen für den zukünftigen Vorstand geäußert und vorgeschlagen, diesen im Sinne effektiver Arbeitsabläufe auf zwei Personen zu begrenzen. Aufgrund der administrativen Abläufe und einer Reihe von BID-Anträgen, die in der Behörde noch auf Prüfung warteten, zeichnete sich bereits ab, dass ein Inkrafttreten des Folge-BIDs nicht vor Januar 2009 zu erwarten sein würde. Es mussten daher Vorkehrungen getroffen werden, um auch in der Zwischenzeit ohne BID (und ohne Budget) handlungsfähig zu bleiben.

Im Vorfeld der Grundeigentümerversammlung im September 2008 formierte sich jedoch bereits der Widerstand einiger nicht in der Lenkungsgruppe vertretenen Grundeigentümer. Kritikpunkt war neben dem höheren[235] Budget vor allem der hohe „Verwaltungskosten-Anteil des BID-2, der mit 241.000 Euro immerhin bei über 40 Prozent des Gesamtetats liegt" – Mittel, die nach Meinung der Kritiker lieber in „sichtbare Maßnahmen" investiert werden sollten. Die Gegner führten an, mehr als 30 der etwa 110 Eigentümer hinter sich zu haben. (Bergedorfer Zeitung vom 02.09.2008)

235 Geplant war eine Erhöhung auf 600.000 € über 5 Jahre, was im Vergleich zum vorherigen Budget eine jährliche Erhöhung um den Faktor 3 bedeutete. Die Belastung für den durchschnittlichen Grundeigentümer erhöhte sich ebenfalls ungefähr um den Faktor 3, da sich die Effekte von Kappungsgrenze und Gebietsvergrößerung sich in der Summe fast aufhoben.

Nach der Grundeigentümerversammlung wurden Gespräche mit den Wortführern der Kritiker mit dem Ziel geführt, eine breite Zustimmung für das BID II zu erreichen. Diese Gespräche führten schließlich zu einer Einigung mit nur geringfügigen Änderungen am vorgelegten Konzept. Ein auf der nächsten Lenkungsgruppensitzung gezogenes Fazit war, dass zu spät – und insbesondere erst nach Information der Presse – der Austausch mit den Grundeigentümern gesucht wurde. Der schon während der BID-Laufzeit bestehende Mangel an direktem Kontakt mit den Eigentümern „rächte" sich also an dieser Stelle. Im Ergebnis konnten zwar alle von der Notwendigkeit eines professionellen Managements überzeugt werden – dies bedurfte jedoch der Möglichkeit für die Grundeigentümer, die in der Lenkungsgruppe bereits breit diskutierten Überlegungen nachzuvollziehen. Wie diskussionsbedürftig dieses Thema war, zeigte sich daran, dass nach der Personalentscheidung für die BID-Managerin im Februar 2009 die Debatte erneut aufflammte (vgl. Bergedorfer Zeitung vom 11. und 12.02.2009).

Als Konsequenz aus diesen Vorgängen wurde ein Schreiben an die Grundeigentümer verfasst, in dem die sehr allgemein gehaltene Aufstellung des Maßnahmen- und Finanzierungskonzepts im Antragsentwurf mit weiteren Informationen über die geplante Umsetzung unterfüttert wurde. Dazu wurde der interne, deutlich detailliertere Entwurf des Konzepts verwendet. Des Weiteren kam es aus verschiedenen Gründen zu kleinen Änderungen am bisherigen Gebietszuschnitt.

In der Sitzung im September 2008 konstituierte sich auch die Lenkungsgruppe neu, die sich aus den bisherigen Mitgliedern – bereinigt um nicht mehr aktive Personen – zusammensetzt und nunmehr aus 13 Voll- und fünf kooptierten Mitgliedern besteht. Aus dem erweiterten Gebiet konnte allerdings kein Grundeigentümer für eine Mitarbeit gewonnen werden. Auf der gleichen Sitzung wurden die vorgeschlagenen zwei Vorstandsmitglieder gewählt. Für die Zwischenzeit ohne BID standen nun mehrere Aufgaben an: Zum einen war die Antragstellung weiter vorzubereiten und zum anderen waren die Restmaßnahmen aus dem BID I abzuwickeln (Beauftragung eines Sicherheitsdienstes, Großplakat historisches Sachsentor). Überlegungen für eine Vorfinanzierung etwaiger Maßnahmen in der Übergangszeit ohne BID scheiterten daran, dass die Banken nicht bereit waren, ohne rechtskräftigen BID Kredite zu gewähren.[236] Da der

236 Im Übrigen erschienen dem BID auch die verlangten Zinsen für eine Vorfinanzierung nach dem offiziellen Beginn und vor Eintreffen der ersten Gelder der BID-

Aufgabenträger eine Übernahme des Kreditausfallrisikos ablehnte, wurde beschlossen, sich wiederum mit ehrenamtlicher Arbeit zu behelfen.

Bedingt durch die aufgrund der Gespräche notwendig gewordenen Änderungen und die Gebietskorrekturen konnte der Antrag für das BID II schließlich erst am 17.11.2008 gestellt werden. Rechtskräftig wurde der Folge-BID nach Erlass der Rechtsverordnung am 24.06.2009.

Als Fazit aus dem geschilderten Prozess zur Neuerrichtung des BID lassen sich folgende Schlüsse ziehen:

- Generell gilt: Auch für die Neueinrichtung eines BIDs muss genügend Zeit eingeplant werden – die Erarbeitung der Eckpunkte (Maßnahmen, Budget, Laufzeit, Gebiet) und die Antragstellung selber erwiesen sich als extrem zeitaufwändig.
- Im gesamten Diskussionsprozess um die Fortsetzung des BID Sachsentor setzte sich die mangelnde Transparenz für die und das zu geringe Maß an Kontakt mit den nicht in der Lenkungsgruppe aktiven Grundeigentümern fort und manifestierte sich im Vorfeld der Vorstellung des geplanten Konzeptes auf der Grundeigentümerversammlung.
- Das „Drohpotenzial" mit der Verweigerung der Zustimmung, die vorhandenen Netzwerke unter Grundeigentümern und das strategische Denken (auf beiden Seiten), „große" Eigentümer bevorzugt einzubinden führte dazu, dass das Widerspruchsquorum in diesem Falle ein wirksames Mittel für die Kritiker war, sich gegen das Vorgeschlagene zur Wehr zu setzen.
- Zusammenfassend kann festgehalten werden, dass es kaum ein „zu viel" an Informationen geben kann und dass das persönliche Gespräch für die Vermittlung am besten geeignet ist.

4.6 Beteiligung der Grundeigentümer

Wie bereits im Abschnitt IV4.4.4 angedeutet, kann die Beteiligung der Grundeigentümer allenfalls als rudimentär bezeichnet werden und entspricht nicht demokratischen Grundsätzen. Zur genaueren Analyse der bestehenden und genutzten Beteiligungsmöglichkeiten werden verschiedene Phasen untersucht: Erstens der Gründungsprozess des BID Sachsentor,

Lenkungsgruppe zu hoch. Letztlich wurde aber ein Betrag für die Vorfinanzierung im Maßnahmen- und Finanzierungsplan vorgesehen.

zweitens die Laufzeit und schließlich der Prozess der Neueinrichtung. Zuletzt werden hier die diesbezüglichen Ergebnisse der Grundeigentümerbefragung vorgestellt.

4.6.1 Phase 1: Gründungsprozess

Insgesamt fanden drei Grundeigentümerversammlungen statt: Am 27.01.2004, auf der die Entscheidung fiel, ein BID zu gründen, und sich die Initiativgruppe bildete, am 22.02.2005 zur Abstimmung des Maßnahmen- und Finanzierungskonzeptes und während der Laufzeit am 03.04.2006, auf der die Ergebnisse der Marktforschung und das Standortprofil vorgestellt wurden. Eine echte Wahl der Mitglieder der Lenkungsgruppe hat dabei nie stattgefunden: Auf der ersten Versammlung fand sich die Initiativgruppe durch einfache Meldung der Interessierten, die jedoch nicht durch Wahl bestätigt wurden. Auf der zweiten Grundeigentümerversammlung am 22.02.2005 wurden Listen ausgelegt, in die sich Interessierte eintragen konnten. Die Lenkungsgruppe demonstrierte so ihre Offenheit für neue Mitstreiter, wurde aber auch hier nicht formal durch Wahl legitimiert.

Eine formale Legitimation des Lenkungsorgans wird im GSED allerdings auch nicht verlangt (vgl. IV3.1.1): Da ein BID keine eigene Rechtspersönlichkeit hat, sagt das GSED nichts über die innere Struktur aus; die Gewährleistung einer angemessenen Beteiligung der Grundeigentümer und Gewerbetreibenden (§6 (1) GSED) beispielsweise durch das Einsetzen einer Lenkungsgruppe ist ebenso wie der Aufbau einer sinnvollen Organisationsstruktur jeder BID-Initiative selbst überlassen.

4.6.2 Phase 2: Laufzeit

Die Verbindung zwischen Lenkungsgruppe und Grundeigentümern im BID Sachsentor war daher eher schwach ausgeprägt. Eine effektive Kontrolle der Arbeit der Lenkungsgruppe (und somit auch der Mittelverwendung) durch die Grundeigentümer ist faktisch kaum möglich. Information und Einbindung erfolgt allenfalls über persönliche Netzwerke.[237] Über das laufende Geschäft wurden die Grundeigentümer nur über die Informationsschreiben informiert. Diese Info-Briefe enthielten die wesentlichen Informationen des Jahresberichtes in kompakter Form. Die Jahresberichte

237 Den Lenkungsgruppenmitgliedern dürfen aufgrund des Datenschutzes die Kontaktdaten der Grundeigentümer im BID nicht bekannt gegeben werden (vgl. LG-Prot. vom 16.10.2007).

wurden nicht verschickt, waren aber auf der Homepage verfügbar – allerdings fehlte ein entsprechender Hinweis im Info-Brief. Das Informationsschreiben wurde mit dem Ziel formuliert, die Informationen lesbarer zu gestalten, da befürchtet würde, dass die Eigentümer den Brief sonst nicht lesen würden. Somit enthielten diese nicht alle Informationen – hier beispielhaft am zweiten Informationsschreiben (Grundeigentümer-Info Nr. 02/06) dargestellt: So wurde im Info-Brief zwar eine Zwischenbilanz über die getätigten Ausgaben gegeben, allerdings nicht in Gegenüberstellung Soll-Ist wie im Jahresbericht. Ebensowenig ging der Info-Brief auf die im Jahresbericht dargestellte Organisationsstruktur ein.

Theoretisch könnten die Eigentümer Sitzungen der Lenkungsgruppe besuchen – diese stehen Gästen offen. Oder sie könnten sich entschließen, selbst Mitglied der Lenkungsgruppe zu werden; dies war bei einem Grundeigentümer während der Laufzeit auch der Fall. Dieser Grundeigentümer hat gewissermaßen als „Mitglied der zweiten Generation" im Laufe der Zeit eine sehr aktive Rolle gespielt und hat im BID II einen der beiden Vorstandspositionen übernommen. Nach eigener Aussage wusste er zunächst nichts über die Existenz der Lenkungsgruppe und wurde erst aufgrund einer persönlichen Einladung zu einem Stammtisch aktiv (Hans-Jürgen Bausewein, Interview 20.07.2010).

Die Transparenz der Tätigkeit der Lenkungsgruppe war somit über Informationsschreiben und Jahresberichte einigermaßen gegeben; eine Kontrolle der Tätigkeit durch die nicht eingebundenen Grundeigentümer dagegeben eher schwierig, zumal sie im gewählten Organisationsmodell über keinerlei Sanktionsmöglichkeiten verfügen.

Andererseits muss auch erwähnt werden, dass das Interesse der Grundeigentümer an einer aktiven Beteiligung eher schwach ausgeprägt war: So wurde die einzige Grundeigentümerversammlung, die während der Laufzeit stattfand, nur von ca. einem Fünftel aller Eigentümer besucht und auch die Stammtische fanden kaum Resonanz (vgl. Abschnitt IV4.4.3 Arbeitskreis Kommunikation und Aktivitäten der Lenkungsgruppe in den Bereichen Kommunikation und Zusammenarbeit mit anderen Akteuren).

4.6.3 Phase 3: Neugründung

Dass die Grundeigentümer jedoch durchaus Anteil an der Entwicklung des BID nahmen, zeigte sich im Vorfeld der Neuauflage des BID. Die Lenkungsgruppe hatte einen Maßnahmen- und Finanzierungsplan vorbereitet, der eine Summe von knapp 1 Mio. € über fünf Jahre inklusive eines mit einer Arbeitszeit von 6 Std. täglich ausgestatteten BID-Managements vorsah. Im Vergleich zum BID-1 hätte dies pro Jahr und somit auch für jeden Einzelnen eine Beitragssteigerung um das Vierfache bedeutet. Eine derartige Steigerung schien jedoch den in der Lenkungsgruppe vertretenen Grundeigentümern nicht vertretbar zu sein – unabhängig von den Inhalten, die sie prinzipiell gut hießen – und sie verständigten sich in einer internen Sitzung im Mai 2008 auf eine Deckelung des Gesamt-Etats bei 600.000 €.

Doch auch dieser geplante Angriff auf den Geldbeutel wurde von den Grundeigentümern mit wenig Wohlwollen quittiert und sie reagierten umgehend (vgl. auch den Abschnitt IV4.5). Der intern, aber auch öffentlich über das Medium Bergedorfer Zeitung geäßerte Unmut führte dazu, dass sich der Neugründungsprozess erheblich verzögerte, da zunächst das Gespräch mit den Kritiktern gesucht werden musste. Schließlich konnte durch ausführliche Erläuterung des Konzepts und die Übernahme einiger kleinerer Änderungen fast Einigkeit über den neuen Maßnahmenplan erzielt werden.

Dieser Prozess zeigt zweierlei: Zum einen waren die nicht in der Lenkungsgruppe vertretetenen Grundeigentümer unzureichend in den Prozess der Neugründung eingebunden. Hier kamen die Strukturdefizite deutlich zum Tragen. Zum anderen aber zeigt er auch, welch mächtige Position die Grundeigentümer durch das Negativquorum haben: Allein die Androhung, sich während der Auslegungsfrist gegen eine Neuauflage auszusprechen, hat bewirkt, dass ihre Stimme gehört und ihre Bedenken in einem informellen Verfahren berücksichtigt wurden. Auch diese Art der Beteiligung gehorchte nicht streng demokratischen Regeln, war aber insofern effektiv, als das Negativquorum bei der Abstimmung nach Köpfen nur bei 11,875% und somit zwar höher als bei der ersten BID-Abstimmung, aber immer noch deutlich unter der Zwei-Drittel-Grenze lag.

4.6.4 *Einschlägige Ergebnisse der Grundeigentümerbefragung*

Um die Wahrnehmung der Beteiligungsmöglichkeiten seitens der Grundeigentümer im BID zu erfahren, führte die Autorin zwischen Dezember 2007 und Januar 2008 eine schriftliche Befragung aller Grundeigentümer durch. Es wurden 118 Fragebögen[238] verschickt; der Rücklauf betrug mit 45 ausgefüllten Fragebögen somit 38,1%. Allerdings wurden nicht immer alle Fragen beantwortet. Das Hauptziel der Befragung war, Partizipationswunsch und -

238 Die Zahl entspricht nicht genau der Zahl der Grundeigentümer, da Ehepartner und Erbengemeinschaften nur einen Fragebogen bekamen.

bereitschaft der Grundeigentümer, ihre Beurteilung der Transparenz der Struktur und Entscheidungen sowie der Qualität der Informationen zu erfahren. Weitere Fragen galten dem Interesse an einer weitergehenden Vernetzung mit anderen Akteuren, den Motiven der Grundeigentümer sowie der Einschätzung des Erfolgs. Einige Fragen dienten zusätzlich dem Zweck, der BID-Lenkungsgruppe Hinweise für die Neuauflage des BID zu geben, wie z.B. die Beurteilung des Erfolges des BID und die gewünschte Prioritätensetzung für die zukünftigen Maßnahmen. Die entsprechenden Antworten werden thematisch differenziert in diesem Abschnitt sowie den Abschnitten „Zusammenarbeit mit anderen Organisationen und Institutionen", „Beweggründe der Grundeigentümer" und „Bewertung des Erfolgs des BID seitens der Grundeigentümer" dargestellt. Den Abschluss bildeten einige statistische Fragen. Der vollständige Fragebogen befindet sich im Anhang 6.

Die Verständlichkeit des Fragebogens wurde zunächst getestet. Dennoch zeigte sich ein Problem mit einer zu komplex formulierten Frage erst bei der Auswertung.[239] Diese Frage steht allerdings nicht in direktem Zusammenhang mit dem prioritär formulierten Forschungsinteresse.

Ein zweites, nicht lösbares Problem bestand darin, dass im Bezug auf die im statistischen Teil erhobenen Daten die entsprechenden Angaben für die Grundgesamtheit nur im Falle des Wohnortes bekannt waren, und daher nicht beurteilt werden kann, inwieweit die erhobenen Antworten als repräsentativ angesehen werden können. Zudem wurde es versäumt, eine Frage zur Identifikation der Lenkungsgruppenmitglieder zu stellen. Die Zugehörigkeit zur Lenkungsgruppe ging allerdings aus einigen Antworten eindeutig hervor; die Ergebnisse konnten daher zum Teil entsprechend korrigiert werden. Diese Einschränkungen sind also bei der Interpretation der Ergebnisse zu beachten.

Entsprechend der hier formulierten Zielsetzung des Fragebogens werden im Folgenden nur die Antworten zu den entsprechenden Fragen[240] ausgewertet. Die vollständige Auswertung befindet sich im Anhang 7.

Von 41 Antwortenden waren elf Eigentümer und Gewerbetreibender/Selbständiger im BID-Gebiet, vier bewohnten ihre Immobilie und 28 waren

239 Die Frage 14 („Geben Sie die BID-Abgabe an Ihre Mieter weiter oder haben Sie dies geplant?") wies zu viele Verzweigungen auf (gewerblich/privat; gebe weiter ja/nein; würde gern weitergeben, kann aber nicht ja/nein) und wurde daher von etlichen Antwortenden missverstanden und nicht vollständig ausgefüllt.

240 Also 1., 3. sowie 6.-11.

„nur" Grundeigentümer[241]. 19 verwalteten ihre Immobilie selbst, 16 hatten die Verwaltung abgegeben und fünf waren Immobilienverwalter (45 Antworten). 21 waren Einzeleigentümer der fraglichen Immobilie, 20 gehörten zu einer Eigentümergemeinschaft (von 45 Antwortenden). Von 44 Antwortenden war einer zwischen 26 und 40 Jahren, 18 zwischen 41 und 55, 16 zwischen 56 und 70 und neun über 70 Jahre alt (fehlende Antworten jeweils keine Angabe). 18 waren in Bergedorf ansässig, fünf in Hamburg und 21 außerhalb Hamburgs[242] (45 Antworten), d.h. von den Befragten waren 51%, von der Grundgesamtheit 62% in Bergedorf oder Hamburg ansässig. In Bezug auf dieses Kriterium waren also bei der Befragung die in Hamburg Ansässigen leicht unterrepräsentiert.

Mit der ersten Frage wurde geklärt, auf welchen Wegen die Grundeigentümer über die bevorstehende Einrichtung des BID erfahren hatten.

Die Antworten auf die Frage zeigen die große Bedeutung der persönlichen Ansprache und die geringe Bedeutung des Informationsschreibens zur öffentlichen Auslegung. Auffällig ist dabei die geringe Zahl der durch den Grundeigentümerverein Informierten.

Abb. 37: Information der Grundeigentümer vor Einrichtung des BID

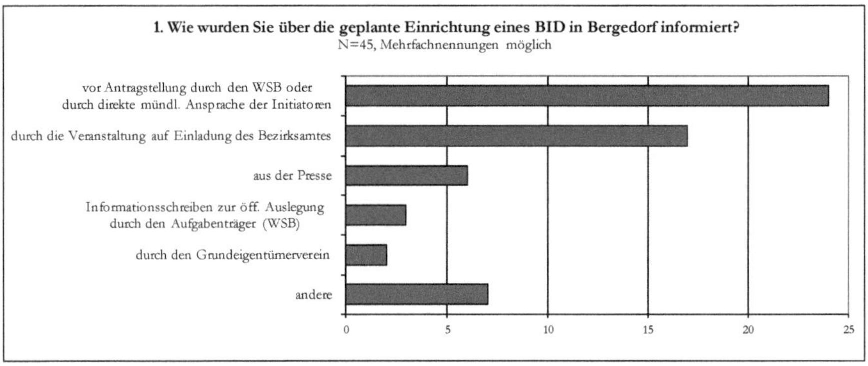

241 Die Differenz ergibt sich daraus, dass zwei Personen zwei Antworten angekreuzt hatten und offensichtlich neben Grundeigentümer auch Gewerbetreibender und Bewohner sind.

242 Allerdings muss hier einschränkend hinzugefügt werden, dass mit der Antwort „außerhalb Hamburgs" auch die unmittelbar an Bergedorf angrenzenden Gemeinden erfasst wurden. Der Anteil dieser Eigentümer an der Grundgesamtheit beträgt immerhin 19%.

Neben der Tatsache der Vermittlung ist auch die Qualität der vermittelten Informationen von Bedeutung:

Abb. 38: Qualität der Informationen zur BID-Gründung

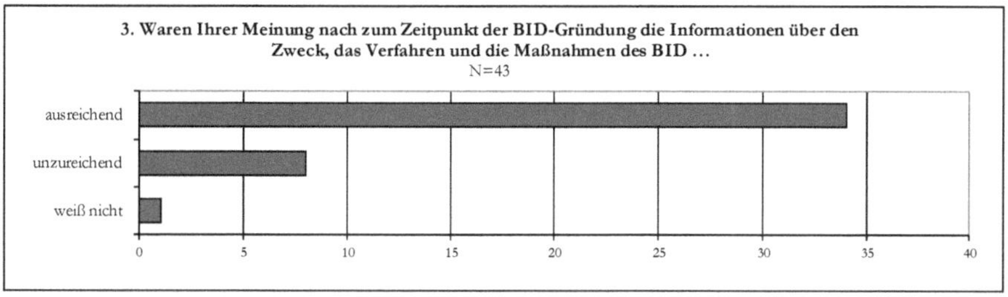

Die Antworten auf diese Frage zeigen, dass die Qualität der vorrangig über persönliche Netzwerke übermittelten Informationen von der weit überwiegenden Zahl der Antwortenden (fast 80%) als gut beurteilt wurde. Nimmt man die Lenkungsgruppenmitglieder aus den Antworten aus, verschiebt sich das Ergebnis sogar noch leicht zu Gunsten der Zufriedenen: ausreichend 31 (81,6%), unzureichend 8 (21,1%), weiß nicht 1 (N=38).

Die folgende Frage zielte mehr auf die Aktivitäten der Arbeitsgruppe Kommunikation und die Transparenz über die laufende Arbeit. Als sehr gut, gut oder befriedigend bezeichneten 93,3% der Antwortenden den Informationsstand und nur 6,7% fanden ihn schlecht oder sehr schlecht.

Abb. 39: Aktuelle Zufriedenheit mit dem Informationsstand

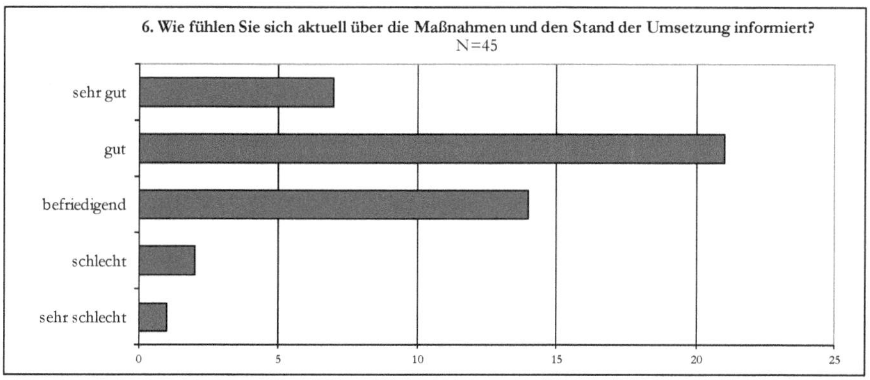

Mit der folgenden Frage wurde ermittelt, inwieweit die von der Arbeitsgruppe gewählten Medien den gewünschten Erfolg zeitigten. Etwas anders als vor Beginn des BID stellte sich die Informationsvermittlung während der Laufzeit dar. Hier spielten die Informationsschreiben der Lenkungsgruppe mit knapp mehr als der Hälfte der Antworten (51,8%) die wichtigste Rolle. Die Lokalzeitung folgte mit etwa einem Viertel (23,2%), dabei spiegelt sich die recht umfangreiche Berichterstattung über den BID wider. Persönliche Gespräche mit anderen Grundeigentümern, die Homepage und die Informa tionsveranstaltung spielten mit 8,9% respektive 7,1% nur eine eher untergeordnete Rolle.

Abb. 40: Medien der Informationsvermittlung

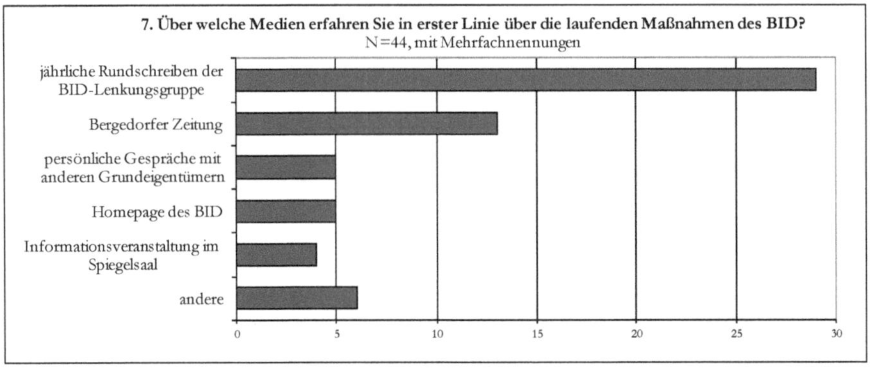

Ob die bestehenden Informationsangebote als ausreichend betrachtet werden, wurde mit der folgenden Frage ermittelt.

Abb. 41: Fehlende Informationsangebote

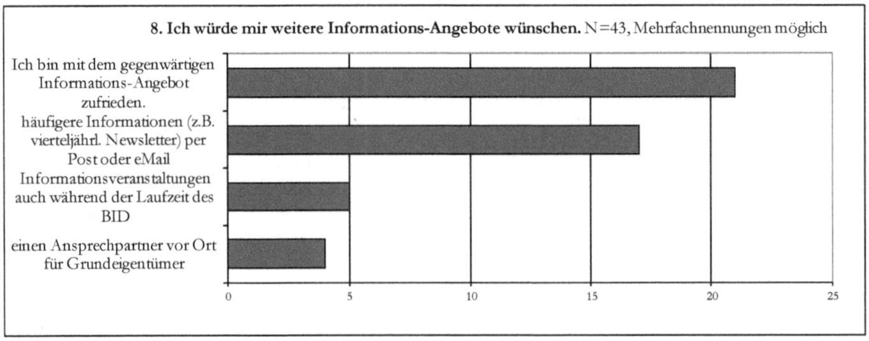

Die Antworten auf diese Frage förderten einen nur mäßigen Grad der Zufriedenheit mit den vom BID angebotenen Informationswegen zutage:

Etwas weniger als die Hälfte (44,7%) wünschte sich kein zusätzliches Angebot. Eine höhere Frequenz bei den Informationsschreiben wünschte sich allerdings etwas mehr als ein Drittel der Antwortenden (36,2%). Zusätzliche Informationsveranstaltungen oder ein Ansprechpartner vor Ort wurde dagegen nur von 10,6 bzw.8,5% der Antwortenden gewünscht. Dies zeigt, dass die Bereitschaft, selber aktiv Informationen einzuholen, als eher gering einzuschätzen ist.

Abb. 42: Einschätzung der Einflussmöglichkeiten I

9. Hätten Sie gerne mehr Einfluss auf die laufende Umsetzung der BID-Maßnahmen? N=44

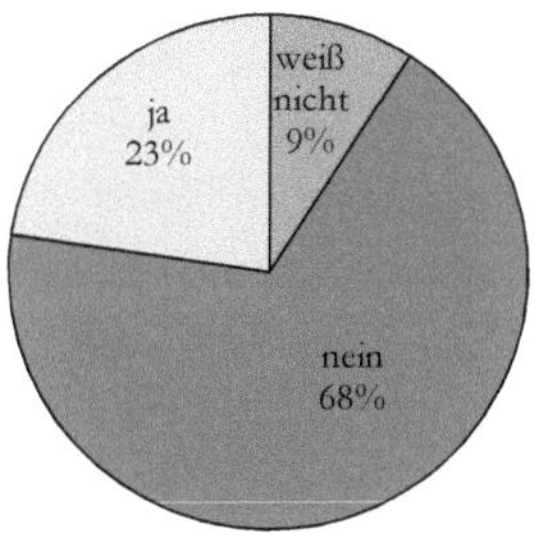

Die Fragen 9 und 10 sollten klären, wie die Befragten ihre Einflussmöglichkeiten beurteilen. Bei den Antworten zu Frage 9 zeigte sich ein hoher Grad an Zufriedenheit der Antwortenden mit den bestehenden Einflussmöglichkeiten; allerdings wünschte sich auch fast ein Viertel der Antwortenden mehr Einfluss auf die laufende Umsetzung der BID-Maßnahmen.

Die Antwort auf Frage 10 spiegelt die Antworten auf Frage 9 und ist somit ein Indikator für die Validität der Ergebnisse. Allerdings zeigte sich, dass die bei Frage 9 Unentschiedenen hier eher zu der Aussage tendierten, sie könnten nicht genug Einfluss nehmen; der entsprechende Anteil lag entsprechend bei fast einem Drittel.

Abb. 43: Einschätzung der Einflussmöglichkeiten II

10. Sind Sie der Meinung, dass Sie Ihre Ideen und Anliegen in die Umsetzung einbringen können? N=42

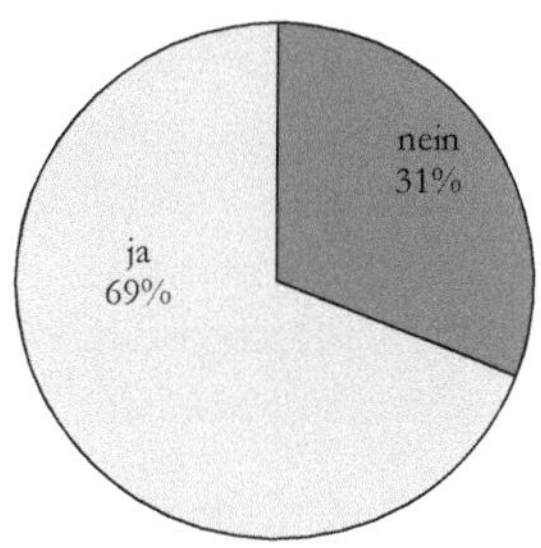

Bei der Spezifizierung der fehlenden Einflussmöglichkeiten kreuzten jeweils vier Personen die vorgeschlagenen Antworten „mir fehlt ein Ansprechpartner", „Ich weiß nicht, welche Möglichkeiten der Mitarbeit bestehen" und „Ich finde, die Mitglieder der Lenkungsgruppe müssten regelmäßig (oder zumindest zu Beginn des BID) gewählt werden und über ihre Tätigkeit Rechenschaft ablegen" an. Weitere vier gaben eigene Begründungen: „das BID meine Interessen nicht vertritt", „nicht vor Ort", „Ich kein Interesse an BID habe" und „umfassende Professionalität gefordert".

Während die erstgenannten Antworten in Richtung mehr gewünschte Transparenz deuten, sind drei der letztgenannten auf Ablehnung des BID oder fehlende Präsenz zurückzuführen. Die Antworten zu diesen beiden Fragen zeigten also, dass – auch wenn die Transparenz der Aktivitäten der Lenkungsgruppe als befriedigend beurteilt wurde – den recht hohen Bedarf an eigenen, nicht vorhandenen Einflussmöglichkeiten.

Auf die Transparenz der Struktur zielte Frage 11 („Kennen Sie die Struktur des BID und die Arbeitsweise der Lenkungsgremien?"). 60% und damit die Mehrheit der 43 Antwortenden gab an, die Struktur des BID und die Arbeitsweise der Lenkungsgremien zu kennen, 40% dagegen nicht. Nimmt man die Antworten der Lenkungsgruppenmitglieder heraus, nimmt der Anteil derjenigen zu, die die Struktur nicht kennen (44,7% nein vs. 55,3% ja). Dieses Ergebnis liefert eine Erklärung für die Antwort auf die vorhergehenden Fragen: Bei Unkenntnis der Strukturen kann man seine Anliegen auch nicht effektiv einbringen. Angesichts der übersichtlichen Struktur der BID-Lenkungsgremien ist dieses Ergebnis wohl eher auf mangelhafte Kommunikation des Themas zurückzuführen.

Die Befragungsergebnisse lassen sich wie folgt zusammenfassen:

- Ein große Mehrheit der Antwortenden empfand die Transparenz der BID-Aktivitäten als ausreichend.
- In den Antworten bildet sich die große Bedeutung persönlicher Ansprache ab und die geringe Beachtung schriftlicher Informationsmaterialien. Dennoch wird ein persönlicher Ansprechpartner nur von wenigen Grundeigentümern gewünscht.
- Die Beteiligungsmöglichkeiten wurden von der Mehrheit der Antwortenden als ausreichend empfunden; fast 70% zeigt kein Bedürfnis an mehr Mitwirkung.
- Die Strukturen des BID waren nur etwas mehr als der Hälfte der Antwortenden bekannt.

Angesichts des geschilderten Mangels an demokratisch legitimierten und transparenten Verfahren zur Wahl der Lenkungsgruppenmitglieder sind die Befragungsergebnisse überraschend: Die Beteiligungsmöglichkeiten wurden mehrheitlich positiv beurteilt. Auch wurden die von der Arbeitsgruppe Kommunikation versandten Informationen über die Aktivitäten des BID offensichtlich als ausreichend empfunden. Als nicht zufrieden stellend sind dagegen die Kenntnisse über die Organisationsstruktur zu beurteilen, und immerhin knapp ein Drittel ist der Meinung, ihre Ideen und Anliegen nicht einbringen zu können. Hier besteht Verbesserungspotenzial.

4.6.5 Zwischenfazit

Legt man an die Beteiligungsmöglichkeiten der Grundeigentümer im BID Sachsentor strenge demokratische Kriterien an, können diese nur als äußerst unzureichend beurteilt werden. Weder wurden die Lenkungsgruppenmitglieder von allen Eigentümern gewählt, noch gab es Sanktionsmöglichkeiten im Sinne einer Abwahl eines Mitglieds. Die Eigentümer verfügen auch kaum über Kontrollmöglichkeiten gegenüber der Lenkungsgruppe bzw. können diese nur mit hohem personellem Einsatz (Teilnahme an den Sitzungen) nutzen. So wurde etwa der Zwischenstand der getätigten Ausgaben nur auf den Sitzungen verteilt, erläutert und besprochen, aber nicht allen Eigentümern zur Verfügung gestellt. Immerhin wurden die Eigentümer über den Versand von Informationsschreiben und Jahresberichten informiert. Die Organisationsstruktur selbst ist äußerst intransparent und vielen Eigentümern nicht bekannt.

Viele Eigentümer scheinen jedoch diese – an theoretischen Massstäben gemessenen – Defizite nicht zu stören. Viele sind jedoch auch gar nicht bereit, sich aktiv in den Prozess einzubringen.[243] Interessierte Grundeigentümer, die vor Ort leben, sind meist in der Lage, sich über informelle persönliche Netzwerke zu informieren und punktuell einzubringen – wie das Fallbeispiel an mehreren Stellen zeigt, ist dies im Übrigen eine der effektivsten Kommunikationsmethoden.

Einige der gravierenderen Defizite wurden jedoch durch das neue Organisationsmodell des BID II bereinigt. So wurden insbesondere die Kontrollmöglichkeiten verbessert, da die Durchführung der Maßnahmen nunmehr beim BID-Management und nicht mehr bei der Lenkungsgruppe als Ganzes liegt. Die seltener tagende Lenkungsgruppe hat nun bessere Möglichkeiten, die Maßnahmenausführung zu überwachen.

243 Eine Erkenntnis übrigens, die sich mit den Befunden aus den in den USA geführten Interviews deckt. Etliche der BID-Manager beklagten den hohen Aufwand, der mit dem Versand der Einladung zu der jährlichen Vollversammlung sowie den Wahlen verbunden ist und sprachen sich für „pragmatische" Lösungen aus: So z.B. die Vorab-Einigung auf neue Lenkungsgruppen-Mitglieder („board picks board-members") oder die Beschränkung der Einladung auf „registrierte" Mitglieder.

4.7 *Erfolge und Erfahrungen des BID I Sachsentor*

In diesem Abschnitt werden zum Einen die Beweggründe der Grundeigentümer sowie deren Einschätzung des Erfolges des BID, die in der Grundeigentümerbefragung abgefragt wurden, dargestellt und zum Anderen die Erfahrungen des BID I mit der Maßnahmenumsetzung und seiner Organisationsstruktur bewertet.

4.7.1 *Beweggründe der Grundeigentümer*

Den Beweggründen der Grundeigentümer für ihre damalige Zustimmung zur Einrichtung des BID Sachsentor galt die folgende Frage:

Abb. 44: Beweggründe der Grundeigentümer für ihre Zustimmung zum BID

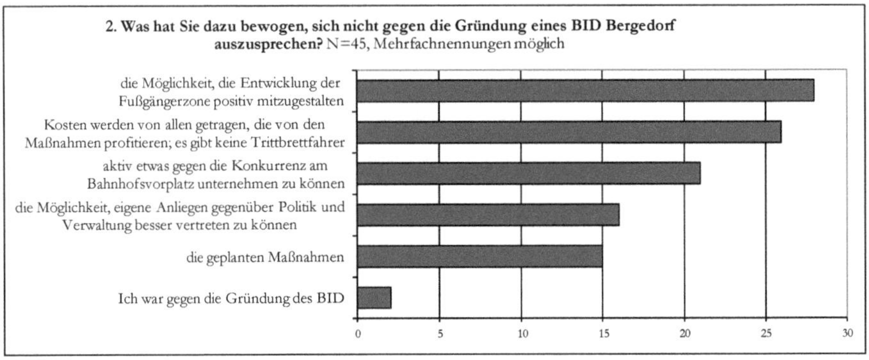

Von 45 Antwortenden sprachen sich zwei konsequent im ganzen Fragebogen gegen den BID aus (Frage 2 sowie einzelne Antworten zu anderen Fragen). Die übrigen Antworten spiegeln die Gründe, die auch für die Initiativgruppe ausschlaggebend waren: Große Zustimmung seitens jeweils rund einem Viertel der Antwortenden fand die Aussage, die künftige Entwicklung aktiv mitgestalten zu können (25,9%), ebenso wie die gerechte Verteilung der Kosten (Lösung des Trittbrettfahrerproblems) (24,1%). Die Reaktionsmöglichkeit auf die drohende Konkurrenz am Bahnhofsvorplatz war für 19,4% der Antwortenden ein wichtiger Grund, eine effektive Interessenvertretung gegenüber der Politik für 14,8% und (nur) 13,9% fanden das Maßnahmenpaket überzeugend.[244]

244 Da mehrere Antworten angekreuzt werden konnten, ergibt die Summe mehr als 100%.

Die Haltung der Grundeigentümer zum Modell BID wurde mit der folgenden Frage ermittelt:

Abb. 45: Haltung der Grundeigentümer zum Modell BID

12	Inwieweit stimmen Sie folgenden Aussagen zu: (bitte in jeder Zeile ein Kreuz)	Stimme voll zu	Stimme weitgehend zu	Stimme eher nicht zu	Stimme nicht zu	weiß nicht	keine Antwort
a	Ich bin nur bereit, die BID-Abgabe zu zahlen, wenn diese unmittelbar den Grundeigentümerinteressen zu Gute kommt.	20	16	4	4	0	1
b	Ich finde es gut, dass beim BID Private direkt und ohne staatliche Einflussnahme Dinge bewegen können.	21	19	0	2	2	1
c	Die finanzielle Belastung des BID sollte auf mehr Schultern verteilt werden – also z.B. auch auf die Einzelhändler.	15	12	7	7	2	2
e	Die Stadt Hamburg sollte nicht nur bei der Einrichtung, sondern auch bei der Umsetzung des BID mitentscheiden.	3	4	10	23	2	2
f	Ich glaube, dass ein freiwilliger Zusammenschluss effektiver und erfolgreicher arbeiten kann als ein BID.	5	3	15	13	8	1
h	Ich bin auch bereit, einen höheren Beitrag zu zahlen, wenn ein überzeugendes Konzept vorliegt.	11	15	4	10	4	1

Anm.: Die Antwort 12.d) ist in Abschnitt IV4.4.5, die Antwort 12.g) im folgenden Abschnitt berücksichtigt.

Aus den Antworten auf die Fragen lassen sich folgende Schlüsse ziehen:

1. Die BID-Abgabe wird als Investition interpretiert, die den Grundeigentümerinteressen entsprechend eingesetzt werden sollte (a). Die Bereitschaft mehr zu zahlen liegt grundsätzlich vor, wenn das entsprechende Konzept überzeugend ist (h).
2. Die Möglichkeit, unabhängig von staatlicher Einflussnahme (b) und Kontrolle (e) agieren zu können, wird hoch geschätzt.
3. Der Zwangsmechanismus des BID wird freiwilligen Zusammenschlüssen vorgezogen, da Trittbrettfahrertum verhindert wird (f).
4. Eine finanzielle Mitverantwortung des Einzelhandels für die BID-Maßnahmen wird mehrheitlich befürwortet (c).

4.7.2 Bewertung des Erfolgs des BID seitens der Grundeigentümer

Da die Befragung zum Jahreswechsel 2007/08 und somit ein halbes Jahr vor Ende des ersten BIDs durchgeführt wurde, können die Antworten auf die Frage nach der Einschätzung des Erfolgs bereits als vorläufige Bewertung interprtiert werden. Die Antworten auf die Frage nach dem Erfolg zeigt die folgende Abbildung:

Abb. 46: Einschätzung des Erfolgs des BID Sachsentor seitens der Grundeigentümer

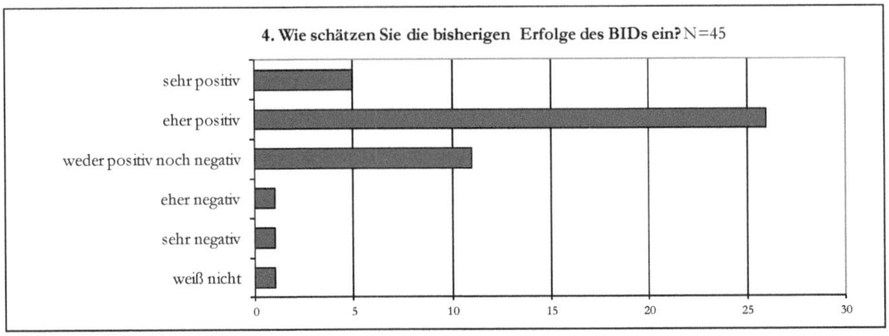

Erstaunlich ist der hohe Grad an Antworten, die die Erfolge als sehr oder eher positiv einschätzen, insgesamt 68,9%. Neutral sind knapp ein Viertel (24,4%) und negativ 0,4%, wobei die beiden Antworten denjenigen entsprechen, die gegen die Einrichtung des BID waren. Das heißt zum einen, dass die Gegner nicht überzeugt werden konnten, aber auch, dass die überwiegende Mehrheit den BID jedoch als erfolgreich einschätzt.

Einen weiteren Hinweis auf die Beurteilung des Erfolgs des BID liefert die Antwort g auf Frage 12 „Ich finde, dass mein BID-Beitrag in keinem Verhältnis zum Nutzen des BID steht.“ Von 44 Antwortenden stimmten dieser Aussage nur zehn voll (4) oder weitgehend (6) zu, 27 stimmten eher (13) oder nicht (14) zu[245] – mit 61,4% eine deutliche Mehrheit. Die BID-Abgabe wird also als effiziente und angemessene Ausgabe gewertet.

Um zu präzisieren, was die Grundeigentümer unter „Erfolg“ verstehen, wurde die folgende Frage gestellt; einige Antworten waren vorgegeben, es waren aber auch freie Formulierungen möglich.

245 „Weiß nicht“ fünf, keine Antwort zwei.

Abb. 47: Erfolgskriterien für den BID Bergedorf

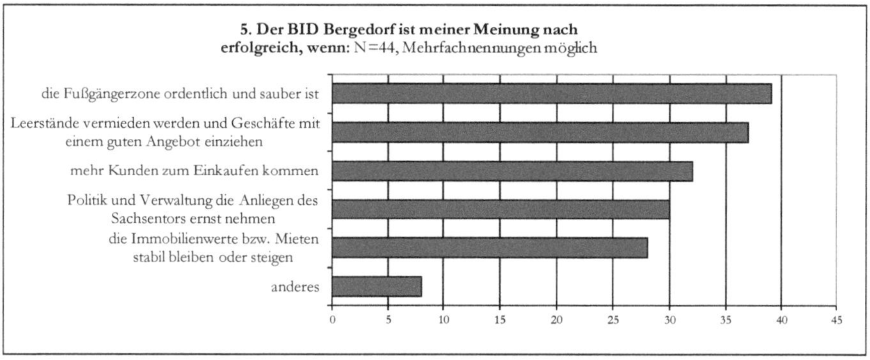

Unter „anderes" wurden folgende freie Antworten formuliert:

- aktive Beteiligung der Grundeigentümer
- wenn Bürger den Wert ihrer Stadt achten
- wenn ihnen was anderes einfällt als einen roten Teppich auszulegen
- weiterhin hauptsächlich Persönlichkeiten - ehrenamtlich - aus dem direkten Umfeld sich für die Arbeit im BID zur Verfügung stellen
- Die Stadt weiterhin ihrer Verantwortung als Gemeinde gerecht wird, und Infrastrukturen aus Steuermitteln erhält
- Koordination mit anderen Standortgemeinschaften
- es gelingt fehlende Sortimente wieder in die Stadt zu bringen

Auffällig ist, dass die Antwort „die Immobilienwerte bzw. Mieten stabil bleiben oder steigen" erst an fünfter Stelle liegt, während Sauberkeit, Branchenmix, Erhöhung der Kundenfrequenz und erfolgreiche Lobbyarbeit bei Politik und Verwaltung höher gewichtet werden. Dieser Befund kann in zwei Richtungen interpretiert werden: Entweder wird ein BID nicht als wirksame Maßnahme für die Stabilisierung bzw. Steigerung der Immobilienwerte angesehen oder die Eigentümer gewichten dieses finanzielle Eigeninteresse im Vergleich zu anderem nicht so hoch.[246]

246 Dieser Befund steht im Gegensatz zur Aussage eines Initiativgruppen-Mitglieds, das die Gründung des BID als wirksames Mittel gegen den drohenden Wertverlust der Immobilien sah, vgl. Abschnitt IV4.3.3.

Abb. 48: Gewünschte Prioritäten für den Folge-BID

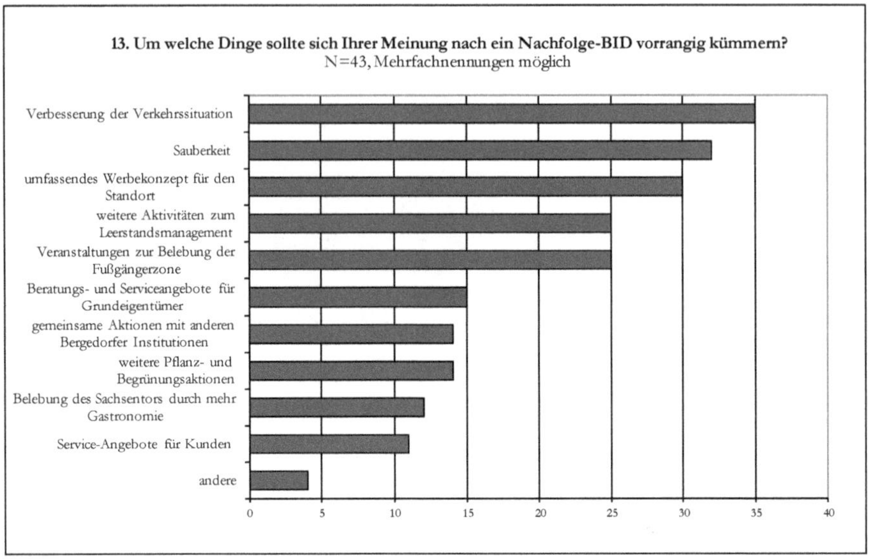

Im Fragebogen wurde nicht explizit nach der Einschätzung einzelner Maßnahmen gefragt; es wurde jedoch gefragt, welche Maßnahmen im Folge-BID prioritär verfolgt werden sollten. Auch wenn die Intention der Frage eine andere war, lassen sich aus den Antworten auch Schlussfolgerungen in Bezug auf die bisherigen Maßnahmen ableiten, auch wenn nicht alle Maßnahmen in den Antwortenkatalog aufgenommen wurden. Die hohe Priorität, die den Maßnahmen Sauberkeit (an zweiter Stelle), Werbekonzept (an dritter Stelle) und Leerstandsmanagement (an vierter Stelle) für ein Folge-BID eingeräumt wurde, lässt darauf schließen, dass diese Maßnahmen auch im BID I positiv beurteilt wurden.

4.7.3 Zwischenfazit: Erfolge und Erfahrungen des BID Sachsentor in Bezug auf Maßnahmenumsetzung und Organisationsstruktur

Als erster BID Deutschlands musste der BID Sachsentor naturgemäß „Lehrgeld“ zahlen. Schon vor der Einrichtung wurde dieser Tatsache dadurch Rechnung getragen, dass nur ein geringes Budget veranschlagt und eine kurze Laufzeit von drei Jahren gewählt wurde – falls sich das Modell als erfolgreich erweisen sollte, könnte der Folge-BID besser vorbereitet und ausgestattet loslegen. Dank dieser Entscheidung waren die Initiatoren als erste am Start. Die Auseinandersetzungen um den Folge-BID, die vor allem ab Herbst 2008 sehr viel Zeit in Anspruch nahmen und die Maßnahmenumsetzung des laufenden BIDs beeinträchtigten, zeigen aber, dass die Diskussion und Entscheidungsfindung über den zukünftigen Weg eben nur aufgeschoben, nicht aber gelöst war. In diesem Prozess traten auch die Mängel in der Organisationsstruktur offen zutage: Zum einen fehlte es an einer klaren Führung – die Lenkungsgruppe war eher ein Kollektivorgan, der mit 20 Stunden im Monat ausgestatten BID-Koordination war nur eine administrative Rolle zugedacht und es fehlte an einer effektiven Moderation der Sitzungen. Zum anderen wurden auch das unzureichende Verfahren der Lenkungsgruppenbesetzung und die mangelhafte Beteiligung der Grundeigentümer zum Thema. Einzelne Grundeigentümer der Lenkungsgruppe äußerten die Befürchtung, dass angesichts der Überzahl der dem WSB zugehörigen Personen in der Lenkungsgruppe die Interessen der Grundeigentümer nicht ausreichend Gehör finden würden. In dieser Sorge spiegelt sich die fehlende Legitimation der Lenkungsgruppenmitglieder.[247] Während für das erstgenannte Problem mit der neuen Organisationsstruktur des Folge-BID Abhilfe geschaffen wurde (Abschnitt IV4.5), bleibt das zweite weiterhin bestehen. Es ist allerdings davon auszugehen, dass aufgrund der Erfahrungen mit dem drohenden Widerspruch das Thema nunmehr mit mehr Sensibilität behandelt wird. Die Einrichtung eines Büros und eines BID-Managements mit festen Sprechzeiten kann ebenfalls für eine bessere Kommunikation sorgen: Jedenfalls bietet es einen festen Ort und eine klare Ansprechperson für Grundeigentümer, die sich informieren oder Anliegen vorbringen wollen und kann so für mehr Transparenz sorgen, als die unregelmäßig stattfindenden Sitzungen der Lenkungsgruppe, deren Termine Außenstehenden kaum zugänglich waren[248].

In Bezug auf den Erfolg des BID Sachsentor kann auf der Positivseite vermerkt werden, dass

- der BID ein Forum für die Diskussion von politischen Vorhaben und anderen, das BID-Gebiet betreffenden Projekten bot,

247 Die in der Geschäftsordnung getroffene Vorschrift, dass mindestens acht der maximal 15 Lenkungsgruppenmitglieder Grundeigentümer sein sollen, greift in diesem Falle nicht, da insbesondere die Personen, die gleichzeitig Einzelhändler und Grundeigentümer sind, meist auch WSB-Mitglieder sind.

248 So waren diese beispielsweise nicht auf der Internet-Seite des BID veröffentlicht.

- der BID als Ansprechpartner insbesondere für Verwaltung und Politik fungierte, aber auch Anliegen der Eigentümer und Einzelhändler im Sachsentor effektiv vortragen konnte,
- der BID dazu beigetragen hat, dass der vorhandene hohe Grad an ehrenamtlichem Engagement effektiv in sichtbare Maßnahmen umgesetzt werden konnte.

Auf der Negativseite stehen dagegen vor allem die Probleme um den Leerstand des ehemaligen Penndorf-Hauses. Die jahrelange Hängepartie mit Billigläden, Leerstand und Verwahrlosung beeinträchtigten die Attraktivität des östlichen Sachsentors sehr. Trotz großen Engagements musste die BID-Lenkungsgruppe feststellen, dass sie bei derartigen strukturellen Problemen (fast) machtlos ist – und ein BID eben kein „Allheilmittel“[249] ist.

Im Hinblick auf die Maßnahmen ist die Beurteilung des Erfolgs schwierig (vgl. zur Schwierigkeit der Erfolgsmessung Abschnitt III4.3.3). Der BID Sachsentor hat gänzlich darauf verzichtet, ein System zur Erfolgskontrolle zu implementieren. Eine Beurteilung kann also nur kursorisch den Umsetzungsgrad prüfen und die Auswirkungen der Maßnahmen in Bezug auf die angestrebten Ziele abschätzen.

Erfolge oder Teil-Erfolge bezüglich der Umsetzung können bei folgenden Maßnahmen festgehalten werden:

- Graffiti wurden kontinuierlich entfernt; der BID hat in einer konzertierten Aktion alle betroffenen Akteure zu einer zeitgleichen Entfernung motiviert. Auch im Bereich Sauberkeit ganz allgemein wurde in mühevoller Kleinarbeit Einiges erreicht. Inwieweit dieser Einsatz von den Kunden überhaupt oder positiv vermerkt wurde, ist nicht überprüft worden. Fazit: Hoher Aufwand, Ergebnis (*output*) vorzeigbar, Wirkung (*outcome*) offen.
- Die Maßnahme Erlebniskultur wurde zwar durch die Pflanzung von Rosen wie auch einer Begrünung mit Blumenkübeln umgesetzt, entsprach aber nur bedingt der ursprünglichen Intention, „Kultureinrichtungen von bleibendem Charakter“ zu etablieren. Dazu kamen bleibende Probleme mit den Blumenkübeln (Vandalismus), denen erst im BID II durch dauerhafte Bepflanzung und eine Imprägnierung der Kübel gegen Graffiti wirksam begegnet werden konnte. Fazit: Ursprüngliche Intention nicht umgesetzt, *output* war die Ergänzung be-

249 So der Titel einer Pressemitteilung der GAL-Bürgerschaftsfraktion (2004).

reits vorhandener Begrünung (Rosen), Wirkung eingeschränkt, da Erscheinungsbild der Blumenkübel trotz der Bemühungen oft desolat.
- Die Maßnahme Visualisierung der Stadtgeschichte wurde – wenn auch spät – umgesetzt. Fazit: Intention erreicht, wenn auch um den Preis aufwändiger Diskussionen; Effekt der Maßnahme unklar, da nicht überprüft werden kann, ob sich Besuchern das Ziel des Plakats erschließt.
- Auch die Maßnahme „Info-Punkte und Passantenleitsysteme" wurde umgesetzt, aber auch hier in Abweichung von der ursprünglichen Intention: Ob mit der Internetseite die ursprüngliche Absicht erreicht werden kann, ist fraglich. Außerdem ist der Aufwand für eine laufende Aktualisierung hoch; das entwickelte Produkt wird daher im BID II nicht weiterverfolgt.

Eher *negativ* fällt die Bilanz dagegen bei folgenden Maßnahmen aus:

- Das eigentliche Ziel einer Konzeptentwicklung konnte nicht erreicht werden. Der wesentliche Grund dafür war die Unklarheit über das Ziel des Konzeptes: Sollte ein umfassendes Leitbild für den Standort entwickelt werden oder nur eine Marketingstrategie? Ungeklärt war aber auch, wer den Diskussionsprozess leiten und moderieren sollte – die BID-Koordination war nicht dafür gedacht, die Lenkungsgruppe war als Kollektiv ausgestaltet und das Beratungsbüro hatte keinen dahingehenden Auftrag erhalten und die Rolle auch abgelehnt. Auch das nach der Vertragsauflösung verfolgte Ziel einer Markenentwicklung (Claim und Logo) wurde nicht von allen mitgetragen und daher nicht abgeschlossen. Die übrigen Mittel wurden in andere Maßnahmen investiert.
- Im Bereich Flächenmanagement wurde das ursprünglich Vorgesehene teilweise umgesetzt, bekam aber durch den akuten Leerstand eine neue Brisanz. Angesichts des schlechten Zustands der fraglichen Immobilie, der Dauer des Leerstandes und der Verzicht auf eine Zwischennutzung[250] ist die Dekoration allenfalls als „Trostpflaster" zu betrachten. Der BID hat das ihm Mögliche geleistet, konnte das strukturelle Problem aber nicht lösen.

  Schlechter fällt das Urteil in Bezug auf die geplante Immobiliendatenbank aus. Diese wurde zwar rasch umgesetzt, grundsätzliche konzeptionelle Überlegungen über entscheidende Parameter wie die Zielgruppe wurden aber erst im Nachhinein angestellt und führten dazu, dass die

250 Die allerdings auch aufgrund des schlechten baulichen Zustandes nicht in Frage kam.

Datenbank nie online ging. Diese Mittel wurden also nicht sinnvoll investiert.

Gesondert, da nicht budgetrelevant, sind hier die Aktivitäten im Bereich Kommunikation zu bewerten. Wie bereits in dem entsprechenden Abschnitt dargestellt, kann der BID auf dem Feld der Außenkommunikation bzw. der Lobbyarbeit als sehr erfolgreich eingeschätzt werden. So hat sich das Verhältnis zu Verwaltung und Politik intensiviert und ist als sehr partnerschaftlich und konstruktiv zu bezeichnen. Dem BID gelingt es, seine Anliegen und Interessen gebündelt und wirkungsvoll zu transportieren. Diese Interessenvertretung könnte (und ist) von einem freiwilligen Zusammenschluss zwar ebenfalls geleistet werden; die Tatsache, dass ein BID formal für „alle" Grundeigentümer spricht, verleiht ihm allerdings mehr Gewicht. Überraschend ist dabei allenfalls, dass unter den Grundeigentümerinteressen zumeist auch die Interessen der Einzelhändler subsumiert werden – eine Tatsache, die sich damit erklären lässt, dass viele in der Lenkungsgruppe aktive Grundeigentümer und Einzelhändler in Personalunion sind.

Die Funktion des BID als Interessenvertretung wird auch von den Beteiligten als Hauptargument für den Erfolg des BID und als Begründung für die Fortsetzung gesehen:

> Wir sollten uns immer wieder bewußt machen, wie wir in unserem Quartier ohne BID dastehen würden. Der einzelne Grundeigentümer würde öffentlich kaum wahrgenommen werden - unbenommen gelegentlicher Leserbriefe in der BZ oder Anfragen in öffentlichen Sitzungen der Bezirksversammlung. Feststeht, dass durch BID die öffentliche Wahrnehmung und Kommunikation sowohl zur Bezirksverwaltung, zur Politik, zu den Medien u. a. deutlich verbessert wurde. Als Träger öffentlicher Belange stellt BID eine kompakte Intereressengemeinschaft dar und diesen Weg sollten wir unbedingt weitergehen. BID hat etwas bewegt, was wir auch in unserem Kreise nicht kleinreden sollten. (Protokoll der Lenkungsgruppen-Sitzung vom 24.10.2007)

Abschließend werden noch einmal die Schwierigkeiten des BID Bergedorf rekapituliert. Dies dient der Vorbereitung des folgenden Kapitels (IV5), dessen Ziel ist, mit Hilfe des Analyserahmens zu klären, ob und inwieweit diese Probleme als Reibungspunkte zwischen Instrument und Kontext angesehen werden können und auf mangelhafte Anpassungen im Verlauf des Politiktransferprozesses zurückzuführen sind oder ob andere Ursachen dafür verantwortlich zu machen sind.

Als Umsetzungsprobleme des ersten deutschen BIDs sind identifiziert worden: Die Suche nach der richtigen Organisationsstruktur ebenso wie die

– immer noch ungelöste – Frage der richtigen Form für die Beteiligung der Grundeigentümer; die geschilderten Schwierigkeiten bei der Konzeptentwicklung; die unvollständige Umsetzung bzw. Aufgabe von Teilmaßnahmen (Immobilien- und Einzelhandelsdatenbank); die relative Machtlosigkeit gegenüber dem durch das Insolvenzverfahren bedingten Leerstand; die Erfahrung, dass Maßnahmen nicht zu detailliert ausformuliert werden sollten, um Spielräume bei der Umsetzung zu bewahren (s. z.B. Graffiti-Entfernung, Passantenleitsystem, Erlebniskultur); und schließlich die Erkenntnis, dass – anders als bei den US-amerikanischen Vorbildern – Videoüberwachung in Deutschland im öffentlichen Raum nur unter strengen Auflagen möglich ist. Nur am Rande sei hier bemerkt, dass die im Vorfeld vermutete mangelnde Akzeptanz einer freiwilligen zusätzlichen Steuer durch die Eigentümer im Fallbeispiel nicht bestätigt werden konnte und nur einer der Eigentümer in der Befragung seine Ablehnung einer „Zwangsmitgliedschaft" zum Ausdruck brachte.

Nicht als Umsetzungsproblem anzusehen, aber im Zusammenhang des Politiktransfers dennoch einer Erwähnung wert sind die im Vergleich zu den USA veränderten Foki im Bereich Sicherheit und Sauberkeit: Im BID Bergedorf ging es um die Sicherheit von Dingen, nicht Personen und die erbrachten Dienstleistung im Bereich Sauberkeit sind eindeutig als „on-top"-Leistungen in Bezug auf das staatlicherseits erbrachte Grundniveau zu identifizieren.

5 BIDs im deutschen ökonomischen und gesellschaftlichen Kontext: Anwendung des Analyserahmens

Bis hierher wurden die Grundlagen für die Analyse erarbeitet: In Teil II wurden die theoretischen Grundlagen vorgestellt und daraus der Analyserahmen abgeleitet. In Teil III erfolgte eine Schilderung der US-amerikanischen BID-Praxis anhand von drei gesetzlichen Regelungen und einigen Beispielen aus den entsprechenden Bundesstaaten. Zudem wurde analysiert, inwieweit sich BIDs in den US-amerikanischen gesellschaftlichen Kontext einfügen. In Teil IV wurde bis hierher die deutsche BID-Praxis vorgestellt, der Verlauf des BID-Transfer-Prozesses dargestellt und analysiert und die Abweichungen von den vorgestellten US-BID-Modellen skizziert. Zudem wurde ein Überblick über die laufenden BIDs in Deutschland gegeben und Unterschiede zu den USA in Bezug auf die Maßnahmenwahrnehmung herausgearbeitet. Abschließend wurde ein deutsches Fallbeispiel genauer untersucht (Kap. IV3).

Nunmehr liegen alle Grundlagen vor, um sich einer Analyse der im Verlauf des Transferprozesses vorgenommenen Anpassungen des BID-Modells zuzuwenden. Es geht hier darum herauszufiltern, welche der Änderungen im Vergleich zur US-Praxis tatsächlich als Reaktion auf andere Kontextbedingungen zu interpretieren sind und welche Unterschiede auf andere Ursachen zurückzuführen sind. Die herausgearbeiteten Abweichungen zur US-Praxis waren die folgenden: Differenzierungsmöglichkeiten der Bemessungsgrundlage in Bezug auf Nutzung und Lage und insbesondere die Möglichkeit, Wohnnutzungen von der Abgabepflicht zu befreien; der Verzicht auf formale Unterstützungsquoren für die Antragstellung; keine Laufzeitbegrenzung; keine Deckelung der Abgabenhöhe; eigene Rechtspersönlichkeit des BID; die Rolle der Stadt (vgl. Abschnitt IV3.1.3). Auf der Maßnahmenebene waren folgende Unterschiede in der Schwerpunktsetzung herausgearbeitet worden: Während bei den US-BIDs Marketing an erster Stelle steht, gefolgt von Sauberkeit, liegt der Fokus der deutschen BIDs eher auf Konzeptentwicklung und investiven Maßnahmen im Bereich Städtebau und Verkehr (vgl. Abschnitt IV3.2.1).

Zu diesem Zweck wird in einem ersten Schritt mit Hilfe des Analyserahmens herausgearbeitet, welche Reibungspunkte zwischen dem „Ausgangsmodell" BID – also einem anhand der in Teil III herausgearbeiteten Merkmale vereinfachend angenommenem „US-Modell" – und den deutschen Kontextbedingungen zu erwarten wären, um dann im zweiten Schritt die – insbesondere durch das „Hamburger Modell", das Vorbildwirkung für die deutschen BID-Gesetze entfaltet – vorgenommenen Anpassungen daraufhin zu analysieren, inwieweit sie auf die identifizierten Konfliktpunkte eingehen und diese gegebenenfalls zu lösen vermögen.

Dazu werden analog zum Vorgehen in Teil III die einzelnen Dimensionen des Analyserahmens mit den auf Deutschland bezogenen Ausprägungen im Überblick rekapituliert und dann im Einzelnen abgearbeitet.

5.1 *Gesellschaftliche Werte*

Beim Vergleich der in der Gesellschaft dominierenden Wertvorstellungen wurde für Deutschland idealtypisch eine Wertschätzung hierarchischer Koordinationsformen herausgearbeitet, die sich insbesondere im Konzept des Gemeinwohls manifestiert. Dieses gilt als übergeordneter Entwurf, dem sich die Partikularinteressen unterzuordnen haben. Garant des Gemeinwohls ist der uneigennützig handelnde Staat. Historisch wurde die Wertschätzung hierarchischer Koordinationsformen aus der Grundhaltung des lutherischen Protestantismus hergeleitet. Im Analyserahmen wurden die deutschen Wertvorstellungen mit folgenden Stichworten zusammengefasst:

Gesellschaftliche Werte
Wertschätzung hierarchischer Koordinationsformen
„solidarischer Etatismus" (FUCHS); „Idee der Pflichterfüllung" im lutherischen Protestantismus; Gemeinwohl als übergeordneter Entwurf (*a priori*), dem sich Partikularinteressen unterzuordnen haben; fürsorglicher Staat als Hüter des Gemeinwohls

In Abschnitt III5.1 wurde herausgearbeitet, dass BIDs geradezu als prototypisch für die US-amerikanischen Wertvorstellungen gelten können. Zwangsläufig müssten sie daher den für das deutsche System als typisch herausgearbeiteten Merkmalen von Vertrauen in den Staat und Unterordnung unter das Gemeinwohl zuwiderlaufen. Man müsste erwarten, dass ein Instrument, das Hilfe zur Selbsthilfe bietet und dafür die Akteure auch noch zur Kasse bittet, scheitern bzw. nicht angenommen werden würde. Derartige Befürchtungen wurden im Rahmen der Diskussion um die BID-Einführung geäußert (vgl. Abschnitt IV2.1.1). Bezweifelt wurde u. a., ob Grundeigentümer ein BID und die damit einhergehenden Abgaben angesichts der relativen steuerlichen Mehrbelastung in Deutschland akzeptieren würden und ob die Bereitschaft zur Selbsthilfe angesichts der deutschen Mentalität, bei Problemen erst mal nach dem Staat rufen, überhaupt vorhanden sein würde.

Diese erwarteten Kollisionen mit den deutschen Wertvorstellungen lassen sich jedoch nicht bestätigen. Die langjährigen Erfahrungen mit Engagements in freiwilligen Werbe- und Interessengemeinschaften wie auch das Fallbeispiel zeigen, dass Engagement auf privater Seite reichlich vorhanden ist: Im Fall des BID Bergedorf stieß das Instrument BID auf große

Zustimmung. Auch wenn vereinzelt angemerkt wurde, dass der Staat sich nicht aus seiner Verantwortung ziehen dürfe, wurde es von den Akteuren im Gegenteil sogar eher begrüßt, über eine zusätzliche Handlungsoption aus eigener Kraft zu verfügen. Die Praxis von mittlerweile 20 operativen BIDs und zwei erfolgreichen Verlängerungen belegt zudem, dass das Instrument angenommen wird. Offensichtlich wurde dieses Argument im Vorfeld also überbewertet.

In welchem Verhältnis aber stehen BIDs zum Gemeinwohl? WICKEL hatte in seinem Vortrag auf der BCSD-Tagung eine „Gemeinwohlbindung von BIDs im Sinne einer Verpflichtung zur Berücksichtigung von Interessen Dritter und der Allgemeinheit" (2006: 11) eingefordert, die er durch die Einbeziehung breiter Interessengruppen in einem zu schaffenden Lenkungsorgan realisiert sehen wollte. Dieser Vorschlag korrespondiert mit den in Teil III dargestellten BID-Modellen aus New York und New Jersey. Gemäß diesen Gesetzen müssen bestimmte andere Interessen in den BID-*Boards* vertreten sein – wenn sie auch gegenüber der ebenfalls festgeschriebenen Grundeigentümermehrheit strukturell im Nachteil sind. In Deutschland dagegen wurde auf eine eigenständige Rechtsform für BIDs und somit auch auf vergleichbare Regelungen verzichtet. Stattdessen prüft der Staat bei der Einrichtung eines BIDs, ob dieser „öffentliche Belange oder Rechte Dritter beeinträchtigen" würde (§ 5 (5) GSED, vgl. auch WELLENS 2009: 233).[251] So übernimmt der Staat die Verantwortung dafür, dass die Maßnahmen eines BIDs nicht im Gegensatz zum Gemeinwohl stehen – ganz in Übereinstimmung mit dem deutschen Verständnis des Staates als Garant des Gemeinwohls. Die zentrale Anpassung des Hamburger BID-Modells, das auf eine eigene Rechtspersönlichkeit verzichtet und die Berücksichtigung des Gemeinwohls nicht in die Hände eines entsprechend besetzten Lenkungsgremiums legt, sondern im Verantwortungsbereich des Staates belässt, ist somit eindeutig als Anpassung an den anderen gesellschaftlichen Kontext zu werten.

Wertvorstellungen sind nicht statisch und unterliegen einem Wandel. Das in dieser Arbeit vorgestellte zweistufige Vorgehen zur Analyse des BID-Transfers geht darauf ein. Der Analyserahmen dient ausdrücklich dazu, den

251 Gemäß dem New Yorker Gesetz hat der *City Council* lediglich zu prüfen, ob ein BID im öffentlichen Interesse liegt im Sinne einer Begründung für das Tätigwerden des Staates: „the city council shall determine: (4) whether the establishment or extension of the district is in the public interest" (Administrative Code of the City of New York, Title 25, Chapter 4, §25-407).

Blick auf die grundlegenden Unterschiede zwischen beiden gesellschaftlichen Systemen zu schärfen; aus diesem Grund muss er vereinfachend und statisch sein. Demgegenüber berücksichtigt die aus der Verschränkung von *Varieties of Capitalism*-Ansatz und Politiktransfer entwickelten Thesen – namentlich These 4: Politiktransfer im Kontext weiterer (gesellschaftlicher) Veränderungen – explizit den gesellschaftlichen Wandel.

5.2 Ökonomisches System

Wie in Abschnitt II5.1 bereits begründet, wird hier von den ursprünglich fünf Kategorien des *Varieties of Capitalism*-Ansatzes von HALL und SOSKICE lediglich die Kategorie „Beziehungen zu anderen Unternehmen" weiterverfolgt. Die Ausprägung dieser Kategorie für die koordinierte Ökonomie findet sich im folgenden Ausschnitt aus dem Analyserahmen:

Koordinierte Ökonomie
Netzwerke als zusätzlicher Koordinierungsmechanismus neben Markt und Hierarchie
Beziehungen zu anderen Unternehmen: Verträge sind relativ offen, basieren auf „üblichen Standards", begünstigen zwischenbetriebliche Zusammenarbeit; Wettbewerbsrecht lässt Formen kollektiven Handelns zu

Mit Blick auf die Charakteristika scheint also der Zusammenschluss von Grundeigentümern bzw. Einzelhändlern zu einem gemeinsam handelnden Netzwerk gut in die Grundstruktur der koordinierten Ökonomie zu passen, in der Aushandlungen in korporatistischen Netzwerken wichtige Koordinierungsfunktionen übernehmen. Diese Aussage bedarf jedoch einer genauen Überprüfung, da HALL und SOSKICE die Funktion der zwischenbetrieblichen Netzwerke spezifisch für die kooperative Standardsetzung, den Technologietransfer und gemeinsame Forschungsanstrengungen insbesondere für produzierende Unternehmen herausgearbeitet haben (2001: 26). Diese Handlungsweisen werden nach dem *Varieties of Capitalism*-Ansatz von komplementären Institutionen unterstützt wie z.B. die Zulässigkeit relativ offen formulierter Vertragsklauseln, dem dualen Ausbildungssystem und eine langfristig ausgerichtete Finanzierung über Bankkredite. Eine wichtige Rolle spielen dabei die Industrie- und Handelskammern, die neben der Selbstorganisation und Interessenvertretung der Wirtschaft auch öffentliche Aufgaben, die ihnen per Gesetz übertragen werden können, wahrnehmen (vgl. §1 (4) IHKG). Im Hinblick auf die öffentliche Aufgabenwahrnehmung und die Pflichtmitgliedschaft unterscheiden sie sich wesentlich von den US-amerikanischen „chambers of commerce".

Auch wenn die von HALL und SOSKICE genannten Funktionen nicht auf BIDs zutreffen, macht der Hinweis auf die Handelskammern deutlich, dass die Grundidee von BIDs – deren Existenz sowohl in den USA wie auch in Deutschland „im öffentlichen Interesse" liegt und deren wichtigstes Merkmal im Unterschied zu freiwilligen Zusammenschlüssen mit ähnlichen Aufgaben die Pflichtmitgliedschaft ist – mit der koordinierten Marktwirtschaft kompatibel ist. BIDs stehen auch in der europäischen Tradition der gemeinschaftlichen Übernahme von Aufgaben. Mehr anekdotenhaft wurde in diesem Zusammenhang auf das sog. Spatenrecht, das eine gemeinschaftliche Finanzierung der Deichunterhaltungsarbeiten durch die betroffenen Hamburger Grundeigentümer vorsah, oder die Institution der Allmende verwiesen (BÜTTNER 2009).

Aus Sicht des ökonomischen Teilsystems ergeben sich daher keine Anpassungsbedarfe für ein deutsches BID-Modell. Dagegen ist es auf den ersten Blick eher überraschend, dass für BIDs nicht auf bewährte Organisationsformen – wie z.B. die Rechtsform der öffentlich-rechtlichen Körperschaft – zurückgegriffen wurde[252].

5.3 Politisches System

Als Demokratie gilt zwar auch im politischen System Deutschlands im Grundsatz die Konkurrenz der Individuen untereinander; hierarchische Elemente und neokorporatistische Netzwerke spielen jedoch ebenfalls wichtige Rollen in der politischen Entscheidungsfindung. FUCHS 2000 hatte das deutsche politische System als „liberale Demokratie" charakterisiert, in der der Staat eine Mitverantwortung für das individuelle Wohlergehen trägt. Neokorporatistische Netzwerke bündeln Einzelinteressen und moderieren die Meinungsvielfalt. Der entsprechende Ausschnitt aus dem Analyserahmen wird hier noch einmal wieder gegeben:

252 Zu den Gründen vgl. Abschnitt IV1.2.1.

Politisches System
grundsätzlich demokratische Konkurrenz, aber wichtige Rolle neokorporatistischer Netzwerke und hierarchischen Elementen
liberale Demokratie (FUCHS):Konkurrenz der Individuen untereinander, Mitverantwortung des Staates für das individuelle Wohlergehen
„rechtsstaatlich fixierte Konsensdemokratie" (MÜNCH); Meinungsvielfalt moderiert durch Neokorporatismus
parlamentarische Demokratie; geteilte Exekutive; Machtverteilung zwischen Regierung und Opposition, Föderalismus; dominierende Rolle der Parteien
direkt-demokratische Elemente nur auf Ebene der Bundesländer und Gemeinden für Sachentscheidungen; bei Personalentscheidungen sog. „Legimitationsketten", Direktwahl lediglich in manchen Gemeinden
Zweckverbände als interkommunale Kooperationsform; Führungspersonal von Mitgliedsgemeinden entsandt. Personalkörperschaften (des öffentlichen Rechts) als mögliche Rechtsform für BIDs diskutiert
Rechtspositivismus

Betrachtet man das Ausgangsmodell der US-BIDs, ergeben sich im Bereich des politischen Systems sowohl Anknüpfungs- wie auch mögliche Konfliktpunkte. Zwar fügen sich BIDs – ebenso wie im ökonomischen System – als netzwerkförmiger Zusammenschluss in die Grundstruktur der Koordinationsformen gut ein, aber Konflikte müssten in Bezug auf die Rolle des Staates insbesondere in der Gemeinwohlaushandlung und bei direkt-demokratischen Elementen in Bezug auf Personalentscheidungen zu erwarten sein. Wie sich zeigt, wurde aber gerade in Bezug auf diesen Bereich eine entscheidende Anpassung am BID-Modell in Form des Verzichts auf eine eigene Rechtspersönlichkeit vorgenommen.

In Abschnitt III5.3 wurde dargelegt, dass US-BIDs mit dem Prinzip der Machtfragmentierung korrespondieren. In diesem Kontext ist der Verzicht Hamburgs auf eine eigene Rechtspersönlichkeit für BIDs folgerichtig: Durch den Verzicht auf eine eigene Machtstruktur „besteht" ein BID formal nur aus dem Maßnahmen- und Finanzierungskonzept; er ist „damit zunächst strukturell handlungsunfähig" (HUBER 2007: 468). Dies führt im Zusammenspiel mit der zeitlichen Begrenzung dazu, dass der Einfluss eines BIDs über seinen unmittelbaren Wirkungskreis hinaus strukturell klein gehalten wird. Die dabei zu beobachtenden, halb institutionalisierten Kooperationsstrukturen zwischen privaten Akteuren (Grundeigentümer, Einzelhändler, Aufgabenträger) und öffentlichen Akteuren passen gut in die in Deutschland verbreiteten neokorporatistischen Netzwerke. BIDs tragen zur Bündelung von Interessen bei; sie erheben die bisher vereinzelt agierenden

Eigentümer und Einzelhändler zu einem im politischen Prozess ernster zu nehmenden Partner. Es wird somit eine wichtige empirische Frage für die nächsten Jahre sein, ob und inwieweit BIDs über diese nicht völlig formalisierten Netzwerke ihren Einfluss zu Lasten anderer Interessen ausweiten können.

Im Bereich der demokratischen Mitbestimmung wird deutlich, dass die zentrale Anpassung des Hamburger Modells im Vergleich zum US-amerikanischen Modell, nämlich der Verzicht auf eine eigene Rechtspersönlichkeit[253] und infolge dessen auf jegliche Regelung der Mitbestimmungsmöglichkeiten der Abgabepflichtigen in der Durchführungsphase, auch in dieser Hinsicht als transferbedingte Anpassung interpretiert werden kann. Im Gegensatz zu den USA überlassen es die meisten deutschen Gesetze dem einzelnen BID, wie er die demokratische Vertretung der Grundeigentümer während der Laufzeit eines BIDs gewährleistet. Eine Legitimation der Umsetzungstätigkeit ist nach der in Abschnitt IV1.3 ausgeführten Argumentation auch gar nicht erforderlich, wenn durch ein hinreichend konkretes Maßnahmen- und Finanzierungskonzept und die Aufsicht durch die Handelskammer der Entscheidungsspielraum ohnehin eingeschränkt ist.

Die Legitimation in der Einrichtungsphase wird entsprechend dem deutschen System unter anderem über eine sog. Legitimationskette gewährleistet: Das Volk wählt die Hamburgische Bürgerschaft, diese wählt den Senat und dieser wiederum richtet per Rechtsverordnung ein BID ein: „... so zeigt sich, dass sich die Tätigkeit des Aufgabenträgers im Wege einer ununterbrochenen Legitimationskette auf das Legitimationssubjekt, das Volk der Freien und Hansestadt Hamburg, zurückführen lässt." (FHH 2004d: 59) Diese sog. „Legitimationsketten" mit Rückführung der Legitimation auf einen Wahlakt des Volkes finden sich im deutschen demokratischen System an mehreren Stellen, wie bei der Wahl des Bundespräsidenten oder der Mitglieder des Bundesrates. Da aber ein BID gar nicht aus dem Wahlakt von Bürgern direkt legitimiert wird, ist es nicht weiter erstaunlich, dass eine der US-amerikanischen *one person, one vote* vergleichbare Diskussion (vgl. Abschnitt III4.3.1) gar nicht erst geführt wurde. Im Übrigen erstreckt sich auch die gesetzlich festgeschriebene Wahlmöglichkeit (in Form der Widerspruchsmöglichkeit) der Eigentümer in der Einrichtungsphase nur

253 Wie in Teil III dargestellt, gibt es in den USA verschiedene Rechtsformen für BIDs. Die neuere BID-Gesetzgebung, wie im Falle Pennsylvanias exemplarisch aufgezeigt, tendiert aber in Richtung der autonomen BIDs als „nonprofit organization". Von diesen wird hier ausgegangen.

auf eine Sachentscheidung, nämlich auf das Maßnahmen- und Finanzierungskonzept. Der Verzicht auf Regelungen zu Personalentscheidungen und die Rückführung der Legitimation auf demokratisch gewählte Gremien passt also zu der in Deutschland verbreiteten vermittelten demokratischen Legitimation.

Wie bereits unter dem Abschnitt Wertvorstellungen diskutiert, sind aufgrund der staatlichen Überprüfung der Gemeinwohlverträglichkeit nach deutscher Logik auch öffentliche Anhörungen oder der Einbezug anderer Quartiersinteressen in die Umsetzung entbehrlich – zwei bedeutsame Unterschiede zum New Yorker BID-Modell. Die Chance für Stadtbürger, sich über BID-Planungen zu informieren und ggf. dagegen Einspruch zu erheben, ist dabei zweifellos im US-Modell größer.[254]

Die Ausführungen bis hierher haben allerdings in der dargestellten Klarheit nur Gültigkeit, insoweit man sich auf das New Yorker auf der einen und das Hamburger BID-Modell auf der anderen Seite beschränkt. So gibt es in den USA eine große Vielfalt von Formen für Anhörungen und Beteiligung und in Deutschland weicht Bremen mit dem fakultativen Standortausschuss sowie Nordrhein-Westfalen mit der Festlegung auf die Rechtsform des Vereins für BIDs vom Hamburger Modell ab, wenn auch in diesen Bundesländern die Gemeinwohlabwägung selbstverständlich in der Hand der Gemeinde (bzw. der Stadt) liegt.

In diesem Kontext ist auch noch einmal der Aspekt beachtenswert, dass Hamburg bei der Einführung von BIDs nicht auf die Rechtsform der öffentlich-rechtlichen Körperschaft zurückgegriffen hat. Da die *special purpose districts* in gewisser Weise den deutschen Zweckverbänden entsprechen wäre die Übernahme dieser Rechtsform als Analogieschluss folgerichtig gewesen. Dem Verfasser des Hamburger BID-Gesetzes war die Tatsache, dass BIDs aus einer den Zweckverbänden vergleichbaren Rechtsform entstanden sind, offensichtlich nicht bekannt – jedenfalls reagierte er im Interview überrascht darauf (Martin Huber, Interview 19.05.2010). Die vorab angestellten Überlegungen, BIDs als Körperschaft öffentlichen Rechts zu organisieren, entsprangen einzig und allein einer sachlichen Abwägung, in welcher Rechtsform BIDs im deutschen System sinnvollerweise zu organisieren wären (s. FHH o.J. a Papier der Handelskammer, MSWKS 2001) und nicht der Suche nach einer den *special purpose districts* vergleichba-

254 Die Tatsache allerdings, dass in der US-Praxis Anhörungen selten von Anwohnern besucht und für kritische Äußerungen genutzt werden, führt zu berechtigten Zweifel an der Sinnhaftigkeit dieses höheren Aufwandes.

ren Rechtsform. Möglicherweise hat Hamburg aber gerade durch den Verzicht auf eine Betrachtung der gesetzlichen Grundlagen – eigentlich ein Fehler im Transferprozess – die Freiheit gewonnen, eine gänzlich neue, dem Kontext angepasste Organisationsform für BIDs zu kreieren.

Die vorstehenden Ausführungen lassen sich dahingehend zusammenfassen, dass BIDs als kooperative Koordinationsform in das deutsche demokratische System passen. Eine direkte demokratische Legitimation wurde für entbehrlich erachtet und das Gemeinwohl wird nicht in einem Aushandlungsprozess innerhalb des BIDs, sondern durch den Staat im Einrichtungsprozess berücksichtigt. Die Laufzeitbeschränkung und das Fehlen eines eigenen Rechtssubjekts begrenzen Macht und Einfluss eines BIDs und stellen ihn in der Hierarchie unter die städtische Aufsicht – ein deutscher BID kann daher keine „city within the city[255]“ werden. Die zentrale Anpassung des BID-Modells im Politiktransferprozess – der Verzicht auf eine eigene Rechtspersönlichkeit – kann daher auch in Bezug auf das demokratische System als Kontextanpassung interpretiert werden.

Anzumerken ist an dieser Stelle noch, dass im Bereich politisches System bereits für die USA die größten Synergien zwischen Instrument und Kontext festgestellt wurden und die entscheidende Anpassung des Hamburger BID-Modells ebenfalls hier zu verorten ist.

Eine weitere Konsequenz aus dem Verzicht auf autonome Entscheidungsbefugnisse für BIDs wird im folgenden Abschnitt zum Planungsverständnis diskutiert.

5.4 *Planungsverständnis*

Das deutsche Planungssystem, so wurde in Abschnitt II5.2.3 herausgearbeitet, ist überwiegend durch hierarchische Formen geprägt, die durch einheitliche, bundesgesetzlich geregelte Instrumente und Verfahren gekennzeichnet sind. Diese Aussage ist weiterhin gültig, auch wenn sich das Planungsverständnis in den letzten Jahren stark gewandelt hat und insbesondere auf lokaler Ebene häufiger kooperative, netzwerkförmige Verfahren zur Anwendung kommen.

255 In Anlehnung an den Titel des New Yorker Untersuchungsberichts „Cities within cities“ (COUNCIL OF THE CITY OF NEW YORK 1995).

Im Analyserahmen waren die Charakteristika des deutschen Planungsverständnisses wie folgt zusammengefasst worden:

Planungsverständnis
überwiegender Koordinierungsmechanismus Hierarchie; zunehmende, aber begrenzte Bedeutung kooperativer Formen
Planungshoheit der Kommunen innerhalb eines hierarchisch abgesteckten gesetzlichen Rahmens
Vorhandensein übergeordneter Planungsziele im „öffentlichen Interesse", gegen die die Partikularinteressen abgewogen werden
Einbezug privatwirtschaftlicher Akteure in wohl definierten Grenzen, zunehmende Berücksichtigung ökonomischer Interessen
Bürgerbeteiligung v. a. komplementär und antagonistisch (zu staatlichen Strukturen)
Ausgleichsgedanke im Verhältnis der Regionen untereinander („Gleichwertigkeit der Lebensverhältnisse")
unterschiedlich stark ausgeprägte Formen regionaler Kooperation

Auf den ersten Blick stehen BIDs im Gegensatz zu diesem hierarchisch aufgebauten Planungssystem, denn die Einrichtung von BIDs lässt sich gerade nicht planen: Sie entstehen „chaotisch" dort, wo verschiedene, von oben nicht beeinflussbare Faktoren, wie genügend private[256] Eigeninitiative und Ressourcen wie Sozial- und finanzielles Kapital vorhanden sind. BIDs entstehen somit nicht unbedingt dort, wo sie aus planerischer Sicht vielleicht besonders erforderlich wären.

Folgerichtig bzw. kompatibel mit dem deutschen Planungsverständnis ist daher die Schaffung sog. freiwilliger BID-Modelle mit staatlicher Unterstützung in einigen Bundesländern (vgl. PREY; VOLLMER 2009: 232 ff.):

> Ein wesentlicher Unterschied des nordrhein-westfälischen Modells zu den BID-Modellen nach amerikanischen Vorbild bzw. dem Hamburger Modell ist die aktive Einbindung der Kommune in die ISG, die in aller Regel zumindest eine Minderheitsbeteiligung an der ISG-Trägerorganisation halten wird … (PREY; VOLLMER 2009: 236)

Über ein zentral gesteuertes Bewerbungs- und Auswahlverfahren behält das Bundesland hier die Oberaufsicht darüber, wo aus seiner Sicht ein BID sinnvoll ist. Als echter Transfer des BID-Modells können diese Formen

256 Dass der Staat dabei unterstützt und berät (und natürlich für die weiteren Schritte der Formalisierung zwingend erforderlich ist), steht nicht im Gegensatz zu dieser Aussage – und wird im Übrigen etwa in New York genauso praktiziert.

jedoch nicht angesehen werden, denn sie haben mit dem US-amerikanischen Modell kaum mehr gemeinsam als die Einbindung der im Stadtmarketing neuen Akteursgruppe Eigentümer. Sie wurden daher in dieser Arbeit nicht näher betrachtet (vgl. Kapitel I2).

Aber auch die „echten“ BIDs werden durch verschiedene Mechanismen in das deutsche Planungssystem eingepasst. So müssen sie beispielsweise Straßenumgestaltungen oder -nutzungen mit dem zuständigen Planungsträger abstimmen und die notwendigen Verfahren durchlaufen (Bauanträge, Baugenehmigungen, Anträge auf Sondernutzung etc.). Auch wenn dies in den USA prinzipiell genauso ist, bestehen im dortigen Planungssystem weit mehr „Lücken“, die von BIDs gefüllt werden – und genau im Falle dieser Lücken verwischt sich die Grenze zur Übernahme eigentlich staatlicher Aufgaben (wie am Beispiel der Planungswerkstatt im Falle des Fordham Road BID ausgeführt wurde, vgl. Abschnitt III3.2.4). Durch den hierarchischen Aufbau der Planung und die eindeutige Aufgabenzuweisung an staatliche Stellen wird in Deutschland faktisch ausgeschlossen, dass ein BID staatliche Aufgaben[257] übernehmen kann.[258] Des Weiteren nimmt die Gemeinde im Zuge der Verabschiedung der Satzung[259] eine Abwägung vor, in der sie – analog zur Bauleitplanung – alle betroffenen Belange einstellen und am Maßstab des Gemeinwohls prüfen muss:

> Doch wird die Planung des Business Improvement Districts von der Kommune in eine verbindliche Rechtsform überführt, sie wird durch den Satzungserlass transformiert in eine Planung der öffentlichen Verwaltung. Einer solchen wohnt stets ein hoheitliches Element inne, da sie für den Ausgleich aller betroffenen öffentlichen und privaten Belange sorgen muss … Auch wenn zunächst private Eigenverantwortung gestärkt und private Ideen gewonnen werden sollen, so werden die Inhalte der privaten Planung durch den Satzungserlass doch zum Bestandteil öffentlicher, hoheitlicher Planung. Damit entsteht das Erfordernis sachgerechter Abwägung aller betroffenen Belange durch den öffentlichen Planungsträger als Ausfluss des Rechtsstaatsprinzips, während das Demokratieprinzip verlangt, dass für diese Abwägung die Letztentscheidungsverantwortung beim öffentlichen Planungsträger liegt. (WELLENS 2009: 227)

257 Der eindeutige Verbleib der Planungsaufgaben in staatlicher Hand und der faktische Ausschluss der Übernahme staatlicher Aufgaben durch einen BID begründen auch den Verzicht auf Verfahren zur demokratischen Legitimation (vgl. den vorherigen Abschnitt).

258 Gerade dies – nämlich dass Hamburg im Vergleich zu den US-Vorbildern die städtischen Kernaufgaben unangetastet gelassen habe – wurde von einem Protagonisten des Politiktransfers allerdings ausdrücklich bedauert (Mario Mensing, Interview 21.04.2010).

259 Bzw. in den Stadtstaaten der Rechtsverordnung (Hamburg) oder des Ortsgesetzes (Bremen). WELLENS spricht hier vereinfachend von „Satzungsbeschluss durch die Kommune“.

In diesem Abwägungsverfahren materialisiert sich das deutsche Gemeinwohlverständnis: Die Gemeinde prüft, ob die Planungen eines BIDs im Widerspruch zu übergeordneten städtebaulichen Planungen stehen. Sofern dies der Fall ist, müsste sie Änderungen des Maßnahmen- und Finanzierungskonzeptes verlangen oder einen Antrag schlimmstenfalls ablehnen (WELLENS 2009: 226). Durch diese Abwägung wird – zumindest in der Theorie – gewährleistet, dass ein BID sich in die Hierarchie staatlicher Planung einfügt – auch wenn eine gewisse Skepsis angebracht ist, ob es jemals zu einem derartigen Präzedenzfall kommen wird (also ein BID-Antrag beispielsweise abgelehnt wird, weil er einem vorhandenen Zentrenkonzept zuwider läuft).

In Bezug auf die übrigen Analysekriterien ist das Bild uneinheitlich. In BIDs manifestiert sich eine partnerschaftliche Zusammenarbeit zwischen privaten und staatlichen Akteuren. BIDs sind daher zu den neuen Steuerungsformen zu zählen, die unter dem Begriff „Governance“ zusammengefasst werden und sie sind ein Beispiel für den zunehmenden Einbezug privatwirtschaftlicher Interessen in die Planung. Wie das Fallbeispiel Bergedorf zeigt, entwickelten sich die bereits bestehenden Kontakte durch den BID zu engen und vertrauensvollen Kooperationsstrukturen zwischen Eigentümern, Einzelhändlern und Verwaltung.[260] Die Einführung von BIDs steht somit im Einklang mit dem sich wandelnden Planungsverständnis hin zu einem zunehmenden Einbezug privatwirtschaftlicher Akteure.

In Bezug auf Bürgerbeteiligung bringen BIDs im Sinne des deutschen Planungssystems keine zusätzlichen Möglichkeiten. Im Zuge der Einrichtung eines BIDs ist ebenso wenig wie bei der Maßnahmendurchführung eine Bürgerbeteiligung vorgesehen. Das Zurückfallen der Regelungen des deutschen BID Modells hinter die des US-amerikanischen in diesem Bereich ist daher zwar einerseits auf fehlende Informationen im Transferprozess zurückzuführen. Andererseits war es aber auch eine bewusste Entscheidung, im Sinne eines möglichst schlanken Verfahrens auf öffentliche Anhörungen in Anlehnung an das Bebauungsplan-Verfahren zu verzichten. Im Lichte der Analyse mit Hilfe der hier herausgearbeiteten Kriterien könnte der Verzicht auf Anhörungen daher auch als Kontextanpassung interpretiert werden. Es ist allerdings zu befürchten, dass für die Bevölkerung die Urheberschaft von Maßnahmen im öffentlichen Raum (noch) unüber-

260 Dass diese Zusammenarbeit aufgrund des Aufeinandertreffens unterschiedlicher Handlungslogiken nicht nur harmonisch verläuft, haben DETTLING und VOLKE (2009: 27 f.) an den vier Giessener BIDs aufgezeigt.

schaubarer wird und mangels eines klaren Adressaten bei Unzufriedenheit mit Veränderungen vermehrt auf Formen des Protests (antagonistische Bürgerbeteiligung) zurückgegriffen werden wird.

In Konflikt stehen BIDs auch mit dem deutschen Ausgleichsgedanken: BIDs sind kein Instrument des Ausgleichs, sondern sie stärken vielmehr die „Starken". Da das Prinzip der „Gleichwertigkeit der Lebensverhältnisse" jedoch ohnehin kontrovers diskutiert wird und vielerorts auch eine Politik der „Stärken stärken" verfolgt wird (s. in diesem Zusammenhang auch die sog. „Leuchtturm-Politik" des Hamburger Senats), fügen BIDs dieser Diskussion nur eine neue Facette, aber keine gänzlich neue Dimension hinzu.

Obwohl BIDs also von der Grundidee auf den ersten Blick dem hierarchischen Gedanken des deutschen Planungsverständnisses zuwiderlaufen, zeigt sich bei genauer Betrachtung, dass im deutschen BID-Modell Anpassungen vorgenommen wurden, um BIDs in die hierarchische Planung einzufügen. Anders als in den USA besteht in den meisten deutschen Städten eine planerische Zielvorstellung über die Entwicklung der einzelnen Stadtquartiere (Flächennutzungspläne, Zentren- oder Einzelhandelskonzepte) und es gibt eine Reihe von Instrumenten, mit denen Städte und Gemeinden steuernd in die Entwicklung eingreifen. Auch wenn die Stadt auf die Entstehung von BID-Initiativen keinen (oder nur wenig) Einfluss nehmen kann, verfügt sie im Rahmen der Abwägung über die rechtlichen Möglichkeiten, BIDs dort zu verhindern, wo sie planerischen Vorstellungen entgegen laufen würden. Auch in diesem Feld lassen sich die vorgenommenen Veränderungen am BID-Modell also als Anpassungen an unterschiedliche Kontextbedingungen interpretieren. Auf der anderen Seite sind BIDs eine Facette im Kontext der aktuellen Veränderungen im hierarchischen Planungssystem hin zu mehr kooperativen Formen und den Kontroversen zwischen den Polen Ausgleich oder „Stärken stärken".

5.5 Europäische Stadt

Im Analyserahmen war die physische Stadtgestalt als Manifestation der gesellschaftlichen Werte, der geschichtlichen Entwicklung und des Einflusses (oder der Abwesenheit) von Planung und politischer Einflussnahme charakterisiert worden. Europäische Städte sind multifunktionale Orte und symbolisch aufgeladen – durch die baulichen Zeugen der Geschichte, aber auch durch das Versprechen, dass „Stadtluft frei" mache. Im Analyserahmen wurden diese Stichworte wie folgt zusammengefasst:

Europäische Stadt
Städte als religiöse, kulturelle, politische Zentren und Orte des Handels; Stadtzentrum als Ort der Identifikation, bauliche Manifestation der Geschichte
Städte mit einem (oder mehreren) klaren Zentren, dort Konzentration der Funktionen
Kommunale Finanzierung diversifizierter; v.a. Gewerbe-, Grundsteuer sowie kommunaler Anteil der Einkommenssteuer
„Stadtluft macht frei"

Während in den USA BIDs als Indizien für eine neue Wertschätzung des Städtischen (vgl. Abschnitt III5.5) interpretiert werden, stellen BIDs in Deutschland keinen Paradigmenwechsel dar, da sie sich in vorhandene politische Instrumente zur Stärkung der Innenstädte einreihen. Die Wertschätzung der gewachsenen Stadt und der städtischen Qualitäten in der Tradition der Europäischen Stadt führt zudem dazu, dass BIDs in Deutschland zumeist auf weniger gravierende Mängel in Bezug auf Infrastruktur und Instandhaltungsniveau im öffentlichen Raum reagieren müssen als in den USA.

Reibungspunkte zwischen BID-Modell und Europäischer Stadt ergeben sich dagegen in Bezug auf die Funktionsvielfalt, die in einem Widerspruch zu der eindeutig kommerziellen Ausrichtung von BIDs steht. Denkbar wäre es vor diesem Hintergrund etwa gewesen, dass sich bei deutschen BIDs eine stärkere Hinwendung zu Maßnahmen zur Stärkung anderer Stadtfunktionen beobachten ließe. Ein Beispiel dafür ist die Maßnahme des BID Bergedorf zur „Visualisierung der Stadtgeschichte", bei deren Umsetzung sich der Wunsch nach einer nicht-kommerziellen Ausrichtung am Ende durchsetzte. Die geringe finanzielle Ausstattung und die schleppende Umsetzung zeigen aber auch die relativ geringe Bedeutung dieser Maßnahme. Außerdem ist dieses Beispiel ein Einzelfall, denn die übrigen deutschen BIDs weisen nichts Vergleichbares auf. Denn obwohl sich viele Grundeigentümer und Einzelhändler mit großem Engagement für ihren Standort einsetzen, wird die BID-Abgabe eher als „Investment" betrachtet, die sich in Form einer Wertsteigerung der Immobilien bzw. in Umsatzsteigerung niederschlagen sollte. Im Übrigen sind auch die Maßnahmen, die im Rahmen des Stadtmarketings in Deutschland durchgeführt werden, zum großen Teil kommerziell ausgerichtet. Eine ganzheitliche Interpretation des Stadtmarketings, im Sinne einer Einbeziehung aller städtischen Interessen und dem Ziel einer Leitbildentwicklung und Verbesserung der Lebensqualität für alle Bürger, konnte sich auch hier nicht durchsetzen (HOLLBACH-GRÖMIG; GRABOW; BIRK; LEPPA 2005).

Auch die Finanzierung der BIDs durch das Grundeigentum steht nicht im Einklang mit der Vielzahl der kommunalen Einnahmequellen in Deutschland. Der überwiegende Teil der deutschen BID-Gesetze nimmt den Einheitswert der im BID-Gebiet liegenden Grundstücke als Bemessungsgrundlage und nur das schleswig-holsteinische Gesetz lässt andere Maßstäbe zu. Andererseits lassen an dieser Stelle keine Konflikte zwischen BID und Kontext erkennen und daher auch keine sinnvollen Anpassungsbedarfe ableiten. Allenfalls scheint das alleinige Mitbestimmungsrecht der Grundeigentümer auf den ersten Blick eine Reminiszenz an das Zensuswahlrecht zu sein, unter dem nur die Besitzenden eine Stimme hatten. Da dieses jedoch kein echtes Mitbestimmungsrecht im demokratischen Sinne ist und da der Entscheidungsspielraum sehr eng begrenzt ist, ist ein solcher Vergleich nicht angemessen. Im Übrigen wurde bereits ausgeführt, dass BIDs zumindest dem Gedanken nach auch dem Gemeinwohl unterliegen.

In diesem Zusammenhang lohnt auch ein Blick auf die Kooperationsbeziehungen von BIDs zu anderen Organisationen. Während diese bei den untersuchten BIDs in den USA unterschiedlich stark zum Tragen kamen und im Zusammenhang mit den Charakteristika des Quartiers und der jeweiligen inhaltlichen Schwerpunktsetzung standen, war dieser Aspekt beim untersuchten Fallbeispiel BID Bergedorf marginal und erfolgte nur im Rahmen der Umsetzung der Maßnahme „Visualisierung der Stadtgeschichte". Vielmehr bleibt fraglich, ob und inwieweit es BIDs gelingt, das ausgeprägte Misstrauen in Deutschland zwischen kommerziell ausgerichteten Initiativen und eher sozial oder gemeinwohlorientiert arbeitenden Organisationen zum gemeinsamen Nutzen zu überwinden.

Abzuwarten bleibt, ob BIDs hierzulande auch soziale Aufgaben wie in den USA übernehmen, wie im Bereich der Jugend- und Obdachlosenhilfe oder im Rahmen von *Community Courts*. Angesichts der vergleichsweise gut ausgebauten staatlichen Unterstützungsstruktur in Deutschland und der verbreiteten Ansicht, dass dies eine öffentliche Aufgabe sei, scheint dies aber eher unwahrscheinlich. Allenfalls könnten BIDs versuchen, ihre engeren Kontakte zur Stadtverwaltung auch dazu zu nutzen, ihre Interessen in Bezug auf den Umgang mit Bettlern oder Obdachlosen verstärkt durchzusetzen.[261]

Zusammenfassend lässt sich also festhalten, dass die Wertschätzung der gewachsenen Innenstadt, die im BID zum Ausdruck kommt, gut zu den

261 Dass diese unabhängig von BIDs aber ohnehin schon geschieht, zeigen Diskussionen in zahlreichen Städten z.B. um Bettelverbote.

Grundvorstellungen der Europäischen Stadt passt. Reibungspunkte bestehen zwischen der überwiegend kommerziellen Ausrichtung von BIDs und der Multifunktionalität der Europäischen Stadt. Dies wird im folgenden Abschnitt noch weiter auszuführen sein. Auf diesen potenziellen Konflikt reagiert das deutsche BID-Modell allerdings nicht mit Anpassungen, auch nicht auf der Maßnahmenebene.

5.6 Öffentlicher Raum

Der öffentliche Raum hat in der Europäischen Stadt einen hohen symbolischen Wert, der bis hin zur Überhöhung als Ort der demokratischen Auseinandersetzung unter Gleichen sowie der Begegnung und des Austausches von unterschiedlichen sozialen Schichten geht. Ebenso wie für die Europäische Stadt gilt der Grundsatz der Multifunktionalität und des Ausgleichs von unterschiedlichen Interessen auch hier, und wird dadurch gewährleistet, dass die öffentliche Hand vom Anspruch her sowohl für Interessenausgleich als auch für Instandhaltung und Pflege zuständig ist. Insoweit und aufgrund der Ausrichtung am Gemeinwohl ist die Koordination als hierarchisch zu betrachten. Aufgrund des vergleichsweise guten Pflegezustandes und einem relativ hohen Maß an Sicherheit findet öffentliches Leben in öffentlichen Räumen statt. Die wichtigsten Stichworte noch einmal im Analyserahmen zusammengefasst:

öffentlicher Raum
Hierarchie als grundlegender Koordinierungsmechanismus; marktliche Formen zunehmend
multifunktionaler öffentlicher Raum zentrales Konzept mit hoher Symbolkraft für die europäische Stadt
Öffentlichkeit in (öffentlichen) Außenräumen
Einsatz privater Mittel für öffentliche Räume nur im Bereich der Herstellung (z.B. städtebauliche Verträge), bisher nur selten im Bereich der Pflege und Unterhaltung (private) Videoüberwachung öffentlicher Räume nur unter Auflagen möglich

Die (angebliche) Privatisierung öffentlichen Raums im Rahmen von BIDs stößt in Deutschland auf Widerstand und reiht sich in die Kritiklinie ein, die diese als generellen Trend ausgemacht hat. Bemerkenswert ist in diesem Zusammenhang, dass derartige Argumente auch in den USA vorgebracht werden (z.B. MACFARLANE 2003). Die Kritik entzündet sich dabei vorrangig an Maßnahmen im Bereich Sicherheit und teilweise an baulichen Investitionen, die als ausgrenzend interpretiert werden. Beklagt wird eine Übernahme US-amerikanischer Sicherheitskonzepte (z.B. SIMON 2001: 26) und in diesem Diskurs scheint die Einführung von BIDs in Deutschland nur ein weiterer Beleg für die Amerikanisierung der deutschen Stadt zu sein. Entsprechend undifferenziert wird dabei dann zum Teil auch argumentiert (vgl. TÖPFER; EICK; SAMBALE 2007).

Was für deutsche Verhältnisse tatsächlich ungewöhnlich ist, ist der Einsatz privater Mittel und Initiative für Pflege und Unterhaltung öffentlicher Räume. Verbreitet sind bisher nur Investitionen zur Herstellung öffentlicher Räume z.B. im Rahmen städtebaulicher Verträge. Allerdings sind BIDs nicht die einzigen Beispiele für privates Engagement im Management öffentlicher Räume. Ob sie dabei den Beginn eines neuen Trends darstellen, muss an dieser Stelle offen bleiben – dass dies einen potenziellen Reibungspunkt darstellt, zeigt die sich an BIDs entzündende Debatte um Privatisierung. Ebenso stellt die privatwirtschaftliche und kommerzielle Ausrichtung von BIDs einen Konfliktpunkt zum europäischen Verständnis des multifunktionalen und für alle zugänglichen öffentlichen Raums dar. Hier lohnt aber ein genauer Blick auf die Kompetenzen, die BIDs tatsächlich übertragen werden. Wie oben bereits ausgeführt, können hoheitliche Aufgaben in Deutschland prinzipiell nicht an BIDs übertragen werden. Allerdings ist die Frage, wie viel Spielraum die Stadt einem BID de facto überlässt:

> Es ist 'ne Frage, ob die Stadt die Verantwortung für den öffentlichen Raum aufgeben will oder nicht. BID ist ein Instrumentarium und gibt die Strukturen dazu.
> Am Neuen Wall ist die Stadt sehr weit in diese Richtung gegangen. Da hat die Stadt im Prinzip gesagt, ihr baut die Straße um. Klammer auf, so wie ihr das für richtig haltet, weil ihr bezahlt das, und ihr lasst da einen Ordnungsdienst rumlaufen und mit den Rollern 'rumfahren … und der übernimmt Aufgaben, die zumindest in den Augen vieler Bürger sonst in der Hand des Staates liegen. So, das kann man so entscheiden, das lässt dieses Instrument BID zu. Das kann man aber auch anders entscheiden, und in Bergedorf haben wir das … anders entschieden. Und wir haben gesagt, den öffentlichen Raum baut die Stadt um, unter Beteiligung der Anlieger. … Das heißt, den öffentlichen Raum haben wir überhaupt nicht aufgegeben, keinen Zentimeter. …
> Ob die Stadt ihre Hoheit über den öffentlichen Raum und damit ihre Rechte und ihre Verantwortung für den öffentlichen Raum aufgibt oder nicht, ist eine Frage, die kann man eigentlich vom BID getrennt betrachten, und die kann man auch noch mal getrennt betrachten … je nach Situation ... Ich möchte die Entscheidung für den Neuen Wall nicht kommentieren, aber das Sachsentor ist das Herz von Bergedorf, … das ist nicht *nur* 'ne Geschäftsstraße, es ist auch der Treffpunkt, der Kommunikationspunkt, … da wohnen Leute, … da finden Veranstaltungen statt, … und … wenn sich die öf-

fentliche Hand da zurückzieht, dann fänd ich das problematisch. (Christoph Krupp, Interview 06.02.2009 (Betonung im Original))

Wenn auch die maßgeblichen Impulse für die Neugestaltung des Neuen Walls von den Grundeigentümern ausgingen, bleibt die Stadt jedoch auch dort in der Letztverantwortung, da sie die Baumaßnahmen genehmigen muss und so für die Wahrung des öffentlichen Interesses sorgen kann. Entscheidend wird hier sein, wie stark eine Gemeinde sich ihrer Verantwortung für den öffentlichen Raum bewusst ist – wie im Zitat deutlich wird – dies gilt aber nicht nur für BIDs.

Während BIDs in den USA (auch) als Reaktion auf die Vernachlässigung öffentlicher Räume zu sehen sind, was insbesondere anhand der New Yorker Beispiele offensichtlich ist, ist der Handlungsdruck in dieser Hinsicht in Deutschland weitaus geringer. Diese Unterschiede manifestieren sich vorrangig in den Maßnahmen: So ist der Budgetanteile für Sauberkeit bei den deutschen BIDs deutlich geringer. Vielmehr nehmen in Deutschland städtebauliche Aufwertungen und in Konzepte/Planung den Löwenanteil der Budgets ein (vgl. Abschnitt IV3.2.1). Diese geringere Gewichtung von Sauberkeit lässt sich mit Kontextunterschieden erklären: Da etwa in New York die Eigentümer von kommerziell genutzten Gebäuden selbst für die Reinigung der Gehwege zuständig sind, werden durch die Erbringung dieser Serviceleistung durch einen BID Synergieeffekte für die Eigentümer erzielt, da sie für die Kosten sowieso aufkommen müssen, sich zudem nicht darum kümmern müssen und die Gewissheit haben, dass aufgrund der Wahrnehmung durch den BID ein einheitliches Sauberkeitsniveau auf dem gesamten Straßenzug erreicht wird. Da in Hamburg diese Grundreinigung staatlicherseits gegen Gebühr erbracht wird, hat sich daher beispielsweise der BID Bergedorf im Bereich Sauberkeit konsequenterweise auf die Graffiti-Entfernung konzentriert, wo ähnliche Synergieeffekte für die Eigentümer zu erzielen sind. Zum anderen bringt der BID seine Interessen in der sog. Stadtreinigungsrunde ein. Hier wird also kein zusätzliches Geld investiert, sondern versucht, durch bessere Abstimmung einen zielgenaueren Einsatz der städtischen Mittel zu erreichen.

Ähnliches gilt für die Unterschiede im Bereich Sicherheit. Während auch in deutschen BIDs private Sicherheitsdienste eingesetzt werden, dienen diese bislang nicht vorrangig dazu, den Kunden ein erhöhtes Sicherheitsgefühl zu vermitteln. Im BID Bergedorf wurden Sicherheitsleute nachts eingesetzt, um eine abschreckende Wirkung auf Graffiti-Schmierer zu entfalten. Und beim BID Neuer Wall wird ebenfalls ein Sicherheitsdienst eingesetzt, im Wesentlichen zur Überwachung des Parkraums.[262] Dass in beiden Fällen die Presse den Einsatz von Sicherheitsdiensten mit der Schlagzeile „(Schwarze) Sheriffs" (Hamburger Abendblatt, 27.06.2006 und Bergedorfer Zeitung, 06.10.2008) bedacht hat, zeigt die hohe Sensibilität des Themas.

Bei der Überwachung des öffentlichen Raums bestehen insoweit Unterschiede, als der Einsatz von Videoüberwachung in Deutschland gesetzlich streng geregelt und auf wenige Fälle beschränkt ist. Der Wunsch der Eigentümer nach deren Einsatz angesichts der Ohnmacht gegenüber Vandalismusschäden trifft in Deutschland auf klare Grenzen.

Insoweit wird deutlich, dass sich insbesondere auf der Maßnahmenebene eine andere Schwerpunktsetzung als in den USA abzeichnet – bedingt durch andere Rahmenbedingungen. Diese Kontextbedingungen betreffen einerseits den Zustand der öffentlichen Räume bezüglich Sicherheit und Sauberkeit, andererseits aber auch die gesetzlichen Rahmenbedingungen. Deutlich wird aber auch, dass die Nutzung und Nutzbarkeit des öffentlichen Raums immer ein Aushandlungsprozess bleibt. Wie sich dies konkret in einem Quartier manifestiert, hängt auch von den Vorstellungen und der Durchsetzungskraft der zuständigen Gemeinde ab – dies gilt für BIDs nicht anders als für andere Entwicklungen im öffentlichen Raum.

5.7 *Fazit: Kontextanpassungen im Zuge des BID-Transfers*

Der in den vorangegangenen Abschnitten vorgenommene Abgleich der Kontextbedingungen mit dem deutschen BID-Modell hat ergeben, dass die zentrale Abweichung vom US-Vorbild – der Verzicht auf eine eigene Rechtspersönlichkeit und die Einführung eines Aufgabenträgers – als Anpassung eines aus den USA importierten Instruments an andere Kontextbedingungen zu interpretieren ist. Die Konstruktion eines BIDs ohne eigene Rechtsform stattet diesen im Vergleich zu den USA mit weniger eigenen Handlungsmöglichkeiten aus. Dies ermöglicht es, einen BID dem Gemeinwohl unterzuordnen (durch den in §5 (5) GSED vorgeschriebenen Abgleich mit den öffentlichen Belangen). Eine Übernahme hoheitlicher Auf-

262 Die Mitarbeiter können zwar selbst keine Strafzettel verteilen, können aber wie jeder andere Bürger auch Anzeige bei der Polizei erstatten (Hamburger Abendblatt, 27.06.2006).

gaben durch ein BID ist im deutschen System praktisch ausgeschlossen. Gleichzeitig schien es aufgrund dieser rechtlichen Konstruktion, im Zusammenspiel mit der begrenzten Laufzeit, nicht zwingend notwendig, die demokratische Mitbestimmung der Eigentümer in der Umsetzung gesetzlich zu regeln. Analog zu der in Deutschland verbreiteten Logik der Legitimationsketten wird die demokratische Legitimation eines BIDs durch Beschluss einer Gemeindevertretung (bzw. in Hamburg durch Rechtsverordnung des Senats) als ausreichend angesehen; dementsprechend verzichten die deutschen BID-Gesetze auf verbindliche öffentliche Anhörungen, in denen die Bürger sich unmittelbar zu den geplanten Maßnahmen eines BIDs äußern könnten. Durch diese rechtliche Konstruktion werden BIDs an die in Deutschland vorherrschenden hierarchischen Koordinierungsformen angepasst.[263] Da im Rechtssystem die vorherrschenden Wertvorstellungen kodifziert sind, bedeutet eine Anpassung an das Rechtssystem in Form einer Suche nach der passenden Rechtsform auch eine Anpassung an Kontextunterschiede – auch wenn diese Anpassungsleistung nicht explizit und bewusst aufgrund einer sorgfältigen Analyse dieser Unterschiede vollzogen wurde.

Anders verhält es sich dagegen mit anderen Abweichungen vom US-Modell, wie der Abgabenerhebung auf Wohneigentum, der *sunset*-Regelung[264] und der Deckelung der Abgabenhöhe. Hier ist der Befund uneindeutig: Zum Teil können diese als Folge eines unvollständigen Politiktransfers interpretiert werden, und zwar insbesondere als Folge der unvollständigen Informationsbeschaffung. Einige dieser Abweichungen sind gut begründet worden: Die Laufzeitbegrenzung und die Deckelung der Abgabenhöhe sind als Schutzvorkehrung für die Grundeigentümer gedacht. Der Verzicht auf eine Differenzierung nach Lage und Nutzung wurde damit begründet, dass sich dies bereits in den Einheitswerten niederschlüge.[265]

263 Dies heißt jedoch nicht, dass die Anpassung nicht auch mit anderen rechtlichen Konstruktionen erreicht werden kann. So sieht, wie dargestellt, das nordrhein-westfälische Gesetz vor, dass BIDs sich mit eigener Rechtsform organisieren (ISGG NRW §2 (1)).

264 Die Laufzeitbegrenzung ist im Übrigen nicht eindeutig als Abweichung zu sehen, da sie in etlichen US-Bundesstaaten ebenfalls praktiziert wird. Wie dargestellt, gilt ein Verzicht darauf als *best practice* im Sinne einer Verfahrenseinfachung, überträgt der Gemeinde aber auch eine höhere Verantwortung.

265 Aus dem Kreis der Lenkungsgruppe des BID Sachsentor wurde jedoch angemerkt, dass die Höhe der Einheitswerte häufig nicht nachvollziehbar sei und die Einheitswerte vergleichbarer Gebäuden stark voneinander abwichen, z.B. aufgrund unterschiedlicher Baujahre. Tatsächlich bildet der Einheitswert unterschiedliche Bauzustände nicht

Aber auch in der deutschen Praxis führen zwei der drei aufgeführten Abweichungen zu Problemen: Dies betrifft sowohl die Unflexibilität in Bezug auf die Festlegung der Bemessungsgrundlage als auch die Deckelung der Abgabenhöhe:

> Die Projektpraxis zeigt tatsächlich, dass es eine Reihe von gesetzlichen Regelungen gibt, die die Arbeit der Initiativen eher erschweren als erleichtern. Drei sollen hier angesprochen werden. Ein erster Problemkreis betrifft den Kreis der Abgabepflichtigen: In den Bundesländern, die eine finanzielle Einbeziehung von Wohneigentümern vorsehen, besteht … das Problem, dass diese Anlieger das gewerblich ausgerichtete ‚Business Improvement District' finanziell bisweilen nicht mittragen wollen. … Probleme bereitet die Nicht-Einbeziehung von Gewerbemietern, die für alle Bundesländer mit Ausnahme Schleswig-Holsteins gilt. … Dort, wo die Umwälzbarkeit in den Mietverträgen festgeschrieben ist, besteht umgekehrt die Kritik der Gewerbemieter an der fehlenden Abstimmungsberechtigung im Formalverfahren. Ein weiterer Problemkreis ist mit dem Umlageschlüssel gegeben: Die für die Gesetze nach Hamburger Vorbild bestehende Fixierung auf den Grundstückseinheitswert führt für die Initiativen zu einem hohen Maß an Kostenintransparenz hinsichtlich der Belastung der einzelnen Grundstücke. … Ein dritter Problemkreis bezieht sich auf die Begrenzung des BID-Budgets auf 10% der Einheitswertsumme. (HEINZE; TSCHENTSCHER 2008: 30 f.)

Möglicherweise wird diese Kritik in zukünftigen Gesetzesänderungen noch berücksichtigt – mit den Gesetzesänderungen in Hamburg und Hessen sind ja bereits Änderungen beim Umlageschlüssel eingeführt worden. Die Sinnhaftigkeit der Laufzeitbegrenzung dagegen ist bisher nicht angezweifelt worden, obwohl – wie das Fallbeispiel gezeigt hat – der Prozess der Neueinrichtung dem hohen Aufwand der erstmaligen Gründung in nichts nachsteht. Um u. a. das Einrichtungsverfahren von BIDs einfacher und transparenter zu machen, wird aktuell eine weitere Änderung des Hamburger GSED vorbereitet. Zudem soll im Zuge dessen für BIDs, in deren Gebiet mehr als 1.000 Einwohner wohnen, ein verbindlicher öffentlicher Informationstermin eingeführt werden.

Anpassungen an veränderte Kontextbedingungen sind auch bezüglich der jeweiligen Maßnahmenschwerpunkte[266] zu erkennen. Bei den deutschen BIDs zeichnet derzeit ein Schwerpunkt auf den Maßnahmen Konzeptent-

immer richtig ab, da die Kriterien für Größe und Ausstattung eines Hauses seit 1964 nicht mehr geändert wurden. Der Bundesfinanzhof hat daher im August 2010 entschieden, dass die Bewertung des Grundvermögens neu geregelt werden muss (Financial Times Deutschland, 15.09.2010).

266 Eine Anpassung auf der Maßnahmenebene wurde für Südafrika von HOYT ebenfalls mit einer Schwerpunktsetzung von BIDs auf Sicherheit festgestellt, vgl. Kapitel III6.

wicklung und Städtebau/Verkehr ab, während bei den US-amerikanischen BIDs Marketing und Sauberkeit auf den vordersten beiden Plätzen rangiert (vgl. Abschnitt IV3.2.1). Auch inhaltlich ist die Maßnahme Sauberkeit – wie anhand des Fallbeispiels BID Bergedorf gezeigt – häufig anders ausgerichtet als in den USA. Dies ist eindeutig eine Reaktion auf unterschiedliche Kontexte: Während in Deutschland das Grundniveau an Sicherheit und Sauberkeit im öffentlichen Raum als garantiert und relativ gut bezeichnet werden kann, gilt dies für die USA nicht. Dadurch entsteht eine größere Notwendigkeit für Private, sich in diesen Bereichen zu engagieren.

Es gibt aber noch einen weiteren Unterschied auf der Maßnahmenebene, der anhand der in Abschnitt I2.1 vorgestellten Klassifizierung der BID-Maßnahmen in (1) Dienstleistungen für Unternehmen, (2) Interessenvertretung, (3) „traditionelle" öffentliche Dienstleistungen und (4) staatliche Kernaufgaben aufgezeigt werden kann und von großer Bedeutung ist: Während sich BIDs in den USA auch in originär staatlichen Aufgaben engagieren, ist eine Übernahme hoheitlicher Aufgaben durch deutsche BIDs praktisch ausgeschlossen. Auch wenn in den USA den BIDs etwa die Kompetenz zur Übernahme von Planungsaufgaben oder ein Engagement bei *community courts* nicht ausdrücklich zugebilligt wird, stoßen sie in diesen Bereichen in staatliche Kernaufgaben vor. Sie füllen aufgrund ihrer relativen Stärke die „Lücken", die infolge der relativen Schwäche staatlicher Institutionen entstehen.[267] Auch wenn in Deutschland diese Gefahr angesichts des postulierten Rückzug des Staates vom Grundsatz her ebenfalls besteht, hat die Analyse der im Zuge des Politiktransfers vorgenommenen Anpassungen deutlich gemacht, dass für die Einrichtung von deutschen BIDs ein Gemeinwohlvorbehalt gilt. Es bleibt abzuwarten, inwieweit die deutschen Behörden diese Befugnis auch im Falle eines Konfliktes kraftvoll wahrnehmen werden.

267 Vgl. auch das in Abschnitt III1.1 bereits angeführte Zitat: „But in the United States, BIDs often fill gaps in municipal services or compensate for what they do poorly. Where government is competent and effective, BIDs rarely need to tread." (LEVY 2001: 128).

V Schlussfolgerungen

Mit Hilfe des *Varieties of Capitalism*-Ansatz (VoC) (Kapitel II3) konnte die Einbettung von Institutionen und Instrumenten in den jeweiligen ökonomischen Kontext analysiert werden. Besonders wertvoll am VoC-Ansatz ist, dass damit die Aufmerksamkeit auf die unterschiedlichen Koordinierungsmechanismen der *economic governance* gelenkt wird. Es wurde herausgearbeitet, dass in der liberalen Ökonomie der USA marktliche Koordinierungsformen überwiegen, während diese in der koordinierten Marktwirtschaft Deutschlands ergänzt werden durch hierarchische und netzwerkförmige Mechanismen. Da sich der VoC-Ansatz auf den ökonomischen Kontext und die Wechselwirkungen beschränkt, wurde der Ansatz um weitere Kriterien aus dem gesellschaftlichen und politischen Kontext ergänzt. Auch für diese Bereiche konnten die gleichen zugrunde liegenden Koordinierungsstrukturen wie im ökonomischen Bereich nachgewiesen werden.

Aus dem VoC-Ansatz ergibt sich unmittelbar, dass eine Übertragung von Instrumenten in andere gesellschaftliche und wirtschaftliche Kontexte nicht effizient sein kann bzw. die Effizienz anderer Institutionen beinträchtigt. Die Einführung von BIDs, einem politischen Instrument aus dem US-amerikanischen Kontext der liberalen Marktwirtschaft nach Deutschland scheint daher im Widerspruch zu diesem Ansatz zu stehen. Um diesen Widerspruch aufzulösen, wurden aus der Verschränkung des VoC-Ansatzes mit Ansätzen des Politiktransfers vier Thesen (vgl. Kap. II7) entwickelt. Die Analyse der Kontexteinbettung von BIDs im deutschen und US-amerikanischen Kontext mit Hilfe des aus dem VoC-Ansatz entwickelten ergänzten Analyserahmens hat offen gelegt, welche Veränderungen des BID-Modells als kontextbedingte Anpasungen zu interpretieren sind. Anhand der Ergebnisse dieser Analyse werden im Folgenden die Thesen dahingehend überprüft, inwiefern sie zur Erklärung des BID-Transfers trotz Kontextunterschieden beitragen können.

Abschließend werden Rückschlüsse aus den empirischen Erkenntnissen für die theoretischen Ansätze und Konsequenzen aus der in dieser Arbeit gewonnenen Erkenntnissen für die Praxis gezogen sowie Verbesserungsvorschläge für das Instrument BID erarbeitet.

1 Überprüfung der Thesen

1.1 *Scheitern des Politiktransfers*

Wie dargestellt, wurde im Vorfeld der BID-Einführung in Deutschland befürchtet, dass das Instrument BID angesichts der verbreiteten Haltung nach dem Staat zu rufen und der vergleichsweise höheren Steuerbelastung von den Grundeigentümern nicht angenommen werden würde. In diesem Falle hätte es sich um eine Kollision des aus dem liberalen ökonomischen Kontext stammenden Instruments mit grundlegenden Wertvorstellungen im deutschen Kontext gehandelt. Wie sich gezeigt hat, war dies jedoch nicht der Fall: Angesichts von BID-Gesetzen in mittlerweile sechs Bundesländern, mindestens 20 operativen BIDs und ungezählten BID-Initiativen kann davon ausgegangen werden, dass diese These nicht weiterverfolgt werden muss.

Auffällig ist in diesem Zusammenhang allenfalls, dass bislang in keinem der ostdeutschen Bundesländer ein BID-Gesetz verabschiedet wurde; einzig Sachsen hatte dies erwogen, ohne dies allerdings bislang umgesetzt zu haben. Immerhin hatte FUCHS (2000: 46) für die demokratische Gemeinschaft der neuen Bundesländer empirisch andere normative Vorstellungen festgestellt als für die alten Bundesländer und erstere dem demokratisch-sozialistischen Modell zugeordnet, in dem die Verantwortung des Individuums für das eigene Lebensschicksal stärker beim Staat gesehen wird. An dieser Stelle kann allerdings nur spekuliert werden, ob eine Kollision dieser auf eine stärkere Rolle des Staates setzenden Wertvorstellungen mit den im BID verkörperten liberalen Grundeinstellungen eine Ursache für die bisherige Zurückhaltung der ostdeutschen Bundesländer bei der Verabschiedung von BID-Gesetzen sein könnte. Diskussionsbeiträge von ostdeutschen Teilnehmern im Rahmen des Difu-Seminars „Business Improvement Districts – Bausteine erfolgreicher Stadtentwicklung?" vom 26.-28.09.2007 in Hamburg deuten darauf hin, dass durchaus Skepsis gegenüber dem planerisch nicht steuerbaren Instrument BID vorhanden ist.

1.2 *Transfer eines „kontextneutralen" Instruments*

Mit „Kontextneutral" ist hier ein Instrument gemeint, das keine spezifischen Wechselwirkungen zu den anderen Institutionen seines Kapitalismus-Typs ausgebildet hat und sich daher problemlos in andere Kontexte übertragen lassen müsste. Diese These trifft auf BIDs teilweise zu: Zwar sind BIDs nicht „kontextneutral“, da sie geradezu prototypisch für das US-amerikanische Grundverständnis der Selbsthilfe sind (vgl. III1.1 und vor allem III5.1). Sie bieten aber auch Anknüpfungspunkte zu Institutionen der koordinierten Marktwirtschaft: Dies gilt insbesondere für ihre netzwerkförmige Struktur der Zusammenarbeit, die an die neokorporatistischen Netzwerke und anderen Formen verbindlicher Zusammenarbeit im deutschen ökonomischen Subsystem anknüpfen kann. BIDs bieten daher eine Organisationsform, die in Deutschland nicht unbekannt ist und an vorhandene Strukturen anknüpfen kann – diese Aussage gilt auch, obwohl für die Rechtsform ein neuer Weg beschritten wurde. An vielen Orten konnten BIDs auf vorhandenen freiwilligen Zusammenschlüssen von Einzelhändlern aufbauen; wie anhand des Fallbeispiels gezeigt wurde, haben jahrelang aktive Protagonisten das neue Instrument gerne angenommen, da es die Chance bot, die Nachteile der freiwilligen Organisation zu überwinden.

1.3 Anpassungen des Instruments an den neuen Kontext

Diese These stellt die am weitesten gehende Verschränkung der Ansätze VoC und Politiktransfer dar: Sie behält die Annahme von Wechselwirkungen zwischen den jeweiligen Subsystemen bei, geht aber gleichzeitig von einer Übertragbarkeit von Elementen aus, aber nur sofern diese an den importierenden Kontext angepasst werden. Das jeweilige gesellschaftlich-ökonomische System behält dabei aber seine Grundrichtung bei.

Die bisherige Analyse hat aufgezeigt, dass a) Veränderungen am US-amerikanischen BID-„Modell“ vorgenommen wurden (vgl. Abschnitt IV3.1.3) und dass diese Anpassungen eine bessere Kontexteinpassung von BIDs in Deutschland zur Folge haben (vgl. Kapitel IV5). Dies bezog sich insbesondere auf den zentralen Unterschied, nämlich den Verzicht auf eine eigene Rechtsform für BIDs und die mit der staatlicherseits vorzunehmenden Abwägung einhergehenden Unterordnung unter das Gemeinwohl. Diese Anpassung führte, wie dargestellt, zu einer besseren Einbindung des neuen Instruments in die Subsysteme Wertvorstellungen, demokratisches System, Planungsverständnis und öffentlicher Raum.

Die (Teil-) Verifizierung dieser These hat Auswirkungen auf eine mögliche Weiterentwicklung des VoC-Ansatzes (vgl. dazu auch den folgenden Abschnitt V2.1).

In dieser Arbeit war allerdings auch bereits an mehreren Stellen die Rede davon, dass die Wertvorstellungen in Deutschland im Wandel begriffen sind (s. dazu insbesondere den Abschnitt IV1.1.3). Die These 3 kann daher nur im Zusammenspiel mit der folgenden These 4 betrachtet werden.

1.4 *Politiktransfer im Kontext weiterer (gesellschaftlicher) Veränderungen*

Wie in Abschnitt IV5.1 ausgeführt, sind Wertvorstellungen ebenso wie andere Institutionen nicht statisch. Sie sind zwar, wie etwa ABELSHAUSER (2003) für die ökonomischen Institutionen Deutschlands ausgeführt hat, durch historische Entwicklungen geprägt und erstaunlich stabil, unterliegen aber auch einem ständigen Wandel. Für einen Wandel der deutschen Wertvorstellungen gibt es zahlreiche Indizien: So etwa die in dieser Arbeit zitierte Rede des damaligen Ersten Bürgermeisters von Hamburg vor dem Übersee-Club (BEUST 2003), in der er weniger Staatsgläubigkeit und mehr Eigeninitiative einfordert, die sog. „Ruck"-Rede des damaligen Bundespräsidenten Roman HERZOG (1997), aber auch die empirische Untersuchung von BEYER und HASSEL (2003), die in ihrer Untersuchung über die Übernahme angloamerikanischer Praktiken im Bereich der *corporate governance* und deren Auswirkungen auf die industriellen Beziehungen die Entstehung neuer, „hybrider" Institutionen nachgewiesen haben (vgl. Abschnitt II4.1.2), oder die Hinweise von Christopher BAHN (2004) in Bezug auf die zunehmende Bedeutung kapitalmarktfinanzierter institutioneller Anleger im Bereich des Immobilienmarktes (vgl. Abschnitt II4.1.3).

Die Einführung von BIDs wurde von zahlreichen Protagonisten auch deshalb so positiv gesehen, weil BIDs in ihren Augen geradezu prototypisch US-amerikanische Werte verkörpern – auch wenn sie sich dabei nicht explizit auf die USA bezogen. Beispiele dafür finden sich in der Rede des damaligen Ersten Bürgermeisters von Hamburg[268], in der vom Geschäftsführer der CIMA GmbH, Mario Mensing, im Interview genannten Grundüberzeugung über die Grenzen öffentlichen Handelns und die von ihm gewünschte stärkere Rolle privater Akteure im Sinne einer „städtischen Verantwortungsgesellschaft". Der

268 „Die Menschen nehmen ihr Schicksal selbst in die Hand, der Staat zieht sich zurück, Eigenverantwortung greift um sich, und die Probleme werden schneller gelöst." (BEUST 2003: 8) (vgl. das vollständige Zitat in Abschnitt IV1.1.3).

Verfasser des Hamburger GSED beschrieb die Neuartigkeit des BID-Gesetzes zwei Jahre später in einer Publikation mit den folgenden Worten:

> Staatliche Institutionen sind nicht immer in der Lage, allen gesellschaftlichen Anforderungen zu genügen. Der Glaube an die Fähigkeit städtischer Verwaltungen mit Sanierungsbeiräte [sic] oder Stadtplanungsausschüssen, stets richtige Weichenstellungen für den Bedarf der lokalen Wirtschaft und Bevölkerung vorzunehmen, wird nicht mehr von allen geteilt. Zugleich ist überall die Bereitschaft der Bürger und der Unternehmen spürbar, aktiv an der Verbesserung der örtlichen Verhältnisse aktiv mitzuwirken. Das Hamburgische Gesetz zur Stärkung der Dienstleistungs- und Einzelhandelszentren stellt in vielerlei Hinsicht neuartige Regelungen bereit, die es privaten Akteuren vor Ort stärker als bisher ermöglichen, Verantwortung für gemeinschaftliche Ziele zu übernehmen. (HUBER 2007: 475)

Die Überzeugung, dass die Einführung eines Instruments nach Deutschland, das die Übernahme von mehr Eigeninitiative ermöglicht, richtig sei, wurde also von vielen Protagonisten des BID-Transfers explizit geteilt. Wie oben bereits herausgearbeitet, war erst das Vorhandensein eines – in diesem Zusammenhang unter dem Schlagwort der „Wachsenden Stadt" zusammengefassten – entsprechenden politischen Willens die hinreichende Bedingung für die erfolgreiche BID-Einführung in Hamburg.

Nicht zuletzt mag es auch kein Zufall gewesen sein, dass gerade Hamburg als erstes Bundesland BIDs eingeführt hat und bislang dort auch die meisten BIDs entstanden sind. Die Stadtgeschichte Hamburgs zeichnet sich durch die bis in das 13. Jahrhundert zurückgehende Selbstverwaltung aus. Der Wohlstand der Stadt gründet sich in der Handelstätigkeit und erreichte durch den Beitritt zum Städtebund der Hanse einen Höhepunkt. Traditionell haben bürgerliche Kaufleute eine starke Rolle in der Politik[269] gespielt. Im Gegensatz zu vielen anderen deutschen Städten kennt Hamburg daher keine hierarchische Unterordnung unter eine Fürstenherrschaft – in der bürgerlichen Selbstverwaltung Hamburgs war die „städtische Verantwortungsgemeinschaft" schon früh realisiert.

269 Baulich materialisiert hat sich diese Nähe in der Verbindung von Hamburger Rathaus (Bauzeit 1886-1897) und Börse (1841 errichtet und mehrfach erweitert), in der heute die Handelskammer ansässig ist: Die beiden Gebäude bilden einen gemeinsamen Innenhof, auch wenn innerhalb der Gebäude keine Verbindung besteht. Ebenso gibt es Parallelen in den organisatorischen Bezeichnungen: So kennt sowohl der Senat die sog. Senatssyndici (= Staatsräte, in anderen Bundesländern Staatssekretäre) (vgl. Art. 47 der Verfassung der Freien und Hansestadt Hamburg) als auch die Handelskammer den Titel Syndikus. Ebenso tragen die Hamburgischen Senatoren gleichzeitig den Titel Präses der jeweiligen Behörde, während die Handelskammer ebenfalls einen Präses hat.

1.5 Fazit

Zur Erklärung für den Erfolg der BID-Einführung können also die Thesen 2-4 in Kombination Beiträge liefern. Entscheidend für die erfolgreiche Einführung in Deutschland dürfte gewesen sein, dass BIDs, wie in dieser Arbeit gezeigt werden konnte, Anknüpfungsmöglichkeiten an den deutschen Kontext aufwiesen, und zwar insbesondere im Bereich des ökonomischen Systems. Im Bereich des politischen Systems wurden im Zuge des Transfers entscheidende Anpassungen am BID-Modell vorgenommen. Schließlich konnten BIDs als Musterbeispiel für mehr Selbstverantwortung in einem als verkrustet kritisierten deutschen System präsentiert werden.

Obwohl Business Improvement Districts vom Ersten Bürgermeister Hamburgs als Musterbeispiel für weniger Staatsgläubigkeit und mehr Selbstverantwortung gepriesen wurden, blieben sie gleichzeitig die einzige konkrete Politik, die aus den USA übertragen wurde. Es deutet also einiges darauf hin, dass im BID-Transferprozess der Zufall eine nicht unerhebliche Rolle gespielt hat: Die BID-Einführung entsprang keiner systematischen Suche nach Instrumenten, die den vertretenen Wertewandel untermauern könnten, sondern die BID-Idee passte in den Zeitgeist. Zum Erfolg des Transfers dürfte aber auch beigetragen haben, dass BIDs als einfach strukturierter Politikansatz im Sinne von LÜTZ (2007: 141) gute Voraussetzungen für einen Politiktransfer boten. Durch die Einführung von BIDs konnte somit die politische Botschaft vermittelt werden, mehr für Eigeninitiative zu tun, ohne dass die Einführung dieses neuen Instruments weitere, tief greifende Veränderungen im deutschen System vorausgesetzt oder nach sich gezogen hätte.

Es scheint nach jetziger Sicht auch wenig wahrscheinlich, dass durch die Einführung von BIDs Anpassungsbedarfe in anderen Subsystemen ausgelöst werden: Es muss also wohl nicht befürchtet werden, dass die Einführung von BIDs ein Vorbote für eine „Amerikanisierung der deutschen Stadt" sein könnte. Allenfalls kann der Transfer von BIDs als Beleg für eine Öffnung der deutschen Gesellschaft in Richtung auf bestimmte US-amerikanische Wertvorstellungen interpretiert werden.

2 Rückschlüsse für die theoretischen Ansätze und die weitere Forschung

2.1 *Konsequenzen für den Varieties of Capitalism-Ansatz*

Aus ihren Prämissen haben HALL und SOSKICE ihre Theorie komparativer institutioneller Vorteile abgeleitet und daraus die These entwickelt, dass sich im Zuge der Globalisierung die institutionellen Vorteile der Kapitalismustypen nicht ausgleichen, sondern im Gegenteil noch verstärken würden. Empirische Untersuchungen haben Hinweise darauf geliefert, dass diese These in der Praxis nicht haltbar ist und nicht von einer unbedingten Pfadtreue der verschiedenen Kapitalismus-Modelle ausgegangen werden kann, sondern sich diese dynamisch weiterentwickeln. Dabei werden Elemente verschiedener Kapitalismustypen gemischt und es entstehen neue Formen; dies wurde hier als Hybridisierung (Kap. II4.1.2) bezeichnet.

Die Analyse des BID-Transfers bestätigt ebenfalls, dass diese Prämisse des *Varieties of Capitalism*-Ansatzes nicht haltbar ist. Deutsche BIDs stellen eine hybride Mischform dar, die den BID-Grundgedanken in eine neue Form gießt: Sie manifestieren die Wertschätzung von Eigeninitiative und Selbsthilfe, ordnen die Privatinitiative aber dem Gemeinwohl unter.

Aus den Erkenntnissen dieser Arbeit folgt für den VoC-Ansatz: Die relationale Sicht auf Unternehmen, also die Betonung der Unternehmensbeziehungen, hat sich als äußerst hilfreich erwiesen, da sie die Analyseperspektive im Sinne der *economic governance* auf die dominanten Koordinationsbeziehungen lenkt. Die für das ökonomische System gewonnenen Befunde konnten auf die anderen untersuchten gesellschaftlichen Teilsysteme übertragen werden. Die Unterscheidung zwischen zwei Modellen der Marktwirtschaft wurde hier erweitert auf eine Unterscheidung von zwei sich grundlegend unterscheidenden Gesellschaftssystemen. Die Unterschiede konnten entlang der zugrunde liegenden Wertvorstellungen modelliert werden, die für die USA eine Präferenz wettbewerblicher Koordinationsformen zeigen, die in der koordinierten Marktwirtschafts Deutschlands ebenfalls die Grundlage bilden, aber in wesentlichen Bereichen von hierarchischen und netzwerkartigen Formen flankiert werden. Damit konnte gezeigt werden, dass sich die Grundstruktur der Koordinationsmechanismen auch in Institutionen anderer gesellschaftlicher Teilsysteme fortsetzt.

Der erweiterte Analyserahmen hat gute Dienste für die Analyse der Wechselwirkungen von BIDs mit ihrem jeweiligen Kontext geleistet. So konnte gezeigt werden, dass die US-amerikanischen BIDs in vielfältiger Weise in ihren Kontext eingebettet sind. Es konnten mögliche Konfliktpunkte zwischen dem aus US-amerikanischen BIDs abgeleitete „Grundmodell BID“ mit dem deutschen Kontext identifiziert werden und einige der im Zuge des Politiktransfers vorgenommenen Veränderungen als Kontextanpassungen interpretiert werden.

Die Kombination des *Varieties of Capitalism*-Ansatzes mit theoretischen Konzepten des Politiktransfers hat sich somit bewährt. Der VoC-Ansatz diente dazu, die Kontextunterschiede zwischen den USA und Deutschland herauszuarbeiten und bot somit den Rahmen für die Analyse der Kontexteinbettung einer Institution (den BIDs), wie es von Vertretern eines Politiktransfers auf der Basis von rationalen Kriterien gefordert wird. Mit den vorgenommenen Änderungen hat sich der Ansatz dafür als äußerst brauchbar erwiesen.

2.2 Konsequenzen für die Politiktransfer-Ansätze

Politiktransfer stellt kein einheitliches Theoriegebäude dar. Es wurden daher für die Analyse des BID-Transfers zwei Ansätze angewendet, die unterschiedliche Beiträge für das Forschungsziel leisten konnten.

Der Ansatz des „Politiktransfers als vorausschauende Politikevaluation“ von MOSSBERGER und WOLMAN war von den Autoren als Handlungsanleitung für Entscheider gedacht, die eine neue Problemlösung nach dem Vorbild einer bereits vorhandenen Politik konzipieren wollen. Im weiteren Verlauf ihrer Arbeit wenden sie ihre auf rationalen Kriterien basierenden Empfehlungen allerdings für die Analyse des Verlaufs bereits durchgeführter Politiktransfers an. So wurde auch in dieser Arbeit vorgegangen und der bereits abgeschlossene BID-Transferprozess mit Hilfe dieses Ansatzes analysiert. Mit diesem Abgleich konnten mögliche Fehlerquellen insbesondere in den Phasen der Informationsgewinnung und -bewertung identifiziert werden. Trotz der an diesem Ansatz geäußerten Kritik konnten damit wertvolle Hinweise für die weiteren Analyseschritte bereitgestellt werden, so z.B. für die Suche nach Ursachen für bestimmte Abweichungen des deutschen vom US-amerikanischen BID-Modells.

Schließlich wurde das „Politiktransfernetzwerk“ von EVANS und DAVIES für die Identifikation der beim Politiktransfer zusammenwirkenden

Akteure und deren Motive herangezogen. Der Ansatz war überdies hilfreich für die analytische Unterscheidung verschiedener Phasen im Politiktransferprozess. Allerdings setzt die Analyse nach EVANS und DAVIES erst mit der Wahrnehmung eines politischen Problems durch politische Akteure ein; wie sich gezeigt hat, sind im Falle des BID-Transfers entscheidende Weichenstellungen für den Prozess bereits vorher vorgenommen worden.

2.3 *Hinweise für die weitere Forschung über BIDs*

Wie sich im Verlauf dieser Arbeit gezeigt hat, weist die BID-Forschung eine Reihe von Lücken auf. So gibt es beispielsweise für die USA keine vergleichende Zusammenschau aller BID-Gesetze, geschweige denn aller BIDs. Empfehlungen für gesetzliche Vorkehrungen werden häufig eher von Experten gegeben, die BIDs in der Praxis anwenden (so etwa HOUSTOUN 2003). Dabei wird allerdings die Rolle der staatlichen Seite systematisch unterbelichtet. Wünschenswert wäre aus Sicht dieser Arbeit eine Untersuchung, welche Faktoren dazu führen, dass eine Stadt ihre Aufsichtsfunktion kraftvoll und effizient wahrnimmt und ob unterschiedliche gesetzliche Regelungen hierauf einen Einfluss haben. Ebenso fehlt ein Vergleich der Vor- und Nachteile unterschiedlicher Rechtsformen von BIDs[270] in Bezug auf die staatliche Kontrolle. Nimmt man BIDs als öffentlich-private Partnerschaft ernst, ist diese Frage von großer Bedeutung. Im Rahmen dieser Arbeit wurde aufgezeigt, dass die Rolle der öffentlichen Hand für die Vermeidung kritischer Entwicklungen, aber auch für eine effektive Aufsicht über die Umsetzungsphase (vgl. III4.3.4) von entscheidender Bedeutung ist.

Dass die Forschung über deutsche BIDs noch in den Kinderschuhen steckt, versteht sich angesichts der kurzen Existenz von selbst. Aus der Perspektive dieser Arbeit stellen sich für die deutschen BIDs ähnliche Fragen: Zum einen wird zu untersuchen sein, ob und inwieweit sich unterschiedliche gesetzliche Regelungen auf die Praxis auswirken; dabei sind aus meiner Sicht u. a. zwei Aspekte von Interesse:

270 JUSTICE 2003 hat im Rahmen seiner Promotion unterschiedliche Rechtsformen von BIDs in New Jersey untersucht und die Frage gestellt, ob BIDs in Eigenregie („self-governing“, also in Rechtsform der *nonprofit corporation*) oder von der Stadt abhängige BIDs („externally governed“, also als *public authority* organisierten) effizienter arbeiten.

- Die Frage, ob die Rechtsform eines BIDs (sei es ohne eigene Rechtspersönlichkeit mit Aufgabenträger oder mit eigener Rechtspersönlichkeit wie im nordrhein-westfälischen ISGG) Auswirkungen hat, insbesondere auf die Mitgestaltungs- und Kontrollmöglichkeiten der Eigentümer oder auf den Grad der Autonomie gegenüber der Stadt.
- Die Frage, ob die Freiheit, die das schleswig-holsteinische PACT-Gesetz den Initiatoren in der Festlegung einer Bemessungsgrundlage lässt, den Gründungsprozess eines BIDs aufgrund der zu findenden Einigung über eine „gerechte“ Grundlage komplizierter macht oder im Gegenteil die Gründung von BIDs auch in weniger homogenen Gebieten ermöglicht.

Zum anderen ist gerade für Deutschland, wo dem Staat eine starke und wichtige Rolle in der Abwägung der BID-Interessen mit dem Gemeinwohl zukommt, die Frage von außerordentlicher Bedeutung, wie kraftvoll eine Genehmigungsbehörde dieser Aufgabe nachkommt und ob sie im Falle von Kollisionen tatsächlich Änderungen am Maßnahmenkonzept verlangt oder die Einrichtung eines BIDs gegebenenfalls verhindert.

Weiter wird zu beobachten sein, auf welche Maßnahmen zukünftige BIDs ihre Schwerpunkte legen und ob sich diese angesichts knapper öffentlicher Kassen verschieben werden.

3 Konsequenzen für mögliche Anpassungen des Instrumentes BID

In Abschnitt IV5.7 wurden die Abweichungen des Hamburger BID-Modells von den vorgestellten US-BID-Modellen im Hinblick darauf untersucht, ob sie als Anpassung auf unterschiedliche Kontexte, als Fehler im Politiktransferprozess zu interpretieren sind oder auf andere Ursachen zurückzuführen sind. Daraus lassen sich Empfehlungen für mögliche Anpassungen für deutsche BIDs ableiten: Bei den Kontextanpassungen ist zu fragen, inwieweit die untersuchten Anpassungen als ausreichend zu erachten sind oder ob sich aus den unterschiedlichen Kontexten weitere Anpassungsbedarfe ableiten lassen; bei den Transferfehlern kann gefragt werden, ob eine nachträgliche Anpassung an die *best practices* angezeigt ist.

Zu der ersten Gruppe gehört, wie dargestellt, insbesondere der Verzicht auf eine eigene Rechtspersönlichkeit. Dass die damit verbundene Anpassungsleistung an den deutschen Kontext in Form der Unterordnung unter die Gemeinwohlabwägung und die Einhegung der möglichen Aufgaben eines BIDs auch anders hätte gelöst werden können – wie etwa in den nordrhein-westfälischen ISGen – ist dabei unbestritten. Im Hamburger Modell bedeutet der Verzicht auf eine eigene Rechtspersönlichkeit für BIDs auf jeden Fall ein Fehlen von Regelungen bezüglich der BID-Binnenstruktur. Wie das Fallbeispiel BID Sachsentor gezeigt hat, ist ein Bedarf nach Mitentscheidung und Kontrolle seitens der Grundeigentümer vorhanden – wenn auch nur von einigen engagierten Personen. Erst im Rahmen des Nachfolge-BID gelang es, die Organisations- und Strukturprobleme zu gelösen. In anderen Fällen, wie beim BID Neuer Wall oder den vier Giessener BIDs (vgl. Abschnitt IV3.2.2) wurden andere Organisationsmodelle gewählt, die besser auf *inputs* der Grundeigentümer reagieren können. Diese Freiheit, ein eigenes, jeweils an die Situation angepasstes Modell zu wählen, war vom Gesetzgeber durchaus intendiert: „Die Wahl der Rechtsform soll den Initiatoren überlassen bleiben, um ihnen eine optimale Anpassung an die jeweiligen Ziele zu ermöglichen.“ (HUBER 2007: 468) In diesem Sinne scheint es auch fraglich, ob eine Festschreibung der Binnenstruktur überhaupt gesetzlich geregelt werden sollte, da die Praxis genügend geeignete (und ungeeignete) Modelle zur Verfügung stellt. Durch ihre Vetomacht haben die Grundeigentümer, wie sich im Fall Bergedorf gezeigt hat, prinzipiell die Macht, eine Organisationsform durchzusetzen, in denen sie ihre Anliegen einbringen können und in der sie den Aufgabenträger effektiv kontrollieren können. Die gewählten Modelle in Gießen und beim BID Neuer Wall und der Prozess in Bergedorf zeigen, dass sie sich zum einen der Problematik der *throughput*-Legitimation bewußt sind und zum anderen ihre Macht auch entsprechend einsetzen. Dementsprechend liegt es auch im Ermessen der Grundeigentümer, inwieweit und in welcher Form sie andere Akteure – insbesondere die Einzelhändler – in die BID-relevanten Entscheidungen einbinden wollen. Auch dafür stehen verschiedene organisatorische Möglichkeiten zur Verfügung, wie die Gründung von Vereinen oder die Berufung von sog. kooptierten Mitgliedern in die Lenkungsgruppe.

Die Praxis der *throughput*-Legitimation muss aber dringend beobachtet werden. Eine „starke Hand“ der Stadt unter Ausnutzung ihrer Kontrollmöglichkeiten ist unabdingbar, wie die Untersuchung „Cities within Cities“

(COUNCIL OF THE CITY OF NEW YORK 1995) in New York City eindrucksvoll gezeigt hat.

Die Bürgerbeteiligung im Rahmen der Einrichtung eines BIDs ist im Hamburger Fall im Vergleich zu den USA nur rudimentär. Als Einrichtungs- und Aufsichtsbehörde ist jedes Bezirksamt gehalten, die Politik entsprechend zu beteiligen. Dies geschieht allerdings im eigenen Ermessen jedes Bezirksamtes. Wie das Beispiel des BID Wandsbek Markt zeigt, wurde die Bezirksversammlung bzw. ihre Ausschüsse erst über die formale Antragstellung informiert. Die grundlegenden Entscheidungen über die geplante Umgestaltung des öffentlichen Raums durch den BID sind allerdings bereits vor der Antragstellung in einem Wettbewerbsverfahren gefallen, an dem Politikvertreter nur selektiv beteiligt wurde. Die Bezirksversammlung ist angesichts solcher Versäumnisse (fast) hilflos und könnte nur im Nachhinein das Bezirksamt verpflichten, zukünftig frühzeitiger zu informieren. Auch wenn dieses Vorgehen aus legitimatorischer Sicht nicht zu beanstanden ist, ist es doch ein gefühltes Demokratiedefizit. Letztendlich ist dieses Vorgehen aber konform mit der Hamburger Verwaltungsstruktur, in der die Bezirksversammlungen nicht befugt sind, ähnlich wie in den Flächenländern eine Satzung aufgrund eines Landesgesetzes zu verabschieden, sondern der Senat eine Rechtsverordnung zur Einrichtung eines BIDs erlässt. Die im Rahmen der aktuell anstehenden zweiten Änderung des GSED geplante Einführung einer verbindlichen Bürgerbeteiligung, wenn mehr als 1.000 Einwohner im Innovationsbereich leben, wird diesem grundsätzlichen Missstand nicht abhelfen.

Eine Lösung dieses Dilemmas des gefühlten Demokratiedefizits ist bei Beibehaltung der Hamburger Verwaltungsstruktur nicht trivial. Denn eine verbindliche Beteiligung der Bezirksversammlungen gesetzlich zu regeln, bedeutete einen Eingriff in die durch die Verwaltungsreform eingeführte Selbstständigkeit der Bezirksämter und in die Zweistufigkeit der Verwaltung. Stattdessen müsste man den einzelnen Bezirksversammlungen raten, entsprechende Beschlüsse zu fassen, die das jeweilige Bezirksamt zu einer frühzeitigen Beteiligung der Politik verpflichten. Eine bessere Information der Bürger ist damit jedoch immer noch nicht gesichert, da bei den Sitzungen der Bezirksversammlungen erfahrungsgemäß nur wenige Bürger anwesend sind. Diese geringe Präsenz aber mit Desinteresse gleichzusetzen, führt nicht weiter. Denn die Bürger interessieren sich sehr wohl für Veränderungen in ihrem Umfeld, und je weniger sie diese eindeutig einem Urheber zuordnen können, desto größer ist die Gefahr, dass Politikverdrossenheit zunimmt. Eine bessere Information und Beteiligung der Bürger im Vorfeld der Einrichtung eines BIDs, und insbesondere eines, der bauliche Veränderungen vorsieht und somit Einfluss auf das Lebensumfeld der Menschen nimmt, ist daher dringend geboten. Die angeführten Beispiele gemeindlicher Befassung mit BID-Gründungen in Schleswig-Holstein zeigen, dass mehr Öffentlichkeit dem Gründungsprozess nicht schaden muss.

Eine Konsequenz aus der hier ausgeführten Überlegungen kann daher sein, dass Hamburg genügend (Personal-) Ressourcen zur Überwachung von BIDs in allen drei Legitimationsbereichen einsetzt, mit deren Hilfe insbesondere auch auf eine umfassende Beteiligung der Bezirksversammlungen geachtet wird und die BID-Initiativen auch im Sinne einer ausreichenden Information der politischen Gremien und der Bürger beraten werden. Im Übrigen gilt dies auch für eine umfassende Erfolgskontrolle, die, wie gezeigt wurde, in den wenigsten Fällen von den BIDs befriedigend implementiert wurde und durch städtische Auflagen flankiert werden sollte.

Zu der zweiten Gruppe von Verbesserungsempfehlungen gehören die Abweichungen, die vor allem auf fehlende Informationen im Politiktransferprozess und nicht auf Kontextunterschiede zurückzuführen sind. Dazu gehört die Differenzierungsmöglichkeit der Abgabe nach Nutzung und Lage, die Deckelung der Abgabe bei 10% des Einheitswertes, Verfahrensvereinfachungen bei Verlängerungen und eine Kombination mit anderen Finanzierungsmöglichkeiten bzw. (stadtplanerischen) Instrumenten. Diese einzelnen Abweichungen sind unterschiedlich zu bewerten.

Dem Hamburger Gesetzgeber war zwar bekannt, dass in den USA Differenzierungsmöglichkeiten der Bemessungsgrundlage und die Möglichkeit, Gewerbetreibende mit der Abgabe zu belegen, existieren. Was offensichtlich nicht bekannt war, war, dass Ausnahmeregelungen insbesondere für Wohnnutzungen in neuere US-Gesetze Eingang gefunden haben (s. beispielhaft Pennsylvania). In Hamburg wurde bewusst auf Differenzierungsmöglichkeiten verzichtet, da erstens Innovationsbereiche nur in überwiegend durch Einzelhandel geprägten Gebieten entstehen sollten und zweitens die Nutzungs- und Lagedifferenzen bereits im Einheitswert berücksichtigt seien. Das ist zwar grundsätzlich richtig, jedoch berücksichtigt der Einheitswert den baulichen Zustand eines Gebäudes nur unzureichend und wird daher von vielen als ungerecht empfunden. Zudem zeigt die Praxis in Schleswig-Holstein mit dem PACT-Gesetz, dass von BID-Aktiven auch andere Bemessungsgrundlagen gewählt werden. Es ist daher fraglich, ob die mit der Bindung an den Einheitswert verbundene Intention, den

Initiatoren die mühselige Einigung auf eine andere Bemessungsgrundlage zu ersparen, wirklich so sinnvoll ist, oder ob den Aktiven damit nicht vielmehr die Möglichkeit genommen wird, flexibel auf unterschiedliche Gegebenheiten zu reagieren – ebenso wie mit der Organisationsform. So liegen im Gebiet des BID II Sachsentor beispielsweise 1a- und 1b-Lagen oder im BID Alte Holstenstraße (Lohbrügge) wird ein erheblicher Teil der Immobilien in den oberen Geschossen zu Wohnzwecken genutzt, obwohl es sich der Wahrnehmung nach eindeutig um ein Einzelhandelszentrum handelt. Eine Öffnung wird, wie dargestellt, auch von Praktikern gefordert und scheint auch aus Sicht dieser Arbeit sinnvoll. Hessen hat eine Befreiung von Wohnnutzungen bereits im Rahmen der Gesetzesnovellierung berücksichtigt (s. Abschnitt IV3.1.2). Vor diesem Hintergrund scheint es wahrscheinlich, dass in dieser Hinsicht weitere Anpassungen der bestehenden Gesetze vorgenommen werden.

Ob dagegen eine Abgabeerhebung von Gewerbetreibenden sinnvoll ist, ist fraglich. Großbritannien tut dies, allerdings nur, weil es dort keine Grundsteuer gibt. In den USA gibt es nur wenige Beispiele. Sinnvoll wäre allenfalls, die Gewerbetreibenden ergänzend heranzuziehen, wie dies in Schleswig-Holstein möglich ist, aber nicht praktiziert wird. Die Diskussionen um die (finanzielle) Verantwortung für Marketingmaßnahmen im Fallbeispiel belegen, dass ein ergänzender Beitrag des Einzelhandels dazu willkommen gewesen wäre. Eine eventuelle finanzielle Belastung der Einzelhändler müsste allerdings mit entsprechenden Mitbestimmungsmöglichkeiten flankiert werden, wie dies das PACT-Gesetz in § 2 vorsieht.

Fraglich ist ebenfalls, ob es sinnvoll ist, eine Deckelung der Abgabe bei 10% des Einheitswertes aufrechtzuerhalten, der mit Blick auf die hohen Immobilienwerte am Neuen Wall entwickelt wurde (HEINZE; TSCHENTSCHER 2008: 11). Immerhin zwei der sechs bestehenden BID-Gesetze verzichten (teilweise) darauf (vgl. Tab. 25). Prinzipiell als Schutz für die Grundeigentümer gedacht, ist auch hier die Frage, ob die Grenze in der Praxis nicht eher eine Behinderung denn eine Sicherheit darstellt. Denn BIDs mit niedrigen Einheitswerten stoßen schnell an die Grenze des finanziell Möglichen. Auf der anderen Seite sollte das Negativquorum eine genügend große Sicherheit für Grundeigentümer darstellen, um einer als zu hoch empfundenen Abgabenlast widersprechen zu können. Die um die Verlängerung des BID Sachsentor geführten scharfen Diskussionen über eine als zu hoch empfundene BID-Abgabe sprechen auch dazu eine deutliche Sprache (vgl. Abschnitt IV4.5).

Als heikel wäre der Verzicht auf eine Laufzeitbegrenzung anzusehen. Die Befristung wurde vom Gesetzgeber als wichtigste Vorkehrung zum Schutz der Eigentümer gesehen (vgl. Abschnitt IV1.2.1). Auf der anderen Seite ist es für die Initiatoren mit einem hohen Aufwand verbunden, wenn sie alle fünf Jahre die gleichen Verfahrensschritte durchlaufen müssen wie bei der Ersteinrichtung. Der damit verbundene formale Verwaltungsprozess mit den entsprechenden Fristen kann dazu führen, dass – wie im Fallbeispiel – eine zeitliche Lücke entsteht, die für die Beteiligten höchst ärgerlich ist. Eine dauerhafte Einrichtung eines BIDs – wie sie faktisch in New York und New Jersey gegeben ist – scheint aber für Hamburg allein schon durch den Verzicht auf die eigene Rechtspersönlichkeit ausgeschlossen: Denn gerade die zeitliche Befristung von BIDs war eine der Hauptbegründungen dafür, dass eine öffentlich-rechtliche Körperschaft als nicht geeignet ausgeschlossen wurde. Außerdem hat der Untersuchungsbericht „Cities within Cities" (COUNCIL OF THE CITY OF NEW YORK 1995) eindrücklich die Gefahren aufgezeigt, wenn die Stadt ihren Überwachungspflichten zum Beispiel aus Personalmangel nicht ausreichend nachkommt (vgl. Abschnitt III4.3.2). Es scheint also nicht unbedingt ratsam zu sein, von der Laufzeitbegrenzung abzuweichen – auch wenn überlegt werden kann, einige Verfahrensvereinfachungen einzuführen, wie es Hamburg aktuell im Rahmen der zweiten GSED-Änderung plant.

Die letzte Abweichung – die Kombination der BID-Abgabe mit anderen Finanzierungsmöglichkeiten – wird bislang in Deutschland die nur in Einzelfällen praktiziert, auch wenn die Budgetrelevanz anderer Finanzierungsquellen (bislang) gering ist. Dazu sind allerdings keine gesetzlichen Änderungen notwendig, da – wie die Praxis zeigt – eine Kombination prinzipiell möglich ist.

4 Zum Schluss

Ohne den Anspruch, hier noch einmal alle Erkenntnisse dieser Arbeit zusammenzufassen, möchte ich hier mehr anekdotenhaft zum Schluss noch einmal zwei Gesichtspunkte ins Gedächtnis rufen.

Augenfällig ist zum einen, dass die Einführung von BIDs in Deutschland erstaunlich reibungslos funktioniert hat. Mögliche Gründe dafür sind hier identifiziert worden: Zum einen ist die Einführung von BIDs keinesfalls ein Systemwechsel, sondern ein relativ „kleiner" Baustein, der aus einer auf anderen Wertvorstellungen basierenden Marktwirtschaft eingeführt worden ist. Dennoch ist die Etablierung von BIDs in Deutschland nur im Zusammenhang mit weiteren gesellschaftlichen Veränderungen zu verstehen und zu interpretieren. Zum anderen wurde das Instrument BID durchaus an die hiesigen anderen Kontextbedingungen angepasst, auch wenn dieser Prozess angesichts des nicht bewusst durchgeführten Politiktransferprozesses eher als „intuitiv" zu bezeichnen ist.

Zum anderen ist an vielen Stellen dieser Untersuchung deutlich geworden, dass mehr nüchterne Betrachtung und weniger Legendenbildung und Glorifizierung im Zusammenhang mit BIDs notwendig ist: Bei allen Vorteilen, die BIDs bieten können, sind sie bei weitem kein Allheilmittel und können nicht überall und nur in Kombination mit einem ganzen Instrumentenbündel einer umfassenden Stadtentwicklungspolitik effektiv zur Stärkung der Zentren beitragen.

Ein weiterer wichtiger Aspekt in diesem Zusammenhang ist, dass durch BIDs der Staat keineswegs überflüssig wird, sondern ganz im Gegenteil eine starke staatliche Kontrolle in allen drei Bereichen der Legitimation für das gute Funktionieren von BIDs absolut unverzichtbar ist: Die Stadt muss darauf achten, dass die Interessen aller Betroffenen bei der Einrichtung eines BIDs berücksichtigt werden; sie muss darauf achten, dass flankierend zu der inneren Struktur eines BIDs Anliegen der Grundeigentümer Berücksichtigung finden und der Aufgabenträger sauber arbeitet, und nicht zuletzt sollte sie eine Erfolgskontrolle der Maßnahmen verlangen (*input-*, *throughput-* und *output-*Legitimation). Dieser Befund steht in eklatantem Gegensatz zu der von BID-Befürwortern gerne stilisierten Leistungsfähigkeit des Privatsektors. Die Analyse mit Hilfe des *varieties of capitalism-*Ansatzes, die den Blick auf die Koordinierungsmechanismen und die Stärken und Schwächen einzelner institutioneller Arrangements gelenkt hat, hat zu dieser Erkenntnis entscheidend beigetragen: Beide Akteure, Privatsektor und Staat, verfügen über spezifische Stärken und ein BID bietet gerade die Chance, beide gewinnbringend einzusetzen.

VI Verzeichnis der Anhänge

VII Abkürzungsverzeichnis

ATCM	Association for Town Center Management, ein der BCSD vergleichbarer Zusammenschluss der Stadt- und Citymanagementorganisationen Großbritanniens
BBV	Hamburger Behörde für Bau und Verkehr (bis 2004)
BCSD	Bundesvereinigung City- und Stadtmarketing Deutschland e.V.
BIA	Business Improvement Area, die kanadische Bezeichnung für BIDs
BID	Business Improvement District
BSU	Hamburger Behörde für Stadtentwicklung und Umwelt
CBD	*central business district*; meist das Stadtzentrum US-amerikanischer Städte
FHH	Freie und Hansestadt Hamburg
GSED	Gesetz zur Stärkung der Einzelhandels- und Dienstleistungszentren (Hamburgisches BID-Gesetz vom 28.12.2004)
IDA	International Downtown Association, die Dachorganisation der US-amerikanischen Citymanagement- und BID-Organisationen, spielt eine wichtige Rolle in der Verbreitung der BID-Idee
IHKG	Gesetz zur vorläufigen Regelung des Rechts der Industrie- und Handelskammern
INGE	Gesetz zur Stärkung von innerstädtischen Geschäftsquartieren (Hessisches BID-Gesetz vom 20.11.2007)
MIT	Massachusetts Institute of Technology
NID	Neighborhood Improvement District, die mit dem jüngsten BID-Gesetz in Pennsylvania eingeführte Bezeichnung für BIDs
PACT	Partnerschaften zur Attraktivierung von City-, Dienstleistungs- und Tourismusbereichen (Bezeichnung für BIDs in Schleswig-Holstein)
SBS	Department for Small Business Services, die Aufsichtsbehörde für BIDs der Stadt New York
SID	Special Improvement District, die in New Jersey übliche Bezeichnung für BIDs
TABIA	Toronto Association of Business Improvement Areas
UEZ	das *Urban Enterprise Zone*-Programm in New Jersey
VoC	*Varieties of Capitalism*-Ansatz von HALL und SOSKICE (2001)

VIII Glossar

Board (of directors)	Lenkungsgremium eines BID
Borough	in New York: Stadtbezirk (Bronx, Brooklyn, Manhattan, Staten Island und Queens) in New Jersey: Stadtgemeinde (ursprünglich in einer bestimmten Verwaltungsform)
City Council	Stadtrat von New York City
Community Board	eine Besonderheit von New York City: Sie vertreten die Bewohner der 59 Verwaltungseinheiten unterhalb des Borough, bestehen aus Freiwilligen und werden vom *Borough President* ernannt. Die jeweiligen Wahlkreisabgeordneten sind nicht-stimmberechtigte, ex-officio Mitglieder. Die *Community Boards* haben beratende Funktion
Governing body	Es gibt in New Jersey eine Reihe von unterschiedlichen Verwaltungsformen für die *municipalities*: Neben den fünf „traditionellen“ Formen (also *cities, boroughs, towns, villages, townships*) gibt es zwei sog. „moderne Formen“ mit dem *Walsh Act* (1911) und dem *Municipal Manager Law* (1923) sowie vier weitere Formen unter dem *Faulkner Act* (1950, geändert 1981). Einige Gemeinden haben eine eigene, davon abweichende Verwaltungsform unter einer vom Bundesstaat zu genehmigenden *Special Charter*. Unter dem *Walsh Act* besteht der *governing body* nur aus einer drei oder fünf Mitglieder umfassenden *commission*. Das *Municipal Manager Law* sieht einen schwachen, vom *Council* gewählten Bürgermeister vor. Der in den meisten Gemeinden geltende *Faulkner Act* wiederum „provides many choices for communities with a preference for a strong executive and professional management of municipal affairs and offers great flexibility in allowing municipalities to select the characteristics of its government: the number of seats on the Council; seats selected at-large, by wards, or through a combination of both; staggered or concurrent terms of office; and a mayor chosen by the Council or elected directly by voters“. (http://en.wikipedia.org/wiki/New_Jersey, Zugriff 11.11.2008)
Negativquorum	Eine Regelung in BID-Gesetzen, nach der bei der Abstimmung über die Einrichtung eines BIDs ein bestimmtes Mindestquorum ablehnender Stimmen nicht überschritten werden darf.
not-for-profit, nonprofit	Eine *not-for-profit organization* unterliegt dem § 501. Exemption from tax on corporations, certain trusts, etc. des US-Code (Title 26, Sub-

title A, Chapter 1, Subchapter F, Part I) geregelt. Insgesamt gibt es 27 verschiedene Typen von *nonprofit* Organisationen. Die für die Verwaltung von BIDs üblichen Formen sind 501(c)(3) und (4). Organisationen nach 501(c)(3) sind von der föderalen Einkommenssteuer ausgenommen. Das Einkommen kommt in der Regel aus öffentlichen Quellen und die Leistungen müssen der Öffentlichkeit und nicht einzelnen Individuen zugute kommen. Zwecke der Organisation können sein „religious, charitable, scientific, testing for public safety, literary, or educational purposes, or to foster national or international amateur sports competition, or for the prevention of cruelty to children or animals." Spenden sind abzugsfähig.
Organisationen nach 501(c)(4) sind ebenfalls gemeinnützig und widmen sich der sozialen Wohlfahrt oder verfolgen die Interessen einer lokalen Arbeitnehmervereinigung. Einnahmen dienen mildtätigen Zwecken, der Erziehung und Bildung oder der Erholung. Von Organisationen nach 501(c)(3) unterscheiden sie sich insbesondere dadurch, dass sie sich politisch betätigen und Lobbyarbeit betreiben dürfen.

Sunset-Regelung — Laufzeitbegrenzung eines BID, d.h. die Laufzeit endet automatisch nach einer bestimmten Anzahl – meist fünf – Jahren.

IX Literaturverzeichnis

1 Monografien und Artikel in Fachzeitschriften

Abelshauser, Werner (2003): Kulturkampf. Der deutsche Weg in die Neue Wirtschaft und die amerikanische Herausforderung. Berlin: Kadmos.

Albers, Gerd (1993): Über den Wandel im Planungsverständnis. In: RaumPlanung 61: 97-103.

Albert, Michel (1992): Kapitalismus contra Kapitalismus. Frankfurt am Main/New York: Campus.

Albert, Michel (2001): Kapitalismus contra Kapitalismus: zehn Jahre danach. In: Blätter für deutsche und internationale Politik. Berlin: Blätter-Verl.-Ges., Bd. 46, 12: 1451-1462.

Altrock, Uwe (2007): Von den USA lernen? Potentiale und Grenzen zivilgesellschaftlichen Engagements in der Stadt- und Regionalentwicklung. In: Altrock et al.: 237-249.

Altrock, Güntner; Huning, Kuder; Nuissl, Henning; Peters, Deike (Hg.) (2006): Sparsamer Staat – Schwache Stadt? Kassel u. a.: PlanungsRundschau Ausgabe 13.

Altrock, Uwe; Hoffmann, Heike; Schönig, Barbara (2007) (Hg.): Hoffnungsträger Zivilgesellschaft? Governance, Nonprofits und Stadtentwicklung in den Metropolenregionen der USA. Kassel u. a.: PlanungsRundschau Ausgabe 15.

Altrock, Uwe; Schubert, Dirk (2003): „Öffentlicher Raum" – Einige Klarstellungen und Entwicklungsperspektiven. In: Jahrbuch Stadterneuerung: Stadtkultur und öffentlicher Raum. Berlin: 95-108.

Baasch, Florian (2006): Ansätze zur Stadtteilaufwertung durch Business Improvement Districts (BIDs): Diskussion am Beispiel eines Innenstadtquartiers in Heilbronn. Kaiserslautern: Techn. Univ., Lehrstuhl Regionalentwicklung und Raumordnung, Schriftenreihe Materialien zur Regionalentwicklung und Raumordnung, Nr. 16.

Baer, Susan E.; Marando, Vincent L. (2001): The subdistricting of cities: Applying the polycentric model. In: Urban Affairs Review, 36 (5): 721-733.

Baer, Susan E. (2008): Private Governments: A Polycentric Perspective. In: Morçöl et al.: 51-69.

Bagnasco, Arnaldo; Le Gales, Patrick (2000): Introduction: European cities: local societies and collective actors? In: Bagnasco, Arnaldo (Hg.): Cities in contemporary Europe. Cambridge [u. a.]: Cambridge Univ. Press: 1-32.

Bahn, Christopher (2001): Der Einzelhandel als Ressource der Stadtentwicklung in Deutschland und Großbritannien: ein Vergleich mit den USA. In: Rudolph: 157-176.

Bahn, Christopher (2004): Die Bedeutung des Immobiliensektors für den Einzelhandel. Institutionelle Investoren als zentrale Akteure im Betriebstypenwandel. In: RaumPlanung 113: 63-66.

Bahrdt, Hans-Paul (Hg. von Ulfert Herlyn) (2006): Die moderne Großstadt: soziologische Überlegungen zum Städtebau. Wiesbaden: VS Verlag.

Banerjee, Tridib (2001): The Future of Public Space. Beyond Invented Streets and Reinvented Places. In: Journal of the American Planning Association, Vol. 67, No. 1: 9-24.

Barlösius, Eva (2006): Gleichwertig ist nicht gleich. In: Aus Politik und Zeitgeschichte, Nr. 37/11.09.2006.

Baugesetzbuch (BauGB) (2008). München: dtv.

Benz, Arthur (2004): Governance – Regieren in komplexen Regelsystemen. Eine Einführung. Wiesbaden: VS Verlag.

Benz, Arthur; Lütz, Susanne; Schimank, Uwe; Simonis, Georg (Hg.) (2007a): Handbuch Governance. Theoretische Grundlagen und empirische Anwendungsfelder. Wiesbaden: VS Verlag.

Benz, Arthur; Lütz, Susanne; Schimank, Uwe; Simonis, Georg (2007b): Einleitung. In: dies.: 9-25.

Benz, Arthur; Papadopoulos, Yannis (2006): Governance and democracy: concepts and key issues. In (Dies.): Governance and democracy. Comparing national, European and international experiences. London, New York: Routledge: 1-26.

Beyer, Jürgen (Hg.) (2003a): Vom Zukunfts- zum Auslaufmodell? Die deutsche Wirtschaftsordnung im Wandel. Wiesbaden: Westdeutscher Verlag.

Beyer, Jürgen (2003b): Einleitung: Unkoordinierte Modellpflege am koordinierten deutschen Modell. In: ders.: 7-35.

Beyer, Jürgen; Hassel, Anke (2003): Die Folgen der Konvergenz. Der Einfluss der Internationalisierung auf die Wertschöpfungsverteilung in großen Unternehmen. In: Beyer, Jürgen (2003a): 155-184.

Binger, Sebastian (2010): Erfolgsfaktoren im Gründungsprozess von Business Improvement Districts: ein Überblick über den Forschungsstand und eine empirische Analyse von Gründungsprozessen deutscher BID-Initiativen. Hamburg: Kovač.

Binger, Sebastian; Büttner, Frithjof (2005): Business Improvement Districts: Ein Erfahrungsbericht aus Hamburg. In: Neues Verwaltungsmanagement 12/05: 1-40.

Binger, Sebastian; Büttner, Frithjof (2008): Erfolgsfaktoren bei der Gründung und Umsetzung von BIDs. Hamburger Erfahrungen mit Business Improvement Districts. In: RaumPlanung 138/139: 129-134.

Binger, Sebastian; Büttner, Frithjof; Klimach, Dirk (2006): Prozesssteuerung im BID-Verfahren. In: RaumPlanung 126/127: 131-135.

Binger, Sebastian; Büttner, Frithjof; Schmidt, Daniela (2007): BIDs in Hamburg: Aktuelle Entwicklungen und Forschungsergebnisse. In: Neues Verwaltungsmanagement 04/07. C 5.12: 1-39.

Binger, Sebastian; Klimach, Dirk (2006): BIDs in Hamburg – Bericht aus den Pilotprojekten Bergedorf und Neuer Wall. In: PlanerIn 2-06: 45-46.

Birk, Florian (2002a): Erfahrungen aus der Praxis: Stadtmarketing. In: Geographische Handelsforschung Nr. 11, Juli 2002: 5-8.

Birk, Florian (2002b): Stadtmarketing und New Public Management: Perspektiven einer strategischen Stadtsteuerung als Public Private Partnership. In: BCSD (Hg.): Stadtmarketing, Stand und Perspektiven eines kooperativen Stadtmanagements. Aachen: Shaker-Verl.: 21-34.

Birk, Florian (2004a): Aufwertung von Quartieren: Business Improvement Districts. In: AKP 5/2004: 59-62.

Birk, Florian (2004b): Gemeinsam statt einsam. FM und BID: Perspektiven für ein aktives Umfeldmanagement. In: Gebäude-Management 5/2004: 22-23.

Birk, Florian (2007): BIDs für Misch-, Wohn- und Gewerbegebiete. Selbstbesteuerung zur Finanzierung öffentlicher Güter. In: Stadt und Gemeinde 4: 137-138.

Birk, Florian; Grabow, Busso; Hollbach-Grömig, Beate (Hg.) (2006): Stadtmarketing – Status quo und Perspektiven. Berlin: difu-Beiträge zur Stadtforschung, Bd. 42.

Birk, Florian; Mensing, Mario (2004): Strategisches Management zur Stärkung der Innenstädte. In: RaumPlanung 113: 67-72.

Birk, Florian; Reichhardt, Bernd; Märkt, Jörg (2006): Business Improvement Districts als Instrument zur Belebung der Innenstädte und gewachsenen Lagen. In: Sinning, Heidi (Hg.): Stadtmanagement, Strategien zur Modernisierung der Stadt(-Region). Dortmund: Rohn: 298-306.

Birk, Florian; Wegener, Alexander (2006): Stadtmarketing als Element der kooperativen Demokratie im Blick der Politikwissenschaft. In: Birk; Grabow; Hollbach-Grömig: 239-262.

Bockmeyer, Janice (1999): Stadtteilerneuerung und Bewohneraktivierung: Partizipationsstile in deutschen und amerikanischen Erneuerungsgebieten. In: ILS NRW (Hg.): 20-26.

Boether, Alexander (2005): Business Improvement Districts auf dem Prüfstand. Aufgaben, Organisation und rechtliche Möglichkeiten von Eigentümerinitiativen. DSSW-Schriften 51.

Bogumil, Jörg (Hg.) (2002a): Kommunale Entscheidungsprozesse im Wandel. Theoretische und empirische Analyse. Opladen: Leske + Budrich.

Bogumil, Jörg (2002b): Kooperative Demokratie – Formen, Potenziale und Grenzen. In: Haus: 151-166.

Boyer, Robert; Hollingsworth, J. Rogers (1997a): How and Why do Social Systems of Production Change? In: Hollingsworth; Boyer (1997a): 189-196.

Boyer, Robert; Hollingsworth, J. Rogers (1997b): The Variety of Institutional Arrangements and their Complementarity in Modern Economies. In: Hollingsworth; Boyer (1997a): 49-54.

Briffault, Richard (1999): A Government for Our Time? Business Improvement Districts and Urban Governance. In: Columbia Law Review, Vol. 99, No. 2 (March): 365-477.

Brune, Walter (2003): Mord an der Stadt. In: cima*direkt* 3/2005: 6-7.

Bürgerschaft der Freien und Hansestadt Hamburg (FHH) (2004b), Wortprotokoll der öffentlichen Sitzung des Stadtentwicklungsausschusses. Drucksache 18/10 vom 26.11.2004.

Büttner, Frithjof (2005): Business Improvement Districts. Hamburgs Weg zu einem Landesgesetz. In: Raumplanung 120/121: 157-159.

Bundesvereinigung City- und Stadtmarketing Deutschland e.V. (BCSD) (Hg.) (2003): Business Improvement Districts (BID). Ein Modell (auch) für Deutschland?! Internationales Expertenhearing der BCSD am 19.03.2003 in der Handelskammer Hamburg. Gevelsberg: BCSD Schriftenreihe N° 2.

Business Improvement Districts (BID) – Ein Modell auch für Deutschland? In: cima*direkt* 2/2003: 10-12.

Caruso, Gina; Weber, Rachel (2008): Getting the Max for the Tax: An Examination of BID Performance Measures. In: Morçöl et al.: 319-348.

Christopherson, Susan (1994): The fortress city, privatized spaces, consumer citizenship. In: Amin, A.: Post-Fordism: A reader. Cambridge, MA: Blackwell: 409-427.

Christopherson, Susan (2001): *Lean retailing* in marktliberalen und koordinierten Wirtschaften. In: Rudolph: 57-80.

CIMA (2003): Themenheft Business Improvement Districts. cima*direkt* Supplement 1/2003.

Colley, Sharon (1999): Betting on BIDs. In: American City & County, 01.12.1999.

Council of the City of New York (1995), Staff Report to the Finance Committee: Cities within Cities: Business Improvement Districts and the Emergence of the Micropolis.

Council of the City of New York City (1997), Staff Report to the Finance Committee: Managing the Micropolis. Proposals to Strengthen BID Performance and Accountability.
Czada, Roland (2007): 1.4 Markt. In: Benz; Lütz; Schimank; Simonis: 68-81.
Dahl, Robert A. (1994): A Democratic Dilemma. System Effectiveness versus Citizen Participation. In: Political Science Quarterly 109: 23-34.
Dettling, Hans; Volke, Jessica (2009): BID als Akteure in der Innenstadtentwicklung – Das Beispiel Gießen. In: PlanerIn 6-09: 25-28.
Dolowitz, David P.; Marsh, David (1996): Who Learns What from Whom: a Review of the Policy-Transfer Literature. In: Political Studies XLIV: 343-357.
Dolowitz, David P.; Marsh, David (2000): Learning form Abroad: The Role of Policy Transfer in Contemporary Policy Making. In: Governance, 13 (1): 5-14.
Düsterhöft, Roswitha; Edelhoff, Silke: Stadtteilzentren – Integrierte Entwicklung. Ein Beitrag zur Steigerung der Lebensqualität in der Stadt. In: PlanerIn 1-05: 17-19.
Einig, Klaus; Grabher, Gernot; Ibert, Oliver; Strubelt, Wendelin (2005): Urban Governance. Zur Einführung. In: Informationen zur Raumentwicklung, 9/10.2005: I-IX.
Elkins, Zachary; Simmons, Beth (2005): On Waves, Clusters, and Diffusion: A Conceptual Framework .In: The ANNALS of the American Academy of Political and Social Science, Vol. 598, No. 1: 33-51.
Erstes deutsches BID-Gesetz in Kraft getreten. In: cima*direkt* 4/2004: 17.
Evans, Mark (2004): Policy Transfer in Global Perspective. Aldershot: Ashgate.
Evans, Mark; Davies, Jonathan (1999): Understanding Policy Transfer: a Multi-Level, Multi-Disciplinary Perspective. In: Public Administration, 77 (2): 361-385.
Falkenberg, Hartmut; Heilmann, Ernst (2001): Bürgerbegehren und -entscheid in der Praxis aus Sicht einer Bürgerinitiative: „Wem gehört die Stadt?" In: Bull, Hans-Peter (Hg.): Fünf Jahre direkte Bürgerbeteiligung in Hamburg, unter Berücksichtigung von Berlin und Bremen. Hamburg: Landeszentrale für Politische Bildung: 129-141.
Fishman, Robert (1991): Die befreite Megalopolis. Amerikas neue Stadt. In: ARCH+ 109/110: 73-83.
Fishman, Robert (2000): The American Planning Tradition. An Introduction and Interpretation. In: ders. (Hg.): The American Planning Tradition. Washington, D.C.: The Woodrow Wilson Center Press: 1-29.
Flick, Uwe (2002): Qualitative Sozialforschung. Eine Einführung. Reinbek bei Hamburg, 6. Aufl.
Freie und Hansestadt Hamburg (FHH) (2004a), Bezirksamt Bergedorf: Ausschreibungsunterlagen Bahnhofsvorplatz Hamburg-Bergedorf. Januar 2004.
Freie und Hansestadt Hamburg (FHH) (o. J. a), Behörde für Stadtentwicklung und Umwelt: Akte BID Business Improvement Districts Gesetz zur Stärkung der Einzelhandels- und Dienstleistungszentren, Aktenzeichen 60.00-5/50-16, Bd. 1-5.
Fuchs, Dieter (2000): Die demokratische Gemeinschaft in den USA und in Deutschland. In: Gerhards, Jürgen (Hg.): Die Vermessung kultureller Unterschiede. Deutschland und USA im Vergleich. Wiesbaden: Westdt. Verl.: 33-72.
Fürst, Dietrich; Lahner, Marion; Zimmermann, Karsten (2004): Neue Ansätze integrierter Stadtteilentwicklung: Placemaking und Local Governance. Erkner bei Berlin: IRS.
Garodnick, Daniel R. (2002): What's the BID Deal? Can the Grand Central Business Improvement District Serve a Special Limited Purpose? In: University of Pennsylvania Law Review, 148 (5): 1733-1770.

Gedaschko, Axel (2008): Hamburg: Eine Stadt geht neue Wege. In: PPP-Kompakt, April.
Gerhards, Jürgen (2000): Einleitende Bemerkungen. In: ders. (Hg.): Die Vermessung kultureller Unterschiede. Deutschland und USA im Vergleich. Wiesbaden: Westdt. Verl.: 7-13.
Glaesze, Georg (2001): Privatisierung öffentlicher Räume? Einkaufszentren, Business Improvement Districts und geschlossene Wohnkomplexe. In: Berichte zur deutschen Landeskunde 75 2/3: 160-177.
Grabow, Busso; Hollbach-Grömig, Beate (2006): Stadtmarketingelemente und Typen von Stadtmarketing. In: Birk; Grabow; Hollbach-Grömig: 61-80.
Grabow, Busso; Hollbach-Grömig, Beate; Birk, Florian (2006): Stadtmarketing – Aktuelle Entwicklungen im Überblick. In: Birk; Grabow; Hollbach-Grömig: 19-34.
Gross, Jill Simone (2008): Business Improvement Districts in New York City's Low- and High-Income Neighborhoods. In: Morçöl et al.: 221-247.
Grossman, Seth A. (2010): Reconceptualizing the Public Management and Performance of Business Improvement Districts. In: Public Performance & Management Review, Vol. 33, No. 3, March: 361-394.
Habermas, Jürgen (1992): Drei Modelle der Demokratie. In: Münkler, Herfried (Hg.): Die Chancen der Freiheit: Grundprobleme der Demokratie. München u. a.: Piper: 11-24.
Hall, Peter A. (1993): Policy Paradigms, Social Learning and the State – The Case of Economic Policymaking in Britain. In: Comparative Politics, 25 (3): 275-296.
Hall, Peter A.; Soskice, David (2001): An Introduction to Varieties of Capitalism. In: Hall, Peter; Soskice, David (Hg.): Varieties of Capitalism. The Institutional Foundations of Comparative Advantage. Oxford: Oxford University Press: 1-68.
Handelskammer Hamburg (2002): Das Profil der Bergedorfer Innenstadt schärfen. Bearb. von Heiner Schote. Hamburg.
Handelskammer Hamburg (2004a): Stellungnahme der Handelskammer Hamburg zum Referentenentwurf eines Gesetzes zur Stärkung der Einzelhandels- und Dienstleistungszentren. Mai 2004.
Handelskammer Hamburg (2004b): Business Improvement District, Quartiersentwicklung durch Eigen(tümer)initiative, August 2004.
Handelskammer Hamburg (2004c): Rechtliche Zulässigkeit der Schaffung von „Business Improvement Districts" (BIDs) – Zum Entwurf eines Gesetzes zur Stärkung der Einzelhandels- und Dienstleistungszentren (Stand: 17.02.2004); August 2004.
Häußermann, Hartmut (2001): Die europäische Stadt. In: Leviathan 29: 237-255.
Häußermann, Hartmut; Läpple, Dieter; Siebel, Walter (2008): Stadtpolitik. Frankfurt: edition suhrkamp.
Harding, David (o.J.): Business Improvement Districts Revitalize New York. London: The Chartered Institute of Public Finance and Accountancy.
Haus, Michael; Heinelt, Hubert (2005): How to achieve governability at the local level? Theoretical and conceptual considerations on a complementarity of urban leadership and community involvement. In: Haus et al.: 12-39.
Haus, Michael; Heinelt, Hubert; Stewart, Murray (Hg.) (2005): Urban Governance and Democracy: Leadership and Community Involvement. London and New York: Routledge.
Hecker, Mischa (2010): Business Improvement Districts in Deutschland. Schriften zum öffentlichen Recht, Band 1165. Berlin: Duncker und Humboldt.

Heinritz, Günter; Klein, Kurt E.; Popp, Monika (2003): Geographische Handelsforschung. Berlin, Stuttgart: Borntraeger.

Heinze, Frank (2006): Stadtmarketing als Ansatz kooperativer Stadtentwicklung – Funktionen und Instrumente. In: Birk; Grabow; Hollbach-Grömig: 221-238.

Heinze, Frank (2007): BIDs in der Quartiersentwicklung. Einsatzmöglichkeiten und -bedingungen aus Sicht der Neuen Politischen Ökonomie. In: RaumPlanung 130: 17-22.

Heinze, Frank (2009): Lösungsansätze für das Kollektivgut-Problem in Innenstädten. Eine Bewertung aktueller Instrumente der kooperativen Stadtentwicklung. In: RaumPlanung 142: 27-32.

Heinze, Frank; Tschentscher, Christine (2008): BIDs in Deutschland. Ein Überblick. In: Pütz, Robert (Hg.): 21-33.

Helbrecht, Ilse (1994): Stadtmarketing. Konturen einer kommunikativen Stadtentwicklungspolitik. Basel, Boston, Berlin: Stadtforschung aktuell, Bd. 44.

Heußner, Hermann; Jung, K. Otmar (Hg.) ([2]2009): Mehr direkte Demokratie wagen: Volksentscheid und Bürgerentscheid: Geschichte – Praxis – Vorschläge. München: Olzog.

Hochleutner, Brian R. (2003): BIDs fare well: the democratic accountability of business improvement districts. In: New York University Law Review 78 (374): 374-404.

Holl, Stefan (1992): City-Marketing und City-Management. Instrumente zur Abstimmung von Stadt- und Einzelhandelsentwicklung und zur Sicherung einer mittelständisch geprägten Einzelhandelsstruktur in den neuen Bundesländern? In: Raumforschung und Raumordnung 6: 311-326.

Hollbach-Grömig, Beate; Grabow, Busso; Birk, Florian; Leppa, Gerold (2005): Stadtmarketing – Bestandsaufnahme und Entwicklungstrends. Berlin: Deutsches Institut für Urbanistik – difu, Reihe „Aktuelle Information".

Hollingsworth, J. Rogers (1997a): Continuities and Changes in Social Systems of Production: The Cases of Japan, Germany, and the United States. In: Hollingsworth; Boyer: 265-310.

Hollingsworth, J. Rogers (1997b): The Institutional Embeddedness of American capitalism. In: Crouch, Colin; Streeck, Wolfgang: Political Economy of Modern Capitalism: Mapping Convergence and Diversity. London: Sage: 133-147.

Hollingsworth, J. Rogers (2000): Gesellschaftliche Systeme der Produktion im internationalen Vergleich. In: Bögenhold, Dieter (Hg.): Moderne amerikanische Soziologie. Stuttgart: Lucius und Lucius: 279-312.

Hollingsworth, J. Rogers; Boyer, Robert (Hg.) (1997a): Contemporary Capitalism: The Embeddedness of Institutions. Cambridge: Cambridge University Press.

Hollingsworth, J. Rogers; Boyer, Robert (1997b): Coordination of economic actors and social systems of production. In: Hollingsworth; Boyer (1997a): 1-48.

Houstoun, Lawrence O. Jr. ([2]2003): Business improvement districts. Washington D.C.: Urban Land Institute.

Hoyt, Lorlene (2004): Collecting Private Funds for Safer Public Spaces: An Empirical Examination of the Business Improvement District Concept. In: Environment and Planning B: Planning and Design 31, no. 3: 367-380.

Hoyt, Lorlene (2005a): Do Business Improvement District Organizations Make a Difference? Crime In and Around Commercial Areas in Philadelphia. Journal of Planning Education and Research 25, no. 2: 185-199.

Hoyt, Lorlene (2005b): Planning Through Compulsory Commercial Clubs: Business Improvement Districts. In: Institute of Economic Affairs, December. Oxford: Blackwell Publ.: 24-27.

Hoyt, Lorlene (2006): Importing Ideas: The Transnational Transfer of Urban Revitalization Policy. In: International Journal of Public Administration: 221-243.

Hoyt, Lorlene (2008): From North America to Africa: The BID Model and the Role of Policy Entrepreneurs. In: Morçöl et al.: 111-138.

Hoyt, Lorlene M.; Gopal-Agge, Devika (2007): The BID Model – A balanced review of contemporary debates. In: Geography Compass 1/4: 946-958.

Huber, Martin (2007): Business Improvement Districts – Neue Instrumente auf der Schnittstelle zwischen Städtebau und Wirtschaftsförderung. In: Deutsches Verwaltungsblatt 8/2007: 466-475.

Huning, Sandra (2003): Sind Shopping Malls die besseren öffentlichen Räume? In: Jahrbuch Stadterneuerung: Stadtkultur und öffentlicher Raum. Berlin: 109-124.

Institut für Landes- und Stadtentwicklungsforschung des Landes Nordrhein-Westfalen (ILS NRW) (Hg.) (1999): Integrierte Stadtteilerneuerung und Bewohneraktivierung in den USA. Dortmund: ILS.

International Journal of Public Administration (2006) 29 (1-3), Philadelphia.

Jacobsen, Heike (2001): Produktionskonzepte im europäischen Einzelhandel: Deutschland, Italien und Schweden. In: Rudolph: 23-56.

James, Oliver; Lodge, Martin (2003): The Limitations of 'Policy Transfer' and 'Lesson Drawing' for Public Policy Research. In: Political Studies Review Vol. 1: 179-193.

Jansen, Paul G. (1991): Bisherige Erfahrungen mit dem Instrument „City-Management" in der Bundesrepublik Deutschland. In: Experimenteller Wohnungs- und Städtebau/ Forschungsfeld: Städtebau und Wirtschaft. Jg. 5: 23-29.

Judd, Dennis R.; Swanstrom, Todd ([2]1998): City Politics. Private Power and Public Policy. New York (u. a.): Longman.

Judge, David; Stoker, Gerry; Wolman, Harold (1995): Urban Politics and Theory: An Introduction. In: dies.: Theories of Urban Politics. London u. a.: Sage Publ.: 1-12.

Junker, Rolf (2009): BID – und alles wird gut!? In: RaumPlanung 144/145: 164-166.

Justice, Jonathan B. (2003): Business Improvement Districts, Reasoning, and Results: Collective Action and Downtown Revitalization. Ph.D. dissertation. Newark, NJ: Rutgers University.

Justice, Jonathan B.; Goldsmith, Robert S. (2008): Private Governments or Public Policy Tools? The Law and Public Policy of New Jersey's Special Improvement Districts. In: Morçöl et al.: 161-195.

Kaelble, Hartmut (2001): Die Besonderheiten der europäischen Stadt im 20. Jahrhundert. In: Leviathan 29: 256-274.

Kazig, Rainer; Müller, André; Wiegandt, Claus-Christian (2003): Öffentlicher Raum in Europa und den USA. In: Informationen zur Raumentwicklung, H. 1/2: 91-102.

Kersten, Jens (2007): Business Improvement Districts – Urban Governance zwischen privater Initiative und staatlichem Zwang. In: Umwelt- und Planungsrecht, Zeitschrift für Wissenschaft und Praxis 4/2007: 121-129.

Klimach, Dirk; Vollmer, Annette (2009): Der erste deutsche BID geht in die zweite Runde. In: PlanerIn 3-09: 39-41.

Krüger, Thomas (2007): Alles Governance? Anregungen aus der Management-Forschung für die Planungstheorie. In: RaumPlanung 132/133: 73-78.

Kuklinski, Oliver (2003): Öffentlicher Raum – Ausgangslagen und Tendenzen in der kommunalen Praxis. Ausgewählte Ergebnisse des Forschungsprojekts „Städte als Standortfaktor: Öffentlicher Raum". In: BBR (Hg.): Öffentlicher Raum und Stadtgestalt 1/2.2003. Bonn.

Läpple, Dieter (1991): Essay über den Raum. Für ein gesellschaftliches Raumkonzept. In: Häußermann, Hartmut et al. (Hg.): Stadt und Raum. Soziologische Analysen. Pfaffenweiler: Centaurus-Verlag: 157-208.

Läpple, Dieter (2005): Phönix aus der Asche: Die Neuerfindung der Stadt. In: Berking, Helmuth; Löw, Martina (Hg.): Die Wirklichkeit der Städte, „Soziale Welt" – Sonderband 16. Baden-Baden: Nomos: 397-413.

Lakoff, Sanford A. (Hg.) (1973): Private Government: Introductory Readings. Glenview, Ill.: Scott, Foresman.

Lavery, Kevin (1995): Privatiziation by the Back Door. The Rise of Private Government in the USA. In: Public Money and Management, H. 4: 49-53.

Lever, W. F. (2001): The Post-fordist City. In: Padisson, Ronan (Hg.): Handbook of Urban Studies. London: Sage: 273-283.

Levy, Paul R. (2001): Paying for public life. In: Economic Development Quarterly 15 (2): 124-131.

Lloyd, M.; McCarthy, John; McGreal, Stanley; Berry, Jim (2003): Business Improvement Districts, Planning and Urban Regeneration. In: International Planning Studies 8: 295-321.

Lösche, Peter (2008a): Merkmale der Präsidialdemokratie. In: Informationen zur politischen Bildung, Nr. 283: 7-12.

Lösche, Peter (2008b): Macht und Ohnmacht der Exekutive. In: Informationen zur politischen Bildung, Nr. 283: 13-27.

Lösche, Peter (2008c): Kongress – fragmentierte Legislative. In: Informationen zur politischen Bildung, Nr. 283: 28-35.

Lütz, Susanne (2004): Kapitel 7: Governance in der politischen Ökonomie. In: Benz: 147-172.

Lütz, Susanne (2007a): 1.9 Policy-Transfer und Policy-Diffusion. In: Benz et al.: 132-143.

Lütz, Susanne (2007b): 3.10 Wirtschaft. In: Benz et al.: 390-400.

Mallett, William J. (1994): Managing the Post-industrial City: Business Improvement Districts in the United States. In: Area, 26/3: 276-287.

Mayer, Margit (1999): Sozialpolitischer Kontext amerikanischer Programme und Initiativen. In: ILS NRW (Hg.): 9-19.

Mayntz, Renate (2004b): Kapitel 3: Governance im modernen Staat. In: Benz: 65-76.

Meek, Jack W.; Hubler, Paul (2008): Business Improvement Districts in Southern California: Implications for Local Governance. In: Morçöl et al.: 197-219.

Meuser, Michael; Nagel, Ulrike (1991): ExpertInneninterviews – vielfach erprobt, wenig bedacht. Ein Beitrag zur qualitativen Methodendiskussion. In: Garz, Detlef; Kraimer, Klaus (Hg.): Qualitativ-empirische Sozialforschung: Konzepte, Methoden, Analysen. Opladen: Westdeutscher Verlag: 441-471.

Ministerium für Arbeit, Soziales und Stadtentwicklung, Kultur und Sport des Landes NRW (MASSKS) (Hg.) (1999): Stadtplanung als Deal? Urban Entertainment Center und private Stadtplanung – Beispiele aus den USA und Nordrhein-Westfalen. Dokumentation zur internationalen Konferenz am 02.12.1998 in der Landeshauptstadt Düsseldorf.

Mitchell, Jerry (2001a): Business Improvement Districts and the Management of Innovation. American Review of Public Administration 31 (2): 201-217.

Mitchell, Jerry (2001b): Business Improvement Districts and the 'New' Revitalization of Downtown. Economic Development Quarterly 15: 115-123.
Mitchell, Jerry (2008): Business Improvement Districts and the Shape of American Cities. Albany, NY: State University of New York Press.
Modan, Gabriella; Schaller, Susanna (2008): Contesting Public Space and Citizenship: Implications for Neighborhood Business Improvement Districts. In: Morçöl et al.: 373-398.
Morçöl, Göktuğ; Hoyt, Lorlene; Meek, Jack W.; Zimmermann, Ulf (Hg.) (2008): Business improvement districts: research, theories and controversies. Boca Raton, London, New York: CRC Press.
Morçöl, Göktuğ; Hoyt, Lorlene; Meek, Jack W.; Zimmermann, Ulf (2008b): Business Improvement Districts: Research, Theories, and Controversies. In: dies.: 1-23.
Morçöl, Göktuğ; Patrick, P. A. (2008): Business improvement districts in Pennsylvania: implications for democratic metropolitan governance. In: Morçöl et al.: 289-318.
Morçöl, Göktuğ; Zimmermann, Ulf (2008a): Metropolitan Governance and Business Improvement Districts. In: Morçöl et al.: 27-50.
Morçöl, Göktuğ; Zimmermann, Ulf (2008b): Community improvement districts in Metropolitan Atlanta. In: Morçöl et al.: 349-371.
Mossberger, Karen; Wolman, Harold (2003): Policy transfer as a form of prospective policy evaluation: Challenges and recommendations. In: Public Administration Review 63(4): 428-440.
Münch, Richard (2000): Politische Kultur, Demokratie und politische Regulierung: Deutschland und USA im Vergleich. In: Gerhards, Jürgen (Hg.): Die Vermessung kultureller Unterschiede. Deutschland und USA im Vergleich. Wiesbaden: Westdt. Verl.: 15-31.
Munier, Gerald (2001): Stadtmarketing kontrovers – Warum wird überhaupt am Image gefeilt? In: AKP 5/2001: 57-60.
New Jersey Statutes Annotated (N.J.S.A.), 1999, Sections 40:56-65 to 89: Article 5: Pedestrian Mall.
New York City Department of Small Business Services (NYC SBS) (2003): Starting a Business Improvement District. A Step-by-step Guide. New York.
New York City Department of Small Businesses (NYC SBS) (o.J.): 2007-2008, BID annual report summary.
New York State Consolidated Laws (1981) General Municipal Law, Article 19-A Business Improvement Districts, Sections S 980-M, Section B.
North, Douglass C. (2004): Institutions, institutional change and economic performance. Cambridge: Cambridge University Press (reprint).
Nuissl, Henning; Heinrichs, Dirk (2006): Zwischen Paradigma und heißer Luft: Der Begriff der Governance als Anregung für die räumliche Planung. In: Altrock, Uwe, et al. (Hg.): 51-72.
Olson, Mancur (²1985): Die Logik kollektiven Handelns: Kollektivgüter und die Theorie der Gruppen. Tübingen.
Pack, Janet Rothenberg (1992): BIDs, DIDs, SIDs, SADs: Private Governments in Urban America. In: Brookings Review, 10 (4): 18-21.
Papadopoulos, Yannis (2004): Governance und Demokratie. In: Benz: 215-237.
Pegels, Juliane (2003): Privately Owned Public Space – New York Citys Umgang mit öffentlich nutzbaren Räumen in privatem Besitz. In: Selle: 321-327.
Pohl, Wolfgang: Privatisierung des öffentlichen Raumes? In: AKP 6/2004: 15 (Leserbrief).

Prey, Gisela (2008): Von Stadtmarketing, BIDs und ISGs: Neue Governance-Formen in der Quartiers-Ökonomie. In: Schnur, Olaf (Hg.): Quartiersforschung. Zwischen Theorie und Praxis. Wiesbaden: VS Verlag: 257-276.

Prey, Gisela; Vollmer, Annette (2009): Chancen für Quartiere durch die Einbindung von Immobilieneigentümern: Business Improvement Districts und Immobilien- und Standortgemeinschaften. In: Drilling, Matthias; Schnur, Olaf (Hg.): Governance der Quartiersentwicklung. Theoretische und praktische Zugänge zu neuen Steuerungsformen. Wiesbaden: VS Verlag: 229-246.

Pütz, Robert (Hg.) (2008a): Business Improvement Districts. Ein neues Governance-Modell aus Perspektive von Praxis und Stadtforschung. Passau: L.I.T. Verlag (= Geographische Handelsforschung, Band 14).

Pütz, Robert (2008b): Business Improvement Districts als neues Modell subkommunaler Governance: Internationalisierungsprozesse und Forschungsfragen. In: ders.: 7-20.

Rhodes, R.A.W.; Marsh, David (1992): New Directions in the Study of Policy Networks. In: European Journal of Political Research 21: 181-205.

Rose, Richard (1993): Lesson-Drawing in Public Policy: a guide to learning across time and space. Chatham, NJ: Chatham House.

Rudolph, Hedwig (Hg.) (2001): Aldi oder Arkaden? Unternehmen und Arbeit im europäischen Einzelhandel. Berlin: Ed. Sigma.

Salamon, Lester M. (2002): The New Governance and the Tool of Public Action: An Introduction. In: Salamon, L. M.; Elliott, Odus V. (Hg.): The Tools of Government: A Guide to the New Governance. Oxford u. a.: Oxford University Press: 1-47.

Schafmeister, Klaus (2002): Stadtmarketing aus der Sicht der Neuen Politischen Ökonomie. In: Bundesvereinigung City- und Stadtmarketing Deutschland e.V. (BCSD) (Hg.): Stadtmarketing, Stand und Perspektiven eines kooperativen Stadtmanagements. Aachen.

Schaller, Susanna; Modan, Gabriella (2008): Contesting Public Space and Citizenship. Implications for Neighborhood Business Improvement Districts. In: Morçöl et al.: 373-398.

Scharpf, Fritz (1999): Regieren in Europa: Effektiv und demokratisch? Frankfurt, New York: Campus-Verlag.

Scharpf, Fritz W. (2006): Interaktionsformen. Akteurzentrierter Institutionalismus in der Politikforschung. Wiesbaden: VS Verlag (unveränd. Nachdruck der 1. Aufl.).

Schimank, Uwe (2007): 1.1 Elementare Mechanismen. In: Benz; Lütz; Schimank; Simonis: 29-45.

Schmidt-Trenz, Hans-Jörg (2007): Wie viel Zwang braucht ein BID? Zur Logik kollektiven Handelns in der Quartiersentwicklung. In: BCSD (Hg.) (2007): Business Improvement Districts: Vom „Ob?“ zum „Wie?“. Aachen: Shaker-Verl.: 69-75.

Schneider-Sliwa, Rita (1995): Politisch-kulturelle und Planungstraditionen in den USA. In: Raumforschung und Raumordnung 6: 425-435.

Schönig, Barbara; Hoffmann, Heike (2007): Zivilgesellschaft als Hoffnungsträger der Stadt- und Regionalentwicklung? Eine Einführung in das weite Feld einer allzu wolkigen Diskussion. In: Altrock et al.: 11-31Scholz, Carola (2000): Strategische Planung oder Marketing? Ein Plädoyer für die Differenzierung zwischen öffentlichen und privaten Aufgaben. In: AKP 6/2000: 39-41.

Schuppert, Gunnar Folke (2002): Gemeinwohl, das. In: ders.; Neidhardt, Friedhelm (Hg.): Gemeinwohl – Auf der Suche nach Substanz. Berlin: Ed. Sigma (WZB-Jahrbuch): 19-64.

Selle, Klaus ([2]2003): Was ist los mit den öffentlichen Räumen? Analysen, Positionen, Konzepte. Aachen, Dortmund, Hannover: Dortmunder Vertrieb für Bau- und Planungsliteratur (AGB Berichte No. 49). 2. erw. Aufl.

Siebel, Walter (2003): Wesen und Zukunft der europäischen Stadt. In: Selle: 110-120.

Siebel, Walter (2007): Vom Wandel des öffentlichen Raumes. In: Wehrheim: 77-94.

Siebrand, Jan-Oliver (2009): Nikolai-Quartier. Ideen für Hamburgs historisches Zentrum. In: Hamburger Wirtschaft 02/2009: 12-14.

Simon, Titus (2001): Wem gehört der öffentliche Raum? Zum Umgang mit Armen und Randgruppen in Deutschlands Städten. Opladen: Leske + Budrich.

Symes, Martin; Steel, Mark (2003): Lessons from America: The Role of Business Improvement Districts as an Agent of Urban Regeneration. In: Town Planning Review, 74 (3): 301-313.

Steel, Martin; Symes, Mark (2005): The Privatisation of Public Space? The American Experience of Business Improvement Districts and Their Relationship to Local Governance. Local Government Studies 31, no. 3: 321-334.

Stelzenmüller, Constanze (1994): Direkte Demokratie in den Vereinigten Staaten von Amerika. Baden-Baden: Nomos.

Stoker, Gerry (1998): Governance as Theory: Five Propositions. In: International Social Science Journal, 50 (155): 17-28.

Stokes, Robert J. (2008): Business Improvement Districts and Small Business Advocacy: The Case of San Diego. In: Morçöl et al.: 249-267.

Stone, Diane (1999): Lesson Drawing and Policy Transfer. In: Politics, 19 (1): 51-59.

Streeck, Wolfgang (1997): German capitalism: Does it exist? Can it survive? In: Crouch, Colin; Streeck, Wolfgang: Political Economy of Modern Capitalism: Mapping Convergence and Diversity. London: Sage: 33-54.

Töpfer, Eric; Eick, Volker; Sambale, Jens (2007): Business Improvement Districts – neues Instrument für Containment und Ausgrenzung? Erfahrungen aus Nordamerika und Großbritannien. In: PROKLA. Zeitschrift für kritische Sozialwiss., H. 149, 37. Jg., Nr. 4: 511-528.

van Dam, Martijn (2006): Balanceakt auf dem Drahtseil. In: cima*direkt* 3/2006: 41-42.

Verfassung der Freien und Hansestadt Hamburg, vom 06.06.1952 (HmbBL I 100-a), zuletzt geändert am 08.07.2009 (HmbGVBl. S. 221)..

Vollmer, Annette (2006): Erste BID-Erfahrungen aus Bergedorf. In: AKP 5/2006: 53-58.

Vollmer, Annette (2008): Öffentliche und private Interessen in Business Improvement Districts – Zur Frage der demokratischen Einbindung von BIDs in den USA und Deutschland. In: Pütz, Robert (Hg.): 35-60.

Vollmer, Annette (2011): Politik-Transfer von Business Improvement Districts (BIDs) als Beispiel für eine „Amerikanisierung“ der deutschen Stadt? In: Frey, Oliver; Koch, Florian (Hg.): Die Zukunft der europäischen Stadt. Stadtgesellschaft. Stadtplanung. Stadtpolitik. Wiesbaden: VS Verlag: 263-278.

von Saldern, Adelheid (2003): Stadt und Öffentlichkeit in urbanisierten Gesellschaften. Neue Zugänge zu einem alten Thema. In: Selle: 98-106.

Wehrheim, Jan (Hg.) (2007): Shopping Malls. Interdisziplinäre Betrachtungen eines neuen Raumtyps. Wiesbaden: VS Verlag.

Wellens, Cornelia (2009): Rechtsfragen zu Business Improvement Districts. Berlin: Lexxion, Der Juristische Verlag.

Wiezorek, Elena (2004): Business Improvement Districts: Revitalisierung von Geschäftszentren durch Anwendung des nordamerikanischen Modells in Deutschland? Berlin: Arbeitshefte des Instituts für Stadt- und Regionalplanung, Technische Universität.

Wirth, Louis (1938): Urbanism as a Way of Life. In: American Journal of Sociology. Vol. 38, Issue 1: 1-24.

Wolf, James (2006): Urban governance and business improvement districts: the Washington, DC BIDs. In: International Journal of Public Administration: 54-75.

Wolf, James (2008): Business Improvement Districts' Approaches to Working with Local Governments. In: Morçöl et al.: 269-287.

Wollmann, Hellmut (2002): Zur „Doppelstruktur" der lokalen Ebene: zwischen politischer Kommune und („zivil")gesellschaftlicher Gemeinde. In: Haus: 328-338.

Wolman, Harold; Page, Ed (2002): Policy Transfer among Local Governments: An Information Theory Approach. In: Governance, 15 (4): 477-501.

2 Gesetze und Verordnungen

Anordnung zur Durchführung des Gesetzes zur Stärkung der Einzelhandels- und Dienstleistungszentren. Vom 14.04.1997. In: Amtlicher Anzeiger (Teil II des Hamburgischen Gesetz- und Verordnungsblattes) 2005: 205. Abschnitt IV neu gefasst durch Anordnung vom 21.11.2006 (Amtl. Anz.: 2813, 2823).

Bremisches Gesetz zur Stärkung von Einzelhandels- und Dienstleistungszentren (EinzHStärkG) vom 18.07.2006. Gesetzblatt der Freien und Hansestadt Bremen Nr. 41 vom 27.07.2006: 350-353.

Business Improvement Districts Act. 53 Penn. Stat. Ann. §§ 10-1551 (1967).

Business Improvement Districts Act. 53 Penn. Stat. Ann. §§ 54-5401-5406 (1996).

Gesetz Nr. 1630 zur Schaffung von Bündnissen für Investition und Dienstleistung (BIDG) vom 26.09.2007, Landtag des Saarlandes, 13. Wahlperiode.

Gesetz über die Einrichtung von Partnerschaften zur Attraktivierung von City-, Dienstleistungs- und Tourismusbereichen (PACT-Gesetz) vom 13.07.2006. Landtagsdrucksache 1294/2006.

Gesetz über die vorläufige Regelung der Rechtsverhältnisse der Handelskammer Hamburg, vom 27.02.1956 (HmbBL I 70-a).

Gesetz zur vorläufigen Regelung des Rechts der Industrie- und Handelskammern (IHKG) vom 18.12.1956, zuletzt geändert durch Art. 7 G v. 11.12.2008 I 2418.

Gesetz über Immobilien- und Standortgemeinschaften (ISGG NRW), vom 10.06.2008, GV.NRW 2008 Nr. 19: 474-475.

Gesetz zur Änderung des Bremischen Gesetzes zur Stärkung von Einzelhandels- und Dienstleistungszentren vom 02.06.2009. Gesetzblatt der Freien und Hansestadt Bremen Nr. 26 vom 09.06.2009: 181.

Gesetz zur Änderung des Gesetzes zur Stärkung der Einzelhandels- und Dienstleistungszentren (GSED) vom 27.11.2007, HmbGVBl. Nr. 41: 405.

Gesetz zur Stärkung der Einzelhandels- und Dienstleistungszentren (GSED) vom 28.12.2004, HmbGVBl. Nr. 57: 525-527.

Gesetz zur Änderung des Gesetzes zur Stärkung von innerstädtischen Geschäftsquartieren (INGE) vom 29.09.2010, GVBl. für das Land Hessen Teil I Nr. 17: 320-321.

Gesetz zur Stärkung von innerstädtischen Geschäftsquartieren (INGE) vom 21.12.2005, GVBl. für das Land Hessen Teil I Nr. 32: 867-870.

Gesetz zur Stärkung von Wohnquartieren durch private Initiativen vom 20.11.2007, HmbGVBl. Nr. 41: 393-396.

The General Assembly of Pennsylvania, 1979, Senate Bill No. 188: Business District Authority Act (1980).

The General Assembly of Pennsylvania, 1998, House Bill No. 2858: Community and Economic Improvement Districts Act.

The General Assembly of Pennsylvania, 1999, House Bill No. 1142: Neighborhood Improvement Districts Act (2000).

Verordnung zur Einrichtung des Innovationsbereichs Neuer Wall vom 27.09.2005. Hmb GVBl. 2005: 406, zuletzt geändert durch Verordnung vom 21.3.2006, HmbGVBl. 2006: 137.

Verordnung zur Einrichtung des Innovationsbereichs Sachsentor, vom 16.08.2005. HmbGVBl. Nr. 28 2005: 365.

Verordnung zur Einrichtung des Innovationsbereichs Sachsentor – Vom Mohnhof bis zum Serrahn, vom 16.06.2009. HmbGVBl. Nr. 25 2009: 166.

3 Online-Ressourcen

2008-2012 Plan and Budget for the Center City District, <http://www.centercityphila.org/docs/2008_12planandbudget.pdf>, Zugriff 11.02.2010.

Abraham, Michael (2006): Business Improvement Districts im Kontext von Good Governance. DSSW-Materialien, Berlin (Diplomarbeit an der TU Berlin), <http://www.dssw.de/sv_downl.php>, Zugriff 10.11.2006.

Administrative Code of the City of New York – Title 16, Chapter 1 (§§16-101 – 16-140): Department of Sanitation, <http://law.justia.com/newyork/codes/new-york-city-administrative-code-new/>, Zugriff 29.07.2009.

Administrative Code of the City of New York – Title 25, Chapter 4 (§§25-401 – 25-417): City Business Improvement Districts, <http://law.justia.com/newyork/codes/new-york-city-administrative-code-new/idx_adc0t25c4.html>, Zugriff 16.08.2008.

Antrag zur Einrichtung eines Innovationsbereichs – Neuer Wall Hamburg, vom 14.07.2005, <http://www.bid-neuerwall.de/cms/upload/pdf/antrag_bid_neuer_wall.pdf>, Zugriff 24.04.2006.

Antragstellung zur Errichtung eines Innovationsbereichs – Business Improvement District (BID) – in der Bergedorfer Innenstadt, vom 23.02.2005, <www.bid-1.de>, Zugriff 23.08.2005 (die Website wurde mittlerweile in <http://www.bid-sachsentor.de/> umbenannt).

Antragstellung zur Errichtung eines Innovationsbereichs Bergedorfer Innenstadt (BID-2 Bergedorf), vom 11.11.2008,< www.bid-1.de>, Zugriff 03.12.2008.

Auch in Schleswig-Holstein: Bitte ein BID! Pressemitteilung der IHK Schleswig-Holstein vom 11.05.2005, <http://www.flensburg.ihk24.de>, Zugriff 05.04.2006.

Bahn, Christopher; Potz, Petra; Rudolph, Hedwig (2003): Urbane Regime – Möglichkeiten und Grenzen des Ansatzes, Discussion Paper SP III 2003-201, Wissenschaftszentrum Berlin für Sozialforschung (WZB), <http://skylla.wz-berlin.de/pdf/2003/iii03-201.pdf>, Zugriff 13.02.2007.

Beust, Ole von (2003): Rede vor dem Übersee-Club am 22.09.2003, <http://www.uebersee-club.de/vortrag/vortrag-2003-09-22.pdf>, Zugriff 17.06.2008.

Beyer, Jürgen (2006): Verfestigte institutionelle Vielfalt? Die komparativen Vorteile koordinierter Ökonomien und die Internationalisierung von Unternehmen. MPIFG Forschungsbericht 2, Köln: Max-Planck-Institut für Sozialforschung, <http://www.mpifg.de/pu/mpifg_fo/fb2.pdf>, Zugriff 24.03.2009.

Bezirksverwaltungsgesetz (BezVG) vom 06.07.2006 (HmbGVBl. S. 404), geändert am 19.10.2006 (HmbGVBl. S. 519), <http://www.hamburg.de/grundlagen-bezirke/81600/bezvg-inhalt.html>, Zugriff 21.11.2010.

Binger, Sebastian (2007): Business Improvement Districts (BIDs) in Hamburg – Werkstattbericht und Zwischenfazit, <http://212.12.126.151/cms/index.php?option=com_content&task=view&id=156&Itemid=271>, Zugriff 21.04.2008.

Borough of Red Bank (2007): An Ordinance Amending and Supplementing the Code of The Borough of Red Bank to Authorize the Expansion of the Special Improvement District in the Borough, Ordinance No. 2007-4, <http://www.redbanknj.org/ordinances/2007-4.pdf>, Zugriff 17.09.2008.

Brooks, Leah (2006): Volunteering to Be Taxed: Business Improvement Districts and the Extra-Governmental Provision of Public Safety. Paper provided by McGill University, Department of Economics, Departmental Working Papers 2006-04, <http://www.mcgill.ca/files/economics/Leah2.pdf>, Zugriff 09.06.2008.

Bürgerschaft der Freien und Hansestadt Hamburg (FHH) (2004a), Mitteilung des Senats an die Bürgerschaft: Entwurf eines Gesetzes zur Stärkung der Einzelhandels- und Dienstleistungszentren. Drucksache 18/960 vom 29.09.2004, <http://www.buergerschaft-hh.de/parldok/>, Zugriff 15.04.2010.

Bürgerschaft der Freien und Hansestadt Hamburg (FHH) (2004c), Bericht des Stadtentwicklungsausschusses: 18/960 Entwurf eines Gesetzes zur Stärkung der Einzelhandels- und Dienstleistungszentren. Drucksache 18/1445 vom 13.12.2004, <http://www.buergerschaft-hh.de/parldok/>, Zugriff 20.02.2009.

Bürgerschaft der Freien und Hansestadt Hamburg (FHH) (2004d), Plenarprotokoll der 19. Sitzung. Drucksache 18/19 vom 14.12.2004, <http://www.buergerschaft-hh.de/parldok/>, Zugriff 13.01.2009.

Bürgerschaft der Freien und Hansestadt Hamburg (FHH) (2007), Mitteilung des Senats an die Bürgerschaft: Entwurf eines Gesetzes zur Änderung des Gesetzes zur Stärkung der Einzelhandels- und Dienstleistungszentren. Drucksache 18/6978 vom 11.09.2007, <http://www.buergerschaft-hh.de/parldok/>, Zugriff 08.01.2008.

Büttner, Frithjof (2009): Von Deichgeschworenen zur BID-Gemeinschaft. In: Lebendige Stadt Journal 18: 33, <http://www.urban-improvement-districts.de/files/File/Buettner_Lebendige-Stadt-Journal-18_2009.pdf>, Zugriff 17.11.2010.

Cabrera, Gabriel; Forbes, Elaine (2001): Legislative Analyst Report: The Community Courts Model and Feasibility of Implementation in San Francisco, <http://www.sfbos.org/Modules/ShowDocument.aspx?documentid=33263>, Zugriff 11.02.2010.

CIMA (2004): Business Improvement Districts. Hamburger Senat gibt Gesetzentwurf frei. Pressemitteilung vom 18.02.2204, <http://www.cima.de/freedocs/projekte/Presseinfo%20CIMA%20zu%20BID%20am%2018.02.04.pdf>, Zugriff 18.12.2008.

Der erste deutsche BID: der Neue Wall. In: Immobilienzeitung, 22.04.2004: 21, <http://www.traegerverbund-innenstadt.de/pdf/tvpi_neuerwall_Artike_04_04.jpg>, Zugriff 19.04.2010.

Deutscher Industrie- und Handelskammertag (DIHK) (2003): Business Improvement Districts (BIDs) in New York City. Ergebnisse einer Studienreise im Dezember 2003, <www.dihk.de/inhalt/download/Bericht_BDIs_NYC.pdf>, Zugriff 04.06.2008.

Deutscher Industrie- und Handelskammertag (DIHK) (2006a): BIDs – eine neue Form von Public Private Partnership zur Zentrenentwicklung. Positionspapier des DIHK vom 19.02.2006, <www.dihk.de/inhalt/download/bid_positionspapier.pdf>, Zugriff 05.04.2006.

Deutscher Industrie- und Handelskammertag (DIHK) (2007a): BIDNews – eigeninitiativ, gemeinsam, erfolgreich, Nr. 01, vom 15.06.2010, <http://www.dihk.de/index.html?/inhalt/themen/standortpolitik/raumordnung/bidnewsarchiv/index.html>, Zugriff 26.07.2008.

Deutscher Industrie- und Handelskammertag (DIHK) (2007b): BIDNews – eigeninitiativ, gemeinsam, erfolgreich, Nr. 02, vom 15.06.2010, <http://www.dihk.de/index.html?/inhalt/themen/standortpolitik/raumordnung/bidnewsarchiv/index.html>, Zugriff 26.07.2008.

Deutscher Industrie- und Handelskammertag (DIHK) (2008a): BIDNews – eigeninitiativ, gemeinsam, erfolgreich, Nr. 03, vom 15.06.2010, <http://www.dihk.de/index.html?/inhalt/themen/standortpolitik/raumordnung/bidnewsarchiv/index.html>, Zugriff 26.07.2008.

Deutscher Industrie- und Handelskammertag (DIHK) (2008b): BIDNews – eigeninitiativ, gemeinsam, erfolgreich, Nr. 04, vom 15.06.2010, <http://www.dihk.de/index.html?/inhalt/themen/standortpolitik/raumordnung/bidnewsarchiv/index.html>, Zugriff 26.06.2008.

Deutscher Industrie- und Handelskammertag (DIHK) (2008c): BIDNews – eigeninitiativ, gemeinsam, erfolgreich, Nr. 05, vom 15.06.2010, <http://www.dihk.de/index.html?/inhalt/themen/standortpolitik/raumordnung/bidnewsarchiv/index.html>, Zugriff 12.02.2009.

Deutscher Industrie- und Handelskammertag (DIHK) (2009a): BIDNews – eigeninitiativ, gemeinsam, erfolgreich, Nr. 06, vom 15.06.2010, <http://www.dihk.de/index.html?/inhalt/themen/standortpolitik/raumordnung/bidnewsarchiv/index.html>, Zugriff 12.02.2009.

Deutscher Industrie- und Handelskammertag (DIHK) (2009b): BIDNews – eigeninitiativ, gemeinsam, erfolgreich, Nr. 07, vom 15.06.2010, <http://www.dihk.de/index.html?/inhalt/themen/standortpolitik/raumordnung/bidnewsarchiv/index.html>, Zugriff 24.06.2009.

Deutscher Industrie- und Handelskammertag (DIHK) (2009c): BIDNews – eigeninitiativ, gemeinsam, erfolgreich, Nr. 08, vom 15.06.2010, <http://www.dihk.de/index.html?/

inhalt/themen/standortpolitik/raumordnung/bidnewsarchiv/index.html>, Zugriff 13.10.2009.

Deutscher Industrie- und Handelskammertag (DIHK) (2010a): BIDNews – eigeninitiativ, gemeinsam, erfolgreich, Nr. 09, vom 15.06.2010, <http://www.dihk.de/index.html?/inhalt/themen/standortpolitik/raumordnung/bidnewsarchiv/index.html>, Zugriff 01.02.2010.

Deutscher Industrie- und Handelskammertag (DIHK) (2010b): BIDNews – eigeninitiativ, gemeinsam, erfolgreich, Nr. 10, vom 15.06.2010, <http://www.dihk.de/index.html?/inhalt/themen/standortpolitik/raumordnung/bidnewsarchiv/index.html>, Zugriff 27.08.2010.

Deutscher Industrie- und Handelskammertag (DIHK) (2010c): BIDNews – eigeninitiativ, gemeinsam, erfolgreich, Nr. 11, vom 15.06.2010, <http://www.dihk.de/index.html?/inhalt/themen/standortpolitik/raumordnung/bidnewsarchiv/index.html>, Zugriff 03.11.2010.

Deutscher Industrie- und Handelskammertag (DIHK) (2010d): BIDs – eine neue Form von Public Private Partnerships zur Zentrenentwicklung! Übersicht der BID-Initiativen nach Bundesländern (vom 01.06.2010), <http://www.dihk.de/inhalt/download/bid_liste.pdf>, Zugriff 17.11.2010.

DSSW – Deutsches Seminar für Städtebau und Wirtschaft (Hg.) (1998a): Citymanager. DSSW-Konzept. Berlin: DSSW, <http://www.dssw.de/downloads/dl_ma_dssw_04.pdf>, Zugriff 27.09.2006.

DSSW – Deutsches Seminar für Städtebau und Wirtschaft (Hg.) (1998b): Innovative Konzepte zur Innenstadtentwicklung. Dokumentation des Expertenworkshops am 26. und 27.11.1998 in Berlin, <http://www.dssw.de/downloads/dl_se_dssw_05.pdf>, Zugriff 21.04.2006.

DSSW – Deutsches Seminar für Städtebau und Wirtschaft (Hg.) (2001): Handlungsmodelle zur Einbindung von Immobilieneigentümern in die Geschäftsstraßenentwicklung. DSSW-Projekt. Berlin: DSSW, <http://www.dssw.de/downloads/dl_ma_dssw_03.pdf>, Zugriff 07.04.2006.

DSSW – Deutsches Seminar für Städtebau und Wirtschaft (Hg.) (2004a): Erfahrungsaustausch Einbindung von Immobilieneigentümern am 06.07.2004 im Bundesministerium für Wirtschaft und Arbeit (BMWA). DSSW-Materialien. Berlin: DSSW, <http://www.dssw.de/downloads/dl_ma_dssw_08.pdf>, Zugriff 27.09.2006.

DSSW – Deutsches Seminar für Städtebau und Wirtschaft (Hg.) (2004b): Finanzierung, Organisation und Themenfelder von Stadt- und Citymanagement in Europa. DSSW-Materialien. Berlin: DSSW, <http://www.dssw.de/fileadmin/repository_redakteure/downloads/DSSW-Materialien/2004/2004-stadtmanagement.pdf?PHPSESSID=a49b1059c0d2032c632ea445ca222904>, Zugriff 27.09.2006.

Eisinger, Peter (2002): Financing Economic Development. A Survey of Techniques. In: Government Finance Review, June: 20-23, <http://www.gfoa.org/downloads/FinancingEconomicDevelopment.pdf>, Zugriff 07.09.2007.

Ellen, Ingrid Gould; Schwartz, Amy Ellen; Voicu, Ioan (2007): The impact of business improvement districts on property values: evidence from New York City. Furmon Center for Real Estate & Urban Policy, Working paper 07-01, <http://furmancenter.nyu.edu/publications/documents/ImpactofBIDcombined_000.pdf>, Zugriff 12.09.2008.

Entscheidungsgrundlage zur Einrichtung eines Business Improvement District. P3-Projekt der Technischen Universität Hamburg-Harburg, 5. und 6. Semester Stadtplanung. Projektbetreuung: Prof. Dr. Martin Wickel, Karin Bieback. August 2005, <http://www.bid-1.de/downloads.htm>, Zugriff 21.04.2006.

Freie und Hansestadt Hamburg (FHH) (1996): Leitlinien für den Einzelhandel, <http://fhh.hamburg.de/stadt/Aktuell/behoerden/stadtentwicklung-umwelt/stadtplanung/zentren/leitlinien-einzelhandel-pdf,property=source.pdf>, Zugriff 15.09.2006.

Freie und Hansestadt Hamburg (FHH) (1997): Auszug aus dem Erläuterungsbericht zum Flächennutzungsplan (Neubekanntmachung vom Oktober 1997), <http://fhh.hamburg.de/stadt/Aktuell/behoerden/stadtentwicklung-umwelt/stadtplanung/zentren/planung-leitlinien-hamburger-zentren.html>, Zugriff 05.04.2006.

Freie und Hansestadt Hamburg (FHH), Behörde für Stadtentwicklung (1999): Die Zukunft der Zentren – die Zukunft des Handels. Dokumentation des Symposiums am 01.09.1998 in der Evangelischen Akademie, <http://www.hamburg.de/contentblob/135120/data/broschuere-zukunft-der-zentren.pdf>, Zugriff 25.02.2009.

Freie und Hansestadt Hamburg (FHH) (2000): Trilaterale Vereinbarung zur gegenseitigen Information über Ansiedlungsvorhaben des großflächigen Einzelhandels und von Freizeitgroßeinrichtungen (Einzelhandelsvereinbarung) vom 07.11.2000, <http://fhh.hamburg.de/stadt/Aktuell/behoerden/stadtentwicklung-umwelt/stadtplanung/zentren/einzelhandelsvereinbarung-pdf,property=source.pdf>, Zugriff 15.09.2006.

Freie und Hansestadt Hamburg (FHH) (2002), Staatliche Pressestelle: Leitbild: Metropole Hamburg – Wachsende Stadt, vom 11.07.2002, <http://www.hamburg.de/presse archiv/>, Zugriff 21.05.2006.

Freie und Hansestadt Hamburg (FHH) (2003), Behörde für Bau und Verkehr, Amt für Stadtentwicklung: Karte der zentralen Orte nach Flächennutzungsplan; 04.08.2003, <http://fhh.hamburg.de/stadt/Aktuell/behoerden/stadtentwicklung-umwelt/stadtplanung/zentren/zentrenkarte,property=source.jpg>, Zugriff 05.04.2006.

Freie und Hansestadt Hamburg (FHH) (2004b), Behörde für Bau und Verkehr: Gesetz zur Stärkung der Einzelhandels- und Dienstleistungszentren, Referentenentwurf vom 17.02.2004 [Anhang zum Rechtsgutachten (FHH 2004d)].

Freie und Hansestadt Hamburg (FHH) (2004c), Staatliche Pressestelle: Business Improvement Districts. Senat gibt Gesetzentwurf frei. 17.02.2004, <http://www.hamburg.de/pressearchiv/>, Zugriff 23.09.2005.

Freie und Hansestadt Hamburg (FHH) (2004d): Rechtliche Zulässigkeit der Schaffung von „Business Improvement Districts (BIDs) – Zum Entwurf eines Gesetzes zur Stärkung der Einzelhandels- und Dienstleistungszentren (Stand: 17.02.2004). Rechtsgutachten, <http://fhh.hamburg.de/stadt/Aktuell/behoerden/stadtentwicklung-umwelt/stadtplanung/projekte/bid/download/bid-gesetz-gutachten-pdf,property=source.pdf>, Zugriff 10.09.2007.

Freie und Hansestadt Hamburg (FHH), Behörde für Stadtentwicklung und Umwelt (2004e): Business Improvement District, Einführung des Modells in Hamburg, Dokumentation eines Workshops am 29. Januar im Architekturzentrum, Hamburg, August 2004, <http://www.hamburg.de/start-publikationen/nofl/154474/broschuere-start.html>, Zugriff 22.04.2009.

Freie und Hansestadt Hamburg (FHH) (2005), Staatliche Pressestelle/Behörde für Stadtentwicklung und Umwelt: Neues vom deutschlandweit ersten Business Improvement District (BID) in Hamburg-Bergedorf: Über 95% Zustimmung – BID kann eingerichtet werden! Pressemitteilung vom 25.04.2005, <http://www.bid-1.de/pdf/presse statement_BSU_250405.pdf>, Zugriff 21.04.2008.

Freie und Hansestadt Hamburg (FHH) (2006), Behörde für Stadtentwicklung und Umwelt: Ratgeber Business Improvement District (BID). Hamburg, <http://fhh.hamburg.de/stadt/Aktuell/behoerden/stadtentwicklung-umwelt/stadtplanung/bid/download/bid-broschuere-pfd,property=source.pdf>, Zugriff 21.04.2008.

Freie und Hansestadt Hamburg (FHH) (2007): Hamburger BID-Gesetz wird angepasst. Behörde will Abgabengrenze einführen. Pressemitteilung vom 03.05.2007, <http://fhh.hamburg.de/stadt/Aktuell/pressemeldungen/2007/mai/03/2007-05-03-bsu-bid-gesetz.html>, Zugriff 06.06.2007.

Freie und Hansestadt Hamburg (FHH) (o. J. b), Behörde für Stadtentwicklung und Umwelt: BID-Pilotprojekte und Kostenauswirkung in der Verwaltung, Erfahrungsbericht. Hamburg, <http://www.hamburg.de/contentblob/129178/data/erfahrungsbericht. pdf>, Zugriff 13.02.2009.

GAL Bürgerschaftsfraktion (2004): Die Krise des Einzelhandels: Business Improvement Districts (BIDs): Placebo oder Allheilmittel? Pressemitteilung vom 18.11.2004, <http://gal-fraktion.de>, Zugriff 19.04.2007.

GiBID Newsletter (BID Katharinenviertel) vom September 2006, <http://www.giessen-entdecken.de/php/home.php?ID=K>, Zugriff 19.04.2007.

Grundgesetz für die Bundesrepublik Deutschland (GG) vom 23.05.1949 (BGBl. S. 1), zuletzt geändert durch Artikel 1 des Gesetzes vom 19. März 2009 (BGBl. I S. 606), <http://www.bundestag.de/dokumente/rechtsgrundlagen/grundgesetz/index.html>, Zugriff 06.10.2009.

Hamburgisches Wegegesetz (HWG) in der Fassung vom 22.01.1974, <http://hh.juris.de/hh/gesamt/WegeG_HA.htm>, Zugriff 29.07.2009.

Handelskammer Bremen (o.J.): Einschätzungen und Initiativen. Stellungnahme der Handelskammer Bremen und des Einzelhandelsverbandes Nordsee e. V. zu BID's, <http://www.handelskammer-bremen.ihk24.de/servicemarken/branchen/handel/Einzelhandel/Der_Einzelhandel_in_unserer_Stadt/BID_-_Verpflichtende_Standort gemeinschaften_als_Rettungsanker/Stellungnahme_der_Handelskammer_Bremen_und_des_Einzelhandelsverbandes_Nordsee_e._V.jsp>, Zugriff 19.04.2007.

Handelskammer Hamburg (2006): Einkaufszentren und Passagen in Hamburg. Stand 27.09.2006, <http://www.hk24.de/servicemarken/branchen/handelsplatz_hamburg/anlagen/einkaufszentren_und_passagen.pdf, Zugriff 25.02.2009.

Handelsverband BAG, Deutscher Verband für Wohnungswesen, Stadtentwicklung und Raumordnung DV (2003): Business Improvement Districts (BID's), Gemeinsames Positionspapier, 27.08.2003, <http://www.bag.de/user/10599/themes/2003-08-27_positionspapier.pdf>, Zugriff 29.06.2005.

Harding, David (o.J.): Business Improvement Districts Revitalize New York. London: The Chartered Institute of Public Finance and Accountancy, <http://www.cipfa.org.uk/pt/pt_details_c.cfm?news_id=949>, Zugriff 19.12.2008.

HDE (2003a): Standorte stärken: Neue Wege der Kooperation. Pressemitteilung vom 19.03.2003, <http://www.einzelhandel.de/servlet/PB/menu/1016661_yno/index.html>, Zugriff 13.05.2009.

HDE (2003b): Netzwerk Stadt: Neue Kooperationen nötig. Pressemitteilung vom 13.08.2003, <http://www.einzelhandel.de/servlet/PB/menu/1016661_yno/index.html>, Zugriff 13.05.2009.

HDE (2004): Leerstand – zwischen Vermarktung und Rückbau. Kommentar von HDE-Vizepräsident Bernd Kippig im handelsjournal 4/2004, <http://www.einzelhandel.de/servlet/PB/menu/1016661_yno/index.html>, Zugriff 13.05.2009.

HDE (2005): Business-Improvement-Districts (BIDs). HDE-Information, Juni, <http://www.einzelhandel.de/servlet/PB/show/1046418/BID_hde%20information%20juni%202005.pdf>, Zugriff 13.05.2009.

Heiß, Eric (2005): Wozu Business Improvement District (BID)? Ein Vergleich zwischen BID und städtebaulicher Sanierungsmaßnahme als Instrumente zur Stärkung von Geschäftszentren. Diplomarbeit am Institut für Stadt- und Regionalplanung der TU Berlin, <http://opus.kobv.de/tuberlin/volltexte/2007/1510/pdf/Heiss_Eric.pdf>, Zugriff 23.05.2007.

Herzog, Roman (1997): Berliner Rede: Aufbruch ins 21. Jahrhundert. Ansprache von Bundespräsident Roman Herzog im Hotel Adlon am 26.04.1997, <http://www.bundespraesident.de/Reden-und-Interviews/Berliner-Reden-,12086/Berliner-Rede-1997.htm#top>, Zugriff 26.06.2008.

Hessisches BID-Gesetz ist beschlossene Sache. CIMA-News vom 29.12.2005, <http://www.cima.de/news/index.php?rubrik=5>, Zugriff 05.04.2006.

Houstoun, Lawrence O. Jr. (1999): Business Improvement Districts and Urban Entertainment and Cultural Centers. AICP, APA Hot Topics, <http://www.planning.org/hottopics/bid.htm>, Zugriff 03.03.2008.

Hoyt, Lorlene (2005c): The Business Improvement District: An Internationally Diffused Approach to Revitalization. Washington, D.C.: International Downtown Association: 1-65, <http://vancouver.ca/commsvcs/cityplans/bia/pdf/Hoyt_IDA.pdf>, Zugriff 24.04.2009.

Innenministerium des Landes Schleswig-Holstein (2009): Karte Zentralörtliches System, <http://www.schleswig-holstein.de/IM/DE/PlanenVermessen/Landesplanung/Einzelthemen/ZentraleOrte/ karteZos,templateId=raw,property=publicationFile.pdf>, Zugriff 14.04.2010.

Ingwersen, Nahne (2005): Business Improvement Districts zur Stärkung von Geschäftszentren – Erfolgsaussichten der Hamburger Pilotprojekte am Neuen Wall und in der Bergedorfer Innenstadt. Diplomarbeit am Institut für Geographie, Universität Hamburg, <http://www.bid-1.de/downloads.htm>, Zugriff 21.04.2006.

Jones Lang LaSalle (2001): Der City-Einzelhandel schlägt zurück. Retail Report Januar 2001. Frankfurt/Main, <http://www.tu-harburg.de/stadtplanung/html/ab/ab_107/ag_3/publikationen/downloads/JLL%20Retail%20Report%202001.pdf>, Zugriff 29.09.2006.

Karafin, Diana L. (2008): Community Courts Across the Globe. A Survey of Goals, Performance, Measures and Operations. Newlands, South Africa: Open Society Foundation, <http://www.osf.org.za/File_Uploads/docs/community_court_world_text_web.pdf>, Zugriff 11.02.2010.

Koletschka, Thorsten (2004): Business Improvement Districts. Die Gesetzesinitiative in Hamburg. Vortrag im Rahmen des City Dialog Dresden, 24.11.2004, <http://www.dssw.de/downloads/dl_ma_dssw_11c.pdf>, Zugriff 18.06.2007.

Leigh, Nancey Green (2003): The State Role in Urban Land Redevelopment. A Discussion Paper Prepared for The Brookings Institution Center on Urban and Metropolitan Policy and CEOs for Cities, April 2003, <http://www.brookings.edu/~/media/Files/rc/reports/2003/04metropolitanpolicy_leigh/leighvacant.pdf>, Zugriff 27.06.2008.

MacDonald, Heather (1996a): BIDs Really Work. In: City Journal, Spring: 29-42, <http://www.city-journal.org/html/6_2_a3.html>, Zugriff 16.04.2009.

MacDonald, Heather (1996b): Why Business Improvement Districts Work. In: Civic Bulletin, No. 4 May 1996, <http://www.manhattan-institute.org/html/cb_4.htm>, Zugriff 02.11.2007.

MacFarlane, Audrey G. (2003): Preserving Community in the City: Special Improvement Districts and the Privatization of Urban Racialized Space. In: Stanford Agora 4, <http://papers.ssrn.com/sol3/Delivery.cfm/SSRN_ID566062_code199489.pdf?abstractid=566062&mirid=5>, Zugriff 16.07.2008.

Mayntz, Renate (2004a): Governance Theory als fortentwickelte Steuerungstheorie? MPIfG Working Paper 04/1 (März), <http://www.mpifg.de/pu/workpap/wp04-1/wp04-1.html>, Zugriff 26.07.2009.

Ministerium für Städtebau und Wohnen, Kultur und Sport NRW (MSWKS) (Hg.) (2001): Business Improvement Districts (BIDs). Untersuchung von Business Improvement Districts (BIDs) in Bezug auf Möglichkeiten einer Übertragbarkeit auf innerstädtische Geschäftsquartiere in Nordrhein-Westfalen. Düsseldorf (Verfasser: Bloem, Mario; Bock, Stefan), <http://www.d-plan.de/Bid-Gutachten16.pdf>, Zugriff 27.06.2008.

Mitchell, Jerry (1999): Business Improvement Districts and Innovative Service Delivery. The PricewaterhouseCoopers Endowment for the Business of Government, Grant Report, <http://www.vcu.edu/cppweb/urban/bid.pdf>, Zugriff 24.04.2006.

Moss, Mitchell L. (1997): Reinventing the Central City as a place to Live and Work. Housing Policy Debate Vol. 8, No. 2: 471-490. Washington D.C.: Fannie Mae Foundation, <http://www.fanniemaefoundation.org/programs/hpd/pdf/hpd_0802_moss.pdf>, Zugriff 19.12.2008.

Öffentlicher und privater Raum in der Stadt. In: News Hafencity, Nr. 5, Feb. 2006: 3, <http://www.hafencity.com/upload/files/broschueren/z_de_broschueren_16_news_06_02.pdf>, Zugriff 18.11.2008.

Reichhardt, Bernd (2004): Business Improvement Districts - Neue Chancen für alte Quartiere? Vortrag auf dem Hamburger Städtebauseminar am 25.02.2004, <http://staedtebauseminar.de/modules/mydownloads/viewcat.php?cid=9>, Zugriff 29.06.2005.

Schriefers, Andreas (2006): Deutschland „einig BID-Land“? In: cima*direkt* 6/2003: 40-41, <http://www.cima.de/bid-lehe/downloads/cimadirekt%203-06%20BID.pdf>, Zugriff 04.02.2009.

Schubert, Herbert (1999): Urbaner öffentlicher Raum und Verhaltensregulierung. In: DISP 136/137: 17-24, <http://www.nsl.ethz.ch/index.php/en/content/download/272/1623/file>, Zugriff 08.10.2009.

Sethmann, Jens (2005): Business Improvement District. Stadtplanung nach Kaufmannsart. In: MieterMagazin 9/05, <http://www.berliner-mieterverein.de/magazin/online/mm0905/hauptmm.htm?http://www.berliner-mieterverein.de/magazin/online/mm0905/090519.htm>, Zugriff 03.02.2009.

Statistisches Amt für Hamburg und Schleswig-Holstein (2008): Statistisches Jahrbuch Hamburg 2008/2009, <http://www.statistik-nord.de/uploads/tx_standocuments/JB08HH_Gesamt.pdf>, Zugriff 24.02.2009.

Stone, Diane (2001): Learning lessons, policy transfer and the international diffusion of policy ideas. CSGR working paper, 69, <http://www2.warwick.ac.uk/fac/soc/csgr/research/workingpapers/2001/wp6901.pdf>, Zugriff 14.04.2009.

Stone, Diane (2004): Transfer agents and global networks in the 'transnationalization' of policy. In: Journal of European Public Policy 11: 3 June 2004: 545-566, <http://www2.warwick.ac.uk/fac/soc/pais/staff/stone/publications/transferagents/transfer_agents.pdf>, Zugriff 14.04.2009.

Streeck, Wolfgang (2004): Globalisierung: Mythos oder Wirklichkeit. Max-Planck-Institut für Gesellschaftsforschung, Working Paper 04/4. Köln, <http://www.mpifg.de/pu/workpap/wp04-4/wp04-4.html>, Zugriff 02.02.2009.

Walker, Jesse (2003): Beyond Public and Private. Business Improvement Districts Don't Fit Our Ordinary Categories. In: Reason, November: 16-17, <http://www.reason.com/news/show/28923.html>, Zugriff 29.06.2008.

Ward, Kevin (2005): Entrepreneurial urbanism and the management of the contemporary city: The example of business improvement districts. Transnational Seminar Series. University of Illinois Urbana-Champaign, IL. March, 11 2005, <https://www.ideals.uiuc.edu/bitstream/2142/3512/2/Ward_Transnational.pdf>, Zugriff 06.02.2009.

4 Tagespresse

Bergedorfer Zeitung, 07.02.2004: Shopping-Meilen wie in Nordamerika. Bergedorf will seine City vom Handel verwalten lassen.

Bergedorfer Zeitung, 05.10.2004: ECE: Zentrum am Mohnhof geplant.

Bergedorfer Zeitung, 14.07.2006: Kunst statt Kommerz am Mohnhof.

Bergedorfer Zeitung, 23.05.2007: Bergedorfs Wirtschaft kritisiert die Haspa.

Bergedorfer Zeitung, 30.06.2007: Bergedorfer Einzelhändler rollen den roten Teppich aus.

Bergedorfer Zeitung, 03.05.2008: Attacke der Schmierer im Sachsentor.

Bergedorfer Zeitung, 22.05.2008: Penndorf soll zum Haus für die junge Familie werden.

Bergedorfer Zeitung, 20.06.2008: Hier wird das Sachsentor beschmiert.

Bergedorfer Zeitung, 01.09.2008: Per Mausklick durch die Geschäfte.

Bergedorfer Zeitung, 02.09.2008: Heftiger Streit um die Sachsentor-Zukunft.

Bergedorfer Zeitung, 06.10.2008: „Schwarze Sheriffs" fürs Sachsentor.

Bergedorfer Zeitung, 11.02.2009: Eine Managerin für das Sachsentor.

Bergedorfer Zeitung, 12.02.2009: Sachsentor-Managerin zu teuer.

Bergedorfer Zeitung, 20.06.2009: Das alte Stadttor ist zurückgekehrt.

Bergedorfer Zeitung, 29.07.2009: Sachsentor im Visier der Schwarzen Sheriffs.

Bergedorfer Zeitung, 01.08.2009: Sachsentor-Schmierer muss zahlen.

Bergedorfer Zeitung, 08.03.2010: Bergedorfer Stadtmeisterei: Rettung in letzter Sekunde.

Bergedorfer Zeitung, 28.05.2010: Neuer Mohnhof: Ungewohnter Andrang im Sachsentor.

Hamburger Abendblatt, 27.03.2003: Bergedorf putzt sich raus. Sachsentor, Bahnhof, Bille-Bad – Bezirk investiert etliche Millionen Euro.

Hamburger Abendblatt, 13.01.2006: Überseequartier – auch Betteln ist erlaubt.

Hamburger Abendblatt, 27.06.2006: „Sheriffs" zeigen Parksünder an.

Hamburger Abendblatt/Pinneberger Tageblatt, 06.09.2007: Der „BID" ist schon jetzt am Ende.

Financial Times Deutschland, 15.09.2010: Vor der Steuer sind alle gleich.

Frankfurter Allgemeine Zeitung (FAZ), 21.05.2007: Rätseln um Mehrheit für „Inge".

Frankfurter Allgemeine Zeitung (FAZ), 06.08.2010: Eine zweite Chance für Inge.

New York Times, 26.08.2008: Front-Row Seats on Broadway, if You Dare.

New York Times, 27.02.2009: In New York, Broadway as Great Walk Way.

SeattleWeekly, May 12, 1999: Downtown's divided family. Denny Regrade takes a pass on 'business improvement.' (Bush, James).

The New York Times Magazine, 20.01.1991: Secession of the Successful (Reich, Robert R.): 16-17 und 42-45.

Wiesbadener Kurier, 27.07.2010: Wiesbadener Taunusstraße soll Ort der besonderen Lebensart warden.

5 Graue Literatur

2006-2007 Annual Report, DUMBO Improvement District.

Amended and Restated By-Laws of The Red Bank Special Improvement District, adopted as of December 2, 2002.

Arbeitsgemeinschaft gesa – Gesellschaft für Handels-, Standort-, Immobilienberatung mbh und PRISMA INSTITUT – Gesellschaft für Handels-, Stadt- und Regionalforschung mbH (1998): Bezirkszentrum Hamburg-Bergedorf: Standort- und Marktanalyse, unter besonderer Berücksichtigung einer prospektiven Zentrumserweiterung. Im Auftrag der Freien und Hansestadt Hamburg, Stadtentwicklungsbehörde/Landesplanungsamt. August 1998.

By-Laws of the Central Avenue Special Improvement District Management Corporation.

CIMA (2010): Einzelhandels- und Zentrenkonzept für den Bezirk Bergedorf. Lübeck, 10.06.2010.

Code of the City of Jersey City, NJ, Chapter 69 SPECIAL IMPROVEMENT DISTRICTS, ARTICLE II Central Avenue Special Improvement District.

Conniff, Richard (2004): Red Bank Redux. A New Jersey river town has transformed itself into one of the hippest enclaves of the East Coast. In: Smithsonian, May 2004: 86-87.
Ernst & Young; New Yorkers for Parks (NY4P) (2003): Analysis of Secondary Impacts New York City Parks Capital Expenditures. Final Report.
Fordham Road BID, 2007-2008 Annual Report.
Geschäftsordnung der Lenkungsgruppe „Innovationsbereich Sachsentor“ des WSB Wirtschaft und Stadtmarketing für die Region Bergedorf e.V., unveröffentlicht. 19.05.2005.
Gesellschaftsvertrag der Gesellschaft bürgerlichen Rechts unter der Bezeichnung „BID-GbR“ (Entwurf ohne Datum) [für die vier BIDs in Gießen].
GMA (2005): Die innerstädtische Haupteinkaufslage des Bezirks Hamburg-Bergedorf als Standort für zwei Shopping-Center. GMA-Entwicklungsgutachten zu den möglichen Wirkungen aktueller Projektplanungen im Auftrag der Freien und Hansestadt Hamburg (Projektleitung Stefan Holl). März 2005.
Hoyt, Lorlene (o. J.): A Comparative Study of Urban Revitalization in Four Countries. Unpublished Paper.
Ironbound BID, 2007-2008 Budget Comparison.
Jersey City Heights News, Ausgabe vom Sommer 2008.
Junker und Kruse (2006): Präsentation im Rahmen einer Informationsveranstaltung im Bergedorfer Rathaus am 03. April 2006.
Kühn, Phillipp (2008): Quartierrevitalisierung in Hamburg-Bergedorf mit dem Verfahren Business Improvement District (BID), Diplomarbeit an der Fakultät Bauwesen Buxtehude (unveröff.).
Meyer, Marco (2000): Privatorganisiertes Stadtmarketing versus Quartiersmanagement – Konflikte und Konformitäten in den marketingrelevanten Grundlagen am Beispiel der City Partner Bergedorf Stadtmarketinggesellschaft. Diplomarbeit an der Fachhochschule Nordostniedersachsen, Studiengang Betriebswirtschaftslehre. Lüneburg.
Minutes of March 3rd Board of Directors Meeting (Red Bank).
New York City Department of Small Business Services: 2007-2008, BID annual report summary.
Öffentlich-rechtlicher Vertrag zwischen der Freien und Hansestadt Hamburg (Hamburg), Bezirksamt Bergedorf und dem WSB Wirtschaft und Stadtmarketing für die Region Bergedorf e.V. (Aufgabenträger). 03.05.2005.
Red Bank RiverCenter 2006 Mission Statement.
Satzung des Vereins BID Seltersweg.
schriftliches Informationsmaterial des Philadelphia Community Court.
Senatsdrucksache (2005): Gesetz zur Stärkung der Einzelhandels- und Dienstleistungszentren: Einrichtung des Innovationsbereichs Sachsentor durch Rechtsverordnung.
Tätigkeitsbericht über das erste Jahr des BID Bergedorf – von Mohnhof bis Serrahn –. 25.08.2006.
Tätigkeitsbericht über das zweite Jahr des BID Bergedorf – von Mohnhof bis Serrahn –. 13.02.2008.
Tätigkeitsbericht über das dritte Jahr des BID Bergedorf – von Mohnhof bis Serrahn –. 09.09.2008.
Vision Statement 2006, Ironbound BID.
Wehrheim, Jan (2008): Der Fremde und die Ordnung der Räume. Habilitationsschrift im Fachgebiet Soziologie, Universität Oldenburg.
Wickel, Martin (2006): Andere Gestaltungsmodelle – Das hamburgische Modell und die Gemeinwohlbindung von BID. Manuskript (Vortrag im Rahmen der Tagung Business Improvement Districts: Vom „Ob?“ zum „Wie?“ der Handelskammer Hamburg und des BCSD, vom 05.-07.11.2006).
What is the Ironbound BID? (2003).

FSC
www.fsc.org
MIX
Papier | Fördert gute Waldnutzung
FSC® C083411

Kolibri 360 GmbH
Ferdinand-Jühlke-Straße 7
99095 Erfurt, Deutschland
produktsicherheit@kolibri360.de